中世時衆史の研究

小野澤眞著

八木書店

目次

図表一覧

凡例

・本書の読みは「チュウセイジシュシノケンキュウ」とすべきだが、「ジシュ」では図書検索で出づらい可能性があるため、あえて通俗の読みである「ジシュウ」としている。
・教団について、原則として中世は「時衆」、近世以降は「時宗」と表記した。
・数詞では、代数や日付その他史料からの引用においては、一〇ではなく十としている。
・「天皇」「上皇」「法皇」および追・諡号の使用は使い方により敬称となることを意味するため、実名表記とし、便宜上括弧内に追・諡号を挙げた。（例）「法皇行真（追号・後白河）」
・元号制は〝君主は時間をも支配する〟観念からの所産であるが、史料用語としてやむをえず西暦併記で使用する。西暦もまたキリスト教思想によるものだが、時間を計算しやすいために便宜上用いることとする。ただし近代以降については西暦に一本化する。
・元号にグレゴリオ暦を併記した。史料上の元号および日付は旧暦（大衍暦、宣明暦、貞享暦などの太陰太陽暦）によるため、年末年始に若干の齟齬が生ずることがあるが、史料に月日のないものがあるため修正せずに機械的にすべてそのままグレゴリオ暦をあてた。
・史料の引用で、刊本が複数出ている場合は、できるだけ新しいものに拠った。
・史料の引用に際しては正字、通字、俗字を厳格に再現するように努めた。したがって正字・略字が混在している史料もある。これはそれぞれの弁別に意味があることが少なくないからである。出典から厳格に引用したが、筆者自身が原史料にあたることができた場合、そちらの用字を優先した。
・史料の引用にあたり、原文の改行部分は「」ではなく、「／」で示すことがある。
・参考にした翻刻されている史料の出典は本文中の括弧内に掲げた。引用は原文マ、とするが、適宜改めることがある。『一遍聖繪』『一遍上人縁起繪』は『一遍聖絵』『遊行上人縁起絵』とした。同様に辞典、報告書、図録、自治体史なども本文中に載せることがあり、その場合題目以外の書誌情報は省略した。史料名は原則として出典の原文マ、としたが、例えば『眞宗聖教全書』における『帖外御文章』は原史料名に近い『帖外御文』とした。
・『一遍聖絵』は京都国立博物館編『国宝・一遍聖繪』（同館・二〇〇二年一〇月）の翻刻を用い、『遊行上人縁起絵』は角川書店編集部編集『日本繪巻物全集』第23巻［遊行上人縁起繪］（同社・一九六八年九月）の翻刻を用いた。『一遍聖絵』は「巻〜」でなく「第〜」と原資料にあるので、それにしたがった。（例）巻一第一段→第一第一段
・参考文献は後註で詳細に記した。これは読者が参照する際に、書誌情報が少ないと似たものと混乱することが少なくない経験に基づく。また後代のため文献目録としても利用できるよう心がけたためである。
・題目などの書誌情報は表紙ではなく、本文冒頭や奥付に準拠した。ただし、過去集積したすべての情報について確認できたわけではないので、諒とせられたい。（例）『佛教史學研究』（表紙）→『仏教史学研究』（奥付）
・書誌情報の半角縦数字は原文マ、である。
・文献のその後の所収や再版などは原則として代表的な一例を挙げるにとどめた。その場合、可能な限り初出とその後の所収文献の双方を確認済みである。

・行政区分については原則として二〇一二年三月現在のものに改めた。
・宗派名については厳格を期した。浄土真宗は「真宗」に（史料用語の「一向宗」は時衆などを含む三人称であった「一向衆」と紛らわしいためやむなく避けた）、日蓮宗は史料用語として「法華宗」に統一した。現在浄土宗とよばれるものは正しくは浄土宗鎮西派であり、ほかに浄土宗西山派が存在するために、いちいち浄土宗鎮西派と記載した。同様に天台宗も寺門派（現天台寺門宗）・盛門派（現天台真盛宗）と区別するために天台宗山門派と記す。個々の寺院については参考のために所属宗派を必ず附したが、現在のものであり、中世と異なる場合も少なくないことに注意されたい。
・寺院名は地名、寺院名（行政区分および宗派名）の順で表記した。史料上では、宗派問わず、寺院名に地名を附して区別することが多いからである（例えば『藤沢山日鑑』）。ただしここでいう地名とは慣用のものであり、現行の小字とは限らない。（例）「浄土宗鎮西派芝原善光寺（大分県宇佐市）」（同寺は宇佐市下時枝にある）
・僧侶に対する敬称「師」は「氏」に統一し、「入滅」「寂」は「歿」に改めたところもある。
・記号について、出典を挙げる際などの（）内の（）は〔〕とした。論攷題目の「」中の「」は『』にせずそのままにしてある。書誌情報などの［］は or や and でなく equal の意である。
・史料名で上・中・下とのみあって「巻〜」とない場合は、文章の一部のように紛らわしいため鉤括弧を附した。
（例）『宗長手記』上→『宗長手記』「上」
・文中に人名を挙げる場合、五〇音順である。
・本文中のほか、教示・協力いただいた方のご芳名を附記に挙げた。教示者を参考文献で掲げた場合、略することがある。職務上の教示・協力者は、機関名のあとに括弧内に記した。その場合、所属は執筆当時（初出参照）である。

・中世の時衆僧は阿弥陀仏号およびその略号の阿号を称し、法諱はなかったと思われる（ただし既出家者が時衆に入門した場合は、そのままもとの法諱を用いた可能性はなしとしない）。現在「他阿呑海」などと称せられる法諱は後代の追贈と考えられる。ただ「遊行四代他阿」だけではわかりづらいため、本文中便宜上、法諱を使用する。

・時宗遊行派を「藤沢派」、『天狗草紙』を『七天狗絵』と呼称する。事由は本文中で述べる。

・「鎌倉新仏教」を「新仏教」と略して用いることがある。

序章　時衆研究を行うにあたって
――意義、環境、そして課題――

はじめに――日本中世社会の時衆――

日本において仏教は、単に外来のインド哲学や中国・朝鮮文化としてのみならず、ときに「王法」すなわち支配イデオロギーとして、ときには儀礼・習俗として、社会深くに定着していた。『梁書』（中華書局版）「扶桑國傳」などをみれば、すでに五世紀に日本列島に仏教が伝来していた蓋然性があり、五三八年とされる「仏教公伝」はヤマト王権と百済との個別の事情によるというべきである。とはいえ、伝来当初は国家仏教として、教理面以上に、附随する種々の情報・技術への需要が背景にあった。「公伝」以外におもに渡来人により各地に将来されていたことが考古学的にも裏づけられ、やがて東国では祖先信仰との混淆（上野三碑のうち群馬県高崎市山ノ上碑、同市金井沢碑、ほかに桐生市山上多重塔など）、畿内では山岳修験の源流などが窺知される。奈良期には集落に村堂（「村落寺院」）が設置された例も検出され、[1]地域への浸透は存外早かった。

やがて王法仏法相依論・本地垂迹説などが、王権理念の精髄として発展していくこととなる。[2]中世仏教思想の極致が古代末から中世に社会全般を覆った本覚思想であり、それに裏うちされた「顕密体制」といえることは、もはや通念になっている。戒律復興運動も専修念仏・造悪無碍よりはるかに主流であった。南都六宗を含む天台・真言宗の顕密寺社勢力が権門体制の一角を構成し思想的に支える一方、かれら自身が庄園領主・武装勢力として社会経済的実体をもった。いわゆる鎌倉新仏教といえども、法然・親鸞ら祖師の思想は同時代から隔絶した存在で、その門弟らは永く顕密の末席に位置していたのである。(3) 鎌倉新仏教における「体制化」の問題はひとり宗教にとどまらず、あらゆる社会運動にも通ずるものでもある。

やがて古代の私度僧に淵源を有する勧進聖らの活躍により仏教が庶民信仰と合流し、仏教者や死者を「ホトケ」とよぶ慣習、もろもろの伝統芸能、扇子や煙草、薬などの軽工業生産、はては判官びいきの気質や風俗産業など、時衆を結節点とする同朋衆、高野聖、善光寺聖、空也僧らの動向は、「日本文化」形成者に位置づけてよかろう。また一向一揆にみられる真宗の「仏法御領」観や法華宗の国主諫暁は新仏教の骨頂といえよう。中世、顕密だけでなく禅律から「政僧」も現れる。近世幕藩体制下では本末制・寺請制が敷かれ、一部地域の法華宗不受不施派（悲田宗）・隠れ念仏を除く全宗旨が体制化し、辺縁に六十六部聖や木食僧らの活動があった。近代には戦時教学に代表される諸問題を生みだした。

日本中・近世史において、広範に展開していたものの一つは時衆であった。時衆については絵画史料として第一級の価値を有する『一遍聖絵』を中心に、唱導文芸や芸能など近年さまざまな論証が試みられている。戦後は特に鎌倉新仏教に含まれて「時宗」は人口に膾炙されつつある。また「時宗」は、既成仏教「日本十三宗」の一つに数えあげられている。

本書において全貌を明らかにするように、中世時衆は貴顕・衆庶を問わない支持層をもっていた。このことは、同じ「一向衆」に源流をもつ真宗と対極をなす。したがって、踊り念仏などの印象から、時衆を単に「民衆宗教」[4]のみに限定して捉えると的を外すことになる。「貴族仏教」「武家仏教」でもあった。また「庶民」「民間」「民衆」[5]などの語に「信仰」「仏教」「宗教」などの語を組み合わせた術語の定義は、厳格に行われるべきであろう。中世は兵農未分離であったり商工業者が武家と臣従関係を結んだり身分制が一定ではなく、分類には大変な困難をともなうが、本書では、近世の平人身分を中世に遡及して庶民、民衆とする。農山漁村民と都市の町人（職人・商人）である。

時衆が庶民から貴紳にいたる幅広い帰依を受けて殷賑をきわめていたことは、おもに板碑・宝篋印塔などの金石文に窺える。[6] 一遍は生涯で「二十五億一千七百廿四人」（『一遍聖絵』第十二第二段。億は万ないし十万カ）に賦算したといい、中世の寺院数を反映したとみられる物集高見『廣文庫』第拾參册（廣文庫刊行會・一九一七年一〇月）「寺」の項所引『昔日叢書聞見雜錄』には「遊行宗」六七、〇六〇箇寺が数え上げられている。[7] 政治の中枢で「禁裏ニハ悉以二念佛一也、善道〔導〕・一遍等影共被レ懸レ之」（『大乗院寺社雜事記』文明十年〔一四七八〕三月二十六日条、返り点筆者）という信仰を集める一方、天文九年（一五四〇）鎌倉・鶴岡八幡宮の遷宮に尽力すべく「假殿礎少、自宵、町之時宗喚寄（マヽ）、以二太鼓一時刻相定而、夜中ニ被レ敷了」[8]と、町場に蝟集してきたのは無数の時衆であった。

そして時衆の文化にはさまざまなものがある。葬式仏教・火葬場（浅香勝輔・八木沢壮一『火葬場』大明堂・一九八三年六月）、墓石業、盆踊り・田楽、和歌・連歌（『朝倉始末記』、清浄光寺歳末別時念仏に御連歌の式あり）、俳句（蝶夢、芭蕉の恩師其阿）・川柳、能・狂言（観阿・世阿は『時衆過去帳』にあり）、歌舞伎（出雲の阿国）、音楽（『宗長日記』尺八）、唱導・文芸（金井清光『時衆文芸研究』風間書房・一九六七年一一月）、文芸研究（一華堂乗阿、春登『万葉用字格』）、鋳物（川添昭二「筑前芦屋の時宗・金台寺過去帳について」川添『九州中世史の研究』吉川弘文館・一九八三年三月、

佐野天命釜も同様ヵ）、建築（大鋸引）、刀鍛冶（備後国三原、美濃国関）、紙（福井県越前市岩本成願寺）、蒔絵、水墨画（阿弥派）、書画骨董製作・鑑定、茶道（王服茶）、立花（『祇園執行日記』応安五年〔一三七二〕七月二十七日条、綉谷庵文阿弥）、香道、剣術（馬庭念流念阿弥）、時の太鼓・鐘（栃木県鹿沼市西光寺〔廃絶〕、栃木県宇都宮市応願寺、群馬県館林市応声寺）、判官贔屓（角川源義・高田実『源義経』角川新書218、角川書店・一九六六年九月の三五ページ〜四条道場とのつながり言及、角川源義編『貴重古典籍叢刊3妙本寺本　曾我物語』角川書店・一九六九年三月の三八二ページ〜）、怨霊済度（『満濟准后日記』『平將門故蹟考』）、赤十字的活動（応永二十五年〔一四一八〕銘「敵御方供養塔」、寛正の大飢饉の願阿施行）、万歳（漫才）・お笑い（御伽衆曽呂利新左衛門）、商業（福島県大沼郡会津美里町高田長光寺檀家吉原家は連雀商人）、金融（福井県坂井市長崎光明院〔廃絶〕の「蔵」）、繊維業（山梨県甲府市一条一蓮寺）、扇子（京都市中京区御影堂扇）、湯屋・銭湯（六条道場『師守記』、ただし湯屋と風炉は別）、医療・製薬・売薬（金井清光「『一遍聖絵』に見る草履・草鞋と被差別民の草履作り」『一遍聖絵の総合的研究』岩田書院・二〇〇二年六月、遊行三十二代他阿普光の薬『北條五代記』、広島県尾道市常称寺に伝わる二祖真教随逐医師松田卜徳〔『新修尾道市史』六巻〕）、作庭（善阿弥）、造仏・仏具（京都市東山区長楽寺蔵『本朝大佛師系圖』）、煙草（群馬県高崎市山名光台寺および栃木県那須郡那珂川町香林寺〔廃絶〕の寺中煙草）、外交（祖阿）、運輸・情報・通信（使僧・陣僧）、接客・風俗産業（京都市東山区真葛ヶ原雙林寺、東山安養寺六阿弥。熊野比丘尼）、温泉（熊野湯の峰温泉、道後温泉、別府鉄輪温泉）などで直接・周縁問わず形成・普及にはたした役割りは看過できない。

時衆は中世社会で階級を問わない非常な勢力を有していたこと、日本仏教の庶民化を可能とし、基層文化の形成の立て役者の一人であることをまず冒頭で措定しておきたい。

第一節　研究の意義

筆者なりに時衆研究のもつ意義を簡述しておきたい。

二〇〇九年より、映画やテレビドラマから『三国志演義』や戦国武将、幕末の志士など歴史に魅力を感ずる若い女性「歴女《れきじょ》」が話題となっている。たしかにテレビ（特にNHK大河ドラマほか時代劇）、漫画、テレビアニメ、ゲームなどサブカルチャーは、現代人を歴史に惹きつける導入口の役割りをはたしていると評価できる。しかしその効果は両刃の剣である。地に足のつかない歴史愛好家と、過去を無批判に尊ぶべきものとして美化する「ネット右翼」[9]とは、為政者に感情移入し郷土史、民衆史などにほとんど関心を抱かない点を共通点とする。ネット右翼や旧来の歴史修正主義者が、しばしば俎上に載せる外国人地方参政権、夫婦別姓、「大和魂」「武士道（サムライ）」などといった命題では、歴史学からみれば非学術的な誤解を根拠とする場合が多い[10]。「新しい歴史教科書をつくる会」による教科書執筆・採択運動は、歴史学の側から厳しい批判を受けたが[11]、かれらの分派を含め採択率漸増で日本社会で力を伸張しているのが実情である。

一方、新興宗教団体と社会との軋轢への反動として、市民の宗教に対する拒否感は根強いものがある。反面、占術やオカルトにきわめて脆弱であり[12]、宗教哲学を涵養することよりも現世利益を即物的に追求する精神風土でもある[13]。この土壌がネズミ講・オレオレ詐欺などの詐欺商法や健康食品ブームなどの擬似科学を助長することになってはいないか[14]。

前近代において宗教はそのまま思想・文化・習俗であり、上部構造を担う重要な要因であることは明白である。宗教と人間・社会・政治権力との関係を知ることは、大変重要な意義をもつ。また歴史教育においては、われわれの祖先が寄る辺とし、親しみ育んできた豊かな仏教史を、価値観の相違もふまえて相対化して教導することが、宗教への正しい認識をえられる有効な方途の一つではないかと考える。[15]戦前の轍をふまないよう、科学的教養を身につけた市民（公民）による自由と民主主義の社会を建設するために、皇国史観への深刻な反省にたつ歴史学と歴史教育に求められるものはきわめて大きい。

では時衆を研究することは学術に対していかなる方向性をさし示すのか。鑑みるに一つには民衆の社会思想的側面としての時衆およびその教理を挙げたい。ロシアの思想家バクーニン（Mikhail Aleksandrovich Bakunin.1814-76）は「民衆は正義と平等の本能をもっている本能的な社会主義者にほかならない」と述べた。[16]ここでの社会主義とは、アナキズムに即した広義であるが、この論理構造に近いものとして網野善彦氏の『無縁・公界・楽』平凡社選書58（同社・一九七八年六月、のち増補、一九八七年五月ほか）がある。副題の「日本中世の自由と平和」が示すように、社会が本源的に内包する自由と平和の原理について中世にどのように展開したかを論究したものである。ここでこの仮説の当否を論ずる余裕はないが、問題意識として喚起しておきたい。時衆の教理は現世での往生を重視し、かつ怨親平《おんじん》等[17]を教旨とするから、宗教思想であるとともに社会思想に転化しうる内容をもっていた。また、基底には融通念仏の思想があり、自己のみの往生ではなく衆生（界）全体の往生が求められていたのである。その最高潮として一向一揆を挙げたい。「一向宗」は真宗の別称・卑称とされているが、もともと浄土教の異称であり、一向専修の徒はすべて「一向宗」となる。特に北陸は時衆の影響が強く、真宗信仰の根底には時衆の展開が看取される。一向一揆の思想には真宗よりもむしろ時衆の教理に近いものがある。[18]一向一揆を社会革命として過大に評価することはできず、本願寺や国人層を中心とする封建性の側面も強いが、少なくとも理念として「百姓ノ持タル國」(『實悟記拾遺』〈『眞宗全書』第六十九巻〉巻之下)と表せられた、時代への衝撃は否定できないものがあろう。鎌倉期末に『野守鏡』『七天狗絵』(『天狗草紙』)で踊り念仏が貴顕高僧から激しく非難されたのもゆえなしとしないのである。現世肯定・人間肯定の教説は、仏教史にとどまらず社会思想史研究への聯関・転化をも促すものである。したがって単に踊り念仏の源流などという庶民信仰としての側面だけではその本質を見誤ることになりかねない。さらに時衆が幕藩体制下で権力に完全にのみこまれると、もはや六十六部や木喰聖、山伏のように庶民信仰を代表しえず、朱印・官許による遊行上人の賦算を除けば、本来の機能を完全に失うこととなり、近代の廃仏毀釈に抗しうる力はなく現下の四一一寺・二教会[19]という小規模教団に衰退してしまうのである。時衆研究においてはこの教勢の強弱、振幅の大きさもまた重要な命題であるといえよう。

こうした時衆を研究することは、人間と宗教との関係を知る上で、大変有用にして有意義であるとみる。

第二節　研究の回顧

作業の前提として、必ずしも歴史的価値に比例した発展をみせているとはいいがたい時衆研究史の整理を簡単に行い、あわせて時衆に対する社会通念がどのように形成されていったのかを検討したい。

近代に入り、一遍廟所・兵庫真光寺二十世であった河野往阿氏の『時宗綱要』(時宗青年會本部・一八九〇年八月、のち河野著述・柴田慈善編輯、時宗青年會本部〈田中唯然〉発行の一八九三年一二月二版、一九一二年三月三版、『定本時宗宗典』下巻所収)、加藤實法編輯『時宗概説』(向陽寺・一九二九年六月)、寺沼琢明『時宗の歴史と教理』(一九三三年、

時宗宗学林・一九七一年四月改訂）、寺沼『時宗綱要』佛教大學講座二（佛教年鑑社・一九三三年一一月）、加藤『時宗概要』日本宗教講座第十二回配本（東方書院・一九三五年一月）などがものされる。これらは宗門人によるおもに僧徒および仏教界向けの簡略な概史であった。宗門向けに時宗宗學林編纂『時宗聖典』巻上・中・下之一・二（同學林・一九一六年三月・八月・一九一八年一〇月・一九二二年一一月）、飯田良傳『時宗宗典』第一・二巻（平凡社・一九三一年八月・一九三三年三月、第二巻は「一遍上人繪詞傳縁起」と「一遍上人六條縁起」）が作られた。学術面の蓄積のない中、突如として一九三七年三月、磯貝正氏による「時宗教團の起源及發達」『史蹟名勝天然紀〔記〕念物調査報告書』第五輯（神奈川縣）が出現する。目次だけで三ページ分あるほか、本文は一八三ページから二五八ページにおよぶという長大な論攷である。草創、中興、隆盛、守成、不振、改革、更生の各時代に分類し、現代にいたる全時代を俯瞰したという点からも、現在も使用に堪えうる内容を誇る。研究史のさきがけとしてその後の雛型になっているようである。

時宗は小さい教団ながら、戦前の仏教史研究において言及されることは皆無ではなかった。佛教各宗協會編輯『佛教各宗綱要』五冊（貝葉書院・一八九六年八月）に成立順の排列で「時宗綱要」が十二巻目、最後に載る。歴史と教学が詳細に示されていて宗門人による執筆と思われる。來馬琢道編輯『通俗佛教各宗綱要』（鴻盟社・一八九九年五月）にやはり掉尾に道重信教校閲・來馬講述「時宗綱要」があり、本派本願寺學務部編纂『佛教各宗綱要』下巻（本願寺學務部（興教書院発売）・一九二八年五月）でも最終の第十五章が「時宗綱要」となっている。右における言及は、文部省宗教局が公定した「日本仏教十三宗五十六派[20]」に含まれていたからこそであり、それ以上の意味をみいだすことはできない。小林一郎述『佛教各宗綱要』（大乗佛教會（晋文館発売）・一九四〇年一月）は法然・親鸞まで来て一遍にはふれず、栄西・道元に行き日蓮で終わるように、無視されることも少なくなかった。

このほか高千穂徹乘『一遍上人と時宗教義』顯眞學苑研究叢書（同學苑出版部・一九三〇年四月、一九二四年に京都佛教大學〔現龍谷大学〕研究科に提出した卒業論文）、藤原正校註『一遍上人語録』岩波文庫910（岩波書店・一九三四年六月）などは注目できる（のち大橋俊雄校注により法然と併せて『日本思想大系』10（岩波書店・一九七一年一月）として出され、あらためて大橋校注『一遍上人語録』岩波文庫青版321―1（一九八五年五月）として独立して文庫化されている）。また『一遍聖絵』について宗門人の淺山圓祥『一遍聖繪六條縁起』（山喜房佛書林・一九四〇年四月）があり、戦後も版を重ねている。戦前の既成教団としての時宗については、龍谷大學編纂『佛教大辭彙』第三巻（冨山房・一九三五年一二月）の「時宗」の項に貴重な記事がある。

織田正雄編輯『一遍上人の研究』（京都時宗青年同盟〔丁子屋書店発売〕・一九三八年一〇月）は、一遍生誕七百年を前にして宗内・外から六名の論攷を集めた。巻末の「一遍上人繪卷展覧會出陳目録」もおもしろい。

時衆研究の先駆者としてまず挙げるべきは宮崎圓遵氏である[21]。真宗学僧でありながら、一九三一年六月という段階で時衆と真宗との関係性に言及するという、現在なお実証性をともなった時衆研究の最先端をいく仮説を提示していて、その後も戦後にかけ時衆に関する論究を欠かしていないことは特筆したい。

戦後になり一九五五年八月、柳宗悦氏による『南無阿彌陀佛』（大法輪閣、のち『柳宗悦・宗教選集』4巻〔南無阿弥陀佛・一遍上人〕、春秋社・一九六〇年一月、岩波文庫青169―4、岩波書店・一九八六年一月ほか）は一般書ながらも、教理をうまく咀嚼して仏教史における一遍・時宗の位置を評価し、広く世に知らしめる意義を担った。ほどなく赤松俊秀氏の「一遍上人の時宗について」が一九五七年八月に『鎌倉仏教の研究』（平楽寺書店）に所収されるにいたり、時衆の評価が一定してくることとなった。同論攷は二五万人に配られた念仏札や『天狗草紙』（『七天狗絵』）を例に時衆の教勢が強かったことを述べ、『花園天皇宸記』元応元年（一三一九）九月十八日条に「召二本道上人一談二念佛宗法文一、當時流布念佛宗、稱二一向專修一、偏弃二餘行一、只事二念佛一、他力之義、尤雖レ可レ然、大小權實顯密教法、徒以可レ廢、悲哉〳〵」（返り点筆者）とある例を示しながら、この「念佛宗」を時衆とみ、中世における時衆信仰の広範な展開を認め、その研究意義を評価したものである。すでに一九四四年二月に史學研究會編輯『史林』第二九巻一號（内外出版印刷株式會社出版部）で発表されていたものを収載した単著だが、鎌倉仏教の一つとして真宗などと並列し、既発表の「藤沢市清浄光寺蔵の時衆過去帳」など三篇の時衆関係論文とともに掲載されたことで、関心を惹く効果は絶大であった。それに先だつ一九五六年五月、吉川清氏による『時衆阿彌教團の研究』（池田書店、のち再版、藝林舍・一九七三年九月）が上梓される。総本山清浄光寺塔頭の住職であるにも拘わらず、自らの属する「時宗遊行派」に対する忌憚のない分析を加え、史料解釈などに問題点を含むものの、今なお「同朋衆」「阿弥衆」などに関する文化史研究では基本文献として位置づけられている。同書が「阿弥衆」の語の初見であろうか。ただ定義が曖昧なまま現在にいたった感がある。また石田善人氏は一九五六年一〇月、一遍の行業から文化的動向までを扱った「一遍」家永三郎編『日本仏教思想の展開—人とその思想—』（平楽寺書店）、ついで「時宗〔—特集—日本仏教の地域発展・宗派別〕」仏教史学会編集『佛教史學』第九巻三・四合刊号（平楽寺書店・一九六一年一〇月）、一遍・真教から各派・各地の寺院、室町期、権力との結合などにふれた「一遍と時衆」赤松俊秀監修『日本仏教史』Ⅱ中世篇（法藏館・一九六七年五月）などを著す。石田氏はこのように濫觴期の研究者で、史料も丹念に渉猟しているが、その後庄園などの研究に移行したため研究史にはあまり登場しなくなる（以上は改題の上、石田『一遍と時衆』法藏館・一九九六年五月に所収）。さらに大橋俊雄「時宗史研究の回顧と展望」が、一九五七年一月創刊された『日本仏教史』一号（同研究会）に掲載されたことで時衆関係の研究がたて続けに発表された形となり、時衆研究が学界において定着する。

その中で大橋氏の業績は、（日本歴史学会編集）『一遍』人物叢書183（吉川弘文館・一九八三年二月、新装版、一九八八年一〇月）のほか、膨大かつ多方面にわたる先駆的意味をはたし（詳細は本書第一部第三章）、続く形で文学史の立場から研究を展開したのは金井清光氏である。文学史の観点から時衆の重要性を主張した『時衆文芸研究』（風間書房・一九六七年一一月）以降の単著のほか、一九六二年一一月にはガリ版刷りの私家版雑誌『時衆研究』発刊など精力的に論文を公表し[22]、各地を調査・訪書して新出史料の発掘に力を注いだ。大橋氏と双璧をなす。大橋氏は二〇〇〇年、金井氏は二〇〇九年に死去するも、その業績は今なお必須のものである。その両氏を学問および出版面から支えた角川源義氏は、國學院大學への学位請求論文である『語り物文芸の発生』（東京堂出版・一九七五年一〇月）において、唱導文芸における時衆の意義を詳述している。自身が社長を務める角川書店において一九七八年から九〇年にかけて『角川日本地名大辞典』全五一冊を刊行したが、これは『時衆過去帳』にみえる地名解析のためであったと金井氏に対し回顧したという。また望月華山氏は望月編（実は単独著作）『時衆年表』（角川書店・一九七〇年一月）のあとがき「時衆年表上梓について」において、戦中に赤松俊秀氏を中核とする文部省からの調査団を迎えたのを端緒に、日のあたらなかった時衆研究のため個人的に本山清浄光寺において調査を開始し、『遊行日鑑』『藤沢山日鑑』や熊野万歳峯の一遍名号碑を再発見したりといった現行の研究に不可欠な史料の発掘や基本文献としての年表執筆の経過を明らかにしている。また一九七二年二月には時宗教学研究所発行の『時宗教学年報』第一輯が創刊され、おおむね毎年三月に刊行されて現在にいたる（五輯と六輯の間のみ一年半あく）。以後、中世の時衆について各方面の史料を手際よくまとめた大橋『時宗の成立と展開』日本宗教史研究叢書第三（吉川弘文館・一九七三年六月）や藤沢派以外に精緻に目配りをした金井『一遍と時衆教団』（角川書店・一九七五年三月）などの既発表論考を収載する形での単著が続く。

一方で濫觴期の時衆研究で忘れてはならないのが民俗学方面からの言及である。堀一郎氏は『我國民間信仰史の研究』（創元社・一九五三年一一月）で「智眞の生涯と遊行上人の出現」なる章を設けて、ほかの聖たちと比較し、五来重氏は『高野聖』角川新書199（角川書店・一九六五年五月、のち増補、角川選書79、一九七五年六月ほか）において、高野聖からたどって時衆が融通念仏運動・善光寺聖などとともに有機的に聯関しつつ中世以降庶民に受容されていった経過を明らかにし、踊り念仏など時衆の習俗を強調した。時衆が史料の寡少性から文献史学の対象とされることは多くはなかったが、中世社会における重要度は周知されていくこととなる。それに並行して一九六〇年七月、『日本繪巻物全集』の一環として第10巻『一遍聖繪』（角川書店）が出されて以後『一遍聖絵』研究が盛行していく。そこでは『聖絵』の特筆すべき豪奢で繊細な描写をもとに、風俗資料として現在では歴史学、文学史、民俗学、美術史などさまざまな分野から時衆が研究の俎上に載るようになった。

圭室文雄氏も研究史に欠かせない。一九六六年に清浄光寺を中心に調査・研究を開始、ほぼ同時期に藤沢市当局による『藤沢市史資料所在目録稿』『藤沢市史』編纂がなされ、ついで圭室氏による後掲『遊行日鑑』『全国時宗史料所在目録』、橘俊道・圭室編『庶民信仰の源流―時宗と遊行聖』（名著出版・一九八二年六月）でひとまず完結する。圭室氏はしばらく時宗研究から遠ざかっていたが、二〇一二年一月に吉川弘文館より『江戸時代の遊行聖』歴史文化ライブラリー338が出た。

藤島達朗・宮崎圓遵編『日本浄土教史の研究』（平楽寺書店・一九六九年五月）の中世篇一五本のうち菊地勇次郎、大橋俊雄、石田善人氏による三本が掲載されている。「開宗」七百年にはさまざまな行事や事業が計画され、『時宗教学年報』第四輯（一九七五年一〇月）では特集が組まれ、記念出版された時宗開宗七百年記念宗典編集委員会編集『定本時宗宗典』上・下巻（時宗宗務所〈山喜房佛書林発売〉・一九七九年一二月）は基本文献となっている。『時宗全書』（二冊、大橋俊雄解題。藝林舍・一九七四年七月）が刊行されたが、断りがないものの実は戦前のものの復刻であり新味はなかった。このほかの基本文献としては前出『時衆年表』と時宗教学研究所編『時宗辞典』（時宗宗務所教学部・一九八九年三月）があり、文献目録は一九九八年以来、『時宗教学年報』において筆者と古賀克彦氏との共編で毎年「時衆関係文献刊行物紹介」を連載中である（『時衆文献目録』として刊行予定）。禰宜田修然『時宗の寺々』（禰宜田私家版・一九八〇年五月）と、それを再編した禰宜田・高野修編著『時宗寺院名所記』（梅花書屋・一九九四年三月）は、現存寺院すべての来歴がまとめられていて貴重である。同様に一遍歿後七百年を記念した佛教藝術學會編集『佛教藝術』185（毎日新聞社・一九八九年七月）は「特集　時宗の美術と芸能」として一〇篇を掲載した。いずれも従前あまりとりあげられない命題が多く、いまなお有用である。

こうして大橋、金井、河野憲善（『一遍教学と時衆史の研究』東洋文化出版・一九八一年九月）、橘俊道（『時宗史論考』法蔵館・一九七五年三月ほか）、梅谷繁樹（『中世遊行聖と文学』桜楓社・一九八八年六月、『捨聖・一遍上人』講談社現代新書1281、同社・一九九五年一二月ほか）、林譲氏らにより研究が興隆していく。やがて網野善彦、五味文彦、黒田日出男、藤本正行といった宗外の錚々たる顔ぶれによる絵巻物論争が惹き起こされていく。現在の研究の傾向としては、一部を除き『聖絵』研究が時衆研究より切り離された絵画資料として利用されるにとどまっていること（対する『遊行上人縁起絵』研究はかなり限定されること）、密接な聯関の推定される善光寺聖・高野聖ら勧進聖の研究が史料量の制約から途上であること、圭室文雄氏の一連の業績に代表される、地方文書の発掘から近世遊行の分析が緒についてきたことなどが挙げられよう。一遍の生地である愛媛県には、一遍を讃仰する市民による一遍会という組織が存在し、一九七〇年以来例会や『一遍会双書』、会報刊行などで四〇年ほどの歴史を誇る。またおおむね一〇年ごとに展観が開催され、その図録も数少ない文献として挙げられる。神奈川県立博物館編集『神奈川芸術祭・特別展　遊行の美術』（同館・一九八五年一〇月、「一遍―そして浄土を求め旅した人々」展。同年一〇月一九日～一二月一日）、神戸市立博物館編集・石田善人監修『特別展　中世を旅する聖たち展―一遍上人と時宗―』（神戸市スポーツ教育公社・一九八八年六月）、佐野美術館編『一遍神仏との出会い』（同館・一九九二年、特別展同年一〇月九日～一一月九日）、時衆の美術と文芸展実行委員会編集『時衆の美術と文芸―遊行聖の世界―』（同会〈東京美術制作・発売〉・一九九五年一一月、過去最大規模、列島四箇所の巡回展）、京都国立博物館編『長楽寺の名宝』（同館・二〇〇〇年一〇月、旧七条道場金光寺開創七〇〇年特別陳列同年一〇月一二日～一一月一二日）、京都国立博物館編『国宝・一遍聖絵』（同館・二〇〇二年一〇月、修理完成記念特別陳列同年一〇月九日～一一月一〇日）および奈良国立博物館編集『一遍聖絵　絵巻をあじわう』親と子のギャラリー（同館・二〇〇二年一一月、企画展同年一一月二六日～一二月二三日）は修理の完成で共同開催されたものである。文書類は少ないが絵巻のほかさまざまな資料が遺る時衆ならではといえよう。

ともあれ、他宗派に比すればその先行研究は絶対的に不足しており、例えば教科書や歴史概説書などが依拠すべき標準的で全貌を俯瞰した基本文献がいまだに存在しないというのが現状である。今井雅晴編『一遍辞典』（東京堂出版・一九八九年九月）は執筆陣に時衆研究者が少なく暫定の便覧の域を出ていない。その後時宗史研究会編集・発行により『時宗史研究』創刊号が一九八五年一〇月発刊されるも一九八七年五月に第2号で廃刊、かつての『時衆研究』を承ける形で時衆文化研究会編集・発行（岩田書院発売）で二〇〇〇年四月に年二回の『時衆文化』が創刊されたが、これも二〇一〇年一〇月に第21号をもって終了している現状である。文部省科学研究費により五九箇所を悉皆調査した圭室文雄編『全国時宗史料所在目録』（大学教育社・一九八二年二月）は貴重な成果だが、それがその後学界で活かされているとはいいがたい。同じく科研費による一遍研究会からは、同会編『一遍聖絵と中世の光景』（ありな書房・一九九三年一月）と武田佐和子編『一遍聖絵を読み解く—動きだす静止画像—』（吉川弘文館・一九九九年一月）が出ている。

白金叢書として禰宜田修然・高野修氏による『遊行・藤沢歴代上人史—時宗七百年史—』（松秀寺・一九八九年一〇月）をはじめとして、高野氏による『時宗中世文書史料集』（同寺・一九九一年五月）や『時宗近世史料集』第一〜三（同寺・一九八八年九月〜一九九三年五月）がある。また、東京都府中市称名寺の仏教文化研究所から高野氏による『遊行・在京日鑑』（同所・一九八九年四月〜現在）が一五巻出ている。これは圭室文雄編『遊行日鑑』第一〜三巻（角川書店・一九七七年三月〜一九七九年二月）を承けたもの。これら日鑑は近世遊行上人が諸国遊行していた際の日記である。一方、藤沢清浄光寺の日記として藤沢市文書館編『藤沢山日鑑』（同館）が一九八三年三月から毎年出ていて現在二九巻（別に別巻一冊あり）となっている。

なお時衆通史として、簡便な新書版の大橋『一遍と時宗教団』教育社歴史新書〈日本史〉172（同社・一九七八年一〇月）がある。あとがきでも研究史がまとめられている。その後、時宗教学研究所編『時宗入門』（時宗宗務所・一九九七年二月）、おもに藤沢派に関する紀伝体の高野修『時宗教団史—時衆の歴史と文化—』（岩田書院・二〇〇三年三月）が出るものの、これらは宗門人育成のための教材である。

時衆研究の専門書はみな入手しづらく、多くが国立国会図書館にすら入っていないため、研究には多大な困難をともなうことになる。

数少ない光明は、時衆文化研究会関東支部より興った民衆宗教史研究会とその年刊機関誌『寺社と民衆』（二〇〇五年三月～）などの活動と、東日本部落解放研究所を母体とする鉦打・時宗研究会が二〇〇八年一月以来例会を重ねていることである。

学界の宗教史・仏教史通史において時衆がどう扱われてきたか、次に簡単に回顧してみたい。

柳宗悦氏が前掲『南無阿彌陀佛』の中で「附　時宗文獻」の節を設けている。その中で、望月信亨『略述浄土教理史』（浄土教報社・一九二一年九月）および鈴木大拙『日本的靈性』（大東出版社・一九四四年一二月）などの名著に時宗の言及なく、唐沢富太郎『中世初期浄土教育思想の研究―特に一乗思想とその傳統に於いて―』（東洋館出版社・一九五四年二月）には時宗の民衆的性格にふれつつも浄土思想発展の帰着として親鸞を掲げ、石田充之『日本浄土教の研究』（百華苑・一九五二年一〇月）では一遍につき半行の論究にとどまると慨歎している。

ここで指摘された以外には、橋川正『概説日本佛教史』（文献書院・一九二九年五月）が浄土教の最後に一遍と時衆教団を挙げる。ある程度の紙数を割き、時衆と時宗を峻別している点、目配りができている。同じ橋川著・國史講座刊行會編輯『日本佛教史』國史講座（同會・一九三三年一二月）では、一遍や時宗および十二派各派がきちんととりあげられている。村上専精『日本佛教史綱』下巻（金港堂書籍・一八九九年三月、のち「―日本文化名著選―」として創元社・一九三九年四月）は「一遍上人の出世及び時宗の教義」の章あり、十二派挙げる。「託阿〔何〕『器朴論』の如き、玄秀の『続要篇』の如き、教相の理論頗る至れりといへども、教相の高尚なる理論は、反りて初祖一遍上人の望まざる所なりき。初祖は理論を綷となさず、たゞ行實を旨となせり」と一遍教学の本質を突く言及がなされていた。圭室諦成『日本佛教論』日本歴史全書第十六巻（三笠書房・一九三九年二月）には時宗がないが、圭室『日本佛教史概說』（理想社出版部・一九四〇年一〇月）には、主要人物として「智眞」、主要文献として「一遍上人繪詞」（ここでは『一遍聖絵』のこと）の見出しあり、簡単な解説がある。宇井伯壽『日本佛教概史』（岩波書店・一九五一年一月）は、鎌倉時代で「時宗」としておもに一遍、足利~安土桃山時代の「時宗の状況」ではおもに十二派、江戸期の「時宗の特色」では時宗の機構にふれ、善光寺・高野山にも言及するなど目配りができている珍しい例である。

戦後は大正大学に出講していた時宗宗学林講師の寺沼琢明氏に学んだ大橋俊雄氏が時宗研究を開拓していくが、赤松俊秀「一遍上人の時宗に就て」史學研究會編輯『史林』第二九巻一號（内外出版印刷株式會社出版部・一九四四年二月、のち赤松『鎌倉仏教の研究』平楽寺書店・一九五七年八月に所収）で学界において初めて再評価されたことはすでに述べた。それに続くものとして、辻善之助『日本佛教史』中世篇之一（岩波書店・一九四七年一二月）は「淨土宗」「親鸞と本願寺」とならんで、それらに比しわずか一四ページながら「時宗」の節を立てている。典拠として磯貝論攷を挙げ、一遍に関する絵巻およびかれの事績を中心にたどる。中世篇之二（一九四九年一月）でも新旧仏教の衝突の事例として『野守鏡』『天狗草紙』などから時衆にふれている。近世篇之三（一九五四年四月）では流謫された不受不施派僧の日記『説默日課』および同四（一九五五年一月）では『池田光政日記』から遊行の驕侈・堕落を指摘した。

以上の研究史において、問題点は多い。巨視的にみれば、金井氏以外、「十二派史観」とでもいうべき、総本山を擁する多数派である「遊行派」中心の史観であり、近世以降の宗史・宗学をそのまま無批判に継承しているところがある。微視的にみれば、それゆえに『一遍上人年譜略』など後代の宗門史料に基づく傾向があり、例えば一遍を叡山で修学したとか、[23]遊行上人とよばれたとするなど、[24]基本において過誤を犯すことが少なくない。学校教科書でも「時宗」開宗を措定するなど、実証性におよそ欠ける点がみられる。精緻な分析による概念とはいえない「阿弥衆」などが時衆所縁のものとして定義されているのも禍根を遺すところであろう。今、時衆研究に求められているのは原点にたち戻った研究である。

第三節　学校教育における時衆

研究が歴史教育を作り、そして歴史教育が社会の公民を作るという単純再生産の循環において、時衆に対する認識が形成される。歴史学と歴史教育は密接不可分の関係にあり、双務的にその成果が活かされなければなるまい(25)。時衆が一般社会においていかなる位置づけにあるのか。歴史教育をみることで、そこに投影された学術研究の動向を知ることも可能であろう。学界あるいは社会からの時衆への関心の多寡も、互いを超えるものではないからである。次にその端的な例として、学界と社会とをつなぐ役割りをはたす学校教育を挙げる。歴史叙述の問題点は教科書記述でよりあらわになるからである(26)。またそれを通じて、そもそも時衆を研究する意義とは何か、といった命題にも接近することができよう。社会との関係性でいえば、近年、歴史修正主義に基づく日本近現代史の記述をめぐる経緯や旧石器捏造事件など、歴史教科書に関するさまざまな問題が社会を賑わせている。しかし一見、二項対立のないように映ずる古代~近世の事項を軽視することはできないのである。日本仏教史においては鎌倉時代が百花繚乱の時代であった。したがって教科書においても鎌倉時代の構成をたどることが仏教史そのものへの認識を知る手がかりとなる。特に例証としやすい学校教科書を素材に簡単に比較してみよう。ごく簡単に教科書を比較してみたい。

戦前の歴史（國史）教科書は天皇ごとの紀伝体やあるいは武勇伝などを中心とする読み本的叙述が多い。一八八二年刊行で検定教科書以前の小学校歴史教科書を代表する大槻文彦『校正日本小史』巻之中には「佛敎宗派大ニ興ル」の項で栄西、道元、源空（法然、戦前はこの表記が主）、親鸞、日蓮の順で挙げたのち「又、伊豫ノ僧一遍アリ、亦専ラ念佛ヲ唱へ、時宗ノ一派ヲ成シ、常ニ諸國ヲ遊行シテ衆生ヲ度ス、遊行上人トイフ」とある。(27) 検定制度が採用されて以後の一八八七年、辻敬之・福地復一『小學校用歴史』第二・久仁（追号・後深草）の項でもほぼ前掲書と同内容を踏襲しつつ「又嘗テ村上帝ノ時、僧空也諸州ヲ周遊シ、念佛ヲ業トス、後僧一遍其ノ跡ヲ襲ギ、時宗ノ一派ヲ成ス、海内ヲ遍歴シ、衆生ヲ度ス、世呼テ遊行上人ト云フ」(28) とあるのは、中・近世の時衆に対する認識が投影されているもので注目すべきである。戦前にあっても鎌倉仏教の項が立てられればほぼ時宗の言及がみられる。ただ基本的に文化史の立項自体が寡少なのはいうまでもない。中学校教科書では一八九〇年代から鎌倉時代の章で「新宗派」「新仏教」として別置される。栄西・道元・源空・親鸞・一遍・日蓮の六人である。傾向としては天台・真言の僧徒が横暴で、教説難解のため後者四名特に親鸞・日蓮に庶民の支持が集まったとする（事実として顕密は民衆勧進を怠ったのでなく忌避した側面もある）。一八八九年の教科書に普化宗を含めたのが異色であるほかは、一遍を除く例はあってもほぼ同傾向である。

戦後に転ずるといかがであろうか。ともに文部省による一九四六年九月の国民学校向け国定教科書『くにのあゆみ(上)』、一九四六年一〇月中学校向け『日本の歴史(上)』(29) で法然、親鸞、一遍として浄土教で一括され、これが規範として継受されていく。戦前からの共通点としては時宗について踊り念仏はふれられていないところである。

戦後高校教科書では「新仏教の興隆」「宗教の改革」などとして学習指導要領(30) 作成に関わった家永三郎氏が主導する。一九五二年の教科書出版開始から各書で『歎異抄』の原文抜萃が載るようになり、新仏教の中で親鸞の悪人正機説が大きくとりあげられる。ほどなく貞慶・明恵・叡尊らが「旧仏教」改革者としてみえてくるのが戦後の特徴である。

しかし時衆のもつ諸相・特性はおよそ社会あるいは学界において認知されているとはいいがたい。「時衆」「時宗」という大前提の語すら、その定義となるや、はなはだおぼつかないのが現状である。その端的な好例として、受験生に使用される頻度が最も高いといわれる石井進・五味文彦・笹山晴生・高埜利彦ほか九名著作『詳説日本史』改訂版（山川出版社・二〇〇九年三月、二〇〇六年三月検定済）には、「同じ浄土教の流れのなかから、やや遅れて出たのが一遍《いっぺん》である。一遍は、善人《ぜんにん》・悪人や信心《しんじん》の有無《うむ》を問うことなく、すべての人が救われるという念仏《ねんぶつ》の教えを説き、踊念《おどり》仏によって多くの民衆に教えを広めながら各地を布教して歩いた。その教えは時宗《じしゅう》とよばれ、地方の武士や農民に広く受け入れられていった」（ルビは原文ママ、。註なし。文章の横に東京国立博物館蔵『一遍聖絵』第七・四条踊屋の図あり）とある。(31)

本書で縷々つまびらかにするように、時衆は本来的に宗派・宗旨ではないから、時宗が「日本十三宗」に属するとはいっても歴史・形態は、ほかの一一宗（融通念仏宗の場合は時宗に重層）とおよそ異なる様相を呈しているのである。時衆とは一遍のみが祖師ではないし（新仏教の祖師が「開宗」した事実は誰一人ない。ゆえに教科書では「のちに〜宗を開いた人と仰がれた」くらいの記述がよいのではなかろうか）、踊り念仏は時衆教団で抑制されるべき行儀であった。

戦前でも『一遍聖絵』（国宝指定名称の『一遍上人絵伝』多し）は掲載されていたが、戦後は風俗絵画資料として必ず使用される。六〇年代前後から併せて踊り念仏が特筆される。現行高等学校「日本史B」（通史編）教科書一一種すべてで「時宗」「一遍」が載り、うち一〇種で「一遍上人絵伝」「踊念仏」がみえるのは驚くべきことである。対して「時衆」「遊行」は四、「一遍聖絵」にいたっては一種しかない[32]。おそらく現在のように時宗の項目で踊り念仏がゴシック体で最強調されるのは戦後をややへた教科書からであろう[33]。『一遍聖絵』の図版転載も戦後からであり、風俗資料として用いられても時宗における意義についての言及は稀薄である。初期教科書では一遍の伊勢参宮者への教化が説かれるが、史実ではない。一九五二年の教科書に高野山頼諭〔瑜〕がみえるのを例外としてほかに有力顕密寺院の人物は描かれない。この排列・傾向は自治体史における仏教史も同様である。室町時代、特に東山文化の説明においても同朋衆ら時衆につらなる人々が必ずとりあげられることになっている。

巷間、教科書には学界の通説が一〇年遅れて採用されるといわれる。宗教史をめぐる現状は、平安・鎌倉仏教誕生に紙数が割かれ、それ以外は美術史の項目で寺院建築、什物などが言及されるにすぎない。学界での宗教史に対する見方が、教科書において露骨に反映しているのである。日本史においては仏教が宗教という位置を大きく超えて政治史、文化史、思想史を構成しているから、歴史教育における宗教史の重要性は論をまたないところであろう。従前、歴史学で宗教が別枠に位置づけられてきた風潮を回顧すれば、宗教のもつ特殊性を強調するあまり歴史学への融合を怠ってはなるまい。またその際には、現象面の特徴のみを掲げるのではなく、歴史全体の文脈を捉えるとともに、階層、性別、地域などのさまざまな位相にも注視する必要があろう。

第四節　研究の問題点

前節まで研究史および歴史教科書における時衆をみてきた。そこにあるのは時衆のもつ実態と意義からはいささかかけ離れた扱いであったが、これは学界や社会全般の認識を代表している。

時衆研究の現状は前途多難といわねばならない。日本中世史学においてよく引用される大橋俊雄、今井雅晴氏の論究は、従前の「時宗」概念を無批判に継承したという点で、非実証的・宗学的であり、歴史学の方法論に基づく厳格な論証・精査をへたものとは必ずしもいいがたい憾みがあった。依るべき先行研究をほとんどもたない事実上の時宗研究創始者にして宗教家である大橋氏は仕方ないにせよ、歴史学の徒である今井氏の責任は大変重い。『時宗成立史の研究』（吉川弘文館・一九八一年八月）、『中世社会と時宗の研究』（吉川弘文館・一九八五年一一月）のように、旧来の宗派としての「時宗」の呪縛から抜けきれない以上、「時衆」のもつ広範かつ多様な性格を把握することができないのは当然であった。唯一「時衆」という観点からその成立に光をあてた金井清光氏の研究は、あくまでも日本文学の立場からで、研究手法や発表媒体、論述方法も歴史学とはやや異質であり、ほかの時衆研究者も含めて発信力に弱いところがあり、日本中世史研究で援用されることは少なかった。

けれども、そのことは一義的には金井氏の責ではない。氏が声を大にして指摘し続けた仮説の可能性を看過してきたことは、中世史家は大いに反省しなければならない。たしかに時衆に関する言及は八〇年代以降目だつようになってきた。しかしそれは『一遍聖絵』および『時衆過去帳』を用いた研究のみが不均衡に肥大化し、〝『一遍聖絵』をみると時衆が庶民に近かったことがわかる〟〝『時衆過去帳』によれば各地に信者がいたことがわかる〟といった表層の言及にとどまり、時衆に内在する本質を顧みた起承転結をともなう研究はほとんどなかった。学際研究が叫ばれるが、そのことから逆にいえば、歴史家側は日本文学はじめ他分野をあまり参照しない傾向があった。筆者は、時衆研究が長年疎外されてきたとする金井氏の慨嘆を著作や肉声を通じてしばしば目に耳にしたが、それは故なしとしない。一遍が叡山で修学したとか、一遍が法灯国師（心地覚心）から印可を受けた、国定忠治の子分・板割り浅太郎が清浄光寺塔頭住職となり一八八〇年の同寺焼失後の復興に努めた、といった、すでに三〇年も前に研究によって否定されたような命題がいまだに流布していることは、ひとり時衆研究者のみの責ではなく、時衆研究者の層を厚くしてこなかった点で、母集団たる歴史学界の罪もまた重い[34]。

宗教史を叙述するのに、歴史学的な通史と仏教学的な宗史とがある[35]。同時代の中で横断的にみてそれを通史とするか（その逆に通史の中で、ある集団を捕捉するか）、他宗派との対比によりつつ一つの宗史として叙述してそれを統合して体系とするかである。しかし「十三宗五十六派」の歴史を機械的に排列すれば、それが日本仏教史になるというわけではない。仏教史の概説書はこの形態をとらざるをえないが、つねに危険な要素をはらんでいるといわざるをえない。

仏教学の濫觴を顧みれば、直接の成立要因は各宗僧侶養成機関における教学にある。近代にも寺院子弟・檀信徒再生産の哲学として、ともすれば護教的になりがちな陥穽があった。黒田俊雄氏がかつての封建的な教団単位と喝破したとおり[36]、研究の厚みは現行教団の教勢に比例し、宗門立大学を拠点とした宗学・宗史を総体化したものが仏教学の枠組みを構成し、そのまま歴史学に投影する特性が看取される[37]。時衆についても、詳しく述べる概説書では「時宗十二派」がとりあげられるが、これは時宗総本山を擁する藤沢派の近世以降の概念をそのまま援用したものにすぎない。そしてこうした宗学引き写しの仏教史への反命題が黒田氏の顕密体制論にほかならなかった。「開宗」「宗祖」などを先験的に措定する宗学に忠実に制度的表象面でみるなら、「鎌倉新仏教」の成立は豊臣政権による千僧供養会時の公定をまたねばなるまい[38]。本書の主題たる時衆を例に挙げれば、元来個別に展開していた聖を政策的に統合して近世「時宗」が成立するから、鎌倉時代の項で「時宗」と教授することは本質を逸脱するおそれがあるし、「宗祖」一遍智真に全体を収斂したり現行教科書全一一種中、一〇種で踊り念仏を大書するのも時衆の大きなうねりを矮小化しかねない側面をもつ。[39] 翻って次の家永三郎氏の言説も看過できない。「歴史において将来に対する現在の実践的関心なくして過去を学問的に認識することはでき」ず「過去の思想的文化的営為が精神的遺産としてどのような重みをもつか（中略）という観点からすれば、新仏教に大きな比重が割かれるのは当然」で「顕密仏教の精神的遺産としての意味はゼロ」であると。[40] もっとも、法然・親鸞の易行化とは密教と同義といえる本覚思想を発展させたものであるという研究もあるから、[41] 家永氏のように確然と捨象することはできない。

前近代、おもに近世寺院本末制成立以後に由来の宗学・宗派史に基づく祖師中心史観は通用しない。かれら祖師が同時代にあっては部分・局所の支持しかなく、初期浄土宗・真宗教団においては、法然・親鸞の〝反体制性〟はその死後覆い隠されたことを再確認せねばならない。時代から隔絶していた思想家を追究することの意義を否定するものではないが、それには隔絶した事由を解き明かすことに研究の前提・第一義をおくことが求められ、それを省略しては学術たりえないと考える。親鸞・一遍は、極論すれば後代に後継教団が存在したからこそ「祖師」たりえた人であり、詮ずるところ一例証にしか過ぎないのである。どんなに商品がすぐれていても、宣伝・広告に成功しなければその商品は広まらない。「祖師」の理想が高邁であればあるほど、その理想は衆生から遠いものとなっているからである。そこで布教研究に意義が生まれる。ただし「布教」「伝道」とは非史料用語でキリスト教に触発されたもので、次善として「弘通《ぐづう》」「弘《ぐ》法」「流通《るづう》」を採用したい。弘通の動因は、大乗仏教における上求菩提・下化衆生や自利利他、中世でいえば融通念仏といった概念で説明できようか。「宗祖」（草創）と「中興の祖」（守成）について縦軸と宗派同士の横軸で比較するべきである。

家永氏と黒田氏との対立は、事実認識と歴史評価いずれに力点をおくか、定量的研究すなわち量的認識と、定性的研究すなわち質的評価の対立と換言でき、この歴史学上の対峙はそのまま歴史教育に波及する性格をもつ。現況では執筆者の陣容などから相対的には家永氏の視座が教科書には反映していると思われる。ただ両立場とも事実認定で矛盾はなく、また庶民信仰への論及が乏しい点でも共通する（両者とも、時代の先駆者としての少数者に価値をおく点、や党派論めいている）。再び時衆を例にとれば、法然・親鸞・一遍を先後関係から優劣をおかず「むしろ一者の内面的発展のそれぞれの過程において見たい」とする柳宗悦氏の姿勢は、(42) 日本仏教のあらゆる法流に適用できる史観であり、神田千里氏が親鸞、一遍、一向俊聖らを「原始一向宗」として宗派確立以前の宗教運動として捉えたことで民衆宗教への視界を拓いた経緯もある。(43) 現に地方展開では、時衆が先、真宗が後という型が一般的で、他方常陸のように真宗・時衆が時代的に「旧」仏教、真言宗が「新」仏教という実例もある。(44) 大づかみでいえば庶民信仰は律僧→時衆→真宗と展開するから、各宗同時代並立で記述することは歴史の文脈・底流を見損なうことになりかねない。

ほかに佐々木馨、松尾剛次氏らの鎌倉仏教の全体像構築がある。佐々木氏は教理および活動の実態から諸宗を分類した。後者の所説は国家官吏たる官僧からの遁世に新仏教を規定するもので、僧尼令崩壊の実態や古代以来の私度僧の位置が截然としないなどの問題も含むが、観念的でなく具体的に新旧を定義づけられる利点がある。この場合、専門領域の西大寺流叡尊教団における個人救済をいかに新仏教として捉えるかが原点にある。いかなる宗派にも「保守性」と「革新性」が混在する以上、仏教史において新旧概念・時代区分論を俎上に載せれば、畢竟、各人各様の結論を招く。歴史教育で肝要なのは評価の基準となる歴史事実を生徒に提供することではないか。教理の理解は難題である。しかし本覚思想を知ることで、能などの意図を解釈でき、当時の人々の行動様式を認識することができる。すなわち理念を知ることが人間理解につながることとなろう。

時衆を〝庶民信仰〟として承認する立場は多くみられるが、それを具体的に学術で実証しようと努める動きは鈍かった。主因の一つには、文献史料に大きく依存する日本歴史学の陥穽、すなわち史料が多くある命題から研究するという悪弊は否定できない。その証左として、中世に繁栄しながら現在は同じく小教団である律宗は、研究者が多数存在するのに対し、時衆や融通念仏宗には片手ほどしか研究者がいない点を挙げれば充分であろう。史料が僅少であること自体が、一面では民衆性を示しているのである。もう一つに政治史が花形で本流とされることもあろう。さらにもう一つ、祖師研究中心の宗派史観については、黒田俊雄、伊藤正敏氏による痛撃がなされた。しかしせっかく改善されるかにみえた宗教史研究も、後述のように顕密体制論による聖研究の軽視によって、はかばかしいものとはならなかった。時衆とは、日本文化の基層の一角を形成したという意味で、その研究には大いなる意義があることを本書では指摘するものである。日本歴史学が史料の多寡による桎梏を打破し、明確な視点・展望を動機として研究していかなければ、それは単に懐古・尚古の歴史趣味の域を出ず、例えば国家による「事業仕分け」に耐えうるものとはなりえないものと考える(45)。

歴史学において求められる宗教史研究とは、宗教が人間社会にいかなる影響と意義を有したか、という問題を不断に問い続ける営為であろう。「宗教はアヘンである」という言はある程度正しく、この批判的観点をふまえたい。その視座から日本中世史における仏教史（神仏習合だから神道史もこの中に含まれよう）研究を考えると、顕密体制論の問題意識がそれに該当する。しかし第三部第三章で批判するように、マルクス主義歴史観に基づく顕密体制論は、宗教の及ぼす害悪に固執するあまり、一般民衆の宗教を討究対象とすることすら侮蔑する傾向がみられた。

他方、歴史学は文献史学が基本であり、古文書・古記録などの分析が中軸にすえられる。こうした史料に時衆の多くは現れない。なぜなら時衆は遊行廻国・庶民勧進が主流にして本筋であるから、土地をめぐる訴訟や僧官の授与などという史料に遺りやすい内容をともなうことは稀である（もっとも京洛の時衆はしばしば貴顕高僧の古記録にみえる）。顕密寺院に比すれば庄園公領制・在地領主制以後の政治史・社会経済史において時衆は—名前はみえていたとしても—権力側の当事者として研究の素材になることははるかに少ないといえる。羽仁五郎氏の「日本には、人民の歴史がなく、支配者の歴史しかなかった（中略）古來專制君主制官僚主義の支配がつづけられていた東洋また日本においては、支配者の歴史の傳統がつねに壓倒的であったこと、このことをわれわれは決して忘れてはならないのである」という言説は、民衆信仰を考える上で肝に銘ずべき確言である。[46]『源氏物語』の初見から千年たったとして二〇〇八年には「源氏物語千年紀」と喧伝され、二〇〇九年には、阿修羅像を目玉とする興福寺展が東京と福岡で一六五万人集客したというが、前近代においてこれらの作品にふれ心の平安をうることができた人がはたしてどれほどいたのであろうか。金井清光氏は、「宗教を開祖個人の面からだけみて、教団・信者の面からみること」の難を説き、知名度がほとんどなかった親鸞らを引き合いに、中世人に莫大な支持をえた時衆を研究する意義を高唱する。[47]現代の認知と過去のそれとはまったく質が異なることを再確認し、歴史学の視座から正しく史・資料を取捨選択することが必要である。自然科学者であり政治家であった山本宣治（一八八九〜一九二九）は、右翼により刺殺される直前、最後に「吾〻ハ飽迄此現代ノ社會ニ於ケル九十七「パーセント」ヲ占ムル所ノ無產階級ノ、其無產階級ノ政治的自由、之ヲ獲得スル爲ニ斯ウシタ、暗澹タル此裏面ニハ、犠牲ト、血ト、涙ト、生命迄ヲ盡シテ居ルト云フコトヲ申述べテ私ノ質問ヲ打切リマス」（一九二九年二月八日衆議院予算委員第二分科会での質疑）と締めくくった。いたずらに情緒に陥る必要はないが、この言の前段の定量性(48)を主張した部分から、社会の基礎を形成する民衆へのまなざしを感じとれる。本当の意味での「声なき声」（silent majority）をすくいとる努力を払わねばならない。政治史・土地制度史主体の歴史学に警鐘を鳴らしたい。

おわりに――研究の課題と展望――

時衆に代表される勧進聖は、いわば下層僧職者・民間宗教者であり、それを研究することには大きな困難をともなう。史料の絶対量が不足しているからである。もとより、そのことをいいわけとすることは、学界・時衆研究者双方ともに赦されない。

そうした状況下で、先鞭をつけたのは堀一郎氏と五来重氏であり、時衆研究においては大橋俊雄氏と金井清光氏であった。中でも五来氏は「仏教民俗学」を提唱し、勧進聖・遊行僧をしばしばとりあげた。金井氏の手法もまた、五来氏に近似している。とかく研究の俎上におかれることの少ない庶民の生活断面を知るために欠かせない作業ではあったが、口承文学を素材とすることが多いため、解釈が観念論に陥りやすく実証性に乏しい面もみられた。それは民俗学、日本文学がもつ限界であり、だからこそ歴史学がはたすべき役割りは大きいのである。

九〇年代以降、顕密体制論を暗黙の前提としつつも、実証的な方法によって勧進聖ら下層の宗教者とその活動に焦点をあてる研究がようやく定着してきた。本書第二部第三章の「善光寺聖」をめぐる諸問題は、まさにその試金石となった。筆者がポスト顕密体制論者と目する牛山佳幸、井原今朝男氏がもともと善光寺研究を関心領域とし、伊藤正敏氏が高野山研究者であったことは偶然ではあるまい。佐々木馨、誉田慶信氏による区分論も、顕密体制論が陥った二元論ではみえてこない実相を明らかにするために評価できる方向性であり、拡充の余地を秘めている。宗派史・宗学的な祖師・聖典研究に拘泥せず教団の実態を研究対象とすることを志す伊藤氏、史料が少なく現代人からみて呪術的・後進的性格を帯びた宗教集団であっても倦むことなくとりくむ牛山、井原、伊藤、佐々木氏、史料の裏づけのない所与の前提とされたものについて〝脱構築〟していく実証的な牛山、原田正俊氏、といった研究動向は、今後の仏教史研究において中心にすえられるべき方向性をもっていると筆者は考える。林譲氏による時衆と一遍を原点から回顧する研究は地味ながら大変大きな意味をもつ。(49) また金井清光氏が志向したように、時衆研究には日本文学・民俗学などとの幅広い協働による有機的な研究が今時にはより求められているといえよう。

従来の科学的立脚点によらないが蓄積のある宗派史研究と、それに対峙する目的は正しいが実証性に乏しい五来重氏の仏教民俗学（前掲『高野聖』、『踊り念仏』平凡社選書117〈同社・一九八八年三月、のち同社ライブラリー・一九九八年四月〉ほか、『善光寺まいり』同社・一九八八年五月など）、そして実証性と広い視野をもち合わせた牛山氏以下の諸氏の研究（本書第三部第三章ほかで具体的な文献名を挙げる）とを止揚したものが、今後の仏教史研究ではめざされるべきであると考える。(50) 本書もこうした諸先学に倣いたい。

時衆は中世史研究における位置がこれからなお一層重視されていくと考えられ、実際、絵画資料としての『一遍聖絵』研究などは〝猖獗〟をきわめている。時衆研究においては、①これまで等閑に附されてきた「時衆」の歴史科学的な定義、②時衆が中世社会において有した（期待された）機能、③時衆が浸透する過程・形態、④時衆の教勢の消長とその背景、⑤時衆が日本仏教の庶民化にはたした役割り、といった点に課題を設定することが求められる。本書ではその解明を本務とし紙数を割く。近世以降の宗学的研究を「脱構築」(51) し、基礎となる用語の定義をへて、時衆各教団の概史をたどり、さらに日本中世史における正確な位置を確認することで、時衆の全体像と意義とをより明確にしていきたい。

ほかにも問題は多い。庶民信仰でもある性格のため史料が寡少であるという前提部分や、研究の基礎となる学術用語・分析概念の規定が学界に周知されていない現状がある。時衆の特徴（宗旨でなく集団であり、種々の行儀を具えた職能集団）を歴史学において活かすことは有益であろう。さらに「宗祖」「開宗」などという概念は近世幕政による「時宗」教団成立後のものであり、豊臣政権下の千僧会時に公定された仏教界の枠組みが近世の体制化をへて近代仏教史学にそのまま投影されたという背景を認識する必要がある。このことは第三部第三章で批判を加えたい。

中世の時衆はきわめて多様であり、特殊であった。それゆえに広範に展開し、階層を問わない帰依を受けた。一種の活仏であり、網野善彦説のいう「無縁」の原理を体現した存在として繁衍した。仏教弘通の主要な担い手であり、文化の基礎を築いた。中世思想の基底であろう本覚思想や同じ民衆救済者としての律僧、初期真宗教団などとの比較・検討といったなすべき作業は山積しているのである。研究の意味は歴史学にとどまらない。先行業績が少ない反面、非護教的研究を開拓することが可能な分野である。

〔註〕

（1）奈良文化財研究所編集『在地社会と仏教』（同所・二〇〇六年一二月）。

（2）松本郁代『中世王権と即位灌頂―聖教のなかの歴史叙述』（森話社・二〇〇五年一二月）は、その中心となる即位灌頂の実態を明らかにしている。

(3) 真宗は本願寺十代証如までが天台宗山門派青蓮院門跡で得度し、浄土宗は『元亨釋書』(『新訂増補國史大系』第三十一巻)によると「寓宗附庸宗」にすぎなかった。本書第三部第三章で詳論。

(4) もともと「民衆宗教」とは、おもに近世末以降の新興宗教に対して用いられる用語である。

(5) 芳賀登『民衆概念の歴史的変遷』(雄山閣出版・一九八四年一月)。

(6) 大橋俊雄「時衆資料(二)「時衆」という呼称の文献」『時衆研究』第四号(金井清光・一九六三年一一月)ほか多数。

(7) 金井清光「時衆研究の新資料について(第二報)」『鳥取大学教育学部研究報告』人文社会科学第三〇巻一号(同学部・一九七九年七月、のち「(第二報)」をとり、「(第一報)」と併せ金井『時衆教団の地方展開』東京美術・一九八三年五月に所収)。数はあくまで近世人の心象というべきだが、まったく無根拠ではなかろう。

(8) 佐藤博信「『快元僧都記』の世界像―戦国期の都市鎌倉の理解のために―」日本歴史学会編集『日本歴史』第五二三号(吉川弘文館・一九九一年一二月、のち「戦国期の鎌倉・鶴岡八幡宮をめぐって―『快元僧都記』を題材に―」と改題し佐藤『続中世東国の支配構造』思文閣史学叢書、思文閣出版・一九九六年一〇月に所収)。

(9) インターネット上で右翼(「真正保守」)。「保守本流」とは似て非なる)的言辞をなす人々をさす一種の新語・俗語で、辻大介「調査データから探る「ネット右翼」の実態」『Journalism』2009年3月号(通巻226号)(朝日新聞社ジャーナリスト学校〔朝日新聞出版販売〕・二〇〇九年三月)などにより解説が加えられている。

(10) 日本列島は孤立した島国ではなくつねに大陸・半島から人々が移動してきていたこと、近世以前は夫婦別姓であり同姓の歴史は浅いこと、和魂は漢才の対義語であり近代以後の用例は意図的な誤用であること、武士道とはいわば職業倫理にすぎず民族全体の思想に置換できないこと、など。

(11) 歴史学研究会編集『歴史研究の現在と教科書問題―「つくる会」教科書を問う』(同会〔青木書店発売〕・二〇〇五年八月)。

（12）二〇〇五年九月二日付「讀賣新聞」朝刊の宗教全国世論調査によると、宗教を信ずると回答した者二二・九パーセント、信じないと回答した者七五・四パーセントにも拘わらず、神仏にすがりたいと思った経験がある者は五三・九パーセント、ない者が四四・二パーセントであった。

（13）それに対抗する行動規範たりえたのは、マックス・ウェーバー（著）・杉浦宏訳・中村元補註『ヒンヅー教と仏教』宗教社会学論集第三［世界宗教の経済倫理］（みすず書房・一九五三年七月）が示唆するように、親鸞教学のみで、それゆえの弾圧も周知である。

（14）河合幹雄『日本の殺人』ちくま新書787（筑摩書房・二〇〇九年六月）によれば、現代日本社会では、規範は個人の内面にあるのではなく、慣習的な諸制度によって治安が維持されているという。

（15）その意味から、宗教教育・道徳教育については特定の教科・課程をおかない全面主義が次善であろう。特に公的助成による私学の必修授業における特定宗教の教育は、日本国憲法第二十条に抵触するおそれがある。

（16）玉川信明『アナキズム』フォー・ビギナーズ・シリーズ39（現代書館・一九八六年九月）。

（17）敵味方の恩讐を超えること。清浄光寺境内に現存する国指定史跡・応永廿五年（一四一八）十月六日銘「敵御方供養塔」は同二十三年の上杉禅秀の乱の死者を供養したもので、その銘文に「於在々所々、敵御方爲箭刀水火落命、人畜亡魂皆悉往生淨土故也、過此塔婆之前僧俗、可有十念者也」（傍点筆者）とある。博愛思想を表した国内史・資料の嚆矢とされている。

（18）筆者同様の見解をもつものに林譲「講演　平成九年度講座『加能史料』はいま　一向一揆以前―加能・能登の時衆―」『加能史料研究』編集委員会編集『加能史料研究』第十号（石川県地域史研究振興会・一九九八年三月）がある。

（19）文化庁編『宗教年鑑』平成21年版（ぎょうせい・二〇一一年二月）によれば、文部科学省所轄・包括宗教法人時宗の下に宗教団体が四一一寺院、二教会（法人格をもつのは四〇八寺院、一教会）、信者五八九五〇人。なお六年前の『宗教年鑑』平成15年版（二〇〇四年四月）では四一一寺院、二教会、その他一、信者五七三二一人とある。

(20) 一八七二年ころから政府より順次認可されていった仏教諸宗派が、一九四〇年の宗教団体法施行時に十三宗五十六派となった。梅田義彦『改訂増補日本宗教制度史』〈近代篇〉（東宣出版・一九七一年三月）一三二～一四〇ページ（渡辺浩希氏の教示）。新興諸派に対する伝統宗派の意味で用いられる。

(21) 時衆研究の先駆をなすものであり、なおかつ内容に古さがない点、重要な研究ばかりである。次に時衆に関する論攷の一覧を掲げる（秋月俊也氏の協力）。

①「中世佛教と庶民生活（一・承前）」『日本佛教史學』第一巻二・三號（同會・一九四一年一二月・四二年四月、のち同名で平樂寺書店・一九五一年一二月刊行）。

②「鎌倉武士と佛教」『龍谷大學論集』第二八九號（龍谷大學論叢社・一九三〇年一月）。

③「金澤文庫所藏播州法語集に就て―『一遍上人語録』『播州問答集』の成立に關する一考察―」『宗學院論輯』第十九輯（〔淨土眞宗本願寺派〕宗學院（興教書院発売）・一九三五年八月、のち「金沢文庫所蔵「播州法語集」について―「一遍上人語録」「播州問答集」の成立に関する一考察―」と改題し後掲著作集に所収）。

以上三本は『中世仏教と庶民生活』宮崎圓遵著作集第3巻（思文閣出版・一九八七年二月に所収）。

④「初期眞宗に於ける時衆の投影」『龍谷史壇』第八號（龍谷大學史學會・一九三一年六月、のち「初期真宗における時衆の投影」と改題し後掲著作集に所収）。

⑤「初期真宗と一向衆」大原先生古稀記念論文集刊行会編『大原先生古稀記念浄土教思想研究』（永田文昌堂・一九六七年一一月）。

⑥「初期真宗と時衆」『龍谷大学論集』第三八九・三九〇号（龍谷学会・一九六九年五月）。

以上のうち④⑤は『初期真宗の研究』（永田文昌堂・一九七一年九月）、三本は『真宗史の研究（上）』宮崎圓遵著作集第4巻（思文閣出版・一九八七年一一月）に所収。

⑦「諸神本懐集の底本の問題」『眞宗神祇觀の歴史的研究』（本願寺情報課・一九四三年八月）※第四章は「時衆の神

祇思想と本懐集の底本」。

以上は『真宗書誌学の研究』宮崎圓遵著作集第6巻（思文閣出版・一九八八年一〇月）に所収。
⑧「中世仏教における伝道の問題―主として絵解について―」『日本佛教學會年報』第三四号（日本仏教学会西部事務所・一九六九年三月、のち「中世仏教における絵解について」と改題し後掲著作集に所収）。
⑨「書写のひじり性空」『神戸女子大学紀要』第三巻（同大学学会・一九七四年三月）。
以上時衆に関連する二本は『仏教文化史の研究』宮崎圓遵著作集第7巻（思文閣出版・一九九〇年一一月）所収。⑧は前掲『初期真宗の研究』にも収まる。

(22) 一九八四年五月に第百号で終刊。金井発行は五十五号まで、五十六号のみ真徳寺吉川晴彦氏（吉川清氏の遺子）発行、五十七号からは大橋俊雄編集により真徳寺内の時宗文化研究所から刊行。なお創刊号と二号は三箇月、二号から五号は四箇月、五号から六号は三箇月、六号から四十九号は二箇月、四十九号から百号は三箇月ごとの刊行で一九八四年五月に終刊。五十五号のみ一箇月遅れ。

(23) 梅原猛『京都発見』九［比叡山と本願寺］（新潮社・二〇〇七年四月）、一一ページのカラー口絵解説に「京都市内から眺望する朝の比叡山。比叡山は伝教大師・最澄が千二百年前に草庵を結び天台宗を開山した地である。この山で、円珍、良忍、法然、栄西、親鸞、道元、日蓮、一遍、真盛ら多くの名僧たちが学や行を修し、日本仏教の母山とも称されている」（傍点筆者）とある。

(24) 佐藤信・五味文彦・高埜利彦・鳥海靖編『改訂版詳説日本史研究』（山川出版社・二〇〇八年八月）では、一遍が遊行上人とよばれたことになっているが、『遊行上人縁起絵』真光寺本奥書の「元亨三年《（一三二三）》七月五日、謹蒙遊行上人之禅命」（『角川絵巻物総覧』）、暦応二年（一三三九）十月十八日付「足利尊氏御教書」（『七條文書』）（『定本時宗宗典』上巻）の充所「遊行上人」が最古級。一遍をさすものではない。普通名詞であり中世、一遍を特定してさした用例は未見。

(25)今野日出晴『歴史学と歴史教育の構図』(東京大学出版会・二〇〇八年一月)および黒川みどり・渡邉明彦・稲垣翼・古賀克彦・高橋哲「歴史教育の可能性をさぐる—今野日出晴著『歴史学と歴史教育の構図』(二〇〇八年、東京大学出版会)を手がかりに—」『静岡大学教育学部附属教育実践総合センター紀要』第17号(同センター・二〇〇九年三月)。歴史学が蛸壺化することなく、歴史叙述によって社会に一定の還元をする作業の延長に歴史教育があるのではないか。むろんそれは単純に社会の警句となすことを目的化すべきではないが、社会との関係を失った歴史学は学術とはいえまい。いくつかの教科書裁判などの提起をみれば、多くの歴史家もそのことを充分にふまえていたことがわかる。

(26)今野日出晴「戦争叙述の試み—「軍隊体験と戦場体験」から—」羽下徳彦編『中世の社会と史料』(吉川弘文館・二〇〇五年二月)。

(27)海後宗臣編纂『日本教科書大系』近代編十八巻歴史㈠(講談社・一九六三年八月)。

(28)海後宗臣編纂『日本教科書大系』近代編十九巻歴史㈡(講談社・一九六三年三月)。

(29)上田薫編『社会科教育史資料』一(東京法令・一九七四年六月)。

(30)「高等学校学習指導要領社会科編Ⅲ(試案)」(文部省・一九五二年三月)。

(31)およそこの十年前の石井進編『詳説日本史』(山川出版社・一九九七年三月検定済)も鎌倉仏教の項で「同じ浄土宗の流れのなかから、ややおくれてでたのが一遍である。伊予の有力武士の家に生まれた一遍は、善人・悪人や信心の有無を問うことなく、すべての人が救われるという念仏の教えを説き、踊念仏によって多くの民衆に教えを広めながら各地を布教して歩いた。その教えは時宗とよばれ、当時、地方の武士や農民に広くうけいれられていった」(註およびルビ略)でほとんど変わっていない。

(32)全国歴史教育研究協議会編『日本史Ⓑ用語集改訂版』(山川出版社・二〇〇九年三月)。

(33)梅野正信『社会科歴史教科書成立史—占領期を中心に—』学術叢書(日本図書センター・二〇〇四年一二月)。GH

Q／SCAPの肝いりで一九四六年刊行された国民学校五・六年生向け国定教科書『くにのあゆみ』に対し、民俗学者ないしマルクス主義歴史家から批判がなされる。ただ、どうやらここから踊り念仏記述が定着したようである。

(34)金井清光「書評　砂川博氏著『一遍聖絵研究』」時衆文化研究会編集『時衆文化』第9号（同会〈岩田書院発売〉・二〇〇三年一〇月、のち金井『一遍聖絵新考』岩田書院・二〇〇五年九月に所収）では「時衆学は（中略）一人前扱いされない被差別分野」という象徴的な言葉が出る。問題をまき起こしかねない表現だが、実は時衆は被差別民と一体という本質をもたくみに表現している。

(35)仏教学をそのまま敷衍して宗教学と換言することには問題がある。両者の歴史が異なり、前者は後述のように前近代からの伝統の上に立脚するのに対し、後者は近代に欧米から輸入された手法であるからである。

(36)黒田俊雄「思想史の方法についての覚書―中世の宗教思想を中心に―」歴史学研究会編集『歴史學研究』No.239（青木書店・一九六〇年三月、のち黒田編集・解説・歴史科学協議会著作『思想史〈前近代〉』歴史科学大系第19巻、校倉書房・一九七九年八月および黒田『黒田俊雄著作集』第二巻、法藏館・一九九四年一二月に所収）。

(37)例えば中世に融通念仏運動や天台律宗に強固な基盤があったことの記述もない。

(38)河内将芳「京都東山大仏千僧会について―中近世移行期における権力と宗教―」『日本史研究』第四二五号（同会・一九九八年一月、のち河内『中世京都の民衆と社会』思文閣史学叢書、思文閣出版・二〇〇〇年一二月に所収）。

(39)拙稿「時衆とは何か（正・承前）」時衆文化研究会編集『時衆文化』創刊・第2号（同会〈岩田書院発売〉・二〇〇〇年四・一〇月）、本書第一部第二・三章）。

(40)家永三郎「書評　平雅行著『日本中世の社会と仏教』」『日本史研究』第三七八号（同会・一九九四年二月）。黒田・平氏も親鸞の真宗を異端派としながら新仏教としての位置を与えており、新旧区分については基本的に家永氏らと対立していない。

(41)末木文美士「鎌倉仏教の形成をめぐって」速水侑編『院政期の仏教』（吉川弘文館・一九九八年二月）。

（42）柳宗悦『南無阿彌陀佛』（大法輪閣・一九五五年八月、のち『柳宗悦・宗教選集』4巻［南無阿弥陀佛・一遍上人］、春秋社・一九六〇年一月ほかに所収）。
（43）神田千里「原始一向宗の実像」網野善彦・石井進編『日本海交通の展開』中世の風景を読む第四巻（新人物往来社・一九九五年六月、のち神田『一向一揆と戦国社会』吉川弘文館・一九九八年一〇月に所収）。
（44）拙稿「水戸藩領における時宗寺院―『開基帳』史料紹介をかねて―」『時宗教学年報』第二十六輯（時宗教学研究所・一九九八年三月、本書第二部第四章）。
（45）二〇〇九年一一月に行われた政府行政刷新会議のいわゆる「事業仕分け」は、採算を求めるべきではない財政について効率化を図ったり、本来削減すべき分野を対象としないなど大いに問題を含むものであった。しかし現在の人文科学研究の大部分が国公立・私立を問わず公費投入によって成立していることを考えれば、学術の社会意義について問うことは不断に継続されるべきことであろう。
（46）羽仁五郎『日本人民の歴史』岩波新書青版85（岩波書店・一九五〇年五月）。
（47）金井清光「中世文学に於ける自然観」全国大学国語・国文学会編集『文学・語学』第三十六号（三省堂・一九六五年六月、のち金井『時衆文芸研究』風間書房・一九六七年一一月に所収）。
（48）人間の祖先は、一代前は二人、二代前は四人と鼠算で増える。現代人にとって、中世のひとびとの大多数は自らの祖先または親類になる（かりに二五代前とすると三三、五五四、四三二人）。そして社会のほとんどを占めるのはいうまでもなく庶民である。
（49）林譲「「時衆」について」大隅和雄編『仏法の文化史』（吉川弘文館・二〇〇三年一月）ほか。林氏以外の上述の諸氏の研究については本書第三部第三章でとりあげる。
（50）拙稿「髙山秀嗣著『中世浄土教者の伝道とその特質―真宗伝道史研究・序説―』」『無為無為』第5号（日本史史料研究会・二〇〇九年五月）。

（51）フランスの哲学者ジャック・デリダ（Jacques Derrida.1930-2004）らによる。用法はさまざまだが、ここでは、批判を加えられていない所与の前提としての既成概念を解きほぐす行為と定義しておく。本書ではこの姿勢をもち続けたい。

第一部　時衆とは何か

第一章　時衆の定義

はじめに

学術においては、用語・概念規定が研究の基礎となることはいうまでもない。したがって本書で時衆研究を展開していくにあたり、その前提となる「時衆」自体をまず規定しておく必要があると考える。

従来の時衆研究においては、まず語原論に問題があり、近世から現在にいたる「時宗」をそのまま中世に投影させたことで、科学的な定義がなされてこなかった。定義を行うことで、「時宗」とは異なる実像がうかびあがり、今後の研究に曙光がみえてくる。

本章ではその一点にしぼり、それに附随する形でその特殊性などを若干敷衍していくこととしたい。

第一節　時衆の語義

時衆については大きな辞書・辞典の類では必ずとりあげられるようになってきた。語源の典拠についておおむね次の二種に分かれるといってよい[1]。初唐の善導（六一三〜六八一）による『觀無量壽經疏』（『大正新脩大藏經』第三十七巻。以下『観経疏』と略す）巻第一観經玄義分巻第一の冒頭にみえる「道俗時衆等　各發無上心」とある「時衆」を典拠とするもの。この系統に『維摩經疏』『法華經疏』がある。二点目は『佛說阿彌陀經』（『大正新脩大藏經』第十二巻）にみえる「臨命終時」宗など、一遍の言説である時間に対する教理からその典拠を仏典にみいだすものとである。後者に関しては龍谷大學編纂『佛教大辭彙』第三巻（冨山房・一九一六年一二月）および望月信亨編『佛教大辭典』第二巻（世界聖典刊行協會・一九三六年一一月）に詳しい。すなわち時宗とは①臨命終時宗（『佛説阿彌陀經』）、②時機相応宗・時教相応宗（『時宗選要記』〔『定本時宗宗典』下巻。以下『宗典』と略す〕に「時教相應之宗」とあり）、③値遇知識宗、④六時礼讃宗（『往生禮讃偈』〔『大正新脩大藏經』第四十七巻。『六時礼讃』とも〕）、⑤恆願一切臨終時宗（同）、⑥平生念仏臨終時宗、⑦念念称名念念臨終時宗（『般舟讃』〔『大正新脩大藏經』第四十七巻〕）、⑧念念往生念念臨終時宗などの意であるというのである。遊行二十一代他阿知蓮（在位一四九七～一五一三）『眞宗要法記』（『宗典』下巻）が、時とは末法なりとするのは、時衆側からの語原論では最古といえるかもしれない。

ここでわかるのは「時衆」と「時宗」とが混同されていることである。「衆」は集団を、「宗」は宗派をさすから基本的に異なるものである。「宗」は本来、学問集団・思想体系の意であり、[2]律令体制および王朝国家に公認された八宗（南都六宗および天台・真言宗）以外は存在しえなかった。中世を通じて表記は原則として「時衆」であり、「時宗」の用字は近世のものといえる。ここにすでに、いわゆる「時宗」の性格の一端が表出していることを、まずは確認しておきたい。

「時宗」の初出は『大乘院寺社雜事記』（『増補續史料大成』第二十七巻）中「若宮祭田樂頭記」長禄四年（一四六〇）六月十四日条であり、ここに「持（マヽ）宗道場」とある。[3]ただ注意すべきは「持宗」とある点で、これは単に音通であることから字を充当しただけであると推定される。なぜなら同じ『大乘院寺社雜事記』（『増補續史料大成』第二十九巻）応仁二年（一四六八）十一月二十六日条に「時衆寺也」の文字があり、筆者尋尊にとっての認識は「時衆」であったことは明白であるからである。ほぼ同時代のものである『新撰長祿寛正記』（『群書類従』第十三輯）にも「河内守ガ供ニツレタル時宗ノ僧馳來」とあるが、[4] 書写の過程を考える必要がある。この後も『蔭凉軒日錄』（『増補續史料大成』第二十二・二十四巻）寛正六年（一四六五）十一月十九日および延徳四年（一四九二）正月二十日条、長享元年（一四八七）成立『廻國雜記』（『群書類従』第十八輯）、『宗長手記』（岩波文庫黄123―1〔宗長日記〕）「上」、『言繼卿記』（続群書類従完成会版『新訂増補言継卿記』第一・三）天文元年（一五三二）五月二十六日・弘治二年（一五五六）十月十七日条などにも「時宗」がみえるというが、本質は『大乗院寺社雜事記』と同じものと考えられる。近世中期以後の甘露菴宣阿『時宗要義問辨』（『宗典』下巻）には六時往生宗という解釈のほか「永享年中（一四二九～四一）、遊行太空上人十四祖ヨリシテ而來隨レ他ニ立二宗名一ヲ矣」とあるが、むろん徴証はなく、宗名の成立は近世、幕府による本末・寺請制度の確立に基づくものといえよう。

なお「時衆」も「時宗」も現在では「ジシュウ」と発音され、それが定着している。『時代別国語大辞典』室町時代編三などでは、「ジシュウ」「ジシュ」二種が「時衆」にあてられている。『日本国語大辞典』第二版第六巻が「シュ」は呉音、「シュウ」は漢音としており、仏教語は呉音によるので、「時衆」は「ジシュ」と読むべきであろう。

時衆とは一日を晨朝・日中・日没・初夜・中夜・後夜の六時に分け、一から六番が交代で不断念仏を修する集団をさすものとみられる。藤沢清浄光寺に一遍やその門弟真教代の通称「別時念仏番帳」がそれぞれ遺っている。『眞宗要法記』では「六時衆」の意、後掲『時宗要略譜』では『観経疏』の用例のほか「晝夜六時不斷念佛宗」であることが示されている。高野聖系の法燈国師伝である『法燈行状』に一遍をさして「六時宗上人」とするのは同義音通であろう。鎌倉時代の辞書『名語記』によれば「不断」とは日常のことだから、同音の「普段」とも通ずるようである。

時衆とは、僧侶集団をさすこともあるが、特徴としてときに在家信者（檀・信徒）をも含むところにある。他方で全体ではなく僧尼個人をさすこともある。したがって「時衆僧」という表現は本来おかしいが、僧尼個人をわかりやすく区別するために用いる。

ただしこれまでいわれてきたように、語源を善導『観経疏』の「道俗時衆」におくのは、[5]適切ではないのではないかと考えるにいたった。中村元『広説佛教語大辞典』中巻（東京書籍・二〇〇一年六月）にはこうある（㊅は『大正新脩大藏經』の略記号）。

じしゅ【時衆】①総じて僧俗の衆をさしていう。今の世の人びと。その当時の人びと。そのときの多くの人びと。〈『西域記』六巻㊅五一巻九〇二下〉〈『玄義』一一三〉〈『正信偈』〉②説教の座に居合わせた人びと。釈尊の説法の座にその時居合わせた人。〈『上宮維摩疏』下㊅五六巻五一中〉〈『上宮法華疏』四巻㊅五六巻一二六下、一二七上〉③六時に念仏の行をする人びとの集まり。〈『妻鏡』〉④念仏を唱える僧俗。〈『平家物語』三巻灯炉之沙汰〉⑤時宗を時衆とよぶ。もと時衆は総じて僧俗の五衆をさす。〈『一遍語録』上、偈頌和歌〉⑥同時代に教えを受けた人。〈『正信偈』〉

『観経疏』の冒頭「道俗時衆等　各發無上心」とある偈文は、右の説明どおり、「説教の座に居合わせた人びと」へのよびかけとすれば文意がよく通ずる。この部分を解説した石井敎道訳「觀無量壽佛經疏（四帖疏）」『國譯一切經和漢撰述部』經疏部十一（大東出版社・一九三六年九月）は脚註で「出家の五衆を道と云ひ、在家の二衆を俗と云ふ。卽ち善導當時の道俗の大衆よと呼びかけた語である」とする。三枝樹隆善「善導『観経疏』の研究（二）」三枝樹『善導浄土教の研究』（東方出版・一九九二年一一月）の現代語訳および石田瑞麿『例文仏教語大辞典』（小学館・一九九七年三月）も同様である。岩本裕『日本佛教語辞典』（平凡社・一九八八年五月）のみが、補説で「善導の会下に集まって六時礼讃や不断念佛に交代で奉仕した道俗の人々を「時衆」と呼んだのに始まる」とするが、おそらく金井清光氏の解釈を参照したものであろう（同項直後の「時宗」の項目も金井説にしたがっている）。ただし遊行二代他阿真教によると思われる『時衆制誡』や遊行七代他阿託何の『器朴論』には「道俗時衆」の語があり、すでにこのころには語原とみなされていたようではある。むろん、このことをもって日本古代に萌芽がある時衆の真の語原とすることはできない。とはいえ、古代の時衆が中世の時衆にどうつながるのかという命題は大きい。本書第三部第二章で言及するが、そのかけ橋となる研究として、大塚紀弘「重源集団の不断念仏と「時衆」」民衆宗教史研究会編修委員会編修『寺社と民衆』第六輯（民衆宗教史研究会出版局〈岩田書院発売〉・二〇一〇年三月）を挙げておく。

さて実地に即した類例として大分県の金石文を挙げてみよう。(6)

文保　二　年（一三一八）「勤行聖二人幸意幸賢」（豊後大野市清川町・御霊八幡）

正慶　元　年（一三三二）八月十八日板碑「四十八日時衆八十人名敬白／願主示阿」（宇佐市安心院町佐田・佐田神社）

元弘　三　年（一三三三）「願主□阿」（同右）

建武　四　年（一三三七）「比丘尼□阿」（宇佐市下時枝・浄土宗鎮西派芝原善光寺）

康永　四　年（一三四五）八月彼岸中日「𑖀《ア》」種子板碑「別時講衆敬建」（杵築市山香町内河野）

正平二十一年（一三六六）「二十五人之別時衆」（玖珠郡玖珠町・滝神社）

永徳　□　年（一三八一～八四）「時講衆各々十五人」（杵築市山香町・地蔵堂）

松岡実氏はこれら正安二年（一三〇〇）から応永三十二年（一四二五）にかけての時衆系阿号在銘板碑（金石文全般

のことか）四五基を通じて、最後の応永期のものが「念仏人衆」となっているように時衆から真宗への移行をみてとる。日名子太郎『大分縣金石年表』「上」（日名子泰藏・一九四〇年一〇月）によればこの応永期のものは臼杵市田井の宝篋印塔で「謹奉造立、一結念佛人衆各等敬白、旹応永卅二《一四二五》季乙巳四月廿七日」（読点筆者）とある。また右の宇佐市善光寺は日本三善光寺の一つとされる時衆道場ながら近世初頭に浄土宗鎮西派に転じている。ほかに望月友善『大分の石造美術』（木耳社・一九七五年九月）によれば「地蔵堂講衆」「毘沙門講衆」らがみえるから、時衆の一類型であろう「別時講衆」なども庶民信仰上、ごく一般的な存在であったことがわかる。正嘉元年（一二五七）『私聚百因縁集』（鈴木学術財団版『大日本佛教全書』第九十二巻）巻九「法然上人事」に法然房源空が建久七年（一一九六）に「時衆十二人」を定めた記事、聖覚『黒谷源空上人傳』（『法然上人傳全集』）に天台座主顕真が「十二人の時衆」に「不斷念佛」をさせた記事、『平家物語』（『新日本古典文学大系』44）巻三に平重盛が時衆による一心称名を催した記事などがみえるように、院政期にはすでに普通名詞として確立されていたことがわかる。特に一円房無住道暁（一二二六〜一三一二）による『妻鏡』（『日本古典文学大系』83）には「亦富貴の餘慶のある人は、或いは僧に歸依し、法華八軸妙文を讀誦せさせ、時衆を定て不斷念佛の勤行を修する」とあるのは、あたかも記紀神話（『古事記』（『日本古典文学大系』1）上巻）や朝鮮半島における葬送の際の「哭女」のように生業・職能として念仏する集団が形成していたかのごとくである。『石清水文書』「年中用抄」（『大日本古文書』家わけ第四・石清水文書之四）「上」に「應神天皇御國忌」に時衆が一昼夜念仏を勤仕したとあるのもこれに似よう。平経高の日記『平戸記』（『増補史料大成』第二十二・二十三巻）寛元二年（一二四四）七月廿一日・翌三年十月廿二日条にみえる時衆もやはり普通名詞である。[7] 対する「臨命終時宗」などの解釈は、宗学構築という要請が生じた近世に入ってから、宗門人の訓詁註釈により誕生したものと思われる。時は末法なりとした先の『眞宗要法記』あたりを参考に、常陸国真壁常永寺慈観による寛文四年（一六六四）『神偈讃歎念佛要義鈔』（『宗典』下巻）が初見のようである。これは他宗に触発され自らの宗の語源を典籍に求めたものであろう。要するに時衆とは不断念仏をする徒をさす一般名詞といえる。この点が肝要であり、次節でより明らかとなろう。

　ではかれら時衆にいかなる宗派帰属意識があったのであろうか。『一遍聖絵』第一第二段には一遍が「首尾十二年浄土の教門を学し真宗の奥義をうけ給ひし程に」とある。「真宗」とは、善導を祖と仰ぐ浄土教そのものをさす言葉であり、それを近世に親鸞の門流が公称しようとして浄土宗鎮西派と対立を招いた歴史がある。親鸞をはじめとする祖師は立宗の意図はもっていなかったから、時宗も真宗も「開宗」というのは後代からの遡及でしかない。当麻三十八世他阿是名による元禄四年（一六九一）『麻山集』（『宗典』下巻）「下」には「元祖（一遍）二代（真教）等浄土宗ノ中ニ於テ分ケテ一宗ヲ建立シ玉フ事アリヤ（中略）初祖トハ浄土宗ノ中遁世門一派ノ祖ナレハ也」とあるのは興味深い。本書第三部第二章第二表にならべたが、時衆とは、浄土教団にはすべからく存在した不断念仏をする徒の謂である。真宗＝時衆なのである。本願寺八祖の蓮如は延徳二年（一四九〇）『帖外御文』（『眞宗聖教全書』三）で「夫、一向宗ト云ハ時衆方ノ名ナリ、一遍一向是也」と強調する。一向宗でもあったのだ。換言すれば念仏門徒は一向専修に念仏を六時に修するのが本務であり、ゆえに必然的かつ本質的に時衆であり一向衆（宗）であったのである。もしあえて宗として独自の表記をするとすれば先の他阿知蓮による『時衆宗荼毘記』および『時衆宗別時記』（『別時作法問答』の異名）の例があり、霊山時衆にも『時衆宗靈山記』（以上『宗典』下巻）がある。近世地誌では『三國名勝圖會』や『下野國誌』所引『慶長高分帳』に「時衆宗」とある。

「時宗」の用字はやはり「時衆」との音通から発したと考えるのが妥当であろう。(8)

第二節　行儀に発する時衆の規定

近世に入り時宗が成立する。これは幕府の政策によるものと考えられる。詳細は第四節でふれるとし、この時宗は中世以来の時衆のうち相模国藤沢・藤沢道場清浄光寺を本寺とするいわゆる「遊行派」を正統と幕府に認定され、総触頭（武蔵国浅草日輪寺）の設置など他派差配の全権を遊行派に附与したために成立したものである。『鹿苑日録』慶長二年（一五九七）七月二十九日条の「時宗」や、寛永十年（一六三三）『時宗藤澤遊行末寺帳』提出が「時宗」としての事実上の嚆矢といえよう。のちに遊行派の法主である遊行四十九代他阿賦国となる其阿呑了の元禄十年（一六九七）『時宗要略譜』（『宗典』下巻）に「時宗十二派」がみえ、ここで時宗に一二の派が存在すること、一遍以来の正流としての遊行派を誇示している。ゆえに通例、「遊行派」「当麻派」などと派名を用いるが、幕府の意向を反映したものであり、中世に適用できないのはもとより十二派自体が「遊行派」による定義であることを勘案せねばならない。中世に時衆の各教団に派の概念はなかった。したがって学術的に中世に「時宗」および「〜派」の語を用いることは穏当ではなく、近世にあっても藤沢清浄光寺系の時衆を「遊行派」と記することは、『時宗要略譜』の史観を無批判に受容したものとして忌避すべきである。実際には「遊行派」以外にも遊行を行っていた時衆はいたのである。(9) そこで近世にあって「遊行派」は「藤沢派」と表記すべきであろう。またあえて十二派という場合には「時衆十二派」ではなくあくまで「時宗」制度下での概念として「時宗十二派」と称せられるべきである（以下本書文中、煩雑を避けて派に関する鈎括弧は略す。また中世については〜派でなく〜時衆と記す）。一二という数は阿弥陀如来の功徳を示した異称十二光仏から採ったものらしい。

さて不断念仏をする時衆は一遍以前から存在し、各地に展開していた。一遍の法系のものもあればむしろそうでないもののほうが多かったはずである。なお『時宗要略譜』に載る時宗十二派は次のとおりである（〈　〉内は割註）。

宗義立派之叓

惣《シテ》而時宗有《ニリ》二十二派一一々下《ニ》誌《スレ》レ之《ヲ》

他阿上人〈一遍上人《ノ》正傳付法之弟子遊行ノ二祖也是言《ヲフ》二遊行派《ト》一〉

一向上人〈一遍上人《ノ》弟子住《シ》二江州番場蓮花〔華〕寺《ニ》一建《ツ》二一向派《ヲ》一〉

心阿上人〈一遍上人《ノ》弟子住《シ》二豫州奥谷寶嚴寺《ニ》一建《ツ》二奥谷流《ヲ》一中古歸《ス》二遊行派《ニ》一〉

内阿上人〈遊行二祖上人之弟子住《ミ》二相州當麻無量光寺《ニ》一建《ツ》二當麻派《ヲ》一〉

淨阿上人〈遊行二祖上人之弟子住《ミ》二京四條之道場金光〔蓮〕寺《ニ》一建《ツ》二四條派《ヲ》一〉

彌阿上人〈遊行二祖上人之弟子住《ミ》二京六條之道場歡喜光寺《ニ》一建《ツ》二六條派《ヲ》一今時歸《ス》二遊行派《ニ》一〉

解阿上人〈遊行二祖上人之弟子住《ミ》二常州海老島新善光寺《ニ》一建《ツ》二解意派《ヲ》一〉

國阿上人〈遊行十一代上人之弟子住《ミ》二京東山正法寺《ニ》一建《ツ》二靈山派《ヲ》一〉

雙林寺〈國阿上人初住之所在《リ》二京東山《ニ》一國阿派建《ツ》二一本寺《ヲ》一〉

金光寺〈在《リ》二京五條寺町《ニ》一市屋道場《ト》云始天臺宗也一遍上人《ノ》時歸《シ》二依時宗《ニ》一其後立《ツ》二市屋派《ヲ》一〉

佛光〔向〕寺〈在《リ》二羽州天童《ニ》一一向上人入寂《ノ》地建《ツ》二天童派《ヲ》一今時歸《ス》二江州蓮花〔華〕寺之末寺《ニ》一〉

御影堂〈一遍上人守《ル》二御影《ヲ》一沙彌在《リ》二京五條《ニ》一曰《フ》二御影堂派《ト》一〉

上件何働《レモシ》二我意《ヲ》一建二立《シ》一派《ヲ》一稱《ス》二一本寺《ヲ》一遊行一派之外相殘《ル》十一《ノ》末派多與《クハ》二尼衆一同居《ス》故《ニ》號《シテ》二破戒時衆《ト》一遊行座《ノ》下《ニ》避《ル》二參會一者也、

写真１　六条派祖聖戒無縫塔
（京都市東山区・延年寺旧跡墓地）

写真２　御影堂派塔頭集団墓地
（京都・延年寺旧跡墓地）

これ以外に当麻派には陸奥国会津にその分流である当麻東明寺派があり、近世の末寺帳でも別途記載になっている。また清浄光寺との別立を主張して最終的に江戸幕府に認められた上野国徳川満徳寺は、駈入寺（駈込寺）・縁切寺として特権を賜与された尼寺で「時宗一本寺」であった[10]。このほかに高野聖や善光寺妻戸時衆らもいる。一向派・天童派は一遍と同時代の遊行聖一向俊聖（一二三九？～一二八七？）の系統で一遍とはまったく別の法統である。一九四二年に浄土宗鎮西派に転入している。また国阿弥陀仏の霊山派・国阿派や解意阿弥陀仏の解意派、王阿の御影堂派なども一遍時衆との伝承はあるが、近世以後の仮託・附会である蓋然性がはなはだ高い。藤沢派の影響下での造作であると考えられる。**第一図**（五二～五三ページ参照）に仮説概念を図示した。

このほかに京都には、奉行・知事という職名を冠する僧のいる式阿道場西興寺や、智号なる法名を使う麓道場浄宝寺があった[11]。

以上は一遍の法系として時宗・時衆のうちに特に議論されることなく含まれてきた。しかし時衆は普通名詞であり、中・近世社会の実態としてはより広範・雑多な集団がその定義の範疇に含まれていたのである。

例えば融通念仏宗。これもまた時衆同様に本来は庶民信仰として一般名詞的存在であった。法然の師叡空の師にあたる光静房良忍（一〇七二〜一一三二）がはじめたとされる一種の運動であり、宗派ではなかった。中世に法明房良尊（一二七九〜一三四九）が中興するが、それも勧進聖としての側面が目だつ。実際の宗としての公称は元禄元年（一六八八）融観大通が幕府から官許を受けて以後である。この融通念仏宗も、特定期間に念仏を行なう別時念仏を修する「別時衆」だったのである。(12) 真言律宗金沢称名寺（神奈川県横浜市金沢区）蔵「称名寺聖教」四六函五号「上素帖」紙背文書中「阿闍梨元智言上状」に「摂津國諸仏護念院々主〔職如本〕阿闍梨元智言上可々令寺務由欲被仰下子細事」「件寺者、長寛（一一六三〜六五）年中之比、本願主[元][春]房導衆、請取〔傳〕大原良忍聖人融通念仏、當國味原牧内建立草堂一、（字脱カ）相語十二人結衆、令始修長日不断念仏」（正字・略字は原文マヽ。ミセケチは原文では一重線）の一文が二〇〇九年に発見された。諸仏護念院は融通念仏宗総本山平野大念仏寺（大阪市平野区）の院号である。この新史料に「十二人禅衆、令始修長日不断念仏」とあるのは、黎明期から広義の時衆につながる十二人の念仏衆がいたことを証するものであった。(13) 周知のものとして『一遍聖絵』第三第一段には一遍が熊野権現から受けた神勅に一遍を表して「融通念仏すゝむる聖」とある。一向俊聖教団の宇都宮長楽寺（近代一向寺に合寺）本尊阿弥陀如来座像に応永十二年（一四〇五）「高祖善導大師良忍上人源空上人、乃至聖道浄土諸師等、融通一結諸人往生極樂也」（読点筆者）(14) の銘があるように浄土門徒はまた融通念仏の輩でもある。

また空也堂光勝寺。「鉢叩念仏弘通流」「鉢叩弘通派」とよばれる一派をなしていた。京都五条櫛笥通りにあり近世には弾左衛門配下として西国の鉢叩を配下としていた。歴史的には市聖・空也光勝（九〇三〜九七三）以来の伝統を誇り、今も忌日に踊り念仏を披露する。ここで注目すべきは浄土宗鎮西派安祥院（京都市東山区）蔵・寛延三年（一

第一図　時衆各教団法脈系譜（傍線は「時宗十二派」）

天台宗山門派 光静良忍……浄土宗 法然源空─┬─浄土宗鎮西派 聖光辨長─然阿良忠─一向俊聖─┬─行蓮（出羽国天童仏向寺・天童派）
　　　　　　　　　　　　　　　　　　　　　　　　　　　　　　　　　└─礼智阿尊覚（近江国番場蓮華寺同阿・一向派）
　　　　　　　　　　　　　　　└─浄土宗西山派 善慧証空─┬─清水華台─┐
　　　　　　　　　　　　　　　　　　　　　　　　　　　　└─原山聖達─┤
加古教信……………………………………………………………………………┤
空也光勝……………………………………………………………………………┴─一遍智真─┬─聖戒有智（山城国六条道場歓喜光寺弥阿・六条派）
　　├─仙阿無智（伊予国奥谷宝厳寺其阿・奥谷派）
　　└─他阿真教（相模国当麻道場無量光寺）─┬─他阿智得（無量光寺他阿・当麻派）
　　　　　　　　　　　　　　　　　　　　　│　　└─（陸奥国会津当麻東明寺其阿・当麻東明寺派）
　　　　　　　　　　　　　　　　　　　　　├─浄阿真観（山城国四条道場太平興国金蓮寺浄阿・四条派）
　　　　　　　　　　　　　　　　　　　　　└─有阿恵永（相模国藤沢道場清浄光寺他阿・藤沢派〔遊行派〕）

＊

空也光勝……………一遍智真─唐橋印承（山城国市屋道場金光寺作阿・市屋派）

＊

王　阿（山城国御影堂新善光寺連阿／生一房・御影堂派）

＊

国阿随心（山城国東山国阿道場沙羅雙樹林寺・国阿派）
（山城国東山霊山正法寺国阿・霊山派）

＊

解意阿観鏡（常陸国宍戸→海老ケ島新善光寺定阿・解意派）

＊

空也光勝……（山城国三条櫛笥道場空也堂光勝寺・鉢叩弘通派／鉢叩念仏弘通流）

＊

灯　阿……（信濃国善光寺・妻戸時衆→天台宗山門派）

＊

迎接教懐
空阿明遍
心地覚心……（紀伊国高野山・高野聖→真言宗聖方）

＊

光静良忍……法明良尊……融観大通（摂津国平野大念仏寺・融通念仏宗）

写真3　現代の藤沢派念仏札（筆者蔵）八・〇×二一・〇センチメートル

写真4　当麻派念仏札（神奈川県相模原市南区・当麻無量光寺蔵）戦後の当麻派念仏札の束

写真5　中世前期の念仏札　正応五年（一二九二）ころのもの

七五〇）『大日本永代節用無盡藏』（『節用集』の一書）である。丁の上半分には本文の辞書としての機能と別に京洛について寺院などを紹介している。このうち「時宗之部」筆頭に掲げられているのが「紫雲山極樂院光勝寺」すなわち空也堂なのである。藤沢派本山の京都別院に相当する七条道場金光寺の前に列せられているのである。記事では空也について述べられ、むろん一遍とは無関係であるからその言及はない。近代に天台宗山門派に帰した。[15]ほかにも、福岡県遠賀郡芦屋町の安長寺は伝空也開山で光勝寺を本寺としていたが、混乱期をへて天台宗山門派とならずに現在時宗に帰属している。[16]時宗を一遍を宗祖とする宗と考えるかぎり決して理解できない事実である。

こうした傍証から何が読みとれるのであろうか。語原のところで述べたように、一般名詞として了知するためのよい手がかりとなろう。

では本来はまったく別個の教団がなぜ一遍を宗祖に仰ぐ「時宗」に一括されたのであろうか。注意すべきは、もともと時衆でなかったものが脈絡なく時宗にくみこまれたわけではないという点である。(17) これら時衆をそれぞれみていくとある特徴が看取される。すなわち共通の行儀・行実を有しているのである。**第一表**（五八〜五九ページ参照）をご覧いただこう。

逐次紹介しよう。まず①遊行は法主ないし僧尼が遊行するもの。ただし解意派は近世出開帳で遊行している。融通念仏宗は本尊自体が「御回在」として遊行する。空也堂上人も近世に遊行していた。②賦算は紙の札を配布するもの。大阪府立中之島図書館蔵・安永五年（一七七六）版『住吉開口大畧繪詞傳』によれば四条派中本寺の和泉国堺引接寺は、本寺金蓮寺とは別個の淵源をもつ賦算を草創以来行っていたらしい。③踊り念仏は念仏を唱えながら行道することで、「念仏踊り」と表記すると商業的興業をさし意味が異なる。なお以上が三大行儀。④男性法名（本名字）。おもに阿弥陀仏号およびその略称阿号ないし阿弥号である。阿弥陀仏号は俊乗房重源が初祖とされ浄土宗鎮西派でも辨阿・辨長や然阿・良忠のように用いられた。しかし時代が下るにつれ時衆に収斂されていく。例えば『浄阿上人伝』（『一遍と時衆教団』）によると、四条時衆の浄阿真観は一遍の弟子他阿真教に入門する以前から「一阿弥陀仏」と称し、遊行・賦算していたというのは、時衆における阿号の行儀を考える上で参考となろう。徳川満徳寺は尼寺。⑤女性法名。⑥道場名は寺院が地名＋道場の呼称を有するもの。時衆道場すべてに寺院名があるのか、道場が先に設けられて寺号を名のるようになるのか、道場には必ず踊屋が附属しているのか、住持以外に役職はあるのかといった問いはつきない。私寺ゆえに寺号公称できないのであろう。⑦時衆名は自らを時衆と称しまたはその自覚のあるもの。⑧上人号は祖師ないし歴代住職が上人を号するもの。中世後期からは勅許により制度化する。⑨念仏信仰は一切衆生が一向称名念仏により往生するとする教義。鎌倉期に朝幕から専修念仏として弾圧される。⑩別時念仏。特定の期間を限る持斎念仏法要。⑪黒衣はほかに墨染・薄墨・鼠の衣などとよばれ、白衣の寺僧に対し遁世者・聖が着用、裳無衣も含む。正確には黒衣と薄墨は異なる。⑫阿弥衣。六条派・歓喜光寺にあるものは遊行三十代他阿有三の元亀三年（一五七二）の年紀で、本来六条道場とは関係ない。⑬葬送従事。寺僧に忌避された葬送に従事。陣僧の活動が好例。⑭職能民は中世において職業上の技能を有し寺社に属するなどし差別とともに畏怖の念をもって他者に接せられた階層の人々をここで仮称する。近世被差別民につながると思われるが必ずしも分明でない。本表では江戸期の被差別民との聯関を有するものもおそらく中世以来の伝統と考え可とした。またいわゆる「癩者」などの救済を行った場合も便宜的に本項目で可とす。⑮空也伝承は空也に関する伝承を保持するもの。一向派は天童派に対応し蓋然性を認む。⑯法灯国師心地房覚心にまつわる伝承を有するもの。⑰祖師の書写山参詣を伝えるもの。⑱神祇信仰は神仏混淆をさす。一向・天童派については従来より異論が出されているが、結論からいえば筆者は一向派は元来習合の傾向はあったと考える。⑲熊野信仰。⑳地蔵信仰。㉑善光寺信仰。㉒怨霊済度。㉓板碑・石造物造立。㉔陣僧・使僧。㉕妻帯は派全体が妻帯時衆の御影堂派、一部塔頭などで妻帯の霊山派の例とがある。藤沢派は妻帯を公には禁じたが中世には一部存在した。血族世襲を含む。㉖芸能は、唱導、連歌・和讃などの文芸や尺八演奏などを行うもの。㉗宿所・饗応。㉘風炉・湯屋は風呂を営み人々に入浴させていた例。施浴は接待に通ず。重源が周防国に石風呂を作った例[18]以来の伝統か。ただし厳密には風炉はサウナであり、湯屋とは別物。㉙名号書体は六字名号の書体（真・行・草）における共通性。㉚余宗法名とはおもに近世にて浄土宗鎮西派の蓮社号・誉号ないし西山派の空号、真宗の釈号使用の検出例をいう。当麻派では中世にも余宗の法名を併用していた。

では各派ごとに右の項目のおもだった典拠史料をみてみよう。挙げた史料については典拠の中の最古とは限らない。

遊行派（藤沢派）…①神奈川県立歴史博物館蔵『遊行縁起』（『時宗の成立と展開』）。②『遊行縁起』。③『蔡州和傳要』（『宗典』上巻）、『日次紀事』（『新修京都叢書』第四巻）巻之二（二月）。④藤沢清浄光寺（神奈川県藤沢市）蔵『時衆過去帳』（『時衆史料』第一）。⑤『時衆過去帳』。⑥清浄光寺蔵・応永廿六年（一四一九）十月廿日付「足利義持御教書写」に「藤澤道場」とあり。⑦『時衆過去帳』。⑧益田万福寺（島根県益田市）蔵・永正十年（一五一三）正月十五日付「大内義興書状」に「遊行上人」とあり。⑨『器朴論』（『宗典』上巻）。⑩長楽寺（京都市東山区）蔵・応永六年（一三九九）十一月廿五日付「他阿自空書状」。⑪清浄光寺蔵『遊行上人縁起絵』。⑫清浄光寺蔵。⑬長楽寺蔵文書。藤沢靖介「埼玉県北部の部落に残る戦国大名の文書と伝承の意味」東日本部落解放研究所／『明日を拓く』編集委員会編集『解放研究第八号／明日を拓く第10号』（東京部落解放研究改題・通刊93号、同研究所〈解放書店発売〉・一九九五年三月）に鐘打中鐘阿弥充癸酉（天正元年＝一五七三）十月廿三日付「北条氏邦印判状」（『新編武州古文書』）あり、ほか藤沢「時宗と関東の被差別部落―武蔵の国を中心に―」『解放研究第11号／明日を拓く第22号』（東京部落解放研究改題・通刊105号、一九九八年一月）。⑭長楽寺蔵『本朝大佛師正統系圖并末流』（『時衆の美術と文芸』）。⑮清浄光寺蔵・木造空也立像（室町期）。⑰『遊行上人縁起絵』巻四第三段詞書。⑱および⑲清浄光寺、熊野道場行興寺（静岡県磐田市）ほか各地の末寺にて熊野権現奉祀。⑳龍泉寺（秋田市）延命地蔵尊（『角川日本地名大辞典』5）、小田原福田寺（神奈川県小田原市）本尊。㉑本書第二部第三章参照。㉒『滿濟准后日記』応永二十一年（一四一四）五月十一日条に加州篠原で斎藤実盛済度とあり。謡曲「実盛」、『遊行縁起』にもあり。㉓清浄光寺境内・応永二十五年（一四一八）敵御方供養塔（『図説日本の史跡』6中世）。㉔長楽寺蔵・応永六年（一三九九）十一月廿五日付「他阿自空書状」。㉕

第一表　時衆各教団行儀一覧

行儀・行実＼教団名	遊行派	一向派	奥谷派	当麻派	四条派	六条派	解意派	霊山派	国阿派	市屋派	天童派	御影堂派	当麻東明寺派	鉢叩弘通派	徳川満徳寺	高野聖	妻戸時衆	融通念仏宗	門徒宗	天台律宗	薦僧・暮露
寺院数	791	98	(1)	42	52	(14)	7	55	8	2	(47)	22	(9)	13	1	208	10	351	144178	464	｜
①遊行	◎	◎	×	◎	○	○	×	◎	◎	×	○	×	×	◎	×	◎	◎	◎	※	◎	◎
②賦算	◎	×	×	◎	◎	◎	×	◎	◎	×	×	×	×	◎	×	◎	×	×	×	×	×
③踊り念仏	◎	◎	?	○	◎	◎	×	◎	○	○	◎	◎	○	◎	×	◎	◎	◎	◎	×	◎
④男性法名	阿	阿	阿	阿・阿弥	阿	阿	阿	阿・阿弥	阿	阿	阿	阿・阿弥	阿	阿・阿弥	／	阿	阿	阿	釈・阿		?
⑤女性法名	一・仏	阿・仏	一	一	一・仏	仏	仏	×	×	×	阿	一・仏	×	×	一	×	?	阿ヵ	釈尼・阿		×
⑥道場号	◎	◎	○	◎	◎	◎	◎	◎	◎	◎	◎	◎	◎	◎	?	?	○	◎	◎	?	×
⑦時衆名	◎	※	○	◎	◎	○	○	◎	○	○	※	◎	○	◎	○	◎	◎	◎	※	×	×
⑧上人号	◎	◎	○	○	◎	○	○	◎	◎	◎	?	◎	?	○	?	○	○	◎	◎	◎	?
⑨念仏信仰	◎	◎	◎	◎	◎	◎	◎	◎	◎	◎	◎	◎	◎	◎	◎	◎	◎	◎	◎	◎	◎
⑩別時念仏	◎	○	○	◎	◎	◎	◎	○	◎	○	○	?	○	◎	?	?	○	◎	○	◎	×
⑪黒衣	◎	◎	○	○	◎	○	◎	◎	○	○	○	○	○	◎	○	○	○	○	◎	◎	○
⑫阿弥衣	◎	◎	×	○	×	×	×	○	◎	×	◎	×	×	×	×	×	×	×	×	×	×
⑬葬送従事	◎	◎	○	○	◎	◎	?	◎	○	◎	○	◎	○	◎	?	○	◎	◎	×	×	?
⑭職能民	◎	◎	○	◎	◎	○	?	◎	○	◎	○	◎	?	◎	○	◎	◎	◎	◎	?	◎
⑮空也伝承	◎	◎	?	○	×	◎	×	◎	×	◎	◎	◎	×	◎	×	×	×	◎	×	?	?
⑯法灯国師伝承	◎	?	?	?	◎	×	×	?	?	×	×	○	×	×	×	◎	×	×	×	×	◎
⑰書写山	○	○	?	○	◎	◎	×	◎	◎	×	?	×	×	×	×	?	×	×	×	×	?
⑱神祇信仰	◎	○	◎	◎	◎	◎	◎	◎	◎	◎	○	×	○	◎	○	○	○	◎	※	◎	?
⑲熊野信仰	◎	○	?	◎	○	○	?	◎	◎	?	?	?	○	?	?	?	×	○	◎	◎	?
⑳地蔵信仰	◎	◎	?	?	◎	?	?	×	×	◎	?	◎	○	○	×	?	◎	◎	×	?	?
㉑善光寺	◎	◎	×	○	×	○	◎	○	○	×	◎	◎	◎	○	×	◎	◎	◎	◎	◎	?
㉒怨霊済度	◎	○	×	×	×	×	×	◎	×	?	○	◎	×	◎	×	?	×	○	○	◎	?
㉓造塔供養	◎	◎	○	◎	×	×	×	?	×	×	◎	×	×	×	×	◎	×	×	※	◎	×
㉔陣僧・使僧	◎	◎	○	?	◎	◎	○	?	×	?	?	×	?	×	×	?	○	×	×	?	◎
㉕妻帯	※	×	×	×	◎	×	◎	◎	○	×	?	◎	×	◎	／	◎	◎	◎	◎	×	◎
㉖芸能	◎	◎	◎	◎	◎	◎	×	◎	◎	◎	?	?	◎	◎	×	?	×	◎	◎	?	◎
㉗宿所饗応	◎	?	◎	?	?	?	?	◎	◎	?	?	◎	◎	◎	×	?	○	×	×	?	?
㉘風炉・湯屋	○	×	◎	×	?	◎	×	◎	×	◎	×	◎	×	×	×	×	×	○	×	×	○

教団名＼行儀・行実	㉙名号書体	㉚余宗法名	法主歴代世襲法名	紋章	現代帰属
遊行派	真行草	誉	他阿	菊・葵・隅切三	時宗
一向派	※真行	蓮	同阿	笹竜胆	時・鎮
奥谷派	○真	誉	其阿カ	隅切三・丸に九枚笹カ	時宗
当麻派	真行	蓮	他阿	隅切三	時・鎮
四条派	真行草	蓮・空	浄阿	？	時宗
六条派	？	？	弥阿	隅切三	時宗
解意派	×	蓮	定阿	洲浜カ	時宗
霊山派	？	蓮・空	国阿	抱き柏・蔓柏	時宗
国阿派	？	誉	×	柏カ	天台宗山門派
市屋派	？	空	作阿	菖蒲菱	時宗
天童派	？	蓮	同阿カ	笹竜胆	時・鎮
御影堂派	？	蓮・釈	連阿・生一房	×	時宗
当麻東明寺派	真	蓮カ	其阿カ	隅切三	時宗
鉢叩弘通派	？	？	？	菊	天台宗山門派
徳川満徳寺	？	蓮	大一房	葵カ	廃絶
高野聖	真	？	×	葵カ	高野山真言宗
妻戸時衆	行草	？	×	×	天台宗山門派
融通念仏宗	真	空・誉	×	銀杏大	融通念仏宗
門徒宗	真	×	×	下がり藤ほか	真宗
天台律宗	真	×	×	三羽雀	天台真盛宗
薦僧・暮露	×	？	×	×	普化宗廃止

【凡例】

Ⅰ各派の排列のうちいわゆる時宗十二派については『時宗要略譜』に基づき、私見により無本寺系の二派一寺および関係教団を加う。寺院数は水戸彰考館所蔵各派末寺帳により塔頭を含む。ただし遊行派は奥谷・六条派、一向派は天童派、当麻派は当麻東明寺派をそれぞれ含む数。鉢叩弘通派は一八七一年「時宗鉢敲念佛弘通派本末寺名帳」、一八七二年「時宗鉢敲念佛弘通派明細帳」、高野聖は天明七年（一七八七）「古義真言宗高野山聖方総頭大徳院配下寺院本末牒」、融通念仏宗は一八九三年七月「内務省寺院總數取調書」（『大念佛寺四十五代記録并末寺帳』〔融通念仏宗教学研究所編『融通念佛宗年表』大念仏寺・一九八二年三月〕）、真宗は一八七〇年「社寺取調類纂」（国立国会図書館蔵）、天台律宗は彰考館蔵『寺院本末帳』九〔天台宗八〕（『江戸幕府寺院本末帳集成』上）に拠った。高野聖は慶長十一年（一六〇六）、善光寺妻戸時衆は貞享二年（一六八五）幕命によりそれぞれ真言・天台宗山門派に改宗。また中世時衆に派の概念はなく、近世でも遊行派は本来藤沢派と呼称されるべきである。

Ⅱ◎＝中世同時代史資料・伝承から存在が確実なもの。典拠が近世以降のものでも疑いの余地のない場合はここに含む。○＝中世同時代史料にあるがやや信頼性の落ちるもの、ないし近世史資料から蓋然性が高いもの。※＝可否両面の史料が存在するもの。？＝存在することが想定されるも未検出。×＝中近世史資料・伝承にみられないもの。原則として中世時点での様態を復原した。一つの事例をもって派全体に敷衍できると限らない場合も多い。関東の一向俊聖教団寺院は一向派に含んで分析した。

Ⅲ行儀・行実および史料典拠の説明は本文中にて行った。なお「歴代世襲阿号」は法主のもの（満徳寺は尼のため一房号）。「紋章」とともに行儀・行実ではないが参考のため附した。前近代においていかなる紋所を用いたかを示す。「教団を象徴する紋章が秘める謎」『月刊寺門興隆』８月号〔第九巻第八号通巻一〇五号〕（興山舎・二〇〇七年八月）に、時宗の「隅切り三」（「折敷に三文字」の教団での呼称）と空也堂の紋章（名称不明）、融通念仏宗は「銀杏大」（「五銀杏」の教団での呼称）が載る。紋章は近世以降用いられたようで、寺社伝奏の家紋（一向派綾小路家）、檀越の家紋、宗祖の家紋が採用された。ただし現下の時宗は河野家の隅切三に統一されている。「帰属」は現在の所属宗派。「時」は時宗、「鎮」は浄土宗鎮西派。

『老松堂日本行録』は赤間関全〔専〕念寺が僧尼同座の上、妊娠・出産の例を挙ぐ。㉖『朝倉始末記』（『改定史籍集覧』第六冊）巻之一「朝倉家由來之事」越前国萱谷積善寺の事例。㉗『駿府修福寺文書』（『駿河史料』巻七八）天文十七年（一五四八）十月廿八日付「今川義元朱印状」に「旦過」、寛永年間（一六二四〜四四）カ『尾道町宗門改帳』[19]に「たんくわ寺」とあり。㉘調査中。㉙清浄光寺、白河小峰寺（福島県白河市）ほか多数。

一向派…①番場蓮華寺（滋賀県米原市）蔵『一向上人血脈相承譜』（『浄土宗本山蓮華寺史料』）。③近世の蓮華寺蔵『一向上人傳』、吉田政博「戦国期、駿河における時衆の動向」所理喜夫編『戦国大名から将軍権力へ―転換期を歩く―』（吉川弘文館・二〇〇〇年三月）による『言繼卿記』弘治三年（一五五七）二月十一日条の駿河府中新善光寺（静岡市葵区）「ヲトリ」および天童派の状況から類推。④蓮華寺蔵『陸波羅南北過去帳』『一向上人血脈相承譜』。⑤近世天童派の事例から男性と同様か。⑥『梅松論』「上」に「番場の道場」、前掲吉田論攷による永正六年（一五〇九）九月廿六日付「今川氏親判物写」（『静岡県史』資料編7中世三、五〇〇号）に「堀内道場」とあり。⑦他阿知蓮『別時作法問答』（『宗典』下巻）に「馬場門ノ時衆」とあり、一人称ではいずれも近世の『一向上人傳』巻一に「上人常に門徒を呼て、時衆とのたまふ」、大正大学附属図書館蔵『時宗番場派二祖禮智阿上人消息』「中」に「上人時衆ニ告テ曰ク」とあり。⑧前掲『別時作法問答』に「一向上人」とあり。⑨蓮華寺蔵・一向俊聖画像（『時衆の美術と文芸』）に六字名号あり。⑪清浄光寺蔵・伝一向俊聖画像（『時衆の美術と文芸』）、蓮華寺蔵・一向俊聖画像。⑫蓮華寺蔵、福正寺（栃木県栃木市西方町）蔵「鷹願蓮社行譽上人滿阿圓歴和尚／莊嚴淨土」銘（要調査）。⑬京都市個人蔵『一向上人臨終絵』から類推（『時衆の美術と文芸』）。⑭蓮華寺の近世事例から類推。⑮駿河府中新善光寺は空也を開山とする。⑱および⑲福正寺・正宗寺（栃木県芳賀郡益子町。伝聖徳太子作木造熊野権現坐像（同寺蔵・安永四未年（一七七五）三月付

『略縁起』）に熊野信仰あり。⑳宇都宮地蔵寺（栃木県宇都宮市、廃寺）旧本尊（現一向寺客仏）。㉑『一向上人血脈相承譜』に「善光寺療病院」とあり。㉓野渡光明寺（栃木県下都賀郡野木町）に正応四年（一二九一）十二月日銘板碑、小栗一向寺（茨城県筑西市）に貞治三年（一三六四）銘板碑あり。㉔蓮華寺蔵・天文八年（一五三九）五月四日付・泉阿弥陀佛（二十代同阿）充浅井亮政「陣僧役免除状」および年未詳九月廿六日付「岡田新三郎添状」に「陣僧」とあり。ただし南北朝期の陣僧とは異なり、課役の一つ。㉖『一向上人傳』巻四所収『淨土和讃』。㉗『宗長日記』享禄三年（一五三〇）八月十四日～十五日条に堀内道場「客寮」とあり。㉙十念寺（長野市）に応永十五年（一四〇八）銘「真の名号」板碑、『陸波羅南北過去帳』に「行の名号」あり。㉚宇都宮一向寺過去帳ほか多数。

奥谷派（康永三年（一三四四）に遊行派に編入したとされる。ゆえに典拠とした史料も編入後のものを含む。編入後も独立性がみられるためである）…④『條條行儀法則』（『宗典』上巻）に「仙阿」、奥谷宝厳寺（愛媛県松山市）蔵・文明七年（一四七五）十一月十九日銘木造一遍立像に「其阿弥陀仏」「弥阿弥陀仏」とあり。⑤『時衆過去帳』康永三年（一三四四）六月二十日条に「珍一房」とあり。⑥『禪時論』（『宗典』上巻）に「寶嚴寺と云道場」とあることから類推。⑦『禪時論』。⑧『禪時論』に「一遍上人」とあり。⑨『禪時論』。⑫『條條行儀法則』の文面からみて阿弥衣なしカ。⑱『禪時論』に「天神」とあり。㉓大山祇神社（愛媛県今治市）に伝一遍建立宝篋印塔があることから類推。㉖『大山祇神社連歌』に宝厳寺関係者と思われる多数の人名、『禪時論』に「連歌の會所」とあり。㉗『禪時論』に「茶の所望」をする禅僧饗応のさまあり。㉘愛媛県立道後公園内・道後温泉旧湯釜（通称「湯釜薬師」。同県指定文化財。花崗岩製で直径一六六・七、高さ一五七・六センチメートル）に伝一遍筆六字名号があることから、宝厳寺が温泉を管理していた可能性あり。㉚宝厳寺蔵・明治期「取調書」に明徳三年（一三九二）「明譽」とあり。

当麻派…①当麻無量光寺（神奈川県相模原市南区）蔵・年未詳十二月六日付「平（千葉）昌胤書状」（『神奈川県史』資料編3古代・中世〔3下〕）に「去秋者与風御遊行」とあり。②近現代の状況から類推。形木あり。④および⑤片山法台寺（埼玉県新座市道場）板碑。⑨法台寺板碑。⑩無量光寺蔵・無年紀「別時法要次第」から類推。⑭近世、多数の末寺が被差別民を檀家としたことから類推（藤沢靖介氏の教示）。⑮無量光寺旧蔵『遊行上人縁起絵』巻二第一段・巻三第四段詞書。⑰『遊行上人縁起絵』巻四第三段詞書。⑱および⑲無量光寺および佐倉海隣寺（千葉県佐倉市）境内にある熊野社から類推。㉓法台寺板碑。㉖室木弥太郎校注『説経集』新潮日本古典集成（第八回）（新潮社・一九七七年一月）、信多純一校注「をぐり」信多純一・阪口弘之校注『古浄瑠璃　説経集』新日本古典文学大系90（岩波書店・一九九九年一二月）は説経節「をぐり」の「めいたう聖」を当麻二十七世他阿明堂智光に比定する。㉙『中世の石造物』（相模原市教育委員会・一九八九年三月）の無量光寺周辺の宝篋印塔および板碑、法台寺板碑。㉚無量光寺蔵（相模原市立博物館寄託）・嘉永五年（一八五二）『一遍上人嫡流遊行正統系譜録』に康永元年（一三四二）歿、七代他阿真空が「乗蓮社」とあり。

四条派…①『浄阿上人縁起』。②『親俊日記』天文七年（一五三八）二月十六日条。③『宣胤卿記』文明十二年（一四八〇）二月九日条、『日次紀事』（『新修京都叢書』第四巻）巻之二（二月）。④金蓮寺（京都市北区）蔵・年欠（暦応四年〔一三四一〕ヵ）「検非違使別当宣」（『庶民信仰の源流』）に「淨阿上人」とあり。⑤『吉田家日次記』貞治五年（一三六六）十一月二十六日条に「爲佛房」とあり。尼崎善通寺（兵庫県尼崎市）一番過去帳『當霸（霊）名記』（冒頭部「延享三寅歳八月ヨリ／寶暦十三未歳十二月マデ／當山八世代」奥書「延享三寅八月ヨリ／當山八世相阿代」）には阿号、佛号、誉号があることから類推。⑥金蓮寺蔵・永徳元年（一三八一）五月廿三日付「検非違使廳下文」（『庶民信仰の源流』）に

「四條道場」とあり。⑧『看聞日記』紙背応永二十七年（一四二〇）五月二十五日付に「四條上人」とあり。⑨金蓮寺蔵「一遍・僧尼踊躍念仏図」「一遍・真教像」（『時衆の美術と文芸』）に六字名号あり。⑩『祇園執行日記』応安五年（一三七二）十二月二十八日条に「別時十念」とあり。⑬『明徳記』。⑭下坂守「中世「四条河原」考―描かれた「四てうのあおや」をめぐって―」『奈良史学』第二十七号（奈良大学史学会・二〇一〇年一月）によれば『鹿苑日録』天文五年（一五三六）五月十三日条に「四條道場之前河原者宿所」とあり。⑮金蓮寺蔵『遊行上人縁起絵』詞書。⑯『浄阿上人伝』。⑰金蓮寺蔵『遊行上人縁起絵』詞書。⑱および⑲熱田神宮蔵・『日本書紀』熱田本奥書、『都名所圖會』巻之二「錦綾山金蓮寺」に熊野社があることから類推。⑳木之本浄信寺（滋賀県長浜市）地蔵堂。同寺蔵・年未詳八月廿八日付「柴田伊賀守書状」に「御地蔵」とあり。㉖熱田円福寺（愛知県名古屋市熱田区）蔵「百韻連歌懐紙」（『時衆の美術と文芸』）、文明八年（一四七六）三月六日～八日、表佐阿弥陀寺（岐阜県不破郡垂井町）での「表佐千句」。㉙金蓮寺蔵「一遍・僧尼踊躍念仏図」「一遍・真教像」。㉚『張州雑志』巻第十六（『名古屋市蓬左文庫蔵張州雑志』第二巻、愛知県郷土資料刊行会・一九七五年七月）に乙川光照寺（愛知県半田市）「開山天譽白應楚阿和尚慶長十一丙午年正月廿七日寂」とあり。小柿常勝寺（滋賀県栗東市）近世過去帳に空号あり、尼崎善通寺一番過去帳『當　霸名記』に若干ながら阿号、誉号あることから類推。

六条派（延宝四年（一六七六）遊行派に編入したとされる）…②歓喜光寺（京都市山科区）旧蔵『一遍聖絵』第三第二段によると一遍から聖戒に形木賜与。③『祇園執行日記』応安四年（一三七一）八月九日条に「日中躍」とあり。⑥『蔭凉軒日録』延徳二年（一四九〇）三月十九日条に「六條道場」とあり。⑧歓喜光寺蔵・宝徳三年（一四五一）五月六日付「後花園天皇綸旨」に「弥阿上人」。⑩『師守記』。⑮『一遍聖絵』第四第五段詞書。⑰『一遍聖絵』第九第四

段詞書。⑱歓喜光寺蔵『開山彌阿上人行状』（『宗典』下巻）に「天神」とあり。安土桃山期に錦天神別当になる。⑲『一遍聖絵』第三第一段詞書。㉔『祇園執行日記』応安四年（一三七一）八月十九日条に「一勢州大觀寺、須可崎事、今日靈山時衆文阿下向之間」・同年九月六日条に「文阿」とあり。㉖歓喜光寺蔵『古今和歌集』『拾遺和歌集』『金葉和歌集』。㉘『祇園執行日記』応安四年（一三七一）七月三十日、翌年八月三十日条。

解意派…④延宝八年（一六八〇）十二月付「常陸国真壁郡海老嶋女体山広島院新善光寺由来之事」（『社寺史料研究』第三号）に「解意阿弥」とあり。⑥永享七年（一四三五）八月九日付「常陸国中冨有仁等可㆓記申㆒由蒙□候之旨人数注文」（『常陸志料』）に「山尾道場」とあり。⑧海老ケ島新善光寺（茨城県筑西市）蔵・慶長三年（一五九八。実際は近世中期以降カ）『正三尊阿弥陀如來縁起』に「定阿上人」とあることから類推。洞下西光寺（同県つくば市）近世歴代廟所に「聖人」とあり。㉑新善光寺号および宍戸新善光寺旧本尊善光寺仏。㉕「常陸国真壁郡海老嶋女体山広島院新善光寺由来之事」から寺元制を類推。㉚『正三尊阿彌陀如來縁起』に「朝誉林外」とあることから類推。

靈山派（安政元年（一八五四）遊行派に編入したとされる）①『國阿上人繪傳』（『宗典』下巻）。②霊山正法寺（京都市東山区）の「柏の護符」。③『日次紀事』（『新修京都叢書』第四巻）巻之二（二月）。④兵庫薬仙寺（兵庫県神戸市兵庫区）蔵・慶長拾五年（一六一〇）九月廿一日付「薬仙寺屋敷分之事」に「観阿弥」などとあることから類推。⑧『親長卿記』長享元年（一四八七）九月二十七日条に「靈山國阿上人縁起繪」とあり。⑬『元長卿記』（『史料纂集』）文亀二年（一五〇二）四月五日条。木下光生「近世近代移行期における畿内三昧聖の実態」世界人権問題研究センター編集『世界人権問題研究センター紀要』第12号（同センター・二〇〇七年三月、のち木下『近世三昧聖と葬送文化』塙書房・二〇一〇年九月に所収）によれば、元禄九年（一六九六）「摂州八田部郡福原庄兵庫津絵図」の薬仙寺南西角に「ヒシリ」空間があり、非人・葬送と薬仙寺の関連が窺えるという。⑭『宗長手記』（岩波文庫黄123―1〔宗長日記〕）「上」（大永二年〔一五二二〕）に尺八吹く「もとは東山霊山の時宗（マヽ）」紹崇とあり。⑮白蓮寺（京都市山科区）蔵・空也立像。⑰および⑱『國阿上人繪傳』より類推。⑳霊山正法寺に地蔵があることから類推。㉑『國阿上人繪傳』。㉒薬仙寺蔵『施餓鬼図』⑳。㉕国阿堂正福寺（滋賀県大津市）に寺元制を類推（稍疑あり）。㉗『大乗院寺社雑事記』（『増補續史料大成』第三十一巻）文明十年（一四七八）十二月十六日条に「宿所長樂寺」とあり。

国阿派…②大津正福寺蔵の札から類推。④文安二年（一四四五）四月十四日付結縁交名状。⑥東京大学史料編纂所蔵影写本『洛陽東山國阿道場（縁起）』写。⑩雙林寺（京都市東山区）蔵・宝暦五年（一七五五）十二月二十日付「七晝夜不断念佛別時結番之次第」より類推。⑫東山長楽寺蔵のものは雙林寺より。㉖『山州名跡志』（『新修京都叢書』第十五巻）巻之二に「頓阿塔」があることから類推。㉗『康富記』嘉吉三年（一四四三）六月十九日条に「景雲庵」とあり。㉚雙林寺内の長喜庵（西阿彌）墓地に「泰譽意□（願カ）大徳」（正徳六丙申年〔一七一六〕閏二月四日寂。薬師台座銘）が唯一あり、ほかは阿弥陀佛号。山内には池大雅や芭蕉門人も住んでいたので混住の可能性否定できず。

市屋派…④市屋金光寺（京都市下京区）蔵・年欠（大永四年〔一五二四〕カ）卯月六日付「元親書状」に「但阿弥陀仏」とあり。⑥金光寺蔵・明応八年（一四九九）六月十九日付「沼田光延敷地等寄進状」に「市屋道場」とあり。⑧金光寺蔵・明応六年（一四九七）七月五日付「かりん年貢寄進状」に「一夜御上人」とあり。⑬京都市南区唐橋井園町・狐塚。⑮金光寺および西市屋西蓮寺（京都市下京区）蔵・空也立像。⑱市姫社の別当職を務めた金光寺、松尾社の御旅所に隣接する西蓮寺。⑳西蓮寺本尊。

天童派…③山形県指定無形民俗文化財・天童仏向寺（山形県天童市）踊躍念仏。④山形県天童市高野坊遺跡出土墨

書礫。⑤仏向寺境内墓碑群より類推。⑫仏向寺蔵。仮題『羽州化益伝』には「アミコロモ」とあり。⑬寒河江慈恩寺（山形県寒河江市）内宝徳寺から類推。㉑十文字阿弥陀寺（山形市）ほか善光寺仏多数。㉒天童市貫津の龍神伝説から類推。㉓成生庄型板碑。

御影堂派…③『康富記』宝徳二年（一四五〇）十月二十日条にある「五條堀川躍道場」カ。『滑稽雑談』巻之三。『日次紀事』（『新修京都叢書』第四巻）巻之二（二月）。⑤京都市東山区「御影堂鳥辺山墓地」所在墓誌銘より類推。⑥③と同じ。⑦『満済准后日記』応永三十四年（一四二七）正月廿三日条に「時衆也」とあり。⑯『山城名勝志』より類推。⑳御影堂新善光寺（滋賀県長浜市）旧本尊地蔵菩薩坐像（京都国立博物館寄託）。㉑御影堂新善光寺の寺号。㉘『満済准后日記』応永三十四年（一四二七）正月廿三日条。

当麻東明寺派（当麻派に準拠）…⑳東明寺（福島県会津若松市大町二丁目）に延命地蔵尊あることから類推。㉖『園塵』第四、文亀三年（一五〇三）猪苗代兼載が連歌詠む。

鉢叩弘通派（おもに近世の事例から類推。茶筅と空也堂との本末は近世中期以降カ）…①『都名所圖會』に「徘徊」とあることから類推。③『滑稽雑談』『日次紀事』（『新修京都叢書』第四巻）巻之二（二月）。⑤空也堂光勝寺（京都市中京区）歴代に阿号なし（菅根幸裕氏の教示）。⑥青薬道場。⑦光勝寺近世書上より類推。⑧『日本往生極楽記』。⑪『七十一番職人歌合』。⑬『空也誄』から類推。⑮『七十一番職人歌合』で鉢叩が「こうやく」と唱える。『都名所圖繪』。⑱『空也上人絵詞伝』より類推。⑳『空也上人絵詞伝』より類推。㉑芝原善光寺（大分県宇佐市）、新善光寺（静岡市葵区）の開創伝承より類推。㉒『空也上人絵詞伝』空也平将門済度より類推。㉕『都名所圖繪』より類推。㉖『空也和讃』より類推。

徳川満徳寺（群馬県太田市、廃寺。近世に遊行派から独立したものとみられる。近世に本末争論があり満徳寺が勝ったが、近くの遊行派・岩松青蓮寺が葬儀を手伝うなど関係は続いた。近世の事例のみ）…⑤『時衆過去帳尼衆』遊行二十一代他阿知蓮の代の書き入れに「徳川大一房」とあり。世襲の一房号。満徳寺『御由緒書』（『縁切寺満徳寺史料集』）に「大一房」とあり。⑧『過去帳』（『縁切寺満徳寺史料集』）に「上人」号があることから類推。㉕清僧尼寺。㉚『過去帳』に「蓮社」号、「譽」号があることから類推。尾島町誌編集委員会編集『徳川満徳寺史』尾島町誌資料編第三篇（同町・一九八四年三月）によれば、享和三年（一八〇三）十二月七日寂の六世察誉恵白以降誉号。

高野聖…③応永二十年（一四一三）五月二十六日付「高野山五番衆一味契状」（『大日本古文書』家わけ第一・高野山文書之二）に「踊念佛」とあり。④室町期の懺悔物である『高野物語』（『桂宮叢書』十七巻）に阿弥陀仏号あり。⑦天正四年（一五七六）カ『正直捨権抄』中「念仏申元流」（黒木祥子「室町末期の念仏芸能の資料」歌謡研究会編集『歌謡―研究と資料―』第二号、同会・一九八九年一〇月）に「萱堂時衆高野曼陀羅堂時衆同」とあり。㉕『新増犬筑波集』『高野物語』。㉙高野山金剛峰寺（和歌山県伊都郡高野町）奥の院参道に康永三年（一三四四）銘「真の名号（楷書）」板碑があることから類推。

妻戸時衆…①『裏見寒話』。③前掲「念仏申元流」に「善光寺踊《ヲトリ》念仏信州」とあり。④『芋井三寶記』、坂井衡平『善光寺史』による寺伝。⑥『善光寺縁起』応永三十四年（一四二七）金堂焼失記事に「金堂東横山道場光通、三尊彼遷御座依也」。小林計一郎氏は近世の常念仏堂に比定。横山地名は応永三年（一三九六）歿の禅僧性海霊見の長享三年（一四八九）『性海靈見和尚行實』（『續群書類從』第九輯下）に「其本貫信州横山縣人事也」とあり、牛山佳幸氏は『長野市誌』で三輪横山に比定。⑦『大塔物語』。⑨『大塔物語』。⑩『芋井三寶記』。⑪坂井衡平『善光寺史』に

「薄墨衣の風」、『善光寺道名所図會』（『版本地誌大系』15）巻之三に「規式には鼠色の猿衣なり」とあり。⑬『大塔物語』。⑭『大塔物語』『長野市史考』。『善光寺史』に「部落民」とあり。⑱延文二年（一三五七）『諏訪大明神繪詞』、長野市立博物館蔵・一八七二年『信濃水内彦神別神社遺跡之図』。⑳甚妙坊（長野市）本尊。㉑『大塔物語』。㉕『善光寺史』所引『善光寺因縁物語』。㉙信濃善光寺（長野市）境内より「行の名号」を刻む五輪塔多数出土および衆徒福生院墓地（長野市元善町）に「草の名号」による永享十一年（一四三九）六月十五日銘「夏念佛供養」銘板碑から類推。

融通念仏宗…①西本幸嗣「近世融通念仏宗における「御回在」と天得如来「御出光」について」融通念仏宗教学研究所編集『法明上人六百五十回御遠忌記念論文集』（融通念佛宗総本山大念佛寺〔百華苑製作〕・一九九八年一〇月）によると本尊「御回国」とあり。④明徳版『融通念仏縁起』奥書に「成阿」とあり。⑥『大念佛寺四十五代記録并末寺帳』に元和三年（一六一七）「河州佐堂村道場村中にて建立」とあり。⑦『紫雲山歴代禄（録）』。⑧『平井家文書』永禄十年（一五六七）三月二十一日付「山内安穏八ケ郷衆等連署置文」に「大念仏上人使調声真阿」とあり㉑。徳融寺（奈良市）蔵『大念佛寺記録』。⑨『融通大念仏亀鐘縁起』。⑪『融通念仏縁起絵巻』上巻第三段で良忍が黒衣を着し、室町末の西光寺（大阪府柏原市）本『融通大念仏亀鐘縁起』（『融通念佛宗―その歴史と遺宝―』）に墨染衣がみえる。⑬浜源光寺（大阪市北区、浄土宗鎮西派）は融通念仏の古刹にして行基開辟の火葬・墓地の古跡と伝える。大阪府東大阪市長瀬町二丁目の長瀬墓地に法明房良尊の有馬御廟があり、行基ゆかりの河内七墓の一つとして、墓地と火葬場があることから類推。⑱『融通大念仏亀鐘縁起』。⑲大念仏寺と関係のある杭全神社（大阪市平野区）は熊野権現をも祀ることから類推。⑳地蔵を本尊とする壬生寺（京都市中京区、律宗）における導御の大念仏および地蔵寺（大阪府堺市北区）から類推。㉑に善光寺（大阪府八尾市垣内四丁目。元善光寺を称す）。㉒平野大念仏寺（大阪市平野区）蔵『片袖縁起』・香合・幽霊掛軸（いずれも近世）より類推。㉕『大念佛寺四十五代記録幷末寺帳』。㉘塩野芳夫「近世融通念仏宗の成立—念仏講から一宗独立へ—」極楽寺宗教文化研究所『宗教文化研究—錦渓学報—』創刊号（一九九三年一〇月、のち塩野『近世畿内の社会と宗教』和泉書院・一九九五年一一月所収）および極楽寺宗教文化研究所編集『錦渓山　極楽寺史』（錦渓山極楽寺・一九九五年一二月）が引く『錦渓山暦〔歴〕代相承譜』によれば温泉寺を寛永十九年（一六四二）に古野極楽寺（大阪府河内長野市）に改むることより類推。㉙大念仏寺蔵・六字名号（融通念佛宗教学研究所編集・法藏館製作『法明上人　その生涯と信仰』融通念佛宗総本山大念佛寺・一九九八年四月、九七ページ）。

門徒宗（真宗、浄土真宗）…③『愚暗記』（『真宗史料集成』第四巻）。⑥正嘉元年（一二五七）『上宮太子御記』（『真宗史料集成』第一巻）に「徳治第二（一三〇七）暦孟冬六日天於造岡崎道場」とあり。⑧宝永弐年（一七〇五）『中野物語』（『真宗史料集成』第四巻）。⑱⑲『善信聖人親鸞傳繪』、『親鸞上人御因縁』中「坊守縁起」。㉙蓮如筆名号に時衆流真・行・草の影響あり。

天台律宗…⑧『蔭凉軒日錄』（『増補續史料大成』第二十三巻）長享二年（一四八八）六月廿二日条に「眞盛上人」とあり。㉑『蔭凉軒日錄』（『増補續史料大成』第二十三巻）長享二年（一四八八）六月晦日条。㉒延徳四年（一四九二）五月五日、真盛が怨霊済度。㉙真盛筆「方色の名号」。

薦僧・暮露㉒（中世の薦僧・暮露から発し近世普化宗となる。ただし尺八芸能などは近世になって登場したものとも考えられる）…①『ぼろぼろの草紙』（『國文東方佛教叢書』）に「同様なる暮露々々卅人引具して諸國を行脚するに」とあり。⑨『徒然草』第百十五段に「九品の念佛」とあり。禅念一致。⑪『ぼろぼろの草紙』に「繪かき紙衣に黒袴きて」とあり。⑯「普化宗門之掟」より類推。㉔田村榮太郎「亂波と風呂寺」田村『一揆・雲助・博徒』（大畑書店・一九五八年八月、のち史録叢書二、三崎書房・一九七二年）によると虚無僧はスパイ活動するとあり。㉕黒田日出男「放下僧と暮露―『天狗草紙』の自然居士たちの姿を読む」『國文學―解釈と教材の研究―』平成4年12月号［第37巻14号］（學燈社・一九九二年一二月）によれば『一遍聖絵』第六第四段、第十二第三段に女や子連れのボロ（暮露）や蓄髪がみえる。黒田「ぼろぼろ（暮露）の画像と『一遍聖絵』〈上〉絵画史料論の可能性を求めて」『月刊百科』第三四五号（平凡社・一九九一年七月）によれば『ぼろぼろの草紙』に虚空坊は「簾中」として妻帯。㉖『三十二番職人歌合』の薦僧および『蓮如上人子守歌[23]』に尺八。㉘宇都宮市史編さん委員会編集『宇都宮市史』近世史料編Ⅱ（同市・一九八一年三月）に桂林寺（同市）蔵・安永四年（一七七五）十二月「松岩寺起立秡〔托〕」に藩主蒲生秀行時代（一五九八～一六〇一）に「風呂焼御家中衆斗被成御入候」とあり。石綱清圃「宇都宮松岩寺の記録」石綱・徳山隆編集『一音成佛』第六号（虚無僧研究会・一九八三年一一月）。

右は中世での行儀・行実からみたが、史料僅少のためどうしても近世でのありようから類推するほかなかったことを断っておきたい。また、末寺での検出例を派全体に置換していることも注意されたい。今後も調査を続けたい。

なお右の項目以外にもいくつかの派で共通する行儀がある。聖のさきがけともいうべき平安期の加古の沙弥教信に対し親鸞（『改邪鈔』）、一遍（『一遍聖絵』第九第三段）、法明（融通念仏宗中興。『融通大念仏亀鐘縁起』〔『堺市史』続編四巻〕・『安堵の御影略縁起』〔『東成郡誌』〕）らが崇敬していたことがわかる。ただしその後のいずれの教団においても、強固な信仰対象とはなっていない。また籤により法主上人を選出するのは、熊野権現神前で引く藤沢派（『諸宗階級』〔『續々群書類從』第十二〕）と融通念仏宗にみられる[24]。籤は、足利義教襲職時の逸話で知られるように、神意を体現する中世的色彩を帯びたものである。時衆が過去帳を重視したのに対し、中世前期などの融通念仏運動では「名帳」とよばれる、それに類したものに人々の名前を記載し、人気を集めていた。また、一遍は熊野権現から託宣あり、法明は男山八幡の神勅を宗教人生の画期としていた。蓄髪も破戒僧にみられるものである。

中世仏教界では通常、宗派の別よりも法脈によって僧侶は規定されるといわれる。しかし時衆の定義はその法脈と併せ、それ以上にこうした行儀・行実を有するかによって第三者から「時衆」として呼称・認定されたといえる。ただここで顧慮すべきは、史料用語としての「時衆」と分析概念としての「時衆」とである。具体的にいえば時衆であっても阿弥陀仏号を称しない例がある。(25)逆に阿弥陀仏号を有していても現下では「時衆」とみなされていない例もある。

それは律宗に帰依した斎戒衆なる人々である。八斎戒に基づく近住ともよばれる在家者のことで、葬送儀礼にも従事していた。西大寺叡尊像納入文書「西大寺有恩過去帳」「近住男女交名」に多数の阿号・阿弥陀仏号が検出される。しかし「授菩薩戒弟子交名」の比丘衆、法同沙弥・形同沙弥には極端に少ない。(26)また元興寺極楽坊の文永五年(一二六八)「太子結縁人名帳」も未見の史料で多くの阿号の者が載る。かれらはどう解釈すべきなのだろうか。西大寺系律宗において阿弥陀仏号をもつ人々はその教団に組織化されていくが、それは決して教団の論理に阿弥陀仏号が合致していたわけではなかった。本来菩薩戒に基づく律宗には現世における活仏を示す阿弥陀仏号は適合しない。つまり授戒・結縁に際して阿弥陀仏号を下附したとは考えがたいのである。むしろ一般名詞での「時衆」であるかれら阿弥陀仏号を有する人々が教団側に法名を追認されたといえまいか。事実斎戒衆には僧衆と一緒の入浴を禁じられるような差別があり、郷民との交流を規制されるような存在であった。(27)教団を率いる僧衆の側からは利用されつつも卑賤視されていた。

例えば釈迦を礼拝対象とする正嘉二年（一二五八）四月「釋迦念佛結縁交名」（唐招提寺釈迦如来像体内文書〔『鎌倉遺文』古文書編第十一巻八二一五～八二五三〕。ただし八二二〇のみ東大寺法華堂文書〕）に阿弥陀仏号人名が多数ある。斎戒衆らを中心とした在家信者がなぜ阿弥陀仏号を名のるのか。そもそも律宗において、阿弥陀仏信仰は成立するのか。まず上田さち子氏は俊芿、良遍、憲静、如導、真乗ら浄土教者が近世編纂の『本朝高僧傳』ほかの浄律部にみえる律と浄土の兼学僧であったこと、導御が壬生寺で大念仏を行っていること、光明真言が阿弥陀仏信仰に近いことなどを示す(28)。泉涌寺俊芿の許に宇都宮信房、覚明房長西、敬西房信瑞ら念仏者が参学していた事実もある。細川涼一氏は導御を挙げ(29)、念仏と律との整合を説く。導御については、謡曲「百万」によれば、導御の大念仏では「南無釈迦牟尼仏」も称えたといい、確実に念仏信仰と持戒とが両立していたことが認められる。ただし上田氏のいう『元亨釋書』の記述から念仏と律の関係がどこまでいえるのかは不明である。

叡尊にとって兼修は律宗と密教であり、念仏は眼中になかったのではないか。第二部第三章の金沢称名寺の事例でわかるように、中世の通念としては、持律持戒をなそうとすれば、念仏信仰は停止せらるべきものとみなされていたのではないか。特に鎌倉では極楽寺や新善光寺において法然浄土宗が興隆していて、法然浄土宗はともすれば頽廃をもたらすとされていたからである。弘長二年（一二六二）に鎌倉新善光寺道教房念空ら念仏者が叡尊の律宗に帰依しているが、この場合、のちの言葉でいう「改宗」に近い手法であったとみるべきであろう。阿弥陀仏が本尊であったと思わせる寺号をもつ極楽寺・称名寺も、その後本尊は清凉寺式釈迦となっていて、信仰対象が釈迦や文殊に変更されている。兼修が常道である中世だから、阿弥陀信仰を廃立することはなかったと思われる。

文永元年（一二六四）叡尊は光明真言会を開始する。そのときの「西大寺有恩過去帳」所載二三一〇人のうち阿弥陀仏号をもつ者が四六四人である。追塩千尋氏の論に従えば[30]、明恵による光明真言は浄土を極楽とはしていないが、『西大寺光明真言会縁起』では大日如来と阿弥陀如来の心中秘密呪とされるにいたるのは、文永元年は叡尊が鎌倉から戻って二年後のことであり、鎌倉での経験が影響し、浄土宗・専修念仏の徒をとりこむために編み出された方策であったのであろう。永仁四年（一二九六）正月二十三日付「僧真阿譲状」（浄光明寺文書〔『鎌倉遺文』古文書編第二十五巻一八九六九〕）からは「持戒念佛寺」なる用語も検出される。以上のことから、律僧教団、特に西大寺流においては、阿弥陀仏信仰は親和性がなかったが、下部信者層においては、重源以来の伝統が息づき、超俗の意味から阿弥陀仏号が用いられたと考えたい[31]。

すなわち、教団の指導部と信者層ではその志向が異なっていたということである。そして斎戒衆は阿弥陀仏号をもちながら葬送にも従事した。かれら斎戒衆の拠点の一つであった唐招提寺西方院は、四哲でありながら具足戒を棄てて斎戒に退いたとして非難された慈禅房有厳（一一八六～一二七五）が隠棲した場所であった（『招提千歳傳記』〔鈴木学術財団版『大日本佛教全書』第六十四巻〕巻中之三）。葬送を職能とする時衆と符合しよう。西大寺律宗系の太子二歳（南無太子）像体内に一遍と同時代とおぼしき念仏札が納入されたり[32]、元興寺極楽坊の持蓮華など[33]時衆と律宗との関係もあとづけできる。

したがってきわめて柔軟な帰納法によってかれらを時衆（この場合「衆」は集団を意味しない）として認識し、それが律宗のもつようになった阿弥陀信仰に帰依していくこととなったのではなかろうか。視点を変えれば中世、信濃善光寺、京都清水寺、出羽慈恩寺など「宗派」の異なる巨刹に時衆が勧化・唱導のため蝟集していたように、律宗の中に時衆が位置していてもまったく不整合はない[34]。もしここでこうした立論を認めないとすると、宗派の枠とは無関係に活動した時衆であるから、そもそも中世には分析概念としての「時衆」は成立・存在しなかったこととなってしまうのである。「時衆」は法脈ではなく行儀・行実から認識される。

おわりに

このように史料用語としての「時衆」よりも広範な範疇を、分析概念としての「時衆」には与えてしかるべきものと思われる。別言すれば前者は教団・集団であり、後者は文化・思潮の集合体としての時衆であると位置づけられる。史料用語としての「時衆」は浄土門徒のうち浄土宗西山・鎮西派および真宗各派を除いた聖《ひじり》系統のものと考えればわかりやすい。他方元来は念仏宗徒＝時衆＝一向宗（衆）徒＝融通念仏（信仰の徒）であることも看過できない[35]。当時の史料用語と現代の分析概念を混同するのは危険だが、時衆にかぎっては、両者にはさほどのズレはないものと思う。次章において、上述の視点から時衆の特性や沿革をたどっていくこととしたい。

〔註〕

（1）金井清光「一遍の生涯と宗教（五）」『時衆研究』第三十八号（金井私家版・一九六九年一〇月、のち金井『一遍と時衆教団』角川書店・一九七五年三月に所収）および林譲「「時衆」について」大隅和雄編『仏法の文化史』（吉川弘文館・二〇〇三年一月）が精緻な史料渉猟を行っている。

（2）平岡定海「奈良時代における「宗」について」日本宗教学会編集『宗教研究』四〇巻三輯（一九〇号）（同会・一九六七年三月）。

（3）以下、史料の出典は前掲註（1）金井論攷から多くを参看した。
（4）角川源義「語り物文芸の発生（第二稿）」角川『語り物文芸の発生』（東京堂出版・一九七五年一〇月）。
（5）前掲註（1）金井論攷。
（6）松岡実「盆の庭入りとバンバ踊―時衆聖の関与について―」『佛教と民俗』九号（仏教民俗学会・一九七二年一二月）。
（7）伊藤唯眞「平經高と專修念佛宗」佛教史學會編集『佛敎史學』第八巻第一・二合刊號（平樂寺書店・一九五九年七月、のち「貴族と能声の念仏衆―平経高を例として―」と改題し、伊藤『浄土宗の成立と展開』日本宗教史研究叢書、吉川弘文館・一九八一年六月、伊藤『伊藤唯真著作集』第一巻［聖仏教史の研究上］、法藏館・一九九五年五月などに所収）。
（8）野川博之「日隆『四帖抄』に見る「時宗」用例とその意義」時衆文化研究会編集『時衆文化』第7号（同会〈岩田書院発売〉・二〇〇三年四月）は、永享七年（一四三五）以降作とみられる法華宗日隆『四帖抄』には「時宗」の語があり、宗派として認知されていた例としてよいという。同じ新仏教である他宗派からは独自性を認められていた。
（9）金井清光「当麻派近世遊行の一史料」『時宗教学年報』第二十八輯（時宗教学研究所・二〇〇〇年三月、のち金井『一遍の宗教とその変容』岩田書院・二〇〇〇年一二月に所収）。
（10）近代、岩鼻県への提出文書による。延享三寅年（一七四六）十一月六日付の寺社奉行充文書においては清浄光寺とは本末関係にない「無本寺」「一本寺」と主張する。高木侃『縁切寺満徳寺史料集』（成文堂・一九七六年七月）。
（11）林譲「三条坊門油小路道場西興寺をめぐって―時衆のいくつかの異流について―」『仏教史学研究』第三一巻第二号（仏教史学会・一九八八年一一月）。
（12）『法会（御回在）の調査研究報告書調査報告』（元興寺文化財研究所・一九八三年三月）。
（13）西岡芳文「融通念仏宗の草創に関する新資料―新出「諸仏護念院言上状」について―」神奈川県立金沢文庫編集『金澤文庫研究』通巻第324号（同文庫・二〇一〇年三月）。

(14) 複数ある従来の翻刻には誤字・脱字が多く、現在筆者および大塚紀弘氏により再翻刻中。
(15) 菅根幸裕「明治新政府の宗教政策と「聖」の対応—鉢叩念仏弘通流本山京都空也堂の史料から—」『日本近代仏教史研究』第三号（同会・一九九六年三月）。
(16) 禰宜田修然『時宗の寺々』（禰宜田私家版・一九八〇年五月）。宗報附録『時宗寺院名鑑』（時宗教務院・一九三一年三月）には寺名がみえない。
(17) この点、今井雅晴「時宗〝解意派〟に関する考察—常陸国宍戸新善光寺の中世—」『佛教史學研究』第二五巻第一号（仏教史学会・一九八二年一二月、のち「時宗解意派に関する考察」と改題し今井『中世社会と時宗の研究』吉川弘文館・一九八五年一一月に所収）は、解意派を時衆と本来無関係で浄土宗鎮西派とするが、なぜ時宗にくみこまれるにいたったかは説明できない。本書の視点からなら矛盾がない。
(18) 重源上人杣入り八〇〇年記念誌編集委員会編集『徳地の俊乗坊重源』（徳地町・一九八六年一一月）によれば、山口県佐波《さば》川《がわ》流域に分布する。
(19) 青木茂編著『尾道市史』第二巻（同市役所・一九七二年八月）。
(20) 服部良男「横死者への眼差し　水陸画や甘露幀に触発されて日中韓の生死感におよぶ」網野善彦・塚本學・宮田登編集『列島の文化史』11（日本エディタースクール出版部・一九九八年一〇月、のち大幅増補し服部『薬仙寺所蔵重要文化財『施餓鬼図』を読み解く—半途に斃れし者への鎮魂譜—』同寺・二〇〇〇年五月）。同寺の教示によると明治期から奈良国立博物館に寄託、伝来由緒は不明という。近世地誌でも本朝施餓鬼最初の地を称している。
(21) 吉井敏幸「吉野山周辺の地域的特質とその歴史—地域史研究の一事例—」『奈良歴史通信』第四十・四十一合併号（奈良歴史研究会・一九九四年四月）。
(22) 細川涼一「ぼろぼろ（暮露）」網野善彦・笠松宏至・勝俣鎮夫・佐藤進一編『ことばの文化史』中世2（平凡社・一九八九年一月、のち細川『中世の身分制と非人』日本エディタースクール出版部・一九九四年一〇月に所収）。

(23) 後藤紀彦「辻子君と千秋万歳の歌」『月刊百科』no.261(平凡社・一九八四年七月)。
(24) 浜田全真「融通念仏宗の成立について」大谷大学国史学会編集『尋源』28号(同会・一九七五年三月)によれば延宝五年(一六七七)『大念仏寺暦《歴》代記録』に「住持者代々下別時講中鬮札場持」とある。この宗ならではの特殊事情とはいえ、鬮に神意をみる中世の要素が生き残っていた。
(25) 前掲註(11)論攷。
(26) 奈良国立文化財研究所監修『西大寺叡尊傳記集成』(法蔵館・一九七七年一〇月)三四八ページ以下。
(27) 細川涼一「中世唐招提寺の律僧と斎戒衆―中世律宗寺院における勧進・葬祭組織の成立―」大阪歴史学会編集『ヒストリア』第八九号(同会・一九八〇年一二月、のち「唐招提寺の律僧と斎戒衆」と改題し細川『中世の律宗寺院と民衆』中世史研究選書、吉川弘文館・一九八七年一二月に所収)。貞和三年(一三四七)四月の「海龍王寺八斎戒衆規式条々」によると、斎戒衆へは差別あり、郷民と出自・在地性などの面で関わりがあり。
(28) 上田さち子「西大寺叡尊伝の問題点」大阪府立大学社会科学研究会編集『社会科学論集』第4・5合併号(大阪府立大学教養部社会科学教室・一九七三年五月)。
(29) 細川涼一「法金剛院導御の宗教活動」仏教史学会編輯『仏教史学研究』第二六巻第二号(同会・一九八四年三月、のち細川『中世の律宗寺院と民衆』中世史研究選書、吉川弘文館・一九八七年一二月に所収)、細川「壬生寺の歴史」『壬生寺展』(京都文化博物館・一九九二年一一月、のち「壬生寺と壬生狂言」と改題し細川『漂泊の日本中世』ちくま学芸文庫、筑摩書房・二〇〇二年一月に所収)。
(30) 追塩千尋「叡尊における密教の意義」日本歴史学会編集『日本歴史』第三四三号(吉川弘文館・一九七六年一二月、のち追塩『中世の南都仏教』吉川弘文館・一九九五年二月に所収)。
(31) 高橋秀栄「宝樹院阿弥陀三尊像の像内納入文書について」三浦古文化編集委員会編集『三浦古文化』第五〇号(三浦古文化研究会・一九九二年七月)によれば、下野薬師寺から入った称名寺初代長老審海には阿弥陀念仏信仰があったと思われ、弘安五年（一二八二）七月卅日付で末寺常福寺に寳光房了禅のため舎利を阿弥陀仏に納めている。了禅は善光寺信仰の徒であったという。念仏信仰の撤廃を免れた称名寺には生き残っていたようではある。ただし律宗において阿弥陀念仏信仰はあくまで傍流であった。本書第三部第三章でふれるが、律僧は自分たちは釈迦を信仰しつつ、斎戒衆などには一段低い信仰対象を与えたのかもしれない。なお真言律宗の尾道浄土寺（広島県尾道市）の中興光阿弥陀仏（『新修尾道市史』第一巻に定証起請文「浄土寺修造願主光阿」、石宝塔銘「沙弥光阿弥陀仏」「弘安元年戊寅十月十四日、孝子光阿吉近敬白」）も狭義での時衆ではなく律僧配下の者であろう。

(32) 辻村泰輔「南無仏太子像の研究」『元興寺仏教民俗資料研究所年報』1976（同所・一九七七年三月）。

(33) 辻村泰圓ほか編集『日本仏教民俗基礎資料集成』三巻元興寺極楽坊Ⅲ（中央公論美術出版・一九七九年二月）。

(34) 京都浄住寺慈光『西大寺勅諡興正菩薩行実年譜』（『西大寺叡尊傳記集成』）巻下の正応三年（一二九〇）の項に「訓二誡ス時衆ヲ一」と時衆の語がみえる（砂川博氏の教示）。前掲註（26）文献「解題」によると、同書は元禄年間（一六八八～一七〇三）成立に擬せられるが、原史料を数多く手を加えず引用するのが特色のため価値が認められるという。重源以来の阿弥陀仏信仰の伝統の下の一般名詞としての時衆が律宗の中にくみこまれたとみられる一方、文字どおり、その場にいあわせた「時の衆」という解釈も可能である。

(35) はるか下る近代になるが、朝倉見道編輯『佛教年鑑』昭和十一年版（佛教年鑑社・一九三五年一二月）には「時宗一覧」中に「時宗」「一向時宗」「融通念佛宗」がならべられていた。さらに昭和九年版ころまでの毎年の『佛教年鑑』の記事からは、融通念仏宗東京出張所が時宗浅草日輪寺におかれていた（「出張所長（囑託）高木敎順」は日輪寺住職。融観大通が浅草にいたこともあるという）ことがわかる。広義での時衆が近代仏教界の一隅でまとまっていたという、長年の底流が息づいていた事例かもしれない。

【附記】金井清光、古賀克彦、西岡芳文、浜田全真氏、元興寺文化財研究所（藤澤典彦氏）の教示・協力をえた。

第二章　時衆史の再構成

はじめに

前章において、「時衆」の語義および行儀・行実に基づく時衆の定義について詳論した。そもそも時衆とは一遍智真教団の固有名詞ではなく、不断念仏を修するという意味において本来的に念仏門徒そのものをさし示す表現であり、語彙のみでいえば真宗・一向宗（衆）・融通念仏などの宗教運動もまた同一の潮流の中に位置づけることができる。具体的な史料用語としての時衆は、法然門下のうち浄土宗西山・鎮西派あるいは真宗各派を除いた聖系の集合体を総称したものといえ、それら別個の聖集団を対外的に時衆たらしめたのは、遊行・賦算・踊り念仏ほか種々の行儀・行実に共通性がみいだしえたからであった。

以上のような論を承けて、次に時衆の機能・沿革などについてたどっていくこととしたい。

第一節　時衆の有する職能と庶民信仰における時衆の意義

時衆を定義づけるものとして行儀・行実があることを前章では強調してきた。これらのうち特徴的なものは唱導文芸と葬送儀礼にあるといえる。網野善彦氏が「職」の概念を敷衍して論究したことに代表されるとおり[1]、また特に日本文学史の方面ではよくいわれるが、家芸・家業として職能の伝承というものがある。唱導に関していえば『元亨釋書』（『新訂増補國史大系』第三十一巻）音藝志で知られるとおり、安居院澄憲・聖覚父子より続く安居院流のように――仏教界では公式には妻帯による世襲がない面もあり、ここでは継承と表現しておくが――僧としての時衆に特有の職能があり、それ自体が時衆を規定していたということはできよう。それは前章で示唆したように、無住『妻鏡』にみえる一般名詞としての時衆があたかも職分・職掌として不断念仏を修していたかのごとく、念仏衆徒としての時衆に対し、古代末から中世当代の人々が有した認知の産物としての職能が、遊行・賦算・踊り念仏以下の数々の行業であったとみられる。黒田俊雄氏によれば、(2)家系ごとで得意な芸能を官職的「職」とし、それを社会的地位と収益権とを保証された「家業」とする。声明血脈が重視されたのもそれであろう。一一世紀前期から中葉にかけての藤原明衡『新猿樂記』（『群書類従』第九輯）に「一一所能」、『二中歴』（『改定史籍集覧』第廿三冊）に「一能歴」「藝能歴」、『古事談』（『新日本古典文学大系』41）巻第六に「諸道」とあるのはその謂《いい》で、単なる能力ではなく常人から傑出した生き方・才能を示すものとされる。『鶴岡放生會職人歌合』三番に「念佛者」、『三十二番職人歌合』（以上『群書類従』第二十八輯）八番に「かね敲」、「勧進聖」、『七十一番職人歌合』（『新日本古典文学大系』61）四十九番に「鉢扣」、六十五番に「念仏宗」が職人に加えられる。後者の「念仏宗」は画中詞に「即便往生」の語があり墨袈裟であることなどから、時衆（または浄土宗西山派僧）である蓋然性は高い。(3)

時衆の機能は換言すれば「芸能」にほかならない。勧進をなす一種の芸能者であったのであろう。備中国新見庄の文永八年（一二七一）『検注取帳』（『東寺百合文書』ク函）には、公名一〇名、阿弥号六名、僧名九名、と頻出する。庄園公領に多くの僧形・法体の百姓がいる実例である。若狭国小浜では道阿弥ら阿弥号ほか僧形の人物が借上、商人、問丸など非農業的生業を営んでいる。網野善彦氏はこのことから、職人歌合の中に僧形の人間が少なくないことと対応し「職人」と僧形とに関係があるのではないかと示唆する。[4]「能」「職」は時衆にもみいだせ、否、不可分のものであったともいえる。手工業者の技術も「芸能」に含まれ、「職人」「芸能」「道」が三位一体であった。[5]入門儀礼なしの習俗と化した阿（弥陀仏）号の流行は、[6]阿弥陀仏の「取り子」として弥陀と不二であることを示すがゆえに、時衆の所為が中世的観念から神聖視されたのであろう。

権力者に伺候・近侍する事由としては、時衆が現世における活仏として帰依された中世ならではの背景と同時に、円滑な遊行のために檀越を要した点があろう。一例として三井寺関での遊行への押妨を禁止する応永廿六年（一四一九）十月廿日付「足利義持御教書」（『清浄光寺文書』）が出ている。神祇信仰にせよ権力者接近にせよ「摂受」（相手を受け入れた上で教化する）・「善巧方便」であろう。時衆の教学は阿弥陀仏の絶対他力に拠るゆえに、止揚・包摂の論理でありより高次である。無為自然、超剋、不敵、不弁（言葉として表現しない）の老荘思想に酷似する。老荘思想の導入の有無については、浄土教の根本経典「浄土三部経」の一つ『佛説無量壽經』の曹魏・康僧鎧訳で用語が援用されていたり、浄土教の列祖の一人、北魏の曇鸞（四七六〜五四二）と道教との関係なども気になるが、後考をまちたい。最晩年の親鸞も同傾向の思想に逢着した点は着目してよい。一遍を忖度した後代の法語も同じ立脚点であるし、教団否定・自然法爾など毛坊主・非僧非俗（＝半僧半俗）の聖はすべからく体得し墨守した論理であったのではないか。原始真宗が「ワタリ」（商人）・「タイシ」（山の民・産鉄民）ら「職人」に支持されたのは好例であろう。[7]

これにからめて挙げたいのは真宗である。『六時礼讃』を修する広義での時衆にほかならず、蓮如による中興運動においては、親鸞の九字・十字名号から時衆が流布の中翼を担った六字名号の採用、西山派・時衆的教理をもつ『安心決定鈔』重視、薄墨衣への回帰（『本願寺作法次第』『空善記』）が謳われるなど、遁世聖的側面が全面に出てくることになる。したがって巷間いわれる蓮如時代、多くの寺院が「時宗」から「真宗」へ転宗したというのも、「時衆」という大きな潮流でとらえれば巨大運動体での中における左右のゆらぎとして規定できる。本来一遍時衆・一向俊聖教団系を中心にさした「一向衆」（『七天狗絵』ほか）が、やがて親鸞門流・本願寺教団の「加賀國一向宗土民号無导光宗」（『大乗院寺社雜事記』〔『増補續史料大成』第三十一巻〕文明六年〔一四七四〕十一月朔日条ほか）に固定されていくのも不自然ではない。この場合の親鸞（蓮如）教学の隆盛の要因は、それに内在する他力思想への求心性というところに帰結されよう。

ときに善光寺信仰は、揺籃期の古代をへて中世、爆発的に広がる。その担い手の一つである時衆は、別時念仏衆・六時礼讃衆という本来の職責から不断念仏を美声にて修する技能、阿弥陀仏号を称する活仏であることもあいまって、固有の職能（「芸能」）が認められた。したがって本来は妻帯であり世襲であった。学僧ではなく堂衆としての親鸞は融通念仏の美曲を詠唱する芸能者ともいえ、[8]「正像末浄土和讃」中「善光寺如來和讃」が五首あり、『本願寺聖人親鸞傳繪』（『眞宗聖教全書』三）によると信濃善光寺本願御房生き写しと表せられ、善光寺如来堂の御花松や大本願親鸞堂その他什宝類などが今に遺る。東国で有力な高田門徒は本寺下野国高田専修寺（栃木県真岡市）に親鸞が感得したという善光寺如来分身の一光三尊を嘉禄元年（一二二五）、秘仏本尊として開創するという。親鸞自身妻帯し廻国する行実は五来重氏をして善光寺聖といわしめる。[9]これらに関わったのが遊行聖・高野聖であり、融通念仏運動や善光寺南大門月形坊良慶明心の師心地房無本覚心などを結節点とする一連のものであった。『日葡辞書』（岩波書店版）を検索すると道場という語は「一向宗」のものであるという。地名に道場名を附して通称とするのは時衆の行儀でもある。元来「僧尼令」によれば私の道場を営むことが禁止されたように、この語には修行の場としてのほかに私寺の意味が多分にあった。非僧非俗の立場から共通する点がある。体を大きく動かしながら名号・和讃を唱える東本願寺（京都市下京区）異色の坂東曲《ぶし》（毎年一一月の報恩講にて）もその残映であろう。

時衆には基本的に教旨が〝存在しない〟が、その行動から思想を帰納すると①信心不問、②悉皆成仏、③現世肯定、④不立文字、⑤雑修信仰が特徴といえる。これらのもたらすものとして、時衆には他宗と異なる決定的な要件がある。まず「妙好人」（篤信の徒。おもに真宗の語）がいない。時衆および結縁衆（檀・信徒）は穢土においてすでに果位すなわち（阿弥陀）如来の位にあるからである。次に「異安心《あんじん》」（異端。おもに真宗の語）が存在しない。教相判釈がないから当然である。また宗教改革が興りえない。後代に宗祖に追認される一遍が教団・信仰心を否定するから、かれに遡及した論理が展開できないのである。最後に、古今東西いずれの宗教も最低限要求する信仰心を放念した点である。これらは時衆に活動上の規制をとり払う反面、求心性をもちえず、結果的に宗教活動ではなく文化活動に移行することとなった。

これをふまえて、以下に時衆の職能・機能についてみていくこととしたい。なお聖とは、五来重氏の指摘によると、隠遁、苦行、遊行（廻国）、呪術、世俗、集団、勧進、唱導性を有するという[10]。

第一に衆生の決定往生・安心獲得《あんじんぎゃくとく》[11]を裏づけたことである。浄土教のもつ来世志向のみならず現世での往生（即便往生）を重視するから、より広い欲求に応えうる。阿弥陀仏と不二であることを示す阿弥陀仏号を授けたことは南無阿弥陀仏俊乗房重源以来の聖の伝統で、やがて浄土教のほかの教団からは忌むべき法名となっていく。元禄九年（一六九六）懐山『浄統略讃』（享保十九年〔一七三四〕懐誉修訂補注。『續浄土宗全書』六巻・鈴木学術財団版『大日本佛教全書』第六十八巻）に窺える。時衆は教派でないため余宗との併修の類例は多い。例えば下総国千葉氏は真言宗大日寺

（現豊山派、戦災により移転、千葉市稲毛区）、法華宗経胤寺（現顕本法華宗、印旛郡酒々井町）、曹洞宗勝胤寺（佐倉市）などに歴代墓所をもちつつ基本的には法名を阿号とし、当麻時衆の佐倉海隣寺（佐倉市）・千葉来光寺（のち浄土宗鎮西派来迎寺、戦災により移転、千葉市稲毛区）の大檀越であった。薩摩国島津氏は近世であるが天台宗山門派大乗院、曹洞宗福昌寺、時宗浄光明寺・本立寺（いずれも鹿児島市内。廃仏毀釈により廃絶し浄光明寺のみ復興）などを菩提寺としていた。これらは永井義憲氏が日本仏教にはおおまかに信仰に禅定、加持、念仏の三型式、その各々に対応する思想に無常と空、因果、浄土があり、それを唱導また釈書により弘通（大衆化）するというものがあると指摘したことを考え合わせるとわかりやすい。[12]すなわち寺請制度によって各宗兼修が難しくなる近世以前は、同一人（氏）が精神修養の場としての禅寺、祈禱寺院としての顕密、そして葬送・極楽往生を念ずる時衆道場、という志向に合わせた弁別をしていたのである。

遊行聖、特に遊行上人、その隠居・藤沢上人は、善光寺阿弥陀如来、清凉寺釈迦如来、高野山奥の院弘法大師（「二佛中間《げん》の大導師」）などとならび生身の仏として中近世の庶民信仰の中核をなした。〝動く本尊〟といえよう。[13]また善光寺妻戸時衆、清凉寺蔵の伝一遍自画自賛像、高野聖の例のように、三者いずれとも時衆が関係していたのはおもしろい。

第二に死者・怨霊（横死者）・女人・賤民（「非人」「癩者」）などの済度が挙げられる。唱導文芸は、遊行聖である時衆が物語を朗唱して聞かせる行為が、その物語の主題とされる怨霊に対する鎮魂になる効果を期待されている側面がある。社会における敗者・弱者を救済する効果が期待され、支配層から外護された。承平・天慶の乱の「新皇」平将門[14]、和泉式部[15]、源平合戦の平家一門（特に本宗家）[16]、同じく斎藤別当実盛[17]、南北朝動乱の新田義貞[18]、明徳の乱の山名一族[19]、永享の乱前後の小栗判官助重[20]、結城合戦の春王・安王兄弟[21]などがおもな例である。謡曲「遊行柳」では、老柳の精を成仏させる筋立てになっている。このような御霊信仰＝怨霊鎮魂は時衆に期待される機能であった。四条時衆の熱田円福寺（愛知県名古屋市熱田区）は元応元年（一三一九）足利一門の厳阿上人開山とされ、霊山時衆の敦賀来迎寺（福井県敦賀市）は永徳二年（一三八二）国阿が改宗し、弟子其阿栄尊（俗名脇屋義助嫡男義治。新田庶流）が中興、また霊山時衆の祖師である国阿弥陀仏（一三一四？～一四〇五？）は足利傍系の播磨石塔家の出で四郎頼茂の子とされ、霊山時衆発祥の近江国大津国阿堂正福寺は右馬頭頼房が覚阿として嗣いで以来石塔家から累代世襲していたという（妻帯ではなくいわゆる寺元制度ヵ。現石堂姓。事実は国阿の本姓は赤松一族箸崎ヵ。本書第二部第二章）。このように足利一門が多い。藤沢時衆の遊行十二代は天皇恒仁（追号・亀山）第七皇子常盤井宮親王恒明の子法親王尊観（一三四九～一四〇〇）で、応永三年（一三九六）天皇幹仁（追号・後小松）に対面し以後遊行上人が参内する前例となったという[22]。周知の清浄光寺蔵・天皇尊治（追号・後醍醐）像も醍醐寺門跡法親王杲尊から託されたものといわれる。時衆のうち藤沢時衆は遊行において足利・徳川将軍から保護され、『後鑑』（『新訂増補國史大系』第三十五巻）巻之百二十七所引「相州文書」によると、足利義持が管領細川満元に命じ各関所を自由に往来できる応永二十三年（一四一六）四月三日付・足利義持御教書写（清浄光寺蔵。『時衆の美術と文芸』）を「清浄光寺藤澤道場遊行金光寺七条道場時衆」に充てて発給、このほか六代義教の御教書が清浄光寺に遺り、江戸幕府からも人夫・馬の徴発において大名格の特権をもつ伝馬朱印がたびたび発せられた。両将軍家のこうした動向は平家を鎮魂することが源氏の棟梁としての責務であったと思われる（金井清光氏の教示）。事実、『時衆過去帳』には、死後しばらくして尊治こと南帝阿弥陀仏ら南朝の人物が記入されている。足利家が源氏長者として義満のころから『平家物語』の管理権を掌中にしたこと[23]と対応するのではあ

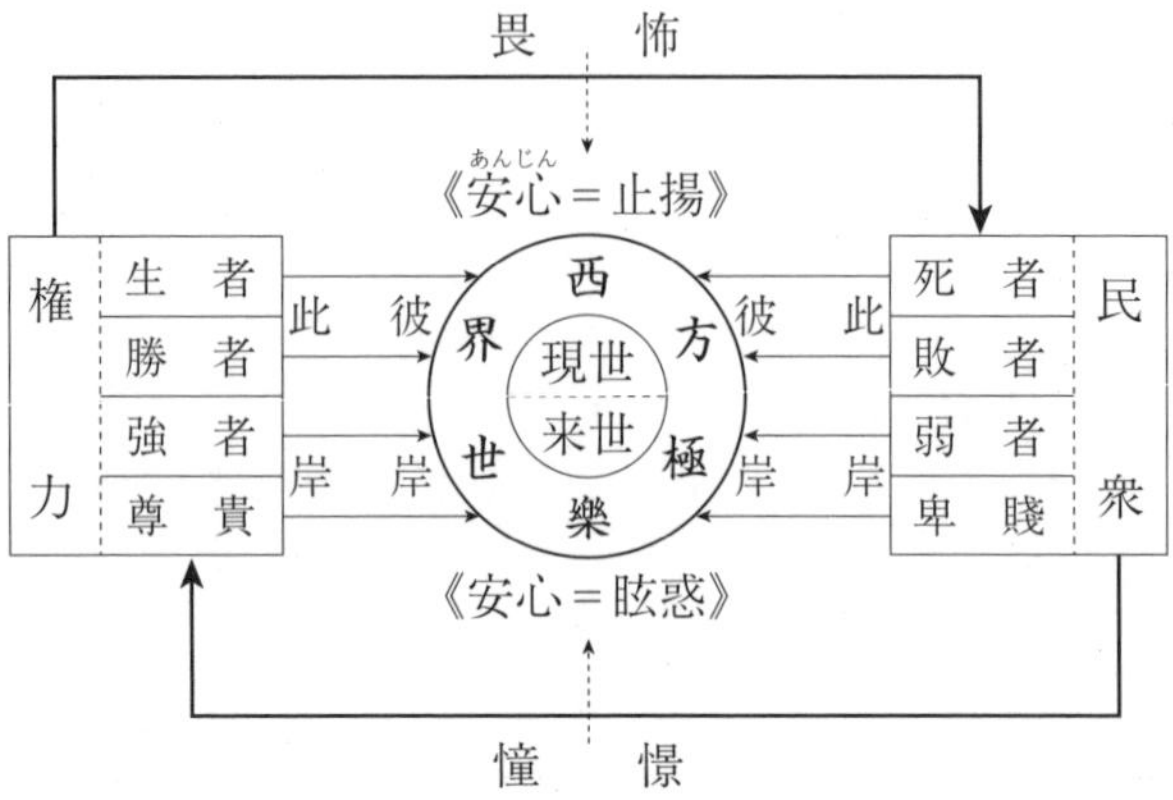

第一図　時衆の機能模式

るまいか。したがって供養する主体は勝者の側だから、時衆は南朝所縁と思われているが、実際には時衆では北朝年号の使用例が圧倒的に多いのである。**第一図**をご覧いただきたい。政争の敗者や被差別民など社会的に負に位置づけられた人々が正の側にたつ勢力により慰撫されるという構造である。足利・石塔氏の一族が時衆僧になったのも鎮魂・祭り上げとしては当然であり、敗者の側である新田家・南朝縁戚が時衆僧となるのも、崇神紀説話（『日本書紀』〔『日本古典文学大系』67〕崇神七年秋八月七日条）における夢告により大物主神を児の大田田根子に祭祀させた例によるまでもなく、広くみうけられるものである。しかも権力者が自己を充足させるための鎮魂は顕密が行い、時衆は民衆向けのいわば別働隊・〝第五列〟として儀礼を掌っていた。平将門についていえば、のちに真言宗智山派大本山となる千葉県成田市の成田山新勝寺（「新」皇に「勝」つ「寺」）が調伏祈禱を行う一方、時宗芝崎道場日輪寺が怨霊済度を行ったとされるのは（ただし初出は『御府内備考續編』〔名著出版版『御府内寺社備考』六〕巻之百十四「神田山日輪寺」書上カ）、ともに伝承の色合いが濃いものの、時衆と密教の鮮やかな対比をみせている。ゆえに時衆に対し、後記のような〝ガス抜き〟

とみる批判も起こるわけで、この点、庶民信仰としては危険性を胚胎していたのは事実である。[24] すなわち、中世において時衆とは一面では〝権力者による民衆のための宗派〟および〝民衆による民衆のための宗派〟であり、対して〝権力者による権力者のための宗派〟が顕密八宗および禅宗なのであった。

また後述の霊山時衆願阿による応仁の乱にまつわる戦乱・飢饉での拾骨や施行などがみられる。弱者済度が、必然的に葬送に関与していくこととなる。

第三に勧進・興行をなす側面。踊り屋はいうにおよばず、有力顕密寺院を中心に霊寺霊社の境内・門前ないし、ときに寺内組織の一端として活動する時衆である。簡単に北から類例を挙げてみよう。現在慈恩宗(旧名・天台真言両宗慈恩寺派)を称する兼学寺院の寒河江慈恩寺[25](山形県寒河江市)には、一向俊聖教団の塔頭松蔵寺・宝徳寺が存立していた。[26] 鹿島神向寺(茨城県鹿嶋市)は、和銅元年(七〇八)行基が留錫した法相宗の寺を一遍が改宗したといい、鹿島神宮の鬼門に位置して神向寺と号し、差配してはいないが神宮寺に近い地位であったらしい。寛文十年(一六七〇)水戸藩による「開基帳」中「時宗」によれば板来地福寺(茨城県潮来市)はすでに廃絶した比丘尼寺であったというが、この地福寺も鹿島神宮の唱導に関わっていた蓋然性がある。四条時衆の乙川光照寺(愛知県半田市)は、式内社乙川八幡社と深い関係があったらしい。藤沢時衆の大町教恩寺(神奈川県鎌倉市)は、『新編鎌倉志』(雄山閣版『大日本地誌大系』㉑)によれば浄土宗鎮西派の関東大本山とする鎌倉光明寺の境内にかつてあったといわれる。[27]『時衆過去帳』からは、越後国蔵王堂の人名が検出できる。新潟県長岡市西蔵王の金峯神社は蔵王堂として修験者や廻国聖が集い、『もろかど物語』にも登場する霊場であった。[28] 中世、信濃善光寺にはのちの天台宗大勧進・浄土宗大本願系の坊舎とならんで妻戸時衆とよばれる集団がいた。[29] 静岡県三島市の三島大社の門前には西福寺がある。小坂井善福寺（愛知県豊川市）は氏姓国造期の穂国造に関わる延喜式内社菟足神社（同市）の別当と伝え、応安三年（一三七〇）洪鐘銘に「勸進聖見阿弥陀仏（マヽ）、檀那朝阿弥陀佛（マヽ）」とある。[30] 熱田神宮には四条時衆の中本寺である熱田円福寺が関係していた。[31] 本願寺五祖綽如の創建の巨刹、真宗大谷派井波瑞泉寺（富山県南砺市）は明徳四年（一三九三）綽如寂後、杉谷慶善女が時衆の尼となって守ったという。[32] 福井県敦賀市の気比神宮の鳥居前には他阿真教の「御砂持ち」にちなむ西方寺があった（現在来迎寺に実質合寺）。福井県勝山市平泉寺共同墓地にある室町末からの寺僧の墓域に、笏谷石製の五輪塔の縦二一、横一三センチメートルの破損した土台（地輪カ）に「永禄六天（一五六三）□□」「二月十一日」「住一房」の文字がみつかった。[33]『遊行上人縁起絵』遠山記念館本の奥書に「白山豊原寺　于時永徳元年（一三八一）八月　日」とあり、近在の長崎道場称念寺（福井県坂井市）「称念寺縁起写」（『福井県史』資料編4中・近世二）もこれに対応した内容をもつ。越前国今立郡にあった長泉寺は、泰澄が白山より白山姫社を勧請し長泉寺を創建したとの伝がある平泉寺末寺で、朝倉期は寺領数千石・寺坊三六を数えたというが、天正二年（一五七四）の一向一揆で焼亡した（『越前国名蹟考』など）。『時衆過去帳』によれば、貞治二年（一三六三）に「音一房」（長泉寺）の往生の記載がみえ、それ以後にも長泉寺時衆の記載がある。[34] 足利義政・義尚の崇敬が篤かったという滋賀県栗東市の大宝神社は、神宮寺として四条時衆の綣《へそ》仏眼寺（同市）があった。[35] 京都清水寺の復興では「七條時衆也、去年給上人號」（『親長卿記』〔『増補史料大成』第四十二巻〕文明十六年〔一四八四〕六月廿七日条）の願阿が尽くした。文明十年（一四七八）洪鐘銘に「大勧進願阿上人」とあり、寺内に今も遺る本願成就院を興した。南禅寺仏殿や六角観音堂の再興にも助力したという。[36]『真如堂縁起』で知られる天台宗山門派の名刹真正極楽寺[37]（京都市左京区）、時衆と近い教理をもつ浄土宗西山深草派本山四条誓願寺（京都市中京区）にも痕跡がみられる。[38]『建内記』（『大日本古記録』建内記六）嘉吉四年（一四四四）五月五日条「誓願寺内故眞阿弥陀仏道場勧進平家、今日結願云々」とある。門前にて唱導・勧化を行っていたとみてよい。また嵯峨清凉寺霊宝館には来歴不詳なものの一遍画像が遺されている。円福寺などと御四箇寺とされる同じ四条時衆中本寺の堺引接寺（大阪府堺市堺区、廃寺）は、住吉大社別宮とされる開口神社と深く関わった。[39] 同じく堺で行基の誕生寺である高野山真言宗家原寺にも時衆がいた徴証がある。[40] 壺井通法寺（大阪府羽曳野市、廃寺）の特殊な例は次にふれる。天台宗山門派書写山円教寺（兵庫県姫路市）は時衆各教団の祖師とされる一遍・一向・国阿などの聖たちが若き日に登山したと伝える霊場である。[41] 西の叡山と喩えられるから、あくまで伝承だとしても、かれらが一般に「新宗派」の祖師が修学した叡山には登らず書写山で勉学したことの意義は問われねばなるまい。附言すれば臨済宗法灯派の祖、心地房無本覚心（一二〇七～一二九八。無本は諡号）の許で一遍・王阿（御影堂新善光寺開山）・浄阿（四条時衆祖）が参禅したというのも、聖たちの典型的な祖師伝を構成するものとして特記されよう。東大寺には鉦鼓・鉦架・鉦木が遺り、それに刻まれた六字名号書体も時衆流である。[42]『經覺私要鈔』（『大日本史料』第八編之一〔七三〇ページ〕・『史料纂集』同第七）応仁元年（一四六七）十月二十二日条に連歌を詠む「當麻時衆法持庵勝定房勝意房[43]」がみえる。相模国当麻無量光寺の可能性もなしとはしないが、地理的に近接している大和国当麻寺（奈良県葛城市）にいた時衆であろう。現・真言律宗の元興寺極楽坊からは持蓮華一点、残欠三点が包蔵壙より出土している。『大乗院寺社雑事記』によると長禄二年（一四五八）三月十八日条以下、毎年三月十八日に大念仏が行われていたり、『智光曼荼羅』の唱導が想定されるなど、[44] 古代の官大寺から大いに変容していたのであった。和歌山県伊都郡高野町の高野山には高野聖がいた。史料はきわめて少ないが、応永二十年（一四一三）五月二十六日付「高野山五番衆一味契状」（『大日本古文書』家わけ第一・高野山文書之二）に「一、高聲念佛・金叩・負頭陀一向可停止事、一、踊念佛同可止事萱堂外、一、於寺邊新造菴室堅可制之事」とあり、行状の一端が窺える。

このほか顕密寺院の棟札に阿号・阿弥号がみえるといった類例は枚挙にいとまがない。その起源は顕密寺院における「黒白兩衆」（『大乘院寺社雜事記』〔『増補續史料大成』第三十二巻〕文明十四年〔一四八二〕八月十一日条）にある。[45]黒衣方と白衣方による職務の分掌である。とはいえ、白衣に代表される寺僧の方が上位にあった。一方、寺社の関係における「神宮寺」「別当」「本願所」「鎮守」の概念は個別事例や時代ごとで大きく異なることに注意したい。神宮寺や別当は広い意味で令制下で仏寺が神社を管掌するものであり、職《しき》となった。しかし時衆が神社に関与する場合、対等か場合によっては時衆が下位にあり、不浄な存在として歓迎されなかったものと思われる（『一遍聖絵』『遊行上人縁起絵』に記される神社を参詣した一遍や真教の受けた対応が物語る）。数少ない例外のほかは時衆寺院が神宮寺となりえた例はない。

太田直之氏は清水寺願阿、祇園社徳阿弥（『新修八坂神社文書』中世編一四二号文書）、高野山西生院与阿（『紀伊續風土記』）らの例を挙げつつ、十穀断ちをする修験者に近い十穀聖は、時衆ではないとする。[46]教団体系の整備されていた藤沢時衆以外では、そうした区分はあまり意味をもたないと思われる。一人の聖がすべてをかねることでより幅広い帰依を受け生業として成立したはずである（例えば「善光寺聖」が固定された職掌でなかったことは本書第二部第三章で詳述）。

時衆における宗派意識の乖離、また唱導のために蝟集する時衆の一例を考察してみよう。河内国壺井通法寺（大阪府羽曳野市。廃寺）。この寺は河内源氏二代頼義が長久二年（一〇四一）中興したと伝え、「壺井寺」の名跡を保ちつつ隣接する壺井八幡宮とともに氏寺氏神とした。[47]のちに壺井住人多田理右衛門包義らが再建を図り、護持院隆光の仲介をへて元禄十二年（一六九九）柳沢保明（吉保）が再営を請う形で保明を中心に同十三年普請が開始され、護持院隆光の属する新義真言宗長谷寺末となった[48]。ところが天保十一年（一八四〇）『遊行・藤沢両上人御歴代系譜』（『庶民信仰の源流』）などによれば、遊行二十三代他阿称愚が永正十一年（一五一四）九月三日に通法寺で初賦算をしており、近世初頭の仮題『遊行派末寺帳』にも末寺として掲げられているのである[49]。この末寺帳の性格から中世末には藤沢時衆に属していたことがわかる。『時衆過去帳』にも通法寺が頻出する。壺井八幡宮に遺る円派仏師による正平九年甲午（一三五四）三月廿日銘男神像に「惣長者成阿」、女神像体内の千体地蔵菩薩像奥書願文には同八年八月十八日付「念阿弥陀佛」と記され、末尾の六字名号は時衆流の書体「行の名号」である[50]。寛保四年（一七四四）『通法寺興廃記』によれば足利義満が畠山基国に命じ再建させ明徳二年（一三九一）完成、「而選テ二一遍上人弟子有徳ノ僧一ヲ以テ主シムレ之」という。これが現地に遺る時衆色をとどめた唯一の史料である。しかし壺井八幡宮には通法寺関連の文書が伝世しており、それらによると一貫して別当職がおかれた顕密寺院であったようである[51]。そこで近世の史料をみてみる。「河州通法寺畧記」「河内古市郡壺井宮略えんぎ[52]」などは通法寺がいわば唱導のごとくに喧伝したものの名残りであるようだ。さらに、越前国長崎道場称念寺の末寺光明院は南都興福寺末でもあり、権利・身分を保証するため中世にしばしばみられる両属の形態を示していた。つまり時衆が居住・活動した拠点が時衆寺院であるとの規定は本末制が確立する近世より前には不可能であり、必ずしも時衆末寺ではないとの何よりの証左ではないかといえるのである。時衆は独立した存在ではなく、属性としておもに顕密の周縁にあって聖としての職能にのっとった行状をなしていた。時衆が〝母屋〟に入りこんでいく点で、換骨奪胎の例といえる。逆に、近世本末制成立により、時衆の名残りが一掃されることもあった。

時衆における宗派横断は近世本末制下でも行われ、京都の霊山派長楽寺、市屋派本寺金光寺に西山派僧が、四条派本寺金蓮寺に鎮西派僧が住持として「横入り」することがみられた。解意派本寺新善光寺や一向派本寺蓮華寺も法儀混乱や他宗との関係を疑われている。いずれも勢力拡大を狙う藤沢派によって指弾されているが、当麻派無量光寺や徳川満徳寺については、鎮西派から住持をよぶことが慣例として定着していた。末寺における他宗法名の使用例は過去帳・墓石など枚挙にいとまがない。これらの事実は、中世において宗派が固定しておらず、浄土系のさまざまな教団と関係を結んでいたことを想定させる。

官寺・定額寺の伝統を受け継ぐのが「寺院」「仏寺」であり、私度僧の草庵の伝統を引くのは「道場」であったと思われる。時衆や真宗、融通念仏宗が寺号公称を憚って道場号を用いたのはそのためであろう。国指定重要無形文化財の長野県佐久市・跡部踊り念仏において、踊り屋を「道場」とよぶのもまことに示唆に富む。また「寺院」に蝟集した時衆は、やがて寺号を別に私称しながらも、かつての官寺・定額寺の名跡を僭称することもあった。四条道場金蓮寺に対する祇陀林寺、東山正法寺に対する霊山寺・徳禅寺、東山無量寿院に対する雙林寺、などである。

第四に葬送である。葬送儀礼は、一般名詞である不断念仏衆としての時衆からやや時代をへて、遁世僧・聖としての位置づけから発した職能であると考えられる。元弘三年（一三三三）鎌倉幕府滅亡の際に若宮大路のかたわらに九一〇体以上におよぶ人骨を拾集して一部の頭蓋骨に経文を記して埋葬したのは時衆と考えられ[53]、また定額寺として死穢を厭う京都東寺の葬送に協力したのは近隣の市屋時衆であったようである[54]。時衆には三昧聖としての性格は強い。汚穢《おえ》を超越する存在なればこそであるが、そもそも乞食などとも重なる下層僧侶である時衆は、汚穢のただ中で生きざるをえない状況にあったはずである。

第五に唱導の機能からやがて文化・芸能の交流空間へと発展していく時衆道場、そして文化の担い手としての時衆の姿がある。これについては先行研究が多いため略するが、『一遍聖絵』第九第三段、弘安十年（一二八七）春、播磨国書写山で一遍が「四句の偈と一首の歌」を詠むことで本尊拝礼を許された逸話がある。特に連歌詠唱は時衆の専一としたところである。好例に藤沢清浄光寺における最大の行事、歳末別時念仏法要においては初日の一二月（現在はひと月早く一一月）一八日に「御連歌の式」が営まれる。これはあらかじめ決められた句を順に詠むもので、連歌に御という字が附せられているところが仏事としての性格を表す。また『朝倉始末記』（『改定史籍集覧』第六冊）巻之一「朝倉家由來之事」に寛正六年（一四六五）正月、越前国朝倉敏景軍が出陣するにあたり萱谷積善寺（福井県越前市）の時衆が現れたため「然ハ連歌達者タルヘシ出陣ノコトフキ一句在ㇾ之」として詠ませ、吉例としたという。連歌の名手として各地で招聘され、武将の無聊を慰める著名な陣僧などもこの機能に準じたものであろう。その詠んだ句は神仏から感得したものとして珍重された。それは阿弥陀仏号をもつように弥陀と不二である時衆が神仏と感応することでえられた成果に意義が認められたからであろう。一種無縁の場として時衆道場は文化・芸能の交流センターとなる。

第六に「無縁」のアジールないし聖域としての時衆道場。応永二十三年（一四一六）、上杉禅秀の乱の三回忌のため建てられた板碑形状の石塔は「敵御方供養塔」また「怨親平等碑」とよばれ、本寺清浄光寺境内にて鎌倉の方角に位置して供養を受けた。このほか『時衆過去帳』に納骨の風俗が窺え、アジール・霊場としての中世清浄光寺については大橋俊雄氏が詳しい[55]。『太平記』（『日本古典文学大系』36）巻第三十八「畠山兄弟修禪寺城楯籠事付遊佐入道事」によると貞治元年（一三六二）九月畠山国清、義熙、義深が藤沢道場および七条道場に亡命している。また『明徳記』（岩波文庫黄30―138―1）「中」にみえるところでは、上原入道が六条道場へ逃げこんでいる。応永二十三年（一四一六）十月、上杉弾正少弼氏定が藤沢道場で自害している（『鎌倉大草紙』〔『群書類従』第二十輯〕）。中世期の遺制として江戸幕府から例外的に認められた駈入寺・縁切寺の徳川満徳寺（群馬県太田市、廃寺）も広く知られるところである。このほか鎌倉滅亡時の南部茂時（実は北条茂時。のち南部氏に仮託ヵ）、南北朝期の河野通盛（ただし実話ではない）、得川親氏（同断）、桑折宗長、馬庭念流の祖念阿弥[56]らが清浄光寺を頼っている、とされている。また明智光秀が薗阿上人の保護で長崎称念寺に（『遊行三十一祖京畿御修行記』）、岩城政隆が水戸藤沢道場（現神応寺）に、山中鹿之介末裔の墓が一華堂長善寺（静岡市葵区）に[57]、玉田院生一房（武田信玄五男・仁科盛信女）が川口法蓮寺（東京都八王子市）に[58]、織田有楽斎長益の子頼長が円山安養寺に[59]、それぞれ逃げのびている。近世にも宮城県・岩手県の隠れ念仏や鎌倉の隠れ切支丹が時衆寺院を頼って、名目のみの檀家となっているという。この無縁性が派生・悪用されて戦争中に中立を崩したり（応永六年〔一三九九〕十一月廿五日付・遊行十一代他阿自空書状〔『七條文書』〕〔『定本時宗宗典』上巻〕）、ときには暦応四年（一三四一）解阿弥陀仏『防非鈔』（『定本時宗宗典』下巻）に「隠密消息事」とあるような諜報活動をする者もいたらしい。また応永七年（一四〇〇）東西三七町・南北三八町の寺地を認められた四条時衆の中本寺、既出の堺引接寺は本来、海に面して堺の最西南にあり[60]、自治都市堺の街を形成する一翼を担っていたようである。

時衆のもつ性格から、決して聖地としてだけではない時衆道場の位置づけもみてとれる。『鎌倉大草紙』（『改定史籍集覧』第五冊）巻中によると、嘉吉元年（一四四一）垂井道場金蓮寺で、結城合戦に推戴されて敗れた鎌倉公方足利持氏の遺児春王・安王が殺害されているように、処刑場の機能ももたされていた。長瀞長源寺（山形県東根市）も刑場跡であり、敦賀来迎寺（福井県敦賀市）も刑場および郡中惣墓であったほか、宇都宮一向寺は朱印地に火葬場があった（葬送と時衆道場については本書第三部第二章第五節で詳述）。近代に癩病院・避病院とされた寺も多い。

第七に饗応・商業を営む時衆である。長崎道場主薗阿が中世、廻船業などを幅広く商っていたことは知られる。『廻國雑記』（『群書類従』第十八輯）で准后道興（聖護院門跡）は、藤沢道場の「ある寮にて茶を所望し侍り」と、接待を受けている。この寮はいわゆる客寮であり、半僧半俗の者が応対したのであろう。他方で瀬戸内海沿岸の時衆道場や京都東山雙林寺景雲庵が宿所とされているから、宿泊施設としての機能も担っていたようである。(61)

施浴も勧進活動の一端で、大分県別府市鉄輪温泉（松寿庵のち永福寺）で彼岸中日に一遍坐像を湯浴みさせるような一遍信仰があり、ほかに若神子《わかみこ》長泉寺（山梨県北杜市）や奥谷宝厳寺（愛媛県松山市道後湯月町）も温泉の管理者であったようである。『祇園執行日記』応安四年（一三七一）条などによれば、六条道場や東山霊山の風呂に入り点心が供せられ時衆の饗応を受けたという。そこから派生したのが料亭で知られる円山安養寺境内の六阿弥である。

御影堂時衆が副業としていた御影堂扇もまた、単に商品としてでなく尼衆が作り天皇邦仁（追号・後嵯峨）病気平癒の来歴をもつ呪術的な小道具であった。『甲斐國志』（雄山閣版『大日本地誌大系』㊻）巻之七十三によれば、甲府一蓮寺の「女僧」が織る「白布」（「柳ノ下」とも）を挙げている。道場の周縁にいる時衆俗聖（おもに妻帯）が生業としていた面がある。半僧半俗の沙弥が手工業を営んで、由緒は家族を扶養する渡世にとどまらず、時衆の機能と密接な関係があったのである。一部は派生して風俗産業の基礎を作ったものと思われる。(62)

第八に医療・呪術などに長けていた技能者としての時衆。後掲『七天狗絵』にみる一遍の飲尿療法、『異本小田原記』（『國史叢書』室町殿物語・足利治亂記・異本小田原記）巻之一「氏綱連歌の事」に窺える薬師、陣僧、三昧聖としての時衆、特に『防非鈔』では「可レ停下止以二時衆身一立二醫師一行フ中呪術上ヲ事」として医療行為とともに呪術を操った時衆の姿がかいまみえる。前出の応永六年（一三九九）十一月廿五日付・他阿自空書状に定められたあるべき時衆の姿からは、そこから大きく逸脱した呪術者・技術者・問者としての時衆が裏写しとなっている。またこのことは被差別民と医・薬業とが密接な関係にあることも視野に入れる必要があろう。[63]善光寺は近世持郡制をとって各坊が諸国の檀那を分け合っていたが、同じように『懸場帳』をもつ越中売薬と通底する。同様に立山修験・高野聖・熊野御師との類似性がみてとれる。文字どおりの「時衆」に関係するところでは、群馬県館林市応声寺、栃木県宇都宮市応願寺、栃木県鹿沼市一向寺（廃寺。真宗大谷派光明寺が事実上継承）、茨城県結城市西ノ宮金福寺（宝永五年〔一七〇八〕「結城町明細帳之控」）などが中世後期以降、時の鐘（古くは太鼓）役を仰せつかっていたことである。『藝藩通志』（国書刊行会版）巻十五によると、安芸国宮島神泉寺は天台宗だったが、天文年間（一五三二〜一五五五）に堪阿が浄土宗に改宗・中興、毛利より「道場領」を与えられたという。太鼓で時を告げる「時寺」とよばれ、時衆と思われる。中世以前の計時には香時計が用いられていたが、『遊行上人縁起絵』巻五第三段に歳末別時で時香が登場し、時衆にとって必携の道具であったことがわかる。

これらの時衆の活動・様相は、ひとえに信心不問・現世肯定・悉皆成仏という思想が基底にあることに起因することを確認しておきたい。桜井好朗氏は「亡霊の類はしばしば王朝の物語や軍記のなかの人物に擬せられているが、本来はその土地の怨霊・たたり神が漂泊・遊行する民間の宗教者たちの力によって鎮魂・慰撫され、ついには土地の守り神、あるいは衆生擁護の神に転じていくという文化的な構造に裏うちされている」と述べたが、[64]ここでいわれる社会的・文化的「構造」こそが聖たる時衆をして広義での勧進行為を行わしめたものであろう。

時衆は勧進聖である。「勧進」とは「人を仏道にすすめいれ、作善をなさせる勧誘策進という本意から転じて、のちには浄財の寄付を求めることを意味するようになった」[65]。ここで着目したいのはかれら時衆が上記の有力寺社で活潑な勧進・教化行為を行っていることは史料に散見するものの、かれらがその寺社に職を有していない点である。制度上の別当職ではなく、したがって得分はなく寺社経営に容喙することはなかった。またそれが評価され重用された面もあろう（むろん近世の別当寺と意味が異なる）。行業の似る律僧との大いなる差異である。

律僧は土木事業請負業という側面がある。菩薩行としての慈善活動というのみならずその過程で余剰やリベートが得分として附随してくる。確かに時衆と律僧との表象での類似点は多い。太子信仰から律宗では太子像の造立が盛んであるが、前章で述べた賦算札納入の例、聖戒による一遍ならびに父如仏追善の太子二歳像など初源期には時衆と律宗は共通しているし、律宗系石工によるとも考えうる一遍墓塔（兵庫真光寺〔兵庫県神戸市兵庫区〕）・教信墓塔（天台宗山門派加古教信寺〔同県加古川市〕）。元亨三年（一三二三）湛阿願主[66]、一遍歿後、他阿真教に時衆再興を勧めた播磨国淡河庄の領主北条支族平時俊にいたっては弘安四年（一二八一）石峰寺《しゃくぶじ》本堂落慶供養のため来山し二千人に授戒した叡尊と東西三里、南北二四、五町におよび殺生禁断の地とすることを約した人物に同定されている（『金剛佛子叡尊感身學正記』）。聖による念仏運動の中に律僧的要素を導入したのが一遍・一向といえる。両人とも自身は阿弥陀仏号を称せず門弟に与えた。これは山形県天童市高野坊遺跡出土の「一向義空菩薩」（応長元年〔一三一一〕一七年忌墨書礫銘）の私称菩薩号に窺えるように、菩薩戒を固守し（阿弥陀）如来になることを留保して、他者に果位（如来）としての阿弥陀仏の法号を授ける形状をとる[67]。また私称菩薩号が奈良期以来の聖に散見することが五来重氏により指摘されている[68]。僧と俗の狭間にある聖にとって持戒は、社会的認知を受ける上で重要なことであった（時衆に対する当時の批判については本書第三部第二章）。専修念仏における造悪無碍は仏教界の反主流であったのである。ただ律僧が土木事業や施行を積極的に行ったのに対し時衆は自力作善を、いうなれば〝雑行〟とするため目だたない。勧進は経済行為でありその功利はやがて体制化という結果をもたらす。本来有力檀越やときに衆庶など個人の自由意志による喜捨に基づく勧進は、朝廷・幕府の官許により関銭・津料や棟別銭として強制された課役になっていく。これが体制化であり、例えば興福寺・春日社の造営料である土打役は安田次郎氏によれば、律僧による土木事業の実績、なかんづく「仏物の共同利用を守って他の用途に流用しないことを標榜する」（細川涼一氏）特質から当初は寺外の律宗寺院、やがては寺内に設けられた律院が大勧進所として奉行を務め、鎌倉末には大和一国平均役となる。その後さらに、反米・反銭として賦課され織田信長政権登場まで残るという[69]。

そもそも勧進職は東大寺勧進職の俊乗房重源（一一二一～一二〇六）が最初である。かれが「南無阿弥陀仏」なる阿弥陀仏号の初祖であることも、勧進聖としての様式を具えた意味で興味深い。『玉葉』（國書刊行會版）第三・文治二年（一一八六）二月二日条で法皇行真（追号・後白河）から重源を勧進職のみならず別当職に任ずることを問われた九条兼実は「造寺之間、被レ付二上人一之條、實不レ似二公事一、只可レ被レ付二造寺所一歟」と答えたように、勧進に携わる者は—実際には造営料国の周防においては勧進職が国司であることはあっても—少なくとも官寺の公事に関わるべきではないという認識があった。例えば弘仁十四年（八二三）付・太政官符により他宗僧の雑任が禁じられた東寺では、鎌倉から南北朝期にかけ寺外の泉涌寺長老が勧進職をほぼ襲職している。鎌倉幕府の厚い信任を受けた大勧進、願行房憲静も僧官僧位はもたなかった。また西院御影堂の所役のうち菩提院行遍の置文（仁治三年〈一二四二〉）により定められた大師に近侍する「三上人」「聖人」などとよばれる僧は、寺官組織の枠外で補任の方法も寺家のものとは明確に異なっていた。内陣において大師と起居をともにするには何者にも拘束されないことが要請されていたようである。[70]東寺においては御影堂と勧進職のみが「上人」「聖」と称せられた。網野善彦氏は願行上人憲静の動向をたどり、勧進に携わったのが例外なく「上人」「聖」とよばれた人々で、空也・重源以来の伝統とする。[71]そこに氏の持論である無縁の原理が働くとするが、ここではその「無縁の聖」をのちに詳述する聖におきかえられよう。上人号は『大品般若經』（『大正新脩大藏經』第八巻）の下人に対し徳行の優れるものをさす敬称であるが、中世には勧進をなす者の称呼へと転化していく。

寛元元年（一二四三）に木造、建長四年（一二五二）に銅造による鎌倉大仏を建立した僧浄光について同時代史料に「浄光上人」（千葉県市原市・真言宗豊山派満光院阿弥陀仏銘）などと「上人」「聖」号で記される例を塩澤寛樹氏がまとめている。[72]下って『御湯殿上日記』（『續群書類從』補遺・御湯殿の上の日記㈣）には天文元年（一五三二）八月十日条に紀伊国熊野那智の十穀聖に、同九年十二月十日条には大和国長谷寺の補陀落渡海の十穀に上人号を勅許したという記事が頻出するように、下層の勧進僧に上人号が勅定されている（伝奏役介在や売位売官のふしもある）。貞観六年（八六四）二月十六日に太政官符によって法橋上人位の僧位が定められたのが直接の起源であるものの（『類聚三代格』〈『新訂増補國史大系』第二十五巻〉巻三）、『元亨釋書』檀興に空也が「市上人」とあるように、勧進を行う徳行により上人号の範疇が広がったようである。時衆では『一遍聖絵』第六第一段に法印公朝から「還來穢國一遍上人足下」に充てる文がみえ、また一遍をさして「一遍聖」（同題箋）というから、上人と聖はここでも勧進聖の敬称であったのであろう。浄阿真観が上皇胤仁（追号・後伏見）の女御広義門院寧子の安産に寄与したため応長元年（一三一一）上人号を勅許され、それに合わせ他阿真教にも贈られたといい、国阿随心も伝記では永徳三年（一三八三）幹仁（追号・後小松）より上人号を賜ったという[73]。時衆の場合、襲名の阿号と上人号が一対である例が多い。国師号・禅師号に対抗するための上人号とみる向きもある[74]。他方真宗では、だいぶのちの文明十年（一四七八）高田派真慧が下野国高田専修寺を祈願所とされたのに伴い上人号を宣下されているというから、伝統はまったくちがうことがわかる。

　時衆による勧進興行で史料上明らかなのは、清水寺の願阿、伏見稲荷社の福阿弥・円阿弥[75]、祇園社の「本願円阿弥」（『九歎私記』[76]）、伊勢神宮「本願観阿弥[77]」である。もっとも願阿以外は時衆の呼称が附せられていたわけではない。聖がしばしば行った土木工事も、時衆では『遊行上人縁起絵』巻八第四段、他阿真教による越前国気比神宮のいわゆる「御砂持ち」が思いつく程度である。東大寺勧進職や東寺三聖人のように、律僧は職をもつことができるのに、時衆には許されていない。ともに寺院の下部を担い、各宗派に自由に出入りする両者だが、律僧と時衆の間に区別・差別があったのである。これはすなわち、時衆が一言でいえば〝穢僧〟であるからにつきる。もっとも近世以降の差別構造とは異なる。一方で律僧に対比して文芸に大いに関与していたように、時衆には神仏の意図を仲介する聖性も認められていた。時衆が得意とした連歌は北野天満宮蔵『連歌十徳』によれば「佛意」を伝えるものであった。しかも十徳の最後の徳として「十者不貴交高位」とある（傍点筆者）。また「怨親平等」の立場から、使僧として重宝されることも多かった。中には禅僧のように外交僧を務める例もあり、『世宗実録』十九年（一四三七）八月戊辰・同二十年六月戊寅条によると、大友持直は土居道場称名寺（福岡市博多区馬出）関係者と思われる「宗阿弥陀仏」「所阿弥」を朝鮮国への使者としていた[78]。

　このように経済権益を伴う二義的な「勧進」ではなく、本来の意味での「勧進」聖が時衆であったとみてよかろう。

鎌倉仏教に関する黒田俊雄、松尾剛次説は時衆研究の上で裨益するところ大である。ここで両説の梗概と、時衆を中心とする視点から所感を述べたい。

黒田俊雄氏は顕密体制論を説き、中世は一貫して庄園公領制に立脚する顕密仏教こそが中心であるという。鎌倉新仏教における革新性を一向専修とし、この中には広義で道元や日蓮をも含む。旧来の庄園制秩序の維持を図る勢力は、本地垂迹の論理をもって民衆の欲求を低俗に充足せしめるところに意義がある。惣領制の矛盾の展開の特殊性から、鎌倉中期以降反動化が進み専修念仏は弱体化していく。時衆盛行の基盤を黒田氏はそこにみる。一遍における信は「全く内省的且意志的な契機を欠いた没論理的神秘的なもの」で、鎌倉末期の社会矛盾に起因する民衆エネルギーに依拠しつつ、実際には一向専修思想特有の本地垂迹への「克服の論理」をもたないがゆえに、単なるエクスタシーにすり替えてしまうところにあるとした[79]。この視点はのちになっても変わらず「十三世紀の西欧を風靡した托鉢修道会の宗教運動」との酷似を指摘した上で「西欧中世の改革運動、なかんづく托鉢修道会のそれは、教会の腐敗・堕落にたいする批判として民衆を基盤におこり、たえず「異端」化する危険をともないながら、しかも「宗教改革」を準備した。だが、それでいてけっして封建支配に反撥するものとはならなかった。鎌倉新仏教もこのかぎりでは、まったく同じである」とする[80]。要は聖も顕密体制の重要な担い手ということになる。

松尾剛次氏の「官僧・遁世僧体制モデル[81]」は黒田氏の顕密体制論に対するものとして提示され、鎌倉仏教のうちの新旧概念について何をもって峻別するかを問うたものである。松尾氏は専門とする律僧研究の過程で叡尊・忍性らの活動が「個」を対象とした庶民（都市民）救済に主眼があることから、従前律宗を鎌倉「旧」仏教に位置づけてきた枠組みを再考する作業を行い、鎌倉新仏教を規定し直す論理を展開した。鎌倉新仏教といえば普通、鎌倉期に入ってから成立した諸宗派（浄土・真・時・法華・臨済・曹洞宗）をさす。また貞慶・明恵・叡尊らは旧仏教側（南都六宗および天台・真言宗）の改革者として対峙して規定される。これについて松尾氏は、こうした新旧の対立概念ではなく官僧・遁世僧の二元論から鎌倉仏教を捉え直そうと試みたのである。官僧とは国家の僧、すなわち国家の認定した戒壇において得度・受戒した者であり、遁世僧とは官僧の身分を脱した者と松尾氏は定義づける。これによれば旧仏教側とその許を離れた僧たちが形成した諸派ということになり、法然以下の祖師はもちろん貞慶・明恵・叡尊らもまた遁世僧として新仏教の一員ということになるのである。顕密仏教側を旧として機械的に分類するのではなく、国家からの認定による官僧と、そこから脱することによって「僧尼令」で厳しく制せられていた個人救済が可能となったというのである。これにより旧仏教の改革者に位置づけられていた律宗は新仏教に再編される。

またこの論では、官僧は国家の僧として鎮護国家・玉体安穏を祈禱するのが本務であるとして「僧尼令」において厳しい禁忌が定められ、民衆との接触、なかんづく葬送に関わることは死穢にふれるとして厳しく制せられていたため、遁世僧はこの官僧身分を離れることによって民衆への勧進が可能になり、都市民を中心に個人救済に主眼がおかれることとなる、とする。この中で氏は「個人」の成立する前提を貸借関係・売買関係の発展におく。官僧体制の崩壊は、王朝国家の衰退という政治史・社会経済史上の契機を強調することでより効果的に説明がつこう。この論は古代以来の僧侶の位置づけを本義的に捉え、中世になってどう変化するかを考える上で非常に明確な論点を示したものとして評価できる。ことに新仏教における庶民救済を、官僧に課せられた汚穢忌避の論理から明快に解いた意義があり、時衆による葬送儀礼への積極的関与、霊寺霊社門前における勧進・唱導はこの立論によりその動因が説明できよう[82]。例えば真宗の立場からみれば日蓮は新仏教とはいえないし、禅宗の立場からは逆に真宗は新仏教とはいえまい。

そうした宗学とでもいうべき個々の立場から新仏教を規定するのではなく、帰納法的に鎌倉時代に出現した仏教とその特徴をみることで定義づけを導き出した作業は評価したい。

このように顕密を仏教界の中心とみる黒田説と、汚穢に説明をくわえた松尾説は少なくとも時衆をみる本書の視座と基本において矛盾するところはなく、むしろ共用が可能といえよう。黒田説が社会構成体を視野に入れた「体制」論なのに対し、松尾説が仏教界の枠組み論であり、対立概念ともいいがたい。以下に時衆研究の成果から、論旨を時衆関係にしぼり松尾説に対するささやかな検討を加え所感を述べたい。松尾説により提起された官僧に課せられる汚穢忌避の命題により時衆の勧進を説くことが可能であるため、本章ではまず松尾説に言及する。黒田説については第三部第三章で詳しくふれる。

古代から中世にかけて顕密仏教が政治・社会にあって正統・主流であったこと、これは疑うべくもない。この顕密仏教をいかに定義・分類するかが問題である。厳密には天台・真言宗であろう。ただ明恵高弁が建暦二年（一二一二）の『於一向専修宗選択集中摧邪輪』（『日本思想大系』15）で菩提心を撥去する法然教学は仏教ではないと辛辣に記し、虎関師錬は元亨二年（一三二二）『元亨釋書』諸宗志にて浄土宗は「寓宗附庸宗」と切り捨てる。そんな中、嘉禄の法難（嘉禄三年〔一二二七〕）にあたり、浄土宗西山派祖証空が自己を天台座主臨終の導師と弁明している。浄土宗は室町期になっても天台宗の寓宗扱いであったため、鎮西義の了誉聖冏（一三四一〜一四二〇）は『頌義』と総称される『釋浄土二藏義』三〇巻と『浄土二藏二教略頌』一巻とを著して反駁した。あるいは東国において親鸞門徒は法然を礼讃する『拾遺古德傳』を流布させていたし、高田派は天台寓宗、木辺派は鎮西寓宗として近世を過ごした。また本願寺十祖証如は天文十八年（一五四九）権僧正に補せられ、十一祖顕如は細川晴元女（三条公頼実子）との婚約など権門との密着を図り、永禄二年（一五五九）本願寺門跡、同四年に権僧正となる。これは実如以前、定額寺（天台宗山門派青蓮院門跡）に依存していた剃髪・得度を本願寺が代行できる態勢に移行したことを意味する。このように法然・親鸞ら祖師に仰がれる人物の思想はきわめて反体制的・革新的性格を帯びていたにも拘わらず、教団が確定して社会的存在として一定程度の位置につける段階になると、顕密ないし官僧に還流する傾向が著しい。日蓮が弘安二年（一二七九）踊り念仏に対する批判的な書翰「新池殿御返事」を出しているのも、「根本大師門人日蓮」（『法華題目鈔』。大師＝天台大師智顗・伝教大師最澄）としては当然のものであった。

ここで松尾説を時衆に導入する場合、大きく二点の疑義が発生する。まず一点。そもそも一遍、一向あるいは多くの時衆聖は最大の特徴として比叡山に登山していないのである。律僧叡尊・俊芿らもまたそうであり、その共通性を鑑みる必要があろう。特に一遍は太宰府で浄土教学を学んでいるものの、還俗し、のち四天王寺で自誓受戒しているから厳密には松尾説の遁世僧の範疇としては心許ない。律僧の個人救済の側面をいかに説明するかに力点がおかれて、時衆をどう分類・定義するかが捨象されている。『鎌倉新仏教の成立』では跋文で簡単にふれてはいるものの、中世民間信仰の中心は時衆といえるからその位置づけが確定しないのは十全とはいえない。本書の視座（「時宗」研究ではなく金井清光氏を先蹤とする「時衆」研究の潮流）からも、中世の仏教界を二元化して論じてしまうことで庶民信仰に内在するダイナミズムを捨棄してしまうのではないかと危惧する。官僧にせよ、遁世僧にせよ、天皇を頂点とした仏教界の法流の再定義ではないか。黒田説にいたっては、この辺の問題は看過されている。

第二点は時衆を一遍に集約して叙述するところである。後述のとおり一遍は時衆聖の中の複数の祖師の一人にすぎず、実際には一遍の法流とされる時衆の中のいくつかの教団ですら一遍は重要視されていないし、かれが浄土宗（西山義）の法統を承けることも強調されてはいない。そのように主張されるのは徳川幕府の力を背景に主導権を握った藤沢派の、しかも江戸中期以降のことである。鎌倉新仏教の一つとしてあたかも一遍を宗祖に仰ぐ確定された一個の教団が存在し、それがそのまま近世にいたるかのごとく叙述されるが、これには大いなる事実誤認があることは重言するまでもない。本来時衆は、「別時念仏衆」「六時礼讃衆」といった語に発する不断念仏の徒をさす普通名詞であり、古代以来、さまざまな聖たちがそれぞれ遊行と定着をしながら勧化していた。そして民衆とともに位置していたから民衆の中に根づく種々の習俗・思想を包含していったために民衆の信仰が直截に反映した。「時衆」を定義するのは誰の法流にあるかではなく行儀・行実を共有するかという点にあるのはほかの鎌倉仏教と大いに異なる。

松尾氏は、比叡山に修学していない一遍であるものの、遁世僧であり、しかも後代（おそらくは近世初頭『一遍上人年譜略』以降）に叡山に修行した造作がなされることに遁世僧としてのかれの位置づけを追認するが、古代以来の民衆に根づく信仰の体現者としての聖のうち複数の要因により名が遺った一遍をその代表としてしまうことで、時衆像の本質を矮小化するおそれもあろう。それまでの時衆で一遍に認められたのは『一遍聖絵』にみえる遊行聖としての実績であったと思われる。松尾氏の律宗研究の基底には戒律を持する律僧と破戒の代表である親鸞との対比があるという。一般に仏教史を研究する場合、特に鎌倉仏教ではつねに道元や親鸞らが代表として挙げられる。

しかしそれは思想史上重要であるとしても、中世社会の実態に即するといかがであったろうか。一般に、貴族には顕密があり、武士は臨済禅であり、民衆にとっては善光寺聖・高野聖・時衆などの勧進僧が信仰のよりどころであった。そもそも通常、時衆は「時宗」として時衆の悉皆成仏・即身成仏に代表される一遍の言説は柳宗悦氏によってその宗教性が高く評価されているが、これらも一遍による独創ではなく、かれは単に民衆の中にある思潮を集大成・再編成しただけであるといえる。京都西興寺の式阿弥陀仏は西谷本『浄土惣系図』や『蓮門宗派』（以上『法然教団系譜選』）に「踊念仏長老」とあり、一遍流以外にも踊り念仏の始原らしき集団はいた。一遍の勧進行為も際だつわけではない。

一遍の行業には時衆史上特異なものもある。論究において史料が比較的遺る一遍を例証にするのはよいが、聖としての一遍における普遍性と特殊性とを斟酌すべきであろう。民衆における、あるいは広く中世社会における時衆の広範な展開は、どうしても文献史料に遺りにくく、庶民信仰の〃雑多〃な資料に多くは検出されるから、従来論及から捨象されてきた。中世の交名・月牌帳、板碑、宝篋印塔などの史・資料に阿（弥陀仏）号が多数検出されるのも、こうした民衆思想の発露である広義での時衆の繁衍ぶりを示している。したがって一遍時衆でなく一般名詞としての時衆の展開は中世民衆社会においてきわめて広範であったことが指摘できる。

時衆にみられる諸相は複雑である。種々雑多な聖が「時衆」に総括され高野聖・善光寺聖などと弁別される要素は何か。それは血脈・法脈でなくこれら行儀・行実であったと思われる。逆に截然と時衆といえるのは、同時代史料上明らかに自称するものを除き存在しないことにもなる。その結果史料用語としての時衆と分析概念上の時衆とが完全に重複するのか曖昧になることも事実で、強大な教勢を誇る藤沢時衆が時代が下るにしたがい全体を代表するようになり、無限に拡散する時衆を包合していく策動が現れてくることとなる。すなわち教団体系をもつ藤沢時衆（現在総本山となっている清浄光寺の法流）の体制化を時衆全体に置換することはできない。悪党との接近（『一遍聖絵』第七第一段）や念仏者・一向衆の横行（『弘安新制』、『高田専修寺文書』）が権力者に重大な危機感を抱かせたように、時衆の動向は支配体制を揺るがしかねない要素をもっていた。『七天狗絵』によると「一向衆」（ここでは時衆のこと）は神祇不拝であったというのである。それらに対するため、他阿真教は帰命戒の論理を新たに創設し『時衆制誡』『道場誓文』などで求心力を働かせようとし、公武もそれを期待した。

では以上のような視点から両氏の論をみていくとどのようなことがいえようか。筆者は「顕密体制」下にある令制遺制としての「官僧」「私度僧」（私に得度した僧。ただし儀礼はなく剃髪程度か）に、その桎梏と無縁の「聖」の概念を加えることで中世びとの信仰をより効果的に説明できるのではないかと考える。むしろ官僧・私度僧の屹立の中間にその両者の特質を具えた遁世僧の出現をみることはできないか。これはそのまま近世の修験や虚無僧にも適用できよう。すなわち官許・国家を外護者とする官僧とそこから抜けつつも国家がやがて公認し、その体制に準拠していく遁世僧、これとはまったく別個に民衆の中にもともといた私度僧ということである。実際には官僧と遁世僧が未分化であったために寓宗問題が浄土宗・真宗において生ずるのだが、時衆においてはそうした経過は看取できない。この私度僧の統制に成功するのは江戸幕府であり、その契機として豊臣政権における千僧供養会があろう。私度僧は古くは渡来系の人々もそうであるが、民衆との関係でいえば行基、教信、空也らの伝統があり、律宗でも行基という先範があってこそ民衆を動員して土木事業をなしえたのである。行基の菩薩号や空也の皇胤伝承などは、民俗学的な貴種流離譚やあるいは権力者や官僧教団側からの攻撃を防禦する方便としての仮託が考えられよう。つまり現代の仏教学界や一般社会で鎌倉仏教といわれるものを整理するにあたり、顕密仏教による仏教界の独占、「官僧」「遁世僧」の概念は有効であったとしても、実際の中世・近世社会における仏教を考えた場合、勧進を主務とする「私度僧」という概念を抜きに語ることはできないと考えるのである。[83]

時衆の広範な分布と影響力、そして一遍はあくまで聖の再編成者にして、その“One of them”であるという史料のさし示す二点の重大な事実を厳然とふまえ、鎌倉新仏教における一遍の意義づけをあえて行うとすれば、それは、それまでの土俗的な民衆信仰の再編と仏教思想・文化への昇華にあるといえる。真宗が社会に影響力をもつようになったのは限りなく時衆的な蓮如の出現以降であることも改めて示唆しておきたい。

　黒田俊雄氏の時衆に関する所説の梗概を先にまとめたが、氏は時衆における社会への革新性を評価しない。確かに史料用語としての時衆には真教による守成にみられるように反動的な側面もある。入門時の「今生にてハ白癩黒癩となりて」（『遊行上人縁起絵』巻六第三段。『條條行儀法則』にも「今生成二白癩黒癩一」とみゆ）と唱える誓文などは端的な例である。本願寺教団においては三祖覚如をへて八祖においてようやく蓮如という守成・中興の祖が登場し、改革の一方、体制化・反動化を強める。しかし時衆においては最大の真教系時衆の草創において、教団解散を示唆した一遍遺語をすでに違えているわけで、権門への積極的接近、知識帰命戒の導入において体制化・反動化への道筋は整っている。対して分析概念としての時衆（前章のように時衆の定義を行儀・行実の共通性の濃度におくため完璧な時衆の確定は難しい。畢竟、指標ないしモデルとして史料豊富な藤沢時衆など一遍・真教系を想定せざるをえない）は曖昧模糊としていて、その周縁は庶民信仰・文化の中に無限に拡散する。そこで教団体制をもつ藤沢系などの時衆がさまざまな求心性を発揮してそれを吸収・収斂していこうと図るのである。一遍は民衆の文化・習俗に仏教概念・用語を援用し鎌倉仏教特有の高度な選択・専修の思想と止揚した結果、自然法爾の追求、信心を放念していわば金剛乗としての浄土教を確立したのである。『眞宗要法記』卅三「立義事」で戦国期の遊行二十一代他阿知蓮は「當宗以レ無二立義一爲二立義一」とし、藤沢派に対して唯一（同じ一遍・真教系という意味での）〝体制内野党〟として発言力を有した当麻派の三十八代他阿是名もまた、時代は下るが元禄四年（一六九一）『麻山集』（『定本時宗宗典』下巻）巻下で「當門ハ宗義ナキヲ宗義トスト云ヘリ」とする。ともに時衆の教旨を直截に表現したものといえる。晩年の親鸞が到達した『末灯鈔』（『真宗史料集成』第一巻）正嘉二年（一二五八）の法語「弥陀仏ハ自然ノヤウヲシラセンレウ《（料）》ナリ」「義ナキヲ義トス」、『歎異抄』（同）の「念仏ニハ無義ヲモテ義トス」などという思想に合致する。一遍時衆特有の神祇信仰の肯定もまた善巧方便でしかなかったはずである。支配者は踊り念仏に内在する反権力性に恐れを抱いた。現世に極楽世界を顕現しようとする一向一揆の発現が、上述のとおり時衆思想に求められる蓋然性がある点、時衆の革新性を否定した黒田説に対する提起をしたい。柳宗悦氏が一遍における浄土教究竟の教理を高く評価する一方、「私は法然、親鸞、一遍を、三つの異る位置において見ようとするのではなく、この三者をむしろ一者の内面的発展のそれぞれの過程において見たい」とする姿勢は民衆宗教としての時衆を了知するために肝要であろう(84)。つまり教団史の枠にとどめず、歴史の総体から時衆をみたいのである。時衆による即便往生＝現世肯定の深化、あるいは「國界平等坐大會」（一遍「十一不二頌」）の世界観は、真宗の「平生業成」（覚如以降一般化）・法華宗の「娑婆即寂光土」にみられるように中世民衆の志向とも合う仏教界を覆った本覚思想と軌を一にし(85)、時衆教学が、中世後期に民衆に発展していく真宗・法華信仰の基礎を形成していたと捉えれば、柳氏の主張が日本思想史を展望する有益な言であることが再確認できる。したがってその巨視的な枠組みからみると、仏教の民衆伝道の基礎を時衆が造り、その土台の上に真宗なり法華宗が信仰を構築していくという歴史的展開を「一者の内面的発展」としての庶民信仰史が元来内包・用意していた道筋とみることはできまいか。時衆から真宗・法華宗への移行は、歴史が元来予定・用意していた行程といえよう。

　そこで遁世聖の行儀を模倣しつつ、なおかつ体制擁護の姿勢をうち出して反転攻勢を図ったのが本願寺蓮如である。このころから本願寺教団「無碍光宗」が、もとは時衆聖系の称呼であった「一向宗」とよばれ、親鸞が好んだ九字・十字名号から六字名号への回帰したことなどに顕著である。六字名号が広く人口に膾炙した下地は時衆にあり(86)、くり返すが、一向一揆の思潮は真宗よりもむしろ時衆の教説に発すると考えられる。

被差別民と時衆とは本源的に関係している。それは一遍が尾張国甚目寺で癩者に施行したことに代表されるような単に弘通過程で救済したという主体と客体との相関にとどまらず、阿弥陀仏号が現世における活仏を意味するように、両者が同じく中世的観念の下、畏怖と卑賤視の対象とされていた点にある。一休宗純（一三九四〜一四八一）が癩に罹った法兄養叟宗頤を攻撃した寛正二年（一四六一）六月十六日付『自戒集』(87)で、己を卑下して「禅僧法華宗達地の念仏宗の純阿ミ也」とするのは好例である。一見矛盾する畏怖と卑賤視であるが、同朋衆が阿弥号を附するように、現世と来世とをつなぐ生ける媒体としての役割りがみこまれていたのであろう。寛保三年（一七四三）『行基菩薩開創記』巻上は「こゝに泉州家原寺に在て、日本聖の元祖ハこの志阿弥法師なり」とする。志阿弥は広願といい志広菩薩を前世とし南天竺から渡来した異相の名僧で、行基の俗姓高志より一字をとり行基とともに墓所開眼・火葬を行ったとする。天皇首（諡号・聖武）の「綸旨」「院宣」により職分が定められたという。火葬が釈迦以来仏教理念に適うことや、志阿弥なる架空の人物に仮託して、三昧聖が貴種であり職掌が汚穢ならぬことを強調している。伊藤唯真氏は志阿弥伝承を室町時代の成立と推定する。(88)巻上には三昧聖の祖として「されば沙門の身なれども志阿弥を妻帯せしめ、子孫を相続し、永代此職を掌しめんこと行基が宿願也」という。三昧聖の始祖が阿弥号を有し、上述のように家原寺に時衆名号板碑があることもゆえなしとしないのである。御影堂新善光寺の風呂に入った醍醐寺三宝院満済は、『満済准后日記』（『續群書類従』補遺一〔満濟准后日記(上)〕）応永三十四年（一四二七）正月廿三日条で「時衆ハ方々羅齋者也。定不淨輩ニモ多相交ラン。於㆓向後㆒ハ可㆓斟酌㆒者也」と時衆との共用に嫌悪感を示している。足利義政の寵愛を受けた山水河原者の善阿弥が『東大寺法花堂要録』(『續々群書類従』第五) 文明三年 (一四七一) に「エタ善アミ」とみえ、その嫡孫又四郎が『鹿苑日録』(太洋社版第一) 延徳元年 (一四八九) 六月四日条によれば「某一心悲生于屠家」と持戒を誓ったのも、破戒の阿弥衆の系統なればこそか。中世には阿号と阿弥号の混用もしばしばみられるものの、基本的に、例えば藤沢時衆の遊行上人が「他阿弥」と公称することのないように、阿弥号は下層民を中心に俗化していたことが窺える。義教同朋衆で唐物奉行を務めた能阿弥以下芸阿弥・相阿弥は三阿弥とよばれる。同朋衆の語源には諸説あるが、融通念仏運動からみれば衆生は「御同朋」(仲間) であるとすれば、淵源は仏教用語であると考えてよい。

『蔭凉軒日録』(『増補續史料大成』第二十二巻) 文明十九年 (一四八七) 二月六日条に京の薬屋五郎右衛門尉が蔭凉軒集証亀泉を招請して父清阿の一三回忌法要を営んだという。また能の世阿弥陀仏 (世阿) ものちには大和国の禅寺より至翁善芳の法号を受け、本阿弥家が当主清信と鍋冠日親との邂逅を通じて法華宗に転じたりしている。近世以降のような、固定した宗派意識は存在しなかった。

第二節　時衆から時宗への変遷——宗旨としての確立——

一遍は再編成・集大成においてその歴史意義が評価される人物であるといえる。また極論すれば、かれが現在周知の人名であるのは、一つに豪奢な絹本著色で能筆家による『一遍聖絵』の存在と、他阿真教による時衆教団の成立においてその祖師としての一遍に意義が認められたからであって、一遍系各教団の相剋 (当麻対藤沢、四条対藤沢) が一遍時衆全体の拡大と祖師としての一遍の認知度向上に貢献したともいえる。『一遍聖絵』外箱蓋裏書によれば足利義満が「応長元年（一三一一）辛亥（正しくは応永元年甲戌〔一三九四〕カ）」に、永享四年（一四三二）『滿濟准后日記』によれば将軍義教が「一遍上人絵十二巻」借覧、文明十九年（一四八七）『後法興院記』によると近衛政家が「一遍聖人絵十二巻」（以上『一遍聖絵』カ）を閲覧、『京都御所東山御文庫記録』では永正十三年（一五一六）京都七条道場金光寺の『一遍上人縁起絵巻』（『遊行上人縁起絵』カ）を天皇勝仁（追号・後柏原）が拝観、享禄四年（一五三一）『實隆公記』では、三条西実隆が「一遍抄」「一遍集」を披見したり書写している。[89]『大乗院寺社雑事記』（『増補續史料大成』第三十一巻）文明十年（一四七八）三月廿六日条に「禁裏ニハ悉以念佛也、善道〔導〕・一遍等影共被懸之、自九条河原被召土寄土佛御作云々、公武不和無是非」とあるのは驚くべきことといえる。文明十二年（一四八〇）一条兼良は『樵談治要』（『群書類従』第二十七輯）において「一遍聖のやうなるたぐひは。一旦歸依渇仰すといへども。世のわづらひとはならず。それもいたるなることは佛法の正理にあらざるべし」といまいましそうに述べ、建武四年（一三三七）覚如が『改邪鈔』（『眞宗聖敎全書』三）で裳無衣・黒袈裟などの異様の儀を用い「当近都鄙ニ流布シテ遁世者ト号スルハ、多分一遍房他阿弥陀仏等ノ門人ヲイフ歟」として、遁世者の首魁としての一遍を認めているあたりから一遍の名が世上に広まるようである。

一遍がなした再編成の一例として、おそらく古代の嬥歌・歌垣などに連なるのであろう踊りに、「踊躍歡喜」（『佛説無量壽經』（『大正新脩大藏經』）第十二巻）との仏典の所依を与えて念仏行とし、各地の民俗事例で踊り屋を道場とよぶような、芸能の仏事化がある。

もう一つ、女性法名統一が挙げられる。試みに当時の実例をみてみよう。親鸞墓所の大谷廟堂に関し「尼照阿譲于慈信上人状案」に文永四年（一二六七）尼照阿こと「せうあみたふ」の差出所、[90]同九年（一二七二）八月十八日付

「尼寂阿譲状」（『信濃史料叢書』下巻）の尼寂阿、中世は時衆であった浄土宗鎮西派芝原善光寺（大分県宇佐市）の建武四年（一三三七）板碑「比丘尼穏阿」、文安三年（一四四六）真言宗智山派円福寺（千葉県銚子市）の銅造多宝塔にも寄進者の中に「秀阿尼」「教阿尼」がいる。(91)『十六夜日記』で知られる阿仏尼は慈阿弥陀仏であった。高野山町石にも比丘尼阿号が頻出し、奥の院にかけて二四町「比丘尼信阿」ら二名、二九町「比丘尼坊阿」ら三名、慈尊院にかけても比丘尼阿号在銘のものが五基ある（『中世町石卒都婆の研究』）。このように阿弥陀仏号が用いられるのが通例であった浄土教で、『一遍上人語録』（『日本思想大系』10）巻上「西園寺殿の御妹の准后の御法名を一阿弥陀仏とさづけ奉られけるに、其御尋に付て御返事」に表れる西園寺公相女で上皇恒仁（追号・亀山）中宮の嬉子に阿弥陀仏号が授与されている例や『時衆過去帳尼衆』に越中国砺波郡野尻郷（富山県南砺市）の在地領主野尻氏かとみられる応永三年（一三九六）ころ十月廿六日「妙阿弥陀佛　野尻悲母」、二月十日「宣阿弥陀佛　同養母」といった少数の例を除くと、弘安四年（一二八一）に書きはじめられた『時衆過去帳尼衆』では女性の法名が整然と一房号・仏房号に統一されているのである。そしてそれは一遍系以外の時衆にも踏襲されていくことになる。(92)

このような一遍による、踊り念仏創始と尼衆の法名統一に、かれの再編成者としての一面をたどってみた。しかし「一遍」聖とて庶民信仰の中ではごくありふれた存在でしかない。その傍証として真言律宗元興寺極楽坊（奈良市）境内から応永十八年（一四一一）六月の年紀を有する「極楽坊一遍」銘の軒平瓦が出土している（元興寺文化財研究所蔵）。「一遍」もまた複数いたのである。

顕密仏教、特に天台宗における多元性と、革新運動としての専修念仏における選択本願との止揚が、一遍教学の特徴といえる。金井清光氏が指摘するごとく、一遍流の神仏混淆は古代・中世の主流であって「専修念仏こそがアンチテーゼ」であったというのがより正確な見方であろう。(93) 時衆は本書で適宜明らかにするように、宗旨・宗派ではなく中核としては融通念仏の運動体であるとともに、周縁は文化・思潮・習俗の集合体であり、したがって行儀・行実という〝型〟から入れるために「信不信」（『一遍聖絵』第三第一段のいわゆる熊野神勅）は問われるべくもない。同朋衆の阿弥号も入門儀礼とは無関係に風習として名のられていた。(94)『七條文書』（『定本時宗宗典』上巻）応永十九年（一四一二）七月廿三日付、遊行十四代他阿太空書状は「一、所々道場贈名字ノ事」を停止するとして法名をむやみに命名することを禁じた。こうした時衆の広範な混淆性・シンクレティズムは、教線を無限に広げる効果はあるとしても、教勢は反比例して低める側面ももつ。本来のあり方からして、時衆の活動は宗教活動ではなく文化活動であり、信心を問わぬ稀有の営為として求心性をもち難いのである。これが前章で掲げた時衆の教線振幅に関する現下の筆者なりの仮説である。

時衆史を顧みるにあたり、一つの画期として豊臣政権による千僧（供養）会をおくことを提唱したい。前提としては戦国期の藤沢時衆教団における宗派自立意識の形成がある。(95) 千僧会全般に関する論攷はわずかに河内将芳氏があるのみだが、(96) これにより時衆の参画の実態が明らかとなった。東山大仏殿（のちの方広寺。ただし実際には奥の妙法院内の堂舎であったという）において文禄元年（一五九二）ないし慶長元年（一五九六）正月、同八年五月、同十一年四月などに実施され、文禄四年（一五九五）以後各宗より百人ずつが出仕し、秀吉の母方の祖父母の供養を行ったものである。同年の『言經卿記』（『大日本古記録』言經卿記第六）九月廿五日条には「昔ヨリ八宗都ニ無之分有之間、新儀ニ先眞言衆東寺・醍醐寺・高山〔寺脱〕、・天台宗七十人、加三井寺三〇〔十〕人、・律僧・五山禪宗・日蓮黨・淨土宗・遊行・一向宗也。一宗ヨリ百人ツヽ、也云々、一宗ツヽ、ニテ濟有之」や『義演准后日記』（『史料纂集』義演准后日記第一）同五年正月廿九日条に「千僧會次第事、最初眞言宗、第二天台宗、第三律宗、第四禪宗、第五淨土宗、第六日蓮衆、第七自〔時〕衆共、第八一向衆共也」とあるところに最大の意義がある。すなわち従来八宗とは南都六宗に天台・真言を併せた顕密仏教をさしていたが、ここで在京諸宗から招聘することを口実に宗教政策の一環として（例えば秀吉による洛内の寺社配置転換は精緻をきわめ、時衆でも市屋道場、六条道場、汁谷道場、高辻道場などが大きく移転させられた）南都六宗を意図して外した上で、あらためて八宗を公定したとみることができる。ここに時衆から「遊行」として藤沢時衆が勤仕している点に意味をみいだしたい(97)。妙法院に遺る「千僧会出仕次第」には三四回、「千僧会布施米請取状」に一二回（遊行の誤字と推定される充所二箇所含む）がみえ、慶長年間後半だけで重複を除いた三八回が確認できる(98)。八宗中、七番と下位であるとも伝統教団に伍することを認められたのである。普通名詞であった時衆が近世に時宗として独立宗派に認定される足がかりではないか。

注目したいのは右に挙がる順列で、大枠として当時の宗教界における通念の反映と考えられる。序列争いは天台宗と真言宗、法華宗と浄土宗との間でしばしば惹起されたが、時衆は一向宗（真宗）よりつねに一階上であった。「大枠としては当時の宗教界において通念的に認知されていた序列」であった。また参加人数の判明している慶長十七年（一六一二）四月の法会で遊行五二人対本願寺四二人、六月は六〇対五六、翌年四月は六〇対五〇と、出仕僧も一向宗より多かったのである。もう一点、時衆としてではなく「遊行」として参集しているのも注視したい。四条道場らは不参だった。一向宗内では本願寺が一宗を代表していた。秀吉がやがて月番で仏光寺に交代に出仕するよう命じたためどちらが先の座次となるかで争論が起こったというのである。ところが『義演准后日記』（『史料纂集』同第一）文禄五年（一五九六）正月廿九日条に「第七自（マヽ）衆共」とみえるほかは圧倒的に「遊行」と表記したものが多いのである。顧みれば『蔭凉軒日録』によると、寛正四年（一四六三）足利義教室勝智院重子の葬儀結縁諷経のおりに四条時衆（四条道場）と藤沢時衆（七条道場）との間で席次争いがくり広げられ、長享三年（一四八九）義尚の葬礼でも再発したといい、結局参着順をもって先規に定められた。千僧供養会のときには再燃しなかったのであり、時衆における藤沢時衆の優位は決していたということになろう。この千僧会参画に関係するのか、遊行三十三代他阿満悟は大仏殿のそばに慶長三年（一五九八）大仏法国寺を建てている。建立当初は秀吉供養を名目に「豊国寺」であったものを徳川時代に「法国寺」に改名した因縁つきの寺院である。[99]

『徳川實紀』（『新訂増補國史大系』第三十八巻）「東照宮御實紀」巻五によれば、慶長八年（一六〇三）四月二十八日伏見にて「藤澤の清浄光寺（・）遊行」（括弧内は筆者が補う）と家康が会っている（これを含む同日の記事の底本は『家譜』『西洞院記』『當代記』『慶長見聞書』とあり）。これは藤沢上人他阿普光と遊行上人満悟とをさす。普光は佐竹支族小野氏を出自とし、清浄光寺が永正十年（一五一三）に焼亡して以後再建がままならなかったため、佐竹義宣を頼り水戸に藤沢道場（のちの神応寺）を建立していた。後北条氏の滅亡にともない、再建成った清浄光寺に戻っていた。しかし反徳川系の佐竹氏との関係上、厳しい宗門運営を余儀なくされていたと思われる。「佐竹騒動」（通常いわれる久保田藩のものとは別の説話。従来架空とする説が有力であったが、史実を反映していたことが判明。本書第二部第四章）による末寺退転譚もここに由来するようである。この会見は時衆側からの工作によるものであろうか。

『高野春秋編年輯録』（岩田書院版）によると、高野聖は家康により慶長十一年（一六〇六）九月真言宗聖方に編入された。しかし聖方の威勢により高野山信仰が展開しただけに、円滑にいかなかったらしく元和元年（一六一五）重ねて同じ命が出されているほどである。また「享保大本願文書」によれば信濃善光寺・妻戸時衆は、天和年間（一六八一～八四）に天台宗山門派へ改宗させられたとし、貞享三年（一六八六）六月十三日付「日光輪王寺門跡善光寺宗儀掟書」（『長野市誌』第十三巻資料編）では同年四月妻戸改宗とされる。一向・天童派の本末諍論で時宗への帰属が最終的に貞享四年（一六八七）幕府より裁定されているので、天和・貞享ころが「時宗」確定の終局時期であったのであろうか。

このほか微細な事例であるが、いずれも当麻時衆の千葉来光寺（のち来迎寺、千葉市稲毛区）[100]・片山宝台寺（のち法台寺、埼玉県新座市）[101]の浄土宗鎮西派改宗も初期幕政の一環として挙げたい。嘉永五年（一八五二）『一遍上人嫡流遊行正統系譜録』（神奈川県相模原市南区・当麻無量光寺蔵〔相模原市立博物館寄託〕）によれば、前者から五、八、十一～十五、十七、十九、二十、二十二、二十五～二十八代、後者から六代当麻上人を輩出する大坊であった。浄土宗の東国の本山である武蔵国芝増上寺中興・源誉存応慈昌（一五四四～一六二〇）は武蔵国多摩郡由木村（東京都日野市）の由木氏を出自とし、自家の没落後、父利重の五代前当主利起の末子が宝台寺住持信阿であった縁から宝台寺蓮阿慈円に入門、慈昌と号す（偏諱が法類である名残をとどめる）。その後鎮西派の鎌倉岩瀬大長寺、川越蓮馨寺で錬成し千葉生実大巌寺、岩瀬大長寺住持をへて天正十七年（一五八九）増上寺十二世に昇進する。もともと浄土宗を菩提宗とする徳川家康の入府により増上寺の拡張に努め、慶長三年（一五九八）芝に大伽藍を造営、永代紫衣の宣旨や勅願所となり、慶長十五年（一六一〇）には普光観智国師号を受ける[102]。この存応の存在が大きいのではないか。

元来当麻無量光寺は、藤沢清浄光寺と対峙する上ですでに中世末から鎮西派の寓宗となっていたようで、康安元年（一三六一）歿の七代他阿真空は「乗蓮社」であるし、近世には蓮社号・誉号が常用された。『麻山集』三十二世他阿慈教の上に存応を意味する「增上寺國師元和六年入寂」と頭註があるほどという。無量光寺の有力末寺である勝沼乗願寺（東京都青梅市）は、正安二年（一三〇〇）他阿真教を開山、浄土宗鎮西派五祖の良誉定慧を開基としている。また増上寺は来光寺に墓のある千葉介氏胤の子千葉介満胤の実弟酉誉聖聡（徳千代胤明）が明徳四年（一三九三）に浄土宗正統根本念仏道場として開山したのが創始（のち浄土宗鎮西派八祖）で、無量光寺に当麻上人の「去秋者与風御遊行」を謝した天文十五年（一五四六）歿の千葉介昌胤の書状（『神奈川県史』資料編3古代・中世〔3下〕）が遺るように、地理的には離れていても南関東に教線を張る当麻時衆への帰依は、当麻時衆千葉来光寺・佐倉海隣寺を菩提寺とした千葉宗家と浄土宗鎮西派との聯関の同一線上に考えるべきであろう。なお法台寺伝でも源実朝側室久米御前（千葉常胤女）菩提を弔う寺であったといい、寺から入間川を下ると枝族・武蔵千葉氏の根拠地石浜（東京都台東区）である。この家は康正元年（一四五五）、千葉介胤直が庶流馬加康胤らに攻め殺されると、関東管領上杉氏は胤直の甥実胤・自胤を擁立し成立、室町幕府は古河公方に対峙する自胤を「千葉介」と認めたものである。来光寺には入府間もない家康が万里小路季房の子で天皇方仁（追号・正親町）の猶子という大僧正満誉尊照（のち知恩院二十九世）を入れて転宗、天正十九年（一五九一）朱印地五十石を寄せ来迎寺に改名し、伏見宮法親王真如院天蓮社帝誉照満尊空（のち知恩院三十六世）を法嗣とし貴種を導入した。関東の名門千葉家の嫡流を改易したとおり関八州統治のため徳川家・江戸幕府は、千葉氏の外護篤く後北条氏の信任を受けた当麻時衆の分断を図ったといえまいか。当麻時衆寺院の分布が南武蔵など鎮西派の手薄な地域であったことも、強制転宗の背景にあったのかもしれない。

そもそも徳川家は上野国新田郡にいた徳（得）川（世良田）有親、親氏父子が足利持氏の勘気により浪人し、藤沢・遊行上人から徳阿弥、長阿弥と命名されて随逐する間に三河国大浜称名寺（愛知県碧南市）における連歌会で酒井氏に慫慂され松平家に壻入りしたのが濫觴とされている（『半日閑話』〔『大田南畝全集』第十一巻〕ほか諸書により異同多し)。むろんこれは家康の要請で神龍院梵舜らが造作した系譜に基づくが、このような説話が誕生するだけの下地は中世社会に存在したのである。(103) 今ふり返ったように、始祖を時衆としたにも拘わらず徳川家は決して親・時衆とはいえなかった。藤沢清浄光寺に対しては、元亀元年(一五七一)武田信玄が小田原攻めの際に、三百貫の地を藤沢・俣野で寄進しているが(攻略は失敗したため実現せず)、こうした例を踏襲して天正十九年(一五九一)に清浄光寺と上野国徳川満徳寺に百石ずつを仮に安堵したのみである。これは総本寺級ではきわめて少ない。

なぜ藤沢時衆(近世「遊行派」を公称)が江戸幕府から時衆の中核として公認されたのであろうか。最大教団に聖系の統括を委ねた(おしつけた)という点が主因であろう。列島規模の遊行が末寺・檀信徒との関係確認・拡大再生産に直結したと思われる。また朱印なき遊行・勧進は、逆にこれを抑制する意図もこめられていたのであるまいか。(104)ところで『耶蘇會士日本通信』所載「一五六一(永禄四)年八月十七日附、堺發パードレ・ガスパル・ビレラより印度のイルマン等に贈りし書翰」では「Jixu」(ジシウ)と称する一派は僧院に男女雑居し、堕胎が多く行われていると非難され、(105)応永二十七年(一四二〇)宋希璟『老松堂日本行録』(岩波文庫青454―1)にも赤間関全念寺(藤沢時衆・下関専念寺)の同様の記述が検出される。『一遍聖絵』第七第一段では弘安六年(一二八三)尾張国甚目寺を発った一遍一行に対し美濃・尾張で悪党が高札を立て往来を保証、三年にわたり何事もなかったという。かように時衆が悪党に支持されたごとく、念仏者の横行が鎌倉幕府から問題視されるようになる。文暦二年(一二三五)、弘長元年(一二六一)に道心堅固ならざる「念佛者」への鎌倉放逐が令せられており、また嘉元元年(一三〇三)の高田門徒顕智充唯善書状には「一向衆」への禁制があったことがみえる。

永仁三年(一二九五)伝源有房『野守鏡』、翌年の『七天狗絵』、藤原為経『今鏡』、孤山『愚暗記』、さらに聖冏は先の『頌義』で自派の正統を謳う一方で永和三年（一三七七）『破邪顕正義』（『浄土宗全書』十二巻）に時衆、ことに踊り念仏に対する苛烈な批判の眼を向ける。中でも『七天狗絵』は同じ文脈で「穢多」という語の初見（『壒袋』ともされる）であることも喚起しておこう。こうした嘲笑に呼応して踊り念仏はやがて能のすり足をとり入れた穏健なものとなり衰亡していき、他方他阿真教から有阿弥陀仏（恵永とす。のち藤沢時衆を創始し他阿呑海）に充てた正和五年（一三一六）に比定される書状（『七條文書』〔『定本時宗宗典』上巻〕）にある「既道場百所許に及候」の語に象徴される、道場への定着という傾向が進行することになる。当麻時衆では近世期の当麻上人である三十八世他阿是名の元禄四年（一六九一）『麻山集』において、三代他阿智得が密偵と疑われる遊行を廃したとしている。[106]一遍が弘安九年（一二八六）定めたとされる『時衆制誡』（実際には真教作ヵ）、真教による嘉元四年（一三〇六）『道場誓文』を掲げ、暦応四年（一三四一）解阿による『防非鈔』は行動の一つ一つに自律を厳しく促しているし、応永六年（一三九九）遊行十一代他阿自空が五箇条にわたる軍勢に従う時衆への掟を出している。それによれば観応年間（一三五〇～一三五二）すでに同様のものが発せられていたという。

権力者からみて風紀紊乱は一歩誤れば反体制的なものの発露になりかねず、それへの対処をうち出す藤沢時衆のもつ戒律的要素、知識帰命は集団統制に有益なものとして重要な機能であった。真教の各種の言行や遊行三代他阿智得による『知心修要記』（『定本時宗宗典』上巻）はその成文化の一つであり、成員が一遍と人格的に結合していた時衆が、真教による再建を転機にシステマティックな組織へと改編されていく過程に発現している。それは弥陀などの化身そのものではなく弥陀の代官として認知されていた真教が導き出した手法であった。[107]

翻って室町期に一遍に仮託したと考えられる『一遍上人語録』巻上所収『百利口語』には、「道場すべて無用なり」「勧進聖もしたからず」「誰を檀那と頼まねば　人にへつらふ事もなし」などとみえるような批判的言説も存在していたが主流たりえなかった。それは厳然たる祖師ではなく後代からの遡及により祖師に追認された一遍本人が「つねに我化導は一期はかりそ」「一代聖教みなつきて南無阿弥陀仏になりはてぬ」（『一遍聖絵』第十一第四段）と述べて自己の記録・文書類を焼き捨てたように、教団存続に否定的であったから、通例みられる、祖師にたち戻る宗教改革が興りえなかった点にもある。また阿弥陀仏としてすでに現世において業の成った時衆には、真宗における妙好人も生まれなかったのであった。このように体制化した藤沢時衆に、幕府から大権が附与されるとともに雑多な聖たちの管掌を仰せつけたのであろう。『藤沢山記録』によれば寛永四年（一六二七）被慈利（聖）は遊行の客寮たるべしとの支証が発せられているという（『時衆年表』）。

菅根幸裕氏は麻谷老愚による「甲午（天保五年〔一八三四〕）夏月」の『祠曹雑識』（『内閣文庫所蔵史籍叢刊』9巻〔祠曹雑識（三）〕）巻五十四に載る、惣触頭・浅草日輪寺による幕末の文書から、東国での鉦打＝沙弥の実相を明らかにしている[108]。この文書はすでに前掲註（106）書により指摘されたものと大差なく、関東の鉦打は遊行上人直末という位置を占めて葬送儀礼ほかの沙弥としての本分のほか副業をさまざまに営み、重視される一方、ともすれば差別の対象となることもあった。日輪寺配下として在村ながら村方とは完全に独立していた。また東の鉦打に対応する西の鉢叩を時宗として掌握できなかった（あるいは忌避した）ことが、西日本での地域深くに時宗の浸透する手段を奪った要因かもしれない。

おわりに

本章は時衆の全体像を俯瞰することを主旨としたため、冗長なものとなってしまった。個々の論及ははなはだ雑駁、史料の出典なども紙数の関係で省略した部分が多い。内容が重複する第三部第三章を参看されたい。特に時衆と一向宗の相関については時衆史を再考する上で重大な問題を含んでおり、また本書に深く関わる黒田・松尾説について、時衆研究の視座から大胆な言及をしてみた。松尾氏を批判する平雅行「松尾剛次著『鎌倉新仏教の成立—入門儀礼と祖師神話—』（中世史研究選書）」史学会編集『史学雑誌』第99編第3号（山川出版社・一九九〇年三月）が祖師論と広義の遁世僧論欠如を指摘するのは本書に近い視座である。(109) 体制仏教・反体制仏教・超体制仏教に分類し、神祇不拝のゆえに法然・親鸞を反体制仏教とし異色の一遍「時宗」は超体制仏教であるとした佐々木馨『中世国家の宗教構造—体制仏教と体制的仏教の相剋—』中世史研究選書（吉川弘文館・一九八八年六月）は筆者の所説と重なる刺激的な内容をもつことを特記しておく。

〔註〕

（1）網野善彦『日本中世の非農業民と天皇』（岩波書店・一九八四年二月）。網野『日本中世の民衆像—平民と職人—』岩波新書黄136（岩波書店・一九八〇年一〇月）は芸能・道と「職人」とが不可分の関係にあると説く。

（2）黒田俊雄「日本中世社会と「芸能」」蒲生郷昭ほか編『岩波講座日本の音楽・アジアの音楽』三（岩波書店・一九八八年一〇月、のち「中世社会における「芸能」と音楽」と改題し黒田『日本中世の社会と宗教』岩波書店・一九九〇年一〇月ほかに所収)。

(3)時系列で職人歌合における民間宗教者をみると、鎌倉期『東北院職人尽歌合』なし→『鶴岡放生会職人歌合』「念佛者」→室町期『三十二番職人歌合』六番「虚妄僧」七番「高野聖」「巡禮」八番「かねた丶き」「むねた丶き」判者「勧進聖」→『七十一番職人歌合』「鉢扣」「念仏宗」がみえている。なお『七十一番職人歌合』での宗教者の排列は禅宗、律宗、念仏宗、法花宗、二種あけて比丘尼、尼衆、山法師、奈良法師、華厳宗、倶舎衆となっている。

(4)網野善彦「職人歌合研究をめぐる一、二の問題」岩崎佳枝・網野・高橋喜一・塩村耕校注『七十一番職人歌合 新撰狂歌集 古今夷曲集』新日本古典文学大系61(岩波書店・一九九三年三月)。

(5)網野善彦『日本の歴史』第10巻[蒙古襲来](小学館・一九七四年九月、のち副題として「―転換する社会―(鎌倉時代中・後期)」を附し小学館ライブラリーSL24(上)・25(下)、同館・一九九二年六月ほかに所収)。

(6)石田善人「時宗[―特集―日本仏教の地域発展・宗派別]」仏教史学会編集『佛教史學』第九巻三・四合刊号(平楽寺書店・一九六一年一〇月、のち「室町時代の時衆」と改題し石田『一遍と時衆』法藏館・一九九六年五月に所収)。

(7)井上鋭夫『一向一揆の研究』(吉川弘文館・一九六八年三月)。

(8)五来重『善光寺まいり』(平凡社・一九八八年五月、のち五来『聖の系譜と庶民仏教』五来重著作集二巻、法藏館・二〇〇七年一二月に所収)。

(9)前掲註(8)文献。平松令三『親鸞』歴史文化ライブラリー37(吉川弘文館・一九九八年四月)は親鸞善光寺聖説に対し抑制された賛意にとどまるが、その後積極説に転じている。本書第二部第三章で述べるようにこの説に無条件ではしたがいがたい。

(10)五来重『高野聖』角川新書199(角川書店・一九六五年五月、のち増補、角川選書79、角川書店・一九七五年六月ほかに所収)。

(11)真宗用語である「信心獲得」を参考に、時衆は信不信を問わないため、安心に置換し造語した。

（12）永井義憲「仏教思想と国文学」『講座・仏教思想』七巻［文学論・芸術論］（理想社・一九七五年一二月、のち永井『日本仏教文学研究』三集［新典社研究叢書12］、新典社・一九八五年七月に所収）。

（13）国立歴史民俗博物館編『中世寺院の姿とくらし　密教・禅僧・湯屋』（山川出版社・二〇〇四年二月）に、修験者が笈に本尊を入れて廻国するさまが載る。遊行上人の遊行や融通念仏宗の御回在はこれにあたろう。

（14）近世の『神田明神書上』『御府内備考續編』第九などによれば徳治二年（一三〇七）他阿真教が武蔵国豊島郡芝崎村（東京都千代田区）の平将門の首塚に蓮阿弥陀仏の法号を与えて板碑を建立し、併せて傍らの天台宗日輪寺を芝崎道場として改宗したという（のち浅草に移転を命ぜられ時宗惣触頭となる）。同寺は将門を祀る神田明神の別当。この伝は真教のほかの史料にはなく、織田完之『平將門故蹟考』（碑文協會・一九〇七年六月）に拓影が載る板碑の形式や名号書体は、後代のものを思わせる。将門伝承と時衆の濃密な関係はこれ以外には窺えない。村上春樹『平将門伝説』（汲古書院・二〇〇一年五月）によれば、武蔵国多摩郡の国人三田氏は将門後裔を称したというが、同氏は当麻道場末の勝沼乗願寺（東京都青梅市）を保護したくらいか。なお附言すれば、江戸には神田明神、将門首塚、芝崎道場という三位一体の祭祀形態がみられるが、京都四条膏薬小路にも神田明神、将門首塚（明治期に消滅）、膏薬《こうやく》（空也《こうや》供養《くよう》）道場が同じ場所に存在した。京都での成立年代については要検討。

（15）謡曲「誓願寺」によれば、一遍が浄土宗西山義深草派の四条誓願寺において済度したという。むろん史実ではない。金井清光「聖の遊行」『國文學解釋と鑑賞』第二十九巻第九号（至文堂・一九六四年八月、のち金井『時衆文芸研究』風間書房・一九六七年一一月に所収）。

（16）藤沢時衆の彦島西楽寺（山口県下関市）は、西楽法印尊栄が建治年間（一二七五〜七七）一遍に帰依し天台宗寺院を改宗したのが起源という。平重盛守護仏と伝える阿弥陀仏像（平安期。県指定文化財）が什宝で「平家寺」と俗称される。ちなみに壇ノ浦に近い赤間関専念寺は平家済度とは関係がない。薬師は国指定重要文化財。百済琳聖太子開基。

（17）『満済准后日記』応永二十一年（一四一四）五月十一日条によれば加州篠原にて実盛の霊が出現し遊行上人（遊行十四代他阿太空）の十念を受けたという。謡曲「実盛」。筑土鈴寛「鎮魂と佛教」『大正大學々報』第卅・卅一輯（同大学出版部・一九四〇年三月、のち筑土『筑土鈴寛著作集』第四巻［中世・宗教藝文の研究二］、せりか書房・一九七六年一〇月に所収）。

（18）『太平記』（『日本古典文学大系』35）巻第二十「義貞自害事」によれば、延元三年（一三三八）越前国藤島で敗死した新田義貞を時衆八人が往生院に運んだとある。往生院は藤沢時衆の長崎道場称念寺（福井県坂井市）で、ときの住持薗阿白道が埋葬したという。近世阿弥陀堂と御像堂があり、後者で義貞坐像を祀っていた（同寺〔高尾察誠氏〕の教示）。現在ではこの坐像が本尊となり本堂脇に墓所が存する。義貞は死して法名「覚阿弥陀仏」になったので本尊となることに問題はないのである。

（19）『明徳記』によれば明徳の乱にて敗死した山名氏清らの霊を「境ノ道場」（四条道場末、堺引接寺ヵ）で唱導していたふしがあるようである。砂川博「『明徳記』と時衆」『日本文学』三六巻六号（未来社・一九八七年四月、のち「明徳記と時衆」と改題し砂川『軍記物語の研究』桜楓社・一九九〇年三月に所収）。また禰宜田修然『時宗の寺々』（禰宜田私家版・一九八〇年五月）によると、一遍の開創と伝える浄土寺（和歌山県海南市）には源義経臣鈴木三郎・亀井六郎の末裔が護持し、義経や三郎・六郎の五輪塔のほか楠木一門の供養所であったという敗者鎮魂の寺があり、明徳の乱時の山名修理権大夫義理の墓があるようである。元禄七年（一六九四）歿の二十二世中興南礼は大野城主山名修理大夫の子というが時代が合わない。

（20）これも史実ではないが、説経節「をぐり」により流布した。語句を微視的にみれば当麻時衆と藤沢時衆による教線のせめぎ合いが看取できる。信多純一・阪口弘之校注『古浄瑠璃　説経集』新日本古典文学大系90（岩波書店・一九九九年一二月）。

（21）岐阜県不破郡垂井町にある藤沢時衆の金蓮寺には、近くで嘉吉元年（一四四一）に斬られた足利持氏の遺児春王・

安王の墓がある。江戸幕府から朱印地三十五石を賜った。
(22) 禰冝田修然・高野修『遊行・藤沢上人歴代上人史―時宗七百年史―』白金叢書（松秀寺・一九八九年一〇月）。
(23) 兵藤裕己「歴史としての源氏物語―中世王権の物語―」『源氏研究』三号（翰林書房・一九九八年四月、のち兵藤『平家物語の歴史と芸能』吉川弘文館・二〇〇〇年一月に所収）。
(24) 黒田俊雄「民衆史における鎮魂」『部落問題研究』76特別号（同所・一九八三年五月、のち黒田『黒田俊雄著作集』第三巻［顕密仏教と寺社勢力］、法藏館・一九九五年二月に所収）は、鎮魂のもつ政治性に警鐘を鳴らす。
(25) 山形県編纂『山形県史』資料篇14［慈恩寺史料］（同県・一九七四年三月）。吉井敏幸「羽州慈恩寺の檀越と寺僧集団」『中世大和国寺院に関する調査研究』（元興寺文化財研究所・二〇〇一年三月）によると、禅、律、念仏がそれぞれ入りこんでいた。
(26) 宗報附録『時宗寺院名鑑』（同宗教務院・一九三一年三月）に宝徳寺が載る。また近世の末寺帳三種にはほかに松蔵寺がみえる。前者が現存。
(27) 開山知阿・開基北条氏康とされる。北条氏はこのころ藤沢時衆を冷遇していたから、北条氏が藤沢時衆系として創建したとは考えがたい。鎌倉市史編纂委員会編纂『鎌倉市史』社寺編（吉川弘文館・一九五九年一〇月）。
(28) 鈴木昭英「中世の蔵王権現信仰」鈴木『越後・佐渡の山岳修験』修験道歴史民俗論集3（法藏館・二〇〇四年九月）。
(29) 坂井衡平『善光寺史』上・下（東京美術・一九六九年五月）。
(30) 小坂井町誌編纂委員会編集『小坂井町誌』（同町・一九七六年七月）。「佛」の正・通字の峻別は藤沢時衆の書札礼であることを、林譲「他阿弥陀仏から他阿弥陀佛へ―遊行上人書状の書札礼―」日本歴史学会編集『日本歴史』第六一〇号（吉川弘文館・一九九九年三月）が指摘した。
(31) 『日本書紀』熱田本全一五巻は熱田円福寺厳阿（のちの五代浄阿慶恩）の申沙汰により四代浄阿上人が神宮内院に永

和三年（一三七七）寄進したものである。藤本元啓「中世熱田大宮司の発給文書」上横手雅敬編『中世の寺社と信仰』（吉川弘文館・二〇〇一年八月、のち「熱田大宮司と社家支配」と改題し藤本『中世熱田社の構造と展開』続群書類従完成会・二〇〇三年二月に所収）によると、熱田大宮司による補任状が同寺に預けられていたという。文明元年（一四六九）霜月九日付「熱田社家奉行藤原季国紛失状写」。

(32) 天文十八年（一五四九）賢心兼乗の『賢心物語』（『富山県史』史料編Ⅱ中世）による。井波町史編纂委員会編纂『井波町史』上巻（同町・一九七〇年五月）。また綽如の孫二人が時衆になっている。

(33)「福井新聞」二〇〇〇年七月二八日付「奥越　坂井」欄。発見者山本昭治氏の教示によると、現在のところこの記事以上の詳細な報告はなされていない。

(34) 平雅行「越前・若狭の専修念仏」福井県編集『福井県史』通史編2中世（同県・一九九四年三月）。

(35) 松岡久美子「滋賀・佛眼寺本尊阿弥陀三尊像と『佛眼寺縁起』」栗東歴史民俗博物館編集『栗東歴史民俗博物館紀要』第八号（同館・二〇〇二年三月）によれば、永正十五年（一五一八）同寺縁起で神宮寺と称す。佛眼寺はすでに文安三年（一四四六）大宝神社の宮衆となっていたことが「侍衆寺坊衆宮衆名書」（同社文書十三）から判明するという。

(36) 下坂守「応仁の乱と願阿弥」・下坂「本願成就院の成立」清水寺史編纂委員会編修『清水寺史』一巻通史(上)（音羽山清水寺〔法藏館製作発売〕・一九九五年八月）。また成就院の庭園は相阿弥の作。

(37) 平凡社地方資料センター編集『京都・山城寺院神社大事典』（同社・一九九七年二月）によれば応仁の乱後の復興に時衆の勧進があったとされる。典拠は明確でない。また同寺門前には元禄六年（一六九三）移転してきた三宇の時衆寺院があたかも塔頭のごとくにならんでおり、真正極楽寺号に窺える浄土信仰から、偶然の配置とは考えがたい。

(38) 前掲註(15)参照。『洛陽誓願寺縁起』（『續群書類従』第二十七輯上）、謡曲「誓願寺」にみえるように近接する四条道場の徒が拠点の一つにしていたようだ。湯谷祐三「誓願寺の縁起とその周辺―中世説話資料として『誓願寺真縁起』の位相―」説話文学会編集『説話文学研究』第四十号（同会・二〇〇五年七月）は、誓願寺縁起の原形と目される仮称『誓願寺真縁起』と通行の三巻本『誓願寺縁起』の内容を比較すると、前者にない一遍の記事が後者にあり、誓願寺に時衆が入って以降にそれらの記事が挿入されたのではないかとする。なお展覧会の図録の真縁起の解説には誤記があって要注意と湯谷氏の教示あり。

(39) 神宮寺としては真言系の念仏寺があった。こちらも廃仏毀釈で廃絶。開口神社社務所編集『開口神社史料』（同社・一九七五年四月）。

(40) 堺市教育委員会編集『改訂版ハンドブック堺の文化財』（同委員会・一九九六年三月）の写真から天文二十年（一五五一）の家原寺板碑は時衆系のものと判定できる。同寺は当時焼亡していたからその留守居に時衆聖がいたのかもしれない。後述のとおり三昧聖初開の地として近世には仰がれていた。

(41) 永享十一年（一四三九）『鎮増私聞書』（天台宗典編纂所編纂『續天台宗全書』史傳二［日本天台僧傳類Ⅰ］、春秋社・一九八八年二月）によれば応永三十四年（一四二七）直談に「阿彌陀寺時衆」（金蓮寺蔵・年欠〔享徳二年〔一四五三〕カ〕十二月五日付「山名宗全寄進状」〔『庶民信仰の源流』〕にみえる「播州坂本阿彌陀寺」カ）と近辺の禅僧が関わっていたことが窺える。

(42) 『奈良国宝展』（茨城県・茨城県教育委員会・いばらき新聞社・一九六六年四月）。

(43) 写真版から起こした釈文は次のとおり（細川武稔、高橋敏子氏の教示）。

廿二日甲寅
如意輪咒少咒千反唱之、法楽太子了、
一當麻時衆法持庵勝意房〈意『大日本史料』は定に作る〉、瓶子一・餅一盆・大根等賜之間、対面了、
初来之間、花瓶一立花連歌数寄之間、書副発句遣了、
冬までの　菊ハすくなき　色か哉

可有脇之由、以勝観房仰遣間〈間『大日本史料』は旨に作る〉、申賜了、
霜をいたゝく松の下草

なお当麻寺は現在も高野山真言宗と浄土宗鎮西派による二宗から成っている。

(44)『日本仏教民俗基礎資料集成』第三巻［元興寺極楽坊Ⅲ］（中央公論美術出版・一九七九年二月）。

(45)大石雅章「興福寺大乗院門跡と律宗寺院—とくに律宗寺院大安寺を通して—」『日本史研究』第四五六号（同会・二〇〇〇年八月、のち大石『日本中世社会と寺院』清文堂出版・二〇〇四年二月に所収）。

(46)太田直之「中世後期の勧進と十穀聖」太田『中世の社寺と信仰—勧進と勧進聖の時代—』久伊豆神社小教院叢書6（弘文堂・二〇〇八年五月）は、十穀聖の特徴は念仏信仰であるとしつつ、時衆道場にいた例はなく「時宗」とはいえないとする。

(47)大石雅章「村落と寺社」羽曳野市史編纂委員会編集『羽曳野市史』第一巻本文編1（同市・一九九七年三月）。

(48)藪田貫「寺院と神社」羽曳野市史編纂委員会編集『羽曳野市史』第二巻本文編2（同市・一九九八年三月）。

(49)大橋俊雄編著『時宗末寺帳』時衆史料第二（時宗）教学研究所・一九六五年四月）。

(50)羽曳野市史編纂委員会編集『羽曳野市史』第七巻史料編5（同市・一九九四年三月）。

(51)羽曳野市史編纂委員会編集『羽曳野市史』第四巻史料編2（同市・一九八一年六月）から、次の史料が検索できる。文保二年（一三一八）八月三日付「僧定盛譲状」によれば定盛が通法寺領別当寺務職を嫡男代一丸に譲る。永徳三年（一三八三）七月日付「通法寺別当実尊言上状」では寺領安堵を訴える雑掌・寺務などがみえる。明応九年（一五〇〇）卯月十四日付「元繁課役免状」は「通法寺并諸末寺領目録在別紙事」とし段銭以下の課役免除。年欠（永正年間ヵ）七月廿五日付「通法寺某書状」によると壺井源左衛門が通法寺寺務として沙汰する。大永七年（一五二七）七月七日付「備後守某書状」において寺領の公方段銭が千手観音に寄附せらる。天文九年（一五四〇）十一月九日付「木沢長政書状」では「通法寺雑掌」に充てて寺領課役免除。ありようは顕密寺院そのものである。

(52) 簗瀬一雄『社寺縁起の研究』(勉誠社・一九九八年二月)。

(53) 日本人類學會編『鎌倉材木座發見の中世遺跡とその人骨』(岩波書店・一九五六年三月)。現鎌倉簡易裁判所地内の材木座遺跡より出土。また鈴木尚『骨が語る日本史』(學生社・一九九八年八月)では極楽寺切り通し傍らでの人骨集積には熟達した整頓ぶりが窺えるといい、時衆の介在を想定する。

(54) 梅谷繁樹「京都の初期時衆(上)―市屋派のことなど―」藤沢市文書館編集『藤沢市史研究』第十号(同館・一九七七年三月、のち(下)と併せ「京都の初期時衆―市屋派を中心に―」と改題し梅谷『中世遊行聖と文学』桜楓社・一九八八年三月に所収)。

(55) 大橋俊雄『時宗の成立と展開』日本宗教史研究叢書(吉川弘文館・一九七三年六月)。

(56) 綿谷雪『新・日本剣豪100選』新100選シリーズ(秋田書店・一九九〇年五月)によれば、念阿弥慈恩は相馬忠重の子、父が殺害されたため逃れて七歳で藤沢の遊行上人(藤沢上人ヵ)の許へ。一〇歳にて諸国に修行した。のち禅僧となり慈恩と称するも念阿上人ともいった。剣術・馬庭念流の祖となる。

(57) 長善寺境内・山中家墓地の現代の墓誌に「山中鹿之助の孫が遊行上人に連れられて駿河の国にたどりつき一花堂浄源寺に入りのち志福寺を譲り受け住職となる」とあり、寛永十八年(一六四一)歿・眼阿弥と万治元年(一六五八)歿・明一房(夫妻ヵ)の近世墓碑に「修福寺」とみえる。修福寺は駿府にあった長善寺末寺で、吉川清『時衆阿彌教團の研究』(池田書店・一九五六年五月)に埼玉県大谷家蔵「諸国一流沙弥由来之事」に天正十三年(一五八五)「府中修覆《福》寺慶阿弥」とあり、阿弥号を名のり妻帯する半僧半俗の寺であったらしい。

(58) 『新編武藏風土記稿』(『大日本地誌大系』⑪〔新編武藏風土記稿第五巻〕)巻之百二上「玉田寺迹」、巻百七「法蓮寺」によると玉田寺生一房、慶長十三年(一六〇八)に七十五歳で歿。八王子市郷土資料館(齋藤義明氏)の教示。

(59) 京都市東山区・料亭「左阿彌」内に巨大五輪塔があり、佐藤亜聖「京都・東山長寿庵左阿彌所在五輪塔について」民衆宗教史研究会編修委員会編修『寺社と民衆』第六輯(民衆宗教史研究会出版局〔岩田書院発売〕・二〇一〇年三

月）によると、地輪に「織田左門入道雲生寺道八□〔藪カ〕阿弥陀仏」「元和六申辰年九月廿日　敬白」と刻銘あり。織田長頼（または頼長、一五八一～一六二〇）は信長の弟有楽斎の嫡子。大坂冬の陣後に大坂城を退去し安養寺に入り長寿庵左阿弥を開く。

(60) 前掲註（39）文献。中世引接寺文書の多くは偽文書とみられるが、移転以前の同寺が、臨海の広大な寺地を有していたことは豪商が檀越であることや堺幕府の存在などから類推できる。

(61) 仲尾宏「室町時代の朝鮮使節と京都」木野評論編集部『木野評論』第一五号（京都精華大学・一九八四年三月）、伊藤幸司「中世後期外交使節の旅と寺」中尾堯編『中世の寺院体制と社会』（吉川弘文館・二〇〇二年一二月）、橋本雄「朝鮮国王使と室町幕府」日韓歴史共同研究委員会編集『日韓歴史共同研究報告書（第2分科篇）』（同会・二〇〇五年一一月）。

(62) 曽根ひろみ「近世の熊野比丘尼―勧進と売色―」女性史総合研究会編『女性史学』五号（同会・一九九五年七月、のち曽根『娼婦と近世社会』吉川弘文館・二〇〇三年一月に所収）。曽根氏が指摘する「歌が宗教性を失って俗化していくのと並行して比丘尼の売色が行われていくようになった」点は、近世に時衆への畏敬が消えて蔑視の対象ともなったことに重なって興味深い。道後温泉の奥谷宝厳寺は、門の内側に遊廓があった。

(63) 斎藤洋一「近世の被差別民と医薬業・再考」部落解放・人権研究所編集『部落解放研究』一五三号（同所〈解放出版社発売〉・二〇〇三年八月）、金井清光「『一遍聖絵』に見る草履・草鞋と被差別民の草履作り」『一遍聖絵の総合的研究』（岩田書院・二〇〇二年五月）。

(64) 桜井好朗「中世における漂泊と遊芸」『岩波講座日本歴史』第5巻［中世1］（岩波書店・一九七五年六月、のち桜井『中世日本文化の形成―神話と歴史叙述―』東京大学出版会・一九八一年四月に所収）。

(65) 田村圓澄「勧進」国史大辞典編集委員会編『国史大辞典』第三巻（吉川弘文館・一九八三年二月）。このように勧進とは勧誘策進の略で、中村元『広説佛教語大辞典』上巻（東京書籍・二〇〇一年六月）によれば、本来は「②勧化ともいう。人を勧めて仏道に入らせ、善根・功徳を積ませること。他を教化して善に向かわせること。→勧化」を意味する。ただ通常、「③中世以後、日本では堂塔・仏像の造立・修理などのため、寄付を募ること。またそれにたずさわる人びとを勧進というようになった。勧財・勧募などともいわれる」意味合いで用いられることが多い。時衆の場合、このように本所を設定して職として勧進活動を行うよりも（応仁の乱期の願阿らを除けば）、都市民と結縁したり、講などで在地に念仏信仰を弘通させることが多かったようである。それは下級僧侶・民間宗教者である時衆が勧進「職」を有することができなかったという根源的な背景がある。ゆえに、ここでいう勧進とは原義による。

(66) 桃崎祐輔「忍性の三村山止住」土浦市立博物館編集『中世の霞ヶ浦と律宗―よみがえる仏教文化の聖地―』同館第十八回特別展図録（同館・一九九七年二月）。西大寺律宗は南宋渡来の尹（伊）派石工などを掌握していた。

(67) このほか一遍における「西方行人聖戒」（『一遍聖絵』第十二奥書）、一向における「勧進聖人大願主行蓮」（山形県高野坊遺跡礫石経）のように門弟の筆頭が阿号をもたない点も注意される。本書第一部第三章参照。

(68) 前掲註（10）文献。

(69) 安田次郎「勧進の体制化と「百姓」―大和の一国平均役＝土打役について―」史学会編集『史学雑誌』第92編第1号（山川出版社・一九八三年一月、のち副題をとり安田『中世の興福寺と大和』山川出版社・二〇〇一年六月に所収）。

(70) 橋本初子「御影堂をめぐる寺僧の組織」・「東寺の造営事業と大師信仰」橋本『中世東寺と弘法大師信仰』思文閣史学叢書（思文閣出版・一九九〇年一一月）。

(71) 網野善彦「東寺修造事業の進展」『中世東寺と東寺領荘園』（東京大学出版会・一九七八年一一月）。

(72) 塩澤寛樹「鎌倉大仏殿の建立とその性格―千葉県市原市満光院銅造阿弥陀如来立像とその銘文を巡って―」『ＭＵＳＥＵＭ』五四三号（東京国立博物館・一九九六年八月）。

(73) 浄阿・他阿勅許上人について、林譲「時宗四条派派祖浄阿弥陀仏伝記史料の再検討―特に三伝の成立時期を中心として―」『國史學』第一二〇号（同学会・一九八三年五月）にて院宣原本や当時の政治状況の分析から後代の仮構であることが明らかにされている。国阿も同様であろうと考えられるが、ただのちには歴代浄阿・他阿とも勅許されていくのは金蓮寺・清浄光寺文書中に遺ることから事実のようだ。

(74) 臼井信義「《覚書》上人号」日本佛教研究会編集『日本佛教』一号（大蔵出版・一九五八年六月）。

(75) 応仁の乱で焼失し本願所（近世愛染寺）が置かれ、乱後数年のち「稲荷勧進僧福阿弥」（阿刀家所蔵『稲荷大明神御縁記』〔『稲荷大社由緒記集成』信仰著作篇〕奥書）、さらに明応三年（一四九四）からは「一、當社遷宮記録勧進沙門、時之本願圓阿弥」（荷田家旧蔵『明応遷宮記』）によって本殿再興が進められ、同八年（一四九九）完成した。『朱』編集部「稲荷社本願所愛染院について」伏見稲荷大社『朱』編集部編集『朱』第三十四号別冊（同社務所・一九九一年六月）による。

(76) 伏見稲荷社と祇園社にいた。『増訂稲荷神社志料』。菊池武「本願所の歴史―その活動と変遷―」日本歴史学会編集『日本歴史』第四六六号（吉川弘文館・一九八七年三月）。

(77) 風日祈宮御橋擬宝珠銘、明応七年（一四九八）。伊勢神宮本体は神仏習合がもっとも遅れた神社である。『伊勢参詣曼荼羅』（大阪市立博物館編『社寺参詣曼荼羅』平凡社・一九八七年一二月）神宮徴古館本、J・パワーズ氏本、高津古文化会館本は、風日祈宮御橋の袂で柄杓を差し出す勧進聖とその小屋が描かれている。なお幕末の三井文庫本になるとみられなくなる。廃仏毀釈以前にすでに仏教色が排せられていたか（以上湯谷祐三氏の教示）。

(78) 伊藤幸司「日朝関係における偽使の時代」日韓歴史共同研究委員会編集『日韓歴史共同研究報告書（第2分科篇）』（同会・二〇〇五年一一月）。田中健夫「祖阿」国史大辞典編集委員会編集『国史大辞典』第八巻（吉川弘文館・一九八七年一〇月）によると、応永八年（一四〇一）足利義満による遣明船の正使となった祖阿は『吉田家日次記』に「遁世者素阿弥」とみえるという。

(79) 黒田俊雄「鎌倉仏教における「一向専修」と「本地垂迹」」『史林』第三十六巻第四号（史学研究会・一九五三年一〇月、のち黒田『日本中世の国家と宗教』岩波書店・一九七五年七月ほかに所収）。

なっていく。

（80）黒田俊雄『蒙古襲来』日本の歴史8（中央公論社・一九六五年九月、のち中公文庫、同社・一九七四年一月）。前掲註（79）ともども顕密体制論提唱以前の論文だが、基本線に変更はないとみられる。むしろ提唱以後は言及がなくなっていく。

（81）松尾剛次「官僧と遁世僧―鎌倉新仏教の成立と日本授戒制―」史学会編集『史学雑誌』第94編第3号（山川出版社・一九八五年三月、のち松尾『勧進と破戒の中世―中世仏教の実相―』吉川弘文館・一九九五年八月に所収）および松尾『鎌倉新仏教の成立―入門儀礼と祖師神話―』中世史研究選書（吉川弘文館・一九八八年七月）など。目崎徳衛『出家遁世　超俗と俗の相剋』中公新書443（中央公論社・一九七六年九月）の八ページから着想をえたのかもしれない。

（82）松尾剛次『鎌倉新仏教の誕生―勧進・穢れ・破戒の中世史―』講談社現代新書1273（同社・一九九五年一〇月）。

（83）なおこれに関し松尾氏は、遁世僧の黒衣と官僧の白衣の論証を掲げる。『遊行上人縁起絵』では時衆は鼠色という独自性を表す点、法華宗では白衣を用いる点、考究せらるべき問題ではある。特に時衆では清浄光寺蔵・応永廿年（一四一三）卯月廿八日付遊行十四代他阿弥陀仏「於当寺末代住持可被心得条々」の一つ書き第五条に「時衆の衣の色は鼠色とて白も黒も有まじく候。五色の外の色にて候を今程雅意に任たる時衆黒衣を好て着候。然べからず」とあり、黒衣でないと強調。橘俊道「長崎称念寺「光明院の蔵」について―初期時宗教団における寺院経営の特殊例として―」『時宗教学年報』第十一輯（時宗教学研究所・一九八三年三月、のち橘『一遍上人の念仏思想と時衆』橘俊道先生遺稿集、橘俊道先生遺稿集刊行会・一九九〇年四月に所収）。

（84）柳宗悦『南無阿彌陀佛』（大法輪閣・一九五五年八月、のち柳『柳宗悦・宗教選集』4巻［南無阿弥陀佛・一遍上人］、春秋社・一九六〇年一月ほかに所収）。

（85）ヴァリニャーノ著・松田毅一他訳『日本巡察記』東洋文庫229（平凡社・一九七三年三月）。異邦人が目撃した中世末の社会が赤裸々に描かれる。即物的思考が支配し、汎神論・アニミズム・本覚論がないまぜになり現世肯定である。

浸透した本覚思想については末木文美士「本覚思想」『図説日本の仏教』三巻［浄土教］（新潮社・一九八九年七月、のち末木『日本仏教史―思想史としてのアプローチ―』新潮社・一九九二年二月ほかに所収）。
(86) 小島恵昭「蓮如名号成立の歴史的背景」同朋大学仏教文化研究所編『蓮如名号成立の研究』同研究所研究叢書Ⅰ（法藏館・一九九八年四月）。
(87) 開山国師正當六百五十年遠諱記念『大徳寺禅語録集成』第二巻（法藏館・一九八九年三月）。
(88) 伊藤唯真「三昧聖の墓地開創伝承―『行基菩薩開創記』をめぐって―」竹田聴洲博士還暦記念会編『日本宗教の歴史と民俗』（隆文館・一九七六年一二月、のち正題を「行基墓地開創の伝承」と改題し副題をそのままに伊藤『聖仏教史の研究』下［伊藤唯真著作集第二巻］、法藏館・一九九五年七月に所収）。
(89) 金井清光「遊行派の成立と展開（五）」『時衆研究』第五十四号（金井私家版・一九七二年一一月、のち金井『一遍と時衆教団』角川書店・一九七五年三月に所収）。
(90) この人物は永仁四年（一二九六）「良海沽却于善信上人遺弟申状」、同六年「大谷南地手継目録」にみえる尼照阿（後者の割註に「号源氏女是也」）に同定される。石田充之・千葉乗隆編『真宗史料集成』第一巻［親鸞と初期教団］（同朋舎・一九七四年一〇月）。
(91) 銚子市史編纂委員会編『銚子市史』（同市・一九五六年六月）。
(92) もっとも、時衆の中でも独自性に固執する集団はいた。林譲「三条坊門油小路道場西興寺をめぐって―時衆のいくつかの異流について―」『仏教史学研究』第三一巻第二号（仏教史学会・一九八八年一一月）によると、近衛西洞院にあったとみられる麓道場浄宝寺は『吉田家日次記』に末寺ともども尼衆の法号は運智、現智、通智、順智、法智、善智ら、また応永五年（一三九八）三月二十一日条に廿三廻忌の故頓智がみえ、この智号は南北朝期にまで遡りうるという。同寺は新命住持職を「蓮華寺・称名寺住持等於当寺集会、器用六人撰定取鬮云々」（応永七年〔一四〇〇〕八月十三日条）という確然たる教団体系と末寺をもち、吉田家の葬送では浄土宗鎮西派の東山知恩院に出入りする関係にあったことがわかる。また一向俊聖教団では男女ともに阿号を用いる。

(93) 金井清光「宗教家としての一遍」金井『時衆教団の地方展開』(東京美術・一九八三年五月)。

(94) 梅谷繁樹「追憶の林屋先生」『藝能史研究』第一四一号(同會・一九九八年四月)。

(95) 永正十年(一五一三)歿の遊行二十一代他阿知蓮『時衆宗荼毘記』(『定本時宗宗典』下巻)の名称から、明らかに「宗」を意識していることがわかる。かれが歿する同年に清浄光寺が焼失し以後百年にわたり本山とそこに独住する藤沢上人が流浪する受難の時代であったことも影響していようか。

(96) 河内将芳「京都東山大仏千僧会について—中近世移行期における権力と宗教—」『日本史研究』第四二五号(同会・一九九八年一月、のち河内『中世京都の民衆と社会』思文閣史学叢書、思文閣出版・二〇〇〇年一二月に所収)。

(97) 『七條文書』に関連史料がある。また真宗から時衆の千僧会参加について述べたものに『法流故実条々秘記』(『真宗史料集成』第九巻)二「大仏法事之次第」がある。安藤弥「京都東山大仏千僧会と一向宗」『大谷大学史学論集』第十一号(同大学文学部史学科・二〇〇五年三月)。

(98) 妙法院史研究会編『妙法院史料』五巻[古記録・古文書一](吉川弘文館・一九八〇年二月)。

(99) 『時衆年表』は法国寺および七条道場金光寺記録を典拠に、豊臣秀吉より寺地を賜い、慶長三年「此年」建立とする。しかし秀吉は八月十八日死亡していることや本堂は秀頼寄進とされること、葬地阿弥陀ヶ峰に近いこと、豊国社との整合を勘案すると、歿後に葬礼・追善のため造営されたのではないか。

(100) 和田茂右衛門(千葉市史編纂委員会編集)『社寺よりみた千葉の歴史』(同市教育委員会・一九八四年三月)。

(101) 大谷愍成編輯『普光觀智國師』(増上寺・一九一九年一一月)。来迎寺ともども清浄光寺末と誤る文献が多い。

(102) 玉山成元『普光観智国師—近世初期における浄土宗の発展—』(白帝社・一九七〇年七月)。これも宝(法)台寺を藤沢清浄光寺末と誤る。

(103) 戦前の渡邊世祐氏による松平源氏説の否定以来、松平氏の始祖が時衆であったとする説は顧みられなくなっている。平野明夫『三河松平一族』（新人物往来社・二〇〇二年五月）によると、時衆譚は元禄以後にみられるという。ただ一方で同書は初代親氏を連歌を詠み遍歴する一種の職人であったと推定している。これはまさに本書が主張する時衆の姿そのものではないか。

(104) 高埜利彦「幕藩制国家と本末体制」歴史学研究会編集『世界史における地域と民衆―一九七九年度歴史学研究会大会報告―』歴史学研究別冊特集（青木書店・一九七九年一〇月、のち「近世国家と本末体制」と改題し高埜『近世日本の国家権力と宗教』東京大学出版会・一九八九年五月に所収）によると、慶長十九年（一六一四）徳川家は東大寺大仏殿再興の勧進をてこに勧進の規制をしていく。

(105) 村上直次郎訳・渡邊世祐註『異國叢書』一［耶蘇會士日本通信上巻］（聚芳閣・一九二七年五月）。

(106) 吉川清『時衆阿彌教團の研究』（池田書店・一九五六年五月、のち再版、藝林舎・一九七三年九月）によれば、これは『麻山集』「遊行分附之切紙」にあるというが、唯一の翻刻である定本時宗宗典編集委員会編集『定本時宗宗典』下巻（時宗宗務所・一九七九年一二月）には欠落している。また近世にも当麻派が関東を遊行していたことは前章で略記。

(107) 高木文恵「滋賀・高宮寺の他阿真教画像」『美学』第五〇巻二号（同会・一九九九年九月）の滋賀県彦根市高宮寺に遺る真教画像の分析による。文保三年（一三一九）の真教歿後から下らない時代のもの。

(108) 菅根幸裕「近世俗聖に関する一考察―時宗配下「沙弥」を中心に―」圭室文雄編『民衆宗教の構造と系譜』（雄山閣出版・一九九五年七月）でもくり返す。

(109) 平雅行「中世移行期の国家と仏教」平『日本中世の社会と仏教』（塙書房・一九九二年一一月、初出は「中世仏教と社会・国家」『日本史研究』第二九五号、同会・一九八七年三月だが、当該後註は論集所収時に附加したもの）。

【附記】 本章は國史學會大会（二〇〇〇年五月二一日、於國學院大學渋谷校舎）の「一向時衆の成立と展開―原始一向宗論とからめて―」を一部基礎とした。史料調査に古賀克彦氏、伏見大社事務局、勝山市教育委員会（宝珍伸一郎氏）の協力をえた。

第三章　一向俊聖教団研究の回顧と展望

はじめに——研究の意義——

さまざまな意味で激動を経験した中世はまた、社会変動の中で叢生してきた勧進聖[1]が活躍した時代でもある。現存の宗団をもとに先験的に措定されてきた「鎌倉新仏教」論が問い直されて久しい今、民衆の信仰に仏教、中でも念仏宗を流布した主役といえる一向衆に着目し、論及することの意義は大きいと考える。

では、はたしてその「一向衆」という語から何を連想しようか。一向宗すなわち浄土真宗であろう。しかし本願寺教団中興の祖、八世蓮如兼寿は、延徳二年（一四九〇）の『帖外《じょうがい》御文』（『眞宗聖教全書』五）六七で「夫一向宗ト云、時衆方之名ナリ、一遍一向是也。其源トハ江州バンバノ道場是則一向宗ナリ」と明確に否定する。中世前期の遊行の徒、一向俊聖なる念仏勧進聖を祖師とする教団が、汎列島の広範囲な展開をみせていたことを知る人は多くない。その拠点の一つが、六波羅探題北方の北条仲時主従が自害した近江国番場蓮華寺（滋賀県米原市）といえば、まだ人口に膾炙していいようか。

ここで挙げられた一向俊聖（宗名と紛らわしくなるため、以下人名は俊聖と略す）は一遍智真とほぼ同時代に生きた遊行の徒であった。かつては実在を疑う向きすらあったと仄聞する。日本史学で最も標準かつ精細な辞書である『国史大辞典』にも立項されていない（二〇〇二年の『岩波仏教辞典』第二版では筆者の働きかけもあり「一向」の項目で独立されるにいたった）。しかし一五年ほど前の山形県天童市高野坊遺跡での考古遺物の発見にともない、その銘文から存在が確認され、従前の研究の蓄積もあいまって、教団の実態について輪郭を素描できるまでになってきた。この成果は時衆・初期真宗研究はもとより、中世社会の解明に裨益することであろう。筆者はこれまで一向衆たる俊聖教団研究の前提とすべく、論攷と寺院一覧、文献目録とを逐次公表してきた(2)。本章では研究史を整理しつつ従来看過されてきた史料に新解釈を加えて通説と照合し、草創期から隆盛期にいたる一向衆研究の手がかりの一端を呈示したい。

　文中の表記は、前章までと同様に中世が「時衆」、近世は「時宗」、時宗のうち最大教団の藤沢清浄光寺・遊行派は「藤沢時衆」ないし「藤沢派」とする。

第一節　教団史の梗概

　嘉暦三年（一三二八、ただし実際の成立は近世ヵ）の『一向上人傳』（『米原町史』資料編）などの伝承からたどる俊聖とその教団の梗概はこうである。俊聖は暦仁二年（一二三九）筑後国竹野庄西好田（福岡県久留米市田主丸町に吉田の小字が二箇所ある）の雄族、草野家惣領永平の弟冠四郎永泰の子として生まれた(3)。草野氏は浄土宗鎮西派の開祖である聖光房辨阿辨長に帰依し、鎮西派濫觴の地である久留米善導寺の開基となったとされている家である。

　ただ永泰は諸系図類になく、草野氏と俊聖をつなぐための架空の人物である可能性もある。一遍や国阿弥陀仏（京洛東山の霊山時衆祖）らと同じく西の叡山と喩えられる播磨国書写山で修行したと伝えるのは、勧進聖の伝統を反映したものであろうか。のち浄土宗鎮西派の鎌倉光明寺然阿良忠の下で学んでから、一向専修念仏を詠んだ偈文を感得して一向と称したという。良忠の許を辞したかれは、諸国を遊行しながら宇佐で踊り念仏を創始したとされ、起居する寺院を道場とよび、阿弥陀仏号を授与するという教団形態などから、〃時宗開祖〃とされる一遍と同年代に生きた、広義の普通名詞としてのあまたいた時衆聖の一人であったのである。

晩年、俊聖は近江にいたる。のち中山道の宿となる番場にある聖徳太子が建立した法隆寺なる寺の僧畜能・畜生に請われ、地頭土肥三郎元頼の帰依で鎌倉光明寺の旧称である蓮華寺に改名して止住した。一五数えられる主要な門弟のうち礼智阿尊覚に遊行の法嗣を譲り、蓮華寺において弘安十年（一二八七）十一月十八日、立ち往生（文字どおり立ちながらの臨終）を遂げる。以上が生涯とされるもののあらましである。

伝承による俊聖の足跡は本州、四国、九州におよび（琉球渡海を伝えるものもある）、蓮華寺蔵『一向上人血脈相承譜』（『浄土宗本山蓮華寺史料』）に載る一五直弟が北は陸奥国学牛《まねうし》往生寺（宮城県栗原市、現浄土宗鎮西派）から西は摂津国尼崎道場（兵庫県尼崎市、廃絶カ）にまで分布する。中でも出羽国天童仏向寺（山形県天童市、現浄土宗鎮西派）と常陸国小栗一向寺（茨城県筑西市、現浄土宗鎮西派）は、近世に蓮華寺と本末争論を起こすほどの大坊であった。末寺のない九州にも「バンバ《番場》踊り」なる痕跡があるという。(4)貞享四年（一六八七）幕府の裁定以降、関東より西の一向衆は「一向派」、奥羽の寺院は仏向寺を本寺とする「天童派」（当事者は一向派を自認し、この語は用いず）として、一遍系の相模国藤沢清浄光寺を中核とする「時宗十二派」（元禄十年〔一六九七〕『時宗要略譜』で定まる）に包摂されていく。三世以後、蓮華寺住持は「同阿」号を相続する。弘安七年（一二八四）十月十七日銘の梵鐘は元弘の変（一三三一）の際の鎌倉方武士の交名としてさかんに引用される『陸波羅南北過去帳』とともに国指定重要文化財である。近代になり浄土宗鎮西派への転入を企図し幾度も粘り強く折衝を重ね、蓮華寺を時宗大本山とし独自の寺法や加行を認めさせ、藤沢の宗学林では一向派子弟に向けた授業が開講されるなどの妥協が成立した。(5)

結局、俊聖の師良忠の法流である浄土宗鎮西派に一向・天童派五七箇寺が転入したのは、宗内に異安心を認めない宗教団体法の制定により一九四二年で（二九箇寺が時宗に残留、戦後一箇寺が浄土宗から時宗に復帰）、蓮華寺が浄土宗唯一の本山として規定され現在にいたる。また近年まで浄土宗、時宗、浄土真宗本願寺派に属する蓮華寺旧末寺（含関係寺院）九八箇寺が宗派を超えて蓮華寺の山号八葉山に因む八葉会という護持団体を組織・結集していたのも特徴である。

では俊聖教団の研究史をふりかえってみよう。

第二節　研究史の回顧

戦前、時衆研究は等閑視されてきたといってよい。既成仏教「十三宗五十六派」の中に時宗が位置づけられていたから、仏教史の総論で言及されることはあっても、学術論文としては磯貝正「時宗教團の起源及發達」『史蹟名勝天然紀念物調査報告書』第五輯（神奈川縣・一九三七年三月）および赤松俊秀「一遍上人の時宗に就て」史學研究會編輯『史林』第二十九巻第一號（内外出版印刷株式會社出版部・一九四四年二月）があった程度である。後者が再録された赤松『鎌倉仏教の研究』（平楽寺書店・一九五七年八月）と、同年に登場した大橋俊雄「時宗史研究の回顧と展望」『日本仏教史』一号（同研究会・一九五七年一月）とを契機として、時衆に学術的関心が惹起されることとなる。時衆をおもに文芸面から追究する金井清光氏らに影響を与えた。

その大橋俊雄氏は一九二五年、愛知県尾西地方の真宗大谷派門徒の家に生まれ、大正大学仏教学部在学中に寺沼武一郎氏（法諱琢明、のち遊行七十二代・藤沢五十五世他阿一心）の時宗学を受講した縁で時衆研究をはじめたという。従前ほぼ存在しなかった時衆研究は、氏を事実上の嚆矢として学術的関心が惹起される。その成果は広範で、法然・浄土宗関連の基礎的な書籍・論攷が数多く、時衆に関しても原典・底本として利用される多彩な文献を著した。

大橋氏の足跡をたどることは、そのまま時衆研究・一向衆研究を顧みることにほかならない。この場合の「時衆」研究とは一遍系が中心であるが、成果は自身の回顧ほかをもとに整理すると、[6] ①法然・浄土宗研究（含『浄土宗人名辞典』刊行）、②時衆研究、③俊聖教団研究、④住坊である浄土宗鎮西派・岡津西林寺のある横浜市戸塚区（のち分区し泉区。泉区歴史の会初代会長として死去まで約五年在任）の地方史研究、に分類できる。法然・浄土宗関連の基礎的な書籍・論攷も数多く、時衆に関しては一遍個人について『一遍』人物叢書183（吉川弘文館・一九八三年二月）があり、史料集としては大橋編著「時衆過去帳」『時衆史料』第一（〔時宗〕教学研究所・一九六四年六月）、大橋編著『時宗末寺帳』同第二（一九六五年四月）、大橋校注『一遍上人語録』岩波文庫青32―1（岩波書店・一九八五年五月〈底本は大橋校注『法然　一遍』日本思想大系10、岩波書店・一九七一年一月〉）などが原典として利用されている。

忘れえない事績としては、金井清光氏が一九六二年一二月に創刊した『時衆研究』誌の編集を第五十六号から一九八四年五月の第百号で終刊するまで継承したことである。刮目すべきは「歴史手帖　一向衆のこと」日本歴史学会編集『日本歴史』第三一号（実教出版・一九五〇年一二月）や「初期の番場時衆に就て」『仏教史学』第二巻三号（同学会・一九五一年九月）以後、俊聖教団に関しては一部言及のあるものを含め管見のかぎり三五本の単著・論攷をものしており（ほか新聞記事一本）、一遍教団と先行・並行して研究がなされていたところにある。特に概論として書かれた「時宗」川崎庸之・笠原一男編『宗教史』体系日本史叢書18（山川出版社・一九六四年一一月）では藤沢時衆のほかに俊聖教団や当麻時衆などを挙げ、模式図を示して時衆史を多元的に素描することで、宗教史全体の中での時衆教団の盛衰を位置づけることに成功している。一九九二年三月には一遍の研究で立正大学より学位を取得したが、副論文である『時宗の成立と展開』日本宗教史研究叢書第三（吉川弘文館・一九七三年六月）には「時衆と一向衆」「一向衆教団の動向」の節があり、俊聖教団にも目配りをした歴史学的総論として古典的な一冊といえる。それと対となる一般向け概説書として唯一の通史『一遍と時宗教団』教育社歴史新書〈日本史〉172（同社・一九七八年一〇月）をはじめ、『遊行聖―庶民の仏教史話―』大蔵選書6（大蔵出版・一九七一年三月）および『踊り念仏』大蔵選書12（一九七四年七月）などでも俊聖を一遍とともにとりあげて普及に努めた。

後半生は八葉会教学顧問として俊聖教団にまつわる史料集を翻刻・編纂、毎年公刊してきた。最晩年は浄土宗本山蓮華寺貫主に登位し、絶え行く法灯再興に最後の精力を傾注し、二〇〇一年一二月死去。大橋氏の時衆研究は、「時宗」の用字を原則とし、古典的な宗派史の域を出なかったことや文献引用などの手法に問題を含む。また後述のように時衆および一向衆の定義が曖昧なままであったために、俊聖教団がのちに一遍系時衆教団に内包されていく事由を明瞭にすることはできなかった。とはいえ、先蹤としての量的貢献はそれを補って余りある。後学のわれわれが批判する際には、先蹤としての貢献に思いをいたし、開拓者が被る諸制約などを考慮しなくてはなるまい[7]。

かつて金井清光氏が「時衆和讃と踊り念仏」金井『時衆と中世文学』（東京美術・一九七五年九月）に三ページ半におよぶ「一向衆文献目録」を附けたりとして掲載した。また筆者の目録は前掲註（2）のとおりである。情報を総括してわかることは①『陸波羅南北過去帳』ないし北条仲時主従自害に関する記事が多く、俊聖教団それ自体との関係には直接の有意性がないものが多いこと、②出羽の地域史、ことに自治体史関連に記述が頻出する、との二点であった。先行研究の総量に端的に反映するように、研究の歴史と深化については心許ないのが現状である。この中で黒田俊雄氏が『蒙古襲来』日本の歴史8（中央公論社・一九六五年九月、のち中公バックス、同社・一九七一年二月ほか）で、概説書という性格にも拘わらず、二ページ半の紙数を割き「一向衆」を立項して俊聖教団に言及しているのは特筆すべきで、その歴史観は大橋氏の前掲『宗教史』所収論攷によっているとみられる。

一向俊聖教団の概説には大橋『番場時衆のあゆみ』浄土宗史研究第四編（浄土宗史研究会・一九六三年一一月）と金井清光「時衆十二派について（一・二）」『時衆研究』第二十七・二十八号（金井私家版・一九六七年一二月・六八年二月、のち「時衆十二派（一向派）」「同（天童派）」と改題し金井『一遍と時衆教団』角川書店・一九七五年三月に所収）がある。

おもな史料集としては次のようなものがある。蓮華寺関係の史料については竹内禪真監修・小川寿一編修『浄土宗本山蓮華寺史料』（同寺寺務所〔続羣書類従完成会発売〕・一九八三年一〇月）と竹内禪真監修・小川寿一編修『一向上人の御伝集成』（蓮華寺寺務所・一九八六年一一月）があり、『一向上人傳』『陸波羅南北過去帳』の写真を全葉収録の細川涼一「中世」米原町史編さん委員会編集『米原町史』資料編（同町役場・一九九九年三月）は一般に披見しやすい。過去帳はすでに『群書類従』第二十九輯に「近江國番場宿蓮華寺過去帳」として入っていたが、『陸波羅南北過去帳』（菊華会事務局・二〇〇〇年六月）も当該史料の写真版である。また天童系俊聖教団については、『宝樹山称名院仏向寺縁起』が天童市史編さん委員会編集『寺社関係文書』同市史編集資料第三三号（同市・一九八三年三月）、俊聖の伝記である仮題『羽州化益伝』が上山市史編さん委員会編集『西光寺文書集』同市史編集資料第三一集（同市・一九八一年三月）、『天童落城並佛向寺縁記〔起〕』が天童市史編さん委員会編集『天童落城軍物語集』同市史編集資料第二二号（同市・一九八〇年一二月）にそれぞれ入る。前掲『時宗末寺帳』には『八葉山蓮花〔華〕寺末寺帳』など三種の近世末寺帳が翻刻の上、収められている。このほか大橋編による宇都宮一向寺刊行の史料集がある。一九八九年一〇月の『一向上人伝―本文と補注―』、一九九〇年一一月の『二祖禮智阿上人御消息―本文と補注―』（消息の上・中巻）、一九九一年一一月の『同』（消息の下巻）、一九九三年一一月の『明治期一向派史料』、一九九四年一一月の『佐原窿応上人』、一九九五年一一月の『一向派浄土宗帰入関係史料』、一九九六年一一月の『江戸期貞享天保諍論史料』など、である。近世より近代にいたる帰属争論の史料は宗教制度史をみる上でも貴重である。ただこれらの大半が国立国会図書館ほかの機関に収蔵されていないのは残念である。

山形県では、漆山遍照寺（山形市、藤沢派）住職のかたわら県史編纂に従事した竹田賢正氏の遺稿論集『中世出羽国における時宗と念仏信仰』（遍照寺・一九九六年四月）に、「村山地方の時宗一向派について（一・二）」『西村山地域史の研究』七・八号（西村山地域史研究会・一九八九・九〇年九月）といった一向派史ほか周縁に関する既発表の労作が採録され、高野坊遺跡発掘を契機に川崎利夫・村山正市両氏らが地方史（『郷土てんどう』誌ほか）あるいは考古学関連の自治体報告書・雑誌媒体で積極的に研究を公表している。成生庄と一向上人編集委員会編集『成生庄と一向上人―中世の念仏信仰―』（天童市立旧東村山郡役所資料館・一九九七年九月）は、史料誤読や事実誤認もあるものの、一定の成果である。

なお従来看過されてきた研究に、瀬川欣一「日本史的な大きな誤認　蓮華寺・北条仲時一行の墓石群」滋賀県地方史研究家連絡会編集『滋賀県地方史研究紀要』十三号（同県立図書館・一九八八年一二月）がある。これは六波羅探題北方北条仲時主従の石塔として知られる蓮華寺境内の一石五輪塔群が、実際には近代に史跡とすべく整備されたことを明らかにしたものである（近隣六波羅山中腹に仲時五輪塔がある）。自治体史や一般書などで石塔群の写真が無批判に頻用される現状に警鐘を鳴らすものとして、強調されてよい論文であろう。

では次に従来の研究の論点と、それから新たに派生する諸問題を俯瞰していこう。

第三節　論点と今後の展望

一向俊聖教団ははたして時衆といえるのか。『一向上人傳』巻一に「上人常に門徒を呼て、時衆とのたまふ」、大正大学附属図書館蔵『時宗番場派二祖禮智阿上人消息』「中」に「上人時衆ニ告テ曰ク」とあるものの、これらは近世のものであり全幅の信頼はおけない。蓮華寺が登場する『太平記』（『日本古典文学大系』34）巻第九にも「時衆」とは出てこない。しかし拙稿で詳述したとおり、[8]遊行・踊り念仏や阿号・道場名といった行儀・職能の共通性をもって分析概念としての「時衆」と定義できる。時衆とは普通名詞として捉えるべきで、〝時宗開祖〟とされる一遍の系統以外にも多くの時衆聖がいた。俊聖教団もまた諸国を遊行、踊躍念仏を伝え、起居する寺院を道場とよび、阿弥陀仏号を授与する形態から、広義の時衆といえる。単に行業が似ていたから時衆に同一視・吸収されたといった表象面での混同でないことを再確認したい。

中世史料用語上の時衆と分析概念としての時衆とは、若干定義の対象を異にするが、やがて輻輳していく。一遍・俊聖らは同時代史料に「一向衆」とある。『七天狗絵』（『続日本の絵巻』26）伝三井寺巻に、一遍の画とともに「或ハ一向衆といひて弥陀如来の外の餘仏に帰依する人をにくみ神明に参詣するものをそねむ」の詞書がある。永仁三年（一二九五）『野守鏡』と同じ文脈で一遍を攻撃しており、大橋俊雄・金井清光両氏とも神祇不拝を論拠にこの一向衆を俊聖教団に限定するが、はたしてこの見解は妥当であろうか。[9]一向俊聖の教団だから「一向衆」なのではない。

「一向」という語は偏狭をさす語義をもち、それゆえに強意に転ずる。わかりやすくいえば、現代語で「馬鹿」という語が、無知蒙昧を意味する名詞と同時に、程度が並はずれていることを示す形容動詞・接頭語としても機能するのに似ている。法然浄土教においては「一文不知ノ愚どんの身ニナシテ、尼入道ノ無ちノともがらニ同しテ、ちしやノふるまいヲせずして、只一かうに念仏」（『一枚起請文』〈『日本思想大系』10〉）するのである。かつまた下野国高田門徒顕智に充てた嘉元二年（一三〇四）十二月十六日付「沙門唯善施行状」（『真宗史料集成』第四巻）で親鸞の孫唯善は、前年九月発せられた「号二一向衆一、成レ群之輩、横二行諸国一之由、有二其聞一、可レ被二禁制一云々」とする御教書が一向衆と同一視することに困惑する心情を吐露しており、「一向衆」は悪僧に近い否定的な名称であったとみられる。むしろ一遍の独創性は、「一向衆」の呼称を忌避して不断念仏衆の別称「時衆」を自称したことにある（『一遍聖絵』第五第二段が初出）。不断念仏に代わり別時念仏を行う持戒堅固の僧尼集団であることを誇示し、いわば〝悪僧的一向衆〟から〝律僧的時衆〟へと脱皮を図ったのである（本書第三部第二章）。対して「一向衆」たることに矜持をみいだしたのが俊聖教団ではないか。それは俊聖教団が死穢に積極的に関っていたことからも類推できる。俊聖は正元元年（一二五九）に良忠に入門後一五年にして諸宗の解を放下し「四大自本空／五蘊假建立／寶號留所々／名之謂一向」の偈を感得したという。実はこれは日野資朝が正中の変ののち斬首される際に詠んだ『太平記』（『日本古典文学大系』34）巻第二「長崎新左衛門ノ尉意見ノ事付阿新殿事」の「五蘊假成形／四大今歸空／將頭首當白刄／截斷一陣風」などの本歌取りなのであり、死を暗喩する詩であることは『富樫記』（『群書類従』第二十一輯）長享二年（一四八八）六月九日条で自害する富樫政親が「五蘊本空ナリケレバ何者カ借リテ來ラン借リテ返サン」と詠う記事でもわかる。蓮華寺鐘銘には「仍近隣諸人卜二寺中之勝地一爲二葬儉之墓所一」（返り点筆者）とある。その梵鐘の勧進主は畜の字をもつ二人であり、卑下による賤称と考えられる。『太平記』（『日本古典文学大系』34）巻第九に元弘三年（一三三三）、身の危険を避けるために公家が蓮華寺で出家する記事がある（後述）。そこで「汝是畜生發菩提心」という偈文の「畜生」という語を引き合いに出して蓮華寺住持を嘲笑して描くのは、『太平記』作者が梵鐘銘を知っていた可能性があるし、被差別に関わる一向俊聖教団を侮蔑した作者の心情を表しているのかもしれない。東京大学文学部蔵・元弘三年（一三三三）六月十四日付「新田義貞証判軍忠状」の「前浜一向堂」とは、前浜すなわち材木座〜由比ヶ浜海岸が都市鎌倉で庶民埋葬の地であるから、無常堂・三昧堂と同義の一般名詞と思われる。[10]鎌倉常盤に親鸞の孫唯善が「一向堂」を構えたとされ、少なくとも金井氏のように一向堂の名ゆえに一向俊聖教団の堂とは断じえない。以上のように、死穢を厭わない一向衆の傾向が彷彿とする。広範な念仏聖をさす「一向衆」はやがて真宗教団に限定されていく。

蓮如がいうごとく、俊聖教団が「一向宗」とよばれたのは事実であろうか。あの文脈からみてあてつけがましい言い回しであり、この一例のみでは判断しかねる。国指定重要文化財・宇都宮長楽寺旧蔵（近代に一向寺と合寺）・応永十二年（一四〇五）阿弥陀如来坐像銘文の「高祖善導大師、良忍上人、源空上人乃至聖道淨土諸師等」（読点筆者。従来の翻刻に誤字多く筆者が再翻刻中）から、帰属意識は広義での「浄土宗」にあったとみられる。中世での俊聖教団の自称は、不明である、としかいいようがない。藤沢時衆からは、「馬場門ノ時衆」（『別時作法問答』〔『宗典』下巻〕）とよばれたらしい。ちなみに俊聖の高弟礼智阿という一見奇妙な阿号は、浄土三曼荼羅（智光、当麻、清海）の一つ『智光曼荼羅』のもととなった奈良時代の三論宗学僧、元興寺智光・礼光（頼光）からとっているとも考えられる（古賀克彦氏の教示）。専修念仏にとどまらない浄土信仰がみてとれよう。[11]

なお『兼仲卿暦記（勘仲記）』には記主勘解由小路兼仲の父経光が亡くなり文永十一年（一二七四）四月十六日条に「今夜有御葬礼事、御入棺已下一向聖人沙汰也」とある。(12)同日裏書に「頼源法印等始親疎随触耳人々訪来」とあり、日ごろ親交のある僧と別に「一向聖人」に依頼している。このほか『伏見上皇御中陰記』（『群書類従』第二十九輯）文保元年（一三一七）九月四日条に「今日二有御葬禮事一。山作所深草也。一向上人沙汰云々。御火葬。」、『續史愚抄』（『新訂増補國史大系』第十四巻）応永五年（一三九八）正月十七日条に法皇勝圓心（謚号・崇光）「以二御葬禮儀一奉レ送二故院於大光明寺一。（中略）此後一向僧徒沙汰也」（底本『敦有卿記』『迎陽記追』）、金沢文庫蔵・年未詳六月十二日付「北条貞顕書状」（紙背。『金澤文庫古文書』第六輯四三四九号）に「荼毗以下□□事、只一向僧□□沙汰にて候へく候」、『師守記』（『史料纂集』師守記・第三）には康永四年（一三四五）八月二十三日条に中原師守の母が死去したため「文永八年（一二七一）十二月廿日肥後殿（師顕）御母儀御入滅幷嘉厂先人（師右）御母儀御入滅之時、一向僧沙汰也、今度以彼例有沙汰」とあり、貞和元年（一三四五）十一月二十八日条にも師守の家君の兄師茂が墓参し「爲被立石塔也、一向僧沙汰也」とみえる。全体の記述からかつては、俊聖教団の僧が葬送儀礼に関与するものとして捉えられてきた。(13)しかし林譲氏がこれらの「一向」とは、動詞「沙汰」にかかる副詞であることを喝破したことをつけ加えておきたい。(14)すなわち今掲げた『兼仲卿暦記』の一文からもわかるように、顕密体制辺縁にある聖人・上人ら禅律・念仏系の下級僧侶に、葬儀の一切を丸投げするという意味である。ちなみに中原家は一遍の遺弟聖戒の系統の六条道場歓喜光寺と関係が深いことが知られ、法名も一遍系のものを用いている。

一方奥羽の俊聖教団には、遊行聖・高野聖の姿で勧化する形態が看取でき、西の俊聖教団との差異が際だつ。本尊を善光寺式三尊とする俊聖教団寺院に、十文字阿弥陀寺（山形県山形市）、白岩誓願寺（寒河江市）、上ノ山西光寺（上山市）、金瓶宝泉寺（同市）、河島塩常寺（村山市。盗難に遭い、現在行方不明）、高櫓《たかだま》石仏寺（天童市。散逸して現在中尊が神奈川県横浜市南区・真言宗大覚寺派別格本山千手院と脇侍が千葉県鴨川市・日蓮宗大本山清澄寺に所在）がある。このうち阿弥陀寺、西光寺、宝泉寺の三体および県内他宗寺院の三体と栃木県の一体が、高野山不動院の重文指定のものと同系統の工房にて鋳造という。[15] 俊聖教団末寺と「高野《こうや》」地名とが重複することを勘案すると（本書第二部第五章で詳述）、善光寺信仰および高野山信仰が善光寺仏を結節点とすることがわかる。

高野聖的側面として、天童市の天童仏向寺、貫津東漸寺（廃寺）、下荻野戸正法寺（廃寺）などの雨乞い伝説や、疫病退散のために石仏を彫ったという高櫓石仏寺伝承が俊聖を主人公とすることが挙げられる。一遍時衆に一遍を題材とした民話は多くなく（第三部第二章註（２））、俊聖説話の生成は、俊聖が祖師として喧伝された証である。近世に俗化して生まれた民話とみることもできるが、専修念仏では異色であり、在地に定着させる方便として一向衆が請雨祈禱を排しない残照であろう。これら龍神・雨乞い伝承は、近江地方で色濃いことを附言しておこう。また在奥羽の末寺の縁起は番場系の説話を踏襲しており、[16] 近世以降に一向派として一体化が進んでから、東西交渉により内容の受容が行われたとみられる。

なお『願正御房縁起』[17] には、出羽俊聖教団発祥の成生地域（天童市西部）にいた本願寺蓮如の孫弟子にあたる念仏聖が、自己の帰属宗旨の名すら認識が曖昧なままに、高野山に納骨に向かおうとしていたことが伝えられる。その成生については、善光寺信仰に発する浄土宗鎮西義名越派が、戦国期にその本寺専称寺および如来寺のある福島県いわき市から、ここを拠点に出羽南部・最上氏領で拡張したことが想起される。いち早く展開していた俊聖教団が、その他の念仏諸派の滲入していく基底を与えたことを物語ろう。

元弘三年（一三三三）五月、六波羅探題北方の北条仲時に連行されてきた日野資名ら公家が、尊治（追号・後醍醐）方の追及を恐れて蓮華寺で集団出家する（『尊卑分脉』『公卿補任』によると資名は五月十日江州馬場で出家とある）。『太平記』（『日本古典文学大系』34）巻第九「主上々皇爲五宮被囚給事付資名卿出家事」に、資名の授戒に際し『四分律行事抄』の「四句ノ偈」を用いず『梵網經』を引く一節があり、大乗円頓戒を採用する入門儀礼が判明する。[18] 遊行七代他阿託何の『條條行儀法則』にある藤沢時衆の入門時の帰命戒と相違している。他方『日野一流系図』（『真宗史料集成』第七巻）によると、資名は「法名常寂後理寂」（証如による一五世紀・西本願寺蔵『本願寺系図』にも「法名常寂」）、子息房光は「法名明寂」、永正二年（一五〇五）七月十四日付「赤穴郡連置文」（『萩藩閥閲録』二）には北条方で出家・逐電した紀三郎大郎季実は「法名ちたう」とある。この時の戦死者を弔った『陸波羅南北過去帳』の法名がみな阿弥陀仏号なのに対し、かれら出家者は一般的な二字法諱であり、法名の付け方に僧俗の間の差異がみてとれる。金井氏は一遍と『聖絵』撰者の遺弟聖戒とは、両人とも時衆の中にあって阿弥陀仏号を附さず大乗戒受持のままでいた特殊な関係とみる。[19] 一遍から賦算（念仏札配布）権を与えられたのも聖戒だけである。なぜ教団の棟梁と筆頭の門弟が果位号である阿弥陀仏号をもたないのか。それは大悲闡提《せんだい》、すなわち『入楞伽經』（『大正新脩大藏經』第十六巻）・『地藏菩薩本願經』（『大正新脩大藏經』第十三巻）などを所依の経典とし、自身の成仏を一切衆生の成仏が完了するまで留保する菩薩行の思想からではないか。これは勧進聖に広くみられた流儀で、俊聖と下野・出羽化益の法弟行蓮（『一向上人血脈相承譜』）も、ともに阿弥陀仏を号しないのである。ここに律僧にも通ずる教団組織の原理がみてとれる。[20]

なお「吉田家本追加」（『中世法制史料集』第一巻）に「近江國箕浦庄加納與二本庄東方一堺事」がある。加納の「土肥六郎入道行蓮」と「舎兄三郎入道々日」との間に境界争論が起き、六波羅探題で沙汰が下った八年後の永仁六年

(一二九八)重訴したという。舎兄道日が蓮華寺梵鐘銘文中の檀越元頼であるのは疑いないから、六郎入道行蓮が行蓮聖と同一人の蓋然性は高いと思われる(もっとも入道は、正確には俗人の号である)。

中世時衆は有力寺社の中に居所をおいて勧進・唱導にあたっていた。紀伊国高野山、信濃国善光寺をはじめとし、藤沢時衆で京都四条誓願寺、越前国白山平泉寺、越中国井波瑞泉寺など、霊山時衆で京都東山清水寺がおもなものである。藤原摂関家の庄寺におそらく濫觴をもち、現在もなお天台・真言・法相宗の兼学を守る現慈恩宗本山の寒河江慈恩寺(寒河江市)山内には、かつて子院四八坊に混じって松蔵寺・宝徳寺の俊聖教団寺院があった。現存する宝徳寺は近世、滅罪寺院として檀家を一手に抱えていた。[21] 八宗体制の中で、侮蔑されつつも葬送部門を担当する「黒白両衆」分掌の反映である。

第一表(次ページ~)をご覧いただきたい。俊聖教団寺院は近江~尾張~下野・常陸~陸奥会津・出羽南部に分布する。もとより、現存寺院の分布論から即断するのは危険な上、『八葉山蓮花寺末寺帳』は天童系の数が突出しそれ以外の地域では追跡不能な寺院が羅列されるという史料上の問題を抱え、慶長十九年(一六一四)四月十七日付「時宗一向派佛向寺長井中末寺書上」(『山形県史』資料篇15下。写しカ)の把握する一七末寺にも疑義が多い。ただ一遍教団と共通して、都市・港津・街道を中心に線から面に拡散した側面と、俊聖教団で目だつ旧仏教寺院・在地領主や農民すなわち庄園・公領を基礎として面的に教線を張るという全体の傾向は読みとれよう。前者では出羽国成生庄は八条院領という庄園であると同時に「府中」(高櫛石仏寺旧本尊・文永三年(一二六六)九月十五日銘)という都市空間でもあった。後者では近江をみてみよう。山門・寺門はじめ有力寺社が屹立する地である。俊聖教団の寺院は、境内に日吉社を祀り叡山に配慮が窺える蓮華寺のほか、山峡の僻地にひっそり位置したり(多賀安養寺(滋賀県犬上郡多賀

第一表　一向俊聖教団寺院総覧

国名	地名	寺号	現行地名比定	開山	開創年紀	典拠	現状	備考
陸奥	学牛	往生寺	宮城県栗原市栗駒菱沼竹林	存阿	弘安二（一二七九）	①―⑤	鎮	同じ淵源の曹洞宗寺院が加美郡色麻町王城寺にあり。ともに金光開創を伝う
	？	松聞寺	？	？	？	①―？	？	
	？	一念寺	？	？	？	①―？	？	
	？	福生寺	？	？	？	①―？	？	
	？	向量寺	？	？	？	①―？	？	
	古町	照国寺	福島県南会津郡南会津町古町字小沼	一向俊聖	建治三（一二七七）	―②③④⑤	時	伊南里道場
出羽	天童	仏向寺	山形県天童市天童	一向俊聖	弘安元（一二七八）	①②③④⑤	鎮	別史料では行蓮開山
	？	衆伝寺	？	？	？	①―？	？	
	山形三日町	正明寺	山形県山形市十日町	是阿如国	延元元（一三三六）	①②③④⑤	鎮	ただし延元元年は是阿寂年。元徳元年（一三二九）是阿心勇開創伝あり
	谷地	長延寺	山形県西村山郡河北町谷地甲	極阿	永仁元（一二九三）	①②③④⑤	時	建治元年（一二七五）開創伝あり
	長瀞	長源寺	山形県東根市長瀞	歓阿龍洞	正応元（一二八八）	①②③④⑤	鎮	永仁二年（一二九四）開創伝あり
	谷地	西蔵寺	山形県西村山郡河北町谷地乙	専阿超道	延元二（一三三七）	①②③④⑤	時	
	蟹沢	守源寺	山形県東根市蟹沢	歎阿行道	貞治二（一三六三）	①②③④⑤	鎮	貞治六年（一三六七）開創伝あり
	名取	蓮化寺	山形県村山市名取	登阿香雲	正慶元（一三三二）	①②③④⑤	鎮	
	東根	西興寺	山形県東根市東根甲	其阿萬徳知廓	応安元（一三六八）	①②③④⑤	鎮	西光寺とも。南朝年号正平二十四年（一三六九）其阿萬徳和尚開創伝あり
	大槇	松念寺	山形県村山市大槇	四阿弘章	永仁二（一二九四）	①②③④⑤	鎮	
	大久保	福性寺	山形県村山市大久保甲	増阿長岸	応永元（一三九四）	①②③④⑤	時	現寺号は福昌寺
	稲下	耕福寺	山形県村山市稲下	不明	不明	①②③④⑤	時	
	楯岡	得正寺	山形県村山市楯岡	本阿	永正二（一五〇五）	①②③④⑤	鎮	現寺号は得性寺。文明十六年（一四八四）雄阿開創伝あり
	山口	塩常寺	山形県村山市河島乙	戒阿	正応二（一二八九）	①②③④⑤	鎮	弘安三年（一二八〇）一向俊聖開創伝あり
	金谷	宝泉寺	山形県上山市金瓶	住阿凝念	永仁三（一二九五）	①②③④⑤	鎮	

出羽

成沢	源福寺	山形県山形市蔵王成沢町	持阿澤山	嘉元三（一三〇三）	①②③④⑤	鎮	
長町	称念寺	山形県山形市長町	伝阿称念	永和二（一三七六）	①②③④⑤	鎮	
山形小白河	西光寺	山形県山形市小白川町	蓮阿西光	永徳元（一三八一）	①②③④⑤	鎮	享禄三年（一五三〇）太鼓銘「小白川道場」
中野	向谷寺	山形県山形市蔵王中野	覚阿鉄厳	寛正三（一四六二）	①—④⑤	鎮	向国寺とも。天童家初代頼直菩提寺・墓所
高玉	石仏寺	山形県天童市高擶北	忍阿	明徳四（一三九三）	①②③④⑤	鎮	弘安六年（一二八三）一向俊聖開創伝あり。「擶」正しくは「櫛」
高楯	竜徳寺	山形県東村山郡山辺町山辺	聞阿	天文十（一五四一）	①②③④⑤	鎮	文明十五年（一四八三）深阿高淳開創伝あり
高野	仏性寺	山形県天童市高野辺	不明	不明	—②③④⑤	時	
山野辺	浄土寺	山形県東村山郡山辺町山辺	宗阿持光	明徳四（一三九三）	①②③④⑤	鎮	応永元年（一三九四）開創伝あり
十文字	阿弥陀寺	山形県山形市蔵王十文字	誉阿教音	正安元（一二九九）	①②③④⑤	鎮	永仁四年（一二九六）開創伝あり
小塩	来迎寺	山形県東村山郡中山町小塩	伝阿	永和元（一三七五）	①②③④⑤	鎮	南朝元号天授元年（一三七五）開創伝あり
山形鉄砲町	向泉寺	山形県山形市鉄砲町	不明	不明	①②③④⑤	時	
長崎	満願寺	山形県東村山郡中山町長崎	諦阿含聴	至徳二（一三八五）	①②③④⑤	鎮	
富並	西念寺	山形県村山市富並	胤阿覚栄	正和元（一三一二）	①—④⑤	鎮	
由利	蓮化寺	秋田県由利本荘市花畑町	寿阿善達	慶長七（一六〇二）	①②③④⑤	時	
寒河江	本願寺	山形県寒河江市本町	無阿	正安元（一二九九）	①②③④⑤	鎮	ただし正安元年は無阿寂年。承久三年（一二二一）開創伝あり
慈恩寺ノ内	松蔵寺	山形県寒河江市慈恩寺	法阿	明応五（一四九六）	①②③—⑤	×	
慈恩寺ノ内	宝徳寺	山形県寒河江市慈恩寺	皆阿悉道	貞治元（一三六二）	①②③④⑤	鎮	南朝元号正平十七年（一三六二）開創伝あり
白岩	誓願寺	山形県寒河江市白岩	得阿法残	永和二（一三七六）	①②③④⑤	鎮	向阿源長開創伝あり
寒河江	西運寺	山形県寒河江市本町	専阿	貞和三（一三四七）	①②③④⑤	鎮	
溝野辺	阿弥陀寺	山形県西村山郡河北町溝延	延阿	不明	①②③—⑤	本	一九〇四年檀家が本願寺派天童善行寺に支援要請し転宗
両所	真光寺	山形県西村山郡河北町西里	詮阿万良	永享元（一四二九）	①②③④⑤	鎮	
蔵増	誓願寺	山形県天童市蔵増甲	了阿無生	暦応二（一三三九）	①②③④⑤	鎮	
荒戸	正念寺	山形県西置賜郡白鷹町荒砥甲	蓮阿観道	延元元（一三三六）	①②③④⑤	鎮	
左沢	称念寺	山形県西村山郡大江町左沢	真阿浄源	大永二（一五二二）	①②③④⑤	鎮	永正八年（一五一一）開創伝あり

出　羽

日和田	清水寺	山形県寒河江市日和田	専阿照道	応永二（一三九五）	①②③④⑤	鎮	
鮎貝	向福寺	山形県西置賜郡白鷹町鮎貝	向阿	大同二（八〇七）	①②③—⑤	×	
蔵増	仏頂寺	山形県天童市蔵増地内	?	?	①②③④⑤	×	
上之山	西光寺	山形県上山市河崎	其阿見松	正応元（一二八八）	①②③④⑤	時	
鴨田	安養寺	山形県南陽市蒲生田	一現	不明	①②③④⑤	時	享禄三年（一五三〇）哲阿了欣開創伝あり
津之嶋	仏性寺	山形県東置賜郡川西町洲ノ島	証阿宗徹	正和三（一三一四）	①②③④⑤	時	仏勝寺とも
平柳	向泉寺	山形県東置賜郡川西町下柳小田屋敷	覚阿	正慶元（一三三二）	①②③④⑤	鎮	證阿崇徹開創伝あり
尾長嶋	向玉寺	山形県東置賜郡川西町尾長島東屋敷	一向俊聖	弘安三（一二八〇）	①②③④⑤	時	現寺号は光玉寺
小松	仏乗寺	山形県東置賜郡川西町中小松	覚阿観心	元徳二（一三三〇）	①—④⑤	時	現寺号は仏成寺。寺伝では当麻東明寺派
掛入石中山	西福寺	山形県上山市中山	一向俊聖	弘安三（一二八〇）	①②③④⑤	鎮	
高沢	清雲寺	山形県山形市高沢	一向俊聖	弘安元（一二七八）	—②③④⑤	時	
小関	常福寺	山形県天童市小関	同阿天秀	明和三（一七六六）	—④⑤	鎮	別伝では同阿恩空開山
下荻野戸	正法寺	山形県天童市下荻野戸	一向俊聖	弘安元（一二七八）	—⑤	×	正盆寺とも
成生	養観堂	山形県天童市成生	?	?	—⑤	?	天童仏向寺の前身ヵ。旧成生庄
高木	老西寺	山形県天童市高木	一向俊聖	永仁三（一二九五）	—⑤	×	
貫津	東漸寺	山形県天童市貫津	一向俊聖	永仁三（一二九五）	—⑤	×	東善寺とも。旧寺地に小堂が遺る
酒田	酒田寺	山形県酒田市内	?	?	—⑤	?	
田沢	東泉寺	山形県米沢市入田沢・口田沢	?	?	—⑤	×	当麻東明寺派ヵ
塩野	延照寺	山形県米沢市塩井町塩野	?	?	—⑤	×	
荒川	長連寺	山形県米沢市塩井町塩野	?	?	—⑤	×	
莅戸	光明寺	山形県東置賜郡川西町莅	?	?	—⑤	×	
今泉	寳泉寺	山形県長井市今泉	?	?	—⑤	×	
中田	爲得寺	山形県米沢市中田町	?	文治年中（一一八五－九〇）	—⑤	豊	現寺号は威徳寺
大塚	極樂寺	山形県東置賜郡川西町大塚	?	?	—⑤	×	
小瀬	安養寺	山形県米沢市窪田町小瀬	?	?	—⑤	×	
片子	西勝寺	山形県米沢市万世町片子	?	?	—⑤	×	
小山田	音龍寺	山形県米沢市広幡町小山田	?	?	—⑤	×	

	藤泉	法泉寺	山形県米沢市窪田町藤泉	？	？	─⑤	×	
	天童	称名院	山形県天童市天童	？	？	─⑤	×	仏向寺塔頭
	成生	成生庵	山形県天童市成生	？	？	─⑤	×	
常陸	田中	法伝寺	茨城県つくば市田中	？	？	①②③④⑤	鎮	
	玉取	西方寺	茨城県つくば市玉取	不明	不明	①②③④⑤	時	
	島名	妙得寺	茨城県つくば市島名	一阿了向	永仁五（一二九七）	①─④─	時	現寺号は妙徳寺。寺伝では藤沢派
	真壁	浄栄寺	茨城県桜川市真壁町古城	一遍智真	弘安四（一二八一）	①─④─	時	現寺号は常永寺。寺伝では藤沢派
	真壁	西蔵寺	茨城県桜川市真壁町内	？	？	①─？	×	藤沢派ヵ
	真壁	安養寺	茨城県桜川市真壁町内	？	？	①─？	×	藤沢派ヵ
	？	十王堂	茨城県内	？	？	①─？	？	
	高久	西照寺	茨城県桜川市高久	？	？	①─？	×	藤沢派ヵ
	海老ケ島	道源寺	茨城県筑西市海老ケ島	他阿真教	不明	①─④─	時	寺伝では藤沢派
	大島	善光寺	茨城県筑西市大島	？	？	①─？	×	藤沢派ヵ
	羽鳥	新光寺	茨城県桜川市真壁町羽鳥	？	？	①─？	×	真光寺とも。藤沢派ヵ
	大谷	来迎寺	茨城県稲敷郡美浦村大谷	不明	不明	①─④？	時	藤沢派ヵ
	小幡	浄光寺	茨城県石岡市小幡	？	？	①②③─⑤	×	常光寺とも
	堤上	能称寺	茨城県桜川市堤上	？	？	①②③─⑤	×	能性寺とも
	佐谷	一念寺	茨城県かすみがうら市下佐谷	不明	不明	①─？	時	藤沢派ヵ
	下館	蔵福寺	茨城県筑西市甲西町	尊覚慈心	正中二（一三二五）	─②③④⑤	鎮	開山は礼智阿尊覚
	下小栗	西光寺	茨城県筑西市小栗	？	？	─②③④⑤	鎮	
	藤沢	遍照寺	茨城県土浦市藤沢	？	？	①②③④⑤	鎮	
	坂戸	元向寺	茨城県桜川市西飯岡	一向俊聖	不明	─②③④⑤	時	
	大泉	金性寺	茨城県桜川市大泉	一向俊聖	不明	─②③④⑤	時	
	小栗	一向寺	茨城県筑西市小栗	世無畏	？	─②③④⑤	鎮	
	羽黒	長福寺	茨城県桜川市西小塙	？	？	①②③─⑤	×	
	岩瀬	教久寺	茨城県桜川市岩瀬	？	？	①②③─⑤	×	
	冨谷	能福寺	茨城県桜川市冨谷	？	？	①②③④⑤	鎮	
	村田	長見寺	茨城県筑西市村田	？	？	─②③─⑤	×	
	樋口	光見寺	茨城県筑西市樋口	礼智阿尊覚	不明	─②③④⑤	時	

下　野

大村	願照寺	茨城県つくば市大	?	?	①②③④⑤	鎮	
宇都宮	一向寺	栃木県宇都宮市西原	一向俊聖	建治二（一二七六）	①②③④⑤	時	もと宇都宮城内にあり
犬臥	光徳寺	栃木県佐野市犬伏下町	?	?	①②—④⑤	鎮	
鹿沼	西光寺	栃木県鹿沼市上田町	一向俊聖	?	①②③—⑤	大	註（1）のち西光寺と改名、別に名跡を譲り天明六年（一七八六）十一月付『真言律宗霊雲寺末寺院牒』（『江戸幕府寺院本末帳集成』〔中〕）に同寺末として載る「下野州都賀郡鹿沼一向寺」となる。この真言律宗一向寺は今はない。西光寺は現在真宗大谷派光明寺が寺地実質継承
佐野堀米	一向寺	栃木県佐野市堀米町	?	?	①②③④⑤	鎮	
野渡	光明寺	栃木県下都賀郡野木町野渡	?	?	①②③④⑤	鎮	
吹上	専福寺	栃木県栃木市吹上町	?	?	①②③④⑤	鎮	
皆川	建幢寺	栃木県栃木市内	?	?	①②③—⑤	?	建憧寺とも。近在の下都賀郡都賀町深沢に同名曹洞宗寺院あり要検討
?	宝得寺	栃木県内	?	?	①—?	?	
?	万福寺	栃木県内	?	?	①—?	?	
?	遍照寺	栃木県内	?	?	①—?	?	
益子	正宗寺	栃木県芳賀郡益子町益子	専阿	天治二（一一二五）	①②③④⑤	時	
山本	東光寺	栃木県芳賀郡益子町山本	?	?	①②③—⑤	×	慶長九年（一六〇四）文書「山本道場」
生田目	久光寺	栃木県芳賀郡益子町生田目	不明	不明	①②③④⑤	時	
宇都宮	長楽寺	栃木県宇都宮市西原	行蓮	?	①②③—⑤	×	もと下河原にあり。近世宇都宮一向寺隣接地に移転、一八六九年に合寺
野木	浄明寺	栃木県下都賀郡野木町野木	?	?	①②③④⑤	鎮	
宇都宮	本願寺	栃木県宇都宮市鶴田町	礼智阿尊覚	正中二（一三二五）	—②③④⑤	時	戦後同市塙田一丁目三番地一一号より移転
宇都宮	地蔵寺	栃木県宇都宮市西原	（宇都宮一寺十三代）向	不明	—②③—⑤	×	註（2）
三谷	能願寺	栃木県真岡市三谷	一遍智真	弘安三（一二八〇）	—②③④⑤	時	④では一向派寺院に分類

下野	佐川野	光福寺	栃木県下都賀郡野木町佐川野	?	?	—②③—⑤	×	
	佐川野	長楽寺	栃木県下都賀郡野木町佐川野	?	?	—⑤	×	
	西方	福正寺	栃木県栃木市西方町元	一遍智真	文永年中（一二六四-七五）	—②③④⑤	鎮	註（3）
	中久木	西光寺	栃木県小山市中久喜	一向俊聖	弘安二（一二七九）	—④⑤	時	『時宗の寺々』によると他阿真教留錫、正徳五年（一七一五）二十六世雲察代に遊行派へ
上野	?	高林寺	群馬県内	?	?	①—?	?	註（4）
	?	正法寺	群馬県内	?	?	①—?	?	
	?	来迎寺	群馬県内	?	?	①—?	?	
	?	称名寺	群馬県内	?	?	①—?	?	
下総	古河	向星寺	茨城県古河市内	?	?	①②③—⑤	×	
	古河	相光寺	茨城県古河市内	?	?	①—⑤	×	
	古河	西光寺	茨城県古河市古河	?	?	—②③④⑤	鎮	
	古河長谷	一向寺	茨城県古河市長谷	一向俊聖	?	—②③④⑤	時	
	中田	本願寺	茨城県古河市中田	?	?	—②③④⑤	鎮	
	鴻巣	十念寺	茨城県古河市鴻巣	?	?	—②③—⑤	×	古河公方鴻巣御所内
総州	?	藤枝道場	?	禮阿	?	①—	?	総州とは上総国ヵ、また藤枝は駿河国藤枝ヵ
武蔵	村岡	法蔵寺	埼玉県熊谷市村岡	願阿	?	①—⑤	山	要検討
	村岡	十念寺	埼玉県熊谷市村岡	?	?	①—?	×	
	江戸神田	香林寺	東京都千代田区内	?	?	①—?	×	
	府中	称名寺	東京都府中市宮西町	道阿	?	—④⑤	時	当麻派。開山道阿が番場派同阿と音通であることからの誤伝ヵ
相模	?	西方寺	神奈川県内	?	?	①—?	?	
	?	称名寺	神奈川県内	?	?	①—?	?	
	?	本願寺	神奈川県内	?	?	①—?	?	
	?	竜沢寺	神奈川県内	?	?	①—?	?	
	?	向海寺	神奈川県内	?	?	①—?	?	
	山之内	光照寺	神奈川県鎌倉市山ノ内	一向俊聖	弘安年中（一二七八-八八）	—④⑤	時	

相模	西御門	来迎寺	神奈川県鎌倉市西御門	一向俊聖	?	—④⑤	時	別伝では一遍開山
	乱橋	向福寺	神奈川県鎌倉市材木座	一向俊聖	弘安五（一二八二）	—④⑤	時	
	前浜	一向堂	神奈川県鎌倉市由比ガ浜	?	?	—⑤	×	特定宗旨に関わらない無常堂の類カ
駿河	府中	新善光寺	静岡県静岡市葵区沓谷	空也・一向	永仁元（一二九三）	①—④⑤	時	註（5）
	?	永林寺	静岡県内	?	?	①—?	?	
	?	観音寺	静岡県内	?	?	①—?	?	
信濃	府中	往生寺	長野県長野市西長野往生地	?	?	①—?	鎮	
	善光寺	療病院	長野県長野市長野元善町	養阿	?	—⑤	×	癩病院とも
	水内郡	十念寺	長野県長野市南長野西後町	願阿	?	—⑤	鎮	
越後	浦沢	清光寺	新潟県南魚沼市浦佐	解意阿	?	①—⑤	×	解意阿は解阿カ
	?	専正寺	新潟県内	?	?	①—?	?	
	?	一念寺	新潟県内	?	?	①—?	?	
	?	称名寺	新潟県内	?	?	①—?	?	
	?	海見寺	新潟県内	?	?	①—?	?	
越州	?	一向堂	?	?	?	①—?	?	越州とは越前カ
	?	法伝寺	?	?	?	①—?	?	
	?	能願寺	?	?	?	①—?	?	
能登	中山	念仏寺	石川県内	?	?	①—?	?	羽咋郡・市に中山地名二箇所あり
三河	?	竜躰寺	愛知県内	?	?	①—?	?	
	?	金光寺	愛知県内	?	?	①—?	?	
	?	光徳寺	愛知県内	?	?	①—?	?	
	?	来迎寺	愛知県内	?	?	①—?	?	
	?	向西寺	愛知県内	?	?	①—?	?	
	?	光林寺	愛知県内	?	?	①—?	?	
尾張	津嶋	西福寺	愛知県津島市西御堂町	弥阿	弘長二（一二六二）	①②③④⑤	鎮	西御堂とも
	津嶋	蓮台寺	愛知県津島市弥生町	弥阿	弘長年中（一二六一－六四）	①②③④⑤	鎮	東道場と号す
	津嶋	千躰寺	愛知県津島市内	?	?	①—?	×	

尾張	津嶋	宗念寺	愛知県津島市米町	慈阿	享徳二（一四五三）	—②③④⑤	鎮	別伝では一遍開山。最初光浄庵、享保二十年（一七三五）観音寺、安政六年（一八五九）現寺号
	津嶋	光浄寺	愛知県津島市内	？	？	—⑤	×	本寺蓮台寺に合寺
	津嶋	浄阿弥	愛知県津島市内	？	？	—⑤	×	本寺西福寺に合寺
	越治村百島	清流院	愛知県津島市百島町	？	？	—④⑤	鎮	
美濃	？	法円寺	岐阜県内	？	？	①—？	？	
	安八郡	一念寺	岐阜県内	？	？	①—？	？	
	？	念仏寺	岐阜県内	？	？	①—？	？	
	？	蓮台寺	岐阜県内	？	？	①—？	？	
	根尾	蓮華院	岐阜県本巣市根尾	看阿	？	—⑤	×	
	河崎（河勝）	一向寺	岐阜県本巣郡巣南町河崎	一向俊聖	弘安二（一二七九）	—⑤	×	旧河崎庄。ただし別史料では讃阿開山・安八郡とあり、その場合現在地不詳
近江	上坂	蓮生寺	滋賀県長浜市東上坂・西上坂	釈阿	？	①—⑤	×	
	愛智川	阿弥陀寺	滋賀県愛知郡愛荘町愛知川	戒阿	？	①—⑤	×	
	多賀	安養寺	滋賀県犬上郡多賀町河内	？	？	①②③④⑤	鎮	
	河内安原	新福寺	滋賀県犬上郡多賀町河内	？	？	①②③④⑤	×	「安」正しくは「安」。読みは「アケンバラ」
	河内中村	胎蔵庵	滋賀県犬上郡多賀町河内	？	？	①—③④⑤	×	
	河内下村	大通庵	滋賀県犬上郡多賀町河内	？	？	①—③④⑤	×	
	河内宮前	吉祥庵	滋賀県犬上郡多賀町河内	？	？	①②③④⑤	×	
	？	中山中寺	滋賀県内	？	？	①—？	？	
	？	徳正寺	滋賀県内	？	？	①—？	？	
	梅原	法蔵寺	滋賀県高島市今津町梅原	？	？	①—⑤	×	宝蔵寺とも
	？	金光寺	滋賀県内	？	？	①—？	？	
	寺倉	満福寺	滋賀県米原市寺倉	？	？	①—⑤	×	
	箕浦	浄福寺	滋賀県米原市箕浦	妙阿	？	①—⑤	×	成福寺とも。旧箕浦庄
	？	蓮生寺	滋賀県内	？	？	①—？	？	
	？	大蓮寺	滋賀県内	？	？	①—？	？	
	？	蓮光寺	滋賀県内	？	？	①—？	？	

近江

朝妻	善法寺	滋賀県米原市朝妻筑摩	向聖仏	？	①—⑤	×	旧朝妻庄
？	蔵恵寺	滋賀県内	？	？	①—？	？	
？	金福寺	滋賀県内	？	？	①—？	？	
？	照応寺	滋賀県内	？	？	①—？	？	
醒井	多門寺	滋賀県米原市醒ヶ井	俊阿	？	①—⑤	×	
？	西福寺	滋賀県内	？	？	①—？	×	
梓河内	龍澤寺	滋賀県米原市梓河内	？	？	①②③④⑤	鎮	
柏原	長福寺	滋賀県米原市柏原	行基	天平九（七三七）	①②③④⑤	鎮	旧東大寺末
？	正明寺	滋賀県内	？	？	①—？	？	
伊香郡落川	浄光庵	滋賀県伊香郡高月町落川	？	？	①②③④⑤	本	現在は寺号公称。①に「宝池山蓮生寺也」とあり
番場	蓮華寺	滋賀県米原市番場	一向俊聖	弘安七（一二八四）	①②—④⑤	鎮	塔頭二一宇ありという。本表掲載寺院との重複については要検討
番場	自専院	滋賀県米原市番場	？	？	—⑤	×	以下番場在の寺は蓮華寺旧塔頭
番場	清浄院	滋賀県米原市番場	？	？	—⑤	×	
番場	威徳院	滋賀県米原市番場	？	？	—⑤	×	威徳菴とも
番場	徳蔵庵	滋賀県米原市番場	？	？	—⑤	×	
番場	観信院	滋賀県米原市番場	？	？	—④⑤	×	
番場	法雲寺	滋賀県米原市番場	？	？	—⑤	大	
番場	西法寺	滋賀県米原市番場	？	？	—⑤	大	
番場	清流院	滋賀県米原市番場	？	？	—⑤	×	以下比丘尼庵まで近代絵図にあり
番場	徳仙菴	滋賀県米原市番場	？	？	—⑤	×	
番場	養寿菴	滋賀県米原市番場	？	？	—⑤	×	
番場	法光菴	滋賀県米原市番場	？	？	—⑤	×	
番場	慶寿菴	滋賀県米原市番場	？	？	—⑤	×	
番場	了性菴	滋賀県米原市番場	？	？	—⑤	×	
番場	徳寿菴	滋賀県米原市番場	？	？	—⑤	×	
番場	法樹菴	滋賀県米原市番場	？	？	—⑤	×	
番場	徳正菴	滋賀県米原市番場	？	？	—⑤	×	前掲徳正寺ヵ
番場	蔵福菴	滋賀県米原市番場	？	？	—⑤	×	

近江	番場	唯□庵	滋賀県米原市番場	?	?	⑤	×	
	番場	恵照庵	滋賀県米原市番場	?	?	⑤	×	
	番場	福蔵菴	滋賀県米原市番場	?	?	⑤	×	
	番場	福昌菴	滋賀県米原市番場	?	?	⑤	×	
	番場	長性菴	滋賀県米原市番場	?	?	⑤	×	
	番場	長仙菴	滋賀県米原市番場	?	?	⑤	×	
	番場	比丘尼菴	滋賀県米原市番場	?	?	⑤	×	
	長岡	蓮化庵	滋賀県米原市長岡	?	?	④⑤	鎮	現在は寺号公称し蓮花寺
	弓削	阿弥陀寺	滋賀県蒲生郡竜王町弓削	?	?	⑤	盛	
	小足	生久寺	滋賀県長浜市南小足町	?	?	⑤	×	
	福能部庄	願蓮寺	滋賀県長浜市内	?	?	⑤	×	
	?	宝寿院	滋賀県内	?	?	⑤	?	廿代同阿住、前掲塔頭法樹菴ヵ
	夏見	覚蓮寺	滋賀県湖南市夏見	一向俊聖	建治元（一二七五）	⑤	鎮	旧寺号は桧物山一向院聖観寺。元亀年中（一五七〇－一五七三）兵火に罹る
摂津	尼崎	尼崎道場	兵庫県尼崎市内	光阿	?	①⑤	?	
因幡	高野村	光福寺	鳥取県八頭郡若桜町高野	不明	不明	⑤	×	弘安三年（一二八〇）「すいあ」銘太鼓による金井説。ただし広義での時衆の蓋然性高し
讃岐	津岐浦	龍燈寺	香川県内	一向俊聖	文永五（一二六八）	⑤	?	
	洲崎	清海寺	香川県内	一向俊聖	建治元（一二七五）	⑤	?	高松市牟礼町・高野山真言宗州崎寺と関連ヵ
筑前	?	龍向寺	福岡県内	一向俊聖	正応二（一二八九）	⑤	?	

【凡例】

Ⅰ典拠は①番場蓮華寺蔵『八葉山蓮花寺末寺帳』、②水戸彰考館蔵『時宗一向派蓮花寺下寺院牒』、③会津弘長寺蔵『時宗一向派下寺院牒』（以上、大橋俊雄編著『時宗末寺帳』時衆史料二、〔時宗〕教学研究所・一九六五年四月に所収）、④一九三一年三月宗報附録『時宗寺院名鑑』、⑤その他一向俊聖教団寺院であることを示す所伝・史料に基づく。『時宗の寺々』参照のこと。ただ多数の寺名が掲げられる①には明らかなる藤沢派寺院が含まれていたり国名のみで地名が挙げられなかったり、あるいは記載に大幅な錯綜がみられたりと問題点を多く含むが、現状では②③にない寺名があるため、①と②③および④とで相互に校訂を加えて試案として表とした。また①以外の史料で確実に一向俊聖教団であることを証明できる②③ほかの末寺帳に載る寺は⑤も可とした。

Ⅱ現状では鎮＝浄土宗鎮西派、時＝時宗、本＝浄土真宗本願寺派、大＝真宗大谷派、豊＝真言宗豊山派、山＝天台宗山門派、盛＝天台真盛宗ないし×＝廃絶を示した。「?」は不明を意味するほかに、要調査および調査中の箇所。

Ⅲ圭室文雄「第五十一代遊行上人賦存の廻国について」『明治大学人文科学研究所紀要』別冊1（同所・一九八一年三月）は、山形県米沢市にあった米沢誓願寺（廃寺。過去帳は浄土宗鎮西派・米沢西蓮寺に遺る）を一向派とするが、藤沢派なので、本表に載せなかった。大橋俊雄編集『時衆研究』第八十二号（時宗文化研究所・一九七九年二月）「編集後記」に松本市笹賀二子「カンコウ寺」慶林寺管理は一向派ヵとあるが、詳細不明。

〔第一表　註〕
（1）一向寺より改称。近世、真言律宗の要請で一向寺号譲与（なおこの真言律宗一向寺は鹿沼市役所のところにあったが廃絶）。西光寺は『鹿沼町古記録』によれば道場院といい、壬生上総守（介ヵ）より南京香炉と陣太鼓を賜ると。宇都宮街道北から上田町に移転。近代に廃絶し、同地の真宗大谷派光明寺が実質継承したものとみなされる。
（2）寺地跡は宇都宮一向寺墓地として現存、旧本尊と厨子は同寺客仏。同寺（清水圓照氏）の教示によると、檀家百軒はほとんど山形ないし山県姓で、開山が出羽国山形から連れてきた人々という。
（3）④は一向派に分類する。弘安年間（一二七八～八八）一向開山説あり。福寿院。熊野権現あり。一八八二年一月二〇日午後六時に出火、焼失。
（4）『正木文書』（『群馬県史』資料編5［中世1］）中、年欠（文永三年（一二六六）ヵ）七月日付「新田庄内大嶋六郷注文」に「高林郷」あり。太田市周辺ヵ。
（5）同国有度郡下島（静岡市駿河区）の道成寺（道場寺の意ヵ）にあり、今川時代に府内に移転。彰考館蔵・天明八年（一七八八）『時宗遊行派本末書上覚』は安西寺末とする。戦後さらに寺町から移転。安倍川畔の火屋にあった葬頭河婆が一九〇一年移される。①には「宝樹院」とあり、ほかの中世史料でも同断。

町〕）、旧東大寺末からの改宗寺院であるなど（柏原長福寺〔米原市〕）、地政学的力学が作用している。梓河《あんさかわ》内《ち》龍澤寺〔米原市〕は、謡曲「熊坂」で美濃国赤坂（岐阜県大垣市）にいたとされる盗賊熊坂長範の臣、河内覚性の菩提寺と伝える。要路を占拠した盗賊の所縁を伝えるのは示唆に富むところである。

また一向衆の原理に関わる問題を提起したい。北関東には俊聖教団に属する「関東五向寺[22]」の宇都宮一向寺（栃木県宇都宮市）、鹿沼一向寺（同県鹿沼市、事実上廃寺）、堀米一向寺（同県佐野市）、小栗一向寺（茨城県筑西市）、長谷一向寺（同県古河市）がある。いずれも鎌倉末の開創を伝える。おおむね下野国宇都宮氏の影響下にある地域に林立し[23]、例えば宇都宮一向寺は当初は宇都宮城内にあったという持仏堂・菩提寺に近い格式をもつと思われ[24]、宇都宮氏からの篤い外護を示す文書が遺る。加えて近世に番場蓮華寺と本末争論を展開することになる小栗一向寺と指呼の間に真宗高田派旧本山（同派では本寺と呼称）の高田専修寺（栃木県真岡市。文明六年〔一四七四〕九月日付「宇都宮正綱院号書出」をもつ。『真宗史料集成』第四巻。『栃木県史』史料編未収録）が立地する。つまり同じ文化圏内に鎌倉期の朝幕から禁制とされた「一向専修」の名を掲げる寺があるのだ[25]。顧みれば宇都宮氏が社務職を有する宇都宮の本体で同氏が座主職に触手を伸ばしていた日光山の祭神は、殺生を容認する狩猟神であるから[26]、『一向上人傳』巻五で蓮華寺を俊聖に禅譲した畜能・畜生が「本は日光山玄海阿闍梨の弟子也」とされることと決して無縁ではあるまい。殺生仏果観と一向衆の精神的基盤は共通でもある。対して宇都宮一向寺末の長楽寺は、前出の応永十二年（一四〇五）四月二日銘、宇都宮家十二代満綱以下結縁者約三四四名の陰刻がある阿弥陀如来像が本尊である。遊行聖を手許にとどめおく一向寺が情報統制を狙う支配層に囲いこまれる一方[27]、一向寺住職が兼帯する長楽寺は城外大街道の宿場、田川河畔の下河原にあって庶民信仰と領主とを結ぶ寺として機能していたことは、支配者が目的に応じて寺院を弁別していた例として興味深い。この仏は「汗かき阿弥陀」といい、応永三十年（一四二三）以後一〇回、大事があるたびに流汗したという。神仏が衆生に危急を知らせる現象については近年笹本正治氏が詳しく論じていて[28]、その論旨に関わる事例としても挙げておこう。

寺院の分布と変遷をたどると、①近江・尾張圏のいわゆる「一向派」、②出羽圏のいわゆる「天童派」、③宇都宮氏系五向寺を中心とする北関東圏に分けられる。それぞれが不即不離の微妙な関係にあったようだが、詳細は不明である。少なくとも近世期には①と②、①と③との間は本末争論があり、一方で藤沢派に対しては連合して事にあたるという策をとっていたようである。①のみを「一向派」とよぶのは②と③を考えると妥当ではなく、次善として①は「番場派」がよいのではないかと考える。寺院の立地については、本書第二部で明らかにする藤沢時衆の事例と近似する。すなわち俊聖教団も西は街道筋で線で分布し、東は農村部に面で広がっているのである。また丹後国府中の天橋立道場万福寺（現日蓮宗妙立寺）、甲斐国府中の一蓮寺、武蔵国府中の国府道場長福寺、越前国府中の称名寺・金蓮寺、越後国府中の応称寺（のち移転・改称し高田称念寺）、佐渡国府中の橋本道場大願寺と藤沢時衆が府中を志向したように、俊聖教団でも石仏寺の旧本尊は「奉安置出羽國寂上郡府中庄外郷石佛」と刻銘され（ただし教団成立直前の文永三年〔一二六六〕造像）、駿河国府中には新善光寺があった。

俊聖個人については不明な点が多い。高野坊遺跡墨書礫の銘により実在は確認できたが、法諱の「俊聖」はみえない。蓮華寺の弘安七年（一二八四）鐘銘には同時期にいたはずの俊聖の名がなく畜能・畜生（または畜主カ[29]）のみで、網野善彦氏が畜生を俊聖に擬するのもゆえなしとしない[30]。また元禄十年（一六九七）『時宗要略譜』（『定本時宗宗典』下巻）で俊聖は「一遍上人ノ弟子」とされる。一向派・天童派側は根拠のない仮構なりと弁疏するものの、藤沢清浄光寺別院たる京都七条道場に関する五山禅僧蘭坡景茝（?～一五〇一）『雪樵獨唱集』（『五山文学新集』第五巻）三所引の疏「京師金光寺影堂幹縁疏有序[31]」には、「一遍・一向（中略）一其心而可行而共行、可坐而共坐（中略）同詣城北賀茂之廟（中略）彼神托宮司、分廟前所掛之鉦之其口如鍔者爲二、以與二師、時人謂之鉦鼓」とあり、師弟でも法兄弟でもなく、同行して上賀茂社に参詣していたことにされている。『本朝高僧傳』（鈴木学術財団版『大日本佛教全書』第六十三巻）巻十五「攝州光明福寺沙門智眞傳一何」には「復有ニ釋一何（マヽ）一」、聖達同門で行動をともにし賀茂神より鉦を分けて拝領する。(32)『同』巻七十三の「洛北賀茂明神」にも同様の説話が載る。近世の龍谷大学大宮図書館蔵『白河燕談』「中」も『本朝高僧傳』を引き一遍と「一何（マヽ）」の逸話を載せる。少なくとも、「一遍一向」は中世後期には先の幹縁疏のように一対として捉えられていたようで、延徳二年（一四九〇）『帖外御文』（『眞宗聖教全書』五）六七でも「時衆方之名ナリ、一遍一向是也」とある。『蓮門宗派』（『法然教団系譜選』）では西山派聖達の下で法兄弟にならべられている。

浄土系現存最古の系譜とされる永和四年（一三七八）『法水分流記』（『法然教団系譜選』・『東洋学研究』三〇号）は、鎮西三祖良忠の下に「一向俊聖筑紫草野一族弘安十十一十八亡」をおく一方で、西山派祖証空の門弟顕性の下にも「一向筑紫草野党境浦順阿作之一向行状記顕性弟子云云」とするから、『蓮門宗派』同様、俊聖を鎮西派の法流と確定できなくなる。(33) 宮崎圓遵氏は蓮華寺本尊が釈迦・弥陀二尊並立なのも西山派の影響とみている。(34)

俊聖個人の問題とならび、高野坊遺跡の墨書礫にも問題点はある。この遺跡は村山盆地平野部の扇状地にあり建物群や土壙跡が検出された。成生庄政所跡と推定される居館遺跡にほど近く、俊聖の入滅地・仏向寺旧地との伝承がある。その土壙から掌大の川原石百数十が出土し、うち五四点が墨書礫であった。一字一石がほとんどだが中に表「勸進聖人／大願主行蓮／《キリク》一向義空／旹應長（一三一一）元暦」裏「出羽／成生／□□／廿七年忌」、表「菩提平等利益／《キリク》一向義空菩薩／右爲成佛得」（裏は「光明遍照」以下の摂益文と年紀）と記すものがある。願主・施主として庄官あるいは地頭代と思われる藤原入道・後藤和泉の名もある。「一向義空菩薩」は仏向寺蔵の鉦鼓に「義空菩薩　永仁（一二九五）三年三月日義阿」とあり、『天童落城并佛向寺縁記〔起〕』も正応三年（一二九〇）勅定を受けたものとし、[35]天童系の伝承のみ義空を俊聖に同定する。さらに歿年を逆算すると一二八五年となり八七年伝承とくいちがう。[36]この歿年の齟齬は番場系と天童系の対立からか。ただ遺物の記述と天童系の伝承とが整合する以上、逆に義空と俊聖を別人と考えることも不可能ではない。生年も『一向上人傳』などが暦仁二年（一二三九）正月とするのは、同年二月生誕の一遍を意識したものとも考えうる。

敬称について。蓮華寺蔵の永禄五年（一五六二）五月十五日付・天皇方仁（追号・正親町）綸旨は、蓮華寺二十二世同阿應日に同定される「来阿弥聖人」を充所とする。明応五年（一四九六）五月五日付「出羽國最上村山郡寒河江庄松藏桑折山松藏寺幹縁疏」（『寒河江市史』慈恩寺中世史料。「時宗一向派」の語があり近世作成ヵ）には「法阿聖人」「定阿了儀聖人」、『一向上人血脈相承譜』にも「聖人」「聖」が頻出する。筆者が踏査した梓河内龍澤寺の近世歴住墓塔も「聖人」号であった。勅許「上人」号を一遍時衆の藤沢派・四条派が好んだのと異なっている。

近世・近代仏教史に波及する問題も存在する。貞享元年（一六八四）から同四年におよぶ天童仏向寺、小栗一向寺、宇都宮一向寺、番場蓮華寺間の本末争論は、寺社奉行の裁定で蓮華寺を本寺、仏向寺を中本寺として時宗の枠内にとどめおく結果となった。これは慶長十一年（一六〇六）に高野山の時衆が真言宗聖方、貞享二年（一六八五）に善光寺妻戸時衆が天台宗妻戸衆に再編成された宗派統合施策と一連のものであろう。この路線と軌を一に藤沢派は宝暦十二年（一七六二）常陸国解意派、安永九年（一七八〇）京都市屋派などの弱小教団に容喙し、一向・天童派にも天保四年（一八三三）以降、本寺級への人事介入を画策した。『木曾路名所圖會』（『版本地誌大系』六）によれば、蓮華寺は江戸初期の遊行三十五代他阿法爾（在位一六二七〜四〇）のころに藤沢派の末になっていると記されるから、その触手はより早くに伸びていたのかも知れない。これらの動向は、一宗の統合という点で暗に幕府の意向が働いていたとみることができる。

その上で対浄土宗鎮西派という観点から、浄土宗鎮西義名越派や時宗当麻派との相互比較を行うと興味深い。前者は主流派である鎮西義白旗派と距離を保ち独自の伝法・伝戒を行っていたが、一八八四年からの独立運動が挫折、最終的には白旗派に併呑される。後者は中・近世を通じて浄土宗鎮西義白旗派の寓宗的位置にあったが、近代になり独立を断念して時宗に残り藤沢派の正統性を追認する(『皇國地誌』)。そして一向派は鎮西派に行くもの、時宗にとどまるものなどに分かれた。淵源を勧進聖におくこれら浄土教系の中小教団が、三者三様なのが浮き彫りとなる。

各末寺にも丹念に目配りしたい。古町照国寺(福島県南会津郡南会津町)は、本朝三道場として藤沢時衆藤沢道場、四条時衆四条道場に比肩した寺で、一七の末坊は院号に阿弥号を併せもつ[37]という洛中型の形態である。近世期の末寺帳に俊聖教団寺院として載らない、伝記・系譜上の寺院の追跡も急務である。例えば、永享元年(一四二九)歿の七代同阿が住した弓削阿弥陀寺(滋賀県蒲生郡竜王町)は現在天台真盛宗となっている。真盛(一四四三〜一四九五)は律僧の戒律と時衆の称名とをとりいれたがごとき「戒称二門」を標榜した。近江は本寺坂本西教寺のある重要な信田である。その膝下で俊聖教団からの移行が存在した例証となろう。俊聖教団側に記録のない伝俊聖開山の滋賀県湖南市(旧甲賀郡甲西町)・浄土宗鎮西派夏見覚蓮寺の存在が、自治体史『甲西町誌』から判明した例もある。

民俗学方面の課題もある。出羽俊聖教団の龍神や雨乞い伝承は、近江でも色濃い。念仏宗の中では異色であり、在地に定着する方便として俊聖教団が請雨祈禱を行った名残りであろう。また民俗学の視点から、仏向寺にかろうじて遺る踊躍念仏(山形県指定無形文化財)についても、現在衰退した一遍系踊り念仏と比較・検討する意義も指摘しておこう。

第四節　史料論

一向俊聖教団の様相を明らかにするには、まず俊聖の伝記の検討が不可欠である。

現在では、嘉暦三年（一三二八）十一月十八日完成と伝える『一向上人傳』が俊聖伝として利用されることが多い。諸本あるうち最古のものは元禄三年（一六九〇）書写の大正大学附属図書館本で、文中に「繪」とあることから、その底本は絵巻であったと思われる。蓮華寺蔵本は絵巻であるが、画風からみてこれよりは新しい。この中の巻四に、弘安七年（一二八四）「加州金澤」で聖道門の僧を改心させる逸話が載る。金沢地名の初出は、『天文日記』天文十五年（一五四六）十月二十九日条の「加州金沢」であり（『角川日本地名大辞典』17）、俊聖のころにあったとは思われない。実際には近世初頭に成立した絵巻と考えられる。細部が微妙に異なる諸本があり、大橋俊雄氏が前出『番場時衆のあゆみ』で校合を加えているが、充分な史料批判なくして俊聖伝記の底本とするのは危険である。同様に、俊聖高弟の礼智阿の大正大学附属図書館蔵『時宗番場派二祖禮智阿上人消息』（浄土宗鎮西派楯岡得性寺（山形県村山市）の銘あり、年紀なし、「上」「中」「下」）も文体から近世のものとみられる[38]。このような近世の偽作の背景としては、派の求心性を高めるべく一遍および遊行派に対抗する意図がみてとれる。その際、『天童落城並佛向寺縁起』[39]・仮題『羽州化益伝』[40]などの異質な俊聖伝分析が有効な方途となろう。番場系が一遍時衆の『一遍聖絵』『遊行上人縁起絵』などを批判的に参照した造作が想定され、対する天童系は在地への展開を意図した談義本形式をとる。

ほかの時衆教団同様、俊聖教団も遊行を本義とするため、職を有する顕密寺院と異なり、社会経済史的実態を示す史料の絶対量は僅少である。それでも既述のとおり、中世史料が断片ながら残存する。

　弘安七年（一二八四）十月十七日付・蓮華寺梵鐘銘は草創期俊聖教団の文字史料であるが、不明な点が多い。また、元弘三年（一三三三）『陸波羅南北過去帳』で目につくのは、名号の書体に一遍時衆流の「行の名号」（行書体）が散見することである。冒頭に「於近江國馬場宿米山麓一向堂前合戰」とみえて寺号がなく、『太平記』に現れる「辻堂」に対応する。普通名詞としての一向堂の事例といえる。ただし奥書には「八葉山蓮華寺住持」とあるのはやや不自然ではある。僧名が略されており、巻間、同寺伝から三代同阿良向に擬定されているのが確実ではないことに注意したい（時衆が二字法諱をもつのは戦国期前後）。類例として、長浜市立長浜城歴史博物館蔵・明応十年（一五〇一）二月付「江州箕浦蓮華寺勧進帳」には聖徳太子らの人名が出るものの、「一向上人」がさりげなく登場する以外は阿号の人物らは出てこない。蓮華寺は中世兵火に罹ったり近世以後史料が散逸したらしく、嘉暦三年（一三二八）から慶長五年（一六〇〇）までの文書八通のみが遺る。蓮華寺の歴史は、不確定と考えた方がよい。歿後さほど時間をへていない南北朝期と推定される京都市・中西家蔵『一向上人臨終絵』は、蓮華寺での臨終と荼毘のさまを軸装の画に仕立てる一種異様なものである。死と葬送儀礼までもが信仰の対象だったのである。なお金井清光氏は市屋金光寺（京都市下京区）の『一向上人臨終記』を引いているが[41]、披見のすべはない。藤沢清浄光寺蔵『一向上人画像』（国指定重要文化財）もほぼ同時期のようだが、像主は蓄鬚ゆえに二代礼智阿とも目される[42]。応長元年（一三一一）の高野坊遺跡墨書礫、応永十二年（一四〇五）の旧宇都宮長楽寺本尊阿弥陀如来像銘文については前記である。

　一遍時衆にない文化財に太鼓が挙げられる。延享二年（一七四五）四月の銘中に天正元年（一五七三）完成とある鹿沼一向寺の太鼓（栃木県鹿沼市今宮神社蔵。同市指定文化財）は、山口安良による文政十三年（一八三〇）『押原推移録』には、領主壬生家より時刻を告げる太鼓打の役を西光寺（一向寺の近世の名称）の僧が拝命し、同家没落後に西光寺の什物となったとある。これは既述のように、藤沢時衆の宇都宮応願寺・館林応声寺などと同様に〝時を管理する〟時衆の本旨（時衆の語源は一日を六分割して不断念仏を修する集団）をふまえていよう。ところが出羽の場合だと、領主成澤義清寄進の享禄三年（一五三〇）二月十五日銘をもつ浄土宗鎮西派小白川西光寺（山形市）太鼓（『山形県史』資料篇15下）は雨乞いのためと伝えるのである。

また一遍時衆による板碑文化は周知だが、無銘ながら阿弥陀三尊の来迎と宝篋印塔が描かれた優品である浄土宗鎮西派・堀米一向寺板碑（国指定重要美術品）などがある。(43) 出羽には仏向寺の故地といわれる天童市成生を中心に分布する、頭頂部に特徴ある突起を有する成生庄型板碑があり、俊聖教団が主要な担い手に想定されている。(44)

各末寺で中世文書が伝世している例は珍しく、例外的に宇都宮一向寺は火災に遭っていないため応安元年（一三六八）より永正十年（一五一三）にいたる七通の宇都宮氏書状がある（ただし無住期間があったためほかに一部散逸の可能性はある）。小栗一向寺は火災でひとたび焼失した一八八九年以後の近代一向派史料が充実していて調査のまたれるところである。天童仏向寺には中世文書はないものの、蓮華寺と同じく鉦鼓や袖無編衣など勧進聖の記号ともいうべき用具が遺されている。

おわりに――中世思想史への転回――

教団史・研究史の概要から、今後各論として追究されるべき命題や素材となりうる史料までを縷々検証してきた。いずれも有機的に聯関するものである。最後に、今後研究をさらにどう方向づけるかを提示して、本章を締めくくりたい[45]。

神田千里氏が真宗、時宗、「一向派」の源流として超宗派の「原始一向宗」論を提唱している[46]。史料用語として鎌倉末期にみられる「一向衆」にあたるものである。近世的宗派意識や、旧来の時衆論に基づき一遍時衆と俊聖教団とを別個に認識しているのはともかく[47]、今後の可能性を秘めた歴史観である。より深化することで、民衆に内在する運動体としての融通念仏、善光寺・高野山信仰などが、一向専修念仏思想に触発されつつ交錯しながら中世社会の宗教・文化面の一角を担っていたことが鮮明となろう。注意すべきは、俊聖にせよ一遍にせよ、その運動の表象面の人物にすぎず、組織化を図った例外的な存在ということである。一個の強烈な個性で民間信仰を包括することはできず、一遍が持戒や敬神を謳ったところで、それは主流たりえなかった。だからこそ『七天狗絵』が一向衆の神祇不拝を衝くのではないか。ひいては「一向一揆」の思潮に通ずるものが窺知できる。時衆の「仏法領」観（史料用語としては遺っていないが一遍の偈文「十一不二頌」に理念が提示されている）が「百姓ノ持タル國」（『實悟記拾遺』〈『眞宗全書』第六十九巻〉）に通ずるという林譲氏の示唆[48]を敷衍して、蓮如のいうように一向宗が俊聖教団ならば、「一向一揆[49]」も畢竟、俊聖教団と重層すると考えるほかない。俊聖がわざわざ「一向」という名を冠したのは稀有な事例である。一向専修の徒に対する他者からの攻撃により、多くは「一向」「専修」という呼称の使用を憚ったからである。

ただ一向一揆が激化した北陸に俊聖教団の痕跡はない[50]。「无碍光宗（衆）」とよばれた本願寺教団と、本願寺八世蓮如から『帖外御文』で「一向宗」と名ざしされる俊聖教団との間に、接点があるとすれば近江という地理であり、湖北を中心に親鸞門流では本願寺教団、仏光寺教団、木辺派錦織寺、時衆では藤沢時衆（滋賀県彦根市・高宮称讃院〈高宮寺〉ほか）、四条時衆（長浜市・木之本浄信寺ほか）、霊山時衆（大津市・国阿堂正福寺）などと複合する。また遊行を円滑に進めるために体制化する過程で変容していく時衆に比し、相対的に真宗に一向衆としての形質が継承されていくようである。鎌倉・南北朝期に前衛的だった一向衆がやがて穏健化し、先鋭分子が真宗に流入した事由は何か。時衆の凋落だけでは片づくまい。思想史面からの研究進展も期待されるところである。本書でも第三部でみていきたい。

一向俊聖教団維持の求心性についても考究の要を感ずる。真宗のように核になる教学も、浄土宗や時宗のように有力な檀越もいない俊聖教団が、近世以降、主体性を冒されかねない状況の中で、その来歴をとどめ（例えば鎌倉山ノ内光照寺は近世初頭時点で藤沢派になっていても、開山を俊聖とする寺伝を墨守し、木像を奉祀して開山忌を修している。第二部第五章第一図）、蓮華寺旧末寺・関連寺院九八寺が、浄土宗鎮西派、時宗、浄土真宗本願寺派から超宗派で蓮華寺護持団体「八葉会」を組織して近年まで結束を保っていたのである。このような求心性は何によるのか。筆者が思いつくのは、差別の問題である。山ノ内の某寺、犬伏の某寺、野渡《のわた》の某寺は、近世被差別民が檀家であった。汗かき阿弥陀を本尊とした宇都宮長楽寺が最初に立地した地は、有力な被差別集落のあるところだった（『下野国太郎兵衛文書』）。何より、番場蓮華寺には、被差別民が属していたという(51)。卑賤視により他宗から排除され、逆に求心性が生まれたのかもしれない。

〔註〕

（1）本書第一部第三章註（64）。
（2）「中世庶民信仰の勧進と定着―山形県天童市出土墨書礫から見た一向衆の実相―」『鎌倉』第九一号（同文化研究

会・二〇〇〇年一二月、本書第二部第五章）で詳論するとともに、巻末に暫定の「別表　一向時衆寺院総覧（試案）」を添付（大幅改訂の上で本章中に掲載した第一表）。目録は拙稿「一向俊聖教団文献目録」寺院史研究会編集『寺院史研究』第七号（同会・二〇〇三年四月）。

（3）福岡県久留米市田主丸町田主丸に行政区名として吉田町がある。また冠地名は隣接するうきは市吉井町鷹取（鷹取村冠）にある。久留米市教育委員会（丸林禎彦氏）の教示による。

（4）松岡実「盆の庭入りとバンバ踊り―時衆聖の関与について―」『仏教と民俗』九号（仏教民俗学会・一九七二年一二月）。

（5）ちなみにこのとき蓮華寺執事で一向・天童派代表として奔走し、のちに蓮華寺四十九世となった佐原窿應（一八六三〜一九三一。「窿」、正しくはウ冠）は、山形県南村山郡金瓶村（現上山市）宝泉寺四十世住職時代、中林梧竹流の書法や『日本外史』などで隣家守谷家に住む幼少時の斎藤茂吉に多大な薫陶を与えた人物であることでむしろ知られている。茂吉が作品の題名『赤光』を『佛說阿彌陀經』の一節からとったのもその影響である。

（6）同氏遺稿集『偲び草』（西林寺・二〇〇二年二月）が自伝や「編著目録」を附す。

（7）戸村浩人氏が「書評・大橋俊雄著『一遍聖』」時衆文化研究会編集『時衆文化』第4号（同会〔岩田書院発売〕・二〇〇一年一〇月）と題し、結果的に遺著となる同名書（講談社学術文庫1480、同社・二〇〇一年四月）を俎上に載せている。同攷のように、逐条的に誤謬を挙げ全否定するのは首肯しがたい。健全な批判から学問の進展が生まれるものであり、「功績第一、誤り第二」の姿勢で臨みたい。

（8）拙稿「時衆とは何か（正・承前）」時衆文化研究会編集『時衆文化』創刊・第2号（同会〔岩田書院発売〕・二〇〇〇年四・一〇月、本書第一部第二・三章）。

（9）大橋俊雄「天狗草紙に見える一向衆について」『時衆研究』創刊号（金井清光私家版・一九六二年一二月）、大橋「時衆と一向衆」角川書店編集部編集『日本繪卷物全集』第23巻遊行上人縁起繪（同社・一九六八年九月）ほか。一般にこの意見が定着した感がある。ただしあまり衆目にふれることのなかった一向上人伝を詳しく解題した唯一のものである小川寿一「一向上人傳の解題」竹内禪真監修・小川編修『一向上人の御伝集成』（蓮華寺寺務所・一九八六年一一月）で、一向衆を一遍としたのは炯眼であった。

（10）赤松俊秀「一遍上人の時宗に就て」史學研究會編輯『史林』第二十九巻一號（内外出版印刷株式會社出版部・一九四四年二月、のち赤松『鎌倉仏教の研究』平楽寺書店・一九五七年八月に所収）で前浜一向堂を「他阿上人の道場」としている。

（11）元興寺文化財研究所編『日本浄土曼荼羅の研究―智光曼荼羅・当麻曼荼羅・清海曼荼羅を中心として』（中央公論美術出版・一九八七年二月）、岩城隆利「浄土三曼荼羅の歴史」岩城『元興寺の歴史』（吉川弘文館・一九九九年一一月）。

（12）高橋秀樹「広橋家旧蔵『兼仲卿暦記　文永十一年』について」国立歴史民俗博物館編集『国立歴史民俗博物館研究報告』第70集（同館・一九九七年一月）。

（13）伊藤唯真「『師守記』にみる中世葬祭仏教―墓・寺僧の相互関係を中心として―」仏教大学歴史研究所編集『鷹陵史学』第三・四号（同所・一九七七年七月、のち「中世葬祭仏教―墓・寺・僧の相互関係―『師守記』を通してみたる―」と改題し伊藤『伊藤唯真著作集』第二巻［聖仏教史の研究下］、法藏館・一九九五年七月ほかに所収）。

（14）林譲「時宗国阿・霊山両派派祖国阿弥陀仏伝記史料の再検討」『國史學』第一一三号（同会・一九八一年一月）。勝田至「都市と埋葬　中世京都の葬送」『歴史と地理』五七七号（山川出版社・二〇〇四年九月）でも同趣旨の発言あり。石田善人「室町時代の時衆について（上・下）」仏教史学会編集『佛教史學』第十巻四号・十一巻三・四合刊号（平楽寺書店・一九六三年三月・一九六四年八月、のち「室町時代の時衆」と改題し石田『一遍と時衆』法藏館・一九九六年五月に所収）以来誤って解釈がなされていた。大橋俊雄『時宗の成立と展開』日本宗教史研究叢書第三（吉川弘文館・一九七三年六月）も同様の轍をふみ、『滿濟准后日記』応永期（応永十八～三十五年〔一四一一～一四二八〕）の記事に一向俊紹僧都の名がみえるというが、当該箇所を確認できず。近年では八田洋子「尼崎・如来院の笠塔婆と『師守記』―西大寺律宗と時宗の関係―（中）」『史迹と美術』第七十六輯ノ二（第七六二号）（史迹美術同攷会・二〇〇六年二月）が「一向僧沙汰」を一向俊聖としている。筆者も前掲註（2）論攷における不明を恥じ修正したい。

（15）ドナルド・F・マッカラム「善光寺式阿弥陀三尊像の一系統―高野山不動院・山形・栃木県の諸像」『長野』一三六号（同郷土史研究会・一九八七年一一月）。俊聖教団形成直前の一二五〇〜一二七五年ごろ完成した一連の作品群と推定され、善光寺信仰をもつ寺院・地域に順次浸透していったのだろう。

（16）永仁元年（一二九三）成立とする『宝樹山称名院仏向寺縁起』は、俊聖が出羽に来訪したとする点で天童系、往生したのが蓮華寺であるとする点で番場系という妥協の産物である。

（17）山形県編『山形県史』資料篇15下［古代中世史料二］（同県・一九七九年三月）。

（18）細川涼一「番場蓮華寺と一向俊聖」『歴史の道・再発見』三巻［家持から野麦峠まで―中山道・北陸道をあるく―］（フォーラム・A・一九九六年七月、のち細川『中世寺院の風景―中世民衆の生活と心性―』新曜社・一九九七年四月に所収）。

（19）金井清光「時衆十二派について（四）」『時衆研究』第三十号（金井私家版・一九七五年三月、のち「時衆十二派について（六条派）」と改題し金井『一遍と時衆教団』角川書店・一九七五年三月に所収）。

（20）戒律の力で死穢に冒されない律僧の活動に刺戟されたものか。また、弘安三年（一二八〇）九月十日付叡尊像納入文書のうち、僧尼の「授菩薩戒弟子交名」（『西大寺叡尊傳記集成』）に阿弥陀仏号がほぼ皆無なのに対し、在俗の「近住男女交名」（『同』）には多数検出される二重構造をなす。

（21）麻木脩平「慈恩寺の如来堂について」『西村山地域史の研究』五号（西村山地域史研究会・一九八七年九月）によると宝徳寺本尊阿弥陀如来は鎌倉中期、両脇侍は一二世紀と推定されている。同寺は正平十七年（一三六二）開山というので、旧来の山内寺院に一向衆が蟠踞したものか。山内最大院家、天台宗最上院の寺侍菩提寺であったという。

(22) 延享四年（一七四七）『鹿沼町古記録』（『鹿沼市史叢書』二）に「関東五向寺、四向寺」とある。

(23) 有元修一「信仰遺物の諸相」鹿沼市史編さん委員会編集『鹿沼市史』通史編 原始・古代・中世（同市・二〇〇四年三月）によると、一三〜一四世紀に一向寺の造像を中心に宇都宮市周辺に鉄仏がさかんに造立される。

(24) 開基と伝える景綱制定とされる弘安六年（一二八三）『宇都宮家式条』（『中世法制史料集』第三巻）二一条目が「念佛堂時衆事」である。「談義」「學問」「當番」の語から旧来の不断念仏の時衆とわかるが、酒宴を禁じた趣旨からは造悪無碍の一向衆の要素も窺える。

(25) 「専修寺」号懸額が「一向専修者往古所㆓停廃㆒也」とする比叡山の忌諱にふれ、正和元年（一三一二）大谷廟堂から撤去せざるをえなくなったと『常楽台主老衲一期記』（『真宗史料集成』第一巻）にある。寛正六年（一四六五）七月二日付「延暦寺西塔政所定書案」（『真宗史料集成』第四巻・『栃木県史』史料編二）に「大内庄高田専修寺」とみえるのが高田専修寺号の初出だが、むしろようやく叡山から「専修」を自称する允許が出たものと解したい。

(26) 伊藤喜良「寺社縁起の世界からみた東国」小林清治先生還暦記念会編集『福島地方史の展開』（同会〔名著出版発売〕・一九八五年九月、のち伊藤『日本中世の王権と権威』思文閣史学叢書、思文閣出版・一九九三年八月に所収）。

(27) 砂川博「東京大学付属図書館蔵『清水物語』と時衆」日本文学協会編集『日本文学』第三七巻第八号（同会・一九八八年八月、のち『清水物語』を『清水冠者物語』に改題し、砂川『軍記物語の研究』桜楓社・一九九〇年三月に所収）によれば、一向寺は室町期の『清水冠者物語』（木曽義仲の子、清水冠者義高と源頼朝女、大姫にまつわる物語）の管理者に比定される。時衆道場を城郭周辺に配置したのは、出羽国山形光明寺を城内におく最上氏をはじめ陸奥国二本松畠山、白河結城、常陸国太田佐竹、甲斐国府中武田、長門国山口毛利、薩摩国島津氏らの戦国大名級から、新善光寺を宍戸城内におく常陸国宍戸のほか同国玉造氏ら在地領主・国人層まで幅広くみられる。必ずしも菩提宗でない、ないしは離檀した場合でも引き続いて配する背景には、陣僧や連歌会開催など都鄙往来の情報媒体としての時衆の特性が考えられる。拙稿「時衆史新知見六題」武蔵野女子大学仏教文化研究所編集『武蔵野女子大学仏教文化研究所紀要』№19（同大学・二〇〇三年三月）。ただ全体として、俊聖教団に唱導文芸の色は薄い。小栗一向寺は小栗判官助重の本拠地だが、近世以降の碑があるくらいで、唱導していたとは思えない。

(28)『鳴動する中世　怪音と地鳴りの日本史』朝日選書644（朝日新聞社・二〇〇〇年二月）。ただし、汗かき阿弥陀に言及はなく、前掲註（27）拙稿にて問題提起した。

(29)拙稿「番場蓮華寺梵鐘・附解説」『寺社と民衆』第2号（民衆宗教史研究会・二〇〇六年三月）で述べた。高橋昌明・細川涼一両氏は「畜主」としたが原資料確認により「畜生」でよかろう。このほかに三昧聖的側面がみてとれる。なお『一向上人傳』撰者はこの梵鐘銘に着想をえたことが考えられる。

(30)網野善彦『日本の歴史』第10巻［蒙古襲来］（小学館・一九七四年九月、のち副題として「―転換する社会―（鎌倉時代中・後期）」を附し、小学館ライブラリーSL24（上）・25（下）、同社・一九九二年六月ほかに所収）。

(31)田中久夫「研究余録　一向上人俊聖の一史料」日本歴史学会編集『日本歴史』第二八五号（吉川弘文館・一九七二年二月）。田中氏は市屋道場金光寺とみているようだが「山臼黄台」とあり遊行上人の住坊、七条道場黄台山金光寺である。

(32)菅根幸裕「空也上人絵伝の成立と展開―聖の伝承文化を考える―」『栃木史学』第二十一号（國學院大學栃木短期大学史学会・二〇〇七年三月）によれば、室町期ヵとおぼしき大倉集古館蔵『空也上人絵伝』（内・外題ないため仮題）には加茂明神が鰐口を分け空也に与える図があるという。

(33)辻田稔次「顕性房を中心とする研究の過程」『西山禪林學報』第五號（西山禅林学会・一九五九年一二月）によれば、顕性は長門国出身。備後国蓮台院（広島県尾道市ヵ）にいた。尾道は海上交通の要衝であり、顕性を称賛していた伊予国の一遍と連絡していたことを辻田氏は想定する。海路に拠れば、九州北部の俊聖からも遠くはない。

(34)宮崎圓遵「初期真宗と一向衆」大原先生古稀記念論文集刊行会編集『大原先生古稀記念浄土教思想研究』（永田文昌堂・一九六七年一一月、のち宮崎『初期真宗の研究』永田文昌堂・一九七一年九月および宮崎『宮崎圓遵著作集』第

4巻［真宗史の研究（上）］、思文閣出版・一九八七年一一月に所収）。真宗と一向衆について詳述した好論。初期西山教団において二尊並立は京都嵯峨二尊院、遣迎院に例がある。番場蓮華寺の二尊は米原市指定文化財。本尊釈迦如来立像は一三世紀前半ごろ、阿弥陀如来立像も鎌倉時代初頭ごろでともに銘文などはなし（『米原町史』通史編・『米原町の文化財』）。

（35）もとよりこの菩薩号は大悲闡提による私称菩薩号であろう。五来重『高野聖』角川新書199（角川書店・一九六五年五月、のち増補、角川選書79、同社・一九七五年六月ほかに所収）に古代の類例が列挙されている。

（36）古賀克彦「一向俊聖伝の再検討」『時宗教学年報』第二十六輯（時宗教学研究所・一九九八年三月）。精緻な年表がある。また、宝治二年（一二四八）に生まれ正安三年（一三〇一）歿の金沢顕時の場合、神奈川県立金沢文庫に元弘三年（一三三三）三十三回忌までの史料が揃う。それらの年紀から、現代と同じく満年数に一を足した数が年忌となっていることがわかる。

（37）禰冝田修然『時宗の寺々』（禰冝田私家版・一九八〇年五月）。

（38）「教」の読みが「ヲシヘ」でなく「オシエ」に、「植草」の「植」は「ウヱ」でなく「ウエ」になっている。近世にみられる用例という（矢崎佐和子氏の教示）。

（39）天正十三年（一五八五）三月筆録とし、奥書によると文化五年（一八〇八）三月写し。文中の「時宗」の語は近世のものだが、天童落城に関する類書中では最古級という。

（40）永仁五年（一二九七）仏向寺三代辨阿によるとする。文中の「時宗一向派」の概念は近世、本末制成立後のもの。俊聖伝記の別本とみなすべきで、仮称は再考を要す。

（41）金井清光「踊り念仏―山形県天童市天童、仏向寺」金井『民俗芸能と歌謡の研究』（東京美術・一九七九年六月）。

（42）『時宗総本山遊行寺宝物館図録』（同館・一九八〇年一二月、のち清浄光寺史編集委員会編集『清浄光寺史』同寺・二〇〇七年九月に所収。ただし、『清浄光寺史』はほとんどが既発表論攷の集成ながら初出を挙げない問題あり）。なお、なぜ清浄光寺に伝わるのかは不明。

(43) 佐野市文化財要覧編集委員会編集『佐野市の文化財』（同市教育委員会・一九九一年三月）によれば、同寺西方三〇〇メートルより出土したという。描かれた来迎の図像や時期などの状況を総合すると、一向寺に無関係とは思われない。日野一郎「寶篋印塔を現はした板碑」早稲田大學文學部岸畑久吉編輯『史觀』第二十一冊（同大學史學會・一九四〇年六月）。

(44) 川崎浩良『山形県の板碑文化』（出羽文化同交会・一九五四年一二月、のち『山形県文化財調査報告書』第六集、同県教育委員会・一九五五年に所収）、山口博之「成生荘型板碑の世界」大石直正・川崎利夫編『中世奥羽と板碑の世界』奥羽史研究叢書1（高志書院・二〇〇一年六月）。一四初〜一五世紀初頭に盛行したという。ただ伊藤宏之氏の示唆によると、成生庄型板碑が型式として成立するのか疑問もある。仏向寺境内の無年紀板碑と南陽市赤湯の永仁二年（一二九四）磨崖板碑をみる限り主唱者川崎利夫氏のいう少なくとも二型式が並存している。仏向寺の作例がそもそも板碑といえるのか疑問で、頭頂部の変化を年代で追えるのかもはっきりしない。また俊聖教団寺院と分布が同じではなく、この型の板碑と酷似した像容をもつ高櫤石仏寺の石仏は俊聖教団以前である。ゆえに強い関連はあるものの、教団が主導して造立を勧めたとまではいえないかもしれない。

(45) 本節に深く関係するものとして、『一向一揆の研究』（吉川弘文館・一九六八年三月）などの一連の井上鋭夫氏の研究と、拙稿「中世における「悪」――〝新仏教〟の成立の基層をたどる視点から――」悪党研究会編『悪党と内乱』（岩田書院・二〇〇五年六月、本書第三部第一章）を挙げておきたい。近世以降の宗派意識によって中世以前をみることは、こと一向衆研究では極力排せられるべきものである。

(46) 神田千里「原始一向宗の実像」網野善彦編『日本海交通の展開』中世の風景を読む第四巻（新人物往来社・一九九五年六月、のち神田『一向一揆と戦国社会』中世史研究選書、吉川弘文館・一九九八年一〇月に所収）。

(47) そもそも真宗も、妻帯や道場号、毛坊主などの俗聖の側面をもつ。時衆との画然たる分水嶺は、戦国期まで天台宗門跡寺院を本所として末寺銭を納入し得度を依頼していたこと（本願寺の場合青蓮院門跡）、三昧聖の者がいないことである（本書第三部第二・三章）。このほか真宗と一向衆・時衆に関する論攷は、前掲註（34）諸攷、大橋俊雄「蓮如上人と一向宗」蓮如上人研究会編『蓮如上人研究』（思文閣出版・一九九八年三月）などがある。

（48）林譲「講演　平成九年度講座『加能史料』はいま　一向一揆以前―加能・能登の時衆―」『加能史料研究』編集委員会編集『加能史料研究』第十号（石川県地域史研究振興会・一九九八年三月）。

（49）『日本国語大辞典』第二版第一巻によると、「一向一揆」の語の典拠は一五世紀後半ヵという『続応仁後記』二で、「抑此宗の門徒は一向専念の信心深して上人の仰と云へば身命を惜まず得失を省みず（中略）今度の一揆をば世人皆一向一揆とぞ云ならはしける」。知識帰命の時衆を連想させる。

（50）『一向上人傳』巻四に、弘安七年（一二八四）加賀国金沢で聖道門の僧を改心させ、「越前の武田の庄司」の童子が唖者であったのを治癒させる話がある。既述のように金沢地名はこれよりかなりあとの成立とみられる。また「竹田」地名は福井県坂井市丸岡町にあるが、「武田の庄」とは関係が認めがたい。

（51）滋賀県部落史刊行委員会編集『滋賀県の部落』第一巻［部落順礼］（同県同和事業促進協議会・一九七四年八月）によれば、番場の東二キロメートルの旧八木沢村には古くからの八戸のうち四戸が蓮華寺隷属の下人の末裔と伝える被差別民だったという。滋賀県では、このように寺院に起源をもつ部落民の事例はみな天台宗（しかも山門・寺門とも）だが、そのほかの例外が蓮華寺なのだという。ただしすべて近世、寺檀関係は結べておらず、真宗門徒が多い。

【附記】本章は國史學會大会（二〇〇〇年五月二一日、於國學院大學渋谷校舎）の「一向時衆の成立と展開―原始一向宗論とからめて―」および寺院史研究会例会（二〇〇二年三月一六日、於明治大学駿河台キャンパス）の「一向宗の祖型・一向俊聖教団研究の回顧と展望〜大橋俊雄氏を偲んで〜」、鉦打・時宗研究会例会（二〇一一年一一月五日、於台東区立社会教育センター）の「「時宗一向派」の歴史について」を基礎とした。質問者ならびに大熊哲雄、古賀克彦、高田祐資、千々和到、藤沢靖介氏、米原市教育委員会まなび推進課（桂田峰男氏）の教示・協力をえた。

第二部　時衆の展開

第一章　四条時衆の展開――摂津・河内・和泉国の事例から――

はじめに――問題の所在――

中世、時衆とよばれる人々が列島各地を勧進すべく遊行していた。金井清光氏が指摘するように時衆の教勢はきわめて大であり、物集高見『廣文庫』第拾參册（廣文庫刊行會・一九一七年一〇月）の「寺」の項所引『昔日叢書聞見雜錄』一によれば、「遊行宗」六七、〇六〇箇寺があったという[1]。

しかし〝宗祖〟一遍房智真が宗義なきを宗義とし死の直前に書物を焼いたことに象徴される宗風や、支持基盤の絶対数は庶民（農・山・漁村民よりも都市民・職能民）に依拠していたことから、全国を遊行廻国したかれらの動向は本質的に史料に残りにくかった面がある。さらには四一一寺院・二教会（『宗教年鑑』平成21年版）に衰退している現状も研究の難しさに拍車をかけている。実際には能・狂言、俳諧・連歌、作庭、造仏ほか地域・階層を問わず中世から近世にかけてもっとも広がりをみせたのが時衆であったのは周知のとおりである。遊行三十一代他阿同念（在位一五七三～八四）が遊行途中の天正八年（一五八〇）正月、「年來日連〔蓮〕宗」河内国高屋小山の城主三好山城守が京都四条誓願寺で一門や家臣とともに賦算を受け、「法花衆大畧此時ハ算を取。多分宗旨を替しと也」と時衆に転じた逸話（『遊行三十一祖京畿御修行記』（『定本時宗宗典』下巻））のように[2]、信者層がたやすく宗旨を移動する実情や強大な教勢との表裏関係を明らかにすることは、時衆研究に課せられた重要な作業の一つである。

時衆には中世史のあらゆる要素を体現する性格が看取されるから、時衆研究が袋小路段階にある現下にあっては、文献史学が中心になりがちな歴史学の課題を克服し、文学史はもちろん、日本語学、民俗学、仏教史、美術史などとの協働を模索していくべきであろうと考えられる。

それは戦後まもなく大橋俊雄氏らによって開拓された「時宗」史研究が、やがて金井清光氏によって「時衆」史研究に円熟していく過程において必然に導かれた結論であるといえる。中でも地方展開を回顧することは重要な研究手法である。他方地域史研究の分野でも、今時課せられた急務は新しい視点からの追究にある（例えば地方史研究協議会の一九九九年の第五〇回大会の副題は「新しい地域史研究の方法を求めて」であった）。

翻って近年の中世史研究では、都市を主眼にすえたものが目だってきている。寺内町など都市形成に宗教のはたした役割りや物流網と宗教活動との相関、都市民への影響など、都市における宗教のもつ意義が問われている[3]。特に時衆には都市的な要素が強く指摘される。一遍はつねに都市をめざして遊行し、鎌倉入りの失敗や京洛内での人気が、教化の成否を左右したとすらいえるのである。

時代は下り、元禄十年（一六九七）『時宗要略譜』によれば、時衆には「時宗十二派」とよばれる各派が存在したとされる。藤沢道場清浄光寺（神奈川県藤沢市）を中心とする列島規模の「遊行派」のほか、南関東の「当麻派」（本寺＝神奈川県相模原市・当麻無量光寺）、京畿の「四条派」（京都市中京区のち北区・四条道場金蓮寺）・「霊山派」（京都市東山区・霊山正法寺）、広範な法施をなす「一向派」（滋賀県米原市・番場蓮華寺。同系ながら別に「天童派」として山形県天童市・天童仏向寺）など地域に根ざした諸教団が強力な教線を張っていた。その分布論を考究するだけでも大いに意義がある。

ただ時衆に関する数少ない論及の中で、現在総本山として他派を併呑する「遊行派」の変遷が時衆全体のそれにおきかえられたり、各派の末寺を「遊行派」と誤認した論究も少なからずみうけられる。科学に基づく研究の見地からは、例えば「遊行派」でなく近世は「藤沢派」と呼称すべきように（本書では近世は藤沢派、中世は藤沢時衆とする）、のちに遊行上人となる其阿呑了の編んだ『時宗要略譜』以来の「遊行派」中心史観から解放されなくてはならない。

中世の大阪湾岸においては、「四条派」（以下本章では中世の四条派時衆を四条時衆と記す）が、下層の民衆から権門勢家・富裕層にいたる幅広い崇敬を受け繁衍していた。その発展は時衆の都市的要素をそのまま反映したものといえ、中世都市論の上からも注目に値する。本章では四条時衆が和泉・摂津においていかなる展開を遂げたのかみることで、人々の集う場での中世の勧進聖の様態を復原する例証としてみたいと考える。(4)

第一節　京都四条道場系の時衆の変遷

まず四条時衆の概史をたどる前に「時衆」をいかに規定するか、くり返しになるが前提から確認しておく必要があろう。「時衆」の定義は、「六時礼讃衆」・「別時講衆」（大分県杵築市山香町・康永四年〔一三四五〕銘板碑）などに由来する不断念仏の徒の一般名詞であった。したがって俗に捉えられるように一遍の法流の者をさすのみならず、遊行、賦算（念仏札配布）、踊り念仏ほか庶民信仰上の複数の行儀・行実において共通性を有する集団が対外的に「時衆」と総称された。その端的な証左として『大日本永代節用無盡藏』（寛延三年〔一七五〇〕初版の『節用集』）においては、京洛時宗の筆頭に一遍と直接関係のない三条櫛笥小路の空也堂光勝寺が掲げられていたのである。時衆とは勧進聖のうち、一定の様式を整えた念仏僧を想定すればわかりやすい。(5) それら時衆が江戸幕府の意向により藤沢派の下の「時宗」に統合されたのである。

そのような古代以来の聖のうち、もっとも庶民信仰をたくみに包合・再編して民衆の支持を受けたのが一遍である。かれはそれまでの多くの聖のように歴史から名を消す蓋然性は大いにあったが、次の二点において通例と異なった。すなわち高足聖戒が一遍顕彰のために絹本著色の豪奢な『一遍聖絵』を遺したこと、もう一つは一遍のなかば遺志で解散した時衆が、年上の門弟・他阿真教（一二三七〜一三一八）により再結成されたことである。真教は門下のうち量阿智得に賦算権と本寺・相模国当麻無量光寺の住持職、本名字「他阿」を譲り、京洛四条道場の浄阿真観と同七条道場に拠る有阿恵永とにおのおの賦算権を認めた。

では四条時衆の開祖、浄阿真観とはいかなる人物であったのであろうか。寛正四年（一四六三）成立という『浄阿上人伝』によれば、真観は文永五年（一二六八）上総国牧野太郎頼氏の子として生誕（上総牧野氏については未詳）。一九歳にて出家、山林抖擻《とそう》し鎌倉極楽寺忍性や紀伊国由良興国寺の心地覚心の許をへて熊野新宮にて夢告《むごう》を受ける。正安二年（一三〇〇）上野国板鼻にて他阿真教に入門。それ以前から「一阿弥陀仏」と称し遊行・賦算していたというので、もともと勧進聖の独自の伝統が四条時衆にあったようである。

浄阿は延慶二年（一三〇九）に上洛し、京極祇陀林寺に入る。応長元年（一三一一）上皇胤仁（追号・後伏見）妃出産に札を与えて量仁（のち天皇〈諡号・光厳〉）が生まれたため、浄阿上人号と太平興国金蓮寺号の勅定を受けたというように、洛中で胤仁や波多野出雲入道道憲ほか貴顕からの篤い外護があり、真観の勅許上人号につり合わせるために相模国当麻無量光寺にある師の真教にも急ぎ上人号を贈ったほどであったとされる。(6) その一環として正和三年（一三一四）真教から賦算を追認されている。暦応四年（一三四一）歿。四条道場金蓮寺の寺地は佐々木道誉の寄進により、四条大路・祇園一帯は寺内であった(7)。累代浄阿上人号を相承。恵永（他阿呑海）が三代他阿智得の後継を主張して当麻・内阿真光と対立した際、一時真光が近江に退いたのは真観の仲介によることも想定しうるが、結果として呑海の藤沢時衆に与力した。『翰林葫蘆集』第十一所収「綉《とう》谷庵文阿彌《もんなみ》肖像賛(8)」の「本朝之時宗(マヽ)、有三上人、一則四條上人、化度京三里、二則藤澤上人、化度奥六國、三則游〔遊〕行上人、化度於日本國也」とあるのは、列島を三人に分割して分業せしめる真教の意図が―中途の転変はあったにせよ―中世当時の人々に認識されていたことを物語ろう。

四条時衆は前記のごとく『時宗要略譜』によれば「四条派」とされ、四条道場錦綾山太平興国金蓮寺が本寺であった。この後本末関係や寛正四年（一四六三）将軍足利義教室・勝智院重子の葬列での席次をめぐって藤沢時衆と対峙したように、藤沢時衆とは原則として没交渉となり、応永三十一年（一四二四）、ときの四条上人による藤沢時衆への帰属を嫌った大衆《だいしゅ》が金蓮寺に放火して延焼する。近世、末寺は浄土宗鎮西派ないし西山派の寓宗と化す。なお金蓮寺は天明八年（一七八八）の大火類焼あたりから衰落し、一九二六年鷹ケ峯に移転するも、本堂は現在もなお建立されてはいない(9)。

水戸彰考館蔵『時宗四條派末寺帳(10)』によれば末寺は三河一、尾張八、美濃一、近江一五、洛内一八箇寺（ただし金蓮寺とその隠居寺鳥辺野宝福寺のほかはすべて金蓮寺塔頭。会津弘長寺蔵『時宗四条派下寺院牒』ではさらに塔頭二宇増）、摂津五、和泉四箇寺がみえる。尾張国熱田円福寺（愛知県名古屋市）、近江国木之本浄信寺（滋賀県長浜市）、和泉国堺引接寺(11)（大阪府堺市堺区）、摂津国尼崎善通寺（兵庫県尼崎市）は四条派御四箇寺なる中本寺で（廃絶した引接寺を除き御三箇寺ともいう）、おもにこれらの住持が本寺浄阿上人に登位した。これら各中本寺ごとに独自の教線が張られており、それを中核として緩やかな連合体を成していたようである[12]。

なお摂津・和泉の寺院に関しては次にふれるとして、染殿院を除く金蓮寺塔頭のすべて、十一世浄阿の前住地播磨国姫道〔路〕道場称名寺（兵庫県姫路市）、十四世浄阿の前住地伊勢国楠歓喜寺（三重県四日市市）、出雲国乃木円福寺（島根県松江市、名跡のみ茨城県北茨城市の同名寺院が継承）、隠岐国島後西郷大光明寺（同県隠岐郡隠岐の島町）などはのちに退転・廃絶している。

第二節　摂河泉における時衆各派寺院の分布と立地

今みてきた四条時衆の末寺はおおむね①都市（洛中）、②街道筋（北国街道沿いの近江国木之本、東海道ないし中山道沿いの近江国小柿《おがき》・綣《へそ》・守山、美濃国表佐《おさ》）、③物資集積地・港湾部（摂津国尼崎、和泉国堺、大野湊近くの尾張国小倉、知多湾に面した尾張国乙川《おっかわ》）、④大寺大社門前（『日本書紀』熱田本を寄進するなど熱田神宮と強い関係をもつ尾張国熱田円福寺、大宝神社門前で神宮寺を称した近江国綣仏眼寺）に位置するのが特徴である点、時衆各派と共通しつつも四条時衆は顕著である。その目的は結縁にある。時衆が結縁を図る宗教的動因はおそらく「國界平等坐大會」（一遍「十一不二頌」の末節。此岸と彼岸の連続・一体性を説く）や融通念仏（『一遍聖絵』第三第一段）の思想から、衆生すべてを同朋とすることにより現世に平等な極楽世界の顕現をめざすものであろう。

寺院は絶対数こそ多くないものの、拠点ごとに集中して分布し、それゆえ四条時衆は地域において有力であった。附言すれば、近世に設けられた西方四十八願所に第五番熱田円福寺、第十一番綣仏眼寺、第四十二番堺引接寺が含まれ[13]、また小倉三光院や乙川光照寺は同じく近世以降の新西国三十三観音霊場や知多新西国八十八箇所霊場である。これらは聖地としての不特定多数の庶民に開かれた信仰をもつ寺院として、時衆ではやや特殊な事例といえる（藤沢派では四国八十八箇所霊場第七十八番郷照寺、霊山派では洛陽三十三観音霊場第十一番〔近世以降七番〕長楽寺がある）。

それでは、微視的に摂河泉の四条時衆とそのほかの時衆各派の動向をみてみよう。近世以降の史料から末寺をたどることになるが、一つ一つを確認することで中世寺院であるかどうか、だいたいわかる。ちなみに一遍は、同時代資料『一遍聖絵』第二第三段によれば文永十一年（一二七四）極楽の東門といわれた難波四天王寺において賦算を開始し、弘安八年（一二八五）ふたたび四天王寺に参詣、住吉大社・磯長聖徳太子墓を参拝し、いったん大和・山城国をへて三度四天王寺にいたる。また山城に向かい、尼崎逗留、正応二年（一二八九）兵庫の海岸沿い（光明福寺）観音堂にて歿した。

まず摂津国には四条派は河辺郡尼崎四、西成郡大和田一箇寺（『時宗四条派本末帳』）があり、現地の伝では尼崎にこのほか二箇寺あったという。現在は尼崎善通寺と大和田光明寺（大阪市西淀川区）が遺る。興味深いのは江戸初期かと考えられている『八葉山蓮花寺末寺帳』に「尼崎道場」とみえる点で、[14]一向俊聖教団の教線も中世前期にはおよんでいたらしい。

他派で、摂津国は一遍の廟所真光寺が兵庫津にあるほか、四天王寺の門前に位置する円成院[15]など計一四箇寺があり[16]（仮題『遊行派末寺帳』）、現存は円成院のほか兵庫三、高槻一の五箇寺。また『時宗霊山派本末帳』には霊山派が九箇寺みえ、現状は兵庫津（兵庫県神戸市兵庫区）に三箇寺遺る。

河内国には藤沢派の三箇寺（『遊行派末寺帳』）のみで他派はない。このうち壺井通法寺は河内源氏ゆかりの名刹で、末寺帳のほか『遊行・藤沢両上人御歴代系譜』（『庶民信仰の源流』）に遊行二十三代他阿称愚が同寺にて永正十一年（一五一四）遊行相続したとみえるが、当地で時衆の徴証はほとんどみいだしがたい。現在は小寺照林寺（堺市美原区）が遺る。河内鋳物師の本拠地であり、かれらの帰依があった模様である。[17]

浄土宗鎮西派常称寺（大阪府守口市高瀬町二丁目）は、一八七二年願誉が中興・転宗するまで、宝暦中（一七五一～六四）写本『時宗十二派本末惣寺院連名簿』や仮題『遊行派末寺帳』にみえる時宗寺院であった。住持珠阿弥による同寺蔵・元和四年（一六一八）『河州茨田郡十七ケ所之内小高瀬郷一本寺高瀬山華厳院常称寺縁起』（『守口市史』本文編第一巻）は行基開創、建治元年（一二七五）一遍中興とし、『河内名所圖會』（『版本地誌大系』4）巻之六は「時宗常稱寺あり、行基四十九院の一つ」で、一遍中興とする。

和泉国には四条派は大鳥郡堺にのみ四箇寺（『時宗四条派本末帳』）あった。藤沢派は六箇寺（『遊行派末寺帳』）があった。現在四条派は消滅し藤沢派の堺永福寺（堺市堺区市之町東六丁）のみが遺る。同寺は『遊行二十四祖御修行記』（『定本時宗宗典』下巻）によると永正十五年（一五一八）五月十九日、翌十六年正月中旬、遊行二十四代他阿不外が立ち寄っている。また京都妙法院史料に慶長十八年（一六一三）東山大仏殿における千僧会に出仕しているのがみえる程度で、零落しており淵源も不明である。[18]市之町東は摂・泉の国堺にほど近く、長尾街道・西高野街道がある要衝で、地名どおり市があった。

このほか播磨国には四条道場の系統として前記の姫道道場称名寺があった。[19]のち姫路城が築城される姫山の天台宗山門派の名刹が、赤松氏の帰依によって改宗したものと考えられている。現在は転宗して浄土宗鎮西派正明寺となり寺町に移転させられている。国衙庄を寺領とした文書の内容からみて播磨国府との関係が窺え、小野一之氏が他阿真教による越前・武蔵国府（東京都府中市・藤沢派国府道場長福寺）での勧化の例で論じたように、[20]国府・守護所の政治性つまり国衙勢力・在庁官人との結合を指向しているものともいえる。金蓮寺の佐々木氏、『明徳記』から指摘される陣僧職能に期待した引接寺の山名氏ら守護勢力の大族の外護・帰依のほか、小倉蓮台寺（愛知県常滑市）は『小倉蓮台寺記』に「一色左京太夫道秀、正和三年（一三一四）甲寅創建」とみえ、道秀による鐃鉦も遺る。[21] かように、武家の帰依がみてとれる。

以上のように時衆寺院の分布をたどってみると四条時衆は大阪湾岸で堺〜大和田〜尼崎〜姫路にいたる連携が窺え、海浜部に立地するのを原則とするのに対し、藤沢時衆は堺〜天王寺〜兵庫にいたる経路はあるものの、摂河泉の藤沢派寺院は農村部にもわずかに拡散するくらいで寺院自体も勢力は弱く、一遍廟所の兵庫真光寺以外は稀薄な存在であった。

堺は中世に入り廻船業の発達とともに繁栄した津で、畿内の物資の集散地であった。引接寺とその塔頭二宇、同寺末金光寺があった。地名のとおり環濠内を東西に国堺が貫き、引接寺は和泉国堺南庄、金光寺は摂津国堺北庄に位置する。現在すべて廃絶し引接寺は近在の堺区中之町東三丁、浄土宗西山禅林寺派正法寺に継承された。文書等も同寺が保管していたが、第二次大戦の戦禍により湮滅している。[22] 大阪府立中之島図書館蔵・貞享元年（一六八四）『堺鑑』（船越政一郎編『浪速叢書』第十三、名著出版・一九七八年一〇月にも収載）巻中に「金光寺」「引接寺勅定山」が立項されている。同館蔵・宝暦七年（一七五七）『全堺詳志』（『浪速叢書』第十三に収載）上巻「引接寺」項では広大な旧寺地に疑念が呈され、智円は別人と考証する。同館蔵・安永四年（一七七五）『泉州志』巻之一「大鳥郡上」では、貞和三年（一三四七）富豪三宅氏の一子が父の病気平癒を住吉社に祈願し阿弥陀仏を感得して成満したため報謝として同社領に釈阿智演を導師に建立、住吉社務国夏が寺地寄進とある。

同館蔵・寛政八年（一七九六）『和泉名所圖會』巻之壹は、引接寺についてこう記す。開基智演、貞和三年（一三四七）開創。智演は信州の源姓牧野氏。八歳で極楽寺良観に随身、俊澄と称す。一五にして叡山登山、和州石寺で念仏行者となり「当津の高野堂」に住す。三宅十五郎父の平癒念じ夢告で海中から仏えて建立、天皇豊仁（諡号・光明）勅定で引接寺と名づける。名はのち智演と改む。もと住吉社領のうち、社務国夏の応永八年（一四〇一）寄進状あり、旧地は宿院（字名）のところ。嘉吉二年（一四四二）十一月将軍足利義勝寄進状、文明二年（一四七〇）九月足利義政寺領安堵状あり、と。初源期を中心に六、八、十五、三十二世四条上人を輩出しており[23]、本寺と同じ四条道場とも称されていた大坊であった[24]。『泉州志』も智演を牧野とか良観弟子などと本寺の浄阿伝と完全に混同し、また「当津高野堂」に住すとする。俊澄のち智演と称すとする。住吉社の奥院開口神社に影響があり、坊舎四〇余、足利将軍の座所であり、茶匠千阿弥、孫の利休、弟子愛阿弥らがいて信長・秀吉愛好の寺という[25]。『堺鑑』によれば金光寺は本尊薬師が網にかかって承和年間（八三四～四八）草創という一方、『泉州志』は開創不詳とする。天台宗だったのが貞和のころ火災で衰退し引接寺智演に帰入したという。

『和泉名所圖會』は巻之貳で金光寺を本尊薬師とし、承和元年（八三四）網にてすくったことから網道場といい、寺号は勅号によるという。開基真澄上人。稲荷の告により阿弥陀を感得し祀る。天皇幹仁（追号・後小松）ゆかりの紫藤ありとする。一九〇二年七月、南隣の高野山真言宗宝珠院に合併された[26]。堺は港湾都市にして有力神社域内という時衆にとって格好の立地条件といえる。正徳五年（一七一五）ヵ『和漢三才圖會』巻七十六にも引接寺と金光寺がみえ[27]、内容は引接寺本尊は住吉明神作と伝承するとする。

摂津五寺のうち四寺の集中する尼崎は、瀬戸内の船の停泊する室（室津）、韓（飾磨）、魚住（明石）、大輪田（兵庫）、河尻（尼崎）のいわゆる摂播五泊の一つで、東大寺勧進職重源の木材運搬の基地にもなった港湾都市である。弘安九年（一二八六）一遍が尼崎を訪れ（『一遍聖絵』第九第三段）、他阿真教の仮名消息の充所として「尼崎時阿彌陀佛」が『他阿上人法語』（『定本時宗宗典』上巻）巻一に二通と巻二に一通、「尼ケ崎諸阿彌陀佛」が巻六に一通みえるから、四条時衆成立以前からの時衆教化の拠点であった。

元禄五年（一六九二）の寺社書上[28]によれば、海岸寺は正慶年中（一三三二〜三四）、西一比丘尼の開創で明徳年中（一三九〇〜九四）以後男僧。正福寺は創建不明、暦応年中（一三三八〜四二）より歴代判明。善通寺は永禄九年（一五六六）の建立。宝光寺は開創不詳だが寛永年間（一六二四〜四四）より南一ら三代の尼僧がみえ（『攝陽群談』（雄山閣版『大日本地誌大系』㊳）では南一中興）、以後無住のため善通寺が兼務。これらは近世、寺町にあってみな近接していた。善通寺末と伝える郊外の松林寺・菩提寺（ともに廃寺[29]）はいずれの末寺帳にも未検出。本山金蓮寺歴代のうち九代は正福寺、三十四代は海岸寺、三十七・三十九・四十三・四十七代は善通寺が出す。寺町には近世一六（現一一）寺院があり、うち四（現二）箇寺が四条時衆。参考までに現五箇寺が浄土宗鎮西派である。

大和田光明寺は延宝六年（一六七八）の中興という[30]。神崎川河口の大和田[31]は尼崎との中継地であったとみられる。立地を考えると、中世に遡りうる寺ではある。

堺の四条派寺院は何らかの形で縁起を引接寺に帰するが、尼崎の各寺が相互に対等なのは檀越の力関係によろうか。

第三節　四条時衆の民衆への結縁とその機能

四条時衆はいかなる人々を勧進したのであろうか。都市であるからまず商人・富裕層が考えられる。堺には住吉社の奥之院とされる開口神社（三村宮）があり、引接寺と密接な関係を有していた。引接寺の廃絶後は正法寺とともにその文書群も所蔵している。[32] それによれば三宅家、野遠屋（阿佐井家）、備中屋、池永＝湯川家ら堺で大規模・古参の豪賈（大商人）が阿号を名のる。[33] 中でも三宅家は、七代にわたり墓所が堺引接寺にあったのである。[34] いち早く時衆が入りこんでいたことがわかる。尼崎善通寺の檀家も、大きな廻船問屋、海産物商の末裔が多いとのことである。

摂河泉の中世仏教史を概観した服部清道氏は、この地域は古代以来の仏教文化との継続性が乏しいとみ、例えば板碑は阿弥陀信仰と題目信仰が圧倒的で名号も多いが、特定宗派との関連性は資料上からはみいだせず、戦国期あたりに作例が増えてくるとする。[35] こうした情況下で時衆、真宗、融通念仏宗が念仏信仰を在地に広めていくことになる。例えば大阪湾岸以西の真宗は、武士の支持による備後国明光教団、堺商人による興正寺および摂津国溝杭仏照寺（大阪府茨木市）、堺善教寺などが古く、[36] 摂津をみても本願寺教団よりも興正寺の本流である仏光寺系が古いという。[37] 仏光寺教団と時衆とは、ともに早い段階から西国への展開を行っていて、蓮如以前の本願寺教団を圧倒していた。

引接寺は堺で最古級の寺である。商工業者の論理に時衆教理が適合していたのであろう。これに関連する時衆の教理は次の三点に集約できる。①信心不問。絶対他力の立場から、個々人の信心は極楽往生の因としない。②悉皆成仏。衆生はみな阿弥陀仏となる。したがって法号は阿弥陀仏号である。③現世中心。穢土と浄土は生死による世界の差異としてではなく念仏により穢土はたちまち浄土となりうる。これら本覚思想に近いものが基底である（いずれも同じ浄土系でも浄土宗や真宗にはない教義である）。

まず今述べた教理をよりどころに衆生の決定《けつじよう》往生・安心獲得を図った(38)。具体的にいえば勧進聖である。時衆は宗派ではないから、余宗との併存がしばしばみられる。その類例として第一部第二章でふれた薩摩国島津家の菩提寺である天台宗山門派大乗院や曹洞宗福昌寺、藤沢時衆の本立寺・浄光明寺、下総国千葉家は真言宗（現豊山派）大日寺のほか当麻時衆の来光〔迎〕寺・海隣寺を菩提寺とした（ただし中世は公武を問わず同一氏での祈願所・菩提所が錯綜し、氏の中の各家ごと個人ごとで信仰の対象が齟齬することもあり分明ではない）。中世は精神修養のための禅宗と祈禱寺としての顕密、葬送や往生のための時衆というようにそれぞれの指向により複数の〝宗派〟に帰依したのである。行基生誕の地である高野山真言宗家原寺（堺市西区）は永徳二年（一三八二）に戦火で焼失し天正二年（一五七四）に再建されたが、天文二十年（一五五一）建立の板碑には明らかに時衆流楷書の六字名号がみえる(39)。これも宗派を問わず勧進していた四条時衆の影響の蓋然性もあろう。

時衆最大の社会的機能に、生に対する死、貴に対する賤、強に対する弱というような負の方向性への鎮魂がある。まず怨霊済度である。和泉式部（一遍が亡霊を済度したとの伝が謡曲「誓願寺」）、藤沢時衆では平将門（他阿真教による首塚板碑建立および武蔵国芝崎道場日輪寺改宗の伝承）、斎藤別当実盛（遊行十四代他阿太空による加賀国篠原での供養〔『満済准后日記』〕）、平家一門（京都御影堂新善光寺、長門国彦島西楽寺）、新田義貞（時衆が遺体を越前国長崎道場称念寺に運ぶ。墓所・義貞像あり）、小栗判官助重（藤沢長生院ほか。唱導）、春王・安王（美濃国垂井金蓮寺墓地に石塔）というような実例が挙げられる。これらは時の為政者側すなわち勝者の依頼による供養という面があり、その報酬として外護を加えられた。足利・徳川両将軍家による遊行上人への伝馬朱印状の発給は、総じて源氏の棟梁としての平家済度への責務によると考えられる（金井清光氏の教示）。四条時衆では、足利尊氏の縁者が元応元年（一三一九）熱田円福寺を建立し、のち金蓮寺三世となった伝がある。

また堺を舞台とした明徳の乱（一三九一）に関して『明徳記』に登場する「境ノ道場」に比定される引接寺で、鎮魂を目的とする唱導が行われたと推定されるのは、回向の一形態といえよう。(40)阿号を有するように現世での阿弥陀仏である時衆が唱導・説法することは、神仏と感応した一種神勅（託宣）であった。連歌も同様の思想に立脚する。次にふれる秦武文《たけぶん》《たけふみ》唱導は端的な例である。また（大阪湾で仏が網にひっかかったという）網道場創始の伝承は善光寺縁起になぞらえたふしもあり、敷衍すれば聖との関連も窺えよう。

また女人済度も時衆の特質の一つである。例えば、尼崎海岸寺は前掲書上に正慶年中（一三三二〜三四）、西一比丘尼の開山とある。元禄十四年（一七〇一）『攝陽群談』などにみえるように南朝方の悲劇の武士、秦武文の墓があり、武文供養のため西一が寺を建立したと伝える。近世の絵巻も伝世する。時衆の機能、怨霊鎮魂という点で唱導者としての尼僧西一が浮き彫りとなる。中世、比丘尼は絵解き・語り物などで教化した。仏教者として現世のほか来世への利益も託しうる存在であり、性に発する古来の土俗的な呪術力も期待されていたようだ。

時衆では女性法名一号・仏号は一仏乗による（『條條行儀法則《ほっそく》』〈『定本時宗宗典』上巻〉）ように勧進の対象とされていた。宣教師の書簡「一五六一年（永禄四年）八月十七日附、堺發、パードレ・ガスパル・ビレラより印度のイルマン等に贈りし書翰」（『異國叢書　耶蘇會士日本通信』上巻）に時衆（「Jixu」）の言及あり、僧尼同座や歌舞（踊り念仏ヵ）のことが載る。堺発なので引接寺である蓋然性がきわめて高い。同様の例は永楽十八年（一四二〇〈世宗二年・応永二十七年〉）宋希璟『老松堂日本行録』（岩波文庫青454—1）に赤間関全念寺（藤沢派専念寺ヵ）での見聞として載り、時衆の通例であったらしい。遡れば永仁三年（一二九五）『野守鏡』・同四年『七天狗絵』にて一遍の時衆が僧尼同行として非難されて以来のもので、堺にまつわるものでは禅僧一休宗純の寛正二年（一四六一）『自戒集』（『大徳寺禅語録集成』第二巻）に踊り念仏が頽廃の例に掲げられている。

時衆内でも外部からの批判に対する危惧から、十二光箱を男女の境界としたり、遊行二十一代他阿知蓮の尼寺排斥のように、好ましからぬものとして捉えられていたようである。[41] 唱導などにより不特定多数を相手とする尼院は近世寺請制下では経営難で、男僧寺か廃寺となるのが通例であった。

死者鎮魂の延長として、葬送も重要な時衆の職能といえる。

堺金光寺は網道場とよばれた。阿弥に基づくとする伝がある。また尼崎海岸寺・善通寺とも前掲書上では住持が阿弥号を称している。一般に阿号と阿弥号は同一に理解されるが、法主が例えば「他阿弥」と名のることがないように実際には峻別されていた。阿弥号はおもに在俗沙弥・職能民が用いたようで、近世中期にも住持が使うのは両者の連携を示唆する。

一休が『自戒集』六十六で「禅僧法華宗達地の念仏宗の純阿ミ也」と自虐的に自称・署名するように、時衆は当時から差別の対象となっていた。事実、尼崎菩提寺（俗称西墓）・松林寺は末寺帳に載らない葬送寺院であったらしい。また善通寺も墓地に寺の創建以前の法華宗などの余宗の法号をもつ墓石が検出されることから、葬送寺院としての性格が指摘されている。[42] 一方その裏返しとして、引接寺号および釈阿に智演上人号が天皇豊仁（諡号・光明）より勅許され勅定山を称したとする縁起（焼失以前は伝豊仁勅額や天皇幹仁〔追号・後小松〕綸旨を所蔵）・堺金光寺における寺号勅号と幹仁伝承は、脱賤のため貴種譚を伝える時衆らしさを現出している。金光寺の幹仁「御感」の藤は近世堺の庶民の名所であった。同じ四条時衆の尾張国小倉蓮台寺にも天皇彦仁（追号・後花園）勅使下向の伝がある。

他方金井清光・大橋俊雄氏とも時衆のうち退廃した僧尼・結縁衆を阿弥衆とするが[43]、時系列はむしろ逆で、芸能・技術に秀でた人々が時衆に結縁したとみたい。それは時衆の思想（信不信問わず衆生すべてが阿弥陀仏となる）とともに踊り念仏ほかの時衆の行儀・行実に深く関わると考えられ、極論すれば時衆の論理は信心を問わぬ以上、宗教の枠を超えた文化なのである。また時衆のもつ知識帰命など独特な原理は家元・宗匠制にも通ずる。現世における阿弥陀仏である時衆が感得した文芸・芸能に特別な意義が認められたため、芸能者の交流がさかんで、本寺金蓮寺は情報センターのごとくになっていた[44]。堺の時衆について史料は少ないが、文明十一年（一四七九）招月庵正広（一四一二〜九三）が金光寺の空き庵に滞在し、以後明応二年（一四九三）までかなりの頻度で引接寺を中心に堺の連歌会に出席している[45]。『蔗軒日録』（『大日本古記録』第四）文明十八年（一四八六）八月十七日条によると、同十五日に行われた「引接寺哥合」には、飛鳥井雅親（一四一六〜九〇。法名栄雅。飛鳥井家は歌道・蹴鞠道の家で本人も書道飛鳥井流の祖）に比定される「晴雲」が参加していた。開口社の神宮寺である大寺念仏寺でも、『蔗軒日録』文明十八年（一四八六）七月十四日条で踊り念仏が確認されるまでに、時衆文化は広がりをみせる。

既述のように堺金光寺は網道場とよばれた。本尊薬師を網ですくったことに由来するという。近在の真言宗御室派塩穴寺本尊の例（欽明十四年（五五三））のほか、古代以来、漁民ないし海を主題にする縁起は広くみられ[46]、また時衆が海民に接近していた傍証も遺されている[47]。海上交通による情報の出入りもみられた。四条道場重阿日當が伊予の河野通直や薩摩の上井覚兼を頼り、覚兼の許で羽柴秀吉の長久手の戦いの敗北を物語りしたと『伊勢守日記』（『大日本古記録』第五上井覺兼日記「中」）十八、天正十二年（一五八四）七月十九・廿日条にある（『遊行三十一祖京畿御修行記』には同六年霜月廿五日、薩摩より帰参したとあるから四条時衆から遊行上人会下に転じたのか）。また、本願寺蓮如が四条道場の風聞で母が備後にいるとの動静を知ったという（『山科連署記』『空善日記』[48]）。かれの母は著名な津である備後国尾道の産といい、尼崎などの四条時衆の海上交通網の連携が窺える[49]。さらに仄聞を基に考察を加えれば、蓮如生誕の地の伝をもち生母が尼（蘭弌房）として住したという備後国鞆の浦本願寺（藤沢派）所縁の祇園末社と、四条道場と交誼のあった京都祇園社との連絡も一つの仮説となりえよう[50]。

ここから示唆が導かれるように、海岸寺号や秦武文伝承にみられる海民との関係も看過できない。海難者済度の意図もあろう。三宅氏は弥陀を海で感得し引接寺を建てたという。善通寺八世より引接寺三十世へ登位したり、御四箇寺の一、近江国浄信寺は本尊地蔵が難波に漂着して木之本に遷座し白鳳元年（六六一）開山、その故地に網道場金光寺を創建という（『浅井三代記』『浄信寺縁起』、ただ前掲の金光寺伝とは齟齬）ようなネットワークを暗示する。海運交易でいえば藤沢時衆の例に鎌倉末の越中国放生津・本阿がいる[51]。津軽十三湊から若狭国小浜までを活動範囲とし、「蔵」を営み商業行為をする越前国長崎称念寺薗阿らとともに日吉社庄園神人の拠点が時衆に移行していくさまがみてとれるという[52]。また武蔵国品河《川》に集中する時衆道場（中世五、現三箇寺）がある。明徳三年（一三九二）の『湊船帳』に船主・問丸として、阿弥号の者が散見し、檀越に類すると考えられる[53]。大阪湾岸の四条時衆の動向もおおむね同じようなものであろう。

一方東海の四条時衆寺院との交流は稀薄で、例えば熱田円福寺は本来の浄阿との起源譚を無視して他阿真教の直弟の法脈を主張するように、特に近世には独自の動きをとる。中世も同様な動きであろう。そこで勢力抗争を避けて中本寺四箇寺の輪番制を敷いたと考えられる。中本寺下の寺院は弟子譲りが中心で藤沢派のような広範囲の住持転院は少なかった。

また神祇信仰の包摂も特徴的で、専修念仏の中で異色の時衆各派共通の行儀である。『堺鑑』に引接寺は住吉社務から土地寄進を受けたとあり、享保十九年（一七三四）『日本輿地通志』にはこれをさすと思われる応永八年（一四〇一）住吉神主津守氏創建の記事がみえるから、同社側の寄進が寺にとって画期とみなされていたようだ。住吉社別宮開口社には神宮寺たる真言系の念仏寺があるが、顕密仏教のみでは中世びとの信仰の需要を満たせず、現世利益と来世往生の両面が期待できる時衆に関心を移したといえまいか。

あるいは開口社の勧進部門を担当していたというほうが正しいかもしれない。これは前記の名刹大社門前に結集する時衆のありようそのものである。後代になるが大阪府立中之島図書館蔵・安永五申歳（一七七六）三月版『住吉開口大畧繪詞傳』によれば、釈阿智演が堺での「念佛の始也」、「高野道場」にいた智演が招請されたとあり、名は「御朱印所住吉開口社堺引接宮寺」と載る。『堺鑑』には応安二年（一三六九）金蓮寺末になったとみえ、伝承といえども開創年代と編入年代の差から、初源は高野聖のように宗旨に関係なく教化していたさまが推測される。

『住吉開口大畧繪詞傳』によれば智演は本寺金蓮寺とは別個の淵源をもつ賦算を行っていたという。この札配りもまた高野聖の行儀の一つでもある。堺の地誌類では四条道場金蓮寺の浄阿真観の事績[54]が智演のそれにおきかえられ、癩者を治癒させる超越者とする説話が載るのは興味深い。引接寺にせよ円福寺にせよ独自性があり、にも拘わらず四条道場の末派に入ったのは、権門の外護篤い金蓮寺の傘下にいると勧進の過程で保護が受けられたからであろう。まさに座と同じ構造である。

アジールとしての時衆道場の機能もあろう。例証の多い藤沢時衆でいえば本寺清浄光寺は鎌倉の西方たる聖地の一

第一図　『住吉開口大畧繪詞傳』（大阪府立中之島図書館蔵）

安永五年（一七七六）。題目は住吉社別宮開口社をさすが、内容は引接寺の縁起であり、同寺が頒布していたのだろう。

つであった。応永二十三年（一四一六）の上杉禅秀の乱から三回忌に供養のために建立された石塔は、「人畜亡魂皆悉往生浄土」とあり、「敵御方供養塔」ないし「怨親平等碑」とよばれ恩讐を超越した理念を表明している。

また上野国徳川満徳寺（群馬県太田市、廃寺）が近世縁切寺とされたことは周知である。清浄光寺では足利方の河野通盛が建武二年（一三三五）遊行五代他阿安国の周旋により落ち延びた伝説（本書第三部第三章にて詳述）や、『南部系図』に正慶二年（一三三三）鎌倉方の南部茂時の遺骸を家臣が清浄光寺に運んで引導を受け法名正阿を賜り六人追い腹をした例（ただし誤伝）、次いで観応二年（一三五一）の畠山臣の上州林氏ら『時衆過去帳』には遊行二十一代他阿知蓮にいたるおよそ二二件の寺内に埋葬された例がある。[55] 堺でいうなら、前期の明徳の乱における山名氏と引接寺が好例とすることができる。このようなアジール、唱導を通じ、ひいては文化・芸能的交流がなされることで時衆寺院はさまざまな無形のものが交錯する開放的な意味でのサロンへとなっていく。

最後にこのような場としての時衆道場、例えば引接寺は応永七年（一四〇〇）の文書では寺地東西三七町・南北三八町と広大で、堺の町造りに不可欠であったことがわかる。[56] 堺南庄の南西端を占め、寺域の性格から都市形成にも何らかの意義があったともいえよう。一説には引接寺には「堺幕府」がおかれていたともいう。[57] これは足利十一代将軍義澄の子で十代義稙養子となった義維が、管領細川氏被官の阿波三好氏らの力を背景に大永七年（一五二七）六月十七日、次期将軍を意味する従五位下左馬頭に任ぜられてから、享禄五年（一五三二）六月二十日に三好元長が堺顕本寺（現法華宗本門流）にて自害するまでの間成立したとみなされるもので、今谷明氏は畿内一円に奉行人奉書を発給するなど、この政権に幕府としての実体を認めてよいとしている。[58]

『嚴助大僧正（往年）記』（『續群書類從』第三十輯上）巻上、大永七年（一五二七）三月廿一日条には「従四國御渡海。堺御逗留。公方四場（條）道場御座云々」とあるほか、同年三月、義維が四条道場にいることが確認できる（『言繼卿記』『嚴助往年記』）。翌八年七月十八日にも義維が四条道場にて御教書を発している。天文元年（一五三二）四条道場に戻っている（『足利季世記』『續應仁後記』『細川兩家記』（『群書類從』第二十輯）「四條の寺」「四條の道場」[59]）。これよりのち永禄九年（一五六六）五月には松永久秀が三好三人衆に堺四条道場で囲まれている。中世寺院は宿所や城郭・陣屋をかねる例が少なくないが、特に引接寺は広大な寺地と海に面した立地が重宝されたのであろうか。伽藍についてはよくわからない。

以上から、都市に必要なもろもろの機能を時衆が担っていたことがわかる。

第四節　他宗あるいは他地域の時衆の動向との比較

前節で四条時衆を例として時衆が本源的に有する機能を具体的にみてみた。総じて都市、ことに港津に位置する寺院のありようは宗派を超えて類似していることが指摘できる。宗教は本質的に布教活動の場として人員や物資の集散する都市・港湾を志向するものといえる。中でも時衆勧進の第一義は、深山幽谷にて修行する自力行ではなく、信心を問わずひたすら結縁をおし進めることにあるから、都市への進出は必然のものとなる。

尼崎をみてみよう。本興寺は現在法華宗本門流大本山である。四条門流日像の流れをくむ八品派（現法華宗本門流、本門法華宗、本門仏立宗に分かれる）日隆が応永二十七年（一四二〇）に創建した。京都本応〔能〕寺（京都市中京区）のほか備前国牛窓本蓮寺（岡山県瀬戸内市）・讃岐国宇多津本妙寺（香川県綾歌郡宇多津町）。以上、現法華宗本門流）など海上交通に立脚したと思われる瀬戸内沿岸の布教がめざましかった。[60] その行程は時衆、特に藤沢時衆のものと重なる。戦国期に本興寺は貴布祢屋敷地や尼崎町衆から土地を購入し寺内町を整備している。

日蓮宗長遠《ぢょうおん》寺の場合も、織田信長の禁制によれば元亀三年（一五七二）「攝州尼崎内市場巽長遠寺」と寺内町を形成していた。また臨済宗大徳寺派広徳寺は唱門士（声聞師）・河原者ら職能民との結合等々がある。東大寺円照の弟子琳海が承安年中（一一七一～七五）中興（『貴布祢神社文書』（『尼崎市史』五）中『尼崎町寺社改め帳』。円照の世代と合わないが『攝陽群談』も同じく承安年中とする）の律宗大覚寺にいたっては、律宗と時衆との歴史的関係から相似点が多い。琵琶法師による『平家物語』の唱導、[61] 中世絵図によれば寺内に市庭、温室もあった。同寺蔵・応永十八年（一四一一）八月十八日付「僧衆・番頭等交名注文」（『尼崎市史』四）に番頭として道阿、治阿、円阿がみえ、道阿弥陀仏は大覚寺に土地を借りる有徳人だったらしい。康正二年（一四五六）十二月十四日付「証章・順阿田地売券」（『同』）にも順阿がみえる。中世前期、律宗でも阿号を有する者は少なくないが、阿号自体は律宗の信仰体系に依拠するものではなく、広い意味で重源流の阿弥陀信仰を背景とする。そうした人々が律院に関与することに時衆との重層関係が窺える。浄土宗鎮西派如来院の笠塔婆（嘉暦二年〔一三二七〕）は、時衆流名号が刻まれている（後掲註(78)）。

また堺では臨済宗東福寺派海会寺、臨済宗大徳寺派南宗寺は参禅・茶の湯によりサロンと化していたし、商家出身の禅僧も多い。芸能の担い手が禅宗に移行していく一例である。真宗では真宗寺、慈光寺、善教寺が「堺三坊主」とされ、蓮如所縁の名刹としてのちの石山本願寺創建の基盤となった。なお興味を惹くのは現在浄土真宗本願寺派に属するかつての興正寺末の宝光寺（堺区中之町東四丁）は、伊予国越智郡大浜の了順こと河野七郎通広（建長四年〔一二五二〕歿）を開創とする縁起があることである。通広は一遍の父である。堺には浄土真宗本願寺派に現在河野を俗姓とする寺が同寺など六箇寺あり、いずれも河野水軍の末裔を称するようである。瀬戸内海交通の一端を窺わせる逸話である。また法華（日蓮）宗各本山は天文法華の乱を契機に京より疎開してきており、同じように堺にきていた真宗も含め、極論すれば、後述の「佛國」への遁世として捉えることもできよう[62]。

中でも大阪平野を中心に広がる融通念仏宗は、踊り念仏、阿弥陀仏号、別時念仏の行儀をもち、「別時衆」と称することもあるから[63]、本義的には時衆といえる。宗を公称するのは元禄元年（一六八八）の官許以後であるが、すでに民衆への浸透は完遂していた。寺院分布および「御回在」（本尊十一尊天得如来の掛軸を寺や檀家がもち回りする）領域をみると農村部に多く、都市部の時衆との棲み分けがなされていたようですらある。ちなみに融通念仏宗は真宗には完全に重複・蚕食され、総本山大念仏寺の足下、平野の町家も多くが真宗門徒となっている。

こうした中で中世の港湾部で時衆が際だって支持された事由は何であろう。既述のとおり時衆は人々の決定往生・安心獲得につくす一方、葬送、死者特に怨霊鎮魂、女人を含む下層民衆済度などの機能をはたした。それは信不信・浄不浄を問わず悉皆成仏という時衆教説の特質を発揮したからである。時衆勧進の第一義は結縁という易行だからというのもあろう。

堺がおもに禅寺の林立から「泉南佛國」(『蔗軒日録』文明十六年(一四八四)十二月十一日条[64])とよばれ自治を実現した精神には―先後関係は別として―時衆的な現世中心の極楽思想が重なるし、文芸・芸能の隆盛なかんづく阿弥衆に発する千家の茶道[65]などは、四条時衆の影響を感ぜしめる。真宗も法華宗も京洛からのいわば遁世であり、顕密寺院的な経済権益の寡少な点が、むしろ自治を促進した面もあろう。その点、時衆はもっとも束縛とは遠い存在であった。近世の一〇石三斗の引接寺領は、堺の主要寺院ではもっとも少なく、世俗の権益に依拠しない「無縁所」に近い寺院であった。

では西国と東国の時衆を派を問わず比較してみよう。西国においては縷々述べてきた四条時衆に代表されるように、種々の都市的要素を具えていた。分布も都市部・港湾部などがおもで、「点」あるいはそこから派生した「線」(街道・海路)に沿うように位置している[66]。総数で最多を誇る藤沢時衆では「線」として兵庫津～宇多津～鞆津～尾道～赤間関にいたる道程が看取され、四国には瀬戸内沿岸に三箇寺のみである。密集度でいえば尾道には文政年間(一八一八～三〇)『尾道志稿』によれば浄土宗の一一、真言宗の九をはるかにしのぐ二四箇寺(含塔頭)があったという偏在ぶりである[67]。一例として正応四年(一二九一)創建という常称寺をみると、一之寮、二之寮、三之寮、玉蔵庵、慶徳庵、福泉庵、南之寮、布施屋、珠数屋、召所などと多数の坊舎、塔頭、客寮をもっていた。その規模がしのばれる。

これに対して東国では、現状の茨城県五一箇寺、栃木県三五箇寺に端的に現れるように「面」的展開をみせ、農村部のことに在地領主層の帰依が強かったようである。

また列島規模の藤沢時衆と京畿中心の四条時衆の差異は何によるのであろうか。一つに藤沢時衆の遊行上人に対する足利将軍家からの自由往来を許す御教書、近世は伝馬朱印状による列島津々浦々への遊行のもたらした影響力は大であったとみるべきであろう。それは定期的に末寺を巡回することで、時衆・結縁衆の拡大再生産が可能であったからであろう。

近世藤沢派の半官製の遊行を除けば、重言するが時衆の動向は〝宗教〟活動の枠を超え〝文化〟活動とさえいいうる営為である。それは信不信を問わない時衆としては必然の経過であるが、換言すれば宗教必須の求心性を捨棄することとなり、教団としては衰退へいたる道筋が用意されていたといえる。

一遍の法流は、祖と仰がれる一遍が祖師としての意識・教団永続の意志を明確に否定したため、宗祖に回帰する教団改革が興りえない特質をもつ。最大の藤沢時衆においても初期段階の他阿真教は能吏としての面が強く、成員を人格的に把握しえたかは論断できない。教団の実質的な創業者といえる真教は、すでに守成や改革者の側面も同時に併せもってしまったため、ふつうは草創期から数代のちに登場する改革者（蓮如のようにカリスマ性を有する中興の祖）が時衆には現れなかった。つまりあくまで極論だが、初源期にいきなり爛熟を迎えたようなもので、あとは右肩下がりの道しかない。こうした現象は、時衆教団の自然凋落あるいは真宗による包摂という流れによって助長されていくこととなる。中世的性質によって伸張してきた時衆の活潑な勧化は、近世に入ると寺請制などの政策下で圧殺され、寺院は無住か兼帯となり、近代にいたって尼崎での六から一箇寺へ、堺での四箇寺から全廃という四条派寺院の激減は象徴的である。

おわりに——まとめに代えて——

掉尾において研究の今後の展望を巨視的に述べて本章を閉じたい。

一般論として中世の商業・流通は畿内を中心として展開を遂げた。それは上部構造としては政治の中心であり、下部構造としてはこの地域の高い生産性と消費財・耐久財が集散することにより物流が必然的に発達していったことによろう。中核として京都・奈良があり、堺は中世中期以降それを補完する重要な拠点となったのである。やがて堺は庄園制の解体過程において、瀬戸内沿岸などのほかの地域経済の拠点との海運を通じて(68)、相対的自立を獲得していくこととなる。

「宗教」と「商業」との聯関を問う場合、顕密寺院や官社についてその職や神人あるいは庄園領主としてなどの経済面での直接的な関係で論ぜられることが多い。これを「宗教」と「商人」に目を移してみると、経済活動の主体たりえない時衆（すなわち上述寺社勢力のような拠点に固定する「組織」ではなく流動性をもつ「集団」）と都市民との間には、共通の思潮を有する点で不可分のものである。

なぜなら時衆は、本来外来の思想である仏教を演繹的に民衆に敷衍することをせずに、むしろ庶民信仰に内在する種々の行儀・指向に仏教概念を借語として援用したにすぎないからである。この点、組織・教理体系をもって宗教活動を行っていたほかの宗派と根本的に差異があるのは従来筆者が主張するとおりである[69]。

　時衆には教学がないと断言する宗門人もいる[70]。これをより正確にいえば、教理はあるが、体系だっておらず明確な淵源も不分明で典拠にも乏しいということになる。そして商業にも手を広げる勧進聖がもつ交通網が、そのまま教線にもなっている[71]。

『一遍上人語録』（『日本思想大系』10）巻下にある「万事をすてて念仏申すべき所に、あるひは学問にいとまをいれて念仏せず、あるひは聖教をば執じて称名せざるは、いたづらに他の財をかぞふるがごとし。金千両まいらするという契券をば持ちながら、金をば取らざるがごとし」という言葉などは、一遍本人の言かどうか確証はないが、商人向けに説諭したものとみてよかろう。これ以上の詳論はもはや宗教社会学の分野になるので簡述すると、マックス・ウェーバーが名著『プロテスタンティズムの倫理と資本主義の精神』（岩波文庫白209―3・4）において、禁欲プロテスタンティズムから近代資本主義が生まれるとし、西欧および米国をその典型とした。この命題を日本に援用しようとした論考は多いが、西日本においては都市の商業者に、法華宗や多くの論者がプロテスタンティズムに対置する真宗が浸透しているのは、京・堺などをみれば明らかである（ただしウェーバーは真宗にプロテスタンティズムに相通ずるものを認めつつ、最終的には資本主義の基盤にはなりえなかったと断じている[72]）。少なくとも商業者の倫理と宗教理念とに―ウェーバーとカール・マルクスの主要相違点たる上部・下部構造の問題は措くにせよ―一定の聯関は認められよう。

　これは「有徳人」とよばれた日本の富裕層のありようを想起させ、寺院建立などの作善・会合衆として社会的責任を負うた堺の商人[73]にも擬せられなくもない。そしてその基底には各地に所在した中小の市場の例をはじめ京・堺にも時衆の展開を看取せねばなるまい[74]。議論をよんだ網野善彦『無縁・公界・楽』（平凡社選書58、同社・一九七八年六月、のち増補、同社・一九八七年五月ほか）において提示された原始・古代以来社会がもつ「自由」「平和」が体現された空間としての都市論と比較すれば興味深い。

もし網野氏のいうように社会が本源的に「自由」「平和」の原理を包含しているとすれば、民衆宗教の単純派生型である時衆信仰が広く受容された事由は自明となる。来世同様に現世における価値を主張する思想、ひいては一向一揆にみられる、現世における極楽建設の動因としての時衆教理にある(75)。

時衆は柳宗悦氏が評価した浄土教究竟の透徹した宗教世界観を有していたにも拘わらず(76)、禅宗の用語を借りれば「不立文字」の側面や、庶民信仰としての後進的な呪術性とを内包していた。そこで、真宗や法華宗のように確然とした教化体系・近似する教理体系（真宗〔本願寺覚如以降〕「平生業成(77)」・法華宗「娑婆即寂光土」）をもつ教団が積極的に布教した地域にあっては、時衆よりもそちらに民衆がなびいていくのが通例である。

時衆が仏教信仰の基盤を造り、余宗、特に真宗がその上に広がっていく過程が中世の堺でも窺知されるのである(78)。瞥見したかぎりでは、本願寺証如と引接寺の開基家である三宅主計入道との関係が知られる（『天文日記』天文七年〔一五三八〕十二月二日条、堺を訪れた証如と主計入道が邂逅、証如に三種三荷を贈る(79)）。北陸もそうであるし、尾道や博多といった港湾都市でも、時衆がさきがけとなりあとから新仏教寺院が林立していくようになる。

しかしこれは別言すると、宗教史・思想史的に一本の工程として理解すると、時衆が信仰の土台を築き真宗・法華宗が支柱や屋根を構えて一個の建造物が完成したという意味で、日本中世社会が元来内在・予定してきた路線であったといえよう。近世には元和元年（一六一五）堺が全焼して以後、堺の時衆は衰微していったようである。けれども、時衆が町衆に影響を与えた連歌や茶、立花などの文化は、やがては曾呂利新左衛門らに代表される伽衆・同朋衆を通じて、大坂・京都にいる権力者によって広められていく。

　堺などの都市に自治が確立されていたか否かについては、会合衆における封建制の認定での相違から現在全面肯定[79]、一部肯定[80]、否定の三説があり決着をみていない。ここでその当否は論じないが、本章で長々たどってきた現世肯定に代表される時衆信仰の受容は、都市の自立性の精神的基盤とみることも可能であろう。

　末筆ながら、本章は宗教と都市との相関関係を時衆の側面から喚起したものであり、宗教と商業論理の整理について雑駁なる点にはご海容を乞いたい。

〔註〕

（1）金井清光「時衆研究の新資料について（第二報）」『鳥取大学教育学部研究紀要』人文社会科学第三〇巻一号（同学部・一九七九年七月、のち「（第二報）」をとり「（第一報）」と併せ金井『時衆教団の地方展開』東京美術・一九八三年五月に所収）。『廣文庫』によれば享保十年（一七二五）『甲子夜話』續編一四一二に「時宗」六七〇〇六、享保十九年（一七三四）『長周叢書虚實見聞記』三六に「遊行」六〇〇七六、天明二年（一七八二）『史料叢書天明年中國中佛寺之數』五七に「遊行宗」六〇〇七六箇寺となっている。もとより実数とは思われない近世の数値であるが、金井氏のいうように、ある程度中世の状況を反映していよう。

（2）三好宗家長慶は臨済宗妙心寺派見性寺（徳島県板野郡藍住町）を菩提寺としているが、三好家は長慶の父元長が堺顕本寺で自害するなど法華宗と畿内でさまざまな関係を生じており、長慶の弟義賢（実休）は法華宗徒になっていた。なお高屋城は大阪府羽曳野市古市、小山城は藤井寺市津堂、山城守とは長慶の叔父康長で、康長はこのとき織田信長の麾下にあった。『日本城郭大系』第12巻や『古市遺跡群Ⅵ』羽曳野市埋蔵文化財調査報告書10（同市教育委員会・一九八五年三月）などは『信長公記』から天正三年（一五七五）信長の命で河内の城郭が破却されたとして廃城視しているから、それから五年後のこのときはいかがであったのであろうか。なお三好氏がその後時衆として現れる史料はない。

（3）中世都市研究会編『中世都市研究』4［都市と宗教］（新人物往来社・一九九七年九月）および都市史研究会編『年報都市史研究』6［宗教と都市］（山川出版社・一九九八年一〇月）など。

（4）大阪湾岸における時衆について本格的にとりあげたのは本章の基礎となった「中世の港湾都市に広がる勧進聖―和泉・摂津に展開する四条道場系時衆を中心として―」地方史研究協議会編『巨大都市大阪と摂河泉』（雄山閣出版・二〇〇〇年一〇月）が嚆矢である。その後近世について精緻なものは古賀克彦「尼崎の時宗―近世の動向を中心に―」尼崎市立地域研究史料館編集『地域史研究―尼崎市立地域研究史料館紀要―』第三八巻第一号（通巻一〇六号）（同館・二〇〇八年九月）をえた。

（5）拙稿「時衆とは何か（正・承前）」時衆文化研究会編集『時衆文化』創刊・第2号（同会〔岩田書院発売〕・二〇〇〇年四・一〇月、本書第一部第二・三章）。

（6）林譲「時宗四条派派祖浄阿弥陀仏伝記史料の再検討―特に三伝の成立時期を中心として―」『國史學』第一二〇号（同会・一九八三年五月）によると、この伝はありえず後世の附会らしく、『薩戒記』応永三十三年（一四二六）十月十七日条の「祈願寺及上人号等之綸旨」が勅許上人号に関する初見である。例えば真宗では、だいぶのちに高田派真慧が文明十年（一四七八）に本寺の下野国高田専修寺が祈願所となったのにともなって勅許上人となったのが嚆矢である。伝承とはいえ、上人号に執着する時衆がかいまみえる。

（7）以上は文書に遺る。阿部征寛「四条道場（金蓮寺）の中世文書〈付録〉四条道場と浄阿真観」『藤沢市文書館紀要』第二号（同館・一九七六年三月、のち「京都四条道場金蓮寺文書―中世編―」と改題し橘俊道・圭室文雄編『庶民信仰の源流―時宗と遊行聖』名著出版・一九八二年六月に所収）。ただ前掲註（6）論攷によるとやがて歴代浄阿上人が綸旨・院宣による上人号となるのは疑いない。

（8）上村觀光編輯『五山文學全集』第四輯（民友社・一九一五年三月、のち復刻、思文閣・一九七三年二月）。

（9）四条時衆の概史は金井清光「時衆十二派について（二）」『時衆研究』第二十八号（金井私家版・一九六八年二月、のち「時衆十二派（四条派）」と改題し金井『一遍と時衆教団』角川書店・一九七五年三月に所収）によった。ただし地方の末寺に関する言及は少ない。大橋俊雄『時宗の成立と展開』日本宗教史研究叢書（吉川弘文館・一九七三年六月）の四条派の節は金井論文を襲う。

（10）水戸彰考館蔵『寺院本末帳』百七「時宗一」所収『時宗四條派本末帳』＝『時宗四條派金蓮寺下寺院牒』天明八年（一七八八）十月、百八「時宗二」所収『時宗遊行派本末書上覚』同年同月。寺院末寺帳研究会編『江戸幕府寺院本末帳集成』「中」（雄山閣出版・一九八一年一一月）に影印掲載。

（11）引接と書いて「インジョウ（インゼフ）」と読む。引摂とも書く。語源は来迎引接の略で、阿弥陀仏が来迎して衆生を極楽世界に導き入れることを意味する。

（12）梅谷繁樹「紹介　木ノ本、浄信寺過去帖」時衆文化研究会編集『時衆文化』第18号（同会（岩田書院発売）・二〇〇八年一〇月）によると、木之本浄信寺過去帳にはほかの四条時衆寺院は登場しないといい、孤立している。

（13）堀田環秀監修・鷲津清静現代語訳・白馬社制作『西方四十八願所縁起　顕志録』（西方四十八願所霊場会・二〇〇七年一一月）。

（14）大橋俊雄編著『時宗末寺帳』時衆史料第二（〔時宗〕教学研究所・一九六五年四月）。江州の項の末尾にあるが、この史料は錯簡多く、尼崎道場は摂津のものと考えたい。『一向上人血脈相承譜』（『浄土宗本山蓮華寺史料』）には「光阿聖　攝州尼崎道場開山」とある。

（15）通称を遊行寺という。今は清浄光寺の通称であるが、もとは一般名詞で、時衆道場が遊行上人の宿所であることを端的に物語る。拙稿「時衆史新知見六題」武蔵野女子大学仏教文化研究所編集『武蔵野女子大学仏教文化研究所紀要』No.19（同大学・二〇〇三年三月）。『大阪府全志』巻之二や三善貞司編『大阪史蹟辞典』（清文堂出版・一九八六年七月）の「遊行寺」項によれば、一遍の四天王寺参詣に伴う小庵が起源とし、延享元年（一七四四）遊行五十一代他阿賦存が再興とする。実際には『時衆年表』によると『遊行日鑑』同二年五月、薩摩浄光明寺隠居寿門が四天王寺塔頭薬師堂を買得したものという（同寺〔中根泰三氏〕の教示）。『攝津名所圖會』巻之二には「時宗の祖一遍上人、天王寺參籠の時の寓舍なり。遊行五十一世賦存上人これを求めて、薬師堂再營ありて遊行一派の道場となる」とあり、折衷した伝になっている。芸能者の墓の宝庫である（ただし真宗門徒）。

(16)『大乘院寺社雜事記』〔『增補續史料大成』第二十九巻〕応仁二年（一四六八）十一月廿六日条には「森口ノ安樂寺」が挙がる。この記事に続く「直光寺」は、兵庫の「時衆寺」とあるので真光寺の誤植か。また木村壽・髙島幸次『真宗興正派光教寺の歴史』（光教寺修復委員会・一九九七年三月）によると、本願寺大坂坊舎は応永年中（一三九四〜一四二八）開創の「遊行念仏寺」の寺地が寄進されて成立したという。安楽寺、念仏寺ともに詳細不明。

(17) 金井清光・中島暢子ほか「『照林寺逆修一結衆過現名帳』について」時衆文化研究会編集『時衆文化』第3号（同会〔岩田書院発売〕・二〇〇一年四月）。

(18) 現在は本尊もなく前住職遺族の民家になっている。ご家族の言では、戦前は檀家もあり隣地（現マンション）に墓地があったが一九四五年空襲によりすべて焼失・離散したという。過去に他所から移転してきたという寺伝はないという。禰宜田修然・高野修『時宗寺院名所記』（梅花書屋・一九九四年三月）には、文正元年（一四六六）遊行十七代他阿暉幽の開創で、本尊阿弥陀仏は一遍が堺海岸からえたといった戦前に発見した『永福寺縁起』の伝が載せられ、亡き先代までで四十二代であるという。

(19) 石田善人「播磨国衙と称名寺について」『国史論集』（赤松俊秀教授退官記念事業会・一九七一年一二月、のち「播磨国衙と称名寺」と改題し石田『一遍と時衆』法藏館・一九九六年五月に所収）、金井清光「山陽道の時衆史―その一・播磨―」『時宗教学年報』第二十二輯（時宗教学研究所・一九九四年三月、のち金井『一遍の宗教とその変容』岩田書院・二〇〇〇年一二月に所収）。
(20) 小野一之「中世武蔵府中の時宗道場」『府中市郷土の森紀要』第八号（同市教育委員会・一九九五年三月）、小野「国府をめざす他阿真教―中世都市と時衆―」武田佐知子編『一遍聖絵を読み解く―動きだす静止画像―』（吉川弘文館・一九九九年一月）。
(21) 佐野重造編輯『大野町史』（同町役場・一九二九年一二月）。
(22)『堺市史史料目録』（堺市立図書館・一九六〇年二月）には文明四年（一四七二）『引接寺縁起』、『引接寺文書』がともに正法寺蔵とされるが、空襲により焼滅した。

第二図　堺正法寺石碑

同寺は浄土宗西山禅林寺派で、四条派引接寺を引き継いだ。今は境内に石碑のみが残る。「日本西方四十八願所／勅定山／引接寺」と表面にある。裏面は「四辰年初夏／四十世専阿上人代／發□」と読める。

(23) 六代浄阿は引接寺釈阿に該当するが、年齢からみて智演ではないかもしれない。小倉蓮台寺（愛知県常滑市）蔵『時宗四条派本山金蓮寺歴代記』によると、「六代浄阿上人」は釈阿。四代四条上人弟子で一一歳にて出家。応永元年（一三九四）七月六日、五八歳で引接寺より四条上人を嗣ぎ、天皇幹仁（追号・後小松）の応永廿年（一四一三）八月十五日付綸旨あり。同廿二年六月十五日祖師堂に隠居。同十日《（マヽ）》七九歳にて入寂とある。金蓮寺蔵『四條道場金蓮寺歴代世譜』には、六代釈阿、応永二十二年六月歿七九歳、引接寺より。応永四年七月六日相承、二二年化導などとある。古賀克彦「時宗四条派本山金蓮寺歴代記（小倉山蓮台寺蔵）」時衆文化研究会編集『時衆文化』創刊号（同会・二〇〇〇年四月）および古賀「時衆四条道場金蓮寺歴代浄阿の上人号について」『寺社と民衆』創刊号（民衆宗教史研究会・二〇〇五年三月）。とすれば引接寺歴住が「釈阿」を襲名していたことも考えられる。ただし幕末には個々の阿号を称していた。**第二図**の正法寺移築の石碑には「四十世専阿上人」とあり、天保七年（一八三六）三月十三日付「踞尾村百姓人別につき請一札」（『堺市史』続編第4巻、八七二ページ）には「金光寺　臨阿」「引接寺　其阿」の署名がある。ともあれ後述のように智演は伝説化された人物であることは間違いない。一方、鎮西派の入宋僧で蓮社号の起源とされる旭蓮社智演も同じ堺である。入宋についてては疑義があるものの（大塚紀弘氏の示唆）、大阿弥陀経寺（通称・旭蓮社）を建立した。時衆にはこのころ法諱をもつ慣習はなかったので、釋阿智演とは、旭蓮社智演と混同されて生じた名か。しかも大阿弥陀経寺は、近世移転してきた引接寺と道をはさんで真向かいにあったのである。

(24)『大乗院寺社雑事記』（『増補續史料大成』第三十四巻）長享三年（一四八九）八月十九日条に、尋尊は「堺所々巡礼」九箇寺のうち「四条道場」（引接寺）にも立ち寄っている。四条時衆寺院がみな四条道場とよばれたわけではない。中世、藤沢時衆では本寺藤沢道場清浄光寺の戦災での疎開先のみ藤沢道場と称されるから、引接寺が四条道場とされるだけの相当の地位が推察されよう。

(25) 禰宜田修然『時宗の寺々』（禰宜田私家版・一九八〇年五月）。

(26) 中井恆次郎編輯『堺名所案內』（田村與三平・一八九四年八月）には金光寺が廃せられ、名物の藤も涸れ株から復興させようとの挙ありとするが、第五回博覧會堺市協賛會編輯『堺市案內記』（同會・一九〇三年一月）では金光寺廃寺のこと、紫藤は涸れ標木のみとし、これも空襲で焼失している。門前にある当時の道標が往時をしのぶ唯一のよすがである。旧寺地の痕跡は現在みられなくなっている。

(27) 島田勇雄・竹島淳夫・樋口元巳訳注『和漢三才図会』13［東洋文庫５０５］（平凡社・一九八九年七月）。引接寺と

金光寺はあれど、記事がほとんどなく『泉州志』からの引用である。
(28) 地域研究史料館「元禄五年尼崎寺社改め帳写し」尼崎市立地域研究史料館編集『地域史研究―尼崎市立地域研究史料館紀要―』第二七巻第一号（通巻七九号）（同館・一九九七年一二月）。
(29) 尼崎市役所編輯『尼崎志』第壹篇（同市役所・一九三〇年五月、のち復刊、名著出版・一九七四年一月）によると菩提寺は大和田光明寺や鎮西派寺院も関与とのこと（ちなみに同書は廃絶した堺金光寺は隣の宝珠院ではなく尼崎善通寺に合併されたものとしている）。また馬田綾子「摂津国尼崎墓所置文案」部落問題研究所編『部落史史料選集』第1巻（同所出版部・一九八八年一二月）は尼崎の惣墓とする。同文書の所在から天文元年（一五三二）当時、菩提寺は律宗大覚寺子院と判明。松林寺は同市金楽寺町で今も本尊が祀られている。
(30) 前掲註(25)文献。井上正雄『大阪府全志』巻三（大阪府全志發行所・一九二二年一一月、のち復刊、清文堂出版・一九七五年一二月）によれば、その延宝六年に倫誉貞雄が開創したという。浄土宗鎮西派の法名誉号をもつのは四条派が鎮西派の兼修をしていたことを示し、特異な例ではない。善通寺の近世檀家墓碑もほとんど誉号である。戦後まで浄土宗式五重相伝（西山派管長招待）、現在も十夜法要を営み、五重相伝で誉号を授けていたらしい。
(31) 吉田茂樹『日本地名語源事典』（新人物往来社・一九八一年二月）には「「オホワダ（大曲）」の意で、海岸線が大きく曲がっている所をいう」とある。
(32) 開口神社社務所編『開口神社史料』（同社・一九七五年四月）および曾根研三「開口神社史私稿」『同』別冊によると、同社蔵巻子本の第八～十巻・計一五通として堺市立博物館ほかに寄託され現存、翻刻は『同』九五～一〇二ページ。なお従来未知の金蓮寺蔵の引接寺文書一四通が、高野修編『時宗中世文書史料集』白金叢書（同叢書刊行会・一九九一年五月）に収められている。本寺に提出した写しらしく、内容はすべて同社巻子本のものと重複し相互に脱漏なし（伝宸翰部分をまとめて写したため総計が一通ずれる）。無署名（大橋俊雄ヵ）「堺　引摂寺文書」大橋編集『時衆研究』第七十号（時宗文化研究所・一九七六年一一月）にある二〇通中六通は開口社本や高野本に載らないもの。

五通は年未詳、一通は天文五年（一五三六）三月廿七日付など戦国期のもの。戦前の写しヵ。

(33) 豊田武『堺』日本歴史新書（至文堂・一九五七年四月）。ごく一例を挙げると『蔗軒日録』（『大日本古記録』第四）文明十七年（一四八五）四月九日条の「湯河宣阿」。

(34) 白嵜顕成『蘭室藤村正員年譜考』（思文閣出版・二〇〇三年一二月）。

(35) 服部清道「中世における庶民信仰の地域性—ことに摂河泉三国地方について—」横浜商科大学紀要委員会編集『横浜商科大学紀要』第一巻（同大学・一九七七年九月）。

(36) 児玉識「西日本真宗の源流」児玉『近世真宗の展開過程—西日本を中心として—』日本宗教史研究叢書（吉川弘文館・一九七六年一〇月）。児玉「周防大島の「かんまん宗」（＝真宗）とその系譜」河合正治編『瀬戸内海地域の宗教と文化』（雄山閣出版・一九七六年二月）も当該期真宗が堺商人の通商路に乗って瀬戸内海布教にのりだしたとしている。大畑博嗣「瀬戸内海地域における真宗の伝播—周防・長門国を事例として—」真宗連合学会編集『真宗研究』第五十二輯（同会・二〇〇八年三月）も堺善教寺、溝杭佛照寺など興正寺系が西国へ布教していくさまを描く。

(37) 日野照正「摂津国における初期真宗の展開」日野『摂津国真宗開展史』（同朋舎出版・一九八六年一二月）。

(38) 本書第一部第三章註（11）。筆者の造語である。

(39) 堺市教育委員会編集『改訂版ハンドブック　堺の文化財』（同市教育委員会・一九九六年三月）によると石造板碑は市内最大の高さ二六六センチメートル、幅四五センチメートルで府指定文化財。「天文廿年辛亥二月十五日　願主敬白　家原寺」とあるほか多数の人名・地名がある。寺は永徳二年（一三八二）戦火で全焼し天正二年（一五七四）まで再建されていなかった。

(40) 砂川博「『明徳記』と時衆」日本文学協会編『日本文学』第三六巻六号（未来社・一九八七年六月、のち「明徳記と時衆」と改題し砂川『軍記物語の研究』桜楓社・一九九〇年三月に所収）および砂川「明徳記と時衆・再論—和田英道氏『明徳記　校本と基礎的研究』に触れて—」『北九州大学文学部紀要』第四五号（同学部・一九九一年一〇月、のち「『明徳記』の成立と時衆—和田英道氏『明徳記　校本と基礎的研究』に触れて—」と改題し砂川『中世遊行聖の図像学』岩田書院・一九九九年五月に所収）。『全堺詳志』によると敗死した山名氏清は引接寺での連歌会にしばしば参じたという。砂川「『明徳記』の性格」『北九州大学文学部紀要』第38号（同学部・一九八七年一〇月、のち「明徳記の性格」と改題し前掲『軍記物語の研究』に所収）は引接寺にふれていない。

（41）那珂湊市史編さん委員会編『那珂湊市史料』第四巻（同市・一九七九年三月）所収の『光明寺系図』によれば常陸国湊光明寺（現茨城県ひたちなか市）が衰落して、一時「比丘尼集居住所」となったため明応八年（一四九九）知蓮が追い出し、鹿島舟津村（現鹿嶋市大船津）に尼寺龍光寺が開創されたという。同寺はほかに未見。

（42）高田陽介「戦国期京都に見る葬送墓制の変容」『日本史研究』第四〇九号（同会・一九九六年九月）。『私たちの寺町』（尼崎市市民局文化室・一九九二年一月）は文明十六年（一四八四）や大永六年（一五二六）銘一石五輪塔から、縁起以前に遡る永禄年間（一五五八〜七〇）以前の創建かとし、前掲註（14）文献は位牌から永禄年中とは中興の年代かとみる。なお寺町の寺院はみな近世に長洲、大物《だいもつ》、市庭町から移転させられたが、寺町の地は砂州・葬送地であったらしく、もともと同地に時衆寺院があったとみればこれらの推論も首肯しえよう。渡辺久雄編『尼崎市史』第十巻別編（文化財・民俗）（同市役所・一九七四年一二月）に収載される善通寺境内石塔によれば、名号あり「〜禅門」大永六年（一五二六）九月、名号あり「為佳心禅定門」永禄八年（一五六五）正月廿二日、名号あり「紹永禅定門」天正十一年（一五八三）閏正月三日、名号あり「為清阿弥陀仏」天正十二年（一五八四）五月□、「ア妙厳禅定」天正十六年（一五八八）閏五月十四日、名号あり「生一之房」文禄三年（一五九四）十月四日、名号あり「宗円禅定門」文禄五年（一五九六）二月一日、名号あり「道光禅定門」慶長七年（一六〇二）三月八日（以上一石五輪塔）、文明十六年（一四八四）題目板碑というように、時衆系、浄土系、はては法華系まで幅広い人々の惣墓となっていたことがわかる（現在確認できず。善通寺檀家の墓は少なく、戦後までの混乱期に竄入した墓も多いらしい）。なお三浦圭一「中世から近世初頭にかけての和泉国における賤民生活の実態」歴史科学協議会編集『歴史評論』№３６８号（校倉書房・一九八〇年一二月、のち三浦『日本中世賤民史の研究』部落問題研究所出版部・一九九〇年一月に所収）は金光寺・引接寺を葬送寺院とするが典拠不明。

（43）前掲註（9）金井論攷・大橋文献。

（44）冷泉派歌人であった他阿真教も含め、四条時衆は開祖浄阿真観が『草庵集』に歌が載るように代々の浄阿が和歌に秀でていた。名手頓阿はその名のとおり時衆であり、真観に私淑していたという。金蓮寺では歌会・歌合が頻繁に行われ貴紳が連歌を詠じ、また踊り念仏・法談も修せられ、民衆が集うていた。これらは前掲註（9）金井論攷に詳しい。熱田円福寺蔵の足利義教連歌懐紙も著名であろう。

（45）鶴崎裕雄「戦国前期、堺の人々と歌会―招月庵正広「松下集」を中心として―」大阪歴史学会編集『ヒストリア』第八一号（同会・一九七八年一二月）。小野澤・古賀克彦「時衆関係文献刊行物紹介」『時宗教学年報』第三十三輯（時宗教学研究所・二〇〇五年三月）鶴崎裕雄氏の項で、古賀氏は『松下集』登場の「堺引接寺は後に13代浄阿上人となる彌阿ではなかろうか。即ち、「明応三年八月二十七日、六十萬人知識、歳五十三。後土御門御宇被成上人号綸旨。九代上人弟子彌阿、堺引接寺ヨリ入院。永正4［1507］年2月23日入寂、66、化14年」。『松下集』に明応元年（一四九二）二月の記載がないのも、四条本山への入山準備で多忙か上京して不在だったのではあるまいか」と推論。

（46）久野修義「中世宗教の社会的展開」倉敷市史研究会編集『新修倉敷市史』第二巻古代・中世（倉敷市〔山陽新聞社出版〕・一九九九年三月）。真言宗御室派般若院（同市児島通生）は弘安九年（一二八六）水島海上にて漁師が『大般若経』を拾い、寂弁が造替。ほか高野山真言宗藤戸寺（同市藤戸町）、真言宗御室派宝島寺（同市連島町）なども海に面する河川や海上交通要衝にある古刹。堺金光寺に言及あり。堺市堺区の高野山真言宗東光寺は薬師、寛平七年（八九五）網にかかる。西区の真言宗御室派塩穴寺の十一面観音は、和銅元年（七〇八）海中より現出。古くは『日本書紀』欽明十四年（五五七）五月梵音と光が出て茅渟海から引き上げられた樟木で吉野寺仏像を造る逸話。

（47）阿弥衣の由来は「網衣」で海民がらみか。武田佐知子「『一遍聖絵』に見る時衆の衣服―阿弥衣と袈裟―」武田編『一遍聖絵を読み解く―動きだす静止画像―』（吉川弘文館・一九九九年一月）、金井清光「武田佐知子氏編『一遍聖絵

を読み解く』」時衆文化研究会編集『時衆文化』創刊号（同会〈岩田書院発売〉・二〇〇〇年四月）。

(48) 住田智見編輯『蓮如上人全書』（法藏館・一九〇七年七月）。『山科連署記』「本」に尾道生まれ、「末」に備後在との伝聞を四条道場よりえたとある。

(49) 開口社の享徳二年（一四五三）十二月十四日付「尼崎屋見宗畠地売券」（『開口神社史料』）に「あまかさきや見宗」とあるように、堺に尼崎ほか各地から商人も来住していた。

(50) 堤勝義『中世瀬戸内海の仏教史―村上水軍の本拠地芸予諸島を主として―』（渓水社・二〇〇八年一一月）。尾道常称寺境内にも鞆から勧請した祇園社があった。また姫路道場称名寺も祇園社本社の広峰社と関係していたようである。ただし祇園社と広峰社はのちに本末争論をする。

(51) 久保尚文「中世越中時衆史の一考察―放生津本阿をめぐって―」日本海地域史研究会編集『日本海地域史研究』第二輯（文献出版・一九八一年二月、のち「放生津時衆本阿をめぐって」と改題し久保『越中における中世信仰史の展開』桂書房・一九八四年一〇月に所収、増補、一九九一年五月）。

(52) 高橋一樹「日本海交通と十三湊」青森県立郷土館編『青森県文化観光立県宣言記念特別展　中世国際都市十三湊と安藤氏』（同館・一九九八年七月、のち再録、国立歴史民俗博物館編『幻の中世都市十三湊―海から見た北の中世―』同館・一九九八年九月）。ただし橘俊道「長崎称念寺「光明院の蔵」について―初期時宗教団における寺院経営の特殊例として―」『時宗教学年報』第十一輯（時宗教学研究所・一九八三年三月、のち橘『一遍上人の念仏思想と時衆』橘俊道先生遺稿集、橘俊道先生遺稿集刊行会・一九九〇年四月に所収）によれば、蔵の経営は遊行上人によって特に称念寺にのみ許されたものとする。教団上層部にとっては好ましいものでなかったのである。

(53) 高野修・中尾堯・伊藤克己・柘植信行「〈座談会〉品川の寺々―都市と寺院の成り立ち―」『品川歴史館紀要』第八号（同館・一九九三年三月）。

(54) 林譲「時宗四条派祖浄阿弥陀仏伝記史料の再検討―特に三伝の比較を中心として―」『國學院雜誌』第八四巻四号

（國學院大學・一九八三年四月）および前掲註（6）論攷。

（55）前掲註（9）大橋文献。

（56）仁木宏「荘・浦から都市へ」朝尾直弘・栄原永遠男・仁木・小路田泰直『堺の歴史―都市自治の源流―』（角川書店・一九九九年七月）。引接寺文書が収まる開口神社蔵巻子本のうち第八巻の天皇義良（追号・後村上）宸翰三通は三浦圭一氏の註によると筆跡から別人のもの、第九巻の寄進状の文言は面積が堺の半分にもなってしまい信おきがたく、文書そのものに不審な点があるものがある。中世以降念仏寺との争論の過程で生まれた、寺格を誇示するための偽文書を多く含む可能性がある（吉田豊氏の教示）。「住吉社神主幷一族系圖」（『續群書類従』第七輯下）および「藤井本津守系図」（『関西学院史学』第28号）をみても五十一代国夏の項に引接寺のことはない。元禄期（一六八八〜一七〇四）の梅園惟朝『住吉松葉大記』寺院部に引接寺関連文書として応永八年（一四〇一）四月二十三日付、五十二代国量の袖判、文明二年（一四七〇）九月八日付、五十七代国昭に比定された袖判の寺領安堵状が掲出されているが、『開口神社史料』の花押比定によれば、それぞれ足利義持と義政である。ただ次に挙げる事例からも広大な寺地を都市の境界に有していたことは推認できよう。なお住吉社・津守氏関連寺院には神宮寺や津守寺ほか多数が存在する。中でも応徳元年（一〇八四）津守国基が建立し文応元年（一二六〇）叡尊によって中興された律院浄土寺（大阪市住吉区）は、同時代に競合した時衆との関連をみる上で無視できない寺院である。村元健一「調査結果の検討」大阪市文化財協会編集『大阪市住吉区荘厳浄土寺境内遺跡発掘調査報告』（同会・二〇〇四年三月）と内藤亮「住吉大社における神祇と仏―三十六歌仙額への軌跡―」内藤磐・内藤典子・内藤美奈・内藤亮著・静学堂編集『住吉大社と三十六歌仙額』（静学堂・二〇〇九年一一月）に寺歴が詳しい。

（57）今谷明『戦国三好一族』（新人物往来社・一九八五年四月）は「幕府のあった金蓮寺の現在地は未詳とされる」とする。京都の四条道場金蓮寺と錯綜したのであろう。

（58）今谷明「細川・三好体制研究序説―室町幕府の解体過程―」『史林』第五六巻第五号（史学研究会・一九七三年九

月、のち今谷『室町幕府解体過程の研究』岩波書店・一九八五年一〇月に所収)。
(59) 長江正一『三好長慶』人物叢書149(吉川弘文館・一九六八年六月)。
(60) 天野忠幸「大阪湾の港湾都市と三好政権—法華宗を媒介に—」『都市文化研究』第4号(大阪市立大学大学院文学研究科都市文化研究センター・二〇〇四年九月)が想定した、堺における〝法華宗の教線に支えられた人や鉄炮に代表される物の流通構造〟が尼崎でもいえよう。ほか堺と法華宗については大畑博嗣「中世後期堺における法華宗僧の活動—日珖の動向を中心に—」大谷大学大学院編集『大谷大学大学院研究紀要』第二十五号(同院・二〇〇八年一二月)がある。
(61) 砂川博「尼崎大覚寺文書・琵琶法師・中世律院」『北九州大学文学部紀要』第四八号(同学部・一九九三年一二月)および砂川「中世の大覚寺と琵琶法師—「覚一本平語相伝次第」をめぐって—」尼崎市立地域研究史料館編集『地域史研究—尼崎市立地域研究史料館紀要—』第二六巻第一号(通巻七六号)(同館・一九九六年一二月)。
(62) 泉澄一『堺—中世自由都市』教育社歴史新書〈日本史〉64(同社・一九八一年八月)。
(63) 『法会(御回在)の調査研究報告書』(元興寺文化財研究所・一九八二年三月)。「御回在」として本尊十一尊天得如来の掛軸そのものが末寺や檀家を回り仏、いわば遊行するのも面白い。
(64) 福島雅蔵「堺泉南佛國論」『関西近世考古学研究』第十五号(同会・二〇〇七年一二月)。
(65) 村井康彦「堺と茶湯—利休の茶にふれて」堺市博物館編集『堺市制一〇〇周年記念特別展　堺衆—茶の湯を創った人びと—』(同館・一九八九年九月)は足利将軍家同朋衆千阿弥ではなく堺田中家の千阿弥カとする。
(66) 諸国の時衆と港湾の例は少なくない。先行研究では、石田善人「新仏教の展開と旧仏教」瀬戸内海文化シリーズ編集委員会企画・編集・松岡久人監修『瀬戸内海の歴史と文化』瀬戸内海文化シリーズ①(瀬戸内海環境保全協会・一九七八年二月、のち「瀬戸内海域における新旧仏教の相克と展開」と改題し石田『中世村落と仏教』思文閣史学叢書、思文閣出版・一九九六年一二月に所収)に兵庫、尾道、赤間関などの湊に蝟集する時衆(ほかに広島市安佐南区祇園町の旧時宗六箇寺を挙げる）、金井清光「真教の遊行と時衆の展開　一〇　武蔵」金井『時衆教団の地方展開』（東京美術・一九八三年五月）における武蔵国六浦の時衆、阿部征寛「中世武蔵国の時衆道場―遊行の拠点―」三浦古文化編集委員会編集『三浦古文化』第三十六号（三浦古文化研究会・一九八四年一一月）における武蔵国品川の時衆、保立道久「町場の墓所の宗教と文化　和歌・時宗・謡曲・祭り」網野善彦・石井進編『中世の都市と墳墓―一の谷遺跡をめぐって』（日本エディタースクール出版部・一九八八年八月）では国府・守護所と水上交通と時衆との関係がみてとれる遠江国見附の事例、林譲「講演　平成九年度講座『加能史料』はいま　一向一揆以前―加能・能登の時衆―」『加能史料研究』編集委員会編集『加能史料研究』第十号（石川県地域史研究振興会・一九九八年三月）は国府、港町（津）、市、宿に宣伝のため道場が設けられる加賀国の事例、岩本馨「「遊行の砂持ち」から見る港町敦賀」伊藤毅・吉田伸之編『別冊　都市史研究』水辺と都市（山川出版社・二〇〇五年七月）は越前国敦賀での港湾および土木と時衆との関係にふれている。

(67) 中世の港湾で有名な福山市鞆に藤沢派本願寺があるほか、『時衆過去帳』から同市芦田川沿いの草戸千軒遺跡周辺に時衆道場のあった蓋然性を堤勝義『中世備後の宗教・在地武士』（渓水社・一九九二年五月）および堤「中世瀬戸内海港町の仏教諸宗派―尾道・鞆とその周辺、宇多津を例として―」日野賢隆先生還暦記念会編『日野賢隆先生還暦記念・仏教その歴史と文化』（永田文昌堂・一九九六年一一月、のち堤『中世瀬戸内の仏教諸宗派―広島県備後地方―』探究社・二〇〇〇年二月に所収）は指摘。青木茂「鎌倉仏教の二面性」青木編著『新修尾道市史』第六巻（同市・一九七七年二月）は真言宗醍醐派西国寺に続いて一三世紀末から尾道で繁衍したのが沖の道場海徳寺、常称寺、西江（郷）寺ほかの時衆とする。

(68) 鈴木敦子「中世後期における地域経済圏の構造」歴史學研究會編集『歴史學研究』別冊特集［―一九八〇年度歴史学研究会大会報告―世界史における地域と民衆（続）］（青木書店・一九八〇年一一月、のち鈴木『日本中世社会の流通構造』歴史科学叢書、校倉書房・二〇〇〇年六月に所収）。

(69) 拙稿「時衆に関する新しい知見―時衆学構築のために―」『宗教研究』三一八号［第72巻第4輯］（日本宗教学会・一九九九年三月）および前掲註（5）拙稿。
(70) 小熊大善・小熊大道『一遍聖人の宗意安心と歴史』（光触寺・一九七五年四月）。
(71) 石井進「商人と市をめぐる伝説と実像」国立歴史民俗博物館編集『中世商人の世界―市をめぐる伝説と実像』（同館・一九九八年四月）、石井『中世のかたち』日本の中世1（中央公論新社・二〇〇二年一月）によると文安年間（一四四四～四九）高田長光寺（福島県大沼郡会津美里町）の開基である吉原家は、祖先が熊野修験者にして高田の市を差配する連雀商人頭であり、『連釈之大事』旧蔵という。
(72) 内藤莞爾「宗教と經濟倫理―淨土眞宗と近江商人―」日本社會學會編輯『社會學』第八輯（岩波書店・一九四一年八月、のち内藤『日本の宗教と社会』御茶の水書房・一九七八年三月に所収）は教理面から真宗と商業の関係にふれた最古級のものである。有元正雄『真宗の宗教社会史』（吉川弘文館・一九九五年一一月）は、北陸や西中国の門徒地帯で合理的生活態度、経済倫理・職業倫理、「勤労のエートス」禁欲などがみられるとする。ただしこれらは絶対他力からは成立しえないものであり、蓮如が親鸞をさして「如来聖人」とよぶなど親鸞の教理から変質していくこととなり「他力と自力の独自な統合物」であり「真宗門徒の彼岸における魂の救済への願望が、此岸における生活態度に転回」したものとみる。有元『近世日本の宗教社会史』（吉川弘文館・二〇〇二年一〇月）は、堕胎、賭博、呪術なき真宗篤信地帯が日本近代化の前提となったとする。
(73) 朝尾直弘「国際的な自治都市」前掲『堺の歴史―都市自治の源流―』（角川書店・一九九九年七月）。
(74) 林屋辰三郎『町衆　京都における「市民」形成史』中公新書59（中央公論社・一九六四年一二月）。
(75) 前掲註（66）林論攷。一向一揆の運動原理は現世の変革である。これは真宗の来世指向よりも時衆に近い。一向宗が本来時衆をさすという蓮如『帖外御文』の一文から一向一揆にも単純に適用できないかとの展望を抱いていた筆者は、氏の発言に勇気づけられた。今後この視点からの一向一揆研究も要せられよう。

(76) 柳宗悦『南無阿彌陀佛』（大法輪閣・一九五五年八月、のち柳『柳宗悦・宗教選集』4巻〔南無阿弥陀佛・一遍上人〕、春秋社・一九六〇年一月ほか所収）。

(77) 語義としてこれに近い「現生正定聚」は五字成語としての初出不明。なお、親鸞は『教行信証』信巻「必獲現生十種益（中略）十者入正定聚益也」、『教行信証』証巻冒頭の「獲往相回向心行、即時入大乗正定聚之数、住正定聚故必至滅度」と記す。「現生正定聚」という五字をそのまま記した事例なし。

(78) 尼崎において律僧と時衆が重層していた例を先に大覚寺でみた。同様に八田洋子「尼崎如来院の笠塔婆と『師守記』―西大寺律宗と時宗の関係―（上）」『史迹と美術』第七十六輯ノ一（第七六一号）（史迹美術同攷会・二〇〇六年一月）は、尼崎にある嘉暦二年（一三二七）七月十二日銘笠塔婆を、西大寺流律宗の造塔に関与した伊派石工の作とみられる一方、真・行・草三体の名号（すべては確認できず＝小野澤）、造立者「比丘尼□阿」から、律僧と時衆の交叉するところに成立したと指摘する。また『京都市長性院所蔵絵系図』（『真宗史料集成』第四巻）に嘉吉・文明（一四四一～八七）以前の人物として尼崎「法阿弥《ホファミ》」（ルビは原文マヽ）がみえる。真宗で用いない阿弥号をもつ人物が仏光寺系の絵系図にあることからは、仏光寺教団と時衆の重層関係が窺える。こうしてたどると、律僧から時衆へ、時衆から真宗へ、という移行がみえてこよう。

(79) 後藤文利『真宗と資本主義』（所書店・一九七三年四月）。蓮如以降本願寺教団が大坂・堺商人とつながる。のみならず寺が商業の仲介をしていた事例もある。堺では塩や木材を扱った。

(80) 高尾一彦「京都・堺・博多」『岩波講座日本歴史』9〔近世〔1〕〕（岩波書店・一九六三年九月）。

(81) 佐々木銀弥「研究動向　日本中世都市の自由・自治研究をめぐって」『社会経済史学』第三八巻四号（同会・一九七二年一〇月）。

【附記】 本章は地方史研究協議会第五〇回大会（一九九九年一〇月一六日、於サンスクエア堺）の「港湾都市に集う念仏僧たち―中世和泉・摂津における四条道場系時衆―」を基礎とした。質問者のほか古賀克彦氏、堺市博物館（矢内一磨、吉田豊氏）ら多くの研究者・研究機関の教示をえた。

第二章　霊山時衆の展開——山城国の事例から——

はじめに

京都は、平安京以後、政治の中心都市すなわち都城として位置し、江戸に巨大都市が成立するまで、日本国内随一の都市基盤と伝統とを有していた。また、南都北嶺と称せられる顕密寺院が近隣にあり、都市内部にも教王護国寺ほか格式を誇る寺社が屹立し、宗教勢力の影響も色濃く受けていた。これは、寺社勢力が公家・武家とならぶ「寺家」として権門の一角を担っていたこととともに、宗教が本質的に政治の中核都市を志向することがあるといえる。

現在でも、首都東京にあらゆる宗教団体の本部や別院が存在することに示されるように、政治・経済の中核をなす都市的な空間に宗教施設をおくことに、利点がみいだされたものと考えられる。それゆえに朝廷は、形式上は遷都当初より洛内に寺社の造立を禁止したとされるのである（延暦二年〔七八三〕六月十日付・太政官符〔『類聚三代格』〕）。

とはいえ、中世後期になると、京都にはさまざまな宗旨の本寺（本山）級寺院が設けられるようになる。特に、拡大過程の教団・門流は、洛内に由緒寺院をおくことで①権力への接近を図る、②権力との連絡・折衝を行う（例えば近世では江戸に総触頭寺院が設置される）、③首都に寺院を建立することによる地位向上をねらう、④都市に集住する貴顕衆庶に教化する（人口が密集するため効果的に信者を獲得できる）、といった点を期したものと推量される。

日蓮は辻説法によって都市民に布教し、一遍智真が弘安五年（一二八二）に鎌倉入りを北条時宗主従によって阻害されてのち、それによりかえって名声が高まり教団の基礎が固まった、というのも看過しえない。法華宗は、国主諫暁を掲げているから、政治都市への進出は必須であった。いわゆる鎌倉新仏教は、実態をつぶさにみれば室町・戦国新仏教であることは、近年の研究水準ではもはや論をまたないが[1]、その反体制的主張によって権力より異端視された法華宗・真宗は、都市民への教勢拡張によっても、支持基盤を確保しようとしたのであった。

したがって、中世京都では、公武を背景に顕密および禅刹が好立地の選定を行う一方、下京方面には法華宗・真宗寺院などが散在する傾向がある。むろん、天文法華の乱に代表されるように、叡山との確執から、その変遷は平坦なものではなかった[2]。一方、鎌倉では、有為転変をへて、現在存立する寺院の最多は日蓮宗であり、他方、真宗は本願寺派寺院が一寺だけ、それも近世に還住したという具合である（『鎌倉市史』社寺編）。

全体の潮流の中で、中世京都で目だつもう一つの要素は、時衆道場である[3]。現在、四一一寺院・二教会（『宗教年鑑』平成21年版）しかない時宗であるが、洛中にあたかも計画したかのごとく一条から九条にまで道場が分布し、それぞれが歴史的に独特な意味をもっていた。

筆者はかつて港湾・商業都市、堺における時衆の様態を考察した[4]。京都はそれと対照すべき一義的には政治都市である。時衆には多くの流派があり、京都で別格に遇せられていたのは、東山に広がる国阿の系統の寺院である[5]。史料が限定されるため、これまで研究の俎上にのぼることは稀であった。

本章では、周辺の情報を取意することで史料の不足を補い、ある庶民信仰集団の実相と、そこから、中世都市における宗教情勢の一端を明らかにしたいと考える。なお文中、近世に「霊山派」「国阿派」とそれぞれよばれた教団を一括して霊山時衆と呼称する。

第一節　京都における時衆道場

時宗は、中世、僧尼個々人をさす「時衆」と表記されていた。遊行・賦算（念仏札配布）・踊り念仏ほかの行儀を特徴とし、葬送儀礼や唱導などの社会的機能をもつ点に一定の共通性を有する念仏勧進聖である。[6] 独立不羈で、しかしときに影響は受け合ったり連絡をとりつつ、それぞれ別個の起源をもつ多数の門流・集団が独自性を発揮していた。独立宗旨として公認されるのは豊臣政権の千僧供養会においてである。一遍智真を宗祖とする一宗にまとめられ、相模国藤沢道場清浄光寺を総本寺とする体制が整えられたのは、近世に入って幕府の意志が働いたためであった。「時宗」という用字が定着するのは寛永十年（一六三三）である。のちに遊行上人他阿賦国となる其阿呑了の元禄十年（一六九七）『時宗要略譜』（『定本時宗宗典』下巻）において、藤沢派は自らを遊行本流に任じ「遊行派」と称し、他流派と併せ「時宗十二派」と規定した。藤沢派の主観を投影したものなので注意を要するが、中世当時を知る目安となる。そもそも、融通念仏宗や真宗高田派・仏光寺派などほぼ同規模の他宗派と異なり、時衆道場は汎列島規模で展開する。分布論は時衆研究においても有用なのである。とはいえ、薩摩・大隅における時宗（島津家菩提宗→壊滅）と真宗（念仏禁制→真宗王国）との差異にみえるように、廃仏毀釈などの画期を契機に形勢がまったく逆転する例がある。現状での寺院分布に拘泥せず旧状を復原する必要がある（興味深いのは、現在では東日本の農村部に時宗寺院が多いが、この十二派のうち、六派が京都に存在する点である）。主流派の藤沢派からみても古刹としての格式を認めざるをえない流派が半数を占める京都における時衆を追究することは、時衆の本質に肉迫することにほかならない。

おける時衆道場一覧

時衆道場成立	所在地（中世段階は太字）	現状	典拠（おもに中世）	備考
他阿一鎮、嘉暦三年（1328）	**一条西洞院**→神楽岡	時宗	『祇園執行日記』観応元.6.8	
?	**小川誓願寺内**→神楽岡	時宗	?	
弥阿、永禄二年（1559）	**一条→今出川**→神楽岡	時宗	『時宗藤澤遊行末寺帳』	
?	**近衛西洞院**	廃絶	『政所賦銘引付』二八二（文明 11.11.19）	
一遍智真	**七条東塩小路**→八瀬	天台	『應仁記』『近畿歴覽記』『雍州府志』	
?	**勘解由小路京極**	廃絶	『豊原信秋記』応安 7.4.18	
一遍智真	**大炊御門町尻→京極東春日南**→東山二条	時宗	『祇園執行日記』応安 4.7.26	塔頭 5。七条道場院代
?	**二条烏丸→京極東春日南**	時宗	『兼見卿記』天正 11.2.27	聞名寺に合寺
?	**二条東洞院**	廃絶	『蔭凉軒日錄』文明 19.5.16	
?	**押小路**	廃絶	『豊原信秋記』応安 7.4.16	
式阿弥陀仏ヵ	**三条坊門油小路**	廃絶	『尊經閣古文書纂』所収『西興寺文書』応永廿九.12.13	
空也光勝、天慶元年（938）	**三条櫛笥**→堀川蛸薬師	天台	同寺蔵『空也上人繪詞傳』	
浄阿真観、応長元年（1311）	**四条京極**→鷹ケ峯	時宗	『後愚昧記』貞治 2.7.20	1928 年現在地移転、本堂なし、錦陵幼稚園
嘉慶元年（1387）	**四条京極**	時宗	?	空海『十住心論』執筆の地と伝う
王阿	**東洞院春日→東河原別院→左女牛六条→五条新町北→六条町北**→五条河原町→長浜	時宗	『滿濟准后日記』応永 34. 正.23、東京大学史料編纂所影写本『新善光寺文書』天文 15.7.2	塔頭 22。太平洋戦争後、滋賀県長浜市移転
?	**六条坊門大宮**	廃絶	『滿濟准后日記』永享 6.6.1	
聖戒、正安元年（1299）	**八幡→六条烏丸→高辻烏丸**→京極錦→五条坂上→山科	時宗	『師守記』貞治 3.6.15	塔頭 13
唐橋法印印承、弘安七年（1284。同九年説も）	**七条堀川**→六条下寺町	時宗	同寺蔵『金光寺文書』明応 8.6.19	鎮守市姫社とともに移転
有阿恵永（他阿呑海）、正安三年（1301）	**七条東洞院**	廃絶	『常樂記』明徳 4.3.16、『親長卿記』文明 11.2.15	塔頭 9。火災後 1906 年、長楽寺に合寺
弘安七年（1284）	**七条御前**	時宗	同寺蔵『西蓮寺文書』	
国阿	**七条塩小路**→山科	時宗	『太平記』巻第八	
?	**八条**	廃ヵ	上杉本『洛中洛外図屏風』	西山浄土宗念仏寺ヵ
?	**九条**	廃絶	『經覺私要鈔』宝徳元.6.12、『末寺帳』『連名簿』	
?	**大宮辺**	廃絶	『元長卿記』文亀 2.4.2	
貞阿弥陀仏ヵ	**一条西洞院**	廃絶	『吉田家日次記』貞治 5.11.17	
国阿随心、永徳三年（1383）	**霊山**	時宗	『親長卿記』長享 3.9.3	塔頭 14
?	**霊山**	廃絶	『祇園執行日記』応安 4.7.10、『六条目録』	
国阿随心、至徳元年（1384）	**東山真葛原**	天台	『東寺長者補任』永享 8. 正.9	塔頭 7
堯空、弘安五年（1282。同七年説も）	**六条末東山汁谷→高倉**→六条下寺町	時宗	『七条目録』	堯空は西山派僧ヵ
相阿義縁、応永十二年（1405）	**高辻堀川**→六条下寺町	時宗	『康富記』文安 5. 正.27、『七条目録』	
他阿満悟、慶長三年（1598）	**東山五条坂上**	廃絶	清浄光寺蔵『法国寺文書』	七条道場院代。1907 年、移転してきた歓喜光寺に合寺。近年まで石垣残る
空也光勝ヵ	**四条膏薬辻子**	廃絶	『重編應仁記』永正 17.5.4	
国阿随心、至徳二年（1385）	**東山円山**	時宗	『宗長手記』	塔頭 6
国阿随心、至徳三年（1386）	**東山円山**	時宗	『教言卿記』応永 14	
?	**鳥辺野**	時宗	『明徳記』応永 2.3.10	名跡のみ。駐車場「宝ガレージ」
聖戒ヵ	**洛東鳥辺山**	廃絶	『開山彌阿上人行狀』『六条目録』	元亨 3.2.15 聖戒葬る。近世無縫塔現存
?	**西七条**	廃絶	『七条目録』『末寺帳』『連名簿』	
?	**鳥羽**	日蓮	『七条目録』『末寺帳』『連名簿』	
?	**鳥羽**	廃絶	『七条目録』『末寺帳』『連名簿』	
?	**淀**	廃絶	『末寺帳』『連名簿』	
?	**不動堂**	廃絶	『末寺帳』『連名簿』	
?	**南鳥羽**	廃絶	『末寺帳』	
?	**桂→転法輪**	廃絶	『七条目録』『末寺帳』『連名簿』	
?	**堀川**	廃絶	『末寺帳』『連名簿』	
?	**樋口油小路**	廃絶	『康富記』康永元.11.28、『七条目録』『末寺帳』『連名簿』	
?	**汁谷**	廃絶	『末寺帳』『連名簿』	
他阿如象	**当尾**	廃絶	『末寺帳』『連名簿』	十八代新造とあり
?	**桂**	廃絶	『書上』	
?	**桂**	浄土	『書上』	
?	**桂**	廃絶	『書上』	
?	**桂**	廃絶	『書上』	
?	**八条**	廃ヵ	『書上』	八条道場ヵ
?	**八条**	廃ヵ	『書上』	八条道場ヵ
?	**櫛笥**	廃絶	『書上』	
?	**櫛笥**	廃絶	『書上』	
?	?	廃絶	『七条目録』	
?	**七条室町**	廃絶	『七条目録』	
?	?	廃絶	『七条目録』	
?	**樋口油小路北頬**	廃絶	『六条目録』	
?	**高辻猪熊北頬**	廃絶	『六条目録』	
?	**高辻油小路北頬**	廃絶	『六条目録』	天保 15.9『七條文書』に「六条道場役者」とあり
?	**揚梅町西頬**	廃絶	『六条目録』	
?	**四条坊門東洞院**	廃絶	『六条目録』	『一遍聖絵』修覆銘に当寺住持「覚阿」
?	?	廃絶	『六条目録』	
?	**鷹司町西頬北寄ヵ**	廃絶	荘厳寺蔵『寺領目録』	

土宗は鎮西派。挙げた史料は初出のものとはかぎらない。仮題『遊行派末寺帳』は『末寺帳』、『時宗十二派本末惣寺院連名簿』は『連名簿』、長享四年（一四九〇ヵ。ただし長享は三年まで）四月日付『七条金光寺領屋地田畠等事』は『七条目録』、康永元年（一三四二）十二月日付『目録歓喜光寺敷地以下寺領并所々末寺領等事』は『六条目録』、元禄五年（一六九二）六月二九日付『金光寺住持空元書上』は『書上』と略した。『七条目録』と『六条目録』は東京大学史料編纂所に影写本架蔵。

Ⅳ　多くの現存寺院は豊臣秀吉による移転を経験している。

第一表　中世山城国に

寺号	道場名	異称	系統	開創
迎称寺	一条道場、一条西洞院道場	迎接寺	藤沢道場	—
極楽寺	?		藤沢道場	恵心僧都、正暦元年（990）
東北院	?		藤沢道場	天台座主慶命、長元三年（1030）
浄宝寺	薫道場、高辻油小路道場		一本寺ヵ	?
蓮華寺	薫（ノ）道場	西来院ヵ	藤沢道場	—
?	勘解由小路京極道場、勘解由小路朱雀道場		?	?
聞名寺	大炊道場、大炊御門道場		藤沢道場	?
称名寺	二条道場、二条烏丸道場、秋野道場、二条秋野道場		藤沢道場	—
?	二条東洞院道場		?	?
?	押少（小）路道場		藤沢道場ヵ	?
西興寺	三条坊門道場、三条坊門油小路道場、三条坊門油小路式阿弥陀仏道場、式阿（弥）道場、色阿弥之道場		一本寺ヵ	?
光勝寺	三条櫛笥道場	空也堂	一本寺	—
金蓮寺	四条道場、四条京極道場	太平興国金蓮寺、四条京極念仏堂	四条道場	天台宗祇陀林寺、四条釈迦堂
十住心院	ナシ？	敬礼寺、染殿地蔵（院）、染殿院	四条道場	空海、大同三年（808）
新善光寺	五条堀川躍道場？	（五条）御影堂	御影堂	空海、天長年間（824-34）
長福寺	樋口大宮道場、猪熊大宮道場、大宮猪熊道場		?	?
歓喜光寺	六条道場、六条弥阿弥陀仏道場、秋野道場	六条念仏（堂）	六条道場	八幡善導寺
金光寺	市屋道場、東市屋道場、一阿道場、一夜道場	市姫金光寺	市屋道場	空也光勝
金光寺	七条道場、七条河原口道場、一夜道場	遊行金光寺、塩小路高倉念仏堂	藤沢道場	—
西蓮寺	西市屋道場		市屋道場	空也光勝、天慶年間（938-47）
白蓮寺	塩小路（ノ）道場、七条塩小路道場	高倉念仏堂	正法寺	空也光勝、天慶七年（944）
?	八条道場		?	?
九品寺	?		藤沢道場ヵ	?
宝泉寺	?		正法寺	?
?	一条西洞院貞阿弥陀仏道場	一条西洞院念仏堂	?	?
正法寺	?	霊山、霊仙、霊山寺、霊山殿、無量寿院、徳禅寺	正法寺	最澄、延暦年間（782-806）
行福寺	霊山道場		六条道場	?
雙林寺	東山国阿道場	沙羅双樹林寺	一本寺	最澄
福田寺	汁谷道場、滑谷ノ道場		七条道場	天台宗、親王宗尊、文永九年（1272）
荘厳寺	高辻道場		七条道場	—
法国寺	吉水道場	遊行法国寺、大仏法国寺、豊国寺	藤沢道場	—
?	膏薬道場		一本寺ヵ	?
安養寺	?	丸山、圓山	正法寺	最澄、延暦年間（782-806）
長楽寺	?		正法寺	最澄、延暦二十四年（805）
宝福寺	鳥部野（の）道場、鳥辺道場、鳥辺野御道場	南無地蔵、鶴林	四条道場	?
安念寺	?		六条道場	?
法浄寺	西七条道場		七条道場	?
西念寺	鳥羽北道場		七条道場	?
万福寺	鳥羽道場	満福寺	七条道場	?
欣浄寺	?		藤沢道場	?
乗蓮寺	?		藤沢道場	?
新蔵寺	?		七条道場	?
金剛寺	?	桂林寺	七条道場	?
称讃寺	?		七条道場	?
其国寺	?	護国寺	七条道場	?
宝光寺	?		藤沢道場	?
宝林寺	?		藤沢道場	?
歓喜寺	?		市屋道場	?
極楽寺	?		市屋道場	?
法安寺	?		市屋道場	?
其国寺	?		市屋道場	?
竹園院	?		市屋道場	?
蓮生寺	?		市屋道場	?
智福寺	?		市屋道場	?
清安寺	?		市屋道場	?
菅祥寺	?		七条道場	?
仏照寺	七条室町琴道場		七条道場	?
長泉院	?		七条道場	?
清浄光院	?		六条道場	?
与願寺	?		六条道場	?
金台寺	?		六条道場	?
正法寺	?		六条道場	?
満願寺	?		六条道場	?
覚恩寺	?		六条道場	?
西寮	ナシ？		七条道場	?

【凡例】 Ⅰ本表は大塚紀弘氏の発案を承け、筆者が作成した。

Ⅱ慶長三年（一五九八）の建立である法国寺を除き、中世段階での時衆道場（時衆止住寺院）を表現したものである。世俗化して膨大な数にのぼる塔頭は、十住心院のみ立項した。寺院の排列はある程度地域ごとにまとめたが、恣意的である。寺名比定の作業では私見のほか梅谷繁樹、林譲氏の仮説などを採用した。道場同士が重複している可能性もある。成立年期などは寺伝によるため、検討が必要である。

Ⅲ開創欄の「—」は、改宗ではなく当初から時衆道場として成立したことを示す。天台宗は山門派、浄中世京都の時衆寺院に関しては先学に詳しい[7]。その概略は**第一表**にまとめたので、参照されたい。ここでは簡述にとどめる。一遍の入洛については『一遍聖絵』が詳しく、二代を称する他阿真教も『燈心文庫』年未詳文書二通に署名「真教」とあるように、東寺関係者との交流があったとみられている[8]。前述『時宗要略譜』「宗義立派之叓」には京都において、四条、六条、霊山、国阿、市屋、御影堂各派が挙げられている。

四条道場は浄阿によって暦応三年（一三四〇）堂宇が建てられ、延文元年（一三五六）八月二十三日付・同寺文書（『庶民信仰の源流』）によると、元弘以後の敵味方を供養するため佐々木道誉が四条京極の宅地を寄進している。錦小路から綾小路までを寺地として錦綾山を号した。六条道場は一遍が後事を託した遺弟聖戒により六条烏丸に開かれ、『一遍聖絵』を所有した。延宝四年（一六七六）藤沢派に属した。市屋道場は七条堀川にあり、承平年中（九三一〜三八）空也による市堂が淵源という。『一遍聖絵』第七第三段に描かれ、弘安七年（一二八四）唐橋法印印承が一遍に帰依して作阿弥陀仏となったという。御影堂は洛内を転々とした。檀林皇后橘嘉智子を開基に空海が草創したという高野山萱堂聖の祖、心地房無本覚心の証明を受けた天皇邦仁（追号・後嵯峨）子、王阿が一遍に入門して御影堂を再興したという高野聖の色彩の濃い寺である。平敦盛室による袙扇《あこめ》の製造で知られた。七条道場は清浄光寺を開いた他阿呑海が、それ以前の正安三年（一三〇一）七条仏所より定朝邸跡の寄進を受けて創建されたという。これ以後遊行上人とその隠居である藤沢上人の分業体制が完成し、七条道場は事実上の清浄光寺別院となり、西国の時衆を差配する。遊行上人は住持職を保持し、留守中は大炊御門道場と法国寺が院代として代行した。このほか智号なる独自の法名を附する浄宝寺の流派や近世・近現代には時宗と認識されていた空也僧の系統である三条櫛笥道場ほかがあった[9]。

ちなみに中世末期の画像史料に上杉本『洛中洛外図屏風』がある。右隻に「七条のだうぢやう」、「八条たうしやう」、「里やうせん」（正法寺）、「みゑいだう」（御影堂）、「さう里んじ」（雙林寺）、「六条念仏」（六条道場）、「丸山」（安養寺）、「四条のたうじやう」、「秋野たう志やう」（称名寺）、「大炊御門」（聞名寺）、「志きのあミ」（西興寺）、「とうほくいん」（永禄二年〔一五五九〕時宗に改宗と伝えるため時衆道場か微妙ではある）が描かれる。[10] 霊山時衆の寺院は「すやり霞」ばかりで堂宇の詳細な様子がみえないのが惜しまれるが、七条・四条道場などは精彩に映る。藤沢時衆の末寺はみな板葺・檜皮葺で、ほかは瓦葺が多い対比もおもしろい。時衆道場がかように頻出する史料は、京都での時衆のありようを直裁に物語る。

　京都時衆の特徴は、祖師の絵巻物・伝記の豊富な伝世にあろう。[11] 一遍や他阿、浄阿、国阿らの行業と霊験を語る諸本が天皇・貴族・教養人への鑑賞に供せられていた。四条、六条、霊山、市屋、御影堂各派や藤沢時衆の末寺および空也堂で、踊り念仏が見せ物興行として見聞の対象となっていたこととともに、世上の関心を惹いていたのである。後述する祖師信仰ともあいまって、ほかの地域の時衆とは様相を異にする。なお列島規模で拡散する一向俊聖教団の道場が山城国にないのは興味深いところである。

　洛外に旧仏教、五山系寺院が分布する。ことに禅寺は山河などの景観を重視したため、北山・東山の山林・耕地を内包する。法華宗寺院は下京、ただし天文五年（一五三六）天文法華の乱以後、いったん退転ののちしばらく還座が許されず、周縁部に位置する。浄土宗は一五世紀後半以後、上京では天台宗寺院からの改宗によるものがあり、下京では町組内部にも展開していく。[12] 時衆はさらにその外縁にあり、西は堀川、東は鴨川、北は一条から南は九条にまで間隔をもって分布する。『翰林葫蘆集』所収「綉谷庵文阿彌肖像賛」に「本朝之時宗（マヽ）、有三上人、一則四條上人、化度京三里、二則藤澤上人、化度奥六國、三則游〔遊〕行上人、化度於日本國也」とある。近世には藤沢時衆が比較最大教派となったが、遡れば他阿真教の廟所のある当麻無量光寺（神奈川県相模原市南区）を継承することのできなかった有阿恵永（のちの他阿呑海）が、居所を求めて七条高倉の地に七条道場を設け、真教の年欠（正和五年〈一三一六〉カ）二月十三日付・呑海充書状（『七條文書』〔『定本時宗宗典』上巻〕）に「既道場百所許に及候」とある各地の道場を掌握するため、鎌倉市中に近い藤沢道場創建以前に、各地を必死に遊行したことが信田《しんでん》確保に幸いしたのであった。例えば一遍の遺弟聖戒が建立した六条道場は、源融邸跡といわれながら河原院という号からわかる川沿いの地であったし、七条道場は小字を内浜とする低湿地・氾濫原であった。鎌倉期の時衆の地位が反映していよう。織田信長勢力への礼銭および下京惣構の修築のために収受された金銭の一覧である早稲田大学図書館蔵・元亀四年（一五七三）六月十八日付『下京中出入之帳』中の「下京かまへの内寺銀之分」には、藤沢時衆の秋野道場称名寺が九匁五分とある。参詣者と副業で潤っていたとみられる御影堂新善光寺が四三匁であったり、法華宗寺院から三桁におよぶ納入がある中、称名寺はきわだって少ない。京都での藤沢時衆の教勢を示唆している。これは法華宗・真宗が町衆をとりこんで教勢を拡大したことと好対照である。

第二節　霊山時衆の沿革(13)

京都東山は、北は叡山より南は伏見・稲荷山にいたる。東山文化で知られる反面、その一部は葬地鳥辺野であった。渋谷《しぶたに》越などの境界の地であるとともに、西山への日没を観ずる宗教的地理にあった。慈照寺から永観堂、祇園社、清水寺、南は泉涌寺、東福寺まで、霊寺霊仏が目だつ。厳密には平安京の四至を外れ洛外であるものの、実質的な京の一部として寺院や門前町の人家・商家が配されていくようになる。他流の時衆道場が「無主」「無縁」の鴨川河畔に沿う市中に位置するのに対し、東山の山嶺に一塊となって立地する霊山時衆の道場は特異といえる。

近世初頭の写本『國阿上人繪傳』によると、霊山時衆は国阿（一三一四～一四〇五）を開祖に仰ぐ。伊勢参宮の際の怪異譚などにより名僧の誉れ高い晩年の国阿は、康暦二年（一三八〇）入京する。天台宗の東山正法寺を光英僧都から、雙林寺を勝行房から、安養寺を光英から、長楽寺を栄尊坊から譲り受けたほか、洛中の白蓮寺と山科の宝珠庵（現在不詳）なども奉られたという。これら東山の寺院は天台宗の由緒寺院として知られている。すなわち『山州名跡志』（『新修京都叢書』第十五巻）巻二によると正法寺、雙林寺、安養寺は山門延暦寺の別院、また雙林寺は『今鏡』『本朝皇胤紹運録』では永治年間（一一四一～四二）天皇宗仁（追号・鳥羽）女が住持職にあり、『帝王編年記』では天皇為仁（追号・土御門）子、法親王静仁が雙林寺宮として在住したという。安養寺は座主慈圓が隠棲し、その名をとった山号慈圓山から円山の地名が派生したと伝える。近江国大津に入京直前の国阿が滞在したと伝える国阿堂正福寺、越前国敦賀に来迎寺およびその塔頭一六と孫末一（徳市万福寺）、小浜に同じく孫末三（小浜称念寺、西林寺、宝樹庵）、摂津国兵庫に行基が本朝初の施餓鬼を行ったと伝える薬仙寺およびその塔頭七・孫末一箇寺（慈光寺）がある。正法寺・雙林寺・安養寺には妻帯時衆の塔頭があった。また正法寺では、国阿が伊勢神宮で感得した柏の葉を模した護符を配布し、近世には雙林寺、正福寺も授与していた。

東山の霊山時衆寺院は戦乱によりたびたび延焼し、その歴史は災害と復興の歴史でもある。『大館常興日記』（『増補續史料大成』第十五巻）天文七年（一五三八）九月朔日条に「東山無量《（雙林寺）》寿院」持仏堂造営をめぐり大工職と紛争を起こし、奉行人諏方若狭守を通じて室町幕府の下知を仰ぐ記事が出ている。[14]近世の本末制度で霊山時衆は正法寺を本寺とする「時宗霊山派」と雙林寺を本寺とする「時宗国阿派」に分かれた。両者は本末争論をくり広げたほか、安養寺も一時期本寺を自称していたことがあり、霊山時衆は一枚岩ではなかった。ただし国阿派は雙林寺とその塔頭のみであり、地方に末寺をもつ霊山派との差異に、中世段階での両者の動向が結実しているようである。近世後期にはともに経済的に零落したと思われ、霊山派は嘉永七年（一八五四）四百両で藤沢派の会下に参じている。維新期に雙林寺は時宗を脱して天台宗山門派に帰参し、一八九三年の失火によって正法寺は阿弥陀堂（本堂）が焼け、残った国阿堂（開山堂）を本堂として現在にいたる。なお戦前の時宗宗制によれば、正法寺は四条金蓮寺、一向派・滋賀県蓮華寺、当麻派・神奈川県無量光寺とならび大本山の寺格と寺制をもっていたが、名目にすぎなかった。

広く時衆には、歴代住持が同じ阿号を相承する慣習がある。正法寺は国阿、安養寺は宣阿、薬仙寺は直阿である。もっとも、雙林寺の宝暦五年（一七五五）十二月二十日付「七晝夜不断念佛別時結番之次第」所載の二代以降はそれぞれ個別の阿号である。文安二年（一四四五）四月十四日入霊銘の同寺旧蔵（鎌倉国宝館蔵）国阿像にも「當寺住持／代々聖／其阿彌陀佛」とあり、雙林寺にはそうした伝統はなかったようである[15]。

なお霊山時衆成立以前にも霊山に時衆はいた。林譲氏が『祇園執行日記』などの史料に出現する「靈山聖」を分析し、それが六条道場の塔頭である霊山道場行福寺に関連するものであると喝破した[16]。金井清光・大橋俊雄氏が霊山時衆のものとする応安期以前のいくつかの情報は、この六条道場系の時衆であると思量するのが相当であろう。

第三節　「国阿上人」にまつわる史料とその人物像

国阿については、先述『國阿上人繪傳』（以下『絵伝』と略す）五巻という伝記がある[17]。名のとおり本来は画をともなう絵巻物であったが、今、正法寺など四箇寺に遺るものはすべて詞書のみである。それによると、国阿は播磨国石塔四郎頼茂の子亀王丸という。一一歳で書写山源栄阿闍梨の許に入り随心と名のる。修学すること一五年、貞和三年（一三四七）諸国修行の旅に出る。七代他阿上人と行き会って国阿弥陀仏と号する時衆となり三年間随逐する。やがて別れて山陰道から丹波、丹後、但馬、摂津に赴く。道すがら教化を進め、薬仙寺ほかの寺院に門弟を住持としておいた。永和元年（一三七五）熊野参詣を志して四天王寺、紀三井寺をへて熊野本宮に着く。新宮、那智山にも詣でる。ここで影向があり木履と杖をえ、「神通自在の身」となる。伊勢外宮に参宮すると、僧徒は忌避されていたが、国阿はその奇瑞ゆえ神前にて行法を勤めた。次に内宮に向かうが、ここでも僧侶の参拝は忌まれていたものの、参宮の徒の悪穢の罪を赦すよう一千日の参詣をはじめた。成満の日、御裳濯《みもすそ》川の河上に癩人の遺骸があり、国阿がこの死者に引導を渡すと観音に現じて所願成就の声が聞こえた。社頭では神宮近侍の覡に憑依し、託宣があった。神前で雨宝童子が出現し、宿願を了解した証に虫食い文字で「伊勢熊野參詣輩、永代許汚穢」とある一枚の葉（柏）を与えた。伊勢各地で歓迎を受け神護念仏寺（現在未詳）、神護永法寺（同）などの道場を建立した。大津打出の浜にいたり神宮加護の聖として尊崇を集め、傍らに正福寺を建てて柏の葉を模刻した汚穢を許す札を配布した。そして京都に入った、と。以後の化益は前記のとおり。

これとは別伝の国阿伝承もみなくてはならない。『奇異雑談《ぞうたん》集』（『仮名草子集成』第二十一巻）巻第四㊄に「国阿上人、発心由来の事」という節がある。同書は近世初頭のものだが、内容は中世に遡るものとみて大過ない。梗概はこうである。霊山正法寺の開山国阿上人は、俗姓を播州橋崎庄の領主橋崎国明という。主君足利義満に召されて上洛、北山蓮台野近くに旅宿を構えた。伊勢丹生庄（三重県多気郡多気町）へ討伐の下命を受け出陣した間に、留守を預かる側室が懐妊の上に出産を待たず病死したとの報に接する。遺骸を蓮台野に土葬させ、作善にと毎日三銭を非人に施していた。ただし二日間それを中断したことがあった。帰陣した国明が蓮台野の塚に詣でると、地中から赤子の泣く声が聞こえる。近くの茶屋の亭主によれば、二四、五日近く前から、幽霊とおぼしき女人が毎日三銭をもって餅を買いに訪れ、しかも途中二日だけ来ないことがあったという。驚いて供衆に墓を掘らせると、赤子がいた。国明は茶屋の亭主に赤子の養育を託し、死者の執念が赤子の命を保たせていたことに落涙して発心した。義満に暇を乞い、関東藤沢に下り出家して国阿弥陀仏と号す。道心篤く修行すること五〇年の間に、仏神に通じて奇特多々あること、縁起につまびらかである、と。

石塔氏は頼茂を始祖とする[18]。足利泰氏の庶子相義の子で祖父の養子となる。相義は尊氏曾祖父の頼氏とは兄弟にあたる。国阿が『尊卑分脈』（『新訂増補國史大系』第六十巻上）で石塔頼茂の子とあるが、脇坂・前田・内閣文庫本の附載である。『系圖纂要』（名著出版版第十一冊）石堂氏の項では、頼茂孫頼房本人を国阿としている。頼房と播磨との関係は這田《ほうだ》庄（兵庫県西脇市中西部）の地頭職を貞和四年（一三四八）確保したことくらいである。年代は頼茂より頼房が近い。対して橋崎氏は、箸崎・觜崎とも表記する赤松氏の枝族である。現在の兵庫県揖保郡新宮町を本貫とする。『赤松盛衰記』（『室町軍記　赤松盛衰記―研究と資料―』）巻之上「赤松一家衆」に箸崎がいる。

このほか永正十年（一五一三）八月日付『洛陽東山國阿道場雙林寺』（以下『縁起』と略す）、貞享～元禄年間（一六八四～一七〇四）初頭に薬仙寺関係者による『靈山國阿光英問答』（以下『問答』と略す）、安養寺塔頭勝興庵知観による寛政三年（一七九一）六月吉日写『時衆宗靈山記』（以下『霊山記』と略す）がある。これらのおもな相違点は**第二表**で比較を試みた。『絵伝』は巻一第一段で「靈山正法寺開山國阿上人」、巻三第十八段で「此柏葉の神印今に傳はりて、此道場に安置し奉る所なり」（傍点筆者）などと、正法寺を主語にした語り口である。『縁起』は内題どおり雙林寺に相伝されたものである。林譲氏の精査によると、(19)『吉田家日次記』応永十年（一四〇三）十月三日・二十五日条の「国阿弥」参宮の記事が『縁起』の内容に矛盾しないなど、『絵伝』と『縁起』とでは、後者の方が古態であるという。となれば国阿が橋崎氏であったとみる方に、より妥当性があることになろう。この肝心な点がなぜ石塔氏に変わってしまったのか。一層足利氏に近い氏族、しかも足利一門守護家のうち唯一絶家した石塔家（『室町幕府守護職家事典』上）に意識して変更したことが考えられ、なおかつ正法寺系の伝承の途絶があったことが考えられる。正法寺・雙林寺は応仁の乱のほか兵火や失火に罹っている経緯がある。後者は永享八年（一四三六）十一月九日（『東寺長者補任』）、同二十九日（『看聞日記』）に焼け、応仁元年（一四六七）八月兵火に罹り（『京都坊目誌』）、東山霊山は享禄三年（一五三〇）正月初炎上（『實隆公記』『嚴助往年記』）、天文十九年（一五五〇）六月二十一日山科などの郷民が急襲して破壊（『言繼卿記』）、同二十一年十月二十七日足利義藤《（義輝）》が霊山に築城（『同』、『異本年代記』）、同二十二年八月一日霊山城炎上（『言繼卿記』）などに被害記事がある（『日本城郭大系』第11巻）。この地に築城されたのは、『太平記』（『日本古典文学大系』35）巻第十五「建武二年《（一三三五）》正月十六日合戰ノ事」に足利方が二万の軍勢で「雙林寺ト中靈山トヨリ」二手で新田方の将軍塚を攻める記事があるように、要害の地理にあったからである。『近江輿地志略』（雄山閣版『大日本地誌大系』㊴［近江國輿地志略上］）巻之八・正福寺の項に「洛東靈山の縁起に、此地の事ありやと尋ね見るに、舊本縁起は紛失してなし、新調の縁起十一巻あれども此地の事なし」とある。新調の縁起とは『親長卿記』のいう文明十八年（一四八六）夏ごろ完成した『靈山國阿上人縁起繪』である。旧本縁起→紛失→『靈山國阿上人縁起繪』成立→紛失ないし焼失カ→『絵伝』成立→画の部分湮滅カ（現在）という流れとなる。しかも『近江輿地志略』によればそれぞれに内容が相違することから、各伝記が成立するごとにその内容が転化していったことがわかる。

『問答』は出自を石塔氏としつつも、「箸崎之大守」「國明」とするので、『絵伝』と『縁起』の中間型になっている。『尊卑分脈』『系圖纂要』傍註や近世の地誌類には、正法寺記としながら『絵伝』と異同のある記事が多く、『絵伝』成立前の形式が遺る。『絵伝』が雙林寺系の伝記を引き写していないことは、正法寺と雙林寺との深刻な断絶を示す。そこで『絵伝』に基づく霊山時衆史の構成は、不確実な要素を多分に胚胎する。より仔細にみると、正法寺を『絵伝』では国阿が永徳三年（一三八三）光英から譲渡されたとするのに対し、『霊山記』は永和年中（一三七五～七九）の中興、『雍州府志』では国阿葬送の地とあって、若干の差異がある。寺伝成立過程の混乱が看取できる。[20]

　国阿に限定していえば、石塔家所縁の大津正福寺を取材している『近江輿地志略』を読むと、正福寺では国阿を箸崎国明とし、正福寺の石塔頼房を国阿の門弟としていたようである。『尊卑分脈』なども、頼房が国阿の弟子であることは認める。つまり、かつては国阿は箸崎氏であり、石塔氏はその門弟と伝えられていたと考えると平仄が合う。いつの間にか故意か過失か錯綜して同一視されたのではないか。ちなみに国阿忌の九月一一日は、空也忌（東国遊行開始日を忌日として設定されたと伝う）であり、伊勢への例幣使出立の日でもある。

　国阿は遊行七代他阿託何（一二八五～一三五四）に入門したという。国阿と託何の関係はおそらく後代の仮託である。賦算権を遊行・藤沢上人に制限する藤沢時衆の徒が、柏の護符なる独自の賦算権を確立するわけがないのである。多くは文和四年（一三五五）四二歳で出家したとするが、託何は同三年八月廿日に死去している（『時衆過去帳』）。『遊行・藤沢両上人御歴代系譜』（『庶民信仰の源流』）では遊行十一代他阿自空（応永十九年（一四一二）歿）の弟子として挙げられている。さらに四条道場と七条道場とでは、おなじ他阿弥陀仏の法統として、本末争いから『看聞日記』応永十六年（一四〇九）三月二十二日および『滿濟准后日記』同三十一年八月十日の四条道場の自焼にまで発展しているのに対し、霊山時衆と藤沢時衆とにそのような争論が発生した痕跡はない。また、遊行五代他阿安国が「狐上人」、六代他阿一鎮が「鐙上人」なる異名とその不可思議な来歴譚をもって金井清光氏から実在を疑われているように、託何も「二十日上人」との通称をもつ謎めいた人物である。[21] 託何の発音は漢字の反切から他阿にほかならないとの見方もある。[22]

ではなぜ国阿が託何の門弟とされたのか。一つには中世後期から近世にかけて藤沢時衆の教勢が最大となり、なおかつ時衆の中で行儀・法式・教学がもっとも整備されていたために、ほかの時衆流派から範とみなされる傾向があることがある。もう一つには託何を経由して一遍の法系に連なることの利点である。一遍は新仏教の中では祖師信仰の対象となった形跡がやや稀薄であるが、京都の地では例外であった。『大乗院寺社雑事記』(『増補續史料大成』第三十一巻)文明十年(一四七八)三月二十六日条は「禁裏ニハ悉以念佛也、善道〔導〕・一遍等影共被懸之」という。『蔭凉軒日録』(『増補續史料大成』第二十四巻)延徳三年(一四九一)八月二十八日条から、(現存しないものの)四条道場に一遍以下歴代の木像があったことが窺えるし、七条道場の影像は長楽寺現蔵で、七条慶派仏師による優品として知られている。七条道場に関する禅僧蘭坡景茝の「京師金光寺影堂幹縁有序」に「而名于宗者孔夥、念佛亦其一也、源信・源空、唱之於前、一遍・一向、承之於後(中略)一遍之徒益盛、其高弟曰他〔他阿〕」という。七条道場の開山他阿呑海の名がなく、一遍と他阿真教が引用されている。『一遍聖絵』も貴顕にさかんに閲覧に供せられていたことが記録にみえる。京都で一遍が称揚された理由の追究は今後の課題であるが、念仏聖の本所・太祖として仰がれていたことは疑いない。

『問答』下巻「月菴國阿和歌之事」によれば、臨済宗大応派の月庵宗光(一三二六~八九)が貞治年中(一三六二~

伝記諸本比較

書写山	藤沢時衆	伊勢	熊野	女人死体	護符	木履拄杖	備考
×	×	○ 参拝	○ 参拝	× 月水之穢	×	○ 履	
×	○ 関東藤沢	○ 丹生庄出陣	×	○ 蓮台野埋葬	×	×	
○ 源榮阿闍梨	○ 七代他阿	○ 参拝	○ 参拝	○ 御裳濯河死体	○ 柏の葉	○ 那智山にて山伏より	
○ 源榮阿闍梨	七代他阿 号澤《(マ、)》河	○ 参拝	○ 参拝	○ 御裳濯河死体	○ 栢葉	奈智にて神人より 木履拄杖	
○ 源榮阿闍梨	○ 七代他阿	○ 参拝	○ 参拝	○ 御裳濯河死体	○ 栢葉	奈智にて神人より 木履幷拄杖	
×	○ 一遍上人之派	○ 信仰	×	×	×	伊勢行脚所著 木履幷拄杖	
×	○ 一遍上人之流	○ 信仰	○ 信仰	×	×	×	石堂系図は頼 房国阿資
×	○ 七代他阿（正）	○	○	×	○（正） 印文（雙）	伊勢日参 木履幷杖（正）	正法寺の項で『奇 異雑談集』引く
×	×	○ 弥陀仏拝領	×	×	×	×	『京まいり』とともに 正法寺の別称を徳禅寺
×	○ 七代他阿	○ 弥陀仏拝領	×	×	×	×	
×	(○) (七代他阿)(一遍上人流)	(○) (信仰)	(○) (信仰)	×	○ 柏の守（福）(雙)	木履幷杖 伊勢日参（雙）	石堂系図は頼 房国阿資
×	×	×	×	×	×	×	
×	○ 一遍上人流	×	×	×	×	×	東山阿弥陀堂すな わち霊山寺建立
×	○ 他阿弟子澤《(マ、)》阿	×	×	×	×	×	
○ けん□はいあじやり	一へん上人、 たあひしり	○ 参拝	○	× 月のさはり	○ かしのは	○ ぼくり・つゑ	

照大神となりお告げをし、つえ、あしだを賜る。『山城名所寺社物語』（『新修京都叢書』第二十二巻）巻之二「靈山」によれば伊勢信仰あり、本堂右方に勧請、参宮の際に参拝せよと。「杖ぼくり」もみゆ。

第二表　国阿

鍵語 史料名	生歿年	父	母	俗名	出家年次	初名
洛陽東山國阿道場雙林寺（縁起）	×	播磨國住人 安氏箸崎国明	×	○ 國明	文和四年 四十二歳	×
奇異雑談集	×	×	×	播州橋崎庄領主 橋崎国明	× 晩出家	×
國阿上人繪傳	○ 正和三～応永十二	○ 播磨国石塔四郎源頼茂	○ 安陪氏	○ 亀王丸	○ 十八歳	○ 随心
靈山國阿光英問答	○ 正和三～応永十二	○ 石塔左兵衛督源宗道	○ 安部《（マヽ）》氏	播州箸崎之大守 小三郎國明	○ 十八歳	○ 隨心
時衆宗靈山記	○ 正和三～応永十二	○ 播州石塔四郎源頼茂	○ 安部《（マヽ）》氏	×	○ 十八歳	○ 隨心
雍州府志	×	×	×	×	×	×
山城名勝志	○ ～応永十二	（○） （石堂頼茂）	×	石堂右馬頭頼房 （頼茂男國明）	（○） （文和四年）	國空 （明阿）
山州名跡志	×	播州之住人 安氏箸崎國利（雙）	×	○ 國明（雙）	文和四年 四十二歳（雙）	○ 眞空（正）
扶桑京華志	○ ～応永十二・九十二歳	源頼茂（第二子）	○ 安氏家	○ 國明	文和四年四月 阿闍梨相義	○ 明阿
山城名跡巡行志	○ ～応永十二・九十二歳	×	×	播州橋崎領主 國明	×	○ 眞空
近江輿地志略	○ ～応永十二（九十二歳）	播摩國人源氏箸崎國利 （石堂右馬頭頼房）	×	○ 國明	文和四年 四十二歳	（眞空） （國空）
尊卑分脈	～応永十二・九十三歳 （または九十二歳）	○ 石塔頼茂	○ 安倍氏	○ 小三郎國明	文和四年 四十歳	○ 明阿
系圖纂要	○ ～応永十二	○ 石堂四郎義房	×	右馬助・中務大 輔・刑部卿頼房	× 盛年	○ 國空
淨土傳燈總系譜	×	播州人 俗姓安氏筥崎城主國利	×	○ 國明	文和四年 四十二歳	諱随心 号眞空
霊山國阿上人	×	いしだう左兵衛のぜう みなもとのむねなを	×	○ 亀王丸	×	×

【凡例】 Ⅰ国阿に関する伝記を掲載する諸史料から、それぞれ摘要を比較した。これによって伝承の成立過程を推定することのよすがとなろう。地誌の場合、複数の情報源があるため、地の文でない引用文は括弧で示した。なお『山州名跡志』は正法寺の項より。雙林寺の項では「播州之住人安氏箸崎國利子諱國明」、文和四年に四十二歳で出家、とある。

Ⅱ（雙）は雙林寺、（正）は正法寺、（福）は止福寺の略。

Ⅲこのほか『京童』『京内まいり』『都名所圖會』『菟藝泥赴』『出來齋京土産』『洛陽名所集』『山城名所寺社物語』『花洛細見圖』『京師巡覧集』『京都坊目誌』などに言及がある。『京童』では参宮道中に女人の死体を葬り、参拝を躊躇していた（別の）女人が天六八)、兵庫禅昌寺に仮寓していたおりに同じ兵庫の薬仙寺にいた国阿と和歌を贈答し合ったという。また野川博之氏は『問答』が語る国阿の持物「木履拄杖」が禅語起源であることから、禅の法具であることを連想している。[23] 雙林寺旧蔵国阿木像、正法寺蔵国阿木像、長楽寺蔵中興十六代国阿画像が椅座なのは時衆に珍しく、足がみえず坐禅しているものと思われる(大塚紀弘氏の示唆)。蔭凉職亀泉集証は安養寺元阿の弟であった。一方で、『了源上人御縁起』には国阿が真宗佛光寺派の中興、七代空性房了源(一二九五〜一三三五)の資であり、正月八日の了源の忌日には全山こぞって仏光寺に参集したとある。元和四年(一六一八)佛光寺十七代存海の殯送に参列したあたりまで関係が継続したという。[24] 国阿の初名を「眞空」とするものがあり(第二表参照)、その偏諱なのかもしれぬ。一遍が心地房無本覚心や大覚禅師蘭渓道隆(『建長寺史　開山大覚禅師伝』)、はては日蓮(当麻無量光寺)に邂逅したとの伝承を想起させる。詳論する余裕はないが、史実性に乏しいこれらの伝承でも、いずれも中世段階には成立していたことは確かである。諸宗派との幅広い交流を投影している。

敦賀来迎寺は、近世の縁起によると其阿栄尊を開山と伝える。新田義貞の弟、脇屋義助の嫡男義治という(史実では、義治は実在するものの、その晩年の消息はわかっていない)。国阿の俗姓橋崎・石塔説と併せ、間接に足利政権の宗教政策が投影しているともいえる。すなわち戦乱期の陣僧をへて時衆が重用されるにいたった背景には、敗者・死者など政権にとって徒なすとみなされた負の存在を鎮魂・慰撫する機能が看取できる。[25] 平将門、斎藤実盛、平敦盛、源義経、曾我兄弟、新田義貞、春王・安王らである。負を浄化する〝権力による権力のための宗教回路〟が密教修法ならば、〝権力による人民に対する装置〟が時衆といえよう。敗者ないし勝者の一族を済度にあたらせる、またはそういう構図の説話が附会されることが定型化した。時衆をはじめ修験・真宗など妻帯宗教者の場合、貴種が初代とされることが多い。霊山時衆でいえば、橋崎・石堂氏をはじめ、『絵伝』に末寺の起源が記されるうち、巻五第三十九段の「畠山五郎重信の外戚腹の娘」が霊山法林庵、「山名陸奥守の娘」が珠光庵、第四十段に「江州佐々木の曾孫、伊佐入道浄西」が館のうちに浄土寺を建立などとあるのもこれに準じよう。足利政権は応安～永和（一三六八～七九）の義満期に国家的祈禱の主宰権を吸収していくので、[26]負を浄化させる責務を時衆に担わせるようになる時期と重なる。[27]遊行上人に御教書を与えて廻国を保証したのは応永二十三年（一四一六）である。悪党と同根の時衆が、権力の走狗に転じた瞬間である。

第四節　霊山時衆の地方展開

都市に基盤をもつ霊山時衆が、地方にどう波及しえたのかをみてみよう。

東京大学史料編纂所蔵『三寶院舊記』十四には叡尊弟子の西大寺十一代長老、慈淵房覚乗（一二七五～一三六三）が伊勢国岩田円明寺（三重県津市、廃寺）なる律寺にて教化していたときの逸話を載せる。それによると大神宮の託宣で円明寺に住むようになった覚乗が神体を仰ぎみたくて百の日参をする。結願の日、道中で旅の死人に出くわし引導を頼まれ導師をする。宮川畔にいたると一老翁が現れ「葬儀をして穢れている」と指摘するが「清浄戒に汚染はない。いったん帰れというか」と返答すると、白衣童子が突然登場し歌と偈文を詠み「從圓明寺來者無汚」と告げて消えた、という。[28]律僧は伊勢でも勧進活動の足跡を残している。[29]近世の『西大寺勅謚興正菩薩行実年譜』によれば、弘安三年（一二八〇）三月、叡尊は伊勢外宮の託宣で「霊符」授与され、弘正寺（廃寺）にあり、内宮でも「神符」あり、「西大寺黒符」とよばれたという。

社参途次の僧が引導を依頼される説話の型は『沙石集』（『日本古典文学大系』85）巻一―四、『発心集』（『新潮日本古典集成』〔方丈記　発心集〕）第四―十「日吉の社に詣づる僧、死人を取り奇しむ事」にもあるが、『三寶院舊記』のものは『絵伝』に酷似する。成立時期から考えて『絵伝』が翻案したものであろうか。『絵伝』は林譲氏が指摘するように『他阿上人法語』からの転写があるなど、内容の細部には疑問が多い。他者から譴責を受ける『三寶院舊記』より、内省的に行動する『絵伝』の話の方が後代であろう。しかし、こと参宮での奇異譚は『問答』『霊山記』『京童』にも酷似した記述があり、近世期に周知されていたようである。

伊勢での霊山時衆の展開をたどることは至難であるが[30]、意外にも律僧と霊山時衆との接点は東山にある。現在の知恩院境内にあたる地の一角に東山太子堂速成就院があった（現在は下京区本塩竈町に移転し白毫寺と号す）。忍性開山と伝えられてきた（事実は異なる）律宗寺院の特性を活かし、鎌倉末から南北朝期の史料によれば、皇族・摂関家の葬礼を沙汰し、荼毘に附し、墓所をおく寺であった。聖が太子堂にある墓所の墓守や勧進聖「太子聖」として聖徳太子信仰を鼓吹していたとみられる[31]。この聖が覚乗の話を唱導していたのかもしれない。

かつて永仁四年（一二九六）成立『七天狗絵』伝三井寺巻・詞書第四段が時衆を「或ハ一向衆といひて（中略）神明に参詣するものをそねむ」とし、顕密から危険視されていた。一遍は熊野や氏神大三島社を篤く信仰し、他阿真教は正安三年（一三〇一）の伊勢参詣を『遊行上人縁起絵』巻九第一段に麗々しく描かせている[32]。霊社の祭神を道中の守護神・護法善神に位置づけ、神祇不拝の誹謗を緩和しようとしたものと思われる。『七天狗絵』に代表される一向衆はその後、真宗に継受され、時衆はあらゆる信仰・習俗を包摂する傾向をもつようになる。このことは、顕密からみて敵対勢力でなくなることを意味している。特に霊山時衆は伊勢信仰を宣布することで、京洛における位置を不動のものとしていった。『山州名跡志』『菟藝泥赴《つぎねふ》』によれば伊勢参宮者は国阿遺品という木履と杖に拝礼し道中の無事を祈願すという。『京童』にその画がある。類例というべきは長谷信仰を確立していた大和国長谷寺である。院政期には『長谷寺験記』序文や三社託宣に伊勢信仰を摂取していた。(33) こうした教理的習合とともに、伊勢街道を通じた地理的条件から伊勢信仰を仲介する結果となったのである。

本来伊勢神宮は私幣を禁じ、僧を忌んだ。『康富記』(『増補史料大成』第四十巻)享徳三年(一四五四)九月五日条をみても、穢れ禁忌は長らく生きていたようだが、しかし王朝時代末期から祀官により仏教の摂取が積極的になされ、(34) 王権の意向を請けた奈良大仏殿再建に尽力した重源が参詣したことが事実上の先例となり、(35) 僧侶が参詣し信仰を仲介することがはじまった。『日次紀事』(『新修京都叢書』第四巻)によれば九月一一日の国阿忌が洛陽の恒例行事となっていたことを載せるが、同日は伊勢神宮への例幣使が発遣される日であるのは注目できよう。また『宗長手記』(岩波文庫黄123—1〔宗長日記〕)「上」(大永二年〔一五二二〕)には「もとは東山霊山の時宗《マヽ》」紹崇なる尺八を吹く僧がいて、伊勢二見浦で入水したという。

末寺の一つ、小浜西林寺の『西林寺縁起　国阿上人絵伝記』(『前近代における地方間文化交流の研究調査報告書』)には、同寺はもともと「真言宗ニ而高野堂と申て」というので、高野聖系の草庵に入りこんだようである。

霊山時衆の寺院分布は、総数の少ないこともあって、より特徴的である。摂津国兵庫薬仙寺は大輪田泊・兵庫津のある西への門戸であり、越前国敦賀来迎寺は北国の玄関口である。時衆は有名寺社の門前に止住してその唱導・勧化を行う特性があり、藤沢時衆では敦賀の笥飯《気比》神宮に他阿真教が正安三年(一三〇一)参詣した故事(『遊行上人縁起絵』巻八第四段)が「御砂持ち」と行事化し松尾芭蕉の句に詠まれるほどである。鳥居の膝下に西方寺がつくられ、藤沢山御影堂とよばれていた。同寺も『絵伝』巻五によれば国阿が嘉慶元年（一三八七）の気比神宮参拝のとき、夢告によって西十余町の岡に同寺を建立したとある。一方、近江国大津正福寺は、京都の喉許を扼する地にある。「伊勢熊野參詣輩許／永代於汚穢／雙林寺開山國阿上人」と記し国阿が鉦を叩く意匠の木版刷り（近世のものと思われる）が、軸装となって遺されている。[36]正法寺系と雙林寺系が対立していたことは、国阿伝記の齟齬から、中世後期段階には存在したことが窺知されるが、正法寺末の正福寺の札に雙林寺の文字があることが興味深い。正福寺は、国阿の甥石塔頼房が入寺して以来石塔家所縁の者が住持を務めるという。寺元慣行（特定の家が住持の進止を握り一族から輩出すること）[37]ないし妻帯時衆により、祖先に名族石塔氏を引用してきたとも推測されるが、史料がなく不明である。大津という立地については次節でふれる。

第五節　都市京都における霊山時衆の地理

『蔭凉軒日録』によると、四条道場と七条道場は足利義持茶毘のあとの結縁諷経や義教室勝智院の葬儀において、前後を争ったという。しかし、義尚の死去に際し長享三年（一四八九）四月九日条で「今朝御比丘衆諷經了。智恩院諷經。次國阿道場。次六條。次四條。七條道場不參云々」。前回の騒動では参着順が先規とされたが、今回、七条は拒否し、四条は時衆で三番手に甘んじているのをみると、国阿→六条→四条→七条という順位が暗黙のものとして中世社会にあったとも考えうる。ではなぜ霊山時衆は、七条道場と四条道場の席次争論を超越して京都時衆の筆頭として存立しえたのか。事由はいくつか挙げられよう。

①国阿が足利氏に関係する武家の出身である（と公称する）ため。時衆各教団のうち、同時代の中央の支配者に連

なる階層出身者はこのほかにいない。遊行七代他阿託何を夢窓疎石の甥とする伝承があるが（『遊行藤澤御歴代靈簿』〔『定本時宗宗典』下巻〕）、同時代に喧伝されていたとは思われない。

②国阿そのものに対する信仰。『絵伝』巻四第二十四段には

宜レ奉レ祈三國家安全寶祚長久六時之行法無二懈怠一者、依二天氣一執達如レ件、

永徳三年（一三八三）十一月七日　　左中辨判

正法寺住持國阿上人御房

という綸旨が載る。一四世紀後半に綸旨による勅許上人号の嚆矢がみられるというが、この文書にかぎっては偽文書であろう。こうして勅定を僭称し、なおかつ時衆にあっては現前知識他阿を除き珍しい祖師信仰＝個人崇拝の対象となり、正法寺、雙林寺、正福寺の国阿像は礼拝の本尊となったのである。正法寺では国阿堂が本堂であった。近世初頭には、謡曲「國阿上人」（『古典文庫』二九二）、延宝六年（一六七八）八月以前成立の古浄瑠璃「靈山國阿上人」（『古典文庫』二八六）、「洛東雪〔東〕山國阿上人」として登場する文化十三年（一八一六）十一月、中村座初演の歌舞伎「不破名古屋雪䘷《だてがさ》」（『歌舞伎年表』六）などが人口に膾炙していた。中世以来の口伝が生きていたのであろう。

③聖地霊山一帯を寺域とするため。なかんづく霊山は葬送の地であり、日没に観想念仏を修する日想観が行われていた。時衆止住以前の前身は天台宗名刹である。『拾遺都名所圖會』では正法寺（徳禅寺）と霊山寺を一応別個のものとしている。後掲註（48）論攷のように、天台宗の由緒寺院霊山寺を内部に包摂することで、寺格を上げようとしたものか。無量寿院（寺）における雙林寺号も同様であろう。八宗体制下で独立宗旨ではなかった時衆がとりえた方策であった。また現存の諸仏や地誌の記載によると、最澄作大黒天、如意輪観音、空海作弁天、空海筆扁額、菅原道

真作毘沙門、空海像、聖徳太子像、天皇定省（追号・宇多）感得釈迦如来、寝釈迦、伊勢・熊野勧請祠、伊勢感得阿弥陀如来、国阿自刻像、雨宝童子像など種々雑多な仏神が祀られていた。意図したものであろう、宗派色は稀薄であった。

④柏の護符の意義。伊勢参宮の在京の窓口となり、都市的汚穢に満ちた京都にあって、伊勢のある方角の東に位置し、その清浄を図る機能をもっていた。

上記の特性は、そのまま都市京都での霊山時衆の意義を指示するものとなる。以下に東山・霊山という地のもつ特性にしぼってみていこう。

霊山とは釈迦のいた霊鷲山からきているといい、のちには正法寺そのものをさすようになる。『更級日記』に念仏する僧がみえ、『山城名勝志』（『新修京都叢書』第十四巻）巻十四所引「見聞随身抄」によれば元慶八年（八八四）草創といい、寛弘元年（一〇〇四）『日本紀略』に「靈山堂供養」、藤原明衡「本朝無題詩」に「靈山寺」、四十八巻伝『法然上人絵伝』（『法然上人傳全集』）巻八の元久二年（一二〇五）霊山寺三七《さんしち》日別時念仏などがある。従前よばれていた「鷲の尾山」のワシはハセと同源で霊山＝霊鷲山ともども蓮台野・六道を暗示するという[38]。正法寺現本堂裏の「國阿上人　應永十二年乙酉（一四〇五）九月十一日歳九十二往生子刻」との銘がある伝国阿墓碑は、鎌倉期に編年すべき武蔵型板碑で、銘文は追刻であろう[39]。東国を中心に発展した中世板碑文化は京都では稀で、本例は京都三板碑に数えられる。葬地の標識となる石造物だったのではあるまいか。『師守記』によれば中原家は霊山に墓所があった。法印の僧綱をもつ人物がいたと思われる「靈山殿」に恒例の墓参をする記事が頻出する。「靈山寺」すなわちのちの正法寺である可能性がある。川勝政太郎氏が文保二年（一三一八）六月銘が確認できたとする五輪石塔婆が本堂右手にある。（清水）坂番頭中が東山双林無量寿寺方丈充に発給した大永六年（一五二六）九月廿三日付文書では、雙林寺が寺内で坂から掃除銭を免除されるような墓を営んでいたことがわかる。古くは『拾遺往生傳』（『真福寺善本叢刊』七巻【影印篇】）巻中―十七によると永長元年（一〇九六）四月、信濃守藤原永清が舎弟已講行賢に「雙輪〔林〕寺有一禪僧、吾往彼房、可終此命、是年來之契也、亦墳墓之便也、是則洛中之居有煩葬送之故也」と述べたことが墓域たることを物語っている。仁治二年（一二四一）歿の前天台座主慈賢は「葬送東山双林寺」と『附弟伝』にあり、同三年歿の前天台座主良快も「於二双林寺一火葬」と『門葉記』にある。

前記の『奇異雑談集』の怪談は「幽霊子育て」譚である。全国にあるが、京都では六道珍皇寺にある幽霊子育飴が有名である。その舞台設定の六道の辻は、正法寺・雙林寺の麓、清水坂という地理である。その六道珍皇寺は『今昔物語集』などで小野篁が開いたと伝わり、のちの読み物では閻魔の化身として同寺と地獄を往復したという。『奇異雑談集』説話に登場する蓮台野を整備したのが小野篁といわれるのが奇妙に符合する。(40) ともあれ、国阿が葬送にまつわる人物として京中の人々に認識されていたことを示す逸話である。

正法寺、雙林寺、安養寺、長楽寺は東山にある。その東山は古代以来の葬地鳥辺野を内包している。勝田至氏は『善信聖人親鸞傳繪』の分析から、鳥辺野とは中世前期に知恩院から滑石越への南北に長いものであったとみる。(41) 東山時衆寺院の寺地とは東が接する。『明徳記』『師守記』などにある、四条道場の系統である鳥部野道場、後の宝福寺が一四世紀に成立し、鳥辺野を管掌していたようである。ただ一貫した葬送機構は確立していず、葬祭、火葬、埋葬は喪家が師檀関係をつてにそれぞれ別個に依頼していたと考えられる。(42) 霊山時衆も葬送に関与することがあった。『元長卿記』（『史料纂集』）によれば甘露寺元長の母は霊山末寺宝泉寺梵阿という時衆に帰依していたという。文亀二年（一五〇二）四月五日条において元長母の死に際しては遺体の受け入れ、沐浴・入棺、火葬場の手配、遺族への宿所・休憩所を提供するといった葬儀の補助的な部分を担当している。[43] 同じく正法寺末寺の七条白蓮寺開山は嘉永六年（一八五三）書上によれば文明九年（一四七七）喜阿弥によるという。村上紀夫氏は同時期に東寺三昧に同名の人物がいたことから、同一人とすれば、「葬送に関わる時宗（マヽ）集団の存在が想定できる」という。[44] 白蓮寺が寺の太古の開創を空也におく点もそれを補強する。これらの関与は洛中の霊山時衆にみられるものであり、東山の四寺が積極的であった史料はない。古代以来の葬地としての伝統を継承するだけであったと思われる。それは天台宗の古刹を起源におき自己を天台寓宗と暗に誇示していたと思われる霊山時衆にとって、墓守の立場を墨守する一方で、三昧聖を専業とすることには躊躇があったのかもしれない。

国阿が東山を選地することができたのは、東山にある霊山時衆寺院の来歴をみれば明らかである。雙林寺は飛地子院西行庵に西行がいたこと、『宝物集』を著した平康頼がいたことからわかる唱導者の居所であり、安養寺は親鸞が法然に入門した「前大僧正の貴坊」「源空聖人の吉水の禪房」（高田専修寺蔵『善信聖人親鸞傳繪』巻一）とされ、長楽寺は法然の弟子多念義隆寛（一一四八～一二二七）が隠遁し長楽寺流ともよばれたことは周知であろう。このように比叡山の別所ともいえる空間で、平安期以来、念仏者に親和的だったことがわかる。それとともに、霊山寺は、前掲註（16）論攷により、王朝時代から一貫して寺門園城寺系であったことがわかる（とはいえ、『門葉記』〔『大正新脩大藏經』圖像十二巻〕一四二には「靈山」の公誉ら五名の系図が載る。鎌倉後期の人名で、公厳以後三名は洞院家を出自とする。山門も侵蝕していた）。国阿が入京直前に大津にて勧化を行ったという伝承は、園城寺門前である点が示唆に富む。

藤沢時衆は応永二十三年（一四一六）四月三日付「細川満元奉書」と永享八年（一四三六）十二月五日付「細川持

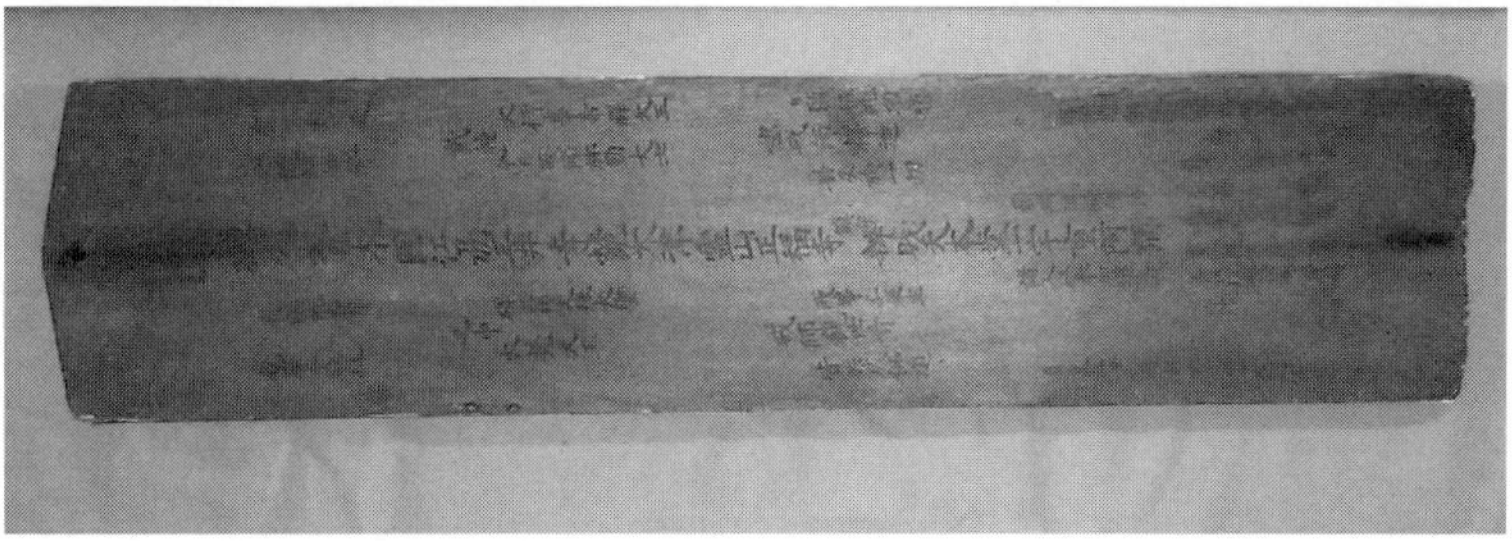

第一図　大津正福寺棟札（同寺蔵・非公開）

貞享二年（一六八五）のもの。「江刕三井寺麓大津霊山正福寺」とある。導師ほかの人名も三井寺関係者ばかりで、正福寺と三井寺の深いつながりを示している。

之奉書」（『清浄光寺文書』。以下同文書はすべて写し）にて清浄光寺、遊行金光寺（七条道場）時衆の円滑な遊行を保証されている。ところが同じ文書群のうち、応永二十二〔四カ〕年二月十三日付「三井寺衆徒弁澄等連署状」が両時衆を保護しているほか、同二十六年十月二十四日付「細川満元奉書」には「於三井寺闕所動及異儀之条、太招其咎歟」の一文が挿入されている（過書である）。大津を握る三井寺すなわち園城寺の動向が、時衆に影響を与えていたさまがわかる。国阿が大津を足場に入京したというのは、こうした周辺の状況からみてまちがいなかろう。正福寺は近世、寺門の寺領内にあった。

そして安養寺は青蓮院の洛中本坊大成就院が三条白川坊から移された吉水坊（一二〇五～三七）を継承したものと思われる。吉水坊は『門葉記』（『大正新脩大藏經』圖像十二巻）一三四によれば、承久二年（一二二〇）の火災で凋落しているので、その名跡を承けたのであろう。三枝暁子氏によると、祇園社は祈禱を通じて室町幕府と結びついて将軍御師職となり、至徳二年（一三八五）十一月二十七日付の祇園四至を寄進する勅裁を述べた官宣旨の発給を直接の契機に、山門の支配を脱して独自の組織支配と領主権とを確立したという(45)。京都市政権掌握を阻む山門の勢力を削ぐための足利政権の政策の一環とみられている。

祇園社の四至はその宣旨で「東限白河山」とあり知行権を確保している。

白河は広域地名で白河山もほかの史料にみえないが、地理から東山時衆寺院を含むものと思われる。六条道場塔頭の霊山道場が祇園社執行顕詮と関係していた当時は、その時衆が祇園社の使僧となっていて（『祇園執行日記』応安四年〔一三七一〕八月十九日条）、霊山に拠点をおくものは、祇園社に従属的であらねばならなかったのであろう。このように、霊山は山門祇園社系、寺門園城寺系、山門青蓮院系が交錯する地であった。祇園社と叡山をめぐる本末関係に変化が生じた時期に前後してその背後の東山が緩衝地帯となって、国阿が入りこむ余地が生じたとみることもできよう。換言すれば、国阿の霊山入山も武家政権の意志に反するものではなかったということができ、その点で国阿が橋崎ないし石塔氏との伝が意味を帯びてくる。

長楽寺は国阿が霊山に入る直前の永和四年（一三七八）十月に勧進によって梵鐘が寄進されて銘序文を義堂周信がものしているから（『空華集』二〇）、国阿が獲得した寺院は無住ないし零落していたわけではなかった。白毫寺蔵『應永頃ノ古圖寫』（『京都の歴史』３）によれば「圓山安養寺」がみえるが、ほかの霊山時衆寺院はみえない。『絵伝』巻五に応永二年（一三九五）二月十一日付「足利義満御教書」が載せられている。この文書自体はにわかに信じがたいが、正法寺境内を「東限観正寺東谷峯堀切、南限清水寺谷西限大路北限雲居寺谷」とするのは興味深い。堀切とはのちの霊山城の空壕であろうか。康永二年（一三四三）三月日付「氏名未詳注進状案」（『八坂神社文書』下。以下同）は祇園社領内の犯科人への沙汰を列挙し、時衆化以前の宝治元年（一二四七）雙林寺住人、弘安十年（一二八七）・延慶四年（一三一一）長楽寺住人が処断されている。享禄元年（一五二八）九月二十四日付「雙林寺住持其阿充法印某書状」（『華頂要略門主傳』二三）では、同寺内無量寿寺の後地を青蓮院が安堵したり、天正三年（一五七五）十二月十三日付「雙林寺常住充經孝奉書」（『華頂要略門主傳』二四）では同寺内にあった青蓮院院家松泉院領を同寺に寄せている。同九年正月・二月、十四年正月、十八年正月に安養寺、雙林寺、長楽寺がそれぞれ青蓮院を年賀の挨拶に訪れている。『祇園社領年貢納帳』の天正十九年（一五九一）・二十年や慶長二年（一五九七）の項に出てくる「灵《霊》山長泉」は、正法寺関係者の可能性がある。「祇園社中役者等連署申状」では太閤検地をめぐって祇園社領にある祇園社、知恩院、安養寺が書状を呈している。

長楽寺には近世、青蓮院法親王尊澄が扁額を元禄二年（一六八九）起草したり、祇園社僧宝光院の墓があるなどの関係を生じている。中世以来の伝統であろう。このように、断片ではあるが、東山時衆寺院が祇園社と青蓮院の領内にあり、従属関係にあったことがわかる。ただし正法寺はこのころは事実上廃絶していたのか、記録にみえない。ごく近隣の清水寺と清閑寺の境争論もかつてあった。東京大学史料編纂所蔵『東寺私用集』第三「東寺長者補任」には、永享八年（一四三六）「草琳寺時宗《マヽ》」とみえている。雙林寺であろう。

仏教界の盟主を自任する延暦寺（大衆）は、新仏教の異儀を責め、その下部組織・祇園社犬神人を使役して鎌倉期に法難を加えたり室町期に堂宇を破却するなどした[46]。また新仏教の葬送従事・墓地経営による触穢についても嫌悪感を示した[47]。外部勢力の容喙を防禦すべく、市中にある法華宗および真宗寺院は寺内町を要害化した。しかし『七條文書』によれば、時衆は犬神人と協調すらしていた。

天文六年（一五三七）以前、延暦寺の衆議は四条道場金蓮寺四足門停廃を決定していたが、金蓮寺は長保二年（一〇〇〇）に『日本紀略』『百練抄』に初出する古刹、山門末寺祇陀林寺の名跡を誇示し天皇富仁（追号・花園）からの寺号勅許をもって弁疏している[48]。むしろ時衆の側が山門との所縁を強調していたのである。中央の顕官を檀越に比定すべき『一遍聖絵』が近年修覆されたが、そこから判明したのは、乞食坊主としかみえない歴然たる私度僧＝民間宗教者＝聖としての一遍の姿であった[49]。つまり顕密体制にとって法華宗・真宗などは異端でこそあれ、同門とみなしていたのに対し、属性の異なる私度僧たる時衆は、競合する対象ではなかった。立宗を企てることのない時衆は、むしろ葬送の分掌など体制を補完する役割を担っていたのである。この点は律僧にも近い。ただ律僧は密教僧をかねることがあっても、時衆はあくまで時衆以外の何者でもなかった。それは時衆が阿号を名のる、すなわち阿弥陀仏位に登るという独特な遁世・出家の形態にも起因しよう。東山における霊山時衆の端的な類例は、高野山における千手院聖である[50]。

応永二十年（一四一三）「高野山五番衆契状」では山内で高声念仏・金叩・踊念仏をすると非難された集団が、同三十一年に「時衆」、明応三年（一四九四）には「時宗」とよばれ、聖方に収斂していく。あるいは大覚寺別院にして西大寺末の不壊化身院のありようにも近い（『西大寺諸国末寺帳』）。なお附言すれば、法華宗・真宗が宗論・法談による排他性を帯びた教理面での信者獲得であったのに対し、時衆は呪術的側面からの利益を宣伝していた。したがって前者が叡山にとって脅威となる宗教勢力に成長したのに対し、後者は蝟集しては霧消する、人々からの緩慢な支持だったことも、叡山の時衆への危機感につながらなかったのではあるまいか。

第六節　都市京都における霊山時衆の意義

中世時衆はいかなる機能と特性とを有していたのであろうか。空間としての道場の特質を括弧内に示しつつ列記すると[51]、①勧進、②唱導・陣僧・使僧（文芸・芸能者のサロン、情報センター）、③怨霊・女人済度（尼寺・駈入寺）、④生身信仰（処刑・自害・臨終、出家・遁世の場、アジール）、⑤神祇信仰（神社門前寺院）、⑥葬送（納骨・墓所）、⑦興行

（踊り念仏・歌舞音曲・連歌ほか）、⑧接待・饗応・医薬・呪術・産業振興（風炉・宿所・遊所）。これらに対応させて霊山時衆の場合をみていこう。

①勧進活動。勧進聖願阿（？〜一四八六）は『親長卿記』（『増補史料大成』第四十二巻）文明十六年（一四八四）六月廿七日条に「七條時衆也」とあり、宝暦十二年（一七六二）『御朱印寺法公論実録』に「京都七条河原、遊行上人之末寺、金光寺派之坊主」、同じころ成立の『寺格記録并願書』に「七条白蓮寺之坊主」とある。[52]願阿は寛正二年（一四六一）六角堂にて二〇日間、八千人におよぶ施行をした。清水寺では文明十年（一四七八）卯月十六日銘の梵鐘を勧進し、のちに本願職となり寺内に成就院を興した。藤沢時衆の七条道場か、白蓮寺をさす七条塩小路道場なのか確定はできないが、後者をにおわせる徴証はある。願阿と親交のあった甘露寺親長が長享元年（一四八七）九月三日に参詣し、同月二十七日に『靈山國阿上人緣起繪』を天皇成仁（追号・後土御門）に拝観させている。明応七年（一四九八）三月一日にも参詣している。さらに成就院の法嗣が「弟子伊勢者」（『大乗院寺社雑事記』）とあって国阿ゆかりの伊勢との関係をもつ者であることなどから、願阿を霊山時衆とすれば、霊山時衆の経済行為（狭義での勧進）を窺わせる。[53]ただこれは単独行動といえる例外的なもので、ほかに金銭を介在する狭義での勧進活動[54]はみられない。

②文芸の社交場としての時衆道場。連歌師宗長は摂津国芥川城主能勢頼則の三回忌にあたる永正十五年（一五一八）八月、円山安養寺にて肖柏、宗碩らも参加する「東山千句」（『古典文庫』第四六七冊）を興行している。既述の『宗長手記』には尺八を吹く僧が「もとは東山霊山の時宗《マヽ》」という。雙林寺では、西行の最期を『三国伝記』に同寺と描写させたり、俊寛・平康頼の説話を延慶本『平家物語』や『源平盛衰記』巻十などにもりこんだ融通念仏の徒が集住していたらしい。[55]歌人頓阿（一二八九〜一三七二）が同寺塔頭蔡華園院にいた。応安五年（一三七二）三月十三日

同寺で亡くなっている（『後鑑』所引『頓阿年譜』）。かれは当初四条道場で遁世した人物だから、教団を横断した交流の証左である。『都名所圖會』（『新修京都叢書』第六巻）には応永年中（一三九四〜一四二八）安養寺に祈願した琵琶法師源照が盲人紫衣の濫觴とある。『山州名跡志』（『新修京都叢書』第十五巻）巻之二も安養寺に祈願した源昭、勅により検校位と紫衣を賜ったのは盲者の嚆矢であるとする。長楽寺の建礼門院徳子・天皇言仁（諡号・安徳）伝承（『源平盛衰記』巻四十八）も史実ではなく軍記物語唱導者の営為である。やがて謡曲などに国阿が描かれるようになるのも、その一端であろう。他方で『増補古筆名葉集』に「霊山切」なるものがあり、二行三五字「堅王琴の音に不堪して」などとあり伝一遍筆という。鎌倉期のもので霊山時衆寺院に伝わった縁起の断片かとみられる。(56)

③汚穢の者を浄化するという点で、霊山時衆の活動は済度に位置づけられる。『平家物語』などの唱導も本来は済度の一つである。兵庫薬仙寺は本朝最古の施餓鬼の寺として『施餓鬼図』を所有している。この薬仙寺は縁起類から三昧や療病院が始原とみられている。(57)

④アジール。『建内記』（『大日本古記録』第十四・建内記第一）正長元年（一四二八）二月十二日条に「行國又逐電、仍尋遣父許者也、又在靈山云々、種々示遣者也、良円房相語（×使者）示父許也」とあって、万里小路家雑掌行国が霊山に逃亡していたという。島津家久の上洛日記である『家久君上京日記』（『薩藩旧記雑録』巻八）天正三年（一五七五）五月五日条には「靈仙に參、こく河〔阿カ〕の御堂拜見」し雙林寺・長楽寺をへて「其寺の脇に一向宗の村有といへとも今はなし、是ハおさか（大坂）より先に立し一向宗といへり」という。山門の目を逃れて真宗門徒が霊山時衆の本拠で展開していたことがわかる。また豊臣家に仕えて没落した織田信長甥、頼長が隠棲して芸道を磨いた地でもある。(58)

伊勢信仰との関係についてはすでに述べた。

⑤⑥（京からみて霊山は日の昇る山、死とともに再生の地でもあった）。葬送や墓所についてはすでに詳述した。ちなみに敦賀来迎寺の隣地は「来迎寺野」という敦賀郡中の葬墓処・刑場であった（『敦賀市史』通史編上巻）。

⑦連歌は上述。踊躍念仏は『日次紀事』（『新修京都叢書』第四巻）二月の項に他流の時衆道場とともに安養寺、正法寺で彼岸中に行われていたという。

⑧遊興などによる渡世。『康富記』（『増補史料大成』第三十七巻）嘉吉三年（一四四三）六月十九日条では高麗使節の休所に雙林寺景雲庵が充てられている。『時宗要略譜』は「遊行派」以外の派を称して「多クハ与二尼衆一同居ス故ニ号シテ二破戒時衆一ト」と誹り、兵庫薬仙寺直阿弥陀仏から安養寺蓮阿弥陀仏に充てた文化二年（一八〇五）臘月十日付「贈円山衆徒返答書」でも肉食妻帯が警告されている。(59) 円山公園で近世以降六阿弥坊として知られる料亭は、安養寺の塔頭であった。正法寺、雙林寺、安養寺の塔頭は「〇〇庵（院）〇阿弥」と称する型をもち、境内・門前で副業を営んだ。

かれら塔頭から輪番でそれぞれの本寺安養寺住職に登位したのである。『蔭凉軒日録』（『増補續史料大成』第二十三巻）長享三年（一四八九）正月十四日条に、一族で安養寺住持や寮主を世襲することを語った当事者の貴重な証言が載る。この点は、御影堂派の五条御影堂新善光寺とまったく同様で、半僧半俗の妻帯時衆に神聖性がみいだされたことにもあろう。(60) 新善光寺の御影堂扇もその霊験が裏うちしていた。やがて熊野比丘尼に淵源をもつ風俗産業にもつながる接客業は、本来参詣者への饗応・接待（名残りは四国遍路）に発する。かれらの空間はやがて遊所と化していく。(61) 平田篤胤『出定笑語』（『新修平田篤胤全集』第十巻）附録一下に「靈山、丸山」が妻帯僧の例としてみえ、真宗でも自己弁護のために霊山などを引用することがあった。

②④⑤⑥などは、霊山のもともとの性格であり、なるべくして時衆の拠点と化したといえよう。なお霊山時衆道場独特の機能として、霊場がある。時衆が止住するはるか以前の名刹としての縁起が広まっていたのである。『撮壌集』（『續群書類従』第三十輯下）「上」に洛陽（京都）の三十三所観音の一つとして「長樂寺三寸金銅」が入れられている。[62]

おわりに

都市京都での時衆道場は数量としては少なくない。京都への新仏教進出の中で、法華宗や真宗より早くに定着をみたのは時衆である。[63]市聖空也以来の伝統を宣揚して一遍が京都で布教したことにはじまり、歌人として貴族との親交をもった他阿真教、四条道場に拠った浄阿真観らの動向が功を奏した。そして、本章で詳しくみてきたように、霊山時衆の歴史は、対山門との関係の上で築かれたといって過言でない。山門の力が弛緩した間隙を縫って東山に進出しつつも、その権威におびえ活動は制約されていた。ただ汚穢を浄化する機能、伊勢・熊野信仰を紹介する機能は、都市にとって必須かつ有効なものとして信仰を集めた。しかもそれは政権の意向に沿っていた。

総じていえば、勝田至氏の好著『死者たちの中世』（吉川弘文館・二〇〇三年七月）で指摘された市中から放置死体が消える時期をかなりへて、足利幕府が南北朝内乱を超克し武家優位を確立する時期と、時衆でいえば他阿託何が『器朴論』をものし、はじめて教学を体系化した時期が重層する。時衆の悪党的一向衆からの変質は、権力と社会の要請に応えたものであり、[64]その流れの末葉に東山に入った国阿の動静が位置づけられるのである。

時衆道場がより隆盛したのは、都市、港湾、有力寺社門前においてであった。しかし唱導や饗応など中世的な浸透の実態は、近世寺檀制度に比すれば〝根なし草〟のごとくであり、時代の変化に抗えず衰落していくこととなる。他方、藤沢時衆は地方有力武士の崇敬により農村部にも道場をおいた。それがそのまま継承されて現在の教勢となっている。京都の時宗寺院が料亭や扇作りといった副業によって名を遺すのは中世的要素の残影なのであった。

当該期の正法寺は前述のとおり享禄三年（一五三〇）正月に火災、天文十九年（一五五〇）六月に山科七郷衆の襲撃で放火され、同二十一年、霊山城の築城と翌年の陥落などで寺勢凋落し、そうした積極的な寺院経営に発展できなかった。前掲註（43）論攷のように、中世後期に浄土宗など新仏教系寺院が墓地経営などで檀信徒の囲いこみを図り近世の寺檀制の先蹤となる経済活動に成功したり、近世期、火屋の直営で潤った七条道場とは対照的である。

〔註〕

（1）藤井学「近世初期の政治思想と国家意識」『岩波講座日本歴史』10〔近世2〕（岩波書店・一九七五年一二月）。本書で旧仏教、新仏教という場合、便宜的に従来どおり鎌倉期を基準とする。本書第三部第三章で詳論。

（2）糸久宝賢『京都日蓮教団門流史の研究』（平楽寺書店・一九九〇年三月）。

（3）時衆は精確には私度僧の系譜である。そのため顕密寺院に、時衆が仮寓するという形式をとったものと推察される。おそらく時衆側は「～道場」とし、顕密寺院としては「～寺」と称したのであろうか。もっとも、例外も多く一様ではない。学術造語としては「時衆道場」と「時衆（止住）寺院」とで弁別すべきか。一遍が一所不住を唱えたのは、単にその宗教哲学からだけではなく、聖が公然と定住できる「寺院」（寺家＋院家）がなかったことにもよろう。

（4）拙稿「中世の港湾都市に広がる勧進聖―和泉・摂津に展開する四条道場系時衆を中心として―」地方史研究協議会編『巨大都市大阪と摂河泉』（雄山閣出版・二〇〇〇年一〇月、本書第二部第一章）。時衆の思想が商業に合致していたこと、法華宗・真宗に先行しその基盤となったとの仮説を提示した。

（5）近年、「初期真宗教団」は教団の体裁をなしていなかったとし、「〜門流」と換言する傾向がある。では国阿の法系を「教団」と呼称してよいか、という疑念が生ずる。しかし「教団」を「宗教集団」と同義とすれば（小口偉一・堀一郎監修『宗教学辞典』東京大学出版会・一九七三年一二月）、国阿を祖師として末寺が結束し、東山を聖地として念仏勧進を行っていたかれらもまた一定の求心性をもつ教団といえよう。

（6）拙稿「時衆とは何か（正・承前）」時衆文化研究会編集『時衆文化』創刊・第2号（同会〈岩田書院発売〉・二〇〇〇年四・一〇月、本書第一部第二・三章）。

（7）梅谷繁樹「京都の初期時衆（上・下）」藤沢市文書館編集『藤沢市史研究』第10・11号（同館・一九七七年三月・七八年三月、のち「京都の初期時衆─市屋派を中心に─」と改題し梅谷『中世遊行聖の文学』桜楓社・一九八八年六月に所収）および林譲「三条坊門油小路道場西興寺をめぐって─時衆のいくつかの異流について─」『仏教史学研究』第三一巻第二号（仏教史学会・一九八八年一一月）、梅谷「京都の時衆」時衆の美術と文芸展実行委員会編集『時衆の美術と文芸』（同会〈東京美術制作・発売〉・一九九五年一一月）。また上杉本洛中洛外図を詳しく解説した岡見正雄・佐竹昭広『標注洛中洛外屏風　上杉本』（岩波書店・一九八三年三月）は、各寺院に関する史料を挙げていて有益である。

（8）奈良国立博物館編集『鎌倉仏教─高僧とその美術─』（同館・一九九三年四月）に画像あり。時衆が阿号に附して法諱を称するのは中世末からであるが、本文書の内容は念仏者としての立場が窺え、真教にふさわしい。真教が一遍に入門する以前にもっていた諱ではないか。

（9）寛延三年（一七五〇）『大日本永代節用無盡藏』には京洛時宗の筆頭に掲げられている。のち宗派帰属に関して迷走する。菅根幸裕「明治新政府の宗教政策と「聖」の対応─鉢叩念仏弘通流本山京都空也堂の史料から─」『日本近代仏教研究』第三号（同会・一九九六年三月）。

（10）今谷明『京都・一五四七年─描かれた中世都市─』イメージ・リーディング叢書（平凡社・一九八八年三月、のち同社ライブラリー、二〇〇三年一〇月)。

(11) 古賀克彦「洛中時衆寺院と祖師絵伝―『一遍聖絵』完成七百年に因んで―」日本印度学仏教学会編集『印度學佛教學研究』第四十八巻第二号〔通巻第96号〕(同会・二〇〇〇年三月)。『遊行上人縁起絵』が諸国の藤沢時衆寺院にあるのは特殊なのである。

(12) 伊藤毅「中世都市と寺院」高橋康夫・吉田伸之編『日本都市史入門』Ⅰ(東京大学出版会・一九八九年一一月、のち伊藤『都市の空間史』吉川弘文館・二〇〇三年二月に所収)。

(13) 金井清光「時衆十二派(五)」『時衆研究』第三十一号(金井私家版・一九六八年八月、のち「時衆十二派(霊山派・国阿派)」と改題し金井『一遍と時衆教団』角川書店・一九七五年三月に所収)が網羅。なお『神路』第十一號に今井啓一「參宮と國阿上人」なる論攷がある由だが、閲読できていない。小林月史『時宗国阿上人と伊勢熊野信仰』(京都観照会事務局・一九八〇年九月)は通説にしたがったもの。

(14) 大工職の相論については桜井英治「中世職人の経営独占とその解体」史学会編集『史学雑誌』第96編第1号(山川出版社・一九八七年一月、のち桜井『日本中世の経済構造』岩波書店・一九九六年一月に所収)に詳しい(山田康弘氏の教示)。

(15) 大橋俊雄「京都東山雙林寺旧蔵国阿上人像について」日本佛教研究会編集『日本佛教』第二十七号(大蔵出版・一九六七年八月)。ただしこの「其阿弥陀佛」が「代々聖」の一人かは判然としない。なお、従来知られていなかったが、正法寺本堂にこれと酷似した国阿椅像がある(京都国立博物館寄託)。同館調書によると像内面相部墨書に「慶長五年(一六〇〇)九月十一日/七条大仏師/□□印」、像内頭部桟墨書に「寛永七年(一六三〇)□月吉日」とある。慶長五年は一九五年忌であり二百年忌にむけた造像であろう。像高は七五・六センチメートルで雙林寺の七四センチメートルに近い。

(16) 林譲「南北朝期における京都の時衆の一動向―霊山聖・連阿弥陀仏をめぐって―」日本歴史学会編集『日本歴史』第四〇三号(吉川弘文館・一九八一年一二月)。『祇園執行日記』紙背には「六条弥阿」のものが複数ある。

(17) 大橋俊雄『時宗の成立と展開』日本宗教史研究叢書（吉川弘文館・一九七三年六月）の年表参照。

(18) 梅谷繁樹「国阿上人をめぐって」大橋俊雄編集『時衆研究』第八十六号（時宗文化研究所・一九八〇年一一月）。

(19) 林譲「時宗国阿・霊山派祖国阿弥陀仏伝記史料の再検討」『国史学』第一一三号（同会・一九八一年一月）。『国阿上人伝』『絵伝』を書誌学的に七本挙げている。金蓮寺本は金井清光氏によると正法寺本の誤りとする。正法寺の近代の写本は不明で、正法寺本堂には、一八九三年の火災の際に焼損した『絵伝』の一部とおぼしき巻子八本程度に相当する残片があることがわかった。二〇〇六年一〇月三〇日の秋月俊也、金山正子、高橋平明氏との共同調査で「此嶋かけ…難□志」と判読でき、『絵伝』巻二「此島蔭を湊として風破の難をしのぐ」と合致した。顔料から画もあったよう

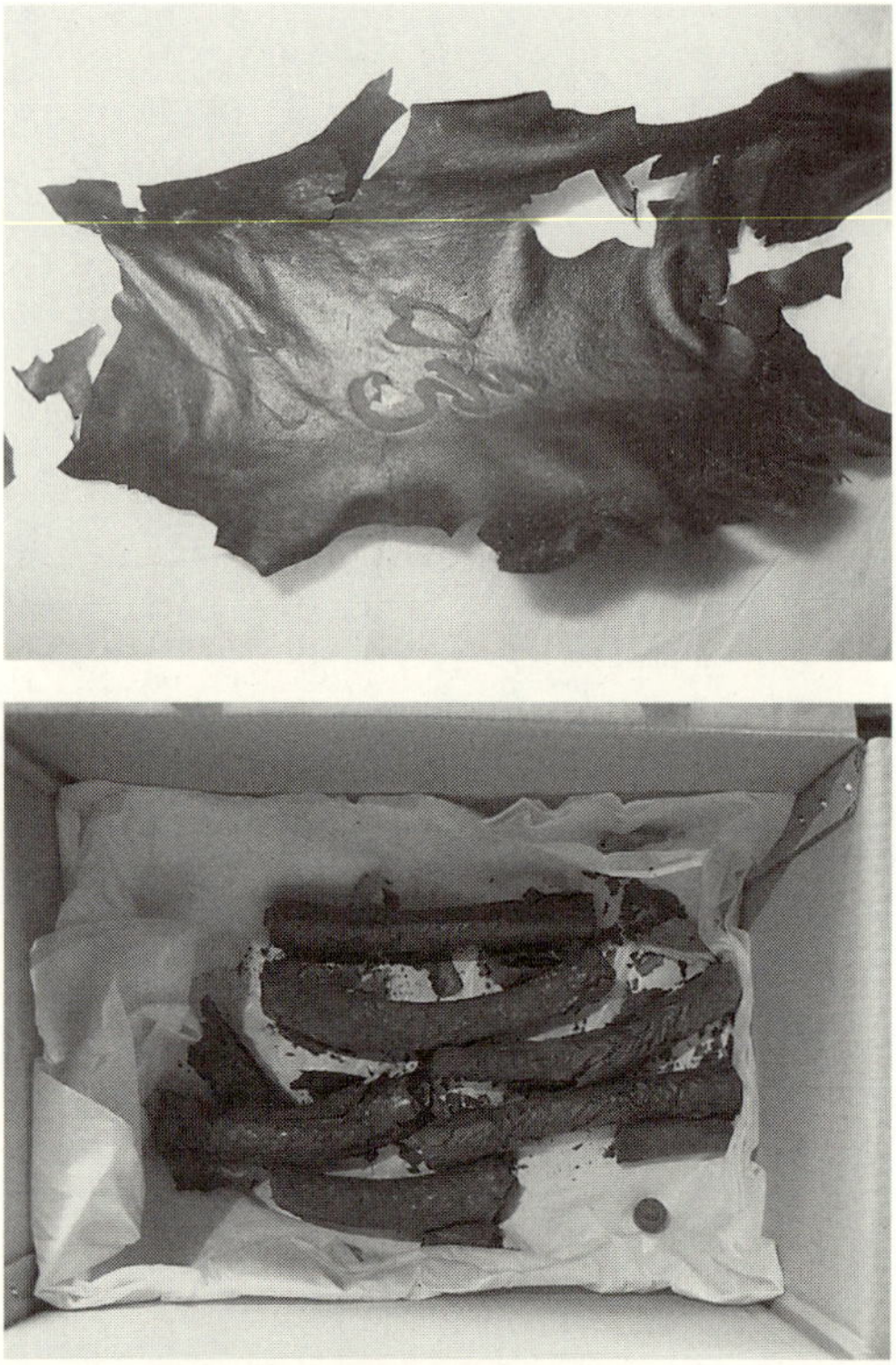

第二図　『国阿上人絵伝』霊山正法寺本
（同寺蔵・非公開）
上の画像に「嶋」がみえる。高橋平明氏協力、金山正子氏撮影。

である。当該正法寺本である蓋然性が高い。来迎寺本は未見、ほかのものは現存。さらに小浜市西林寺にもあり。

(20) 山田雄司「国阿上人の見た伊勢」三重歴史文化研究会編集『Mie history』vol.18（同会・二〇〇六年八月）によると、天照と雨宝童子の関係は金剛証寺の宣伝により江戸期に成立。また伊勢で喜多氏帰依とあるが、延宝四年（一六七六）権祢宜「北」を「喜多」に改称したものである。ゆえに江戸時代の知識で成立した文章と判明すると。

(21) 天台座主良源は寛和元年（九八五）正月三日に歿したため「元三大師」とよばれ、浄土宗鎮西義白旗派聖冏は額に三日月形の傷があったので「三日月上人」とよばれたという。

(22) 梅谷繁樹「七祖託何上人作『器朴論』私訳注」『時宗教学年報』第二十七輯（時宗教学研究所・一九九九年三月）。

(23) 野川博之「『月菴語録』閲覧の記」時衆文化研究会編集『時衆文化』第2号（同会〔岩田書院発売〕・二〇〇〇年一〇月）。時衆と禅との関係は遊行十四代他阿太空の頂相形式の画像などがあり、拙稿「書評・大塚紀弘著『中世禅律仏教論』」『無為無為』第13号（日本史史料研究会・二〇一〇年五月）に略述した。ほかに当麻時衆の本寺（神奈川県相模原市南区・当麻無量光寺）に托鉢に用いる鉄鉢が四点みられ、一点には大覚禅師の伝がある。

(24) 『本願寺史料集成・元和日記』所収『元和四年仏光寺存海殯送ノ記』。古賀克彦「霊山時衆と真宗教団」時衆文化研究会編集『時衆文化』第12号（同会〔岩田書院発売〕・二〇〇五年一〇月）。筆者提唱の二〇〇五年国阿六百年忌を奇縁に、同誌で貴重な史料紹介が続いた。

(25) 前掲註（6）論攷。

(26) 富田正弘「室町時代における祈禱と公武統一政権」日本史研究会史料研究部会編『中世日本の歴史像』創元学術双書（創元社・一九七八年七月）。

(27) 松岡心平「室町将軍と傾城高橋殿」松岡編『看聞日記と中世文化』（森話社・二〇〇九年三月）が、『吉田家日次記』応永十年（一四〇三）十月三日条や同月二十五日条を引き、「国阿弥」の参宮のたびに災害が起こるなど神宮において大問題となっていること、にもかかわらず「権女」（高橋殿＝足利義満の愛妾）の力によって国阿弥参宮を制止できないことを指摘している。義満と国阿との関係がここで生じていることがわかり、『奇異雑談集』の説話も全否定できないものとなる。

(28) 拙稿「時衆史新知見六題」武蔵野女子大学仏教文化研究所編集『武蔵野女子大学仏教文化研究所紀要』No.19（同大学・二〇〇三年三月）。『三寳院舊記』の知見は松尾剛次「中世都市奈良の四境に建つ律寺」松尾『中世の都市と非人』（法藏館・一九九八年一二月）よりえた。

(29) 飯田良一「伊勢神宮と勧進―寺院・橋・殿舎を中心として―」地方史研究協議会編『三重―その歴史と交流』（雄山閣出版・一九八九年一〇月）。また伊藤聡「伊勢の神道説の展開における西大寺流の動向について」神道宗教学会編集『神道宗教』第一五三号（同会・一九九三年一二月）によると、叡尊参宮が律僧が神宮に関与する端緒で、内宮と関係が生じ神道説を流布したという。楠部弘正寺・岩田円明寺などを拠点とし、覚乗は叡尊孫弟子にあたるという。

(30) 山田雄司「中世伊勢国における仏教の展開と都市」伊藤裕偉・藤田達生編『都市をつなぐ』中世都市研究13（新人物往来社・二〇〇七年九月）は藤沢時衆、国阿、律僧（「律衆」とする）の展開を俯瞰している。ただし国阿については『絵伝』によるほかなく、その信憑性については別記のとおりである。

(31) 林幹弥『太子信仰の研究』（吉川弘文館・一九八〇年二月）。

(32) 近藤喜博「伊勢神宮御正躰竝厨子―叡尊の伊勢參宮と蒙古調伏の祈りに關聯して―」神道史學會編輯『神道史研究』第七卷第一號（同會・一九五九年一月）によれば、前出の叡尊は文永十年（一二七三）、同十二年、弘安三年（一二八〇）参宮している。元寇という時代背景も考えられる。

(33) 永島福太郎『奈良文化の傳流』畝傍史學叢書（中央公論社・一九四四年八月、のち日本史学叢書、目黑書店・一九五一年二月）、逵日出典『長谷寺史の研究』古代山岳寺院の研究一（巖南堂書店・一九七九年一一月）。

(34) 萩原龍夫「伊勢神宮と仏教」『明治大学人文科学研究所紀要』第七冊（同所・一九六九年二月、のち萩原『神々と村落―歴史学と民俗学との接点―』弘文堂・一九七八年六月ほかに所収）。

（35）阿部泰郎「伊勢に参る聖と王―『東大寺衆徒参詣伊勢大神宮記』をめぐりて―」今谷明編『王権と神祇』（思文閣出版・二〇〇二年六月）。

（36）古賀克彦「【口絵解説】国阿画像」時衆文化研究会編集『時衆文化』第3号（同会〔岩田書院発売〕・二〇〇一年四月）。

（37）平山敏治郎「寺元について」讀史會編集『国史論集』二（同会・一九五九年一一月）や幡鎌一弘「近世寺僧の「家」と身分の一考察―興福寺の里元を手がかりに―」大阪歴史学会編集『ヒストリア』第一四五号（同会・一九九四年一二月）。史料に「自専」としてみえるという。

（38）大橋俊雄「時衆と葬送儀禮（二）―特に靈山としての東山正法寺について―」『印度學佛教學研究』第一七巻第一号（通巻第三三号）（日本印度學佛教學會・一九六八年一二月）。

（39）藪田嘉一郎「靈山正法寺と國阿上人」『史迹と美術』第二十一輯ノ二（第二一二号）（史迹美術同攷会・一九五一年六月）。

（40）勝田至「『京師五三昧』考」『日本史研究』第四〇九号（同会・一九九六年九月、のち勝田『日本中世の墓と葬送』吉川弘文館・二〇〇六年四月に所収）。糸井通浩「幽霊子育て飴」糸井・知恵の会編『京都学の企て』（勉誠出版・二〇〇六年五月）には国阿のことが出てこない。

（41）勝田至「鳥辺野考」大山喬平教授退官記念会編『日本社会の史的構造』古代・中世（思文閣出版・一九九七年五月、のち勝田至『日本中世の墓と葬送』吉川弘文館・二〇〇六年四月に所収）。

（42）伊藤唯真「『師守記』にみる中世葬祭仏教―墓・寺・僧の相互関係を中心として―」仏教大学歴史研究所編集『鷹陵史学』第三・四号（同所・一九七七年七月、のち上井久義編『葬送墓制研究集成』五、名著出版・一九七九年九月ほかに所収）によれば、南北朝期の中原家の例でいうと、男系・女系あるいは嫡子・庶子家で追善寺院の特定化がなされ、また管領寺（菩提寺）と墓所の地は異なった。

(43) 高田陽介「戦国期京都に見る葬送墓制の変容」『日本史研究』第四〇九号（同会・一九九六年九月）。
(44) 村上紀夫「近世京都における無縁寺院—白蓮寺をめぐって—」細川涼一編『三昧聖の研究』（碩文社〔戎光祥出版発売〕・二〇〇一年三月）。
(45) 三枝暁子「南北朝期京都における領域確定の構造—祇園社を例として—」『日本史研究』第四六九号（同会・二〇〇一年九月、のち「室町幕府の成立と祇園社領主権」と改題し三枝『比叡山と室町幕府—寺社と武家の京都支配』東京大学出版会・二〇一一年九月に所収）。
(46) 三枝暁子「中世京都の犬神人」都市史研究会編『年報都市史研究』10〔伝統都市と身分的周縁〕（山川出版社・二〇〇二年一〇月）、三枝「中世犬神人の存在形態」『部落問題研究』１６２（同所・二〇〇二年一〇月、のち三枝『比叡山と室町幕府—寺社と武家の京都支配』東京大学出版会・二〇一一年九月に所収）。
(47) 高田陽介「境内墓地の経営と触穢思想—中世末期の京都に見る—」日本歴史学会編集『日本歴史』第四五六号（吉川弘文館・一九八六年五月）。「清水坂非人」が掌握。
(48) 林譲「時宗四条派祖浄阿弥陀仏伝記史料の再検討—特に三伝の成立時期を中心として—」『国史学』第一二〇号（同会・一九八三年五月）。実際には少なくとも応永三十四年（一四二七）ころまで金蓮寺、祇陀林寺は並立していたという。
(49) 例えば有名な筑前国武士の館の場面では、上半身裸で素足であった（京都国立博物館図録『国宝一遍聖絵』）。聖の定義は五来重『高野聖』角川新書199（角川書店・一九六五年五月、のち増補、角川選書79、一九七五年六月ほかに所収）による。「私度僧」「民間宗教者」は、ともに学術用語として問題なきにしもあらずだが、ここでは僧位僧官に与ることなく顕密体制の埒外にある下層僧侶を仮称しておく。ゆえに中世の時衆は畢竟、私度に帰着した。一遍が浄土宗西山派の聖達の門弟であることから、天台宗の法脈を引くことを喧伝するために、叡山で修行したとの経歴を藤沢時衆で造作するのは、近世初頭の『一遍上人年譜略』であろうと思われる。高橋平明「国阿上人所用蓮華形木履と踏割蓮華座について」『東アジアの味覚と視覚―ロータスをめぐって―』（元興寺文化財研究所人文・考古学研究室・一九九七年五月）によると、国阿の履は経行《きんひん》を想像させる。杖ともども聖の記号である。

(50) 村上弘子「高野山における聖方の成立」寺院史研究会編集『寺院史研究』第八号（同会・二〇〇四年八月、のち村上『高野山信仰の成立と展開』雄山閣・二〇〇九年九月に所収）。

(51) 各項目は複合的である。拙稿「時衆の機能とその歴史における意義」日本印度学仏教学会編集『印度學佛教學研究』第四十九巻第二号〔通巻第98号〕（同会・二〇〇一年三月）を補正。神田千里「中世の「道場」における死と出家」史学会編集『史学雑誌』第97編第9号（山川出版社・一九八八年九月）にも精緻な論究がある。葬送儀礼の発展に貢献した京洛時衆については勝田至「都市と埋葬　中世京都の葬送」『歴史と地理』第577号（山川出版社・二〇〇四年九月）が評価している。

(52) 下坂守「応仁の乱と願阿弥」・下坂「本願成就院の成立」清水寺史編纂委員会編修『清水寺史』第一巻通史（上）（同寺〔法藏館製作発売〕・一九九五年八月）。

(53) 下坂守「室町時代」清水寺史編纂委員会編修『清水寺史』第三巻　史料（音羽山清水寺〔法藏館製作発売〕・二〇〇〇年三月）によれば、『晴富宿禰記』文明十年（一四七八）四月十六日条に「十穀坊主本願」、『島津家文書』文明十一年（一四七九）十二月廿七日付「布施英基飯尾元連連署島津忠昌充書状」に「願阿十斛」、『後法興院政家記』文明十六年（一四八四）六月廿七日条に「十穀坊主」、『政覚大僧正記』文明十八年（一四八六）四月廿四日条に「勧進沙門十穀」、『大乗院寺社雑事記』文明十八年（一四八六）五月十六日条に「清水寺勧進聖十穀」と登場するという。願阿を十穀聖としているものが多い。

(54) 東島誠『公共圏の歴史的創造―江湖の思想へ―』（東京大学出版会・二〇〇〇年一一月）。

(55) 福田晃「平家物語と高野山」『國文學解釋と鑑賞』第36巻第2号（四四六）（至文堂・一九七一年二月、のち「平家物語の文学性」と改題し福田『軍記物語と民間伝承』民俗民芸双書66、岩崎美術社・一九七二年二月に所収）。

（56）京都国立博物館編集『国宝手鑑藻塩草』（淡交社・二〇〇六年三月）。
（57）森田竜雄「一遍の兵庫示寂—その歴史的環境と背景—」時衆文化研究会編集『時衆文化』第7号（同会〔岩田書院発売〕・二〇〇三年四月）。
（58）織田信長の弟有楽斎長益の嫡子。大坂冬の陣後に大坂城を退去し、安養寺塔頭左阿弥（現在料亭）を開創したといい、亭内に巨大五輪塔がある。筆者の依頼による調査報告は佐藤亜聖「京都東山・長寿庵左阿彌所在五輪塔について」民衆宗教史研究会編修委員会編修『寺社と民衆』第六輯（民衆宗教史研究会出版局〔岩田書院発売〕・二〇一〇年三月）。
（59）吉川清『時衆阿彌教團の研究』（池田書店・一九五六年五月、のち再版、藝林舎・一九七三年九月）。
（60）勝田至「修験者の妻帯起源伝承をめぐって—昔話「夫婦の因縁」の中世的展開—」日本民俗学会編集『日本民俗学』第一四三号（同会・一九八二年九月）。同氏は一六世紀中ごろを下限とする偽文書を分析し、修験が「神々によって定められた夫婦の因縁」という論理で妻帯したという。これは消極的な弁明に等しく、本来は、信濃善光寺堂童子が本田善光の血統を誇示して厳格に血族を維持したように、血統の意味が前面に出されて肯定されていたはずである。その後退は、一味神水や籤、集会での議決などに仏神の感応をみた中世的観念の消滅と軌を一にする。他方、時衆の神聖性を過剰評価することはできない。金井清光『中世の癩者と差別』（岩田書院・二〇〇三年四月）の視点をふまえ、基本は「穢僧」とみなくてはなるまい。
（61）小林英一「遊宴の場と能楽—東山時宗寺院の阿弥坊塔頭における催しをめぐって—」『藝能史研究』第一三五号（同會・一九九六年一〇月）。
（62）細川武稔「洛陽三十三所観音に関する調査報告（二）」民衆宗教史研究会編修委員会編修『寺社と民衆』第七輯（民衆宗教史研究会出版局〔岩田書院発売〕・二〇一一年三月）は、『渓嵐拾葉集』から、京中三十三所観音に含まれる第二十六番長楽寺に言及。現在の洛陽三十三所観音では第七番。

（63）法華宗では諫暁のため入京した日像が永仁元年（一二九三）上洛して以来公武への工作を行う。また真宗では東山の大谷廟堂（のちの本願寺）はまだふるわず、鎌倉末に東国（武蔵国荒木〈埼玉県行田市〉）から山科をへて東山汁谷に入った仏光寺教団がある。

（64）拙稿「中世における「悪」――〝新仏教〟成立の基層をたどる視点から――」悪党研究会編『悪党と内乱』（岩田書院・二〇〇五年六月、本書第三部第一章）。

【附記】 秋月俊也、勝田至、古賀克彦、高橋平明、藤巻和宏、細川武稔氏、京都国立博物館（浅湫毅氏）、正福寺（石堂徹和氏）、正法寺（河井義勝氏）ほかの方々の教示・協力をえた。なお二〇一一年一二月二八日、大津正福寺を調査したところ、過去帳の情報、寺伝などから、石塔氏世襲問題は要検討と判明した。続報は民衆宗教史研究会編修委員会編修『寺社と民衆』第九輯（民衆宗教史研究会出版部〈岩田書院発売〉・二〇一三年三月）にて公表したい。

第三章　善光寺聖の展開——信濃国を中心とする諸国の事例から——

はじめに

信濃国は中世勧進聖の典型である時衆にとってきわめて重要な地であった。浄土教の聖地とされる善光寺への信仰が全国規模で繁衍する基盤を造ったのは、かれらであるともいえよう。しかし遺存する史料の僅少さもあいまって、かれらを対象に論究される機会は多くない。本章では地域における庶民信仰史の主役というべき、善光寺を拠点として活躍した善光寺聖や時衆たちの展開を、中世を中軸に包括的・多角的にたどると同時に、これまでの仮説に再検討を加えることを期するものである。

第一節　信濃善光寺信仰の形成(1)

善光寺は信濃国水内郡、今の長野市長野元善町《もとよし》にあり、善光寺平とよばれる盆地に占地する。本尊は特異な形状から俗に善光寺如来とよばれる秘仏である。「牛に牽かれて善光寺参り」というほどに庶民信仰として周知されているが、その起源は分明でない。境内から白鳳瓦や奈良時代前期様式特有の古瓦が数多く出土し、これから寺の草創は七世紀後半ころかと推定される(2)。最古の縁起を遺す『扶桑略記』（『新訂増補國史大系』第十二巻）によれば、欽明十三年

（五五二）十月に仏教公伝に際して百済聖明王が贈った三尊が善光寺如来であるといい、推古十年（六〇二）四月八日勅命により秦巨勢大夫がこの像を奉じて信濃に下着したとする。

一方で同書は『善光寺縁記〔起〕』（掉尾で「彼寺本縁起」とする）を引用し、欽明十三年十月十三日、百済国より摂津国難波津に漂着した阿弥陀三尊仏が、推古十年に信濃国水内郡の地に移ったともしている。また『伊呂波字類抄』（『覆刻日本古典全集』伊呂波字類抄四）十や『善光寺縁起』（『續群書類従』第二十八輯上・鈴木学術財団版『大日本佛教全書』第八十六巻）[3]巻三などは、聖明王より貢献された像が悪疫流行により難波の堀江に捨てられ、それを本田善光が拾って自宅に安置し、のちに一寺を建てたのがその開創とする三国伝来の伝をもつ。推古十年に信濃国伊那郡麻績村[4]（飯田市）へ如来が移され、さらに四一年後の皇極元年（六四二）水内郡芋井里（長野市）に移り善光寺が創建されたと述べている。伊那の旧地には元善光寺こと天台宗山門派の座光如来寺がある。

その『善光寺縁起』巻一は三国伝来の生身像といわれる本尊の天竺毘舎離国・百済における因縁と利益を述べ、巻二は本朝に渡来してから聖徳太子が物部守屋を討つまでを記し、ここでのちに真宗を中心に聖徳太子信仰との結節が生まれた。巻三は本田善光が堀江に投擲された三尊を信濃まで運び安置した堂宇が善光寺につながることや、夭折した善光の息善佐が霊験で蘇生したことを記し、巻四は「帝主御安置次第事」以下一八におよぶ如来と善光寺の縁起を語る。この縁起は画然と定型化された内容を整え、室町時代以降流布した諸縁起類や絵本、あるいは唱導・絵解きの底本として善光寺信仰の基礎となるものである。ただ説話的なその内容は、後代に勧進の過程で成立したと考えられ、もとより内容の当否はつまびらかではない。このほか『善光寺如来絵伝』が二七点作製され、山内の天台宗山門派大勧進に「絵伝場」が設けられて絵解きが行われていた[5]。

古代の史料は少なく、『僧妙達蘇生注記』（『續々群書類従』第十六）が最古とみられ、長元六年（一〇三三）『地蔵菩薩霊験記』や『長秋記』元永二年（一一一九）九月三日条、[6]『後二條師通記』（『大日本古記録』第七下）永長元年（一〇九六）三月十二日条、諸寺別当補任の記事の「善光寺頼久阿闍梨也」や『中右記』（『増補史料大成』第十二巻）永久二年（一一一四）五月九日条「法勝寺四至内、小濫行出來、是善光寺別當從者等出事云々」、『源平盛衰記』『平家物語』の治承年間（一一七七〜八一）の火災記事がある。また『芋井三寶記』（『新編信濃史料叢書』第三）と『善光寺史略』（『信濃史料叢書』中）は大同四年（八〇九）金堂の炎上、弘仁五年（八一四）再建、天延三年（九七五）・天仁元年（一一〇八）の罹災を伝える。

古代にあっては庶民信仰と無縁であった辺隅の郡寺・定額寺と推定される善光寺は、中世に入ると様相を一変、武家勢力の伸張と軌を一にして急速に発展した。『吾妻鏡』によると源頼朝は、治承三年（一一七九）三月の金堂および廻廊以下の焼失に際し、文治三年（一一八七）七月、信濃一国の公領・庄園の御家人に目代（比企能員）を通じ、勧進上人による復興に協力するよう命じた。建久二年（一一九一）十月、本堂にあたる金堂を再建、下野国の有力御家人で小山（朝政）、結城（朝光）、宇都宮（頼綱）氏の同族である長沼宗政を善光寺地頭職に任じ寺の保護にあたらせた。[7]嘉禎三年（一二三七）五重塔が建ち、延応元年（一二三九）七月、北条泰時は小県郡小泉庄室賀郷内の地を割いて不断念仏衆に給田・仏餉灯油料田として六町六段を寄進するとともに七条の「式目」を定め、北条時頼もまた弘長三年（一二六三）三月、水内郡深田郷内の地を買得し不断経衆・念仏衆の粮料などとして六町六段を同寺に寄進するとともに結番を定めた。

寛元四年（一二四六）三月、名越朝時の遺言で子息を檀越とした供養があり、建長五年（一二五三）四月諸堂の修営が終わり、信濃国守護北条重時を檀那として供養が行われた。なおその後文永五年（一二六八）三月に金堂は焼け、同八年再建、さらに正和二年（一三一三）三月、金堂以下諸堂塔が焼け、北条高時により再建されたが応安三年（一三七〇）四月、金堂が焼け、応永十四年（一四〇七）七月多宝塔を建立し、同二十年金堂の修覆成るも同三十四年、文明六年（一四七四）六月、同九年八月（本尊焼失）と数次の火災に遭う。このころ善光寺は近江国園城寺に属し、平安末期までに施入されていた寺辺およびそれに近い更級郡河居・真島と水内郡村山・古野の四郷が寺領であった。『鶴岡八幡宮寺社務職次第』（『群書類従』第四輯）によると九代社務職隆弁（寺門系）は文永八年（一二七一）に「善光寺供養導師幷任」し、十一代政助（東寺系）は正安元年（一二九九）十月十日「善光寺塔供養」を修していて、法脈問わず鎌倉幕府の意向を承けた高僧が善光寺に関係していたことがわかる。

戦国期になると武田信玄と上杉謙信による川中島の合戦により荒廃し、さらに信濃を獲得した信玄は前立本尊ほか諸像・什宝から僧尼まで甲府に移し、永禄十一年（一五六八）甲斐善光寺を建立した。天正十年（一五八二）武田氏滅亡後、織田信長により本尊仏は岐阜、清須に移されたが、信長の死後、徳川家康は浜松、甲府に戻した。慶長二年（一五九七）豊臣秀吉はこれを京都大仏殿（のち方広寺）に移しその本尊にすえたが、大地震が起こり、翌三年同像を四二年ぶりに故地信濃善光寺に送還した。(8) 善光寺はいったん、慶長五年（一六〇〇）に豊臣秀頼の寄進により如来堂が再建されるも、一五年後に焼失、その後も再建と炎上を重ねる。このように中世以降、一〇余度におよぶ火災に遭い、沿革はさながら災害史のごとくであるが、そのつど再興されている。それはひとえに勧進という宗教的経済活動の成果であった。

嘉禎三年（一二三七）十月に五重塔婆落慶供養が本寺園城寺の別当勝舜臨席の下に営まれていて、中世前期は天台宗でも寺門系であった。『東巖安禪師行實』(『續群書類從』第九輯上)からは文永五年(一二六八)聖護院の人間が正別当になっていたこともわかる。現在の善光寺には天台宗山門派に属する「大勧進」と浄土宗鎮西派の「大本願」とがある。大勧進は当初は妙観院と称し、遥任の別当に代わり山務を統括する権別当職にあり、不断法華経衆の首座であった。大勧進の称呼は勧進上人の謂からきたとも思われるが、本来勧進聖は寺僧組織の埒外にあるものだから、ここでは勧進聖の本所という意味であり、勧進活動を内包していく過程で生まれたのであろう。

大勧進は一時、寛永五年(一六二八)から古義真言宗醍醐寺の法流に属し、同二十年(一六四三)天台宗山門派上野寛永寺直末となり、善光寺別当と称した。一方大本願は開山を蘇我馬子女の尊光上人と伝え、はじめ三論宗で、六十五世称誉智誓上人の代に浄土宗に改宗したという。一五世紀以降上人は一貫して尼僧であったとされる。近世期の善光寺は衆徒、中衆、妻戸衆の三寺中から構成され、大勧進別当と大本願上人両名が寺務を執った。衆徒は院号、中衆・妻戸衆は坊号を附す。清僧であった衆徒二一院は大勧進に附属し、妻帯の中衆一五坊は大本願配下であり、妻帯する妻戸衆一〇坊は時衆であった。貞享三年(一六八六)寛永寺に住する輪王寺宮法親王解脱院天真により「善光寺条規」と年中行事が定められ、大勧進側が寺務表役となる。大本願側の寺務職は残されたものの(日光山主の輪王寺宮がふだんは上野寛永寺にいたのと同様、大本願上人もふだんは江戸青山善光寺にいた)、妻戸衆は貞享二年(一六八五)、中衆は宝永七年(一七一〇)天台宗に改宗させられ、衆徒同様に大勧進に附属した。

一八七七年に中衆一四坊(一坊廃絶)は旧に復して浄土宗鎮西派となり、一〇坊のうち五坊が廃絶した妻戸衆は大勧進附随のまま現在にいたる。(9) 大勧進と大本願とは江戸初期以来争論をくり返したが、現在は包括宗教法人に所属しない単立寺院善光寺を構成する両者同列の住職と規定されている。それぞれは天台宗山門派および浄土宗鎮西派の大本山である。

善光寺には門前町が形成された。各地からの参詣者が集い定期市が開設されるとともに、鎌倉初期には留守所が御《ご》庁《ちょう》（長野市長野東後町《ごちょう》）におかれ、守護所も一時その周辺にあったため政治・経済の中心地として発展し、のちに県庁所在地とされることとなる。

以上がこれまで説かれてきた概要である。しかし長らく定説として定着してきたため、学術的検討をへない伝承も少なくない。本章ではそれらに新たな光をあててみたい。

第二節　信濃国における時衆の展開

一遍が文永八年（一二七一）春・弘安二年（一二七九）の二度にわたり参詣していることが『一遍聖絵』にある。特に文永度には『二河白道図』を感得するかれの宗教的画期となった[10]。善光寺信仰は時衆と基底において通ずるものがあった。なぜなら善光寺仏は〝生身の阿弥陀仏〟であるが、時衆それ自身が阿弥陀仏であり、中でも遊行上人は〝歩く阿弥陀仏〟にほかならなかったからである。『一遍聖絵』第九第二段に丹波の山内入道が善光寺参詣へ出立したところ、夢想で善光寺如来が「われは一遍房かもとにあるなり、こゝろさしあらは、それへまいれ」（読点筆者）と宣したという。時衆のうち最大の藤沢時衆では、永仁六年（一二九八）遊行二代他阿真教による舎利会や、七日参籠、のちの妻戸壇につながると思われる善光寺金堂前舞台で日中念仏をするさまが『遊行上人縁起絵』巻七第五段に窺え、『二祖他阿上人法語』（『定本時宗宗典』上巻、以下『宗典』と略す）巻四に信濃在の上原左衛門入道（蓮阿弥陀仏）充二通が載る。肉食ほか浄土教に関する真摯で広範な上原の問いに真教が答えており、これは『廣疑瑞決集』（『國文東方佛教叢書』第二輯）における上原馬允敦広と敬西房信瑞との問答に通ずるものがある。[11] 真教が廻国した地は北陸道、信濃、北関東など、一遍と異なり限定される。それは金井清光氏によると善光寺信仰の繁衍した地であることは、後述の新善光寺・善光寺仏の分布からも明らかであり、一遍によりいったん解散された時衆を新たに真教が創設する成否を善光寺信仰が握っていたともいいうるのである。[12]『遊行上人縁起絵』には信仰上の画期たるべき一遍善光寺参詣の場面が捨象され、巻七第五段で真教の巡参が華々しく描かれているのも、真教の矜持の披瀝であろう。

藤沢清浄光寺が正中二年（一三二五）創建にあたり鎮守を諏訪社とした点にも信濃との関係が窺える。『新編相模國風土記稿』（雄山閣版『大日本地誌大系』㉓〔新編相模國風土記稿第五巻〕）巻之百三によると、開山の遊行四代他阿呑海が廻国先の信濃から勧請したという。一遍は熊野権現、真教は近江国小野社、呑海は諏訪社をそれぞれの根拠としたのである。こののち藤沢時衆において諏訪信仰が特に着目されることはないものの、当麻無量光寺に入れず窮地にあった呑海にとっては貴重な支柱であったのかもしれない。[13]

『遊行縁起』（『宗典』下巻）に遊行十四代他阿太空が応永二十三年（一四一六）善光寺礼堂で日中礼讃を勤行したとあり、戸隠にも参詣し神人から念珠を懇望された逸話が載せられている。『遊行二十四祖御修行記』（『宗典』下巻）に同二十四代他阿不外が永正十七年（一五二〇）六月、高梨摂津守入道（澄頼ヵ）の連歌興行に参加し、中野新善光寺・海野常照寺で法会、八月十五日には野沢にて一句詠じている。『遊行系圖』（『宗典』下巻）に同二十五代他阿仏天が同年七月に海野常照寺で相続・登位し初賦算している。天正十七年（一五八九）二月に同三十二代他阿普光が善光寺曼陀羅堂で『二祖上人詠歌』（『他阿上人歌集』）（『宗典』下巻）を書写していることが水戸彰考館所蔵の中巻からわかる。

善光寺が位置する信濃は時衆にとって霊域であり、戦国期前後の末寺を反映しているとされる享保六年（一七二一）仮題『遊行派末寺帳』によれば藤沢時衆二三箇寺がみえ（野沢金台寺〔佐久市〕と平原十念寺〔小諸市〕とが現存）、このうち甲斐から北信・東信にいたる経路上に多くが分布し、伊那・木曾谷（木曾は美濃国から中世移管）方面は稀薄であることが読みとれる。遊行上人が廻国途上で携行し、法名を登載することで往生を保証した『時衆過去帳』にも多数信濃在の人名が出てくる。『遊行・藤沢両上人御歴代系譜』（『庶民信仰の源流』）などの系譜類によると、天文五年（一五三六）五七歳にて寂した同二十六代他阿空達は信濃国島津氏を出自とする。前出の中野新善光寺（真言宗智山派南照寺〔中野市〕。川東善光寺とも）もまた、当地の高梨氏の帰依によるところが大であった[14]。

時衆のこのほかの教団では、『一向上人血脈相承譜』（『浄土宗本山蓮華寺史料』）に一向俊聖の弟子である養阿聖の項に「善光寺療病院開山」、貞治二年（一三六三）歿の遊行四代顧阿聖が、武蔵国村岡法蔵寺（埼玉県熊谷市、現在不詳）とともに「信州水内郡十念寺」を開山したとある。これは現在も門前の西後町にある浄土宗鎮西派十念寺に比定することが可能で、後述のように少なくとも室町期には、この西後町十念寺は時衆に類縁の寺院であったことは疑いない。また蓮華寺蔵『八葉山蓮花寺末寺帳』（『浄土宗本山蓮華寺史料』）には府中往生寺がみえ、長野市西長野往生地にある苅萱伝承で知られる浄土宗鎮西派往生寺の蓋然性を秘めるものの、同寺に徴証はない。『國阿上人繪傳』（『宗典』下巻）巻五には国阿随心が嘉慶三年（一三八九）春、一七《いちしち》日参籠し六時不断行法を修したとあるが、前章で述べたように絵伝の性格から附会された伝であろう。このほか文芸で知られる四条道場の頓阿ら念仏者の参詣が史料からみてとれる[15]。

後節で詳述するが、善光寺内に妻戸時衆とよばれる時衆がいた。このほか『天文二年信州下向記』（『信濃史料』第十一巻）天文二年（一五三三）八月五日条に「座光寺聖遊阿弥、今日神峯罷上、法事儀相伺云々」とあって元善光寺にも時衆系の勧進聖がいたことがわかる。

史料上で名越新善光寺の次に古い新善光寺である大井庄の落合新善光寺（佐久市鳴瀬落合）は、弘安二年（一二七九）八月十五日付鐘銘によると「源朝臣光長」が檀越であった。『尊卑分脈』（『新訂増補國史大系』第六十巻上）によれば一遍が踊り念仏をはじめて修した館の主、清和源氏小笠原流大井太郎朝光の子である又太郎光長である。同じ銘文に大勧進は法阿弥陀仏、勧進説法者は念阿と道空（西山派の空号ヵ）とある。[16]

第三節　歴史風土からみた踊り念仏の発祥

信濃といえば踊り念仏にふれねばなるまい。『一遍聖絵』第四第五段によれば、一遍は、弘安二年（一二七九）佐久郡伴野（佐久市野沢町）にて別時念仏を修し、小田切の里（同市中小田切）にて踊り念仏を創始したという。これに対して『遊行上人縁起絵』巻二第一段では前者にて踊り念仏創始とあり、齟齬を生じている。五来重氏は『一遍聖絵』における伴野の文章を唐突とし、『遊行上人縁起絵』に整合ありとするが、これは『一遍聖絵』における詞書改行の誤りから生じたもので、小田切説が正しかろう。[17]『空也上人絵詞伝』によれば空也は祇園牛頭天王の神告によりて踊躍念仏を始めたといい、『一向上人傳』（『宗典』下巻）巻貳によれば、一向は文永十一年（一二七四）宇佐八幡においてはじめて四十八夜踊念仏を修めたという。ただ『一向上人傳』は近世成立と推定され、一遍系の諸伝記を参照しつつ編纂されたと考えられるために、信をおくには躊躇される。

なお金井清光氏は平林富三氏の説を承け[18]、諸本ある『河野家系図』のうち伊予国宝厳寺本・東禅寺本の割註から、承久の乱に敗残した一遍の伯父河野通政が伴野に流謫されていたと明らかにし、また同じ史料では叔父通末も葉広（伊那市羽広カ）に配流されていたという。かれらの鎮魂のためであると説明している。

このほか須坂市野辺の念仏獅子は遊行四代他阿呑海によるものという。(19) 中野市豊津替佐にあった勝名寺は唄と踊り「盆じゃもの」との関係が指摘されている。(20) 一遍の踊り念仏との関連が説かれ、国指定重要無形文化財となった、浄土宗鎮西派西方寺（佐久市跡部）の跡部踊り念仏は、五来説は天道念仏踊りとし、一遍系とは別個とする。(21)

橋川正氏が指摘した踊り念仏の源流は、新羅元暁（六一七～八六）が『宋高僧傳』（中華書局版）巻四「唐新羅國黄龍寺元曉傳大安」に「大安者不レ測之人也服特異恆在二市鄽一撃二銅鉢一唱二言大安大安之聲一故號レ之也」（返り点筆者）とあり、『三國遺事』（東京帝國大學版『三國遺事』下）巻四「元曉不羈」では、不邪淫戒を失った元曉が俗体となり村落を歌舞して廻ったと記されている。(22) また藤沢時衆の教学の基礎を固めた遊行七代他阿託何は『條條行儀法則』（『宗典』上巻）「第五踊躍念佛事」で「漢土ニハ少康日本ニハ空也曠劫ノ大慶ニ遇ル事ヲ喜ヒ感涙ニ不レル堪ヘ餘ニ立テ踊ルナリ也」、同じく暦応二年（一三三九）『蔡州和傳要』（『宗典』上巻）で「又空也上人ハ二論眞言等ヲ修學シ給ヒケレトモ念佛ノ行者ト成テ宋朝ノ少康法師ノ跡ヲタツ子テ踊躍念佛シ給ヘリ」とし、少康（『宋高僧傳』にみえるが唐代の人。？～八〇五）ら大陸に遡らせている。

翻って古代信濃は朝鮮半島との関係が深い。高句麗からは積石塚(23)・牧の経営や末裔の定着、百済からは合掌式石室の分布が顕著である。(24) 善光寺開基の本田善光は本姓を若麻績東人善光、字を本太という機織に従事する渡来系技術と相関する部民の出自である。同氏は『萬葉集』東歌にみえるほか、複数の麻績郷もおおむね東国にある。信濃各地の麻績郷には渡来系の優品を副葬した古墳も多い。例えば伊那郡麻績郷（飯田市）は元善光寺こと座光寺や麻績神社、七世紀の畔地一号墳がある。同古墳出土の銀製垂飾付長鎖式耳飾は南朝鮮・慶尚北道慶州や熊本県玉名郡和水町・江田船山古墳金製長鎖式耳飾の影響・模倣と考えられる。[25]また更級郡麻績郷は『日本後紀』延暦十六年（七九七）三月十七日条で安坂姓を賜った高句麗渡来人前部の居地である。[26]善光寺仏の独特な印相は、五世紀後半の南斉から南梁、北魏をへて朝鮮半島に入った、南朝系の形式が源流と捉えられている。[27]縁起別本には善光寺開基は若麻績東人でなく秦巨勢大夫とあるが、秦河勝で知られる渡来氏族の一族らしく養蚕のさかんな当地にふさわしい。[28]善光寺出土の瓦は畿内系（川原寺式）が多く在地系がそれを補助している。さらに文献の検討から、善光寺は郡寺と国分寺とをつなぐ存在で、渡来氏族、特に百済王氏が関与したものと川崎保氏はみる。[29]『芋井三寶記』下乃巻「妻戸の事」によれば善光寺本尊が百済より渡来したときに随従していた證阿ないし燈阿（両者は崩し字が類似）ら二人の子孫が中興し妻戸衆の祖とされるのも気にかかるところである。信濃は山峡の地でありながら日本海や畿内を経由して異境の息吹きが身近に感じられる地であった。[30]

ところで一遍が氏神として崇敬してやまなかった伊予国大三島社は『釋日本紀』（『新訂増補國史大系』第八巻）巻六「大山祇神」に「伊豫國風土記曰。宇知郡御嶋坐神。御名大山積神。一名和多志大神也。是神者。所㆑顯㆓難波高津宮御宇天皇御世㆒。此神自㆓百濟國㆒度來坐」とあって、朝鮮半島からの渡来神なのであった。この一遍の生育環境に加え、信濃に土着した渡来文化の投影を斟酌して踊り念仏の起源を考える余地があろう。一遍の宇佐および大隅の八幡宮参詣は元寇に刺戟されたものとみられるのも、当時の緊迫した対外関係を反映する。[31]

『海東諸國紀』（岩波文庫青458—1）「日本國紀」信濃州の項には善峰の見出しがあり、応仁二年（一四六八）にあたる「戊子年遣使來朝書稱信濃州禪（マヽ）寺住持比丘善峯以宗貞國請接待」とあるのは対外交通を意味しようか。[32]また善光寺仏に拘泥した豊臣秀吉は育った環境に善光寺信仰があったために、三国伝来の善光寺仏に朝鮮侵略を重ねていたという指摘があり、[33]海外を象徴するものとして中世を通じて認識されていたようである。

第四節　庶民信仰における善光寺聖の意義

善光寺信仰は黎明期の古代をへて中世、爆発的に広がる。中世仏教者の善光寺巡参は恒例のものといってもよかった。覚忠（園城寺別当、九条兼実弟）、俊乗房重源、空阿明遍（建仁二年〔一二〇二〕以前）、善慧房証空（宝治元年〔一二四七〕以前）、然阿良忠（宝治二年〔一二四八〕）、思円房叡尊（建長年間〔一二四九～五六〕）、一山一寧（正安三年〔一三〇一〕）、無人如導（延文二年〔一三五七〕以前）、道興（文明十八年〔一四八六〕）、真盛（長享二年〔一四八八〕）らが有名で、[34]史料上の確証はなく造作とおぼしいものの法然や親鸞の伝承もある。一方日蓮は文永十一年（一二七四）三月、佐渡への配流から赦免される帰途に善光寺足下を通過しようとして「信濃の善光寺の念佛者・持齋・眞言等は雲集して僉議す。島の法師原は、今までいけてかへすは人かつたい《乞丐》也。我等はいかにも生身の阿彌陀佛の御前をばとをすまじと僉議せしかども、又越後のこう《国府》より兵者どもあまた日蓮にそひて、善光寺をとをりしかば力及ばず」（『種々御振舞御書』〔『昭和定本日蓮聖人遺文』第二巻〕）という。ここからは善光寺内の合議体が窺えるほか、癩者＝乞丐に対する差別意識も看取される（ただし乞丐の比喩は日蓮が第三者に語るための修飾かもしれない）。全宗派にまたがる善光寺信仰で、（新）善光寺および善光寺仏が皆無なのが法華宗なのは示唆に富む（一寺の例外は戦後改宗した清澄寺）。

善光寺が広範な信仰たりえた背景の一つに、殺生との関係を指摘できる。『善光寺如来本懐』（『室町時代物語大成』八）によれば善光寺本尊は網にかかって海から曳き揚げられたといい、漁民の網にかかる説話も『せんくはうしゐんき』（『善光寺縁起集成』別巻）ほかにある。同様の縁起は浅草寺、川崎大師平間寺ほか各地の寺社にある（西国の例は本書第二部第一章）。『古事談』（『新訂増補國史大系』第十八巻〔宇治拾遺物語・古事談・十訓抄〕）第四勇士「満仲發心出家事」に「爰飼鷹三百放弃。多ノ網ナド焼弃云々」とあるように、「魚捕」もまた殺生として忌むべき生業であった。他方、出羽国山寺立石寺、越中国立山芦峅寺、京都東山清水寺、紀伊国熊野、高野山、粉河寺、伯耆国大山寺などの古刹は狩猟者を開基ないしその所縁の者とする。同じく獣類殺生の神である諏訪神は延文元年（一三五六）『諏訪大明神繪詞』によれば善光寺内の諏訪別社が麗々しく掲げられ、延喜式内社の建御名方富命彦神別社の後身か。近世『善光寺略縁起』『善光寺如来堂再建記』は善光寺の中衆を諏訪社神官の出身とする。長野市長野東町武井神社や武井えびす神社は下諏訪町に同じ神社がある。また善光寺のある水内郡司金刺氏は諏訪社下社大祝金刺氏と同族である。[35][36]なお、これらの縁起が語る殺生からの廻心は、差別につながる本質があることにも注意しなければならない。

中世前期の善光寺の全景が緻密に描かれた『一遍聖絵』第一第三段を眺めてみよう。寺の西側築地塀の外を傘に巻子を挟み有髪の絵解き法師が何者かと連れだって歩いている。寺裏手（北側）には湯福川を渡ろうとする琵琶法師（盲僧）と童の主従がいる。こうした職能民が蝟集していたことを窺わせる。また本堂西側回縁に遊行者とおぼしき烏帽子のない男が寝そべる。ここで起居しているかのごとくであり、寺が排他的な対応ではないことを感じさせる。この時点で妻戸壇はみられず、畳に参詣者が座している。野外にあった舞台をいずれかの再建時に堂内に引き入れたか、逆に内陣から外したか、いずれにせよ寺家側の空間から排除されていたのは疑いない。[37]他方『遊行上人縁起絵』（光明寺本・東京国立博物館本ほか乙本〔原本に近い〕系）巻七第五段にも鉢叩ら宗教的職能民とみられる異形の風体の人物が描かれる。黒田日出男氏が指摘した『遊行上人縁起絵』巻三第一段の尾張国甚目寺における施行場面と同様の姿勢が窺える。[38]

善光寺には妻戸時衆一〇坊があった。『信濃國上水内郡寺院明細帳』上水内郡全（長野縣・一八七九年〔長野県立歴史館蔵・明12　A—24—15〕）の「壽量坊」の項によると、「百濟國渡來ノ僧慧慈慧聰ノ後裔ニシテ卽チ其法脉ナリ法衣ハ猿衣ト稱シ薄墨色ノ衣ヲ著用セリ（中略）皇極天皇卽位壬寅善光寺草創ノ時ニ至リ當寺ニ附屬シ念〔佛脱カ〕堂ノ側邉ニ直シテ如來ヲ護衛シ（中略）建治年間相州藤澤遊行寺ノ僧一遍時宗ノ念佛ヲ弘ム當時屢〻善光寺ニ來詣ス之レニ依テ吾僧徒其ノ修式ノ簡易ナルヲ以テ遂ニ其ノ門流ニ皈ス故ニ中古ニ至ル迠時宗」とあり、ほかの妻戸の坊もほぼ同文となっている。

天台宗山門派鶴林寺（兵庫県加古川市）蔵『聖徳太子絵伝』第二幅には善光寺に集う癩者や乞食がみえるが、一向の門弟養阿が善光寺療病院を開創したとあるのはこれに対応したものであろう。守護小笠原長秀と有力国人村上満信が応永七年（一四〇〇）九月戦闘を行った大塔合戦に関する文正元年（一四六六）堯深『大塔物語』（『續群書類從』第二十一輯下）[39]流布本に「善光寺ノ妻戸時衆。同ク十念寺之聖リ（中略）彼ノ時衆達。此彼《コヽコニ》落散タル屍ネ共ヲ。一々取納メ。或ハ成シ梅檀ノ煙ト。或ハ築キ塚。立テ率都婆ヲ。各與ヘ十念ヲ（中略）至マテ于無キ墓形見ノ筆ノ椛《スサミ》取集メ」（ルビは原文マヽ）とあり聖の活躍の一端が垣間みえる。この聖は妻戸時衆であり、埋葬供養・形見届けなど陣僧（ただし用語は戦国期）の典型をなすものであった。十念寺は前述の善光寺門前の一向俊聖教団系十念寺と考えられ、「真の名号」とよばれる時衆流の楷書体名号と「応永十五年《一四〇八》／為十阿上人／黄鐘《十一月》吉日法界」銘を刻む板碑断片が境内墓地に現存している。[40]善光寺の牛王札には「本師如来決定往生」とある。一遍時衆が配布した「南無阿弥陀佛決定往生六十万人」（『一遍聖絵』第三第二段）の念仏札に似ていて、時衆の影響が窺える。

ただ注意すべきは、五来氏が論じたような職能は、「堂童子」にみられるように中衆も担っていたようである。この堂童子は『江次第抄』(『續々群書類從』第六)・『壒囊鈔』(『日本古典全書』)にみえる南都ほかの顕密諸大寺で寺院の堂舍に附属する一種の職能集団で、その管理や法会の所役、運営に関わっていた。しかし単に労役に就くのみならず、在俗ながらも清浄が求められ、必ずしも幼齢ではない「童子」としての呪術性のゆえに諸事では芸能を担当し、神仏と俗とをつなぐ神聖性をも保持していた[41]。例えば東大寺二月堂の堂童子は鎌倉末には相伝となり、本寺仏所縁の家が世襲化することになっていたという。善光寺で「堂童子」は、一二月一日から二月一日にかけての特に一二月中の二の申の日に行われ詳細は厳格に秘せられている行事「御越年式」において、中衆一五坊が年輪番で務める職掌である[42]。

その中衆は灯明衆、如来随従衆ともいい、また血統相続で、仮に男子なきときは同じ中衆のうちから養子を迎えるというように潔癖なまでに純血を維持した(女性は外部も可)。いずれも現在は若麻績姓(もと本田姓ほか)で、開基善光の後裔と称するものである。つまりここでは世襲による血統が重視されているのである。例えば、役行者に従っていた鬼の末裔五家は、吉野の山麓で互いの家で通婚し合いながら宿坊を営んできたという半僧半俗の人々である。どこか類似性を感じさせる。中衆兄部《このこん》坊の語源は、兄部《このこうべ》という語の複数ある意味のうち、寺社に隷属する力者の長(『日本国語大辞典』第二版第五巻)からきているのであろう。このことも中衆が寺家で一段低い堂衆・行人の系統であることを示す。同じ妻帯僧である妻戸衆ではなく、中衆が奉仕する差異は、時衆がおそらく死穢に関わった「羅齋者」(京都御影堂新善光寺時衆に対する『滿濟准后日記』応永三十四年〔一四二七〕正月二十三日条の評)であることによるのではあるまいか[43]。岩下貞融『善光寺別当伝略』(『編新信濃史料叢書』第一巻)によれば女人は金堂への立ち入りが禁制されていたこととも通じよう。そして中衆・妻戸衆とも、職能集団として固定され、善光寺住職代務者である権別当に就くことはありえなかったし、大本願上人も外部から貴種が招かれたのである。

ただ中衆は「如來御身附」「如來御譜代衆」の「燈明衆」（正信坊蔵『堂童子絵巻』）を称して衆徒に対抗をした。諏訪信仰との強い結合から、中衆は諏訪社の一種の神人という立場でもあったか、あるいはそう主張していたのかもしれない。『善光寺緣起』巻四「定尊沙門新佛冶鑄幷如來拜見事」に「于時建久六年（一一九五）四月廿一日夜。如來示燈阿法師言。我欲被拜見定尊沙門云々。此靈夢雖披露寺内更不信用。同廿七日夜。寺僧中住侶三人如薩俊圓等也。一夜感同夢（中略）仍善光寺中上下皆成貴故」（傍点筆者。「更」は「ちっとも」を意味する副詞）とあって寺内で信頼されない灯阿の姿も時衆の位置を示唆しようか。善光寺信仰の担い手の一つである妻戸時衆は別時念仏衆・六時礼讃衆による普通名詞で、不断念仏を美声にて修する技能に阿弥陀仏号を称する活仏であることもあいまって、固有の職能（網野善彦氏のいう「芸能」）が認められたものと思われる。したがって唱導で知られる安居院流と同様に妻帯であり世襲が黙認された。妻帯僧は卑賤視されるとともに血による技能の継承が課せられる存在でもあったようである。妻帯は中世寺院の通例であったことを確認しておこう。[44]

附言すると、妻戸衆は天台宗大勧進配下衆徒、浄土宗大本願配下中衆とならび寺を構成していたが、坂井本が掲出する貞享二年（一六八五）四月付「東叡山妻戸天台宗仰状」（伝法院守快、大勧進中充）に窺えるように、幕府の裁定により中衆とともにすべて天台に帰するところとなったのは前記のとおりである。これは慶長十一年（一六〇六）高野山聖方の真言宗帰属にはじまり、妻戸衆転宗の二年後の貞享四年一向派の時宗帰属に通ずる、幕府の庶民信仰政策の完遂を物語る一連のものと捉えることができる。なお東国では時衆当麻無量光寺末の古刹であった武蔵国片山法台寺・下総国千葉来迎寺や多数の浄土宗西山派寺院も鎮西派に転宗・転派を強制されている。

『芋井三寶記』下乃巻「三寺中の事」に三寺中の別は慶長（一五九六～一六一五）ころの文書にみえるとあり、中世段階での寺内組織は不明である。高野山同様、分掌ないし独立が進むのは近世である。慶長六年（一六〇一）九月十六日付『善光寺領知割目録』（小林本）に「百六拾八石　衆徒廿壱人／七拾五石　中衆拾五人／三拾壱石　妻戸拾人」とあり、これが三者鼎立と妻戸の初見である。その三〇余年前の山縣三郎兵衛尉を奉者とする武田信玄の大本願宝物館蔵・永禄十一年戊辰（一五六八）四月三日付の書状は、栗田鶴壽に充てて「一、於于堂中、四十八度之札書出、彼札錢經衆中衆配分之事」（読点筆者）とあり、経衆は衆徒のことであろう。ここに妻戸はみえないが、妻戸は勧進によって別途収益を確保していたので必要なかったとみることもできよう。甲斐善光寺について述べた『裏見寒話』（『甲斐叢書』六）巻之二には「塔中清僧四ケ寺、妻帯十五ケ寺、外に妻帯五拾ケ寺。國々を回り、帷子を賣る。」とあるから、すでに妻戸の原型はこのころ成立していたと思われるが、札銭の配分に与っておらず、経済的権益からは排除されていたことがわかる。

また妻戸時衆は藤沢時衆ほか時衆諸教団とはまったく別個であり、没交渉であった。『遊行日鑑』（角川書店版第三巻）宝暦九年（一七五九）閏七月廿一日条によると、廻国中の遊行五十二代他阿一海は浄土宗鎮西派松代願行寺（長野市松代町）から善光寺に日帰りで参詣、法要を催し開帳があって北国街道の丹波嶋宿（長野市丹波島）本陣に泊まっている。大勧進・衆徒の歓待を受け本願上人から使僧が来ているが、妻戸時衆らしき人名はなく、もちろん宿坊としても使っていない。ただし元禄十五年（一七〇二）呑了『芝崎文庫』（『宗典』下巻）「往古時衆之付號之事」に「時衆ノ號ハ在二ル往古空也教信ヲ其ノ祖トスル一也矣。往古時衆道場ハ信州妻戸又鎌倉ノ向福寺光觸寺ナリ矣」とあり、時衆の保守本流として藤沢時衆からも一目おかれていたことがわかる。

建長二年（一二五〇）十一月日付「九条道家初度物処分状」（『圖書寮叢刊』九条家文書一）に九条道家が所領千田庄（長野市芹田）を善光寺不断念仏に、北条泰時が延応元年（一二三九）七月小泉庄室賀郷（上田市室賀）田地六町六反を不断念仏用途に、時頼が弘長三年（一二六三）深田郷（長野市箱清水）田地十二町を金堂不断念仏衆十二口と同不断経衆十二口に施入している。これらの数が六の倍数であるのは、一日を六分割した常行三昧に発するからであろう。なお牛山佳幸氏はこの不断経衆は学侶、不断念仏衆は堂衆ヵとみている。[45]

『吾妻鏡』（『新訂増補國史大系』第三十三巻）弘長三年（一二六三）三月十七日条にあたってみると、不断経衆には「定蓮房律師觀西、理久房阿闍梨重實、蓮明房善西、大貳阿闍梨覺玄、理乗房實圓、嚴光房證範、嚴蓮房聖尊、覺地房有慈、金蓮房勝賀、河内公俊榮、蓮淨房覺隆、權別當俊範」、不断念仏衆には「出雲公尊海、淨佛房良祐、少輔公幸源、法藏房圓西、唯觀房唯觀（マヽ）、觀法房榮俊、式忍房幸證、尊明房琳尊、讃岐公俊昌、豐後公幸源、美濃公尊覺、檢挍俊然」が命じられ、置文とともに水田六町が一二人に五段ずつ配分されている。それぞれの人名からは権別当のいる不断経衆に若干の優位性が認められるほかは、置文や料所をみても両者に格段の差異をみいだすことはできない。法華経を修める不断経衆は天台宗衆徒の原型、対する不断念仏衆は一般名詞としての時衆であり、浄土宗中衆の祖型にあてられる。衆徒宝林院は別名常念仏堂ともいい別時念仏を修していた。不断念仏衆の子孫と思われるが、中衆・妻戸でないところが注意される。

さて応安版『善光寺緣起』巻四「如來御詠歌之事」[46]に、

中比念佛堂四十八人時衆在之。不律無極。仍之權別當改易之。自鎌倉極樂寺請律僧淨行持律被行之。或時念佛堂中有不思議井。此井卽遠江國櫻井池通云々。自此井一靈蛇出來惱僧。此律僧皆失色消魂。或夜夢覺之間。瑠璃殿御戸自開。從中老僧濃墨染衣。顔色少弊給。物思姿佐氣高御聲告衆僧云。

五十鈴河清キ流ハアラハアレ我ハ濁レル水ニヤトラム

如是三遍打返詠給。我濟度悪人思如汝等貴僧佐有有被仰。衆僧夢中申樣。佐吾等此寺止住事背御本意哉申。如來打傾給。寺之貫主衆僧諸共異口同音白言。何樣可奉隨御意。其時弊給御顔色如本成給。奉見夢覺畢。卽驚御詠歌。時衆被還居此道場云々。

とある。西大寺系律僧が善光寺信仰にも関与していたことがわかっていて、(47)善光寺も各地の例にもれず、律僧から(妻戸)時衆に転換していく端的な例証とされてきた。(48)しかし詞章をよく読むと、権別当が任免の権利をもつことがわかる。聖である妻戸時衆が権別当差配下の寺院組織の一翼であったとは考えづらい。「時衆」とは古代以来、顕密寺院における不断念仏を修する集団の呼称であり、(49)何も一遍の独創ではない。ここでは一般名詞として考えるのが自然ではなかろうか。応安版『善光寺縁起』「文永炎上以後、堂塔建立之次第」に念仏堂は「二品御前」(北条政子)建立とある。金堂で行われるべき法会が、このほかにも常行堂・法華堂など個別の堂塔で個別の檀越をえて行われていたとみられる。(50)なお近年修覆により快慶系統の仏所で制作されたとみられる善光寺史料館蔵・木造阿弥陀如来立像(51)は、大塚紀弘氏の示唆によればこの念仏堂の本尊であった蓋然性がある。寺伝によると近世に大本願より誓信寺に移されたのち廃絶して同館に収まったものという。長野県立歴史館蔵『今井家文書』中『善光寺境内見取図』(元禄〔一六八八〜一七〇四〕期以前カ)ほかの古絵図によれば、念仏堂は境内東側にあった。

興味深い逸話がある。年欠(嘉元年間〔一三〇三〜〇六〕カ)五月十三日付「題未詳」文書(『金沢文庫古文書』第十二輯二六七三号）に金沢氏の所領に近い上総国天羽郡佐貫郷北方（千葉県富津市）の新善光寺がみえ、年欠（嘉暦三年〔一三二八〕ヵ）十二月三日付「金澤貞顯書狀」（『金沢文庫古文書』第一輯三七九号）に「關東大佛（中略）大勸進名越善光寺長老」とあり、北京律系ではあるが京都一条大宮新善光寺は元徳二年（一三三〇）十一月三日・十日両日にわたる文書三通（『泉涌寺史』資料篇）から金沢貞顕が寺地について斡旋していることがわかる。元亨三年（一三二三）『称名寺絵図』には貞顕の曾祖父実泰に比定される「善光寺殿御廟」の書き入れが境内西側山稜部になされている(52)。このように北条一門金沢家が善光寺信仰をもっていたことが窺える。その一門の中でも碩学で知られる実時が不断念仏衆を停止しようとしていたのである。

『関東往還記』（『西大寺叡尊傳記集成』）弘長二年（一二六二）二月廿七日条によると、実時が律僧叡尊を金沢称名寺に招聘する際、往復の問答で「又去鎌倉不幾有一寺。號稱名寺。年來雖置不斷念佛衆。已令停止畢。以件寺擬御住所云々。長老被報云（中略）次爲充愚老之住處。停止日來念佛之條。太以不庶幾。旁難止住云々。越州（実時）云。仰之旨清淨甚深也。須相計云々。即退出了」とあり、実時の申し出が叡尊に遠慮されているのである(53)。『善光寺縁起』の説話がそのまま称名寺では史実として存在したのである。善光寺での説話がこのことを引き写したものかは定かでないが、一般に念仏者は不律としてやがて忌まれる傾向が生まれ(54)、律宗が盛行していく。

謡曲「木引善光寺」（『新謡曲百番』）で「越後國直井の津（直江津）」の参詣者と問答するワキはこう述べる。「是ハ善光寺如來堂の聖にて候。今日は某が御燈の番にて候間。御燈を勸めばやと思ひ候」。番といえば、『善光寺因縁物語』には「妻戸律僧開帳役人、不律僧閉帳役人云々」とあるから、妻戸時衆にも二種あり、開扉の番をする役にあった程度の存在であった。顕密寺院に広くみられた「学侶―行人―聖」の階層を善光寺にもあてはめることができそうである。

善光寺聖は、平康頼『宝物集』（『新日本古典文学大系』40）巻第五にある「善光寺ノ聖」が初見とされる[55]。正確には、この部分は延徳三年（一四九一）身延山久遠寺本が初出で、しかも「善光寺ノ聖人」（傍点筆者）なのである[56]。ゆえに「善光寺聖」なる固有名詞として固定の組織として捉えるよりは、流動性をもつ勧進聖とした方がよかろう。ほかに『とはずがたり』（『新日本古典文学大系』50）巻四には「善光寺の先達に頼みたる人」とある。高野山真言宗安居寺（富山県南砺市）の慶長十六年（一六一一）八月一日付文書は同寺別当に充て「信州善光寺聖」智教房が差し出している。なお智教は大本願であるから、「善光寺聖」は下級僧の謂ではない。文面から熊野信仰も関係していることがわかり[57]、享禄四年（一五三一）の善光寺絵図に熊野社がみえることも例証となる。善光寺聖を先験的に時衆に限定することができないのはいうまでもない[58]。

『言継卿記』（『新訂増補言継卿記』第一）天文元年（一五三二）五月六日条に「善光寺之十穀來、勧進帳可書寫之由申候」とある。勧進聖の主体が念仏系ではなかったことを物語る。牛山佳幸氏は修験を想定している[59]。中世に弘通した善光寺の念仏は、融通念仏の系統に入るものであり、一遍の善光寺参詣の伝承からも知られるごとく、踊りをともなった念仏であった。現在、善光寺大勧進には元禄年間（一六八八〜一七〇四）の『融通念仏仏名帳』や寛文元年（一六六一）制作の『融通念仏縁起』が所蔵され、しかも信者には今なお『融通念仏血脈譜』が頒布される。このように善光寺本体でも御三卿、御血脈、寝釈迦というアイテムを導入し庶民信仰を包摂していく[60]。

律僧が寺院の勧進・興行を終えると去っていくように、念仏勧進聖もときに善光寺聖、あるときは高野聖、また融通念仏聖として遍歴していたにちがいない[61]。『大塔物語』の説話では妻戸時衆が無常を感じて善光寺に戻らず高野山へ登ったという。善光寺信仰と高野山信仰との重層が窺え、また門前の苅萱堂西光寺は高野山の苅萱伝説を引き写したものである。

また修験の霊場である戸隠と善光寺信仰が連携していく。刺殺された寺僧宣澄を鎮魂するためにはじめられた宣澄踊りがあり[62]、正中元年（一三二四）九月に戸隠顕光寺（戸隠信仰の根本寺院。廃仏毀釈により戸隠神社に転換）中院に寄進された『法華経』版木巻四には性阿、明阿、南阿、了阿、信阿、蓮阿、楽阿ら、巻五には翌二年七月妙阿、法阿と阿号人名がみえる[63]。『遊行縁起』（『時宗の成立と展開』）では遊行十四代他阿太空が応永二十三年（一四一六）に善光寺と戸隠に参詣している。これが二所詣での史料上の初見である[64]。戸隠は当時の善光寺と異なり本寺が山門延暦寺であるため、勧進聖を経由せずして提携はありえなかったといえよう（善光寺、戸隠とも別当は栗田氏）。やがて念仏者による連携は、真宗や鎮西派に移行していく。

東国で有力な真宗高田門徒は本寺下野国高田専修寺（栃木県真岡市）に親鸞が分身を感得したという善光寺式如来を秘仏とする。正徳五年（一七一五）『高田開山親鸞聖人正統傳』（『真宗史料集成』第七巻・『眞宗全書』第六十七巻）巻五によると嘉禄元年（一二二五。ただし改元は元仁二年四月二十日）四月十四日の感得という。伽藍規模・様式すべて模倣している。同寺は宇都宮、芳賀、大内氏が外護していた[65]。特に当初は大内氏の私寺の様相が濃かったと推察される。親鸞には『正像末浄土和讃』中『善光寺如来和讃』（『真宗史料集成』第一巻）が五首あり（物部守屋に関するもの）、『本願寺聖人親鸞傳繪（御傳鈔）』（『眞宗聖教全書』三）「上」第八段によると、入西房が親鸞の真影を造ろうとして招請した七条辺に居住の定禅法橋は、夢でみた「善光寺の本願の御房」（本田善光）生き写しと表した[66]。善光寺如来堂の御花松その他什宝類などがゆかりのものとして今に遺る。親鸞自身、妻帯し廻国する行実は松野純孝、五来重氏をして善光寺聖といわしめる[67]。

真宗の善光寺信仰が、善光寺本尊将来説話にも登場する聖徳太子信仰と深く聯関することは知られる。『聖徳太子絵伝』を所持して絵解きを行っていた寺院も少なくない。時衆には太子信仰は稀薄であることには注意したい[68]。信濃国における真宗の展開には善光寺信仰を前提としていた[69]。善光寺では、親鸞松（御花松）、境内親鸞爪彫来迎阿弥陀如来（衆徒長養院管理）、大本願親鸞堂（近世災害により廃絶し現位牌堂）などが遺跡とされる[70]。親鸞は遠流先の越後から関東への道すがら戸隠山に百日日参し善光寺に向かう途中笹で六字名号を形どり、それを滞在した中衆・堂照坊に与えたという。この「笹字御名号」とよばれる字形もまた時衆流の「方色」名号であり、おもに九・十字名号や「無」を「无」とする真宗において異端の書体でもある。伝承とはいえ、親鸞に随伴したという中衆堂照坊二十三世源阿房および上洛して親鸞に謁したとする二十四世究阿房が阿号なのも偶然とはいえまい。高田門徒のみでなく本願寺教団の覚如・存覚にも善光寺信仰がみてとれるという[71]。

ただ実際に親鸞が善光寺で行跡を遺したり善光寺聖であったかは不明である。親鸞『善光寺和讃』は、「親鸞作としては、調子が低く、首尾整わなくて、難解でもある」ため疑義が提起されているという[72]。「本願御房」生き写し譚はほかの親鸞伝にはみられず、本願寺覚如により附加されたものか[73]。親鸞開創の伝をもつ専修寺は、文明四年（一四七二）十代真慧『顕正流義鈔』（『真宗史料集成』第四巻）に「高田開山真仏上人」とある[74]。真宗と善光寺信仰の交叉するところに高田門徒の信仰があったとみてよい。大阪府立中之島図書館蔵・文化六年（一八〇九）『二十四輩順拝圖繪』前篇巻之五によれば、現在の妻戸台ではなく内陣前三具足（香炉、燭台、花瓶）の一つが親鸞松であったことがわかる。また妻戸の寿量坊にも親鸞自筆御影があったといい（のち焼失）、善光寺では鎮西派・妻戸時衆が競って親鸞信仰を宣揚していた。戸隠でも親鸞の念仏池や桂の木（長野市戸隠豊岡）の伝承があるほか、中院の中道坊行勝院

（現武井旅館）には、ときの住職寛信が親鸞と叡山での学友だったと伝え、親鸞所持の杖、六字名号断簡、六字名号の刻まれた鮑の貝殻が遺されている。『二十四輩順拝圖會』前篇巻之五や『善光寺道名所圖會』（『版本地誌大系』15）巻之四に登場するように、こちらも近世に真宗信仰を糧に信者獲得を図ったものとみられ[75]、鮑の六字名号は新しく「弥」が正字「彌」であるものの、名号断簡は字体が「弥」の偏が「方」、「陀」の旁が「色」になる時衆流のものであるのは興味深い（古筆切の可能性もある。『善光寺道名所圖會』によれば百幅の名号もあった）。

　このように時衆系信仰が真宗におきかえられていく類例として、善光寺に来る直前の親鸞がいたという越後府中の五智国分寺（新潟県上越市、現天台宗山門派）に遺る伝親鸞坐像が挙げられる。像高八一・五センチメートル、室町中期かとされるこの像は、元文三年（一七三八）『大谷遺跡録』巻一によると元禄二年（一六八九）江戸に出開帳をしている。しかし合掌の像容などから、国分寺に隣接していた時衆府中応称寺（称念寺）に関連する時衆祖師像であったと考えられる[76]。

　たしかに「安城の御影」にみられるように親鸞には聖の要素が窺える。また越後から東国に向かう途中参詣した蓋然性は低くない。しかし牛山佳幸氏が「善光寺聖」なる固定した職掌の成立は中世でもかなり下ることを指摘したとおり、親鸞が善光寺聖とは認めがたい。聖とは、あるときは高野山、あるときは熊野、ときには善光寺、といったようにさまざまな信仰対象を変幻自在に鼓吹することで生業を立てていたのである。しかしさらにいえば、「善光寺聖」は親鸞の時期には存在していないから論理上〝親鸞＝善光寺聖〟ではないが、親鸞が聖であることは推認できるので、聖の携えた勧進の道具の一つとして善光寺信仰を利用した蓋然性はある。

　真宗では康楽寺（本願寺派。「善光寺三寺」の一）、正法寺（大谷派。もと衆徒だが親鸞に入門したとする。「善光寺七院」

の一）、浄土宗鎮西派では西方寺（参詣した法然・良忠が留錫したとする。「善光寺四ケ寺」の一）、十念寺（「善光寺七院」の一）、西光寺（三箇寺あり。このうち一箇寺は苅萱伝説で有名だが、善光寺をみおろす往生寺も苅萱絵解きを行う）など余宗が善光寺門前で勧化をなし参詣客を集めていた。(77) 例えば康楽寺は建暦二年（一二一二）親鸞と西仏の邂逅を伝えるが、現在地に落ち着いたのは近世であり、ほかのいずれの寺も早くとも中世後期以降に善光寺と関係を生じたものであろう。

中世善光寺の寺内構造を明らかにできる史料は少ない。日蓮の前掲『種々御振舞御書』の内容程度である。一般論としては、下坂守氏が論究した勧進から本願への転化が挙げられる。(78) 応仁の乱で荒廃した清水寺を復興するために、七条道場ないし七条塩小路道場系の願阿聖（文明十八年〔一四八六〕歿）が寺内成就院を拠点に勧進を行う。「全面的請負事業」「応急の臨時的活動」を行うさまが史料から読みとれる。ただ寺家側は一貫して本堂仏事から排除、本堂内での勧進活動は認めない。永正年間（一五〇四〜二一）「本願」化して定着していくというものである。

ある寺院の中にさまざまな宗派の僧が混住するのは中世、普遍にみられた。清水寺をはじめとして京都嵯峨清涼寺、大和国当麻寺、東大寺、越前国白山平泉寺、出羽国寒河江慈恩寺など枚挙にいとまがない。京都東山東福寺や上野国世良田長楽寺などの禅院ですらそうであった。それは勧進や葬送のために律僧や時衆をおく場合や、教学研究のための諸宗兼学であったり、住持職級の同一人が複合した血脈や受戒により特定の宗派色が薄くなる場合など、背景は斉一ではない。

中世前期に天台宗寺門派末であった善光寺はやがて真言宗となり、(79) 近世、古義真言宗醍醐寺末寺になっていた大勧進に相当する妙観寺重栄が天海に師事し、天台宗山門派になっている。下坂氏の挙げた畿内周辺の顕密寺院と同様に、臨時の「勧進」と常時の「本願」とが善光寺にも看取される。現在の天台宗大勧進の源流は、文明九年（一四七七）『實隆公記』によれば戒順が勧進、『新撰和漢合図』によれば応永十四年（一四〇七）から本願慈観上人が、天正九年（一五八一）九月四日付上杉景勝文書で妙観院が大本願の代替としてひさびさの大勧進に任ぜられているところにある。(80)浄土宗大本願は、『甲斐國志』（雄山閣版『大日本地誌大系』㊻［甲斐国志第三巻］）に「真言兼学無本寺ノ格ナリ（中略）智恩院ニ隷シ浄土門ニ改ム」と甲斐善光寺にいた際の状況からわかるように、浄土宗鎮西派と結びついたのは近世に入ってからである。享保十八年（一七三三）百十二世誓伝による『善光寺上人由緒書』に「開山尼尊光上人蘇我馬子女」としたり、(81)もと三論宗などというが、実は新しい。『本願寺文書』（『信濃史料』第三〇巻［補遺巻下］、八六ページ）によれば、天文二十一年（一五五二）に善光寺本願聖一行が松田政秀の詐称にかかり、翌二十二年二月に訴訟沙汰になった際に、大本願の祖にあたると思われる当時の本願聖について、当人で五代目との証言があり、弟子の名前などから小林本は男僧の可能性を挙げている。(82)のちに甲斐善光寺開山ともなる、鏡空智冠らの運動が、大本願と浄土宗との関係を導いたのであろう。そして衆徒の下におかれていた中衆も大本願を本所と仰ぐことで、その地位向上を図ったのではないか。

いずれにせよ、善光寺における勧進職、本願職、学侶—行人—聖の関係や相互の対立などは、中世寺院で広範にみられるもので、(83)善光寺のみが独自なのではない。ただし如来譜代の堂童子という形で中衆が衆徒と対等に争論するまでになったところがやや特殊なのである。衆徒—大勧進—天台宗山門派、中衆—大本願—浄土宗鎮西派という関係は近世の産物である。応安版『善光寺縁起』にはその片鱗もないのが端的な証拠である。

古代末から中世にかけて、生身の仏の信仰が展開し中・近世の庶民信仰の中核をなしていた。(84)『扶桑略記』「本師如來」とあるほか、古本系『水鏡』（『新訂増補國史大系』第二十一巻上）「上」の「卅一《（マヽ）》代欽明天皇」の項は「生身ノ善光寺ノ阿彌陀ノ三尊」を崇仏論争の仏としている。下野国御家人長沼五郎宗政は『吾妻鏡』（『新訂増補國史大系』第三十二巻）承元四年（一二一〇）八月十二日条で「生身如來」と述べている。[85] この善光寺の本尊をはじめとして、京都嵯峨清凉寺（京都市右京区、現浄土宗鎮西派）の栴檀瑞像釈迦如来、五六億七千万年後まで生き続けようとする高野山奥の院の弘法大師空海、[86] そして遊行上人らは、みな中世の生身仏の典型である。清凉寺の釈迦如来は善光寺同様に三国伝来とされ、僧奝然が永延元年（九八七）に北宋から将来したといわれている。生身を表現するために体内に五臓六腑の模型が収められていた。[87] 大和西大寺、鎌倉極楽寺、金沢称名寺など律宗寺院が本尊としたほか、善光寺仏のように分身仏が各地にある。天台宗山門派善水寺（滋賀県湖南市）の善光寺仏に元久三年（一二〇六）十月三日付「奉移　善光寺大佛」の銘があるように、模造仏は生身の本師如来を分身したものという理解だったとみられる。清凉寺仏は全七〇例中、岐阜・愛知県以東は二一例でほぼ畿内中心という点で分布に明快な偏差があり、善光寺仏と好対照をなす。[88] ここから逆に善光寺は東国武家政権の影響下にあるということができる。建久八年（一一九七）三月廿三日付『右大将家善光寺御參隨兵日記』（『大日本古文書』家わけ第五・相良家文書之一）という史料名でもわかるように、将軍・北条氏の信仰が御家人に受容されたのである。これらに関わったのが善光寺聖・高野聖であり融通念仏運動や善光寺南大門月形坊良慶明心の師心地房無本覚心（信濃国筑摩郡神林〔松本市〕生）[89] などを結節点とする一連のものであった。そのいずれもに浄土門徒は関わり、特に時衆は寺辺に拠点をおいていた。『壒嚢鈔』によれば京都因幡堂平等寺（京都市下京区、現真言宗智山派）の本尊薬師如来もまた善光寺・清凉寺とならぶ三国伝来の三大如来に数えあげられていた。[90]『因幡堂縁起』によると長保五年（一〇〇三）因幡国司橘行平の邸に因幡の海中から飛来したものといい、[91]『一遍聖絵』第四第四段によると釈迦自作の天竺伝来・栴檀像であるというのである。一遍は建治二年（一二七六）春、ここを参詣して、次に向かったのが善光寺であるという点に有意性が感ぜられよう。

善光寺は生身弥陀がいます浄土にほかならない。そこで死者の霊魂が赴く日本総菩提所として納骨、納経、塔婆供養などの追善儀礼が行われるようになった。『沙石集』（『日本古典文学大系』85）巻七（二）「妄執ニヨリテ女蛇ト成ル事」には、亡き娘を鎌倉と善光寺に分骨する父母の話がある。善光寺から北方の大峰山中腹の五輪平と通称される花岡平（真言宗智山派霊山寺周辺）にいたる広い範囲から出土した（ただし実際には多くが近代になって善光寺境内から投棄されたもの）、数千基におよぶ中世後半の小型五輪塔の存在は、そうした追善習俗の盛行を示唆し、納骨を仲介する聖の存在も推測させる。浄土宗鎮西派小山善光寺（大阪府藤井寺市）蔵『善光寺参詣曼荼羅』には信濃善光寺内外のそこかしこに石塔がおかれ、さらに五輪塔を運搬する人物が描かれており、[92]顕密寺院には珍しく造塔が公認されていたことがわかる。長野県東筑摩郡筑北村八木区が所有する善光寺仏には「為入一切衆生骨　十二月　日　西阿／建治元年《一二七五》」の銘と穴が開けられ、蔵骨器の役をもたされていたことがわかる。これなども葬送儀礼が善光寺信仰に流入していた証左といえよう。[93]善光寺門前（字大門）からも「応永三十一年《一四二四》八月二十六日　高阿弥陀仏」「明応八年《一四九九》八月十三日　□阿」と阿（弥陀仏）号の銘がある石塔が出土し、[94]元善町・衆徒福生院墓地でも永享十一年（一四三九）六月十五日付「夏念佛供養」銘をもつ時衆の影響を窺わせる流麗な草書体名号板碑がみつかっている。[95]

また『平家物語』巻十「千手前」では罪人となった平重衡の世話をして追善のため善光寺に行き往生の素懐遂げた千手前、『吾妻鏡』建久四年（一一九三）六月十八日条では曾我兄弟の兄十郎祐成妾「虎」御前が仇討ちののち一九にして出家して善光寺に赴いた記事、あるいは『とはずがたり』巻四にみえる中院雅忠女（後深草院二条）の正応三年（一二九〇）二月参詣などの伝承からも窺えるように、[96] 中世には女人往生の霊場としても有名であった。

このほかに善光寺如来と聖徳太子との間で消息の往復が三度なされたという伝承があり、三通が収まり蜀江錦で包まれた『善光寺如来御書箱』が法隆寺に遺る。開封は許されていないものの、その写しは天明五年（一七八五）『善光寺縁起集註』（鈴木学術財団版『大日本佛教全書』第八十七巻）で目にできる。この説話によって、聖徳太子信仰とも結びつけることに成功したのである。親鸞および真宗における善光寺信仰は、聖徳太子信仰によって仲介されたものであった。

善光寺聖はこうしたもろもろの説話をたずさえて唱導した。

善光寺における浄土信仰の成立と発展が、この地を念仏信仰の一大中心地としたことは、多くの念仏者の参詣と隠棲からも明らかである。しかも北条氏による不断念仏衆・不断経衆の粮料寄進、保護もあって、善光寺の念仏は全盛をきわめるにいたった。他方で善光寺は、中世に焼失をくり返したため勧進を必要とした。善光寺信仰を聖が仲介したことは周知であるが、一方では源頼朝を筆頭に鎌倉北条氏の得宗、名越、金沢各家をはじめ在地武士層の帰依を受けたことが大きく、元来は善光寺に関わる聖は武士出身であった側面も看過できない。[97] 寛元四年（一二四六）の宮騒動も契機の一つとなった。前将軍藤原頼経や名越氏、頼経派評定衆、京都では頼経の本宗九条家などが失脚し、以後は鎌倉極楽寺、名越新善光寺、金沢称名寺が律宗系に基盤を移す。注意すべきは、新善光寺・模造善光寺仏ともに平安期に遡るものはないことである。つまり善光寺信仰は、すぐれて中世宗教を体現するものとしてみるべきなのである。

史実ないし伝承によれば法然門流では、法然をはじめ前述の重源、明遍、証空、良忠、一遍のほか生仏、良慶明心、良山妙観、親鸞らが参詣している。法然本人に善光寺信仰はなく参詣は仮託であり、むしろ清涼寺に対してあったようだが、その門流の知識高僧が目だつ。特に西山義祖の証空は四十八巻伝『法然上人絵伝』（『新修日本絵巻物全集』14）巻四十七第四段に「このひしり、西山の善峰寺より信州善光寺にいたるまて、十一箇の大伽藍を建立して、あるいは曼荼羅を安し、或ハ不斷念佛をハしめをく、みなこれ供料供米修理の足をつけてをかる」とある。おそらくは伝承にすぎないが『甲陽善光寺記』には証空が嘉禎二年（一二三六）法然遺命にて当麻曼陀羅一軸と法然真影を善光寺に寄進したという(98)。

善光寺不断念仏衆も当初は西山系であった蓋然性もある。西山義西谷流の中の吾妻義とよばれる一派が浄音―行観―観教―道覚―識阿と続き、この識阿が吾妻善導寺（群馬県吾妻郡中之条町、現鎮西派善福寺）を開山したとされる(99)。行観高弟の道覚浄弁が善光寺参詣時に授かった分身仏を康永年間（一三四二〜四五）奉安した寺という(100)。ほかに、証空の曾孫弟子にあたる聖入は『法水分流記』（『法然教団系譜選』）の傍註に「住豫州後信州善光寺」とある(101)。

こうした素地の上に時衆が展開していくこととなる。天保十一年（一八四〇）三月の岩下貞融『芋井三寶記』下乃巻「妻戸の事」に「妻戸十坊は、我佛百濟國より渡り給へるときつきしたがひし二人の僧の遠裔にて、中興を證阿上人と云ふ、縁起には燈阿上人とあり、貞享のころの文書に傳統百七十五代とあるよし也」、貞享三年（一六八六）「ねがひて」天台清僧になったことにされている。以下坂井本から妻戸の各坊を略述してみよう(102)。甚妙坊（本尊延命地蔵菩薩、聖阿中興）、常行坊（本尊阿弥陀如来像、天正四年（一五七六）寛阿中興）、寿量坊（本尊不動明王像、親鸞筆真影あり、文禄二年（一五九三）香阿中興）、善行坊（本尊阿弥陀如来像、寛永三年（一六二六）尊阿中興）、玄証坊（本尊阿弥陀如来像、慶長十八年（一六一三）教阿中興）、正定坊（本尊金剛界大日如来像、近世廃坊）、蓮池坊（本尊金剛界大日如来像、近世廃坊）、称名坊（近世廃坊）、林泉坊（近世廃坊）、遍照坊（本尊不動明王像、その他多し、近世廃坊）の一〇坊。なお近世の中興が多いのは、善光寺が一時甲府に移転していたことによる。注意したいのは本尊が地蔵や大日、不動など、阿弥陀以外のかなりの混淆がみられる点である。

さて真言宗豊山派医薬寺（埼玉県八潮市）に縦六三・〇センチメートル、横三五・〇センチメートル、厚さ二・九センチメートルの板碑がある。(103) 大永八年（一五二八）十一月十五日の銘があり、「本願慶阿（以下欠損）」「奉善光寺時供養結衆」とある。「時衆」の語源が「別時念仏衆」「六時礼讃衆」などにあることは前に詳論したとおりであるが、この「善光寺時供養衆」もまた略せば「時衆」にほかならず、在地の念仏結衆にみる善光寺信仰を承けた広義での時衆として貴重な類例といえよう。「時供養」とは日待の持斎か別時念仏であろう。勧進元が阿号をもちなおかつ「善光寺」という文字から、妻戸時衆が諸国を遍歴したか、あるいは善光寺聖の稀少な事例か、いずれにしても藤沢時衆ら狭義の時衆とは異なる在地における念仏勧進聖の痕跡である。

第五節　寺社における「分身」と宗教都市

中世の信仰形態は多様である。本節では、善光寺に代表される霊寺・霊社からの名称・本尊模倣という視点から論じてみたい。この現象は普遍的なものとして事例を数多く挙げられるが、その中に、政治都市における宗教受容あるいは利用の局面として理解することができるものがある。以下に特に鎌倉にしぼってみていきたい。

まず「宗教都市」としての首都鎌倉の性格を指摘したい。東国に成立した初の本格的武家政権である鎌倉幕府の成立にあたり、鎌倉の地に開府された遠因には、源頼朝の遠祖、頼義が石清水八幡宮を由比ケ浜に勧請したことがある。狭義の鎌倉の地は郡家があったとはいえ（今小路西遺跡）、寒村で、政治的意図が働かなければ都市にはなりえなかった。都市形成では、鶴岡八幡宮を中心に街割りがおこなわれ、南北線の若宮大路を敷設、やや不整ながら碁盤の目状に道路と御家人の屋敷を配置した。初期にはさほど計画性はなかったらしい(104)。一三世紀半ばから町割りに計画性がみられるようになっていく(105)。

「都市」「宗教都市」概念について、ともに規定は論者により十人十色である。寺内町・門前町を宗教都市の範とするなら、純然たる中世宗教都市は、興福寺・東大寺のある奈良であり、高野山を境内都市とする論もある(106)。前近代においては、政治と宗教が密接不可分のものであることは論をまたないから、政治都市は必然的に宗教都市たらざるをえない。政治都市に宗教施設が配置され、王法仏法相依（ここでの王法は天皇権力ではなく世俗権力の意）が体現された。陸奥国平泉における中尊寺・毛越寺・無量光院、平城京の東大寺・興福寺、平安京の東寺・西寺・叡山、筑前国太宰府の観世音寺など枚挙にいとまなく、近世でも京都や江戸の寺社配置は巧妙であるとされる。

鎌倉期の鎌倉における宗教事情はどうであったのか。鎌倉は鶴岡八幡宮を中心にすえた宗教都市といえる。鶴岡八幡宮には山門、寺門、東寺の顕密寺院の人脈が配せられた。廿五坊の供僧に支えられる八幡宮寺として、完全な神仏混淆施設だった点は注目できる(107)。やがて上層武家から念仏宗に外護が加えられ、中でも西山義が重用された。五代執権北条時頼以後の得宗家は元から導入した純粋禅に傾倒する。他方、金沢北条家は念仏から律、名越家・大仏家は念仏、といったように、信仰対象は多様化する。外護は単なる精神性の反映にとどまらない。禅律文化に附随する、当時最先端の技術の移入などを企図した、すぐれて世俗的側面があることも看取される。

鎌倉で貴賤問わず崇敬の対象となったのは、信濃善光寺をはじめとする、京畿ほか諸国から分祀された名刹・古社である。新善光寺、新大仏、新清水寺、新長谷寺、長楽寺、新清涼寺・（新）釈迦堂、無量寿院といった「新〜」という一定の型をもつ新規寺院が建立された。極楽寺と金沢称名寺（武蔵国金沢は広義の鎌倉に含まれていた）は、寺名の一致ではないが、本尊が清涼寺式である。来歴は未詳ながら円覚寺には善光寺式阿弥陀仏がある。永福寺は、頼朝が平泉大長寿院を模して二階堂なる堂宇を建立したもの。これらも移植の一変種といえよう。

では個別事例をみていこう(108)。まず（長谷）新大仏は、仁治二年（一二四一）大仏殿の造築がなされたのが濫觴である。東大寺大仏を意識していたことは明瞭である(109)。叡尊を別当とする律院となる。ちなみに大仏勧進主の浄光を供養する旨の文永十一年（一二七四）体内銘文をもつ善光寺仏中尊が真言宗豊山派満光院（千葉県市原市）で発見されている(110)。新清水寺は扇谷にあった。本尊頭部を伝える聖観音宗大観音寺（東京都中央区）では、頼朝守護仏とする。相模国分尼寺の後継寺院海老名清水寺に頼朝伝承があったことも想起され(111)、将軍坂上田村麻呂への憧憬から頼朝は清水信仰をもっていた。新長谷（観音）寺には、大江広元伝承があるものの、詳細は不明である。文永元年（一二六四）鐘銘に「新長谷寺」とある。大和国長谷寺と同体本尊と伝う(112)。長楽寺は笹目から材木座に移ったらしい。京都東山長楽寺流隆寛が、嘉禄の法難で流罪の途次、相模国飯山にて遷化したことに因む。この長楽寺号も中国五台山長楽寺から分身されたもので、『都名所圖會』（『新修京都叢書』第六巻）巻之三「唐土の長楽寺」、『山州名跡志』（『新修京都叢書』第十五巻）巻之二に「唐土ノ長樂寺」によったとある。『中右記』部類紙背漢詩集所収の源基綱・藤原為房の春日遊長楽寺即事の詩、『本朝無題詩』八山寺上に詠われているという(113)。ちなみに長楽寺と同じ東山国阿の流れである雙林寺も、唐の東陽郡烏傷県（現浙江省金華市）沙羅双樹林寺からとっているという。亀谷の新清涼寺・新釈迦堂は、叡尊ら律僧が信仰した京都嵯峨清涼寺釈迦堂による。史料は錯綜するが、一応弘長二年（一二六二）叡尊下向が建立の契機とみてよかろう。ほか大字浄明寺に釈迦堂があった。本尊は近在の天台宗山門派杉本寺をへて現在、同派大円寺（東京都目黒区）に遺り清凉寺式なので、同系であろうか。高野山に同名寺院のある無量寿院は甘縄にあり、安達氏の住居に近接していた。安達氏は町石建立にみられるように高野山信仰をもつ。常陸国三村山極楽寺号を引く鎌倉極楽寺・金沢称名寺は浄土系から律院へ。極楽寺の山号霊鷲山は釈迦のいた霊鷲山の模倣でもある。

さて、一般に神社では御厨の神明社、藤原氏庄園の春日社、時衆道場の熊野権現、関東被差別民の白山社[114]の分布などに歴史的経緯が反映する。寺号も同様で、浄土系では唐・善導に因む「光明寺」が多い（鎌倉大町には浄土宗鎮西名越派の由緒寺院善導寺があった）。大安寺、法興寺、当麻寺といった大和国の古寺と同名寺院も各地にある。時衆では越後国府中応称寺が、越前国長崎称念寺と住持職兼帯の縁で同名に改称した例はある。他方、同名の寺院が必ずしも本末関係にはなく、截然と区別できないものも多い。寺院の本尊は普遍的な礼拝対象であるため、神社のように本社からの勧請という儀礼を必要としないところがあろう。とはいえ、三国伝来を称しつつ実態の異なる西の清凉寺式釈迦、東の善光寺式阿弥陀という構図は、単なる寺名の模倣というだけでない側面を教えてくれる[115]。この形態は、舎利信仰や四国霊場を移植した地域霊場などと同じ祭祀手法と思われ、生身仏の「分身（仏）」といった概念で説明できよう[116]。神道では勧請・分祀などという。鎌倉では祇園社、荏柄天神、甘縄神明社、新熊野社、新日吉社、新賀茂社がある[117]。

分身にはさまざまな理由が挙げられよう。①政治的な分身、②寺院・教団論理からの分身（首都鎌倉への別院設置。本書第二部第二章）、③庶民化による分身。鎌倉では①②が主と考えられる。

初代将軍頼朝以来、信濃善光寺に対する東国武家政権の帰依は際だつ。背景に流行仏としての信仰が指摘され[118]、武家による善光寺再建への助成が、勧進聖の活動の成果につながっていく。当時は寺門の末寺であり、平安以降、京畿で生身仏としての善光寺信仰が定着した（後掲『明月記』嘉禎元年〔一二三五〕閏六月十九日条）。それを武家政権が受容する形をとった。つまり信濃から京都経由で信仰が導入されたのである。中世善光寺・善光寺仏は、一見、東西の偏差なく分布するが、西遷御家人の任地なども多く、東国武家政権の意志が暗に反映する。「善光寺聖」による信仰の流布は、出羽を除き顕著といえず、用語そのものの初見も新しいことは上述のとおりである。

すなわち、京および鎌倉文化を地元に再現しようと考えた在地領主によって、その信仰が敷衍されていくこととなる。全国に二百余箇寺ある（新）善光寺は、こうした背景があることを指摘できる。神社では源氏による八幡信仰の流布が知られ、[119]善光寺信仰と対をなす。御家人が所領内に勧請し、中には社名までも「鶴岡」に因んだものをつける例もあった。[120]附言すれば、薩摩国島津氏は鎌倉期に時宗浄光明寺を菩提寺とし、五代まで阿号を冠すという。『三國名勝圖會』（青潮社版）で沿革をたどると、文治五年（一一八九）宣阿説誡開山とし、寺名は宣阿のいた鎌倉浄光明寺によるという。中世時衆成立以前の年代錯誤著しい寺伝であるが（一遍生誕の五〇年前である）、地方への仏教伝播における分身の逸話といえる。ちなみにこうした地方への分身の萌芽期の例といえるかもしれないのは、岩手県岩手郡岩手町の天台宗山門派の新通法寺正覚院である。文久元年（一八六一）「弓弭清水碑」によれば、前九年の役を平定した源義家が康平五年（一〇六二）北上山新通法寺を建立したという。[121]通法寺とは大阪府羽曳野市にあった河内源氏の氏寺である。

鎌倉新善光寺は『北條九代記』によると仁治三年（一二四二）、北条泰時の死に際し知識となった新善光寺智導が初見である。『法水分流記』などには、智導と同一人物と考えられる智道は西山派証入の門弟とある。西山派祖証空は善光寺をめざし（四十八巻伝『法然上人絵伝』）、他方鎌倉新善光寺を膝下におく名越北条氏も善光寺信仰を有していた（『吾妻鏡』）。その所領、越中国放生津に善光寺があった。この寺は名越氏の没落とともに、律院化する。禅興寺に改名するのは、持律と（破戒容認の）善光寺信仰が整合しなくなったためと牛山佳幸氏は推定する。別当念空が叡尊から受戒した鎌倉新善光寺は律院となる。後継を称する寺院が神奈川県三浦郡葉山町にあり、現浄土宗鎮西派。念仏から律にのりかえた金沢北条氏は、称名寺のほか上総国佐貫新善光寺、京都一条大宮新善光寺（現京都泉涌寺境内塔頭）を律院とした。

武士は殺生を生業とするとして卑賤視され、当初は造悪無碍・悪人正機の専修念仏を希求した。一方頼朝は文治三年（一一八七）、国家儀礼たる石清水放生会を模した鶴岡放生会を創始する。[122]文暦二年（一二三五）および律僧叡尊の下向前年の弘長元年（一二六一）、破戒念仏者禁制の新制などが出され、[123]支配者の論理に即する殺生禁断令布告者としての武家政権に転化していく。宮騒動や律僧の経営能力をみこんだだけでなく、念仏から禅律への転換をなす主因はここにあろう。

浄土宗鎮西義白旗派の本拠光明寺のほか、安養院、長楽寺、新清涼寺は佐介谷方面から大町・材木座方面に移転している。北は円覚寺・建長寺など禅院、中央は顕密、東南は浄土から律、西南は浄土と律の混在という状況を呈す。律宗また鎌倉・高座郡界の鎌倉極楽寺の旧地とも伝える空間に、藤沢道場清浄光院（のち寺号称す）が草創される。律宗の全盛で浄土系はより辺縁におかれたのか。四至に名刹が位置することで、鎌倉が小京都となり、律院による清浄化、念仏系寺院による浄土空間化が機能した。

これらが計画配置か否か、判断は難しい。武家政権の統一した意思として遂行されたとは考えがたい。日蓮は建治三年（一二七七）「兵衛志殿御返事」（『昭和定本日蓮聖人遺文』第二巻）の中で「なごへの一門の善覺〔光〕寺・長樂寺・大佛殿立させ給て其一門のならせ給事をみよ」と新善光寺、長楽寺、大仏が名越氏によるものとする。[124]大仏は東国政権の志向を示す政治装置だから、名越氏が幕府の宗教政策を代行したかのごとくである。都市形成・寺院配置に泥縄の感がある中世鎌倉だが、結果として鎌倉を〝小京都〟にするという、武家政権の意志が投影する寺社開創・立地となった。これを五味文彦氏のいう「王権の構想」とみるなら、[125]それはこのころ完成し、そして政権中枢にいた名越氏は排除されたのか。

　分身寺院を外護したにもかかわらず没落した北条名越家による鎌倉における造寺を揶揄した日蓮。弾圧をへて、現在の鎌倉市内でもっとも多いのは日蓮宗寺院である。しかし全国の新善光寺に、例外の一寺を除き同宗寺院はない。鎌倉大仏は「新東大寺」、鶴岡八幡宮寺は「新（石清水八幡宮）護国寺」「新東寺」および「新東大寺」の役割りをはたしたと思われるが、現実に「新興福寺」「新東大寺」「新東寺」「新延暦寺」「新園城寺」という名称の寺院は全国でも寡聞にして耳にしない。例外はあるかもしれないが（三重県伊賀市、真言宗智山派「新大仏寺」）、当時現役の勅願寺・祈願寺の呼称を僭することは躊躇されたのではあるまいか。

　近世になっても為政者は分身を行った。南光坊天海は、比叡山延暦寺に対抗する東叡山寛永寺を建立、琵琶湖と竹生島宝厳寺になぞらえた不忍池や弁天堂、清水寺に対する清水観音堂を設けている。

第六節　他地域における善光寺信仰の一例

　前節のように、善光寺信仰が列島を席捲するのは、分身による「新善光寺」と善光寺（式）（阿弥陀）仏の設置によ

第一図　善光寺式一光三尊阿弥陀如来像
（板鼻聞名寺蔵・非公開）
本体47×14（臼高12）、脇侍28.3×8.2（臼高7）、光背78×46センチメートル。なお右側（観音）菩薩は後補。

るといって過言ではあるまい。前者は寺号に「善光寺」「新善光寺」を附するものを概念的に総称したもので、鎌倉期以降、各地に建立され、二百余箇寺が現存している。(126) 後者の善光寺仏なる形式の像は、同寺の秘仏本尊を模し、勧請したとする阿弥陀三尊像のことである（以下本章では善光寺仏を本尊とする寺院も新善光寺に含む）。『本朝高僧傳』（鈴木学術財団版『大日本佛教全書』第六十三巻）巻六十八によると尾張国熱田の僧定尊は、勧募した浄財により善光寺如来の等身分身仏を鋳造したとみえ、現存する最古の遺例が、甲府善光寺本尊である建久六年（一一九五）銘の銅造一光三尊像であるとされる。

平安時代末以降江戸時代にいたるまで数多くの模像が鋳造され、その総数は全国に二六八体、うち鎌倉期の在銘のものだけで三四体が遺る（小林本）。またその分布は全国におよぶものの、関東・東北地方が目だつ。典型例を挙げよう。中尊阿弥陀如来像は丈六像の一〇分の一にあたる高一尺六寸の銅造である。この法量は単に原像を模したためであるが、聖が笈に入れて移動するには適していた。中尊の大衣を通肩にまとい、左手は垂下して第二・三指を伸ばし残りの指を握った手刀印とし、右手は胸の高さに挙げて全指を伸ばした与願施無畏印を結ぶ。一尺の観音・勢至菩薩の両脇侍は、化仏と宝瓶とを刻んだ八角形の宝冠を頭に載せ、胸前で上下に両掌を合わせた梵篋印を結ぶ。これら三尊は蓮肉部の高い垂敷蓮華の臼形蓮台の上に立ち、七化仏が配せられた単独の舟形光背に三尊が収まるため一光三尊と称せられる。この形は飛鳥時代に百済より請来されたとみられる東京国立博物館「法隆寺献納宝物」中の金銅製一光三尊仏に近い(127)。『覚禅抄』図像が一種の儀軌ではないかとする説もある。原像たる信濃善光寺の本尊は現在では絶対の秘仏であり確認はできないが（一説に文明六年〔一四七四〕六月四日、首を残し焼失とも）、像様は大差ないものとみられる。

ただここから逸脱して、木像で本体一七〇《センチメートル》という臨済宗妙心寺派鞆安国寺（広島県福山市）の例や鉄像の臨済宗建長寺派福徳寺（埼玉県飯能市。旧時宗寺院との説あり）の例のほか、高野山真言宗妻沼歓喜院（埼玉県熊谷市。ただし移建されたもので善光寺式三尊の刻まれた板碑）は優品である。紀年銘のある善光寺仏は一三世紀後半～一四世紀前半の関東に圧倒的に多いのも際だった特徴といえる(128)。

なお前提としておかなくてはならないのは、牛山佳幸氏が警鐘を鳴らした新善光寺の時代確定の問題である(129)。氏によるとまず善光寺仏は「流行仏」として消長があることをふまえねばならない。徳大寺家本『明月記』（ゆまに書房版第七巻）嘉禎元年（一二三五）閏六月十九日条によれば「禅居（尼カ）数輩乗車礼近日可聞三尊像近日京中道俗騒動礼拝云々奉写善光寺仏云々」（やや文意をとりがたいが原文マヽ）という。現在新善光寺を自称する寺院も、大半は淵源が不明瞭で、史料から疑いなく新善光寺と認定できるものは鎌倉期一九例・南北朝期一一例であるという。さらに実際に現存の寺院との継続性を認めうるものは少なく、実は中世新善光寺の大部分は不明であるとする(130)。善光寺信仰研究は、現在の寺号や善光寺仏の所在からの類推による危険性をふまえなくてはならないという指摘である。確かに歴史学の実証主義からは至極穏当な方法論であり、仏像の移動や寺院改宗、寺史創作などを勘案せねばなるまい。他方史料の確実性がいささか乏しいものでも、それぞれの資料や情報をつき合わせて全体の傾向を把握することでその危険性は減少させることができると思われる。以下本節では牛山氏の言を継承しつつ、より網羅してみていきたい。

ここで注目したいのは、鎌倉期に成立した時衆をはじめ、真宗高田派や浄土宗鎮西義名越派などの徒が善光寺信仰を基盤に、それぞれの教線拡大を図ったことである。

まず時衆には、教団（いわゆる「派」）の系統を問わず、新善光寺を称する寺院と善光寺仏を伝える寺院、すなわち広義での新善光寺が多い。いくつかの事例をみてみよう。(131)

近世に藤沢派によって「時宗十二派」に位置づけられた各教団のうち、二派が「新善光寺」を本寺としている。

まず海老ケ島新善光寺（茨城県筑西市松原）は解意派本寺である。戦国期までは宍戸城内（笠間市）にあり、鎌倉期以来の雄族宍戸氏外護の、いわば庶民信仰と隔絶した持仏堂として建立されたようである。(132)同寺を考える場合、実質唯一の史料とされてきた縁起『正三尊阿彌陀如来縁起』がある。宍戸四郎朝家子、七郎朝勝が西山派証空・鎮西派良忠から相承し、暦仁二年（一二三九）新善光寺を建立すという。しかし注意すべきは、慶長三年（一五九八）二月という年紀があるものの、内容・字体などから近世中期以降のもののようである点である。(133)派祖解意阿観鏡が西山派証空に師事したとする縁起の記事を無批判に利用し、解意派を時衆ではなく浄土宗西山派に分類するのは拙速である。(134)仮に中世段階で狭義での時衆でなかったとしても、近世に時宗の一員に規定されたのには相当の事由があったとみなくてはなるまい。

縁起によれば、解意阿は霊夢により安芸国広島の海上で船中七日の勤行を修していると、海中から一光三尊仏が出現したため、兄家政と諮り広島城内にて祭祀し、のち兄の国替で宍戸に移す、という。現地安芸には、その原形と考えられる説話がある。推古元年（五九三）に内舎人佐伯鞍職なるものが厳島海上で船を浮かべ網釣していたところ、西方より貴女・厳島大明神が顕現したという『源平盛衰記』巻十三、長門本『平家物語』巻五、『嚴島御本地』（『續群書類従』第三輯下）のほか、真宗系聖徳太子伝で内容に善光寺への言及も含む『聖法輪蔵』（『真宗史料集成』第四巻）三一にも同様の説話がみえるのはどうであろうか。

院号の廣嶋院は、安芸国広島によるというが、広島の地名は戦国期・安土桃山期以降のものと考えられる。ただ宍戸氏は安芸と無関係ではなく、『閥閲録』（山口県文書館版『萩藩閥閲録』第一巻）乙によると宍戸安芸守朝家は建武元年（一三三四）春に足利尊氏の代官として高田郡上甲立之郷（広島県安芸高田市甲田町）を賜り、元木山に五龍城を築く。八代隆家が毛利元就女を室に迎え毛利氏の重臣・一門となり、慶長五年（一六〇〇）子元続が主家とともに周防に移るまで勢威を構えた。そこで比較的信頼のおける三十五代信阿上人による延宝八年（一六八〇）極月付の寺社奉行充文書（『社寺史料研究』第三号）をみると、真教弟子解意阿弥が初代で、以下三十二世までが宍戸一門から出たといい、内容は簡素なものである。もっとも、真教の門弟が初代とは考えにくく、近世に主流となる藤沢派の影響が窺える。

宍戸から海老ケ島に移動するにあたり、堂宇や本尊はそのまま宍戸に別に新善光寺として遺され、近代に廃寺となってからは善光寺仏は檀家の手をへて茨城県立歴史館に寄託されている。(135)

ことさら興味深いのは、宍戸城周辺には宍戸十三箇寺とよばれる宍戸家所縁の寺院があったことである。この中の真宗大谷派唯信寺は初期真宗の古刹を霊場とした親鸞廿四輩の一つで、八田四郎知家三男、宍戸山城守義治こと親鸞直弟、戸森の唯信房と伝えている。ごく近在で藤沢時衆の住吉教住寺（笠間市）は宍戸安芸守朝重が遊行十一代他阿自空を迎え貞和二年（一三四六）開山というが、ここでも本尊は善光寺式三尊である。

この宍戸氏は宇都宮氏庶流の常陸国守護八田知家の四男家政に始まる。知家は法号を新善光寺殿、嫡子知重は定善光寺殿道義といい、三代泰知を除く八田氏代々は小野邑善光寺（土浦市、廃寺）に葬られたと伝う。(136)そこで、より巨視的に北関東をみると、実信房蓮生を称する証空の弟子宇都宮頼綱は、四十八巻伝『法然上人絵伝』（『法然上人傳全集』）巻二十六第二段に仁治二年（一二四一）十一月二十二日夢に善光寺如来が影向したという。実弟塩谷朝業は『信生法師集』（『影印校註古典叢書』十五）元仁二年（一二二五）によると善光寺に参詣、頼綱の子泰綱は『當麻曼陀羅疏』（『浄土宗全書』十三巻）によると嘉禎三年（一二三七）当麻曼陀羅を善光寺曼陀羅堂と宇都宮神宮寺に寄進している。

また慶長二年（一五九七）の文書に宇都宮新善光寺がみえ、宇都宮氏も参詣していた。(137)宇都宮の本社である日光山に関する室町中期の『日光山縁起』（『日本思想大系』20）「下」に「飛流伏走のたぐゐをして、長劫の生死をつゞめて菩提の覺岸にいたらしめん。値遇結縁のためには、あるひは是を贄にかけ、あるひはこれを胙にそなふ」、『續古事談』第四（『群書類從』第二十七輯）には「下野國二荒山（中略）宇都宮ハ權現ノ別宮ナリ。カリ人鹿ノ頭ヲ供祭物ニストゾ」と殺生仏果論が展開される。宇都宮城内には一向俊聖教団の一向寺があり、辺縁の下野国高田には善光寺信仰による真宗高田門徒の専修寺があった（専修寺号初出は寛正六年〔一四六五〕七月二日付「延暦寺西塔政所定書案」〔『真宗史料集成』第四巻〕）。同寺は文明六年（一四七四）九月日付「宇都宮正綱院号書出」（『同』）にみられるように宇都宮氏の手厚い外護と干渉下にあった。『常楽台主老衲一期記』（『真宗史料集成』第一巻）廿三歳（正和元年〔一三一二〕）

の項に、のちの本願寺となる京都大谷廟堂に「専修寺」の扁額を掲げようとしたところ、山門より「一向専修者往古所二停廃スル一也」とする事書が来て撤去を迫ったという逸話が示す、中央の公武に忌避された「一向専修」の呼称が宇都宮氏の領域周辺で体現されていたのである。

「時宗十二派」でもう一つの新善光寺は、妻帯時衆の御影堂派または王阿派の本寺、京都五条御影堂新善光寺（京都市下京区から戦後滋賀県長浜市に移転）である。[138]『山城名勝志』（『新修京都叢書』第十三巻）巻之五の同寺縁起などによれば、天長年中（八二四～三四）橘嘉智子により嵯峨に檀林寺別所尼寺として造立、空海を導師に善光寺仏を開眼したという。御影の語源は善光寺仏と弘法大師自作像であるという。天皇邦仁（追号・後嵯峨）子の勝法院王阿上人が尼寺として再興し、一遍を開山に招請したという。縁起によると王阿は苅萱堂開祖、法灯国師心地覚心の「証明」により一遍に帰依したのだとする。火災・移建をくり返すも、京洛にあって貴紳から衆庶にいたる幅広い崇敬を集め、一箇寺のみにも拘わらず近世には一派に認定されていた。[139]

本尊はいつのころからか鎌倉期の延命地蔵（京都国立博物館寄託。国指定重要文化財）であった。善光寺仏は塔頭善光庵に伝安阿弥作のものがあった程度で、それも幕末以前には焼失していたようである。近代になっても参詣客を集めた縁日は、善光寺仏ではなく、すでに地蔵が対象となっていた。刮目すべきは、これら塔頭より僧連阿と尼生一房とが住持職を務めたところにある。過去帳には登位の年紀がないため、両人が同時期に一対であったのか、交代で住持職に就いたのかは不分明である。ただおそらくは配偶者でない清僧で、信濃善光寺における別当と上人（尼僧）の関係を模倣して、ある程度重なる形で同時期に在任したものと思われる。

次に最大の藤沢道場系時衆をみてみよう。

関東地方は新善光寺が目だつ。大蔵向徳寺（埼玉県比企郡嵐山町）の宝治三年（一二四九）二月八日銘をもつ善光寺仏は最古級に属するものとして有名である。[140] 同寺は永仁五年（一二九七）天台宗よりの改宗を伝える。銘にある「武洲　小代奉」は近隣の東松山市の地名である[141]（児玉党小代氏の本貫地）。同様に伊王野専称寺（栃木県那須郡那須町）には文永四年（一二六七）五月日銘のある像を本尊とする。[142] 銘に「下野國北條郡那須庄伊王野郷」とあるので当地のものであることはまちがいない。弘安三年（一二八〇）一遍ないし永仁五年（一二九七）他阿真教開創と伝う。東京国立博物館にある建長六年（一二五四）正月廿日銘の三尊像には「下野國那須御庄内東与世村」とあり、廃仏毀釈まで大田原市にあった黒羽新善光寺のものである。「与世」に対応する市内余瀬に「堂所」（道場ヵ）地名が遺り、のち大宿に移転したという。[143]

これらの仏像はいずれも銘文の年代・人名から時衆化以前の仏像と思われる。よって従前に善光寺信仰の寺に時衆が止住し拠点としていったのであろう。大竹円光寺（千葉県成田市）にある善光寺仏は「延慶弐年（一三〇九）大才己酉六月十日」、松戸本福寺（千葉県松戸市）像には「於下総□／臼井庄／大□沢之／住人等（下略）」などとある。[144] 卒島《そしま》新善光寺（栃木県小山市）は『遊行上人縁起絵』巻六第四段に永仁五年（一二九七）六月、他阿真教が遊行の途上で「下野國小山新善光寺如来堂」に逗留したとして、いささか荒廃した伽藍が描かれている。小山市周辺には善光寺仏を奉祀する時衆道場が三箇寺あるのも特徴である。[145] 桐生青蓮寺（群馬県桐生市）は天正三年（一五七五）金山城主由良成繁が移転させたもので、故地（太田市）にも同名寺院が残った。もとの寺院は岩松道場といって新田庄の中心にあり、弘安五年（一二八二）新田義国・義重が真教に帰依して改宗させたとする大坊であった。現在桐生青蓮寺の本尊は善光寺仏なので、岩松青蓮寺の旧本尊であったと考えてよかろう。流入路は信濃から高田専修寺などへの経路上にある。

また浄土宗鎮西派西迎寺（長野県中野市）は新田義季を開基と伝える寺で、善光寺式本尊銘に「上野国新田庄青根郷／大檀那義季見阿／延慶三年（一三一〇）庚戌卯月廿日」とあり、稍疑を含むものの関連性が窺える。宮地蔵勝寺（茨城県稲敷郡美浦村）は、建長二年（一二五〇）鎌倉の峯月上人が建立し小田時知ないし北条時頼を開山とする浄土宗寺院であったが、応安八年（一三七五）寂、泰慶明阿上人中興以後、元和五年（一六一九）寂、相阿和尚まで歴代二二人が時衆。元禄五年（一六九二）寂の伝誉により浄土宗鎮西派に転じている。善光寺式中尊と観音があり、勢至はなし。時衆時代からの当寺末、西明寺の本尊を遷したともいう。[146] 西明寺は最明寺殿時頼伝説に因むものであろうか、時頼が善光寺仏を鎌倉から送ったと伝える。[147] 北条氏と善光寺信仰が口伝の面からも伝承されているのかもしれない。

このほか善光寺式一光三尊像を本尊とする時衆寺院は数多い。近世に遊行上人の補処地（遊行上人内定者が住持となる寺院）に定められた一条道場一蓮寺（山梨県甲府市）は、武田支流一条氏を檀越とする在地支配者の寺院であった。坂井本には「奥院本尊善光寺如来火処試像中尊一尺二寸、脇侍五寸、黒色円光十三仏、種字有即一条新善光寺也」とみえ、永享のころ（一四二九～四一）に焼失したようで現在はわからない。[148] やがて甲府には武田信玄により善光寺が遷移してくることとなるが、それ以前からの新善光寺といえる。

また会津若松弘長寺（福島県会津若松市。近年実質廃絶していた東明寺が同寺と合寺したため東明寺が寺号となり弘長寺本尊は脇壇にある）本尊も善光寺仏である。『新編會津風土記』（雄山閣版『大日本地誌大系』㉕〔新編会津風土記第一巻〕）巻之二十二では弘長寺は鎌倉光徳寺僧が葦名直盛に従って来住して康暦元年（一三七九）開かれ光徳寺といったが衰落し、転封してきた上杉景勝とともに越後国上田弘長寺が移ってきたという。[149] いかなる由来でこの寺に善光寺仏が入ったかは明らかでないが、鎌倉から会津に入ったか、信濃から越後に入ったかのいずれかであることは確かであろう。上杉家は武田家とともに善光寺信仰を掌中にしようとさまざま画策した。上杉家菩提寺の一つである真言宗豊山派米沢法音寺（山形県米沢市）本尊は真の信濃善光寺本尊ともいわれている。上杉景勝は越後（上田・春日山）、会津、米沢と転々とし、そのたびに多くの寺社も移転しているため、寺院沿革を考えるには充分な注意が必要となる。

乃木善光寺（島根県松江市）は元禄六年（一六九三）碑文（ただし一九二四年に写したもの）によれば、重源の下で出家した佐々木高綱が頼朝守り本尊を背負ってきたものという。建保四年（一二一六）高綱は死去し、弘安八年（一二八五）時衆寺院となり正阿を追贈したという。[150]同地に佐々木氏庶流乃木氏がおり、伝承どおり高綱最期の地である蓋然性も高いという。[151]

日本三善光寺の一つといわれる芝原善光寺（大分県宇佐市）は、天徳二年（九五八）に空也による開創で、天台宗の時期をへて近世に浄土宗鎮西派となるまでは時宗であった。[152]開基酒井家がもつ六字名号は時衆流の「行の名号」であり、寺の過去帳には歴代住職八名が阿号（阿弥陀仏号）である。歴代住職墓所内に阿弥陀仏号を附する墓塔が一基みられる。近世文書（年未詳）二通などによれば、寛文六年（一六六六）に覚誉が入寺するまでの四名の歴代が「時宗」だった。

以上のようにみてきた時衆の中で、一向俊聖教団がきわめて濃厚に善光寺信仰を負って展開した特異な地域が出羽南部（現山形県。現秋田県域に天童派寺院は近世創建の一寺のみ）である。善光寺仏を祀る一向俊聖教団系寺院が濃密に分布している。まず文永三年（一二六六）銘の高櫤《たかだま》石仏寺（山形県天童市）のものは勧進聖人西阿弥陀仏による。白岩誓願寺（寒河江市）、河島塩常寺（村山市）、金瓶宝泉寺（上山市）、上山西光寺（同市）、十文字阿弥陀寺[153]（山形市）の本尊も善光寺仏である。

これらを考え合わせると、善光寺聖としての天童一向衆の姿がうかびあがる。出羽の一向俊聖教団（近世の「時宗天童派」）には高野聖の影響も看取され[154]、信濃善光寺の聖のありようとまさに一致する。出羽系統の一向伝にのみ一向善光寺参詣譚がみえるのも特徴である。また興味深いのは、信濃善光寺に直接の濫觴をおく浄土宗鎮西義名越派との競合である。浄土宗鎮西義を鎌倉において主導した鎌倉光明寺然阿良忠の法脈を承ける鎌倉名越の良弁尊観の門弟、良慶明心が善光寺南大門月形房に談義所を開いていたことが『開題考文抄』（『續浄土宗全書』十四）「下」跋文にてふれられている。良慶に入門した良山妙観が大国魂社神主山名行阿を開基に元亨二年（一三二二）陸奥国矢ノ目如来寺（福島県いわき市）を開創したのが名越派の創始である。当初の本尊とおぼしき鎌倉より真戒尼が背負ってきたという嘉元二年（一三〇四）四月八日銘を有する善光寺仏が近世初頭にはなくなっていた如来堂にあった（その後客仏となり現在福島県いわき市蔵、東京国立博物館寄託）。如来寺のほか名越派の四箇本寺とされる寺院のうち専称寺（地理的・歴史的に如来寺と近接しやがて本寺化）、大沢円通寺（栃木県芳賀郡益子町）にはそれぞれ至徳元年（一三八四）銘で現在湮滅のものと鎌倉～南北朝期の善光寺仏とがある[155]。また如来寺と円通寺には、善光寺月形房に因んで「月形函」と命名され披見の制限された文箱が相伝されたほど、善光寺の記憶を伝えているのである。

名越派末寺は奥羽において圧倒的な勢力と数量とを誇り、近世では、円空が各地の名越派寺院に逗留したことや幕府による蝦夷三官寺の一つが名越派の有珠「善光寺」（北海道伊達市）であったことで知られる。その名越派寺院がもっとも多いのが出羽南部、すなわち一向俊聖教団の金城湯池なのである。年代としては中世から近世移行期あたりに、競合というより重層する形で展開していく。専称寺門下では良根長外が天童市下荒谷に享徳三年（一四五四）安楽寺（のち高櫤に移転）、良戒律観が山形市漆山に文明十六年（一四八四）浄土院（善光寺仏碑あり）、良存が西村山郡河北町溝延に大永三年（一五二三）宝泉寺、良雄舜翁が天正十一年（一五八三）山形城下に常念寺を開いた。如来寺門流では良全祖関が天正八年（一五八〇）に山形城下来迎寺を開く[156]。いずれも時宗天童派寺院の分布地に重複している。

当初の名越派は天童仏向寺故地の成生庄域を拠点としていた。これは真宗にもいえることで、真宗大谷派高櫛願行寺蔵『願生御房縁起』（『山形県史』資料篇15下［古代中世史料2］）にはこんな話がある。蓮如の門弟として村山地方に真宗を導入し、高櫛に寺宇を設け明応八年（一四九九）往生して清池に葬られた願生を、二代目が「遺骨ヲ首ニ掛ケ高野山ニ納ント北陸道ヲ登ル」途上、加州大勝寺〔聖〕の近辺である真宗僧に「何宗ト問ハ」れ、答えていうに「宗名ハシラス、唯念佛スト」。そこで「念佛稱ル宗ナラハ鎭西流ノ浄土宗カ、遊行派ノ時宗カ、亦ハ我カ宗門ナルヘシ、師ノ御坊ハ何經ヲヨミ、朝夕ノツトメ何ト謂レタソ」といわれ、「最初ニ皈命無量トイハレタト申」しやっと本寺が本願寺であることが判明したという[157]。兼修を忌避する真宗にあっても、このような事例は多かったようで、文明三年（一四七一）九月十八日付『帖外御文』（『眞宗聖教全書』五）八に、上洛途中、高野山に登ろうとする真宗門徒の姿が「本義にあらず」と否定的に登場させられる。念仏信仰の基盤を一向俊聖教団が形成し、その上に名越派・本願寺教団が展開したのであろう。出羽国の名越派は山形市、天童市、東根市、村山市、寒河江市を中心に村山郡二八、置賜郡八、雄勝郡二箇寺で[158]、庄内・出羽国北半部（秋田県域）で手薄な点も天童派に酷似する。対照的に北関東での一向派寺院は善光寺信仰を仲介していた様子はあまりない。名越派の大沢円通寺や真宗高田派本寺の高田専修寺の本尊が善光寺仏であることから、むしろ名越派・高田派が善光寺聖の役を担っていたようでもある。現に益子には正宗寺、高田に隣接する小栗には一向寺なる一向派の寺院があるが、善光寺信仰はみられない。

大変興味深い事例として、様式・法量から、次に挙げる二つの類型化が可能であるという。これは同系ということであり、鋳型を同じくする同范ではない。まず一つは、[159]

和歌山県伊都郡高野町・高野山真言宗不動院、三尊（国指定重要文化財）

山形県東田川郡庄内町・曹洞宗善光寺、三尊

長野県下高井郡野沢温泉村・苅和幸治家（同村薬師堂旧所在）、中尊

山形県山形市・浄土宗鎮西派（旧時宗天童派）十文字阿弥陀寺、中尊

山形県上山市・浄土宗鎮西派（旧時宗天童派）金瓶宝泉寺、中尊

山形県東田川郡庄内町・常万部落公民館（明暦三年〔一六五七〕羽黒山聖之院より）、脇侍

栃木県真岡市・天台宗山門派荘厳寺、脇侍

山形県東根市・曹洞宗林松寺、脇侍（観音像カ）

の組である。東北地方、特に天童派寺院が目だち、荘厳寺は時衆との関係もあったらしい。[160]不動院は『紀伊續風土記』（『續真言宗全書』四〇）高野山之部によると、西谷不動院聖方、金剛峰寺六代座主済高の創建、善光寺との関係を伝える苅萱堂にも比較的近い。出羽と下野は一向俊聖教団の濃厚な分布圏であることもみのがせない。なお一向にからめていえば、かれを中興に仰ぐ時宗新善光寺（静岡市葵区）は開山を空也とする。戦災により什宝・史料は焼失しているため、これ以上の考究はできないが、先ほど述べた芝原善光寺も空也を初代に仰ぐから、善光寺聖からも聖の祖師として空也への信仰があったのであろう。

次の系統は、[161]

東京都台東区・東京国立博物館（旧時宗黒羽新善光寺）、三尊（国指定重要文化財）、建長六年（一二五四）
長野県東筑摩郡筑北村・八木区有（大泉寺→虚空蔵堂）、中尊（鉄仏）、建治元年（一二七五）
埼玉県羽生市・曹洞宗天宗寺、中尊（鉄仏）
栃木県宇都宮市・真言宗智山派大乗寺、中尊（鉄仏）
栃木県小山市・時宗渋井光台寺、三尊[162]
埼玉県行田市・曹洞宗龍高寺、中尊
福島県喜多方市・新宮熊野神社、中尊
茨城県水戸市・浄土真宗本願寺派信願寺、中尊
千葉県成田市・時宗大竹円光寺、中尊、延慶二年（一三〇九）

である。喜多方市の新宮熊野神社は一遍伝承をもつし[163]、宇都宮市大乗寺は安土桃山時代創建ながら、字道場宿にあり、「道場」地名の傾向から時衆との関係を想定できる場所にある[164]。関東、特に藤沢時衆寺院と鉄仏が目だつ。浄土宗鎮西派法源寺（現保元寺〈東京都台東区橋場〉）は一遍・他阿真教所縁の石浜道場の後身とされ千葉氏出身の聡誉西仰が改宗。戦災で焼失したものの、『御府内備考續編』（『御府内寺社備考』第三冊）巻五十八によると康元二年（一二五七）銘で伝弘法大師作「善光寺如来石塔」なる板碑（ほか斎藤別当石塔、石浜道場銘）があったという。

時衆道場新善光寺の分布は**第一表**にまとめた。西国にある新善光寺は稍疑のものが多く、ほとんどが東国の農村部にあることがわかる。また善光寺式板碑の所在も東国に偏在している[165]。鎌倉幕府が善光寺を手篤く保護したことは上述のとおりで、少なくとも時衆についていえば、西遷御家人を含む東国御家人層が受容していたものと考えられる。

第一表　時衆における新善光寺

派名	寺名	所在	寺伝開創年代	寺伝開山	※	摘要・備考	典拠	現況
藤沢派	平沢新善光寺	（陸奥国）	?	?	?	『寺院史研究』第六号牛山佳幸論攷の陸奥国平針新善光寺（現在地未詳）カ	末寺帳	?
天童派	十文字阿弥陀寺	山形県山形市	正安元年（一二九九）	誉阿教音	○	中尊四五・六センチメートル、市指定文化財	本尊	鎮西
天童派	白岩誓願寺	山形県寒河江市	永和二年（一三七六）	得阿法残	○		本尊	鎮西
天童派	上ノ山西光寺	山形県上山市	正応元年（一二八八）	其阿見松	○	本尊中尊三九・五、脇侍二一センチメートル、市指定文化財。秘仏	本尊	時宗
天童派	金瓶宝泉寺	山形県上山市	永仁三年（一二九五）	住阿	○		本尊	鎮西
天童派	河島塩常寺	山形県村山市	正応二年（一二八九）	戒阿	×	本尊三尊、一九四八年一〇月晦日盗難に遭い、現在木像	本尊	鎮西
天童派	高櫤石仏寺	山形県天童市	明徳四年（一三九三）	忍阿	×	旧本尊（カ）中尊文永三年（一二六六）横浜市千手院在、観音千葉県清澄寺在	旧本尊	鎮西
当麻派	会津弘長寺	福島県会津若松市	康暦元年（一三七九）	?	○	中尊のみ。市指定文化財。東明寺に合寺	中尊	時宗
解意派	宍戸新善光寺	茨城県笠間市	寛喜三年（一二三一）	解意阿観鏡	×	旧本尊旧檀家船橋家蔵、茨城県立歴史館寄託。鎌倉～南北朝期の作	寺号他	廃絶
藤沢派	住吉教住寺	茨城県笠間市	貞和二年（一三四六）	他阿自空	○	本尊三尊。室町期の作。補修箇所多し	本尊	時宗
藤沢派	鹿島神向寺	茨城県鹿嶋市	飛鳥期（七世紀）	（皇子厩戸）	?	正安二年（一三〇〇）真教改宗。旧仁多寺	坂井本	時宗
藤沢派	舟入・大島善光寺	茨城県筑西市	?	?	?		末寺帳	廃絶
解意派	海老嶋新善光寺	茨城県筑西市	文禄元年（一五九二）	朝誉林外	?	宍戸新善光寺が移転。本尊秘仏（菊地勇次郎説によると実在せず）	寺号他	時宗
藤沢派	宮地蔵勝寺	茨城県稲敷郡美浦村	建長二年（一二五〇）	月峯上人	○	中尊・脇侍一躯。鎌倉～南北朝期の作	本尊	鎮西
一向派	鹿沼一向寺	栃木県鹿沼市	?	?	×	同市・天台宗山門派広済寺は本尊を旧本尊と伝承（菅根幸裕氏の教示。三尊、県指定）	旧本尊	大谷
藤沢派	卒島新善光寺	栃木県小山市	弘安二年（一二七九）	一遍智真	○	永仁五年（一二九七）真教来錫。勢至三〇センチメートル、市指定文化財	寺号	時宗

藤沢派	渋井光台寺	栃木県小山市	元応二年（一三二〇）	他阿真教	○		本尊	時宗
一向派	中久喜西光寺	栃木県小山市	弘安二年（一二七九）	一向俊聖	○	伝空海作、善光寺如来四十八佛の一と『時宗の寺々』にあり	本尊	時宗
藤沢派	黒羽新善光寺	栃木県大田原市	?	?	×	旧本尊建長六年（一二五四）東京国立博物館蔵、国指定重要文化財	末寺帳	廃絶
藤沢派	伊王野専称寺	栃木県那須郡那須町	弘安三年（一二八〇）	一遍智真	○	本尊中尊文永四年（一二六七）国指定重要文化財、勢至県指定文化財、観音ナシ	本・尊	時宗
藤沢派	桐生青蓮寺	群馬県桐生市	天正三年（一五七五）	他阿満悟	○	岩松青蓮寺が移転。本尊、中尊四四・六センチメートル、鎌倉末、県指定文化財	本尊	時宗
藤沢派	岩松青蓮寺	群馬県太田市	平安末（一二世紀）	源祐律師	×	弘安五年（一二八二）源心改宗。桐生青蓮寺本尊が旧本尊カ	旧本尊	時宗
藤沢派	野殿念称寺	群馬県安中市	?	念称	×	念称は一遍弟子と伝う。現在板鼻聞名寺保管、観音盗難。**第一図**	旧本尊	時宗
藤沢派	久米長久寺	埼玉県所沢市	元弘元年（一三三一）	久阿	○	本尊三尊。石村喜英氏は中尊印相が善光寺式でないと指摘	本尊	時宗
｜	虎秀福徳寺	埼玉県飯能市	建暦二年（一二一二）	宝山智鏡	○	石村喜英氏は旧時宗とす。四五センチメートル鎌倉末鉄仏、県指定文化財	本尊	建長
藤沢派	人見一乗寺	埼玉県深谷市	正応二年（一二八九）	一遍智真	×	三尊板碑あり	（板碑）	時宗
藤沢派	大蔵向徳寺	埼玉県比企郡嵐山町	永仁五年（一二九七）	清阿	○	真教来錫、近世に向阿徳音中興。本尊三尊、宝治三年（一二四九）国指定重要文化財	本尊	時宗
藤沢派	奈良梨万福寺	埼玉県比企郡小川町	永仁五年（一二九七）	他阿真教	○	勢至菩薩ナシ、向徳寺旧末寺	本尊	時宗
藤沢派	松戸本福寺	千葉県松戸市	嘉元元年（一三〇三）	他阿真教	○	本尊三尊、中尊四三・五、脇侍三〇センチメートル、市指定文化財	本尊	時宗
藤沢派	大竹円光寺	千葉県成田市	正和二年（一三一三）	教勧	○	本尊三尊、延慶二年（一三〇九）、県指定文化財	本尊	時宗
当麻派	佐倉海隣寺	千葉県佐倉市	文治二年（一一八六）	?	×	永仁三年（一二九五）真教改宗、馬加（幕張）、酒々井と移転	坂井本	時宗
藤沢派	布施善照寺	千葉県柏市	乾元元年（一三〇二）	他阿真教	○	旧本尊一光三尊、中尊四六・四、脇侍約三六センチメートル、市指定有形文化財	旧本尊	時宗
当麻派	当麻無量光寺	神奈川県相模原市南区	弘長元年（一二六一）	一遍智真	○	新出資料。脇侍一躯三四・五センチメートル。**第二図**	（客仏カ）	時宗
藤沢派	井川新善光寺	福井県敦賀市	?	?	×	正安三年（一三〇一）真教改宗、戦災焼失、のち本尊再現	寺号他	時宗

藤沢派	一条一蓮寺	山梨県甲府市	正和元年（一三一二）	他阿真教	×	一九四五年空襲にて全焼、ただし善光寺仏は中世段階で焼失ヵ	坂井本	単立
藤沢派	中野新善光寺	長野県中野市	？	？	○	川東善光寺とも、現南照寺。『遊行二十四祖御修行記』にみゆ	寺号他	智山
―	落合新善光寺	長野県佐久市	寛元二年（一二四四）	？	○	弘安二年（一二七九）法阿中興梵鐘あり。旧本尊三尊、小諸市曹洞宗大雄寺在	寺号他	曹洞
一向派	府中新善光寺	静岡市葵区	天徳二年（九五八）	空也光勝	×	永仁元年（一二九三）一向改宗。戦災焼失、のち本尊再現・移転	寺号他	時宗
藤沢派	津真光寺	三重県津市	？	？	○	正安元年（一二九九）真教改宗。天台真盛宗中本山西来寺横	本尊	時宗
藤沢派	阿野津新善光寺	三重県津市	？	？	？	享保年間（一七一六～三六）真宗高田派転宗。その後不詳	末寺帳	廃絶
御影堂派	御影堂新善光寺	京都市下京区	弘安年中（一二七八～八八）	王阿	×	檀林寺別所尼寺。戦後滋賀県長浜市移転。旧本尊地蔵菩薩	寺号他	時宗
―	小山善光寺	大阪府藤井寺市	推古朝（七世紀）	隆聖法師	○	永仁五年（一二九七）真教来錫、尼庵。ただし坂井氏の錯誤ヵ。後考のため本表に掲載	坂井本	鎮西
藤沢派	乃木善光寺	島根県松江市	弘安八年（一二八五）	正阿	○	本尊一光三尊、ただし脇侍は光背に線刻。国指定重要文化財	寺号他	時宗
藤沢派	竹原善光寺	大分県中津市	？	？	？	天明八年（一七八八）彰考館蔵『時宗遊行派本末書上覚』にみゆ	末寺帳	廃絶
―	芝原善光寺	大分県宇佐市	天徳二年（九五八）	空也光勝	○	本尊県指定文化財。本堂国指定重要文化財	寺号他	鎮西

【凡例】Ⅰ善光寺仏を奉祀する寺院も新善光寺とみなす。坂井本の「河内小山新善光寺」は下野国小山新善光寺（栃木県小山市・卒島新善光寺）と、「鹿島神宮寺」は鹿島神向寺（茨城県鹿嶋市）との錯綜であろう。人見一乗寺、当麻無量光寺は参考のため掲載。旧高幡石仏寺所在と思われる千手院蔵品銘文には「石佛」とのみあって寺名はなく、要注意。対である日蓮宗大本山清澄寺（千葉県鴨川市）の観音は戦後新潟県で買得されたものという（『三浦古文化』第三十二号）。

Ⅱ※＝現時点での善光寺仏の有無（中尊・脇侍いずれか一躯の場合も含む）。鎮西＝浄土宗鎮西派、大谷＝真宗大谷派、建長＝臨済宗建長寺派、智山＝真言宗智山派。

Ⅲ排列は市町村要覧編集委員会編集『全国市町村要覧（平成20年版）』（第一法規・二〇〇八年一一月）による。

Ⅳ乃木善光寺、芝原善光寺はそれぞれ日本三善光寺の一つを称す。ただし三善光寺を自称する寺は多く、通常は信濃善光寺、甲斐善光寺、飯田座光寺（元善光寺）とされている。

その一例が宍戸氏と新善光寺、那須枝族伊王野氏と伊王野専称寺、那須家家臣大関氏と黒羽新善光寺、小山一族の可能性がある塩沢氏と卒島新善光寺・渋井光台寺、(166) 新田岩松氏と岩松青蓮寺、小代氏と大蔵向徳寺（本貫地小代と大蔵はやや離れており稍疑あり）、千葉氏と佐倉海隣寺、武田枝族一条氏と甲斐府中一条一蓮寺、佐々木枝族乃木氏と乃木善光寺などである。また高橋石仏寺の文永三年（一二六六）銘の善光寺仏に「出羽國㝡上郡府中庄外郷石佛」（傍点筆者。庄外は現天童市清池《しょうげ》）とあり、また甲斐および駿河の府中に新善光寺があることは、その政治性・都市指向を反映したものでもあろう。

他方で街道筋に新善光寺が立地するものも少なくない。鎌倉街道（中道）と北から伊王野専称寺、黒羽新善光寺、卒島新善光寺、渋井光台寺、鎌倉街道（上道）と野殿念称寺、奈良梨万福寺、大蔵向徳寺、久米長久寺、東海道と駿河府中新善光寺、北陸道と井川新善光寺とである。こうしたことから、檀越や立地といい分布数量といい、新善光寺・善光寺仏と東国文化の板碑文化とは、きわめて近似している性格をもつこともわかる。

おわりに

善光寺に関する研究は牛山佳幸氏らによって研究の厚い蓄積がある。その中で本章は、これまでの概括と時衆研究の立場から、いくつかの論点を再確認・新提示することができた。いずれも今後討究されてしかるべき仮説であると考える。

①善光寺は中・近世、幾度も火災や戦災に遭った。そこから再興するために勧進を必要とした。

②牛山佳幸氏がいうように、固有・特定の善光寺聖は存在せず、聖が高野山や熊野信仰などを自在に題材として唱

導・勧化していたとみられる。善光寺聖は、ある程度固定化していた高野聖と対置されるべきものではない。

③ただし、東国を中心に全国に善光寺信仰が広まったのは、基本としては、庶民信仰ではなく武家信仰であったからである。京都の流行仏から、八幡信仰とならんで東国武家政権の宗教的支柱とみなされたのである。その際、神祇信仰での「勧請」に相当する「分身」が、善光寺信仰を流布させる手法となった。

④下坂守氏が明らかにした、仮設の勧進職、常設の本願職という集金組織は善光寺においてもあてはまる。ゆえに善光寺大勧進・大本願とも、歴史は戦国期以降であろう。

⑤『吾妻鏡』弘長三年条にみえる不断経衆が衆徒、不断念仏衆が中衆と考えられてきたのは早計であり、あくまで顕密寺院で普遍にみられる「学侶—行人—聖」の類型にあてはめて考えるべきであろう。中世前期善光寺の経衆と念仏衆はほぼ横の関係なのに対し、近世の様相から類推して後期以降の善光寺の衆徒と中衆は縦の関係とみられる。ただし行人にあたる中衆の場合、善光寺譜代とする世襲が強みとなり、学侶に相当する衆徒とある程度対抗することができた。その抗争の所産といえる現在の衆徒—大勧進—天台宗山門派、中衆—大本願—浄土宗鎮西派というくみ合わせは近世の完成であろう。したがって、〝善光寺

第二図　善光寺式菩薩像
（当麻無量光寺・非公開）

は広範な庶民信仰のゆえに超（複数）宗派となった〟というような一般に周知された解釈は成りたたない。あくまで本来は天台宗寺門派ないし真言宗醍醐派に属する顕密寺院であり、さまざまな特殊な経過（武田信玄以降豊臣秀吉にいたる大移動や大本願の運動など）によって、内部の一部勢力が浄土宗鎮西派を誘引したのである。

⑥応安版『善光寺縁起』における、律僧と時衆の競合の実例としてしばしば掲出される説話は、むしろ金沢称名寺の不断念仏衆停止（ただし未遂）の史実に対応するもので、狭義での時衆ではないと解釈するのも可能であること。妻戸時衆にわざわざ「妻戸」とつくのは、本来の時衆である不断念仏衆と区別するためか。善光寺史料館蔵・阿弥陀如来（快慶仏所系統の仏ヵ）が念仏堂本尊の蓋然性がある。

⑦藤沢時衆や一向俊聖教団と善光寺信仰に濃密な関係がみられること。一方で妻戸時衆は藤沢時衆と直接の連携はみられないこと。

⑧親鸞善光寺参詣譚や親鸞善光寺聖説などは近世以降に喧伝されたものであって確実な史料はないこと。牛山佳幸氏によれば、「善光寺聖」なる固定された聖は中世には存在せず、聖とはさまざまな霊場信仰を自由に紹介する宗教者であった。したがって親鸞はいわゆる「善光寺聖」ではないが、善光寺信仰に関与していた可能性自体を否定するものではなく、越後で流罪から解放されて関東に向かう途中立ち寄らないことの方が不自然である。

以上、善光寺が阿弥陀如来の霊場として崇敬を集めていた様相をたどってきた。牛山佳幸氏ら先学の考証を参照しつつ、数少ないかぎられた史料から沿革を再構成していくと、従前の善光寺を庶民信仰の最高峰とするような、学術検討をへない歴史観がいかに一面的なものであるかが痛感させられた。

たしかに新善光寺および善光寺仏は通宗派で分布し、その仲介者である宗教者の存在は措定できる。廃絶した赤坂新善光寺（福井県坂井市）には永仁二年（一二九四）仲春銘の結界石に願主道阿弥陀佛・名阿弥陀佛がみえる。[167]『受法用心集』（『立川邪教とその社会的背景の研究』）巻上によれば建長二年（一二五〇）夏ごろとして密教の『菩提心論』や真言立川流に関心をもつ同寺引阿弥陀仏が登場していて、かれは専修念仏の徒とはいいがたいようである。この雑修性こそむしろ善光寺信仰を下支えするのに適していた。善光寺信仰には地域信仰圏の枠を超える広範な展開をみることができる。

他方、寺内における善光寺内の妻戸衆と藤沢道場系などの時衆とは、厳密には弁別されねばならない。前者は歴史的に一遍系とは別個で、藤沢時衆と勧進の様相も異なるようである。妻帯・葬送への従事などは、一遍・一向ら時衆からの影響が考えられ、具体的には一向衆のもつ破戒と汚穢不問の論理が導入されたものとするのがより妥当であろう。この妻戸時衆が、さらに辺縁にいた善光寺〝系〟の聖とどれほど重層するかは不明である。ただ妻戸時衆の活動とは考えにくい虎御前伝承など縁起の唱導、絵巻の絵解きは善光寺〝系〟の聖が関与した徴証としてみてよかろう。妻戸時衆・聖が寺家を下部から支え一向衆の行動様式を模倣し各地を勧進する構造は、高野山の萱堂聖・高野聖と共通するところがある。

しかし五来重氏ら仏教民俗学、金井清光氏ら仏教文学の立場のように先験的かつ過剰に評価することはできず、必ずしも自立的な勧進の結果とはみなしがたい。聖の活動を認めるとすれば、それは多くが在地武士によって招請されたものであろう。善光寺信仰隆盛の背景には、京畿で流行仏となった善光寺仏を分身するという宗教性があり、基盤が東国武家政権にあることもまた明らかであった。このことを強く再確認しておきたい。今後民俗学・文学の視点から、如上の歴史学的結論をふまえた再検討が希まれる分野である。

各地の新善光寺は、善光寺別院をいわば僭称していたようなものである。こうした聖や新仏教各宗派による〝新商法〟の背景については、本書第三部第三章でたどっていきたい。

〔註〕

(1) 善光寺の概論は善光寺史研究會著作『善光寺史研究』(公友新報社・一九二二年四月)、長野市教育會編『善光寺小誌』(大正堂書店・一九三〇年四月、改訂五月)があり、ともに稀覯本。後者の著者坂井衡平氏による総説である『善光寺史』上・下巻(東京美術・一九六五年五月、成稿は戦前。以下坂井本と略す)と、近年発刊された、史料を集成したものとして小林計一郎『善光寺史研究』(信濃毎日新聞社・二〇〇〇年六月、以下小林本と略す)とは、便覧として本章でも大いに裨益した。以下、特に註記のない記事はおもに坂井本と小林本、嶋口儀秋「善光寺」『日本史大事典』第四巻(平凡社・一九九二年八月)とによっている。文献目録として牛山佳幸「信濃善光寺史文献目録」寺院史研究会編集『寺院史研究』第二号(同会・一九九一年一〇月)および牛山「補遺(その一)」『寺院史研究』第五号(一九九六年九月)という労作がある。

(2) 黒坂周平「善光寺草創考―試論―」『信濃』第35巻第10号(同史学会・一九八三年一〇月、のち黒坂周平先生の喜寿を祝う会編集『黒坂周平先生論文集』信濃の歴史と文化の研究(一)、同会・一九九〇年一一月に所収)ほか。七世紀後半の白鳳瓦である川原寺式瓦が境内周辺から、七世紀最末期から八世紀にかけてに編年される湖東式瓦が大本願から発掘調査によって出土している。山中敏史「郡衙周辺寺院をめぐる諸説の検討」奈良文化財研究所編集『郡衙周辺寺院の研究―因幡国気多郡衙と周辺寺院の分析を中心に―』(同所・二〇〇六年一一月)は、「郡寺」などと仮称される郡家周辺の寺院を準官寺とみなしているが、善光寺の前身もおそらくそうした地元豪族による寺院であったか。川原寺式は天皇大海人(諡号・天武)所縁の地に分布するといわれ、湖東式は近江国の渡来人(百済)系とみられている。

(3) 解説は米山一政「善光寺縁起」続群書類従完成会編『群書解題』第十八巻上（同社・一九六二年一二月）と林幹弥「善光寺縁起」鈴木学術財団編集『大日本佛教全書』第九十九巻［解題三］（同財団〈講談社発売〉・一九七三年三月）にある。両攷とも底本を不明としている。田島公「東人の荷前（東国の調）と科野屯倉―十巻本『伊呂波字類抄』所引「善光寺古縁起」の再検討を通して―」吉村武彦編『律令制国家と古代社会』（塙書房・二〇〇五年五月）は、古縁起のもととなったとされつつも従来疑念をもたれてきた奈良縁起をありうるものとする。荒唐無稽な筋だての縁起も、古代の情勢を反映しているようである。

(4) 傳田伊史「「麻續」の名称とその変遷について」井原今朝男・牛山佳幸編『論集東国信濃の古代中世史』（岩田書院・二〇〇八年六月）によれば「麻續」が「麻績」に変化していったという。

(5) 林雅彦「善光寺信仰と教化―開帳・絵解き・『略縁起』、そして阿弥陀池」孝本貢ほか『日本における民衆と宗教』明治大学人文科学研究所叢書（雄山閣出版・一九九四年六月）。

(6) 滝澤貞夫「古典文学と善光寺」善光寺寺子屋文化講座要旨。

(7) 平松令三「善光寺勧進聖と親鸞」『高田学報』第八十八輯（高田学会・二〇〇〇年三月）。生身信仰の背景には渡来当初に弾圧を受けて信濃に逃れてきた如来の苦難を、同じく艱難に遭った頼朝個人が共有できたからであるとする。その説の当否はともかく、東国武家政権創始者たる頼朝にとって、東国に生身の本師如来が存在することは大いなる精神主柱となったはずである。『高田開山親鸞聖人正統傳』によると横曽根門徒性信・鹿島門徒順信が親鸞に随身して善光寺仏を負ってきたという。平松「高田山草創伝説を分析する」『高田学報』第八十七輯（一九九九年三月）の平松氏の指摘のように、なるほど、性信や順信という高田派と関係のない人名があえて挙げられるところに、この説話の史実性がみてとれる。

(8) 河内将芳『秀吉の大仏造立』シリーズ権力者と仏教（法藏館・二〇〇八年一一月）。

（9）石澤孝「長野市と善光寺」研究代表者小俣盛男『善光寺門前町に関する総合的研究　研究課題番号02451047　平成2・3年度科学研究費補助金一般研究B研究成果報告書』（一九九二年三月）によると、妻戸は時衆時代阿弥号、のち坊号、一九五四年院号へ。阿弥号が人名でなく塔頭の単位となるのは京洛時衆寺院によくみられた。

（10）信濃における時衆の動向に関しては、金井清光「善光寺信仰と時衆」『長野』第二九号（同郷土史研究会・一九七〇年一月、のち金井『時衆と中世文学』東京美術・一九七五年九月に所収）と金井「信濃における時衆の展開」『長野』六四号（一九七五年一一月、のち金井『時衆教団の地方展開』東京美術・一九八三年五月に所収）が精緻である。本章でも適宜参照した。このほか小山丈夫「中世信濃における時衆教団」『時宗教学年報』第二十八輯（時宗教学研究所・二〇〇〇年三月）と牛山佳幸「一遍と信濃の旅をめぐる二つの問題―在地の武士や所領との関係について―」時衆文化研究会編集『時衆文化』第9号（同会〈岩田書院発売〉・二〇〇三年一〇月）、高野修「中世北信濃における時衆の展開～遊行二十一代知蓮上人名号と永正地蔵尊を中心として～」『時宗教学年報』第三十六輯（二〇〇八年三月）も関連の論及。

（11）祢津宗伸「歴史資料としての『広疑瑞決集』―敬西房信瑞、上原馬允敦広の背景と諏訪信仰―」『信濃』第54巻第5号（通巻六二八号）（同史学会・二〇〇二年五月、のち「中世諏訪信仰成立史料としての『広疑瑞決集』とその意義」と改題し祢津『中世地域社会と仏教文化』法藏館・二〇〇九年三月に所収）によると、敦広と法然房源空門下の隆寛・信空に師事した碩学の信瑞の問答集。上原氏は諏訪大祝家の分流で、丹波にも西遷していた。敦広に関する史料はないが、信濃在国と思われる。祢津氏の教示によると、年代が重複する「上原左衛門入道」と敦広とが、同一人である可能性が高く、本書でもそれを支持したい。本貫地諏訪郡上原郷（茅野市）には後掲末寺帳によると上原光明寺があり、上原氏所縁の寺院とみられる。

（12）金井清光「真教の時衆教団形成（一）」『時衆研究』第四十二号（金井私家版・一九七〇年六月、のち金井『一遍と時衆教団』角川書店・一九七五年三月に所収）。

（13）瀬谷区の民話と昔ばなし編さん編集委員会『瀬谷区の民話と昔ばなし』（同委員会・同区役所・一九八四年五月）によると、横浜市瀬谷区阿久和南二丁目附近に善光寺谷戸という地名があり、一遍と信濃善光寺にまつわる伝承がある。『時宗末寺帳』には瀬谷金谷寺があり（現在不詳）、これと関連するか。清浄光寺の鎮守であった西富諏訪社の起源も遊行四代他阿呑海の笈に諏訪の神が入るという同じ内容をもつ。ただし『鎌倉郡中川村郷土誌』（同村・一九一二年二月、のち瀬谷区の歴史を知る会編集『瀬谷区の歴史』（生活資料編㈡）、同区福祉部市民課社会教育係・一九七九年三月に所収。『同』（生活資料）㈠、一九七六年一〇月にも同様の言及あり）によると善光寺谷戸の記事あるも一遍登場せず。

（14）『王代記』（山梨県編集『山梨県史』資料編６中世３上県内記録、同県（山梨日日新聞社出版）・二〇〇一年五月）明応四年（一四九五）項に「此年七月、善光寺焼、タカナシ村上ト取アヒテ高ナシヤク、三年ノ内ニ高ナシ悪病付、如来帰寺」、すなわち高梨氏により信濃善光寺本尊が中野に避難していたことがあるといい、それに関連した創建か（小山丈夫氏の教示）。

（15）牛山佳幸「中世における善光寺参詣路について」前掲註（９）『善光寺門前町に関する総合的研究　研究課題番号０２４５１０４７　平成２・３年度科学研究費補助金一般研究Ｂ研究成果報告書』が挙げる参詣者の中にほかに頓阿、弘阿弥がいる。ただし弘阿弥は『大乗院寺社雑事記』（『増補續史料大成』第三十巻）文明六年（一四七四）五月十六日条「泰増従儀師・良祐・知阿ミ善光寺參詣之由申入之」の「知阿ミ」の誤字ヵ。

（16）井原今朝男「信濃国大井荘落合新善光寺と一遍（上・下）」時衆文化研究会編集『時衆文化』第１６・１７号（同会〔岩田書院発売〕・二〇〇七年一〇月・二〇〇八年四月）は、『一遍聖絵』第四・五詞書に登場する「善光寺」を落合新善光寺とし、詳細な記述を厭うたのは、同寺檀越たる大井氏が霜月騒動で失脚していたからであるとみる。この新善光寺は現在曹洞宗「時宗寺」というが、坂井本の下の七九六ページに慈寿寺はもとの時宗に因み時宗寺ともするともある。慈寿寺は石梁仁恭が元徳二年（一三三〇）ヵに建立した室町時代の官寺「諸山」、落合新善光寺の別当寺ともいわれる。現時宗寺の地とされる。小林計一郎「宗教の発展」佐久市志編纂委員会編纂『佐久市志』歴史編(二)中世（同刊行会・一九九三年七月）。近世期の東京国立博物館蔵『洛中洛外図屏風』に京都四条道場金蓮寺が「十宗寺（マヽ）」、六条道場が寛永十年（一六三三）『犬《えの》子集』（『新日本古典文学大系』69）巻第六「時宗寺の時雨の亭や雨やどり」と、時衆寺院が「時衆（宗）寺」として記された傍証がある。

(17) 拙稿「「時衆」再考―林譲氏の近論を承けて―」『寺社と民衆』第4号（民衆宗教史研究会・二〇〇八年三月）。桜井好朗「日本中世における熱狂」木村尚三郎ほか編『中世史講座』第七巻［中世の民衆運動］（學生社・一九八五年四月、のち桜井『中世日本の王権・宗教・芸能』人文書院・一九八八年一〇月に所収）も同様の趣旨であった。桜井氏は栗田勇説を承け奥に描かれる土饅頭を通末墓とする。

(18) 平林富三『一遍上人並に跡部の踊り念仏』（佐久市教育委員会・一九六七年一〇月）。

(19) 金井清光「踊り念仏の展開（一）」『時衆研究』第二十二号（金井私家版・一九六七年二月、のち金井『時衆文芸研究』風間書房・一九六七年一一月に所収）。呑海なる法諱は近世のものと思われるが、偶然性を推定する立論には首肯しかねる。金井「念仏獅子―長野県須坂市野辺、光明寺」金井『民俗芸能と歌謡の研究』（東京美術・一九七九年六月）では、念仏獅子の念仏講中世話人を住職が務める野辺光明寺は善光寺大勧進の隠居寺という。また小山丈夫氏によると戦後のある時期の光明寺住持は、善光寺大勧進で『善光寺縁起』読みをしていたという。周辺には被差別民もいたといわれる。

(20) 風間宣揚「替佐の時宗勝名寺と「盆じゃもの」」『長野』第一二六号（同郷土史研究会・一九八六年三月）。同論攷は銘文をもつ鉦鼓が出土しているとする。『長野県史』美術建築資料編　全一巻(一)　美術工芸　解説によると下高井郡夜間瀬村本郷（現・同郡山ノ内町夜間瀬字横倉畑地）出土で「觀阿彌陀佛　延慶元年（一三〇八）十一月一日」とある。県宝、中野市立博物館蔵。

(21) 五来重『踊り念仏』平凡社選書117（同社・一九八八年三月、のち同社ライブラリー241、一九九八年四月ほかに所収)。
(22) 橋川正「空也一遍の踊り念佛について」『佛教研究』第二巻第一號(同會・一九二一年一月、のち橋川『日本佛教文化史の研究』中外出版・一九二四年八月に所収)。元暁については八百谷孝保「新羅僧元暁傳攷」『大正大學學報』第三十八輯(同大學出版部・一九五二年七月)参照。
(23) 西山克己「積石塚の系譜」『長野』第二一六号(同郷土史研究会・二〇〇一年三月)。
(24) 桐原健『信濃の国』古代の国々2(学生社・一九七一年九月)。
(25) 大場磐雄「畦地古墳を繞る南信古代文化の一考察」信濃史學會編輯『信濃』第十三號(昭和十八年一月號)(同會・一九四三年一月)。
(26)『日本後紀』(『新訂增補國史大系』第三巻)巻八によれば、延暦十八年(七九九)十二月五日、高句麗五部に発するとみられる前部黒麻呂が村上姓を賜る。清和源氏を称する中世有力国人の村上氏に発展した可能性がある。
(27) 黒坂周平「善光寺如来の源流」伊藤延男・上原昭一・五来重・下平正樹編集『善光寺　心とかたち』(第一法規出版・一九九一年四月)。
(28) 小林剛「善光寺如來像の研究」源豊宗編輯『佛教美術』第十八册(同社・一九三一年一二月)。
(29) 川崎保「古代「善光寺」造営の背景」松藤和人編集『考古学に学ぶ(Ⅲ)森浩一先生傘寿記念献呈論集』同志社大学考古学シリーズⅨ(同志社大学考古学シリーズ刊行会・二〇〇七年七月)。
(30) 常磐井慈裕「善光寺草創論試案」『東方』第17号(東方学院・二〇〇二年三月)。
(31) 大森恵子「雨乞踊りと八幡信仰」『民俗芸能研究』第十号(民俗芸能学会・一九八九年一一月、のち大森『念仏芸能と御霊信仰』名著出版・一九九二年六月に所収)。
(32) 牛山佳幸「乱世における信濃善光寺と善光寺信仰」蓮如上人研究会編『蓮如上人研究』(思文閣出版・一九九八年三月)。

(33) 西山克「王権と善光寺如来堂」塚本学先生退官記念論文集刊行会編著『古代・中世の信濃社会』塚本学先生退官記念論文集（銀河書房・一九九二年七月）。

(34) 牛山佳幸「中世善光寺参詣記録」『第52回特別展図録「女たちと善光寺」』（長野市立博物館・二〇〇九年三月）。

(35) 伊藤喜良「南北朝動乱期の社会と思想」歴史学研究会・日本史研究会編『講座日本歴史』4［中世2］（東京大学出版会・一九八五年二月）、伊藤「寺社縁起の世界からみた東国」小林清治先生還暦記念会編集『福島地方史の展開』（同会〔名著出版発売〕・一九八五年九月、のち伊藤『日本中世の王権と権威』思文閣史学叢書、思文閣出版・一九九三年八月に所収）。

(36) 小林本。

(37) 大河直躬「本堂の建築について」文化財建造物保存技術協会編集『国宝善光寺本堂保存修理工事報告書』（同寺・一九九〇年三月）。五来氏の妻堂とりこみ説を否定する一方、『縁起絵』舞台がとりこまれて妻戸台になったとする。また本堂が縦長の撞木造は県内ほかの建築からみて修験の影響を指摘。

(38) 黒田日出男「身分制研究と絵画史料分析の方法―『親鸞伝絵』・『法然上人絵伝』・『遊行上人縁起絵』を読む―」『部落問題研究』87特別号（同所・一九八六年六月、のち「史料としての絵巻物と中世身分制」と改題し黒田『境界の中世　象徴の中世』東京大学出版会・一九八六年九月に所収）。

(39) 砂川博「大塔物語の成立」砂川『軍記物語の研究』（桜楓社・一九九〇年三月）によると時衆と深い関係をもつ連歌師が作者か。

(40) 袖山栄真編集『甘露水』（十念寺・一九八八年一〇月）。なお小山丈夫「長野盆地の板碑」『東国文化□《マヽ》板碑研究情報誌□《マヽ》』5（東国文化研究会・一九九三年三月）の解読によれば、「應永十五年　為十阿上人之　黄鐘吉日諸衆敬白」とすべきとする。

(41) 中野千鶴「護法童子と堂童子」『仏教史学研究』第二七巻第一号（仏教史学会・一九八四年一〇月）、神谷文子「一五世紀後半の興福寺堂衆について」東京女子大学史學研究室編集『史論』第39集（同大學學會史學研究室〔讀史會頒布〕・一九八六年三月）。

(42) 山ノ井大治「信州善光寺にみられる神仏関係―「宮座」の構造と機能―」日本佛教研究会編集『日本佛教』第五十三号（同会〔名著出版発売〕・一九八一年一二月）、米山一政『信濃・善光寺秘儀　堂童子』（善光寺白蓮坊〔白文社発売〕・一九八二年四月）。

(43) 小林計一郎「近世善光寺町における賤民」原田敏明編集『社会と伝承』第四巻第三号（社会と伝承の会・一九六〇年八月、のち小林『長野市史考―近世善光寺町の研究―』吉川弘文館・一九六九年四月に所収）によると、近世の例で、妻戸衆は三寺中で唯一檀家をもつが、その檀家とは「町離《ちょうり》」であったという。門前町として都市を形成する以上、「町離、非人（乞食）、癩病人共」の存在は不可欠なのであった。なお現在県内に二箇寺遺る時宗寺院のうち一つは被差別部落に存在する。金井清光「長野県小諸市荒堀の夜明かし念仏」日本歌謡学会編集『日本歌謡研究』第四〇号（同会・二〇〇〇年一二月）は、時宗寺院からほど近い小諸市K地区でおこなわれる夜明かし念仏（小諸市指定文化財）では、遊行七代他阿託何「光陰讃」くずれの和讃を詠唱するというものの、みな同和地区出身の真宗門徒であるという。乾武俊著・部落解放研究所編集『民俗文化の深層　被差別部落の伝承を訪ねて』（同所・一九九五年八月）によると、一八八四年まで曹洞宗の檀家であったが、差別事象により真宗に移った。ただし法要などは今なお浄土宗式という。時衆の古態が他宗に移行して遺っている類例といえよう。武蔵国の例だが、西木浩一「近世関東の「長吏」と檀那寺―差別の歴史的位置づけをめざして―」『部落問題研究』99特別号（同所・一九八九年五月）は、遠隔地の被差別民がわざわざ大蔵向徳寺（埼玉県比企郡嵐山町）を選んで檀那寺としていると指摘する。同寺は善光寺仏を本尊とし、境内に多数の板碑がある。中世に遡る関係を示唆しよう。門馬幸夫「誰でもの祭り―被差別部落の夜明かし念仏―」西海賢二ほか『「浮浪」と「めぐり」―歓待と忌避の境界に生きて―』（ポーラ文化研究所・一九九一年七月、のち門馬『差別と穢れの宗教研究―権力としての「知」―』岩田書院・一九九七年一二月に所収）も参照。

(44)「中世東寺の寺官組織について」京都府立総合資料館編集『資料館紀要』第13号（同館・一九八五年三月）において富田正弘氏は、顕密寺院における寺僧と下級僧侶との相違点について「第一に言えることは、寺僧は妻帯をしないのに対し、下級僧侶は一部を除いてほとんど妻帯していると考えられることである。（中略）旧仏教の世界に関する限り、寺僧の妻帯は禁止され、下級僧侶の妻帯は社会的に容認されていたのである。したがって、第二に、寺僧の院家・財産は子弟の間で相伝されるのに対して、下級僧侶の所職・給田得分は、父子の間で世襲されることになる。そして、第三に、これら下級僧侶は、その半俗的性格からして、浄行を旨とする法会修法・学問教学から疎外され、これらは専ら寺僧の行なう行業となり、下級僧侶は承仕等の法会の補助や堂舎・仏具の維持・管理、所領支配、寺院経済の実務のみをその職掌とするに至ったのである」とする。善光寺においては特に中衆に該当する。

(45) 牛山佳幸「善光寺信仰の発展と諸宗派」長野市誌編さん委員会編集『長野市誌』第二巻［歴史編原始・古代・中世］（同市・二〇〇〇年一月）。

(46) 四巻。作者・成立年紀とも不明。文中にある応安三年（一三七〇）善光寺火災から、記載のない次の応永三十四年（一四二七）の火災までの間に縁起成立が推定されることから、一般に『応安縁起』『応永縁起』と略される。善光寺をはじめ江戸・大坂の版元にて開板され、近世に流布本となった。

(47) 牛山佳幸「中世律宗の地域的展開―信濃国の場合―」信濃史学会編集『信濃』第48巻第9号（総巻六九七号）（同会・一九九六年九月）によれば金沢称名寺蔵『善光寺如来事』がある。

(48) 井原今朝男「中世東国における非人と民間儀礼」『部落問題研究』92特別号（同所・一九八七年一〇月、のち井原『中世のいくさ・祭り・外国との交わり―農村生活史の断面』校倉書房・一九九九年九月に所収）。内閣文庫本『沙石集』（『日本古典文学大系』85）巻二（三）「阿彌陀利益事」に「常州北ノ郡」の例から時衆と律宗の対立をみる。ほかに『夫木和歌抄』（『新編国歌大観』第二巻）巻卅四「釈教」一六三八九、『玉葉和歌集』（『新編国歌大観』第一巻）巻十九「釈教歌」二六一七にもこの歌が載る。

(49) 林譲「「時衆」について」大隅和雄編『仏法の文化史』（吉川弘文館・二〇〇三年一月）。

(50) 石川安司「瓦・仏像・浄土庭園遺構―埼玉県内の鎌倉時代前半を中心に―」峰岸純夫監修・埼玉県立嵐山史跡の博物館編『東国武士と中世寺院』（高志書院・二〇〇八年九月）では武家による念仏堂建立の事例が挙げられている。おもに居住地の近隣における持仏堂が多い。『宇都宮氏弘安式条』における時衆もその類例。源姓足利氏による栃木県足利市・樺崎寺廃寺は周知のところであろう。

(51) 武笠朗「善光寺前立本尊と善光寺式阿弥陀三尊像」長野県信濃美術館・石井絵美・伊藤羊子・木内真由美編集『善光寺御開帳記念"いのり"のかたち―善光寺信仰展』（同館・信濃毎日新聞社・信越放送・二〇〇九年四月）は重源が快慶に依頼して阿弥陀仏をもたらしたかとする大胆な仮説を提示。東大寺俊乗堂の阿弥陀は法眼時代の快慶の作例に近いとする。ただ藪内佐斗司監修、年報制作スタッフ編集『東京藝術大学大学院美術研究科文化財保存学専攻保存修復研究室「年報2009」』（同研究室・二〇一〇年七月）によると二〇〇九～一〇年に修覆され、快慶本人の作とは認められなかった。『南无阿弥陀仏作善集』（奈良國立文化財研究所監修『南無阿彌陀佛作善集』眞陽社・一九五五年三月）によれば重源は善光寺に二度参詣、模像を作らす。

(52) 前田元重「称名寺開山審海五輪塔について」三浦古文化編集委員会編集『三浦古文化』第十号（三浦古文化研究会・一九七一年九月）。のちの『称名寺結界図』（絵図）の善光寺殿御廟は父実泰のもの。

(53) 福島金治「鎌倉北条氏と浄土宗―律宗以前の金沢称名寺をめぐって―」『鎌倉』第七〇・七一合併号（同文化研究会・一九九三年一月、のち福島『金沢北条氏と称名寺』吉川弘文館・一九九七年九月に所収）。この不断念仏衆の実態については称名寺・金沢文庫に史料はないが、北条重時の建てた極楽寺の前身寺院とも関連するのではないかと西岡芳文氏に示唆いただいた。本章で縷々述べるように北条氏周辺の念仏信仰は善光寺信仰と重複する。ゆえにこのときの不断念仏衆停止は称名寺にとどまらない問題点をもっている。

(54) 文暦二年（一二三五）七月二十四日付追加法（九〇。『中世法制史料集』第一巻）に「稱㆓念佛者㆒着㆓黒衣㆒之輩、

近年充二満都鄙一、横二行諸所一、動現二不當濫行一云々、尤可レ被二停廢一候」とあるように朝廷による念仏停止の伝統が継承されていく。この主要な論拠は諸国横行と不律・破戒にあった。新湊市史編纂委員会編集『新湊市史』（同市役所・一九六四年八月）によると放生津禅興寺（射水市曽祢）は『光明真言結縁過去帳』にみえる律院で、守護名越氏を檀越としたと考えられる。善光寺だったものを、不律を想起させることからあえて字を変えたのではないかと牛山佳幸「鎌倉・南北朝期の新善光寺（下）」寺院史研究会編集『寺院史研究』第七号（同会・二〇〇三年四月）はみる。高木豊「鎌倉名越の日蓮の周辺」『金澤文庫研究』第二七二号（神奈川県立金沢文庫・一九八四年三月）ほかによると、鎌倉名越新善光寺別当智導（泰時臨終の導師）を嗣いだ道教房念空は『関東往還記』弘長二年（一二六二）七月十九日条・弘安三年（一二八〇）叡尊像体内納入物に名があるように、念仏者から律僧に転じている。とはいえ転向というよりは、一部の念仏者の造悪無碍を忌む意味での持戒念仏に逢着したともいうべきもので、法然の思想と矛盾するものではなかった。

(55) 金井清光「善光寺聖とその語り物（一〜三）」『時衆研究』第十九〜二十一号（金井私家版・一九六六年八・一〇・一二月、のち金井『時衆文芸研究』風間書房・一九六七年一一月に所収）。

(56) 井原今朝男「中世善光寺の一考察—長野県史荘園遺構調査報告5—」信濃史学会編集『信濃』第40巻第3号（同会・一九八八年三月、のち副題とり井原『中世のいくさ・祭り・外国との交わり—農村生活史の断面』校倉書房・一九九九年九月）。同論攷では『寳物集』を検討し、延徳三年（一四九一）久遠寺本にある「信乃國ノ善光寺ノ聖人」が元禄六年（一六九三）本の「信濃國善光寺ノ聖」に転化したと結論づけた。したがって「善光寺ノ聖」の上限はさらに下る。

(57) 牛山佳幸「北陸地方善光寺関係調査報告—安居寺文書の紹介—」長野市誌編さん委員会編集『市誌研究ながの』第二号（同市・一九九五年一月）。

(58) 例えば金井清光「木曽義仲説話と善光寺聖・時衆」『文学』第四八巻九号（岩波書店・一九八〇年九月、のち兵藤裕己編『平家物語・語りと原態』日本文学研究資料新集七、有精堂出版・一九八七年五月に所収)の論法は、文芸作品や口伝などと歴史的事象との結合にいささか無理が目だつ。

(59) 牛山佳幸「善光寺信仰と遍歴する聖たち」長野県立歴史館編集『開館15周年春季企画展　善光寺信仰　流転と遍歴の勧化』(同館・二〇〇九年四月)によれば、浄蓮房源延が四十八度詣りを試み、天文五年(一五三六)下野国道祐がその満行を記念して下都賀郡岩舟町に『法華経』を埋納した小野塚経塚を造立したり、明応六年(一四九七)善光寺木食聖が尋尊に善光寺縁起届ける、天文元年(一五三二)同十穀聖が山科言継に仮名書勧進帳を真名書にするよう依頼といった史料により善光寺聖は修験であったとみる。ただ京都清水寺中興の聖である願阿が時衆でありながら十穀聖でもあったことを考えれば、念仏聖と修験は重複していたことも考えられる。善光寺本堂と修験に関係については前掲註(37)論攷参照。

(60) 五来重『善光寺まいり』(平凡社・一九八八年五月、のち五来『聖の系譜と庶民仏教』五来重著作集第二巻、法藏館・二〇〇七年一二月に所収)。ただし小林本によると善光寺境内世尊院の寝釈迦は、浄土宗鎮西派浜十念寺(新潟県上越市)から後年移されたもの。

(61) 五来重『高野聖』角川新書199(角川書店・一九六五年五月、のち増補、角川選書79、一九七五年六月ほかに所収)。

(62) 村杉弘『鳥踊考』(鬼灯書籍・一九九二年一二月)によると、応仁二年(一四六八)暗殺された本山派大先達宣澄を供養する宣澄踊りが、修験者の手により信濃諸地域に広まったという。この鎮魂の踊りは踊り念仏に触発された可能性もある。

(63) 米山一政「概説」信濃毎日新聞社戸隠総合学術調査実行委員会編集『戸隠―総合学術調査報告書』(信濃毎日新聞社・一九七一年八月)、井原今朝男「顕光寺と修験道の発達」『戸隠信仰の歴史』(戸隠神社・一九九七年五月)。

(64) 前掲註(34)論攷。

(65) 峰岸純夫「中世東国の浄土信仰―百万遍念仏、善光寺阿弥陀三尊仏信仰などをてがかりに―」地方史研究協議会編

『宗教・民衆・伝統―社会の歴史的構造と変容―』（雄山閣出版・一九九五年九月、のち峰岸『中世東国の荘園公領と宗教』吉川弘文館・二〇〇六年五月に所収）は長沼・結城（大内）氏の影響下で専修寺成立と指摘。真仏は真壁一族の椎ノ尾弥三郎（『高田山専修寺記』）。

（66）生駒哲郎「日本中世生身信仰と夢想」『山脇学園短期大学紀要』第38号（同大学・二〇〇〇年一二月）によると、ある人物を生身仏と認知する契機に夢想が用いられるという。

（67）現在この説を継承しているのは平松令三氏である。平松「高田専修寺の草創と念仏聖」赤松俊秀教授退官記念事業会編集『赤松俊秀教授退官記念国史論集』（同会・一九七二年一二月、のち平松『真宗史論攷』同朋舎出版・一九八八年四月に所収）、平松「親鸞の三部経千部読誦と専修寺の千部会」『高田学報』第六十八輯（高田学会・一九七九年九月、のち平松『親鸞の生涯と思想』吉川弘文館・二〇〇五年八月に所収）は一身田の千部読誦を高田に淵源をもつものとみ、善光寺聖の要素を読みとる。親鸞も不断読経をしていたという。配流先の越後国で善光寺信仰と接触があったものかとみている。

（68）孝養太子像を本尊とする時衆寺院に南下満願寺（新潟県柏崎市）があり、会津照国寺（福島県南会津郡南会津町、一向派）に太子堂があり孝養太子像が祀られている。白河小峰寺（福島県白河市）にも孝養太子像がある。寺島道雄『小峰寺の七百年』（小峰寺開山七百年記念事業運営委員会・一九八〇年五月）による。いずれも初期真宗独特の太子信仰や太子守宗の地である。京都宝菩提院（京都市西京区、天台宗山門派願徳寺）蔵の聖戒造立の南無仏太子像および賦算札の納入されていたセドウィック・コレクション南無仏太子像もある。

（69）千葉乗隆「信濃真宗寺院成立の系譜」宮崎円遵《マヽ》博士還暦記念会編集『真宗史の研究』（永田文昌堂・一九六六年一二月）。

（70）なお親鸞所縁と伝える名号を祀る堂照坊名號殿は、『信濃國上水内郡寺院明細帳』上水内郡全（長野縣・一八七九年、長野県立歴史館蔵・明12　A―24―15）に堂照坊は内佛堂と庫裏のみがみえるのでそれ以後のもの。信州大学土本研究室編集『平成17年度　善光寺周辺伝統的建造物群保存予定地区調査報告書』（同室・二〇〇七年三月）は、一八九一年の大火後から一九四九年までに成立したとする。後述武井旅館親鸞堂も近代のものであろう。

（71）吉原浩人「初期真宗教団と善光寺信仰」日本印度学仏教学会編集『印度學佛教學研究』第三十五巻第二号〔通巻第72号〕（同会・一九八七年三月）。

（72）名畑應順・多屋頼俊・兜木正亭・新間進一校注『日本古典文学大系』82〔親鸞集　日蓮集〕（岩波書店・一九六四年四月）の名畑氏補注。

（73）常磐井慈裕「親鸞と善光寺」北海道印度哲学仏教学会編集『印度哲学仏教学』第二十二号（同会・二〇〇九年一〇月）は、『蓮如上人御一代記聞書』に蓮如が宗旨に反する仏像などを多数焼却した旨の記事があり、その中には善光寺仏も含まれていたのではないかと推論する。蓮如の純化路線により聖徳太子信仰以外の余仏信仰は消滅していく。このため本願寺教団における善光寺信仰は、親鸞が参詣したという事実を前面におしだす必要性がでてきたとみるべきであろう。

（74）平松令三「真仏上人の生涯」真宗高田派教学院編・平松責任編集『影印高田古典叢書』第一巻〔真佛上人集〕（同派宗務院・一九九六年四月）。親鸞開山伝承はこれ以後成立ということになろう。

（75）千葉乗隆『中部山村社会の真宗』（吉川弘文館・一九七一年五月）によると一八世紀後半の西本願寺派門徒了円が著した『祖師聖人御旧跡巡詣之記』では堂照坊、行勝院を参拝したとある。

（76）川村知行「越後の時宗と称念寺蔵一鎮上人像」上越市史専門委員会編集『上越市史研究』第2号（同市・一九九七年三月）。このほか親鸞伝説生成の過程については井上鋭夫『一向一揆の研究』（吉川弘文館・一九六八年一〇月）に言及がある。

（77）笹本正治『善光寺の不思議と伝説―信仰の歴史とその魅力―』（一草舎出版・二〇〇七年二月）。

（78）下坂守「中世的「勧進」の変質過程―清水寺における「本願」出現の契機をめぐって―」日本古文書学会編集『古

文書研究』第三四号（同学会〔吉川弘文館発売〕・一九九一年五月）。

(79)『高野山文書』（『信濃史料』第十八巻、一八一ページ）年欠（慶長元年〔一五九六〕ヵ）九月八日付「豊臣秀吉朱印状」に京都で善光寺仏に「聖護院《（道澄）》同道」とある。

(80) 牛山佳幸「善光寺信仰における本坊大勧進の歴史的役割」『善光寺本坊　大勧進寶物集』刊行会編集『善光寺本坊大勧進寶物集』（郷土出版社・一九九九年四月）。

(81) 善光寺大本願教化部編纂『善光寺大本願の沿革』（〔発行元表記なし〕・一九六九年一月）。

(82) ただ牛山佳幸「寺院史の回顧と展望—中世の尼と尼寺に寄せて—」日本仏教研究会編集『日本の仏教』第一号（法藏館・一九九四年一〇月）は智円を尼とする。

(83) 吉井敏幸「近世初期一山寺院の寺僧集団」『日本史研究』第二六六号（同会・一九八四年一〇月）は学侶・行人・聖の区分を吉野金峰山寺、当麻寺、那智山の事例から立証している。

(84) 誉田慶信「地蔵菩薩霊験記と民衆の宗教体験」『国史談話会雑誌』第三七号（同会・一九九七年三月、のち「生身仏と夢告の民衆神学」と改題し誉田『中世奥羽の民衆と宗教』吉川弘文館・二〇〇〇年七月に所収）は生身仏信仰の本質に迫る思想史的分析を行っている。紙数の関係で本章で手がおよばない作業として特に掲げておく。

(85) 倉田治夫「序言」倉田邦雄・倉田治夫編著『善光寺縁起集成Ⅰ—寛文八年版本』（龍鳳書房・二〇〇一年二月）。

(86) 白井優子『院政期高野山と空海入定伝説』（同成社・二〇〇二年八月）。『續日本後紀』（『新訂増補國史大系』第三巻〔日本後紀・續日本後紀・日本文徳天皇實錄〕）巻四・承和二年（八三五）三月二十一日条に「大僧都傳燈大法師位空海終二于紀伊國禪居一」とあって自然死とおぼしき最期であるが、どうやら延喜十六年（九一六）八月の全山退去に発する高野山の混乱により伝承が変容ヵ。

(87) 村井章介「中世における東アジア諸地域との交通」網野善彦ほか『列島内外の交通と国家』日本の社会史一巻（岩波書店・一九八七年一月）、村井『中世日本の内と外』ちくまプリマーブックス128（筑摩書房・一九九九年四月）。湯谷祐三「解題―『当麻曼荼羅聞書』の成立と思想に関する基礎的研究―」湯谷編・記主顕意道教上人七百回大遠忌委員会出版部企画『顯意上人全集』第一巻［當麻曼荼羅聞書］（浄土宗西山深草派宗務所〔法藏館製作・発売〕・二〇〇三年七月）によれば、清凉寺塔頭竹林寺には西山義深草派顕意がいた。塚本善隆「嵯峨清凉寺を中心とした佛教の動向」日本印度學佛教學會編集『印度學佛教學研究』第四巻第二号（通巻第八号）（同会・一九五六年三月）によれば中国の五台山や棲霞寺を模したものという。塚本俊孝「嵯峨清凉寺に於ける浄土宗鎮西流の伝入とその展開―清凉寺史近世篇―」佛教文化研究所編集『佛教文化研究』第五号（同所・一九五六年一月）。なお清凉寺には律僧（融通念仏は唐招提寺流の律僧が主催、その律僧が集住したのが清凉寺に設けられた律院地蔵院。また『金剛佛子叡尊感身學正記』「中」、建長元年〔一二四九。ただし宝治三年から改元したのは三月十八日〕三月十三日条に「僧衆十六人、佛師九人、番匠二人、爲奉模寫尊像、參詣清凉寺」とあり）とともに時衆もいた蓋然性がある（同寺に六字無生頌のある一遍画像あり、同写は東京大学史料編纂所蔵。ただし同寺教示によると来歴不詳）。ほかに四条道場金蓮寺（京都市北区）には清凉寺式絵画が伝わっているといい、吉田西念寺（山梨県富士吉田市）には県指定文化財の清凉寺式釈迦（のち改変され薬師）がある。

(88) 前田元重「清凉寺式釈迦如来像現存表」『金沢文庫研究紀要』第十一号（神奈川県立金澤文庫・一九七四年三月）。

(89) 臨済宗妙心寺派鞆安国寺（広島県福山市）の善光寺式三尊の中尊像内に文永十一年（一二七四）「金宝寺之尊像」「大勧進空蔵房寛覚、小勧進禅林房定厳并見阿弥陀佛」の墨書銘文があり、前立は覚心である。小倉豊文「安国寺草創小考―備後国の場合を中心として―」広島大学文学部編集『廣島大學文學部紀要』第十二号（同学部・一九五七年九月）。

(90) 奥健夫「生身仏像論」長岡龍作編『講座日本美術史』第4巻　造形の場（東京大学出版会・二〇〇五年九月）が、『園城寺傳記』（鈴木学術財団版『大日本佛教全書』第八十六巻）一之二「一金堂彌勒事」に「日本生身尊ハ。三如來四菩薩ト云也。嵯峨ノ釋迦。因幡堂ノ藥師。善光寺ノ阿彌陀也」とあることを指摘。中川真弓「清凉寺の噂―『宝物集』釈迦栴檀像譚を起点として―」説話文学会編集『説話文学研究』第三十八号（同会・二〇〇三年六月）によると『壒嚢抄』巻十二のころから「三国伝来」となる。

(91) 村井康彦『王朝風土記』角川選書314（角川書店・二〇〇〇年四月）。

(92) 高橋平明「新出の「善光寺参詣曼荼羅図」について」『長野』第134号［'87の4］（長野郷土史研究会・一九八七年七月）、大阪市立博物館編『社寺参詣曼荼羅』（平凡社・一九八七年一二月）。西山克「「女帝」の堕地獄―善光寺参詣曼荼羅をテクストとして―」信濃史学会編輯『信濃』第39巻第11号（同会・一九八七年一一月、のち「転生する物語」と改題し西山『聖地の想像力―参詣曼荼羅を読む―』法藏館・一九九八年五月ほかに所収）によれば慶長三年（一五九八）以降成立ヵ。

(93) 小林順彦「信州善光寺における葬送儀礼の現況」佛教文化学会編集『佛教文化学会紀要』第九号（同会・二〇〇〇年一〇月）は、葬送儀礼と善光寺信仰のつながりを周辺の民俗事例からたどっている。

(94) 井原今朝男「北信濃の社会と生活」長野市誌編さん委員会編集『長野市誌』第二巻［歴史編原始・古代・中世］（同市・二〇〇〇年一月）の一六二ページに、一九九五年に長野遺跡群西町遺跡の発掘調査に関連して実施した中央通り工事立会の際に出土した石造物が載る。出土した石造物については、長野市教育委員会・埋蔵文化財センター編集『長野遺跡群西町遺跡』長野市の埋蔵文化財第87集（同センター・一九九八年三月）において、「回収総数約七五〇個」と記されているが、銘文などの詳細は報告されていない。なお長野市教育委員会編集『長野遺跡群元善町遺跡善光寺門前町跡（2）』長野市の埋蔵文化財第121集（同市埋蔵文化財センター・二〇〇八年三月）によれば二〇〇七年に実施した元善町遺跡（善光寺大本願明照殿地点）では、約三五〇点の石造物が出土し、うち一六点に記銘が確認されている。銘文には永享五年（一四三三）、永正十三年（一五一六）等の造立年が記されている。火輪「阿弥」、水輪「陀」、地輪「佛」の字の書体が真の名号、「永正十三天」（一五一六）大本願明照殿ほか真の名号体の「南無」板碑が出土。また長野市教育委員会編集『長野遺跡群―元善町遺跡（2）・善光寺仲見世通りガス管布設工事地点―』長野市の埋蔵文化財第123集（同市埋蔵文化財センター・二〇〇九年三月）では、七五点の石造物が出土しており、うち七点に記銘を確認している。ただし、「南無」や種子のみであり、造立年は不明。

(95) 小山丈夫「石造文化財」長野市誌編さん委員会編集『長野市誌』第二巻［歴史編原始・古代・中世］（同市・二〇〇〇年一月）。小山丈夫「長野盆地の板碑」『東国文化□板碑研究情報誌□』5（東国文化研究会・一九九三年三月）によると上部欠高四八、基幅二七、厚さ一五、「永享十一《（一四三九）》年七月十五日／南無阿弥陀仏／一夏念佛供養」とある。また小山氏によると、一五～一六世紀にあたる善光寺境内五輪塔に一遍流「弥」（偏が「）」型となる）がみられる。逆修多しという。

(96) 松本寧至「『とはずがたり』に見られる時衆の影響―後深草院二条の旅の側面―」大正大学国文学会編『迷いと悟り』文学と仏教第一集（教育出版センター・一九八〇年一一月）。具体的な内容をともなわないために、実際には武蔵国川口善光寺（埼玉県川口市、現真言宗智山派）に参詣しただけの仮構であるともいわれる。松本氏は一遍を模倣したものとも指摘。牛山佳幸「善光寺信仰と女人救済―主として中世における―」井原今朝男・牛山編『論集東国信濃の古代中世史』（岩田書院・二〇〇八年六月）も女人救済を詳論。

(97) 牛山佳幸「中世武士社会と善光寺信仰―鎌倉期を中心に―」鎌倉遺文研究会編『鎌倉時代の社会と文化』鎌倉遺文研究Ⅱ（東京堂出版・一九九九年四月）。

(98) 西山派と当麻寺との関わりは証空が同寺にて当麻寺曼陀羅を「再発見」したことに始まると『西山上人縁起』にある。その後の経過を知る上で重要な資料は、当麻寺の本尊厨子に墨書された「勧進者名簿」（『七大寺大観』）である。ここには頼朝・九条家の貴顕をはじめ、証空の名もみえる。証空と九条家との関わりについては、『比良山古人霊託』の「ぜんねん」を善慧房証空に比定した小山正文「『比良山古人霊託』の善念と性信」同朋大学仏教学会編集『同朋仏教』第三八号（同会・二〇〇二年七月）参照。前記のように建長二年（一二五〇）に九条道家が所領千田庄を善光寺不断念仏料所に充てている。一遍の四天王寺・磯長太子廟などの参詣は証空に倣ったとする小山正文「中世における太子信仰とその美術―とくに夢中顕現太子像を中心に―」大阪市立美術館監修『四天王寺開創一四〇〇年記念聖徳太子信仰の美術』（東方出版・一九九六年一月、のち小山『親鸞と真宗絵伝』法藏館・二〇〇〇年三月に所収）の説は示唆に富む。

(99) 森英純「浄音上人全集解説」浄音上人全集刊行会編纂『西山全書』別巻四（文栄堂・一九七四年六月）。

(100) 辻田稔次「吾妻善導寺の草創」『西山禅林学報』十四号（西山禅林学会・一九六九年三月）。三尊とも現存。

(101) 荻原祐純「善光寺念仏について」『長野』第一九号（同郷土史研究会・一九六八年五月）は、善光寺口称念仏は証空と聖入とが広めたとする。

(102) また長野県令に提出した一八七八～八三年ころ書上、上水内郡「長野町」（長野縣編纂『長野縣町村誌』第一巻〔北信篇〕、長野縣町村誌刊行會・一九三六年五月〔のち郷土出版社・一九八五年一一月〕）によれば、

寿量坊　創建不明、文禄二年（一五九三）に香阿弥中興
常行坊　創建不明、天正四年（一五七六）に寛阿弥中興
甚妙坊　創建不明、不明時期に聖阿弥中興
善行坊　創建不明、寛永三年（一六二六）に専阿弥中興
玄証坊　創建不明、慶長十八年（一六一三）に教阿弥中興
古跡（廃寺のこと）の項に、
称名坊　創建不明、寛永年中（一六二四～四四）に覚阿弥中興、一八七三年廃絶
林泉坊　創建不明、慶長中（一五九六～一六一五）に観阿弥中興、一八七三年廃絶
遍照坊　創建不明、中興時期不明、中興者不明、一八七三年廃絶
正定坊　創建不明、中興時期不明、中興者不明、一八七三年廃絶
蓮池坊　創建不明、中興時期不明、中興者不明、一八七三年廃絶

との簡単な沿革が載る。これ以上の妻戸時衆の歴史についてはまったくわからない。このほかこの廃寺に対応する一八七三年一二月、教部省に届け出た行政文書「明6　2A—15—4　寺院廃却届　水内郡　第五十三区～第七十二区（4冊ノ内4）」が長野県立歴史館編集『長野県行政文書目録』行政簿冊1［明治・大正編］（同館・一九九四年一一月）にある。長尾無墨『善光寺繁昌記』（一八七八年）には妻戸十坊とあるが、このときにはすでに五坊になっていたはずである。いずれにせよ、明治期に妻戸は半分が廃絶していることになり、善光寺周辺寺院でも際だって高比率である。渡辺英明「神仏分離の政策を契機とした善光寺周辺の都市変容」信州大学土本研究室編集『平成17年度善光寺周辺伝統建造物群保存予定地区調査報告書』（同室・二〇〇七年三月）が指摘するように、妻戸の脆弱な勢力を示そう。現在でも妻戸五軒が立ち並ぶ区域は狭隘であるが、元禄（一六八八～一七〇四）期以前『善光寺境内見取図』に「妻戸僧十ケンアリ」と近世以前はその倍の坊舎があったことになり、宿坊経営などで不利であったに違いない。共倒れを防ぐためのやむをえない廃坊だったのかもしれない。『善光寺境内一件但附属図トモ』（長野県歴史館蔵・明8　2A—36—2）に「妻戸七人屋敷」とあるのは、いつの段階かは不明である。

(103) 伊藤宏之「「善光寺時供養板碑」について」『寺社と民衆』創刊号（民衆宗教史研究会・二〇〇五年三月）。

(104) 齋木秀雄「鎌倉の寺院配置と墓域」中世都市研究会編『都市と宗教』中世都市研究4（新人物往来社・一九九七年九月）。

(105) 秋山哲雄「鎌倉中心部の形成とその構造—都市鎌倉における若宮大路の意味—」中世都市研究会編『都市研究の方法』中世都市研究6（新人物往来社・一九九九年九月、のち副題とり秋山『北条氏権力と都市鎌倉』吉川弘文館・二〇〇六年一二月に所収）。

(106) 伊藤正敏『中世の寺社勢力と境内都市』（吉川弘文館・一九九九年四月）。

(107) 佐藤眞人「宮寺の神仏習合上の特質とその変容—朝廷祭祀との関連をめぐって—」日本仏教研究会編集『日本の仏教』第三号（法藏館・一九九五年七月）。

(108) 寺院沿革については『鎌倉市史』社寺編、『鎌倉廃寺事典』参看。

(109) 上横手雅敬「鎌倉大仏の造立」『龍谷史壇』第九九・一〇〇合併号（龍谷大学史学会・一九九二年一一月、のち上横手『権力と仏教の中世史―文化と政治的状況―』法藏館・二〇〇九年五月に所収）。

(110) 塩澤寛樹「鎌倉大仏殿の建立とその性格―千葉県市原市満光院銅造阿弥陀如来立像とその銘文を巡って―」東京国立博物館編集『MUSEUM』同館研究誌五四三号（大塚巧藝社・一九九六年八月）。

(111) なお清水寺の提示は本論より外れるが、児島鉼造『郷土の史料』（海老名町教育委員会・一九七〇年三月、のち再版、同市教育委員会・一九八〇年三月）によれば、海老名市国分の清水寺（近代に臨済宗建長寺派龍峰寺に合寺）は文治二年（一一八六）源頼朝により建立されたという。旧本尊の千手観音立像は国指定重要文化財である。国分尼寺後身にも比定される。鎌倉の新清水寺も、後継と称する東京都中央区・聖観音宗大観音寺によると本尊は頼朝守護仏と伝えると『鎌倉廃寺事典』にはあるので、偶然の一致とは思えない。なお海老名市清水寺は異称を水堂というが、京都清水寺門前神護寺も『二水記』において水堂とよばれていた。細川武稔「清水寺・清水坂と室町幕府」東京大学史料編纂所編集『東京大学史料編纂所研究紀要』第十六号（同所・二〇〇六年三月、のち細川『京都の寺社と室町幕府』吉川弘文館・二〇一〇年三月に所収）によると水堂神護寺は律僧の寺であった。

(112) 従来あまり着目されてこなかった長谷寺分身信仰だが、善光寺や清凉寺とともに諸国に拡散している。『豊山玉石集』によると一二七の新長谷寺、『大和長谷寺・全国長谷観音信仰』（真言宗豊山派青年会・二〇〇六年三月）によると二六九箇寺が数えあげられる。大河内智之「遊行する救済者　長谷観音　錫杖を持つ本尊の謎に迫る」『週刊仏教新発見』17号［長谷寺　智積院］（朝日新聞社・二〇〇七年一〇月）によると各地の長谷寺式観音は、ある時期から錫杖をもたされるという。また善光寺信仰との連携の事例もあり、一三世紀初頭『長谷寺靈驗記』（『新典社善本叢書』2［長谷寺驗記］）「下」第一話に善光寺が出てくる。この説話で語られる「日本三大長谷寺」真言宗智山派長谷寺（長野市篠ノ井塩崎）は、戸隠・善光寺との三所詣でを喧伝する。

(113) 菊地勇次郎「長楽寺千年」『長楽寺千年』（同寺〔同朋舎出版事業部製作〕・一九八二年三月）。

(114) 本田豊『白山神社と被差別部落』（明石書店・一九八九年一月）。

(115) 前掲註（87）『中世日本の内と外』。

(116) 生駒哲郎「中世の生身信仰と仏像の霊性」中尾堯編『中世の寺院体制と社会』（吉川弘文館・二〇〇二年一二月）。鈴木喜博「いわゆる清水寺形、長谷寺式および南円堂様の観音像について―観音霊場寺院の根本本尊とその広がり―」奈良国立博物館・NHKプラネット近畿編集『特別展西国三十三所観音霊場の祈りと美』（奈良国立博物館・名古屋市立博物館・NHKプラネット近畿・NHKサービスセンター・二〇〇八年七月）は、このほか経典や儀軌に規定されない根本像としての清水寺、長谷寺、興福寺南円堂の作例を挙げる。

(117) 五味文彦「鎌倉の景観と文化―鎌倉への視座（三）―」『文献と遺跡』科学研究費「『吾妻鏡』と中世都市鎌倉の多角的研究」三（東京大学人文社会系研究科・文学部アネックス五味研究室・二〇〇四年七月）。

(118) 牛山佳幸「鎌倉・南北朝期の新善光寺（上）」寺院史研究会編集『寺院史研究』第六号（同会・二〇〇二年一月）。

(119) 松山宏「武士と八幡宮」松山『守護城下町の研究』（大学堂書店・一九八二年六月、のち中野幡能編『八幡信仰』民衆宗教史叢書二巻、雄山閣出版・一九八三年七月に所収）。

(120) 例えば亀岡八幡宮（宮城県仙台市青葉区）、鶴谷八幡宮（千葉県館山市。安房国総社）、市谷亀岡八幡宮（東京都新宿区。太田道灌勧請）、鶴嶺八幡宮（神奈川県茅ケ崎市。大庭景能勧請）など。亀岡八幡宮は、仙臺市史編纂委員會編纂『仙臺市史』7別編5（同市役所・一九五三年二月）によると、文治五年（一一八九）伊達朝宗が陸奥国伊達郡高子岡に鶴岡八幡宮から勧請、霊亀出現により亀岡八幡宮と号す。その後持宗が応永三十三年（一四二六）梁川に遷すなど転々とし、近世に現在の川内亀岡町に定着した。小林宏「中世伊達氏の信仰とその社寺法」『国学院法学』第五巻第三号（通巻第一六号）（國學院大學法学会・一九六八年一月、のち小林『伊達家塵芥集の研究』創文社、一九七〇年二月に所収）によると『伊達正統世次考』（『仙臺文庫叢書』第拾輯一）巻之一上が出典。佐々木徹氏の教示。

(121) 草間俊一「平安時代」岩手町史編纂委員会編集『岩手町史』(岩手町史刊行会・一九七六年三月)。
(122) 伊藤清郎「中世国家と八幡宮放生会」東北大学文学会編輯『文化』第41巻1･2号—春・夏—(同会・一九七七年九月、のち伊藤『中世日本の国家と寺社』高志書院・二〇〇〇年六月に所収)。
(123) 馬淵和雄『鎌倉大仏の中世史』(新人物往来社・一九九八年一一月)。
(124)「善覺寺」は存在せず、崩し字の字体から善光寺と考えられる。『北條九代記』(『續群書類從』第二十九輯上)「上」に仁治三年(一二四二)六月、北条泰時の死に際して新善光寺智導上人が知識を務めたとあるのが初見。智導は証空—証入—智導と続く浄土宗西山派東山流の法系を承ける。高橋慎一朗「中世鎌倉における浄土宗西山義の空間」五味文彦編『中世の空間を読む』(吉川弘文館・一九九五年七月、のち「鎌倉における浄土宗西山派と北条氏」と改題し高橋『中世の都市と武士』吉川弘文館・一九九六年八月に所収)。
(125) 前掲註(117)論攷。
(126) 各新善光寺・善光寺仏のデータを集積したものに小林計一郎「新善光寺一覧表」『長野』第二九号(長野郷土史研究会・一九七〇年一月)、小林「新善光寺・善光寺式三尊像一覧」『長野』第一〇八号(一九八三年三月、のち「善光寺仏と新善光寺」と改題・増補して小林本に所収。なお同氏によるものと思われる無署名「善光寺式三尊像一覧」が長野県編集『長野県史』通史編第二巻[中世二]、同県史刊行会・一九八六年三月に付録として載る)、『全国善光寺第一次調査報告書』平成五年度(信州善光寺事務局・一九九三年一一月)、『平成七年度　全国善光寺第一次調査追加報告書(一)』(信州善光寺事務局・一九九五年一一月)、牛山佳幸「付録(1)中世史料に見られる新善光寺一覧」「付録(2)中世の紀年銘を有する善光寺式如来像一覧」長野市誌編さん委員会編集『長野市誌』二巻[歴史編原始・古代・中世](同市・二〇〇〇年一月)がある。
(127) 石田茂作「善光寺仏は阿弥陀仏に非ず」一志茂樹先生喜寿記念会編集『一志茂樹博士喜寿記念論集』(東筑摩郡・松本市・塩尻市郷土資料編纂会・一九七一年六月)。

（128）石村喜英「関東における善光寺式弥陀三尊信仰の背景」菊地山哉先生追悼号編集委員会編集『東京史談』菊地山哉先生追悼号（東京史談会・一九七〇年一月、のち「関東における善光寺式三尊信仰の背景」と改題し石村『仏教考古学研究』雄山閣出版・一九九三年一一月に所収）。岩松青蓮寺（桐生青蓮寺ヵ）、板鼻聞名寺、伊王野専称寺、大蔵向徳寺、茨城県浄土宗鎮西派蔵勝寺（旧時宗）に善光寺仏ありとし、人見一乗寺墓地に鎌倉末かと思われる一光三尊板碑があるという。松戸本福寺など脱漏あり（前記飯能市福徳寺を旧時宗とす）。また桐生青蓮寺中尊は手刀印ではなく上品下生来迎印に変えられていること、久米長久寺の善光寺仏も秘仏といいつつ手刀印・梵篋印ではないこと、板鼻聞名寺中尊が左手中品下生来迎印、右手施無畏印に変えられていることを指摘する。石村「新発見の善光寺式銅像と板碑小考」川勝政太郎編輯『史迹と美術』第四十一輯ノ八（第四一八号）（史迹美術同攷会・一九七一年一〇月、のち「新発見の善光寺式銅像と板碑」と改題し前掲『仏教考古学研究』に所収）も四〇余例の善光寺仏と一八例の善光寺式板碑に言及。向徳寺本尊は紀年銘が宝治三年（一二四九）だから一遍以前である。

（129）前掲註（118）論攷および牛山「鎌倉・南北朝期の新善光寺（下）」寺院史研究会編集『寺院史研究』第七号（同会・二〇〇三年四月）。前者で一〇、後者で二〇箇寺を検討。牛山「室町・戦国期の新善光寺（その一・二）」長野市誌編さん委員会編集『市誌研究ながの』第一〇・一二号（同市・二〇〇三年二月・二〇〇五年二月）では当該期に史料から二五箇寺が確認できるとする。

（130）『前近代における地方間文化交流の研究調査報告書』（元興寺文化財研究所・一九九八年三月）によれば、近世に出開帳が盛行、中世的信仰の拡大再生産がなされる。勧進聖の勧化とともに、出開帳による善光寺信仰の伝播の側面も少なくない。

（131）現存寺院の沿革はおもに禰宜田修然『時宗の寺々』（禰宜田私家版・一九八〇年五月）による。

（132）発掘により輪郭が判明。白磁壺・皿、青磁碗ほか中世前期の優品が出土した。『新善光寺跡　宍戸城跡』主要地方道大洗友部線道路改良工事地内埋蔵文化財調査報告書、茨城県教育財団文化財調査報告第256集（同財団・二〇〇六年三月）。

(133) 拙稿「時宗解意派新善光寺史料」『社寺史料研究』第三号（同会・二〇〇〇年五月）。

(134) 縁起では鎮西派良忠からも相承したといい、浄土宗の本流を主張する。これは当麻派同様に藤沢派への牽制の意図がくみとれよう。今井雅晴「時宗解意派に関する考察―常陸国宍戸・新善光寺の中世―」仏教史学会編輯『仏教史学研究』第二五巻第一号（同会・一九八二年一二月、のち「時宗解意派に関する考察」と改題して今井『中世社会と時宗の研究』吉川弘文館・一九八五年一一月に所収）が時衆と切り離すのは問題がある。同氏が「新善光寺の成立と展開」友部町史編さん委員会編『友部町史』（同町・一九九〇年三月、のち今井『一遍と中世の時衆』大蔵出版・二〇〇〇年三月に所収）で独自説に則り浄土宗鎮西派と断定するのは、公共編纂物である自治体史という性格上、疑念がなくはない。

(135)『学術調査報告書Ｖ　茨城の仏像―茨城県内社寺所蔵美術工芸品の調査研究―』（同県歴史館・一九九七年三月）によると宍戸新善光寺旧本尊の中尊は総高四八・三、観音三七・〇、勢至三六・九センチメートル。地方性が顕著で南北朝〜室町期カという。

(136) 菊地勇次郎「親鸞の常陸移住と初期真宗教団」茨城県史編集委員会監修『茨城県史』中世編（同県・一九八六年三月）。

(137) 広井てつお漫画・島遼伍シナリオ・宇都宮市制１００周年記念出版編集委員会企画・監修・下野新聞社制作『まんが　うつのみやの歴史』（宇都宮市制１００周年記念事業実行委員会・一九九六年四月）六〇ページ「宇都宮市の中世イラストマップ」に「善光寺（１５１６建立）」とあるが、調査にも拘わらず、典拠はわからなかった。近世の上野記念館蔵・上野秀文『宇都宮史』巻之壹の寛正四年（一四六三）歿の宇都宮家十五代下野守明綱の項に「新善光寺再興也」とあるので、鎌倉期か南北朝期には存在したのではないか。宇都宮市史編さん委員会編集『宇都宮市史』第六巻［近世通史編］（同市・一九八二年二月）に「本多正純が城郭拡張のとき破却した松が峯の新善光寺及び新院尼寺（薬王寺)」とのことである。

(138) 古賀克彦「時宗御影堂派本山新善光寺の研究―新出史料紹介も兼ねて―」『仏教史学研究』第四〇巻第二号（仏教史学会・一九九七年一二月）。

(139) 塔頭は天明八年（一七八八）十月『時宗王阿派末寺牒』（『江戸幕府寺院本末帳集成』「中」）では二一、『範宴少納言公真像縁起』（『社寺縁起の研究』）にはほかに圓阿弥があるから、計二二宇。地誌類によると近世に実在したのは一五前後であったようである。いずれも「〇〇庵〇阿弥」を称す。

(140) ドナルド・F・マッカラム「東京国立博物館保管善光寺式阿弥陀三尊像について」東京国立博物館編集『MUSEUM』同館美術誌№441（ミュージアム出版・一九八七年一二月）。向徳寺に言及、同館蔵（黒羽新善光寺旧蔵）のものは一三世紀後半の善光寺式の様式展開に影響与えた造像とする。

(141) 向徳寺は東松山市上唐子にあったとの伝があると嵐山町誌編さん委員会編集『嵐山町誌』（同町・一九八三年九月）はいう。ただし銘文にひきつけて成立した可能性も少なくない。

(142) 渡辺竜瑞「下野那須専称寺の善光寺如来」文化財保護委員会監修『月刊文化財』第五〇号（第一法規出版・一九六七年一一月）。

(143) 渡邊龍瑞「廢寺川面大宿新善光寺考」『下野史談』第十二巻第二號（同會・一九三五年三月）。

(144) 西川新次・関根俊一「善光寺阿弥陀三尊像の形式を巡って―千葉県下の遺品を中心に―」三浦古文化編集委員会編集『三浦古文化』第三十二号（三浦古文化研究会・一九八二年一一月）。

(145) 栃木県立博物館・小山市教育委員会編集『栃木県立博物館調査報告書小山市文化財調査報告書』第七六集小山市の仏像（同館・同市教育委員会・二〇〇九年三月）の本多諭氏解説によれば、光台寺本尊は一三世紀前半、卒島新善光寺勢至菩薩は一四世紀前半、中久喜西光寺本尊は新たに善光寺仏と判明し一五～一六世紀と推定されるという。

(146) 美浦村史編さん委員会編集『美浦村の寺社』美浦村史料第6号（同村教育委員会・一九九三年三月）。

(147) 美浦村史編さん委員会編集『美浦村史―美浦村誕生40周年記念―』（同村・一九九五年一一月）に近世とおぼしき典拠史料の原文が掲げられるも史料名不明。なお茨城県歴史館編集『茨城県古代・中世金銅仏資料集成　一』学術調査概報四（同館・一九八六年三月）に、蔵勝寺について、摂門『檀林江戸崎大念寺志』（『浄土宗全書』第二十巻）に開山峯月上人建長二年（一二五〇）立寺、文永二年（一二六五）七五歳歿、時頼譚あり、中興明阿とのこと。また鹿島神向寺はもともと仁多寺。ともに巻頭モノクログラビアあり。茨城県歴史館編集『茨城県古代・中世金銅仏資料集成三』学術調査概報六（同館・一九八八年三月）には個人（船橋家）、神向寺菩薩像、蔵勝寺モノクログラビア。船橋家のみ解説がある。

(148) 河野叡祥『一蓮寺概史』（同寺・一九八四年五月）。

(149) 会津若松市史研究会編集「会津の仏像［仏都会津のみ仏たち］」『会津若松市史』17●《マヽ》文化編④仏像（同市・二〇〇五年三月）。

(150) 乃木郷土誌編集委員会編集『乃木郷土誌』（松江市乃木公民館・一九九一年九月）。

(151) 藤岡大拙「出雲国守護識考―佐々木高綱守護説をめぐって―」『山陰史談』第一号（山陰歴史研究会・一九七〇年五月）。

(152)『豊前善光寺史』（豊前善光寺・二〇〇九年九月）。

(153) 武田好吉『出羽の善光寺式三尊像』（誌趣会・一九七〇年三月）。

(154) 成生庄と一向上人編集委員会編『成生庄と一向上人―中世の念仏信仰』（天童市立旧東村山郡役所資料館・一九九七年九月）。高櫛石仏寺には疫病を除くための五智如来石仏を彫造した縁起、天童仏向寺には雨乞い祈禱をした縁起など、関東以西の一向派寺院にはみられない、専修念仏と趣を異にする密教僧・修験者的伝承が遺っている。

(155) 藤田定興「浄土宗名越派初期寺院の成立と善光寺信仰」小林清治編『福島の研究』第二巻［古代中世篇］（清文堂出版・一九八六年一二月）。

(156)大場貞一編纂『山形県の寺院（内陸版）』（同県寺院総覧編纂会・一九七七年三月）。

(157)誉田慶信「本願寺教団と蝦夷・北奥・村山」西村山地域史研究会編集『西村山地域史の研究』第十七号（西村山地域史研究会・一九九九年九月）。

(158)佐藤孝徳編『浄土宗名越派檀林専称寺史』（佐藤私家版・一九九五年七月）。数量としては近世に入ってから開創された寺院が圧倒的に多く、背景に専称寺・如来寺のある磐城平藩より元和八年（一六二二）鳥居氏が山形城に転封してきたこともある。

(159)ドナルド・F・マッカラム「山形県内の善光寺式三尊像の一系統―高野山不動院像との関係について―」山形県文化財保護協会編集『羽陽文化』第一二二号（同会・一九八六年一二月）およびマッカラム「善光寺式阿弥陀三尊像の一系統―高野山不動院・山形・栃木県の諸像―」『長野』第一三六号（同郷土史研究会・一九八七年一一月）。

(160)荘厳寺善光寺仏体内に貞治三年（一三六四）八月十一日付「侍阿弥等願文」（長野県立歴史館編集『開館15周年春季特別展　善光寺信仰　流転と遍歴の勧化』同館・二〇〇九年四月）が納められ、侍阿弥による「南无阿弥陀佛」の名号一二個がある。また同寺の不動明王体内には「庚寅三月十八日　願主（花押）／兼阿弥陀佛」（観応元年〔一三五〇〕）があるほか、印仏による「版本六字名号」（真の名号）がある。一括して県指定有形文化財。宇南山照信著・みち書房制作『荘厳寺の世界』（天台宗大御堂山荘厳寺・二〇〇四年五月）。

(161)津田徹英「善光寺式　阿弥陀如来像ならびに観音菩薩像」東京文化財研究所美術部『美術研究』第三百九十一号（便利堂・二〇〇七年三月）。

(162)本田諭「北関東における善光寺式阿弥陀信仰―栃木県小山地域を中心として―」『鹿島美術研究』年報二四別冊（鹿島美術財団・二〇〇七年一一月）および栃木県立博物館・小山市教育委員会編集『栃木県立博物館調査報告書小山市文化財調査報告書』第七六集小山市の仏像（同館・同市教育委員会・二〇〇九年三月）の本多氏解説によれば、某寺（光台寺）の善光寺仏は旧黒羽新善光寺と同型とみられる。近年の調査で判明したため、前掲註(156)論攷には入っていない。

(163) 佐藤健郎「神社信仰」喜多方市史編纂委員会編集『喜多方市史』第一巻　原始・古代・中世　通史編Ⅰ（福島県喜多方市・一九九九年三月）六五七ページ。

(164) 字を道場宿という。『清原村郷土誌』（近代の手書き地誌。所蔵する宇都宮市立図書館が書誌情報を清原村尋常小学校編・発行とするも根拠不明、原稿用紙は「芳賀郡清原村役場」のもの。刊行年月なし）によると、大字道場宿字大乗寺の大乗寺は「天正辛巳年」（天正九年（一五八一））秀永法師開山。同地大字竹下字金剛林の臨済宗妙心寺派同慶寺が「霊道場」であることから道場宿になったとし、元和六年（一六二〇）検地の際村名になったとする。同慶寺は永仁六年（一二九八）歿の芳賀高俊のため建立、開山は貞和五年（一三四九）寂の大同妙喆禅師という。『宇都宮の寺院』宇都宮市教育委員会・（年紀なし。一九七三年三月ヵ）によると、同慶寺は永仁年間（一二九三～九九）大同妙喆禅師の建立、大乗寺は文禄元年（一五九二）秀永法師と飛山城家老直井淡路守建立という。道場地名はおおむね時衆道場によることに注意したい。同寺（田中親明氏）によると、大乗寺は院号が阿弥陀院なのに近代になり県庁の台帳を根拠に地蔵を本尊に改めたという。開創年代が善光寺仏に大幅に遅れ、田中氏の示唆では背後にかつて存在したという「ショウコウ寺」（漢字表記不明）に伝世した可能性がある。『清原50年の歩みと翔く未来』（清原50年史編纂委員会・二〇〇三年五月）、一〇四・四〇〇ページによると道場宿は宿場・鬼怒川河岸の地。渡し、宿、城下町が一体となっていた空間である。

(165) 小林済「石の善光寺仏」『長野』第一〇三号（同郷土史研究会・一九八二年五月）。板碑は一例のみ徳島県で、あとの一三例は関東であるという。前掲註(126)諸論攷にも詳しい。

(166) 湯山学「『他阿上人法語』に見える武士（二）」大橋俊雄編集『時衆研究』第六十四号（時宗文化研究所・一九七五年五月）。佐久間弘行「鎌倉期小山氏所領の展開をめぐる諸関係について―常陸・尾張での動向の検討を中心に―」荒木善夫・佐藤博信・松本一夫編『中世下野の権力と社会』中世東国論3（岩田書院・二〇〇九年五月）は、小山（長沼）氏と善光寺信仰の因縁を紹介、また渋井と卒島とをつなぐ中世以来の道があるという。善光寺信仰にのり小山から関東全体への時衆展開の拠点になったとみる。

（167）京田良志「越前国、赤坂新善光寺について」梅原隆章教授退官記念論集刊行会編『歴史への視点―真宗史・佛教史・地域史―』（桂書房・一九八五年一一月）。

【附記】本章は日本民俗学会第五二回年会（二〇〇〇年一〇月一日、於信州大学松本キャンパス）の「善光寺聖と時衆―地方展開と定着―」および中世史研究会・中世宗教史研究会合同例会（二〇〇三年二月二七日、於東京大学史料編纂所）の「中世社会における宗教の一形態―信濃善光寺の展開を中心にたどる―」、日本印度学仏教学会大会（二〇〇四年七月二五日、於駒澤大学）の「中世宗教都市鎌倉形成の過程―寺社の移植を中心にみる―」を基礎としている。質問者ならびに江田郁夫、大塚紀弘、小山丈夫、佐藤孝徳、常磐井慈祥、湯谷祐三、若麻績敏隆氏、宇都宮市教育委員会文化課、善光寺事務局、武井旅館、長野市教育委員会文化財課の教示・協力をえた。なお本章完成後に笹本正治・土本俊和編『善光寺の中世』（高志書院・二〇一〇年七月）が上梓された。本章の論旨に大きな変更は要しないが、現時点での善光寺史研究の到達点といいえ、参考になる。

第四章　藤沢時衆の展開——常陸国の事例から——

はじめに

本書で討求を行う時衆のうち、「遊行派」（藤沢時衆・藤沢派）は時衆道場全体の約八割の数量を占め、鎌倉期から遊行上人と藤沢上人の両頭体制をもつ[1]、唯一、本州・四国・九州の汎列島規模に展開する時衆であった。時衆の中でもっとも時衆らしいともいえるこの藤沢時衆について実像を知るために、本章では、現在の全時宗寺院中、八分の一の五一箇寺が集中する茨城県下を研究対象としたい。

茨城県水戸市見川の水府明徳会徳川博物館内彰考館文庫に『開基帳』、通称『水戸開基帳』とよばれる一群の文献が保存されている。寛文三年（一六六三）水戸藩の手になる領内すべての寺院が網羅された書上である。その中に時宗分の一冊があり、現在消滅した八箇寺を含むいずれも藤沢派の一三箇寺が登載されている。寺院の規模や縁起など現在では知るすべの失われたものや現存する史料の遺漏を補う記述など、きわめて貴重な内容が筆録されている。曹洞宗の分については一連の論考があり、各寺院の伝承との相違に着目されている[2]。

この史料は同県刊行『茨城県史』『茨城県史料』などに収載されていない。現存寺院はもとより、時宗教学研究所編『時宗辞典』（時宗宗務所教学部・一九八九年三月）の巻末「時宗寺院・塔頭、廃寺・合併・単立寺院・塔頭一覧」

に名称が掲げられるのみで、従来論及から捨象されてきた廃絶寺院についても、来歴までたどりうる点で、高く評価できる。悉皆調査の途上で、不可避かつ不可欠な史籍として、梗概を紹介し考究を加えたい。

なお文中、檀家の数値などは、実地踏査を行った一九九六・七年ころのものであることを断っておきたい。

第一節　水戸『開基帳』解題ならびに徳川光圀の宗教政策

『開基帳』は寛文元年（一六六一）に二代水戸藩主を襲封した徳川光圀（一六二八〜一七〇〇）が、同三年に宗教政策の嚆矢として領内各村別に提出させた寺社書上を宗派別に編成したものである[3]。内容は寺領あるいは除地の石高、本寺、僧侶の身分、宗旨、寺号、朱印状あるいは除地証文の有無、開山・開基および開創の仔細、当年までの年数、塔頭、檀那の身分とその数など多岐にわたる。現在彰考館文庫に天台宗一、真言宗五、禅宗一、法華宗一、浄土宗一、一向宗一、時宗一、山伏一、行人一、鎮守二の合計一五冊、二三七七寺・一七五社分の写本が所蔵されている。これらは文化十年（一八一三）から同十二年にかけて筆写されたもので、『開基帳』時宗分は同十年に写されている。

このほか藩から県に引き継がれた原本の一部と思われる天台宗一、真言宗四、禅宗一、臨済宗一、法華宗一、浄土宗一の計九冊が茨城県立歴史館の許にあったが、時宗の分は欠落している。

本文中の朱字は寛文六年（一六六六）の光圀の処分のおりの追記をそのまま転写し、同じく寺名の右肩の朱字合点は『開基帳』のほかの事例から破却を示すと考えられ（圭室文雄氏の教示）、石高表記の条の「〇」はそれと対応して破却を免れた寺院であろうか。これによれば時宗一三箇寺中、約三一パーセントにあたる、「元俗〔還〕」一寺を含む四箇寺が廃せられたようである。

『西山遺聞』（『日本偉人言行資料』［桃源遺事　西山遺聞］）巻上「水戸御領分寺社破却」によれば、処分されたのは真言宗一四八六、浄土宗一〇七、同新〔真〕宗六八、天台宗二〇五、済家三八、曹洞一三五、法華宗三六、時宗一三箇寺、社人一八、神主一八ケ所、山伏二八〇坊、行人一三二、禰宜一六九、市子六ケ所であるという。この中で時宗が一三箇寺とあるのは全寺院にあたるから（さすがにそこまで処分はなされていなかったと思われる）、宗門側の被害意識の反映であろうか。

幕府は、寛永八年（一六三一）や寛文八年（一六六八）に新地〔寺〕建立禁止令を出したり、末寺帳を提出させるなど、宗教統制を強める時期であった。岡山藩主池田光政や会津藩主保科正之の廃仏毀釈も同時期であり、藩政草創期に寺社を整理することが為政者にとっては重要な政策であったともいえる。光圀は寛文六年（一六六六）から寺社に対して多様かつ厳格な措置を講じた。破却寺院だけで七一三箇寺にのぼる（既述の朱字合点分含まず）。かれは「水戸学」創始者で神仏混淆を嫌い分離を進める一方、法華宗を篤く信仰し一向宗に保護を加えた。『桃源遺事』によれば、儒教的合理主義・理想主義から神、仏、修験の混淆を嫌悪し、自らの道に精進すべきであるという見地であった[4]。中国や国内各所より学者・名僧を招聘したことで知られる。その政策は大別して次の三点に集約されよう。

寺院の大半を占める、依存すべき寺領・除地ないし檀那のわずかな零細寺院、また兼帯寺院、無住寺院、最終の『寺院法度』が出た元和元年（一六一五）七月以降の新建寺院などを整理して乱立を改め、寺院経営の安定を意図した。国立国会図書館蔵・杉山叢書第四『破却帳』は由緒寺院の復興を名目に掲げる。処置を免れた寺は廃寺所有地の帰属や檀家の流入などで受益するため表だって反対しない。

他方「諸宗非法式様子之覚」では本来貢租および夫役を課すべき町屋敷、百姓屋敷、百姓地にある寺院も対象にされたといい、質の低い僧侶が濫造され風紀を乱す事態の解消のほか、年貢逃れの出家を防ぎ僧侶の帰農を歓迎した。この政策は寛文五年（一六六五）に設置した寺社奉行の管掌の埒外になりがちな小寺を排除して把握・統制を行ないやすい体制を整備する一方、民衆に寄生すると捉えられた寺院および僧侶の総数を削減して負担を縮小することを図るものであった。

同様に収公により寺地を農地へ、還俗により僧侶を農民へと転換させることで生産の向上すなわち収奪の強化をも期待したようである。また微細にみれば水戸城下の寺町を各所に分散させ、跡地を整備して侍屋敷を充実させる目的もあった。後述の神応寺の移転はこれによるものである。

次に滅罪すなわち葬祭仏教への専業化を促進した。光圀は仏教の目的を「滅罪」「示寂」（『破却帳』）にあるとし、本来の宗儀に背き祈禱をもっぱらとするものや葬祭を担うべき檀家がいない寺院は整理の対象とした。菩提（滅罪）檀家をもたない寺院にはキリシタンや法華宗不受不施派の混入が避けられないとの理由で宗門人別帳への請判を禁じている。これは光圀の朱子学に基づく合理主義思想からみた仏教への認識を物語るとともに、寺請制度を経由した民衆支配の構図が投影されている。

また諸施策中、八幡社への処分は「邦内八幡祠皆破却の命あり」（『水戸紀年』）と苛烈で、俗に「八幡改め」「八幡潰し」「八幡おろし」とよばれた。全七三社が破却一を除き改名させられた。京都吉田家の唯一宗源神道を厚遇し、一郷一社は光圀治世におおむね成功を収めている。この背景には八幡信仰が神仏混淆に立脚していることもあろうし、四五〇年近く蟠居した前領主佐竹氏の氏神であったことも多分に影響していると考えられる。その残滓を払拭しようとしたのであろう。

第二節　『開基帳』所載時宗一三箇寺概史

『開基帳』の時宗寺院をその順列にしたがってみていこう（章末に翻刻掲載）。『開基帳』が寺伝と相違する場合や『開基帳』の欠落部分に重点をおいた。歴住は廃寺を中心に判明した範囲で記し、現存する寺院については略述する。参考のため若干でも論及のある自治体史は註で掲げておいた。

①神応寺(5)

常陸国茨城郡水戸城下藤沢小路（茨城県水戸市南町二丁目一番地〜三丁目一番地附近）。内閣文庫蔵・寛永十年（一六三三）三月『時宗藤澤遊行末寺帳』（『時衆史料』第二。以下『末寺帳』と略す）および彰考館蔵、天明八年（一七八八）十月『時宗寺院本末帳』（『時衆史料』第二。以下『本末帳』と略す。）にみえる。永正十年（一五一三）以来焼亡したままの相模国藤沢清浄光寺に代わる本山「藤沢道場」として佐竹氏進出直後の水戸神生《かのう》平に天正十九年（一五九一）開山遊行三十二代他阿普光、開基佐竹義宣で創建される。当時「藤澤」の地名は藤沢派本寺を意味していた(6)。慶長年間（一五九六〜一六一五）清浄光寺の再興により慶長十二年（一六〇七）普光も同寺に入る。天正十九年から慶長十二年までに発給された文書では「藤澤」はみな水戸藤沢道場をさしたが(7)普光の帰山で藤沢道場ではなくなり、『藤澤山過去帳』には「相阿弥陀佛慶長十五庚戌年正月四日水戸道場衆」とある。『開基帳』の記述から普光の帰住後に二八年間空白ないし看主（住職代理）持の時期があったことを窺わせる。当寺蔵・貞享元年（一六八四）九月五日付「口上之覚」に寛永十年（一六三三）寺号を定むとあるのは、清浄光寺による『末寺帳』の公儀提出が契機になったとも推定される。『開基帳』中の「拙僧」とは、のちの山形光明寺二十四世から遊行四十四代他阿尊通となる四世量光にあたる。

延宝八年（一六八〇）水戸城外堀の現元山町一丁目二番地六四号に移転させられた[8]。塔頭重漢坊（当寺過去帳享保九年（一七二四）記事）の名は貞享年間（一六八四～八八）に沙弥十誉心西とともに勧進によって洪鐘を造った沙門僧阿重漢によろう（『水府寺社便覧』四）。貞享四年（一六八七）九月六日歿の圓量比丘が「神應寺塔中」（②浄光寺「天」過去帳）とみえる。『時宗遊行派下寺院牒』（『時衆史料』第二[9]。以下『寺院牒』と略す）に「塔頭六軒末寺二箇寺」とある。『筑波根於呂志』によれば斉昭治世（一八二九～四四）に「不如法」のため本山から役僧が来て住持（駿府で遷化の十五世其阿省三ヵ）は追院、寺は畳寺、「同宗」戸崎村浄安寺（現那珂市戸崎にあった臨済宗静安寺ヵ）に除地を寄せ、②浄光寺が兼帯した。国立国会図書館蔵『杉山叢書第二神佛再興録』も曳寺のことがあり、除地は浄光寺に寄せたとある。斉昭の隠居により弘化三年（一八四六）再興される（『大高氏記録』五〇所収『町方御用留』、『暴政便覧』六）。『廢寺帳』にはさらに一八六八年廃されたとある。

十七世（其阿大空、のちの遊行六十六代他阿無外ヵ）に若干の疑いが残るものの、全歴住が判明、現住二十三世奥田俊亮氏。なお神生平に所在当時に隣接していた大坂別雷大神（現別雷皇太神）は以後鎮守としてともに移転を重ね、『天保社寺改正』『天保日記』『神佛再興録』によれば天保十四年（一八四三）吉田大宮司の管掌下に移させられるも、寺とは一八八二年までは蹶揚観音を御影として一体であった。関東三雷神の一つという。寺で頒布していた『雷神皇靈驗略縁記〔起〕』が今に遺されている[10]。当寺墓地は明治初年には一七四軒の共同墓地として護持され、現在は檀家八百軒余を数える時宗屈指の大坊となっている。

②浄光寺

常陸国久慈郡太田村（常陸太田市塙町二二七三番地）。太田城のある台地上の一角で崖を背にする独特な立地である。『末寺帳』『本末帳』にみゆ。『佐竹大系纂』『時宗十二派本末惣寺院連名簿』に「常光寺」と載る。正中元年（一三二四）創建。佐竹貞義が母（二階堂頼綱女）の菩提を弔うため遊行四代呑海を開山に招く。茨城県立歴史館蔵『常陸遺文』では父行義が妻を葬るとある。同家菩提寺として戦国期の義篤、義昭夫妻の墓があった。遊行二十七代他阿真寂は天文七年（一五三八）太田に滞在し、佐竹義篤や外交担当の重臣岡本曾端・禅哲父子らと交流している（『茨城県史料』Ⅳに関係書簡四通所収）。遊行三十二代普光は当寺十三世其阿の資（三十八世其阿察輪は十四世を普光に治定したのは寺沼琢明説であると一九一一年の過去帳で指摘する）。寛永三年（一六二六）全山焼失、十九世了故（のち甲府〔一蓮寺〕二十二世法阿了眠）が復興する。光圀は致仕後太田西山荘に隠棲してから浄光寺との関係が生じたようで、年未詳十月四日付・浄光寺充書状で「嚴沢上人」（二十四世其阿辨応ないし二十五世其阿湛然の道号カ）を別墅に招待している。

天保四年（一八三三）斉昭が太田瑞竜山の祖先の墓参の帰途に当寺に泊まっている（『天保就藩記』）。同十四年「如法篤實」につき白銀一〇枚賜り（『筑波根於呂志』『神佛再興録』）、翌年、領民得度の度僧寺の指定を受けた（『天保社寺改正』）。『水戸領四郡撞鐘等員數書』に撞鐘・半鐘各一がみえる。当寺過去帳[11]に万治三年（一六六〇）歿の「常樂院父」春渓栄宮珠阿（「天」過去帳）、寛文六年（一六六六）「常樂院俊潮但阿」（同）、弘化元年（一八四四）寂の定阿善心法子（弘化元年からの過去帳）および万延元年（一八六〇）寂の禪阿定本法子ら「常樂院留主居」（万延元年からの過去帳）などとみえる常楽院は塔頭か。『寺院牒』では「塔頭弐軒」とある。「天」過去帳によれば「鐘堂」や「庫院」の人がいるので、それなりの人数を抱えた寺であった。当寺蔵『廃跡再興之儀願』によれば一八六九年四月藩命により次項でふれる遍照寺に併院となるもほどなく同寺も無住となり寺は荒廃した。ただし過去帳をみるかぎり寺は機能していたらしい。「天」過去帳では三十五世瓘淳（法名は其阿義歓カ）が「有故皈俗」したのち一八八一年八月歿した。そこで檀家が連名で再興を願い出たのが同年九月で符合する。なお当寺蔵『水戸藩布達写』では、藩命で廃寺と同時に三十五世が神官として神応寺の雷神奉祀を仰せ付かったとあるのは興味深い。既出①神応寺其阿大空により一八八二年中興せらる。寛永の火災と近代の無住のためか[12]二～十二、十四、二十二～二十三、二十六、二十八世が不明である。現在四十一世古川伸生氏。

なお『藤沢山日鑑』（一九八三年から毎年藤沢市文書館により翻刻が刊行中、二〇一一年三月現在二八巻）に当寺と⑤永幸寺配下の「鉦打」（明和七年〔一七七〇〕以降表記が「沙弥」に変わる）がしばしば登場する（藤沢靖介氏の教示）。鉦打は在地の半僧半俗の宗教者で、遊行上人隷属を誇示していた。当寺過去帳に多数検出できる「被慈利《ひじり》」がこれに該当すると思われ、また数は少ないが①神応寺過去帳にも「被慈利」の例がある。中世の職能的民間宗教者の残映と考えられるが、中世時点での史料がきわめて乏しく、系譜をたどれていない。

③光明寺

常陸国久慈郡太田村（常陸太田市西二町二一七五番地一号）。②浄光寺から徒歩五分程度の距離である。『末寺帳』にみえ、『本末帳』に遍照寺として載る。光圀により款冬山光明寺から梠本山光明院遍照寺に改めたという[13]。浄光寺を造った貞義の母の出自の陸奥国須賀川二階堂氏の関連から天台系浄土教に近く、鎌倉杉本寺の分院として永仁二年（一二九四）遊行二代他阿真教を開山として建立という。本書第二部第三章でとりあげた霊寺霊社からの分身の一形態であろう。茨城県立歴史館蔵『常陸遺文』「八」の「太田村若宮八幡正一位稲荷并六ヶ寺舊記」には岳俊が真教により改宗という。『開基帳』に真教はみえず、近隣に浄光寺が開かれたのを契機に改宗され真教を死後招請開山としたのではないかと推測される[14]。寺伝では太田西山荘の光圀は中興二十世良忍と懇意で、金子寄進や元禄十一年（一六九八）遍照寺への改名などにおいて関わっていたという。『神佛再興録』では斉昭期に「破戒不如法」として相当な処分を受けている。「追院（中略）御領内、相立入ハ、召捕可被處厳科事」。しばしば無住で浄光寺過去帳の一八六八年歿「遍照寺留主居」政蔵（真阿信士）のような留主居がおかれたらしい。『寺院牒』に「塔頭一軒」と載る。『水戸領四郡撞鐘等員數書』に撞鐘・半鐘各一。『廢寺帳』に逆に一八六九年の浄光寺寄寺の件がみえる。一八九〇年に太田大光院（現群馬県太田市、浄土宗鎮西派）の呑竜を分霊遷仏すという。一九二三年火災。浄光寺が兼務する。

④ 光徳寺（廃寺）

常陸国茨城郡坂戸村（水戸市酒門町九四番地一号）。『本末帳』の「廣徳寺」である。⑩光林寺同様、のちに光圀の諱を避けたものか。境内墓地の明暦二年（一六五六）普光三〇年忌の建立である名号碑脇面に「當寺開山遊行卅二代他阿上人普光大和尚」とある。『開基帳』には普光死去の前年、寛永二年（一六二五）開創とあり、当時の①神応寺には元和五年（一六一九）晋山の其阿露眼がいるが（同寺蔵『藤澤山神應寺開基普光上人系圖』）、寛永十年（一六三三）に寺号を定めるまで同寺は藤沢上人の兼帯であったと考えられ、光徳寺の開山を普光に仮託したものであろう。『開基帳』の当寺に合点が附せられているので、新建寺院として破却されたようである。①神応寺過去帳に元禄九年（一六九六）寂「坂戸下寺留主居」光誉西入大徳がみえる。堂宇の残存を示唆する一方、浄土宗鎮西派の誉号をもつ僧がいたことから、本寺の管理が緩やかであったのであろう。境内墓石二基および同過去帳から享保七年（一七二二）寂の慈照軒相阿了円が中興五世とわかり、以後同過去帳に「留主居」などとして宝暦十四年（一七六四）寂の正阿覚心比丘、安永六年（一七七七）寂の貞心法尼、文政六年（一八二三）寂の仰阿敬西法子らの名があり、位階の低い僧尼が断続的に在番していたようである。

『廢寺帳』では天保年中（一八三〇～四四）の祝融に遭ったのち無住として廃寺とされたとある。寺伝では天狗党の乱として知られる元治甲子の乱（元治元年〔一八六四〕）に際して廃絶したといい、近在の真宗大谷派善重寺にもこの乱で罹災したとの伝承がある。現在檀徒六八軒、一九三三年の本堂が一九九二年に再建されて堂守もいるものの法人格はなく、法務は神応寺が代行して実質の寺院として機能している。

なおこのほか神応寺の末寺には『開基帳』に未見の勝倉来迎院（ひたちなか市勝倉五五一番地、紫雲山来迎院道明寺）がある（『本末帳』）。奇瑞により慶長三年（一五九八）江戸氏帰依の真言宗長安寺を改宗、開山普光・開基佐竹義宣、林阿弥を初住とする。[15]阿号でなく阿弥号である点に注目すれば、半僧半俗の沙弥・道心（「被慈利」＝神応寺過去帳）であったとみられる。想像をたくましくすれば水戸藤沢道場当時の神応寺の客寮などの草庵であったのかもしれない。近代に廃絶したのを一八九〇年、栃木県下都賀郡間々田村（現小山市）の廃寺号をもって再興した。

⑤永幸寺

常陸国行方郡玉造村（行方市玉造甲二五五四番地）。『本末帳』所載。『開基帳』では大永五年（一五二五）玉造与一太郎の石塔所が淵源だが、寺伝は文永九年（一二七二）開基玉造宗政、開山同族幹幸の子永幸で、弘安三年（一二八〇）遊行二代真教により天台宗から改宗さる。[16]玉造氏は常陸平氏大掾氏の分流で、重幹が天正十九年（一五九一）佐竹義宣に誘殺され滅亡した。光圀の命で旧玉造城内から移転。旧寺地に宝篋印塔が遺る。『常陸紅葉郡鑑』での「栄幸寺」は神応寺末の扱いで、歴史的経緯から神応寺は中本寺的位置にあったのであろう。現在四十二世新敏雄氏。

⑥光明寺（廃寺）

常陸国鹿島郡小堤《おづつみ》村（東茨城郡茨城町小堤字寺脇五六一番地一号附近）。『末寺帳』にあり。『開基帳』では元亨三年（一三二三）遊行四代他阿呑海の創建で、二十五貫文の寺領を江戸氏が与えたという。のち寄寺となった①神応寺過去帳では当寺歴住のうち元禄五年（一六九二）寂の十九世覚阿、享保二十一年（一七三六）寂の二十二世相阿智源がみえるほか文政四年（一八二一）以降の項に「光明寺檀中」として檀徒が載せられている。『時衆過去帳尼衆』遊行二十七代他阿真寂の項（一五三六～四八）に「小堤衆」三一房、『藤澤山過去帳』に寛政十一年（一七九九）寂の吟哲和尚がある。近年掘り出された墓石に宝永二年（一七〇五）寂の二十世室前相阿智伝和尚、文化五年（一八〇八）寂の室中昌阿徳元法子、文政十年（一八二七）寂の擬東陽院但阿某、さらに寂年・阿号不詳の智玄・善空両和尚がある。神応寺歴住墓地に僧三名合祀の墓碑があり、「光明寺卅二代看住學室昌阿徳元和尚」と寂年月日がみえる。『箕水漫録抄』十九に「奉修造阿弥陀佛御宮殿之叓／本願當寺十代住持乗阿／大檀那江戸忠通　檀那孤一房小堤平三郎／奥谷鳥膚《おくのやとっぱだ》大隅守增貞　小幡道増／立原伊賀同佐〔左〕京之助定阿弥／材木海老澤民部忠／奉加□　兩阿弥先阿弥宣阿弥心阿弥并ニ門前／中男女如一房念佛講衆　大工四郎右門／天文五〔一五三六〕丙申卯月十五日」、『水府志料』十三・『常陸遺文』「ヤ」にほぼ同内容の棟札が載る。江戸忠通とその被官であろう。立原氏のほかは近隣の大字で、寺地のすぐ北に小堤館があった。藤原姓常陸江戸氏は水戸をえて佐竹氏と離合をくり返す。忠通は嫡流。孫重通は佐竹義宣に逐われて結城に逃れた。『水府志料』附録・『箕水漫録抄』十九・『常陸遺文』「ヤ」を総括すると、天正五年（一五七七）六月十一日大洗磯前社祭礼の夜、毒酒で小幡中務丞知貞と海老沢弾正忠が主君重通に謀殺され、ときに当寺住持であった知貞の弟が城主となり出馬するが、重通に逐われ当寺は焼き払われ無住となったという(17)。『常陸紅葉郡鑑』に「本尊阿弥陀如來　惠心之作　藥師如來　弘法大師作」、天保期の文書に遍照山椅取院とあるというが(18)確認できなかった。『廢寺帳』に「暫無住」

とある。寺前、寺下、寺脇の小字と墓地が残されている。現在の檀家は一三軒。近年、墓地北隣の畑地から井戸跡らしきものが出たという。

なお近隣の鳥羽田《とっぱだ》にある天台宗山門派円福寺に小栗判官と照手姫像を祀る小栗堂がある。近世以後のものであろうが、藤沢時衆が唱導した小栗判官伝説の名残りかもしれない。

⑦ 西福寺（廃寺）

常陸国那珂郡瓜連村（那珂市瓜連一一七三番地）。『末寺帳』『本末帳』『新編常陸国誌』（崙書房版）に所載。浄土宗鎮西義白旗派の中核寺院常福寺のある浄土信仰がさかんな地であった。『開基帳』では正慶元年（一三三二）其阿弥陀仏の開創。今井雅晴氏は開基を鎌倉末に瓜連を領した北条貞国に擬するが不明[19]。まもなく北条氏は滅ぶので、近在の佐竹氏の外護があったことは疑いなく、浄光寺開基佐竹貞義の孫義信（義宣。戦国末期の義宣とは別人）から寺領の寄進を受けたと『開基帳』は伝える。瓜連城内に占地する。墓石に元禄十年（一六九七）寂の二十五世前連室覚阿宿湛和尚、二十七世興徳院覚阿祐全、寛政八年（一七九六）寂の十九（二十九カ）世桂光院其阿義天和尚、文化十年（一八一三）寂の随阿順教法子があり。『藤澤山過去帳』に慶長四年（一五九九）歿の「瓜連西福寺衆」珠阿弥陀仏、元和六年（一六二〇）寂の西福寺弥阿弥陀仏、既出の寛政八年寂の十九世洞雲院其阿義天が載る。⑫光明寺過去帳に二〜八、十〜十四、十八〜十九、二十一〜二十二、二十四〜二十五、二十七〜二十九世がみえる。墓石との重複分を除いて二十二世覚阿上人は万治元年（一六五八）、二十四世覚阿弥陀仏は延宝八年（一六八〇）、二十八世文峰軒漢阿旭山は宝暦四年（一七五四）寂とある。また二世は甲府一蓮寺上人を示す「法阿上人」とある。『寺院牒』に「塔頭三軒」とみえる。

一九九五年再建の堂と檀徒九八軒の墓地が残り、県下で二番目に古い推定鎌倉期の木造地蔵菩薩立像（伝運慶作、一一九・五センチメートル。市指定文化財）、観音菩薩立像、五輪塔数基、板碑二基など中世の古い段階の文化財が伝えられている。『水戸領四郡撞鐘等員數書』に半鐘一が載る。『廢寺帳』には天保十四年（一八四三）戸崎常安寺（既述臨済宗静安寺ヵ）に寄せられたとある。このことは前出『神佛再興録』にもある。除地は②浄光寺に寄せられた。伝承では斉昭による廃絶ののち地蔵は隣接する萩野谷家に預けられたといい、近代になって浄土宗鎮西派常福寺の念仏堂を移築して地蔵を安置し、寺地は共有墓地として払い下げののち分割登記して護持した。[20]

⑧金泉寺（廃寺）

常陸国那珂郡瓜連村（那珂市瓜連）。『開基帳』では明応五年（一四九六）臨阿弥陀仏の造立。『開基帳』当寺条に合点と「元〔還〕俗」の朱字があるので、破却の上、還俗させられたとわかる。次の教声寺とともに天明八年（一七八八）の『本末帳』にみえるので中興がなされたと考えられる一方、幕末の諸史料にまったくその名が現れないことから、寺基の名跡のみがそのまま伝えられた蓋然性も高い。

⑨教声寺（廃寺）

常陸国那珂郡瓜連村（那珂市瓜連）。『本末帳』にみえる「久性寺」か。『開基帳』によれば文明五年（一四七三）相阿弥創建。合点が附せられているので、破却されたようである。

⑩光林寺（廃寺）

下野国那須郡馬頭村（栃木県那須郡那珂川町馬頭一〇二番地一号）。光圀の偏諱を忌んだのか香林寺とも。『本末帳』所載。もと大山田村藤沢（同町健武）にあった。那珂川沿いに水戸藩領に帰属、そのためか①神応寺過去帳に享保十五年（一七三〇）寂の六世相阿石獅が同寺に埋葬されたとある。墓石から三世相阿弥陀仏、天和二年（一六八二）寂の四世覚阿和尚、享保十三年（一七二八）寂の五世覚阿和尚、寛政四年（一七九二）寂の五《（マヽ）》世東陽院但阿玄察和尚、文久元年（一八六一）寂の二十三世等覚庵相阿有山和尚、二十四世万生軒設阿得門大徳を確認。『藤澤山過去帳』に明和四年（一七六七）歿の光林寺「旦方生天目武助妻」衆一貞薫信女、寛政四年（一七九二）寂の香林寺十五世東陽院但阿玄察の名がある。この玄察は墓石より十代加算され、かつ墓石で五世覚阿と重複するなど代数が意図的に改変されている。[21]『下野神社沿革誌』巻之八の無格社別雷皇大神の項に当寺の縁起がみえる。それによれば呑海が遊行のみぎりに正和元年（一三一二）武茂の勝地を選び藤沢の地名を附して香林寺を建立。境内に上賀茂大神と熊野大神を併せ別雷大神として勧請し、代々別当を務む。

元禄年間（一六八八～一七〇四）光圀の命で寺社ともども馬頭村根古屋に移る。二十五世相阿賢通のとき、一八六九年藩命で廃せられる。寺はそのまま別雷神社となる。除地は社領に転換された。特旨をもって賢通が還俗して神官西山真之丞となる。一八七二年社領返上ならびに神官廃止により帰農して真太郎と称す。境内に其阿上人の詠む「加茂川の清きなかれの水上を東の人も汲て仰けや」の碑がある、と。現在当地に遺る伝承で補うと、[22]相模国藤沢に土着した公卿岩倉家の出身である岩倉利雄が一〇余歳で遊行五十代快適《〔存〕》の弟子として本山で修行ののち当寺三世急《〔慈〕》照軒相阿利雄となり、元和二年（一六一六）山名光台寺（群馬県高崎市、時宗）から煙草上州館葉の種子をもち帰り、寺内の字寺中で栽培を始め、「寺中煙草」とよばれた。天保十四年（一八四三）神仏分離により別雷大神の別当をやめたが、文久元年（一八六一）と元治元年（一八六四）には二十五世相阿賢通が社殿改築の勧進をしている。一八六九年藩命により廃寺になり、寄寺となった真言宗智山派馬頭院（那珂川町馬頭）には旧本尊阿弥陀如来と苗をもち帰る際に入れた頭陀袋を提げた木造相阿立像がある。

一九四九年相阿を合祀した別雷神社は煙草神社として親しまれ、寺当時の四脚門と、社殿正面に藤沢三十三世（諦如。師僧は相阿利雄ゆかりの快存）筆という「藤慶山」の扁額が遺る。境内に「煙草創栽碑」と、健武の旧寺地に「相阿和尚煙草創栽地」碑が建つ。今なお煙草は特産品である。別雷神社の奉斎については、熊野権現の合祀はその神勅が開宗にまつわり、別雷大神は神応寺での関与に対応すると思われる。

右の伝承を総合すると大きく二点で事実が錯綜している。一点は開創の時期である。渡邊龍瑞氏は『下野國誌』所引武茂系図より宇部宮景綱三男で一三世紀末前後に武茂を領した武茂泰宗の項に法名蓮阿と註せられている点から、泰宗が香林寺の開創に関わるものとみなしている。[23]ただ同書によれば子の時景は蓮阿のために曹洞宗寺院を建立している。『開基帳』の天正十七年（一五八九）亥阿開山の記事は、そのほぼ同時代史料という性格から疑いの余地は少ない。武茂氏はやがて佐竹麾下となるが永禄四年（一五六一）常陸国大賀へ移封となり代わって太田景資が入る。これに関連する造寺であろう。但阿玄察のときの代数加算に際して開創伝承が造作されたのであろうか。

もう一点、利雄の師僧が当国安蘇郡佐野の産である快存なのは自然なことで、慈照軒の号は『塩尻』（『日本随筆大成』新装版第三期第13巻）巻之九によれば遊行四十二代他阿尊任時に時衆の序列である四院二庵五軒十室が整備されたといい、『藤澤山過去帳』などの史料上はさらに下る一八世紀最末期の四十四代他阿尊通、四十五代尊遵、藤沢二十世信碩当時に確立されたと思われるので、[24]やはり快存の時期に適うのだが、三世相阿とするのは何らかの錯誤であろう。『煙草諸國名産』（『日本農書全集』第四十五巻）には下野・常陸の項に「大山田村（中略）香林寺境内より名葉出（中略）惣名を大山田といふ」とあり[25]『下野國誌』十二之巻に国内の特産として「大山田蔫草《たばこ》」が挙げられる。

⑪常念寺（廃寺）

常陸国那珂郡額田村（茨城県那珂市額田南郷三七五番地附近）。『末寺帳』『本末帳』『新編常陸國誌』所載。秋田竜泉寺蔵・天正十五年（一五八七）八月九日付・常念寺覚阿弥陀仏充普光書状（『茨城県史料』中世編Ⅴ。なぜ常念寺充のものが竜泉寺に伝世するのかは不明）には「差合之袈裟幷半疊所令免許候也」、文禄三年（一五九四）六月五日付・龍泉寺僧阿弥陀仏充普光書状には「龍泉寺之道具如常念寺」（『同』）とあって高い寺格を保持していたことがわかる。『藤澤山過去帳』に元和六年（一六二〇）寂の十七世覚阿弥陀仏、正保三年（一六四六）寂の十八世覚阿弥陀仏（②浄光寺過去帳載録）、寛政三年（一七九一）寂の宣阿亮道比丘、寛政七年（一七九五）寂の三十世贈東陽院旭瑞。浄光寺過去帳に正保三年（一六四六）寂の覺阿（代数なし）、万治二年（一六五九）寂の十九世覺阿がみえる。墓石から元禄十四年（一七〇一）寂の慈照軒但阿南通和尚（浄光寺過去帳載録）、享保九年（一七二四）寂の二十三世興徳院覚阿源教和尚、寛保二年（一七四二）寂の二十四世興徳院覚阿秀範和尚、前出の三十世贈東陽院但阿旭瑞和尚、文化二年（一八〇五）寂の三十二世贈常住庵相阿遵道、元和十年（一六二四）寂の十七世弟子覚阿弥陀仏が判明。⑫光明寺過去帳に中興三～七、十～十二、十七～二十四、二十七、二十九～三十、三十二世が載る。その中で七世は応永三年（一三九六）、十九世は万治二年（一六五九）、二十三世は享保九年（一七二四）、二十四世は寛保二年（一七四二）、三十世は寛政七年（一七九五）寂とあって目安となろう。『寺院牒』に「塔頭一軒」と載る。『水戸領四郡撞鐘等員數書』には撞鐘一がみえる。[26]天保十四年（一八四三）浄光寺に寄寺（『廢寺帳』）。明治初頭に廃寺。[27]古老によれば元治甲子の乱で焼けたという。本尊阿弥陀如来座像は浄光寺本堂にあり、上述の⑦西福寺ともども②浄光寺が管理し、同寺での施餓鬼は三寺合同の形式をとる。墓地が真宗大谷派阿弥陀寺北隣に残る。現檀家三五軒。

⑫光明寺[28]

常陸国那珂郡湊村（ひたちなか市泉六番地二五号）。『末寺帳』『本末帳』にみえる。寺伝では延文元年（一三五六）遊行九代白木により真言宗より改宗して部田野《へたの》に開創。相阿弥陀仏の帰依で応永三年（一三九六）湊山ノ上地蔵町の東台山普賢寺（宗旨未詳）に移り合寺した。『開基帳』は年代等に異同はないが、改宗・合寺の件は曖昧に書かれている。江戸通勝より寺領の寄進を受けた。立地から港湾での結縁を図る中世的要素が窺知される。水戸徳川家初代頼房の命で明暦三年（一六五七）現在地に移転。現在四十一世宍戸荘一氏はこの移転を頼房の浜御殿築造によるものと推測する。塔頭に円寿院、海徳院、長泉院があった。『邑秘録』に「此長泉院寛文六午相州本寺光明寺受取ニ而相済□□ハ本寺へ引取申候内ニ在之候」との記事があり、同年（一六六六）は光圀による領内の寺院処分が開始された年である。『寺院牒』に「塔頭二軒」とみえる。元治甲子の乱では当地域は主戦場であった。その戦災で焼けたといい、檀家が本尊を隠匿して害を逃れたという。①神応寺過去帳に元治元年（一八六四）歿の玉泡嬰女は「湊光明寺旦中」として註に「湊兵乱ノ際（中略）当寺墓所へ埋葬ス」、消夢嬰女の註に「湊兵乱ニ付寺院不残焼失故隣寺ニ付当人出願ニテ法号遺ス」とある。同過去帳には同年・翌年と湊の人が一四名みえ、うち一一人は童子・嬰女号である。

⑬地福寺（廃寺）

常陸国行方郡板久《いたく》村（潮来市潮来）。『開基帳』の当寺に合点が附せられているので、破却されたようである。史料は『開基帳』のみ。比丘尼寺で前々より無縁地とある。時衆は女人往生に積極的であった。遊行七代他阿託何は暦応二年（一三三九）『條條行儀法則』（『定本時宗宗典』上巻）第一で女性の法名に一号・仏号を附するのは一仏乗によることを明らかにしている。有髪の比丘尼は尼衆と異なり、絵解きや語り物などで民衆を勧進・教化した。[29]巫女が現世での救済に応じたのに対し、比丘尼は来世をも託しうる存在であった。[30]本寺神向寺（鹿嶋市大字神向寺）は鹿島神宮の鬼門に因む命名で、神宮の祭事に住侶が出仕するなど神宮寺なみに関与していたという。当寺は鹿島信仰と庶民とを結ぶ、すぐれて中世らしい役割りをはたしていたと推定され[31]、葬祭寺院でないので経営は不安定で、近世に入って廃絶したのであろう。

第三節　常陸の時衆寺院の歴史的意義――中世前期――

同時代史料として高い信憑性を有する『開基帳』は一般に流布しなかったため、所載の縁起と現地での寺伝との齟齬から、前者の成立以降に寺側で年代を遡及させるといった造作・誤伝された内容を抽出し伝承形成の過程を検証できる。藤沢派全般の傾向として初代一遍や二代他阿真教に開山を仮託する例が多いが、常陸に関しては『一遍聖絵』第五第四段に悪党の中風を治癒させたことと溝から銭五〇貫を拾うという、ともに奇瑞譚のみで、具体的な地名・人名はない。真教の事績も史料から窺えない。常陸の時衆史を特徴づけているのは呑海といえる。

遊行四代他阿呑海（一二六五～一三三七）は常陸での足跡が目だつ。当麻時衆に席捲された武蔵・下総を牽制し、その北進の喉許にある陸奥国会津東明寺（福島県会津若松市、当麻東明寺派本寺）を扼する目的もあったと考えられる。常北を本貫とする源姓の古族佐竹氏は、姻戚二階堂氏の影響や鎌倉大町に居を構えたこともあり新文化導入に積極的であったのであろう。[32]太田浄光寺から指呼の間の距離に浄土宗鎮西義白旗派法然寺がある。延元元年（一三三六）同派五祖蓮勝永慶の開山になる寺で、かつて武蔵国芝増上寺の本寺であった瓜連常福寺を開いた六祖成阿了実や白旗派中興とされる七祖了誉聖冏を輩出した。浄光寺は中世関東の藤沢時衆の北限であり、佐竹義重が帰依した法然寺から佐竹義敦が帰依した常福寺を結ぶ線は白旗派の北限で（同じ鎮西義の藤田派や名越派への対抗ヵ）、常陸の北部から化益して南下する勧進の形態が一致する。

真宗においては宗祖親鸞が二〇年余にわたり活動を展開した常陸に面授の門弟の「廿四輩」寺院が広がる。やはり北限というべき大山草庵（東茨城郡城里町）を拠点に多数の門侶が結集していた（⑪額田常念寺跡に隣接する真宗大谷派阿弥陀寺蔵・建保四年〔一二一六〕ヵ『太祖聖人面授口決交名記』）。うち鹿島門徒（鉾田市）順信は鹿島神宮大宮司片岡氏の出身と称し、その立場から鹿島信仰を自派によびこむ役割を担っていたと考えられ、下総国横曽根門徒（水海道市）性信も鹿島神宮祀官大中臣氏を出自として熊野権現の神託による親鸞への入門説話や飯沼天神に因む「鯉魚規式」の祭事、このほか複数の寺院に鹿島神宮の化身などの口伝が遺り、のちに神祇不拝を宗義としつつ時衆の神仏習合を彷彿させる。鬼人済度（常陸太田市）、亡霊済度（鉾田市）伝説もあり[33]、筑波山での餓鬼済度は存覚の文和元年（一三五二）『親鸞聖人正明傳』（『眞宗全書』第六十七巻）にも載る。かれらもまた佐竹、江戸、小野崎、宍戸、多賀谷氏ら時衆にも保護を加えた在地武士の帰依を基盤としていた。こうした浄土宗鎮西派、真宗の様態をみていくと時衆に共通する基底をもつことが浮き彫りとなろう。生産性の低さゆえに先鋭な階級対立の少ない東国の農村部においては在地領主層に支持されることと、宮座に代表される共同体に神仏習合などの手法で接近していくこととを両立させ教化していくことに有効性があったのであろう。「奥郡」（常陸国北部）の呼称を傍証に、政治・文化の中心地鎌倉に対する控えの地としての位置づけを常陸に与える所説もある[34]。

このようにみてみると相模を本貫とする有阿恵永のちの他阿呑海は、正安三年（一三〇一）京都に七条道場金光寺（京都市下京区、廃寺）を開いて以来、石見国益田安福寺（島根県益田市〔万福寺〕）の開創などおもに西国を中心に活動してきたが、元応二年（一三二〇）相模国当麻の遊行三代他阿智得の死により自らを正統なる遊行四代として智得の法嗣他阿（内阿）真光と対立した。そのため常陸を化益することは前述のように当麻時衆の中継を断ち、のち正中二年（一三二五）鎌倉の境界藤沢に清浄光院（寺）を創建するまで、鎌倉への抑えとして常陸を固めることに意味があったのではなかろうか。正中元年には下野国稲毛田来迎寺（栃木県芳賀郡芳賀町）、②太田浄光寺をはじめ、正中年中（一三二四〜二六）北条無量院（茨城県つくば市）、年代不詳なものの金林寺、満願寺、安楽寺（以上三箇寺、同県下妻市）を開くと伝えられるなど、清浄光院造立直前に北関東を精力的に廻国していたさまがしのばれるのである。[35]『呑海上人御法語』（『定本時宗宗典』上巻）では、文保三年（一三一九）ころ当麻の他阿真光が「廻心」（改心）し一年間近江国に遊行に出、結局破談となったとされる。その最中の浄光寺開山となる。[36]

第四節　戦国大名と時衆——中世後期——

時衆は多元的・重層的である。都市を中心に繁衍し、農村では在地武士による寺院建立が多い。一向専修・現世往生の教理が、貴賤問わず認容され、武家からはいわゆる陣僧など、供養（『太平記』）、唱導（『大塔物語』）、製薬、[37]諜報、戦闘など種々の職能が重用された。阿（弥陀仏）号、阿弥号を法名とすることは現世において成仏した活仏の証であり、仏神の「取り子」なのであった。[38]一義的には仏神と人間をつなぐ代官であり、二義的には阿弥陀仏そのものでもあった。現世での神仏との交感のための連歌・立花ほか、文芸や禅の要素をはらみ、「一聲稱念罪皆除」（『般舟讃』）や一向専修など、直截な絶対他力の現当二世を問わない決定往生の教理が本来不殺生戒に抵触する武士に合い、陣僧が歓迎された。[39]『七條文書』（『定本時宗宗典』上巻）応永六年（一三九九）十一月廿五日付・他阿自空書状に

「軍陣において檀那の武具をとりつぐ事、時としてあるべき也、それもよろいかぶとのたぐひはくるしからず（中略）弓箭兵拉のたぐひをば、時衆の手にとるべからず」（濁点・読点筆者）とあるように[40]、攻撃はしないが防禦（の手伝い）はするという生命の危険をも顧みないぎりぎりの状態に身をさらす専門家であった。

さらに時衆が重視した戒律はある意味すぐれて封建的で、武士に親近感を覚えさせたはずである[41]。真教以後に発達する知識帰命の論理もその類型といえる[42]。これは、時衆が各地を遊行して統制がとりにくかったことや「不二」を掲げる本覚門思想が現状に肯定的であったこと、結縁を第一義として教義の衒学的な思惟を忌避したための頽廃しがちな傾向に対し、現前知識＝遊行上人に求心力の根源をおく一種の方便であったと考えられる。時衆のいる道場はアジールとして機能した。さらに時衆から派生した同朋衆（いわゆる阿弥衆）は、貴顕から重宝がられる存在となった。

遊行・藤沢上人が武家から帰依された象徴的な事例は、鎌倉公方（特に持氏）との関係である。毎年正月十八日に藤沢上人が御所に出仕していたほか[43]、使僧として活躍した私信が遺されている[44]。室町幕府でも、僧侶の中では最末ながら『長祿二年以來申次記』（『群書類従』第二十二輯）によれば、正月二十日（ないし十六日）に「四條上人」、同二十三日に「七條之聖」が参賀に訪れるのが恒例とされていた[45]。足利将軍家より遊行上人に下附された御教書は近世の伝馬朱印状の起源をなしていた[46]。

やがて戦国期になると時衆と戦国大名が密接な関係を構築していく場合が出てくる。

戦国期時衆研究に関し、古田憲司・吉田政博両氏のほかは[47]、全般に少ない。大橋俊雄氏が指摘したように、室町期から戦国期にかけ教勢が凋落することにも由来しよう[48]。永正十年（一五一三）、後北条氏と三浦氏の合戦により清浄光寺が焼亡。以後、本山が諸国を転々としたことがこの時代の藤沢時衆を特徴づける。これによって「藤沢道場」の呼称が、藤沢上人のいる寺をさす普通名詞となる。室町から江戸初期にかけ、遊行・藤沢上人をはじめとする時衆が各地で連歌会を開催していて自治体史史料編などでの史料発掘が可能である。

時衆を受け入れた側の史料としては『上井覚兼日記』があり、時衆側からは遊行上人の日記である『遊行二十四祖御修行記』『遊行三十一祖京畿御修行記』（ともに『定本時宗宗典』下巻）の有用性を指摘しておきたい。また『時衆過去帳』『藤澤山過去帳』とともに、甲斐国武田一族の外護のあった一蓮寺の『一蓮寺過去帳』（『藤沢市史紀要』第16号・『山梨県史』資料編6中世3上［県内記録］）は、帰依者の階層がわかる貴重な交名となっている。

近世に入ると、伝馬朱印状（朱印人馬）により官製の遊行廻国が行われ、一定の社会的影響と寺院数とを保持していた。諸国で末寺の再生産がなされて凋落現象はなかった。むしろ現状のような小宗派となったのは、他宗派同様、廃仏毀釈による影響もまた、大きいと考えられる。とはいえ、室町期から戦国期にかけ、時衆のみならず、仏教界全般に地殻変動があったことは確かである。筆者は時衆の変容と、この地殻変動との間に、一定の連関性をみいだしている。ゆえに考察されるべきは、中世前期から後期にかけての質的変容にある。これより、中世社会、特に権力者の時衆に対する信仰・利用の変化をたどっていきたい。このことは仏教界の変化の背景を解明する一助となるはずである。

連歌には北野天満宮蔵『連歌十徳』（猪苗代兼載筆ヵ）として次の効用が挙げられている。「一者不行至仏位」「二者不詣叶神慮」「八者不捨遁浮世」「十者不貴交高位」。近世初頭にいたると歓喜光寺蔵『連歌廿五徳』のように功徳がより増大して唱えられる。(49) 歌の力について、『一遍聖絵』第九第三段、弘安十年（一二八七）春、播磨国書写山で一遍が「四句の偈と一首の歌」を詠むことで本尊拝礼を許された逸話があるあるほどである。武家の側でも『伊勢守心得書』（『大日本古記録』第五・上井覺兼日記「下」）にて連歌をたしなむべきことが説かれている。時衆が連歌をどうみていたかは『禪時論』（『定本時宗宗典』下巻）という禅僧と時衆の問答があり、時衆は「連歌は百韻を構へ、曾て佛法に隔たらぬ。其故は（中略）神明の受納に預ること疑なし」と主張している。とはいえ、頻繁に開催された連歌会が、仏神との交感から、やがて時衆との情報交換・懇親の場へと変化していくのも事実である。(50)

中世前期に時衆に帰依していた代表例として、薩摩国島津氏がある。初代忠久から五代までが時衆五道院（五道とは島津歴代五人の法名に「道」の字を含むことをさす）本立寺を菩提所とした。同じく島津氏が帰依した浄光明寺は『三國名勝圖會』によると一遍以前の時衆を宣言していた。ほかに鎌倉期には宇都宮、武田、千葉、佐介、大仏氏ほか有力武家の保護を受け、各地に道場も建立された。やがて戦国期には、白河、山形、宇都宮、山口など城郭に占地する寺院の登場も特徴である。城郭の一部を構成する時衆道場がきわめて多い。岩手県久慈市・久慈慈光寺と久慈城、花巻市・根子常楽寺と根子館、福島県二本松市・二本松称念寺と二本松城、白河市・白河小峰寺と白河城、いわき市・岩城城西寺と磐城平城、山形県天童市・天童仏向寺と二階堂屋敷、山形市・山形光明寺と山形城、東置賜郡川西町・中小松佛成寺と小松城、茨城県常陸太田市・太田浄光寺と常陸太田城、笠間市・宍戸新善光寺と宍戸城(51)、筑西市・海老ケ島新善光寺と海老ケ島城、西茨城郡茨城町・小堤光明寺と小堤館、行方市・玉造永幸寺と玉造城、那珂市・瓜連西福寺と瓜連城、那珂市・額田常念寺と額田城、古河市十念寺と鴻巣御所、栃木県宇都宮市・宇都宮一向寺と宇都宮城、真岡市・樋口光見寺と久下田城、群馬県太田市・岩松青蓮寺と岩松館、安中市・長徳寺と安中城、高崎市・浜川来迎寺と浜川館、埼玉県比企郡嵐山町・大蔵向徳寺と菅谷館、川越市・河越常楽寺と河越館、新潟県柏崎市・佐橋専称寺と北条城、山梨県甲府市・一条一蓮寺と武田氏館、福井県坂井市・長崎称念寺と長崎城、山口県周南市・富田勝栄寺[52]などである。本章でとりあげた地域をはじめ、東国が多い[53]。

延徳三年（一四九一）五月廿六日付の上杉房定が十日町来迎寺（新潟県十日町市）住持職のことで代理人に打渡す長尾能景書状がある[54]。また吉田西念寺（山梨県富士吉田市）には中世文書群が遺されている[55]。甲斐国郡内地方で武田氏に対して半独立を保った小山田信茂は、元亀元年（一五七〇）十月十三日付で三通の朱印状を寺に発給し、二通は寺中に対する置文になっている。特に「西念寺々僧衆番帳」は三番まで一箇月ごと塔頭・客僚の勤番を定めたもので、遊行・藤沢上人の進止権を侵害しかねない史料である。戦国期の支配者が、寺院再興を足がかりに、教団内部の原理までも統制していく過程がみてとれる。藤沢時衆における道場とはあくまで遊行上人の居所であり、藤沢道場の分身なのであるが[56]、時衆教団はこうした支配者からの容喙には寛容であった。

『開基帳』から時宗全般に敷衍できるのは、念仏弘通という普遍の動機よりも土地の支配者の安心《あんじん》のために外護を受けて創建されるのが多い点で、なるほど円滑な遊行と勧進には土地の豪族の協力をうるのが最善である。戦国大名傍流・有力国人級出身の遊行上人も少なくない。『遊行・藤沢両上人御歴代系譜』（『庶民信仰の源流』）によると、遊行十七代他阿暉幽は陸奥国二本松畠山、二十一代他阿知蓮は上野国新田、二十二代他阿意楽は近江国上坂（京極被官）、二十三代他阿称愚は山城国富樫（加賀国守護家一門カ）、二十六代他阿空達は信濃国島津、二十七代他阿真寂は越後国石川（上杉被官）、十日町来迎寺（新潟県十日町市）蔵『時宗血脈相続之次第』（『時宗の成立と展開』）にはほかに二十五代他阿仏天は陸奥国二本松畠山、三十三代他阿満悟は（元）越後国直江とある。これは藤沢派にとどまらなかった。競合関係にあった当麻派についても、無量光寺蔵（相模原市立博物館寄託）・嘉永五年（一八五二）『一遍上人嫡流遊行正統系譜録』によれば、康永元年（一三四二）歿の七代他阿真空は「二階堂遠江守爲憲ノ苗裔ニシテ後醍醐帝北面ノ士左衞門ノ尉宗尹ノ息」、二十一代他阿源法は「北畠之氏族也」、大永六年（一五二六）八二歳で歿した二十五代他阿一聲は「新田義宗公七代之嫡孫也」、享禄三年（一五三〇）六二歳で歿した二六代他阿智明は「上杉某之息也」、天文十八年（一五四九）五〇歳で歿した二十七代他阿智光は「裏松少将重實郷（卿）之息也」、天文二十年（一五五一）五八歳で歿した二十八代他阿良元（浄土宗鎮西派・三河国岡崎大樹寺より登位）は「三州源氏世良田某之子也源七信勝公之伯父ナリ」、永禄四年（一五六一）八三歳で歿した二十九代他阿稱故（会津東明寺より登位）は「二階堂弾正少弼行顯之子」、天正十三年（一五八五）八四歳で歿した三十代他阿觀應（駿府一華堂より登位）は「駿州今川氏之息也」と記されている。また『一向上人相承血脈譜』によると一向派は、天文十年（一五四一）二月十五日歿の番場蓮華寺二十代聖人同阿が「駿河国今川子孫」で[57]二十一代聖人同阿は「加州冨樫氏嫡子」であった。京都四条派の金蓮寺蔵『四条道場金蓮寺歴代世譜』（『一遍と時衆教団』）によると、慶長十四年（一六〇九）五月廿四日歿の二十四代浄阿上人も「奥州二本松殿子息」であった。こうした癒着は、反面その権力者の凋落と軌を一にすることとなり、常陸でも近世に各々寺領が軒なみ減少ないし消滅することとなる。

一方で、戦国大名も時衆と接近し懇意の関係を構築することには意味を感じていた。中世前・後期に共通するのは、時衆を外護した勢力が、奥羽および九州に多い点である。また室町・戦国期になると、従前時衆を菩提宗とした大名家が他宗に転ずる。しかし信仰面で訣別しても、遊行上人との友誼関係は散見する。それは誉田慶信氏が中世後期の出羽が「臨済・時衆・真言宗体制」にあったと命名した類例から[58]、京都扶持衆の存在や都鄙往来の有効媒体と認められたためと考えられる。二本松畠山や佐竹を出自とする遊行上人も出現する。ただし武士の時衆帰依と、武士と遊行上人との友誼関係は位相が異なるから、分けて論ずべしとの提言は正しい[59]。すなわち師檀・菩提寺関係から、文化サロン仲間への変化である。さりとて〝信仰心に基づく帰依〟と〝単なる外護〟との境界は悩ましいところである[60]。

戦国大名権力は、天皇権威を頂点とする、非領主的側面としての権門体制・儀礼秩序の再編者であり、決して軽視・破壊しようとするものではなかったことは註記しておきたい[61]。さまざまな宗派に保護を加えることはその土地の支配者にとっていわば保険でもあり、下総国千葉氏における使い分けについては本書第一部第二章でふれた。

次に羽州探題最上斯波家をみてみよう[62]。初代兼頼は藤沢時衆の山形光明寺で剃髪し光明寺殿となり、二代あとからは代々臨済宗・曹洞宗寺院を菩提寺とする。娘駒姫を弔う真宗（のち大谷派）寺院を建立した十一代義光も曹洞宗であった。一族天童氏も初代頼直はのちの時宗一向派向国寺である。駿河国守護今川家をみてみよう[63]。初代範国が曹洞宗定光寺（静岡県磐田市）、二代範氏が真言宗泉涌寺派慶寿寺（島田市）、三代泰範が臨済宗妙心寺派長慶寺（藤枝市）、四代範政が臨済宗妙心寺派今林寺（静岡市葵区）、五代範忠が宝処寺（廃寺）、六代義忠が長保寺（廃寺）、七代氏親が曹洞宗増善寺（静岡市葵区）、八代氏輝が臨済宗妙心寺派臨済寺（静岡市葵区）、九代義元が臨済宗妙心寺派天沢寺（静岡市葵区）となっている。あくまで将軍や守護など最上級の武家の事例となるが、寺号から法名をとり、菩提寺は当主ごとという形態をとっている。鎌倉期には氏寺から家ごとの菩提寺に分化する過程がみられる[64]。戦国大名の菩提寺に禅宗がきわめて多いのは、精神鍛錬と茶の湯、子弟教育、政治・外交僧などの性格をかね備えていたからであろう[65]。

北に伊達、南に後北条から挟撃され苦しい立場にあった常陸の佐竹氏は、天正十八年（一五九〇）小田原の豊臣秀吉の許へ参陣しその権威を楯に水戸江戸氏、府中大掾氏を攻略、いわゆる三十三館主を誘殺して常陸を統一した。永幸寺、小堤光明寺はこの時檀越を失う。『水府志料』附録に旦那数が神応寺三四七、広徳寺八八、小堤光明寺四三、永幸寺三〇、光林寺三五、湊光明寺三二〇、常念寺四六、西福寺七三、浄光寺一五三、遍照寺八五とあるのは各寺史と照らし合わせると興味深い。佐竹支族で小野平城主小野義高の三男、遊行三十二代他阿普光（一五四三〜一六二六）は天正十七年（一五八九）に藤沢上人となったものの藤沢清浄光寺が永正十年（一五一三）後北条氏と三浦氏との合戦で類焼して以来、当麻時衆を保護する後北条氏との相剋から伽藍復興が許されず（遊行二十九代他阿体光のとき永禄元年〔一五五八〕北条氏康は千貫文で買いあげもくろむ。ほかに同三十一代他阿同念のときにも機会を窺っている。『藤沢市史』第四巻）、本宗家の佐竹義宣を頼って水戸の地に恒久の本山藤沢道場を設けた。これは反後北条の見地で佐竹側にも意義があった(66)。普光が浄光寺をへて水戸藤沢道場を開創したことを、浄光寺から藤沢道場清浄光寺を創始した中興の祖、遊行四代他阿呑海に擬したふしがある。清浄光寺には甲府一蓮寺十七世法阿転真（天順）が再建して入ったため藤沢派は二元化していたが、慶長九年（一六〇四）の転真死歿により普光が藤沢の地に戻り収拾された。

大檀越佐竹氏は関ヶ原の戦にて石田三成に通じたため慶長七年（一六〇二）秋田に減・移封されたが、普光はただちに佐竹家臣前沢筑後の弟其阿正伝を住持として水戸常磐にあった龍泉寺を秋田に移転させ（秋田市旭北《きょくほく》寺町。なお水戸では常磐、秋田では常盤と書く）、同時に甥其阿義山も秋田に遣わして声体寺（同市保土野鉄砲町）を建立する一方、神応寺二世が佐竹氏の縁戚蘆名氏ゆかりの会津西光寺から入っているように（前掲『藤澤山神應寺開基普光上人系圖』）、佐竹系の人脈は健在であった(67)。

佐竹氏と時衆との関係はその一族にもおよんだ。大須賀筑軒著『雑纂磐城史料』（元本は鍋田三善『磐城（岩城）志案録』の抄本）「城西寺来由」によると、一遍が弘安三年（一二八〇）磐城に来たとき磐城某が出家し弥阿弥陀仏となり建立、一遍を開基とし自らは二世となったという城西寺（廃寺）と、佐竹氏を外戚とする陸奥国磐城の岩城氏は関係があったとみられる。曹洞宗龍門寺二十六世固山禅師著『捃拾雑記』によれば、母が佐竹氏の出である岩城常隆が天正十八年（一五九〇）急死するが妾が懐胎しており、このまま俗人では問題ありとして若年のうち「藤沢ノ道場」（水戸藤沢道場（のちの神応寺）カ）へ遣わし剃髪し「リウトウ」と名のらせたという（のち還俗し隆道《たかみち》（リウトウ）。さらに政隆として仙台へ行き伊達家臣となる）。民間信仰でも水戸と関係があり、福島県いわき市各地で雨乞いの際には水戸雷神から竹筒で水をもらい、地域にある雷神や雷神供養塔に供えるしきたりが戦前まで存在し（水が一箇所にとどまると雨降りが効果覿面のため帰路の鉄道で水を捧げもつ係の者は、車内を行ったり来たりしたという）、例えば同市永崎では、一八六九年生まれの人からの聞きとりによれば、明治時代もらいに行ったものだと伝える（以上、佐藤孝徳氏の教示）。

佐竹氏に厚遇され密着してきた普光は、上杉氏重臣の直江家出身の遊行上人満悟ともども幕府相手に窮地に陥り、厳しい宗門運営を余儀なくされる。常陸を鎮撫する意味で順次入った徳川家康の庶子三人の施政にも微妙な影響を与えたはずである。秋田竜泉寺蔵・年未詳二月十日付・佐竹義重充普光書状（『茨城県史料』中世編Ｖ）に、秋田転封後「其國此下末寺等數多退轉候」、追而書に「返々御國替之後藤澤之儀も寺領笑止千萬歎ケ敷沾候」などと衰微のさまが窺える。時宗とは対照に真宗は門徒を充分確保したために寺領に左右されない経営ができたといえ、[68]寺領を失った浄光寺、神応寺も例外的に幅広い層の檀家をもち、特に神応寺は鎮守の雷神信仰を糧に法灯を伝えていった。

織豊政権期をへて江戸時代に入るころ、時宗が大いに教勢を減少する背景について、かつては「佐竹騒動」によるものとされてきた。これは史実としての久保田藩のお家騒動ではなく、関ケ原の戦後処理による久保田移封を怨み清浄光寺に隠れた佐竹残党が、寺がみおろす東海道で徳川家光（あるいは家康）暗殺を図り未遂に終わる事件を起こし、責を一人でかぶった衆領軒が大銀杏の木の下で自害し、末寺も追及を逃れるために続々と転宗していったという俗説である。寺内で下位にあった衆領軒（六寮）はその功で藤沢上人会下の筆頭に位置するようになったという（実際には早くから六寮は『時衆過去帳』で上位である）。今、宗務長を衆領軒という。その後橘俊道氏がこの伝説はなんら歴史的根拠がない荒唐無稽のものであると指摘し[69]、現在ではまったく問題にされなくなった。しかし実際には完全な創作ではなく、なんらかの史実を反映したものであるとみるべきであることがわかる。

その史実とは「車（丹波）一揆」である。『石川正西聞見集』（『埼玉県史料集』第一集）などによると、岩城氏一族で、佐竹や直江に属した猛将ながら浪人となっていた車丹波守斯忠が、佐竹家の久保田転封を不満とし、一族とともに慶長七年（一六〇二）徳川方が入った水戸城を攻撃したのち斬首された事件である[70]。驚くべきことに一説には丹波は神応寺に隠れていたという[71]。とすれば、水戸藤沢道場神応寺での話が藤沢道場清浄光寺での話に転訛し尾鰭がついたのではないか。ときの三十二代普光は佐竹、三十三代満悟は直江を出自とし、ともに丹波のもと主家筋であったから、時衆寺院を頼ることはまったく自然である。ちなみに、佐竹義宣家老車丹波守が家康に磔とされたため、その子（または弟）が家康の命を狙うも捕らえられ、助命されて江戸の非人頭車善七の祖となったという伝承がある[72]。ここに時衆は登場しないものの、こうした説が流布することに、時衆と被差別民とアジールとの関係がみてとれる。

慶長八年（一六〇三）四月二十八日、「この日藤澤の清淨光寺（・）遊行伏見に參り拜謁す。夜中地震して後また天地震動すること甚し。（家譜、西洞院記、當代記、慶長見聞書）」（中黒筆者）と『德川實紀』（『新訂增補國史大系』第三十八巻［德川實紀第一篇］）「東照宮御實紀」巻五にある。どういう人脈があったかはわからないが、この二人が伺候して家康に挨拶することで、慶長十八年（一六一三）の伝馬朱印状発給につながることはまちがいない。

中世前期と後期、あるいは近世へ推移していくにしたがい、社会からみた時衆の存在意義が低下していく。前期における時衆の隆盛から、後期における凋落への過程は時衆研究最大の命題といえる。諸末寺帳を比較・検討すると、顕著に近世までに寺院数が激減しているのである[73]。それと同じくして籤、集会《え》、一味神水などにおける中世独特な仏神観念[74]が消えていくことがある。とはいえ完全に消滅するわけではない。例えば戦国大名は寺社を略奪・破壊する一方、手厚く保護をする。神意を主体的に取捨し、相対化していく[75]。霊場を城郭にとりこむことも行われていた[76]。

時衆衰退を蓮如による教線奪取でかたづけてよいものか。では、前期から後期にかけての時衆受容の変転の背景は何にあろうか。主因としては、笹本正治氏の示唆する科学技術の発達による自然環境克服にともなう自然観の変容があろうか[77]。阿弥号の地位の低下に顕著なように、差別意識の生起もあろう。洛内では踊り念仏ももはや、見世物にすぎなかった（『日次紀事』（『新修京都叢書』第四巻））。時衆の本質とは〝権力による民衆（慰撫）のための宗派〟であり、その利用価値が減損したことにあろう。また民衆と時衆との関係は、支配者と時衆との関係とは異なる。時衆に神聖性が認められていた陣僧もやがて宗派を問わなくなり、単なる課役の一つとなっていく[78]。一向一揆に際しては、真宗高田門徒らと同様に反一揆側に属していたものと考えられる[79]。時衆は明確に反民衆の側にたったのである。近世には時宗を菩提宗とする大名家は絶無となる（辻善之助『日本佛教史』近世篇之三、一〇〇～一〇七ページ）。

薩摩国島津氏、肥後国相良氏による「念仏」禁制と時衆保護という矛盾もまた、時衆のもつ〝権力による民衆（慰撫）のための宗派〟という性格を表している。『天文日記』天文九年（一五四〇）五月十八日条で、佐竹氏が日蓮宗徒と一向宗東野上宮寺の対立で上宮寺を一時弾圧したのは諸国の禁制の影響かとみられる[80]。

なおそれと対比すべきものとして、後北条氏による一向宗禁制がある[81]。近年は必ずしも禁教とはいえないとする説が出ているが[82]、圧力があったことは否定されていない。後北条氏によって、永正十年（一五一三）の清浄光寺焼失以後、時衆側からのたびたびの再建申請を阻却する一方で[83]、当麻無量光寺がある程度保護されていることは、一向宗禁制（圧力）と同じ文脈でみてよいのではあるまいか。戦国大名による一向宗禁制のうち、越後国守護代長尾氏によるものは国外勢力との結合を警戒したもので、南九州では交通や情報の規制という目的があった[84]。時衆に対する厚遇と忌避という相反する対応には、時衆のもつ情報力という利便性が、権力にとって両刃の剣であったことによろう。

出羽国山形の最上氏における信仰をみると、初代斯波兼頼は時衆僧「其阿覚就」として城内に光明寺を建立、初代住持となっているが、二代目以降は禅宗に移行する[85]。安土桃山時代の最上義光は『遊行上人縁起絵』を光明寺に寄進しつつ、愛娘駒姫の菩提は真宗大谷派専称寺にて弔った。この絵巻において六字名号で時衆では本来使わない「无」字がみられるのも信仰がなおざりであった証左であろう。義光が時衆に接近した目的の一つは連歌会にあり、保護のまったく埒外にあった出羽国一向俊聖教団との対比ができる。

遊行二十一代他阿知蓮による『時衆宗茶毘記』は、その用字から宗派意識の確立を物語るものである。そして権力から時衆の存在が独立したものとして公定されるのは、豊臣政権による千僧供養会における新「八宗」の成立におけるものであったことは本書第一部第三章で詳述した[86]。

時衆の衰退と反比例して成長を遂げる室町・戦国新仏教というべき新義真言宗・曹洞宗（受戒）・浄土宗鎮西派（五重相伝）などの基盤に、時衆信仰があったことも特筆しておきたい[87]。かれらによる戒名授与が、時衆の阿号減少の遠因でもあろう。浄土教では浄土宗西山派と時衆に代わって、真宗のほか鎮西派・大念仏衆（融通念仏宗）が伸張する。

第五節　近世大名と時宗――江戸時代――

二代水戸藩主徳川光圀の政策については述べた。のちの七代藩主斉昭（一八〇〇～六〇）の基本姿勢は光圀とやや異質で、尊皇攘夷思想から会沢正志斎・藤田東湖らが本地垂迹批判をしたように[88]、儒学に復古神道の要素が加味され、僧侶が寺請制度に安住する状況を打開し、究極には廃仏毀釈で寺院全廃・領民総氏子を眼目としていた[89]。寺院整理、神仏分離、破戒僧の取り締まりと綱紀粛正から、大砲鋳造のための梵鐘・什具の調査と供出[90]、葬祭に関する習俗への介入、民間信仰の規制のかたわら神社振興、神職養成、神葬祭と氏子制度の実施ほか細々と規定が敷かれ、遂には仏教に因む地名の変更や医者、茶坊主、隠居者、後家の剃髪習俗禁止にまでおよんだ。名刹・巨刹、光圀が保護した寺院をも含む二百数十箇寺、うち寺名は不明ながら『筑波根於呂志』によると時宗は五箇寺が処分された。水戸学の視座からは『時衆制誡』第一条によって神祇を専修念仏に包摂した時宗は異端と映ったのかもしれない。ただ例外的に浄光寺は優遇され、神応寺への処遇と巧妙に使い分けられている[91]。永幸寺は「訴訟により残寺」しているし、還俗一箇寺と時宗へは甘い対応であった。

常陸国では徳川光圀・斉昭の政策、廃仏毀釈などをへて廃寺となっても、近接する余宗寺院への転宗・離檀が少なく墓地などを檀徒が護持し、寄寺を引き受けた寺院においても過去帳の別枠で「某寺檀中」などと（②浄光寺の万延元年からの過去帳には「常旦」「遍旦」「西旦」として浄光寺以外の⑪常念寺、③遍照寺、⑦西福寺など廃寺を含め註記される）、その名跡が残されている例がままみられる。斉昭の宗教政策が結局僧侶・民衆らの反発を買って反斉昭派に復調の端緒を与え、被破却寺院七七箇寺の再興や弘化四年（一八四七）墓碑に仏号を刻む禁を解かざるをえなかったこと（『水戸藩史料』）が示すように、かえって民衆への仏教定着を印象づける結果となったのは皮肉である[92]。葬送を仲介とした檀徒と寺との結合は強固となり、その点で葬式仏教を本義とした光圀の意図は一定の成果を挙げたともいえる。

また水戸藩領の特殊事情として、元治甲子の乱において天狗党、諸生党両派が陣所にしたり焼き払うなどで、ほとんどの寺が被害を受けている。既述の出来事以外にも②浄光寺は二本松藩兵の兵営とされ（『常陸太田市史』通史編上巻）、⑤永幸寺は諸生党の臨検に遭った。

現在時宗の宗勢は全国で四一一寺院・二教会である（『宗教年鑑』平成21年版）。『昔日叢書聞見雑録』での「遊行宗」六七〇六〇箇寺とは中世の寺数を概算したものという[93]。光圀の処置で廃絶した金泉寺、教声寺が後代の『本末帳』にあることは、これら末寺帳の伝える内容の成立時期を物語ろう。近代の廃仏毀釈で一二七箇寺が全滅し中興されたのは五箇寺という南九州旧島津領のような地域もあり、文献に漏れた廃寺・塔頭や退転寺院などを総計すれば、膨大なる時衆寺院が中世後期に存在したことは容易に想定されよう。近世・近代を通じて、ときの情勢に抗しきれず消えていった『開基帳』上の寺名はその証左なのである。

おわりに

以上『開基帳』から時宗寺院を大づかみでたどってきた。種々の制約から実見ままならぬものもあり、あるいは特定の寺院の調査に専心していたための拙速を恐れず、全体として実地踏査や一次史（資）料の集積がある程度進捗したため、本書での公表にふみきることとした。したがって謬見や情報の脱漏などは免れなかったが、機があればあらためて詳論したい。ご容赦を冀うものである。

こうした渉猟の過程でわかったのは、現在流布している地誌類や自治体史でも『開基帳』が有効に援用されているとはいいがたく、ことに廃寺の場合、地元でも沿革はもとより存在すら忘れられた例が散見するのである。本書は各寺院を個別にみていき、それを地域史の中で捉え直す方法論の提示、いわば序論にすぎないことをお断りしておく。

本章では旧水戸藩領を題材として、東国の時宗寺院が鎌倉時代末から武家の崇敬を受け、「面」として広がっていることを論証した。水戸藩領以外の常陸国や下野国など時宗密集地帯も同様であったとみられる。そして、これは前章までの都市や霊場に「点」や「線」で展開する時衆のありさまとは様相を異にしていた。中・近世移行期に檀越が滅亡したり、近世に入り藩からの弾圧を受けても、民衆の中に根ざしていたがために、公には廃寺とされた寺院が現在にいたるもなおひっそりと存立していたのであった。武家が建立した寺院がどうして民衆により護持されることになったのかは、近世史の分野であり、本書の責ではない。一ついえることは、朱印地を受けながらも細々と檀家を養成していた側面もあろうか。神応寺・浄光寺が町人を、湊光明寺は商家・漁民を、永幸寺は農民を、というように周辺の人々をそれぞれ檀家にくみこんでいったのである。

〔註〕

（1）廻国し、七条道場金光寺の住持職をもつ遊行上人（院代として大炊道場聞名寺か法国寺住職が代務者となり七条上人とよばれる）と、遊行上人が隠棲し藤沢道場清浄光寺住職となった藤沢上人の両頭体制。前者を新命、後者を古跡ともいう。遊行上人会下の長は「修領軒」、藤沢上人会下には「衆領軒」がおかれ、ともにシュリョウケンとよばれたように、両者は鏡写しの組織となっていたようである。

(2) 佐々木章格「水戸開基帳にみる曹洞宗寺院について」日本印度學佛教學會編集『印度學仏教學研究』第三十巻第一號〔通巻第59號〕（同会・一九八一年一二月）、佐々木「水戸開基帳にみる洞門寺院（一）—その本末関係—」『曹洞宗研究員研究生研究紀要』第十三号（同宗宗務庁・一九八一年七月）、同じく（二）第十四号（一九八二年七月）、同じく（三）『曹洞宗研究紀要』第十五号（同宗宗務庁・一九八三年八月）などがある。ほかに修験を扱った桜井純子「水戸藩の山伏とその組織—寛文三年の山伏開基帳の分析を中心にして—」日本佛教研究会編集『日本佛教』第三十七号（大藏出版・一九七六年一月）がある。佐々木論攷はおもに実態把握につとめ、現存寺院との寺伝の相違に着目している。

(3)『開基帳』全体については圭室文雄「寛文年間水戸藩廃仏毀釈について—開基帳の検討を中心として—」『近世佛教史料と研究』九・十号（近世佛教研究会・一九六五年六月）、圭室「寛文・元禄の社寺改革」『水戸市史』中巻一（同市役所・一九六八年八月）を参照した。

(4) 高神信也「前期水戸学と仏教」日本印度學佛教學會編集『印度學佛教學研究』第三十一巻第一號〔通巻第61號〕（同会・一九八二年一二月）。

(5) 三浦俊明「近世寺社名目金貸付の廃止と出資処分—遊行寺祠堂金貸付の場合を中心として—」永島福太郎編集『関西学院創立九十周年文学部紀念論文集』（関西学院大学文学部・一九八〇年三月、のち三浦『近世寺社名目金の史的研究—近世庶民金融市場の展開と世直し騒動—』吉川弘文館・一九八三年二月に所収）一一三ページ表1の『青木家文書』中、一八七七年三月付『口分ケ元利帳簿』に「水戸学寮」がみえるため所蔵先の藤沢市文書館で確認したところ、「江戸」の誤記であった。

(6) 甲府一蓮寺に仮寓していた遊行二十四代他阿不外は「（藤）沢山当住持」と称し、駿府長善寺にいた同三十代他阿有三は「駿州藤沢上人」とよばれたと大橋俊雄『一遍と時宗教団』教育社歴史新書〈日本史〉172（同社・一九七八年一〇月）はする。ただし典拠は不明。

(7) 今井雅晴「時宗文書にみる「藤沢」―中世末期から近世初頭における―」藤沢市文書館編集『藤沢市史研究』第13号（同館・一九七九年一二月、のち「相模と常陸の時衆本山「藤沢」」と改題し今井『一遍と中世の時衆』大藏出版・二〇〇〇年三月に所収）。

(8) 太田に移転して光圀の母の菩提寺久昌寺となった法華宗経王寺の跡を充行った。神応寺には同寺充書状一通、七世廓秀充書状三通のいずれも親しい関係を表す私信が遺る。また甲府一蓮寺には浄光寺より登位した澄元充の書簡が遺る（ただ浄光寺歴代からはもれている）。時宗を冷遇したわけではないようである。

(9) 大橋俊雄「「時宗末寺帳」について」大橋編著『時宗末寺帳』時衆史料第二（（時宗）教学研究所・一九六五年四月）によれば会津若松弘長寺蔵である『時宗遊行派下寺院牒』は延享以後文政まで（一七四四～一八三〇）に成立ヵ。

(10) 年紀はないが文化年間（一八〇四～一八）以降神応寺が発行していたと推定されるものが中野猛編『略縁起集成』第二巻（勉誠社・一九九六年二月）に収載。

(11) 六冊ある。もっとも古いのは天保二年（一八三一）～安政六年（一八五九）、次は弘化元年（一八四四）～一九二四年、小さいものは万延元年（一八六〇）～一八九三年、「天」と書かれた過去帳は天文十四年（一五四五）～天保十四年（一八四三）と古いが、一九四六年に歿した三十八世其阿察輪が諸史料から抽出しまとめ直したものとみられる。万延元年からの過去帳奥書には「三十五世／璀淳」「明治二《(一八六九)》乙巳年八月ヨリ留守居直阿察明／明治七戌年六月十六日」とあり翌十七日歿。混乱期の様子が唯一遺されている。僧名に「察」がつくのは広島県尾道市海徳寺の法類を示す。近在当寺三十八世古川察輪がそうだが、直阿察明もその一員とみられ、古くから察人脈が入っていたことがわかる。近在では北茨城市円福寺もそうである。

(12) 菊地勇次郎「常陸の時宗」『茨城県史研究』第七号（同県教育財団歴史館史料部県史編さん室・一九六七年三月）。

(13) 常陸太田市史編さん委員会編『常陸太田市史』民俗編（同市役所・一九七九年三月）。

(14) 江原忠昭「中世」常陸太田市史編さん委員会編『常陸太田市史』通史編上巻（同市役所・一九八四年三月）。

(15)勝田市史編さん委員会編『勝田市史』中世編近世編(同市・一九七八年三月)、禰宜田修然『時宗の寺々』(禰宜田私家版・一九八〇年五月)。
(16)鼓乙音「永幸寺」『玉造史叢』第十集(玉造町教育委員会・一九六九年七月)、鼓「永幸寺について」『同』第十三集(一九七二年五月)、玉造町史編さん委員会編『玉造町史』(同町役場・一九八五年一一月)。
(17)野内正美「江戸氏支配下の茨城町地方」茨城町史編さん委員会編『茨城町史』通史編(同町・一九九五年二月)。『常陸遺文』「ヤ」の「小堤村光明寺旧記」に、江戸家により焼失とある。同じ『茨城町史』に収まる野内「佐竹氏支配下の茨城町地方」では天正期のことではなく天文五年(一五三六)とする『水府志料』附録を引く。
(18)茨城町史編さん委員会編『茨城町史』地誌編(同町・一九九三年三月)。
(19)今井雅晴「中世の寺院と信仰」瓜連町史編さん委員会編『瓜連町史』(同町・一九八六年七月)。
(20)萩野谷岩保『うりづら西福寺物語』(筑波書林・一九九六年四月)。ただし同書は『瓜連町史』の独自の所説をそのまま引き写しながら典拠に挙げないなど、問題点を含む。
(21)参考までに代数附加の事例として、室町期の『遊行縁起』(『時宗の成立と展開』)では遊行十三~六代に「六」の字が附せられて六十三~五代となっている。六字名号や六十万人知識の含意があるものと思われるが、詳細は不明である。
(22)那珂川町指定有形文化財『馬頭町郷土誌』(一九一一年)、馬頭町郷土誌編集委員会編集『馬頭町郷土誌』(同町・一九六三年一一月)、野口青眉『たばこ創栽と相阿和尚』(栃木県馬頭管内たばこ耕作組合・一九六五年一一月)、『栃木県たばこ史』(栃木県煙草耕作組合連合会・一九六六年九月)第二章、茨城県たばこ史編さん会編『茨城県たばこ史』(茨城県たばこ耕作組合連合会・一九七四年三月)、馬頭町史編さん委員会編『馬頭町史』(同町・一九九〇年三月)。このほか一九二八年一一月造立の「煙草創栽碑」(銘文は堀江孝四郎編集『馬頭町の顕彰碑・記念碑』同町教育委員会・二〇〇四年三月に収載)も概略を刻む。

(23) 渡邊龍瑞「下野に於ける時宗の研究—特に初期教團の發展を中心として—」『下野史談』第十六巻四號（同會・一九三九年八月）。金井清光「下野における時衆の展開（上）」大橋俊雄編集『時衆研究』第九十二号（時宗文化研究所・一九八二年五月、のち（下）とともに「真教の遊行と時衆の展開　九　下野」と改題し金井『時衆教団の地方展開』東京美術・一九八三年五月に所収）の言及も渡邊論攷を襲う。

(24) 高野修「時宗教団における四院・二庵・五軒・十室について」藤沢市文書館編『藤沢山日鑑』第二巻（同館・一九八四年三月）。

(25) 『煙草諸國名産』には上野の項に「山名村廣大〔光台〕寺境内に産する煙草ハ香氣他に異なり口中佳味にして奇なる名葉あり（中略）近郷の土人忍びて此寺内の土を採帰り我種する煙草の茎の元へ置ときハ匂芳と云」とある。山名光台寺は群馬県高崎市に現存する時宗寺院である。下野の項では常陸・下野国境の山間地を寛文・延宝ころ（一六六一～八一）「大守」（光圀ヵ）が開墾させ煙草を栽培させた勧農政策のあったことを紹介している。また信濃の項で雲水が丹波より煙草の種をもち帰った逸話を紹介して「大隅に国分寺上州に廣大〔光台〕寺水戸に東蓮寺下野に黄〔香〕林寺其外寺院の境内に産する薫いづれも奇草也」と述べ、その理由として農民は畑のあぜに栽培し収穫しても放置して天日で乾燥させることを知らないが、僧侶には時間があり慰に土地や肥料を厳選するので名葉の産地を発見して後世に伝えられるという。時宗寺院が煙草の名産地として著名になったのは、寺院経営上、副業を迫られた時宗ならではの事由をも看取せねばなるまい。西海賢二「物貰い考—村に入り来る宗教的職能者—」立正大学史学会編集『立正史学』第九一号（同会・二〇〇二年三月）などで産業振興をする宗教者の事例が挙げられている。

(26) 那珂町史編さん委員会編『那珂町史』中世・近世編（同町・一九九〇年八月）。

(27) 今井雅晴「遊行上人と時宗」茨城県史編集委員会監修『茨城県史』中世編（同県・一九八六年三月、のち「佐竹氏と時衆」と改題し今井『一遍と中世の時衆』大蔵出版・二〇〇〇年三月に所収）。

(28) 湊光明寺については那珂湊市史編さん委員会編『那珂湊市史料』第四集（同市・一九七九年三月）に所蔵・関係史

料が翻刻されていて有益である。
(29) 萩原龍夫『巫女と仏教史―熊野比丘尼の使命と展開―』明治大学人文科学研究所叢書（吉川弘文館・一九八三年六月）。
(30) 加藤美恵子「中世の女性と信仰―巫女・比丘尼・キリシタン―」女性史総合研究会編『日本女性生活史』二中世（東京大学出版会・一九九〇年六月）。
(31) 同様の例として『光明寺系圖』によれば湊光明寺が移転して衰落していた一時期に「比丘尼集居住所」となった。来錫した遊行二十一代他阿知蓮が明応八年（一四九九）比丘尼を追い出して鹿島舟津村（鹿嶋市大船津）に尼寺を建てて龍光寺としたという。鹿島神宮に近く霞ケ浦に面する「津」に立地する点に中世時衆らしさが表れている。霞ケ浦周辺には「海夫」なる漁撈集団がおり、神宮に関わっていた。その中心に龍光寺は建てられたのである。海夫とその信仰については桃崎祐輔「霞ケ浦周辺の律宗寺院と沿岸社会の変質」中世都市研究会編『中世都市研究』4［都市と宗教］（新人物往来社・一九九七年九月）。
(32) 菊地勇次郎「武士と社寺―常陸佐竹・太田郷における佐竹氏―」佐々木銀弥編『下剋上時代の文化』地方文化の日本史四（文一総合出版・一九七七年一二月）、菊地「常陸における浄土教」（大正大学）出版部編集『大正大学大学院研究論集』第八号（同大学院・一九八四年二月）では、天台系の浄土教という下地を指摘する。
(33) 織田顕信・小島惠昭・蒲池勢至・渡邉信和・青木馨・小山正文「共同研究―真宗初期遺跡寺院資料の研究―」同朋学園佛教文化研究所編集『同朋学園佛教文化研究所紀要』第七・八合併号（同所・一九八六年七月）に載る浄土真宗本願寺派鳥栖無量寿寺蔵・「寛政五丑八月」（一七九三）の『無量寿寺略縁起』によると、難病にて死んだ領主の妻が怨霊となったため、親鸞が『浄土三部経』を一石一字にし二万六千六百余個を塚に入れた。
(34) 今井雅晴「鎌倉・室町時代の茨城の仏教」茨城県立歴史館講演会（一九九六年一〇月二六日）要旨。奥という地名は通常都や国府からみた奥手をさす。

(35) 大橋俊雄「遊行歴代上人伝（二）」『時衆研究』第二十二号（金井清光・一九六七年二月）によると呑海は元応元年（一三一九）戸塚親縁寺、同年初賦算、正中元年（一三二四）稲毛田来迎寺、太田浄光寺、結城西宮戒善院（金福寺。同二年とも）、同二年清浄光院を開創する。金井清光「遊行派の成立と展開（三）」『時衆研究』第五十二号（金井私家版・一九七二年五月、のち金井『一遍と時衆教団』角川書店・一九七二年五月に所収）によれば、ほかに正和二年（一三一三）益田万福寺、正中二年（一三二五）諏訪社（清浄光寺鎮守）、嘉暦二年（一三二七）藤沢（藤沢道場に因み岩手県一関市にある地名）藤勢寺を創建する。

(36) 大橋俊雄「清浄光寺の創建とその展開」藤沢市史編さん委員会編集『藤沢市史研究』第二号（同市役所情報管理課内市史編さん室・一九七一年七月）。

(37) 金井清光「『一遍聖絵』に見る草履・草鞋と被差別民の草履作り」『一遍聖絵の総合的研究』（岩田書院・二〇〇二年五月）。

(38) 金井清光「世阿・世阿弥陀仏という名前は何を意味するか」国語と国文学編輯部編輯『國語と國文學』第四十三巻第七号（至文堂・一九六六年七月、のち金井『時衆文芸研究』風間書房・一九六七年一一月に所収）。

(39) 吉田政博「戦国期における陣僧と陣僧役」戦国史研究会編集『戦国史研究』第三〇号（同会〈吉川弘文館発売〉・一九九五年八月）。平雅行「中世後期の神仏信仰」福井県編集『福井県史』通史編2中世（同県・一九九四年三月）によれば、「陣僧」の語の初見は、真言宗御室派明通寺（福井県小浜市）文書・応仁二年（一四六八）および文明元年（一四六九）のものであるという。

(40) 山本修嗣「『長野御書』『十一代御書』にみる陣僧としての時衆の役割について」大正大学史学研究室編集『大正史学』第十八号―同室員研究論文集―（同室・一九八八年三月）。遊行七代他阿託何による「長野御書」で中立性、遊行十一代他阿自空による本文書で心得を時衆（「門徒」）に示している。後者によると「観応の比」（一三五〇～五二）にもこうした文書が出されていたとある。

(41) 大橋俊雄『時宗の成立と展開』日本宗教史研究叢書（吉川弘文館・一九七三年六月）、前掲註（6）文献。

(42) 今井雅晴「初期時衆における知識帰命について」日本佛教研究会編集『日本佛教』第三十七号（大蔵出版・一九七六年一月、のち「帰命戒の成立」と改題し『時宗成立史の研究』吉川弘文館・一九八一年八月に所収。ただし初出についての説明なし）に従前説で、一遍在世時に定着したとされた知識帰命は真数の教団形成と結びついたものとの論駁がある。附言すれば一遍当時にもその萌芽はあり（聖戒のみへの形木賜与）、真教がそれに拘泥したのは自己の法系を本流とすることに師僧一遍の認証がなかったことの裏返しである。

(43) 二木謙一「『鎌倉年中行事』にみる鎌倉府の儀礼」創設五十周年記念論文集編集委員会編集『伝統と創造の人文科学 國學院大學大学院文学研究科創設五十周年記念論文集』（同大学院・二〇〇二年三月、のち二木『武家儀礼格式の研究』吉川弘文館・二〇〇三年七月に所収）。

(44) 大町別願寺（神奈川県鎌倉市）蔵・年未詳三月四日付・別願寺聖充足利持氏書状（『時衆の美術と文芸』）、清浄光寺蔵・年未詳三月十日付・藤澤上人充足利持氏書状（『同』）が遺る。別願寺には持氏供養の石造宝塔（市指定文化財）が聳える。

(45) 細川武稔「室町幕府年中行事書にみえる僧侶参賀の実態」『遙かなる中世』No.19（中世史研究会・二〇〇一年五月、のち「室町幕府年中行事書に見える寺社の参賀」と改題し細川『京都の寺社と室町幕府』吉川弘文館・二〇一〇年三月に所収）。

(46) ただし藤沢時衆のみ。当麻無量光寺文書・年未詳一二月六日付「平（千葉）昌胤書状」（『神奈川県史』資料編3古代・中世〔3下〕）によれば「与風《ふと》御遊行」とあるように当麻時衆の「遊行」の実態はわびしいものであったようである。近世当麻派のささやかな遊行については金井清光「当麻派近世遊行の一史料」『時宗教学年報』第二十八輯（時宗教学研究所・二〇〇〇年三月、のち金井『一遍の宗教とその変容』岩田書院・二〇〇〇年一二月に所収）。

(47) 古田憲司「美濃関と時衆」中世史研究会編集『年報中世史研究』第19号（中世史研究会・一九九四年五

月）の検討によると、永正十一年（一五一四）から三年間、美濃二岩（関市二ツ岩）に遊行二十二代意楽が新寺建立。関の刀鍛冶ら当地の職人と国人の帰依が時衆を支えたとする。吉田政博氏には「今川氏領国における本末制度の整備と時衆寺院」戦国史研究会編集『戦国史研究』第四〇号（同会〔吉川弘文館発売〕・二〇〇〇年八月）ほか複数の論攷あり。

(48) 大橋俊雄「時宗」川崎庸之・笠原一男編『宗教史』体系日本史叢書18（山川出版社・一九六四年一一月）。ここで大橋氏は模式図を提示し、時衆から真宗への移行を述べる。

(49) 伊地知鐵男『連歌の世界』日本歴史叢書（吉川弘文館・一九六七年八月、のち新装版、一九九五年九月）。

(50) 鶴崎裕雄「東海地方国人一揆の諸様相―宗牧「東国紀行」を史料として―」有光友学編『戦国期権力と地域社会』（吉川弘文館・一九八六年一月）、鶴崎「連歌師宗牧と三人の時衆たち」横田健一先生古稀記念会編『文化史論叢』（下）（創元社・一九八七年三月）で十六世紀半ばに連歌師が諸国を旅し、在地の国人層と連歌会を行うさまが明らかにされている。

(51) 茨城県教育財団編集『新善光寺跡　宍戸城跡』主要地方道大洗友部線道路改良工事地内埋蔵文化財調査報告書、同財団文化財調査報告第256集（同財団・二〇〇六年三月）。

(52) 山口県埋蔵文化財センター編集『勝栄寺』新南陽市埋蔵文化財調査報告第1集（同市教育委員会・一九八四年三月）。其阿清照と陶弘政により一四世紀後半創建され、弘政の「田地寄進状」がある。山口善福寺末だったが現在浄土宗鎮西派。近年まで土塁と濠が遺り、寺域そのものが城館遺跡の県指定史跡となっている。

(53) このほか、枚挙にいとまがないため詳論する余裕はないが、武家を開基とする時衆道場建立は東国を中心にきわめて多い。例えば佐々久「仏教」宮城縣史編纂委員会編纂『宮城縣史』12（學問宗教）（財団法人宮城縣史刊行会・一九六一年一月）によれば、伊達氏と阿弥陀寺、留守氏と水沢長光寺、武石氏と白石常林寺、葛西氏と登米専称寺、大内氏と宮城県中田町重願寺（廃寺）の関係がみえる。このほか思いつくだけでも河原田氏と会津照国寺、長野氏と群馬県高崎市長野寺（廃寺）がある。奥田眞啓「鎌倉武士の館に就て」日本歴史地理學會・花見朔巳編輯『歴史地理』第七十一巻第五號［通篇第四百六十號］（花見発行〔地人書館発売〕・一九三八年五月、のち奥田『中世武士団と信仰』柏書房・一九八〇年五月に所収）が挙げた人見一乗寺（埼玉県深谷市。元弘の変で戦死した人見恩阿弥陀仏による。恩阿は『他阿上人法語』にも登場）と人見氏館のように、もともとは屋形内の持仏堂が時衆道場に発展していったものと思われる。同攷は岩松青蓮寺と岩松氏館にも言及。

（54）高橋義彦著作『越佐史料』巻三（高橋私家版・一九二七年一一月、のち名著出版・一九七一年八月）三六一ページ。

（55）富士吉田市史編さん委員会編集『富士吉田市史』史料編　第二巻 古代中世（同市・一九九二年三月）および山梨県編集『山梨県史』資料編4中世1（同県〔山梨日日新聞社出版〕・一九九九年三月）に翻刻があるが、後者が正確。

（56）拙稿「時衆史新知見六題」武蔵野女子大学仏教文化研究所編集『武蔵野女子大学仏教文化研究所紀要』No.19（同大学・二〇〇三年三月）。

（57）吉田政博「戦国期、駿河における時衆の動向」所理喜夫編『戦国大名から将軍権力へ―転換期を歩く―』（吉川弘文館・二〇〇〇年三月）は番場蓮華寺同阿が今川氏、宝樹院住持が三条西家から出ていることを指摘する。こうした貴種入寺のほか文化での関わりに言及。

（58）誉田慶信「中世後期出羽の宗教」伊藤清郎・誉田編『中世出羽の宗教と民衆』奥羽史研究叢書5（高志書院・二〇〇二年一二月）。

（59）三枝暁子「書評と紹介　今井雅晴著『一遍と中世の時衆』」日本歴史学会編集『日本歴史』第六三六号（吉川弘文館・二〇〇一年五月）。

（60）根井浄「遊行上人遍円の肥後巡錫―特に『八代日記』の本文について―」仏教史学会編輯『仏教史学研究』第二八巻第一号（同会・一九八五年一一月）によると、遊行二十八代他阿遍円が天文十八年（一五四九）連歌会で肥後国人吉城主相良晴広と歓談、相良一族の女性に十念授く。文化と宗教が両立した事例ヵ。

（61）鈴木芳道「戦国大名権力と寺社・公家・天皇」日本歴史学会編集『日本歴史』第五五九号（吉川弘文館・一九九四年一二月）。
（62）伊藤清郎「室町期の最上氏と系図」羽下徳彦編『中世の社会と史料』（吉川弘文館・二〇〇五年二月）。
（63）平野明夫『三河松平一族』（新人物往来社・二〇〇二年五月）二四四〜五ページ。
（64）金永「鎌倉期在地領主の「家」と「氏寺」」日本歴史学会編集『日本歴史』第六三三号（吉川弘文館・二〇〇一年二月）。
（65）小和田哲男『戦国武将を育てた禅僧たち』新潮選書（新潮社・二〇〇七年一二月）。
（66）今井雅晴「水戸神応寺と時宗・遊行三十二代他阿普光」『茨城県史研究』第四〇号（同県教育財団歴史館史料部県史編さん室・一九七九年二月）、今井「佐竹氏と時宗教団―一六世紀を中心に―」『茨城県史研究』第四六号（一九八一年三月、以上、のちほかに「清浄光寺蔵「佐竹義久判物」再考」藤沢市文書館編集『藤沢市史研究』第14号（同館・一九八〇年一二月）をも併せて「佐竹氏と時宗」と改題し今井『鎌倉新仏教の研究』吉川弘文館・一九九一年一二月に所収）。
（67）笹尾哲雄『秋田県の名僧』（秋田文化出版・二〇〇七年六月）に香川大学図書館神原文庫蔵『清浄集』所収「開山義山上人碑陰文」、『六郡総諸寺院由緒』所収「声体寺縁起」が紹介され、移封される佐竹氏に随従した時衆の様子が窺える。なお秋田市にある龍泉寺は、呑海弟子蔵阿輪長が正中元年（一三二四）水戸常磐に蔵泉寺を建立し、永徳二年（一三八二）龍泉寺に改称し佐竹義篤が保護を加え、慶長八年（一六〇三）秋田に移ったと伝える。しかし常磐の地は江戸氏の領域であり、佐竹の領国となるのは天正十八年（一五九〇）江戸重通が豊臣秀吉に所領を没収された義宣の代であるから寺伝はありえない。比内町の歴史を記録する会編集『比内の歴史』（大館市・二〇〇八年三月）によると、秋田県大館市比内町達子の曹洞宗宝田寺は龍泉寺正伝の弟子が開山した寺を改宗したともいう。大坂高昭『秋田県曹洞宗寺伝大要』（無明舎出版・一九九六年一二月）によると、延宝三年（一六七五）近くの扇田寿仙寺二世、一峰本策が曹洞宗に改宗という。達子は大館城からも遠く、時宗がわざわざ新寺建立するとは思えない。寺号の名義貸しによるものか。

(68) 参考までに挙げると、圭室文雄「熊本藩領における寺院の実態」圭室編『民衆宗教の構造と系譜』(雄山閣出版・一九九五年四月)で熊本藩領の真宗寺院には危険視されたために寺領をもつものが皆無で、一方新史料『肥後豊後御領内寺数并人数帳』から、妻帯など同宗独自の事情で扶養せねばならない員数が多く、収入をうるため報恩講や葬祭に熱心にとりくみ、檀家を多数確保したと分析する。例えば熊本藩領時宗二箇寺のうち一箇寺は無檀、一箇寺は七軒の檀家があったが、真宗においては西本願寺系で一箇寺あたり平均二七三軒、東本願寺系で平均一八九軒であったという。当地では島原の乱以後のキリシタン対策のため寺請制度が強化され、それに乗じて真宗の教勢が拡大したという。

(69) 橘俊道「いわゆる佐竹騒動の虚実」橘『時宗史論考』(法蔵館・一九七五年三月)。一方、河野憲善「所謂佐竹騒動について」大橋俊雄編集『時衆研究』第六十三号(時宗文化研究所・一九七五年二月)は後代史料の分析から、ありえたこととする。

(70) 伊東多三郎「佐竹氏の秋田移封」水戸市史編さん委員会編集『水戸市史』上巻(同市役所・一九六三年一〇月)、小松徳年「郷土の群像　車城跡と車丹波守斯忠」茨城県総務部職員課編集『ひろば』3月号(第21巻第12号)(同課・一九八五年三月)。茨城県立歴史館(宮内教男氏)の教示による江尻光昭「岩城氏の没落と戸沢氏の支配」北茨城市史編さん委員会編集『北茨城市史』上巻(同市・一九八八年六月)。

(71) 関谷亀寿『常陸佐竹新太平記―その時代・事件・人物を語る郷土史―』(筑波書林〈筑波図書発売〉・一九九三年二月)。なお水戸の地誌類ではみな史料の典拠は掲げられておらず調査は難航したが、茨城県立歴史館蔵・吉田ふさ家『水府温古録』写本に「神應寺ニ潜ミ」という一文があることがわかった。一味にして佐竹一門、北酒出の馬場新介直政は「眼阿」という阿号をもっていたこともわかり、時衆とはもともと縁故のある人物であったとみられる。この説話がいつ成立したかは判然としない。文中、斯忠のことを「猛虎」というのちの誤った諱でよんでいるので、近世中期以降かもしれない。翻刻は茨城県史編さん近世史第1部会編『茨城県史料』近世地誌篇（同県・一九六八年三月）に載る。寛政二年（一七九〇）水戸藩学者高倉胤明の著という。四系統あり、『水府地理温故録』として流布している。県立歴史館本は解題に載っていない演述のない系統のもので、「眼阿」の正しい表記（活字本は「昭阿」だが歴史館本は「眼阿」。時衆には「眼阿」が多い）からこちらが原本に近いのかもしれない。

(72) 本田豊『江戸の非人　部落史研究の課題』（三一書房・一九九二年七月）一〇二ページ。前掲註(70)『水戸市史』は善七説を否定している。

(73)『時衆過去帳』では遊行十五代他阿尊恵のころを頂点に被記入者が激減する。このことについて大橋俊雄氏は大橋「『時衆過去帳』について」大橋編著『時衆過去帳』時衆史料第一（〈時宗〉教学研究所・一九六四年六月）、大橋「一宗学院公開講演会—蓮如上人と時衆」宗学院編集『宗學院論集』第65号（淨土眞宗本願寺派宗學院・一九九三年三月）において、教勢の弱体化とする。たしかに遊行上人に神聖性が認められなくなったためとも考えられなくもない。しかし現在でも遊行先に一箇所で数十人以上は参詣に来るわけだから、一代につき数十人という事態は、過去帳登載の基準を大幅に厳格化したか、あるいは別帳のようなものがあったと考えるのが穏当であろう。

(74) 千々和到「中世民衆の意識と思想」青木美智男・入間田宣夫・黒川直則・佐藤和彦・佐藤誠朗・深谷克己・峰岸純夫・山田忠雄編『一揆』④生活・文化・思想（東京大学出版会・一九八一年八月）。

(75) 横田光雄「戦国大名と仏神」横田『戦国大名の政治と宗教』國學院大學大学院研究叢書文学研究科4（同大学院・一九九九年一二月）。

(76) 伊藤清郎「結び—出羽南部の中世城郭の特色」伊藤『中世の城と祈り—出羽南部を中心に—』（岩田書院・一九九八年三月）。

(77) 笹本正治『鳴動する中世　怪音と地鳴りの日本史』朝日選書644（朝日新聞社・二〇〇〇年二月）。

(78) 小和田哲男「役としての陣僧・飛脚・陣夫・定夫—戦国大名今川氏の発給文書を通して—」今川氏研究会編『駿河

の今川氏』第八集（静岡谷島屋・一九八五年三月、のち小和田『今川氏の研究』小和田哲男著作集一巻、清文堂書店・二〇〇〇年一一月に所収）、吉田政博「戦国期における陣僧と陣僧役」戦国史研究会編集『戦国史研究』第三〇号（同会〔吉川弘文館発売〕・一九九五年八月）。

(79) 竹内明『御親教記念　越前和紙の里　時宗成願寺―教え・歴史とその周辺―』（成願寺・一九九二年一〇月）によると岩本成願寺（福井県越前市）十四世弥阿證真和尚は天正二年（一五七四）某月六日「一向一揆の乱にて討ち死に」という。同寺（竹内明氏）の教示によれば過去帳による。山内にて戦死。

(80) 長沼賢海「暗黒時代の一向一揆」長沼『日本文化史の研究』（教育研究會・一九三七年七月）。

(81) 佐脇栄智「後北条氏の一向宗禁止の一史料」東国戦国史研究会編集『戦国史研究』第三号（同会〔吉川弘文館発売〕・一九八二年二月）。

(82) 鳥居和郎「後北条氏領国下における一向宗の「禁教」について」戦国史研究会編集『戦国史研究』第三八号（同会〔吉川弘文館発売〕・一九九九年八月）。鳥居「戦国大名北条氏と本願寺―「禁教」関係史料の再検討とその背景―」『神奈川県立博物館研究報告―人文科学―』27号（神奈川県立歴史博物館・二〇〇一年三月）では個別寺院への「抑圧」はあったことを認めている。

(83) 三浦俊明「東海道藤沢宿場町の展開」三浦『近世寺社名目金の史的研究―近世庶民金融市場の展開と世直し騒動―』（吉川弘文館・一九八三年二月）によると、清浄光寺門前の坂戸常光寺は、室町時代には「時宗僧侶住居之少宇」（同寺過去帳）で、元亀三年（一五七二）鎌倉光明寺の僧が隠居したことで浄土宗鎮西派に改宗し常光寺と称したという。総本山があるにも拘わらず藤沢時衆が相模国周辺で弱小宗派となったのは、清浄光寺が百年あまり再建されなかったことが大きく作用していよう。

(84) 福島金治「一向宗禁令」山本博文責任編集『歴史学事典』【第9巻　法と秩序】（弘文堂・二〇〇二年二月）。

(85) 伊藤清郎「最上義光と宗教」『国史談話会雑誌』第43号（東北大学国史談話会・二〇〇二年九月）。

(86) 河内将芳「京都東山大仏千僧会について―中近世移行期における権力と宗教―」『日本史研究』第四二五号（同会・一九九八年一月、のち河内『中世京都の民衆と社会』思文閣史学叢書、思文閣出版・二〇〇〇年一二月に所収）。
(87) 広瀬良弘『禅宗地方展開史の研究』（吉川弘文館・一九八八年一二月）。詳細は本書第三部第三章。
(88) 高神信也「後期水戸学と仏教」日本印度學佛教學會編集『印度學佛教學研究』第三十二巻第二號〔通巻第64號〕（同会・一九八四年三月）。
(89) 圭室文雄「社寺の改革」『水戸市史』中巻三（同市役所・一九七六年二月）。
(90) 西野光一「天保期における水戸藩の毀鐘鋳砲政策」『大正大学綜合仏教研究所年報』第二二号（同所・二〇〇〇年三月）。
(91)『水戸藩史料』別記下巻十三（吉川弘文館・一九一五年一一月、のち復刊、吉川弘文館・一九七〇年一二月）に斉昭の「社寺改正」につき史料あり、天保十四年（一八四三）九月二十三日、如法篤実のため浄光寺に白銀十枚賜るとある。
(92) 伊東多三郎「社寺改革の停廃」『水戸市史』中巻四（同市役所・一九八二年一〇月）。
(93) 金井清光「時衆研究の新資料について（第二報）」『鳥取大学教育学部研究報告』人文社会科学第三〇巻一号（同学部・一九七九年七月、のち「（第二報）」をとり「（第一報）」と併せ金井『時衆教団の地方展開』東京美術・一九八三年五月に所収）。

【巻末史料】『時宗開基帳』翻刻（影印本を実見しているが版権の関係で時宗教学研究所編集代表『時宗寺院明細帳』3、発行者時宗宗務所・発行所時宗教学研究所・二〇〇三年七月を掲げる。排列は原史料に基づき、丸数字は第二節と対応する。読点は筆者）

①
御城下

藤沢小路
時宗相州藤沢遊行末寺

除地無証文

一、寺門　表百間　藤沢山　神応寺
　　裏百間　住寺上人三寮

一、畑拾四石余、是者三拾四・五年依前寺門裏之方御鷹師衆之屋敷ニ御割取被成候ニ付、為地常柴村之内ニ而、砂窪と申所ニ而被下候、但証文者無御座候、前々ヨリ除来申候、

一、寺領無御座候、

一、此寺開基天正拾九辛卯年佐竹義宣ヨリ相州藤沢遊行三拾一代目他阿上人之代ニ御建立被成候、当卯迄七拾三年程ニ罷成候、

一、開基ヨリ二拾八年者看主持ニて御座候、中興ヨリ拙僧迄三代目、

一、末寺壱ケ寺門徒無御座候、

一、古者佐竹義宣ヨリ寺領三百石并東中務ヨリ五拾石取付置候所、佐竹殿御国替以後寺無住ニて、右之寺領被召上候、

一、檀那侍町人、

一、諸方御城へ御目見仕候、

②

太田村　時宗相州藤沢清浄光寺末寺

御朱印

一、高四拾石　　引接山　浄光寺
大善院　能化
一、高四石六斗七合　寺内
一、此寺佐竹十代遠江守貞義公正中元甲子年御建立、開山者遊行四代他阿上人ニ而御座候、開基之年ヨリ当寛文三癸卯年迄三百四拾四年類代佐竹拾九代大膳太夫義篤公法名月光院殿像阿神儀同二十代右京太〔大〕夫和泉入道義昭公法名源真院殿其阿神儀同北方宮山王寳大一姉旦那ニて、爾今廟所御座候、
一、諸々ヨリ御城へ御目見へ仕候、
一、百姓檀那三百八拾八人、

③

相州藤沢清浄光寺末寺
杉本山　光明寺
能化
一、除高六石三升六合
内壱石弐升六合　寺内
一、此寺佐竹九代行義公北方者鎌倉二階堂頼綱公之息女其節開山岳俊下着仕候可致在留旨被仰付、鎌倉中之鎮守被移杉本寺、永仁弐甲午年御建立、依之当世迄杉本与申来候、開基ヨリ寛文三癸卯年迄三百七拾年、
一、諸々ヨリ御城へ御目見へ仕候、
一、百姓旦那三百七拾九人、

④

坂戸村
上町神応寺下寺
光徳寺
一、除高五斗八升五合　寺内

平僧

一、此寺開基寛永弐丑当所芝野開上町神応寺下寺ニ取立申候、寛永七午ノ年御縄入申候へ共、其時分ョリ御除被下候、

一、町旦那三拾人、

⑤

玉造村

時宗相州藤沢遊行末寺　永幸寺　上人

一、除高三石三斗九升六合

前々ョリ見捨除来申候証文無御座候、

一此寺開基大永五年玉造与一太郎石塔所ニ立申候由申傳候、当卯年迄百三拾九年、

⑥

小堤村

相州藤沢遊行寺末寺　光明寺　能化

一、寺内除高三石六升(マヽ)三升三合

前々ョリ見捨除来申候証文無御坐候、

一、寺領弐拾五貫文、

是者先年江戸但馬守此寺へ被下候由申伝候、

一、此寺開基之時代元亨三癸亥年遊行四代之上人当国修行之刻開基、就夫宗門ニ歳末之別寺〔時〕と申而名号十八幅相調七日七

夜之法事御座候、於此寺被相勤候故其時之名号自筆候也、爾今御座候、建立之年ョリ当卯ノ年迄三百四拾壱年、
一、百姓旦那弐拾八人、

⑦　瓜連村
相州藤沢清浄光寺末寺
一、寺内除高六石壱斗三升三合　光明山阿弥陀院西福寺上人
一、此寺開基正慶壬申年先住其阿弥陀仏開山之由弥陀丸台座ニ書付御座候、古佐竹義信公ョリ五拾貫文之処被下置候処、慶長七壬寅御縄之時分鈴木三太夫証文御取上無御座候、右之年号ョリ当卯年迄三百三拾年、
一、百姓檀那六拾人、
一、諸々ョリ御城へ御目見へ仕候、

⑧　当村西福寺末寺
一、寺内除高壱石六升七合　金華山　金泉寺平僧
慶長七年御縄之時分鈴木三太夫見捨
一、此寺開基明応五丙辰年臨阿弥陀佛開基之由弥陀之裏書ニ御座候、右之年号ョリ当卯年迄百六拾七年、

⑨　当村西福寺末寺
除同断
一、寺内除高壱石三斗三升三合　太子山　教声寺平僧
一、此寺開基文明五癸巳年先住相阿弥開山之由太子之台座ニ書付御座候、右之年号ョリ当卯年迄百九拾年、

一、諸々ヨリ御城へ御目見へ不仕候、

⑩
馬頭村　相州藤沢遊行上人末寺

証文高五石
一、○高八石八斗　藤慶山岩詠院　光林寺
内　四石四斗四升七合　寺内
　　四石三斗五升三合　寺領
一、慶長七寅御縄之時分嶋田次兵衛見捨ニて先高五石之証文地蔵院之証文と一紙ニ御坐候所ニ元和九年正月廿四日ニ地蔵院炎上ニ付焼失仕候、
一、此寺開基天正拾七丑年亥阿建立仕候、当卯ノ年迄七拾六年、
一、百姓旦那弐拾九人、
一、諸々ヨリ御城へ御目見へ仕候、

⑪
額田村　相州遊行上人直末寺

見捨証文無御坐候
一、○寺内除高七石弐斗八升　衆徳山院（マヽ）　常念寺
一、高七石四斗九升弐合　同寺　能化
是ハ高五石慶長七壬寅御縄之時分井村志摩守証文御座候、
一、此寺開基遊行弐代上人当国修行之刻正応五壬辰暦建立、七月十五日以供養、正応五草創以来当卯ノ年迄三百七拾弐年、
一、百姓旦那三拾人、

⑫

時宗相州藤沢清浄光寺末寺

湊村
經田山　光明寺
等覚院　能化

一、高除四斛七斗七升

一、当寺開山者仁皇百代延文元丙申年遊行九代上人常州修行之砌、部田野郷ニ一宇開基仕、上人之直弟子三寮其阿能化二代住持迄移置候、其後応永三丙子年湊村ニ宗門之檀那当寺従部田野郷移湊村ニ立置候、寺中秘佛之観音堂御座候、開山ヨリ拙僧迄二十一代御座候、自延文元年至寛文三年迄三百三年、

一、脇坊三ケ寺、

一、百姓檀那百三拾人、

一、諸々ヨリ御城へ御目見へ仕候、

⑬

鹿島郡神向寺末寺

坂〔板〕久村　地福寺 比丘尼

一、除高壱石四斗四升九合

一、此寺開基知不申候、除証文無御坐候へ共前々ヨリ無縁地ニ御座候ニ付除来申候、

【附記】第四節は戦国史研究会第三〇一回月例会（二〇〇四年一一月一三日、於駒澤大学）の「戦国期における宗教と権力―特に時衆信仰受容とその変質を中心にたどる―」を基礎とした。質問者のほか本章全体につき圭室文雄、萩野谷岩保、林尚氏ならびに茨城県立歴史館（木下英明、野内正美氏）、茨城町役場、旧瓜連町役場、旧馬頭町役場、旧馬頭町郷土資料館、光明寺（宍戸荘一氏）、たばこと塩の博物館（湯浅淑子氏）、浄光寺（古川威、古川伸生氏）、神応寺（奥田俊亮氏）の教示・協力をえた。

第五章　一向俊聖教団の展開——出羽国の事例から——

はじめに

一九九六年に山形県天童市高野《こうや》坊遺跡より鎌倉時代のものと思われる墨書礫群が出土した。「一向義空／旹應長元（一三一一）暦」などと在銘で、鎌倉時代末の念仏勧進の聖である一向俊聖にまつわる追善供養のための一字・多字一石経埋納の遺跡とみられている（次頁、**第一図**参照）。

遊行聖である一遍房智真（一二三九〜八九）に関しては国宝『一遍聖絵』をはじめ、多くないといえども中世絵巻・史料などが遺されているが、同時期に遊行廻国を行っていた一向俊聖については近世以降のかぎられた史料がほとんどで、ときに実在を疑われる向きさえあったという[1]。ところが今回の考古学上の発見により、信憑性のきわめて高い同時代資料がみいだされ、一向の教団について実像を明らかにすることが可能となった。

発掘を担当した川崎利夫・村山正市両氏による積極的な公表にも拘わらず[2]、ことに文献史学の側からこの金石文の出土が顧みられた例がない。中・近世史を通じて、遊行廻国する多種多様な聖たちの中で時衆はその典型といえ、信仰のみならず社会・文化に多大な影響を与えた。一遍についで列島規模の活動をみせた一向俊聖教団についての論及の意義は小さくないと考える。そこで墨書礫のもつ意味にさまざまな視点から光を照射してみたい。本章では第一部

第三章に引き続き一向俊聖を俊聖、一向俊聖の時衆教団を俊聖教団と呼称し、中世については「〜時衆」、近世については「〜派」と峻別して表記することを原則としたい。

第一節　俊聖教団と一遍時衆

確認の意味で、俊聖教団の概史をたどってみよう[3]。俊聖は『一向上人傳』（『定本時宗宗典』下巻・『米原町史』資料編）巻壹によると暦仁二年（一二三九）元旦、筑後国竹野庄西好田に鎮西御家人草野家庶流永泰の子として生まれた。七歳で播磨国書写山に登嶺、一五歳にて剃髪・受戒し俊聖と改め、やがて東国に下向し鎌倉光明寺の然阿良忠に師事し、感得して詠んだ偈文に因んで一向と称した。三五歳にして諸国遊行の旅をはじめ、大隅正八幡、肥後、宇佐八幡、薩摩、讃岐など四国、備中国吉備津宮、安芸国宮島、出雲など中国各地、丹後、京洛に入り、加賀、越前をへて近江国馬場（滋賀県米原市番場）米山の草堂に止住した。土豪の土肥三郎元頼が俊聖に帰依、檀越となり草堂を改めて蓮華寺とした。弘安

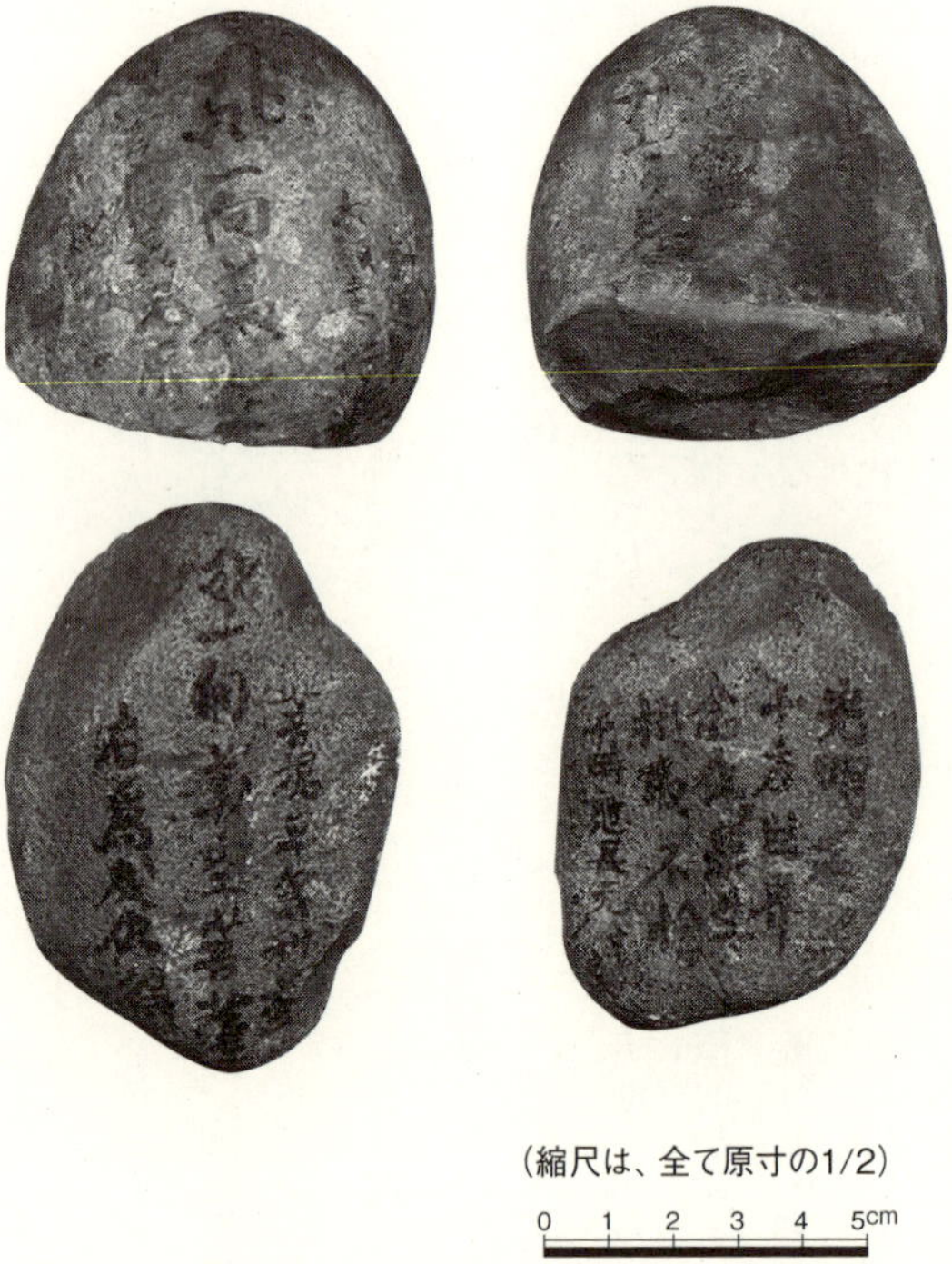

第一図　山形県天童市高野坊遺跡出土の遺物
（天童市教育委員会提供）

十丁亥年（一二八七）十一月十八日、この番場蓮華寺にて立ち往生したという。四九歳とされる。この『一向上人傳』は俊聖教団に関する基礎史料であるが、近世の成立とみられる点、『一遍聖絵』の影響がみられる点から、史料としての信憑性には問題があることをふまえておかなくてはならない。一遍と同生年とされるのも気にかかるところである。ただし、俊聖が一遍同様に西の叡山とよばれる書写山に入り、比叡山延暦寺と元来無関係の祖師として描かれる意味をくみとる必要があろう。

宇都宮一向寺旧蔵の西澤正臣編『宝樹山称名院仏向寺血脈譜』(4)によれば俊聖には一五人の遺弟があり、北は奥羽から西は摂津まで広がって道場を構えていた。黒衣・裳無衣を着し、踊り念仏を修し、寺院を道場とよび、各地を廻国し、阿弥陀仏号を名のったため、世上では一遍系統の時衆と同一視された(5)。共通の行儀・行実をもつ普通名詞としての「時衆」に統合されていったのである(6)。本来「時衆」とは不断念仏を修する堂衆の一般名詞で、のちには浄土宗・真宗への編成にもれた雑多な念仏聖たちを総称したものであった。江戸時代には「時宗」として一遍時衆最大の教団である遊行派（自らを遊行本流とみなす政治性の強い用語であり以下藤沢派と記す）・相模国藤沢清浄光寺の下にその差配を受けることとなった。のち遊行四十八代に登位し他阿賦国となる時宗総触頭武蔵国浅草日輪寺・其阿吞《ご》了の元禄十年（一六九七）『時宗要略譜』「宗義立派之支」には「一向上人一遍上人弟子住江刕番場蓮花〔華〕寺建一向派」「佛光〔向〕寺在羽刕天童一向上人入寂地建天童派今時歸江刕蓮花〔華〕寺之末寺」とある。このように俊聖教団は近世の時宗にあっては一向派とよばれ、同じ俊聖の法脈を承ける出羽国天童仏向寺（山形県天童市）を中心とする天童派とともに「時宗十二派」の一つに数えあげられていた。俊聖亡きあと番場蓮華寺は門弟の筆頭礼智阿尊覚以降、同阿上人として嗣ぎ、俊聖教団の総本寺の位置を占める。また同じ俊聖の附弟行蓮が北関東・東北の教化を進め、仏向寺が天童派として奥羽の本寺となったほか、近世には常陸国小栗一向寺（茨城県筑西市）が蓮華寺と本末争いをくり広げたほどであり勢力は拮抗していたようである。

　およそこの十二派自体、明らかに一遍の系統である藤沢派、当麻派（相模国当麻無量光寺）、四条派（京都四条道場金蓮寺）、六条派（京都六条道場歓喜光寺）、奥谷派（伊予国奥谷宝厳寺）以外の市屋派（京都市屋道場金光寺）、御影堂派（京都五条御影堂新善光寺）、霊山派（京都東山霊山正法寺）、国阿派（京都東山道場雙林寺）、解意派（常陸国海老ケ島新善光寺）などは一遍の法系に附会されたと考えられる。これら別個の時衆が単一の時宗に統合されたのは江戸幕府の意向によるが、中でも俊聖教団は近世・近代を通じ一貫して一遍時衆からの独立を企図して運動を行い、いったんは藤沢派との折衝によって一九〇三年に蓮華寺を時宗大本山として徒弟教育にも独自性が認められるなどした。

　結局は宗教団体法の関係で一九四二年に五七箇寺が時宗を離脱して然阿良忠の系統である浄土宗鎮西派に合流、若干の寺院が時宗にとどまった。なお本書では一遍系時衆をもって時衆を代表する例証として挙げることがたびたびあるが、これは事例が多いことと、ともに時衆として中世びとから「一遍一向」と一体視されるのは(7)、俊聖流が一遍流に同化したわけではなく、本質的に時衆が社会的にもたされた機能・様態に基づくと考えられる同一様式の行儀・行実にのっとっていたからとみなすためである。

　俊聖教団の末寺は本書第一部第三章第一表に掲げた。典拠はおもに近世末寺帳としたが、大橋俊雄氏は蓮華寺蔵の末寺帳を江戸初期とするものの(8)、内容に偏りが顕著で、例えば出羽は現在までたどることができる具体的地名・寺名が載るが、そのほかの地域はおおむね字名をともなわない現存しない寺ばかりである。また鎌倉にある俊聖開山と伝える三箇寺は一つもみられない(9)。

第二節　奥羽における時衆の教線

俊聖の墨書礫の出土した歴史的環境を鑑みるにあたり、まず東北地方の念仏信仰についてみてみよう。浄土宗や真宗についてはあとで言及することになる。[10]俊聖教団の寺院の北限は本荘蓮化寺（秋田県由利本荘市）である。ただこれは出羽の俊聖教団の分布からはやや孤立した位置であり、寺史によれば名取蓮化寺（山形県村山市）の末として慶長七年（一六〇二）建立というので中世のものではない。一方藤沢時衆など一遍時衆の本州における北限は佐井伝相寺（青森県下北郡佐井村）である。[11]こちらも元禄十二年（一六九九）に開山が初住といい、中世に遡りうる寺院は久慈慈光寺（岩手県久慈市）である。ただしこの寺も天正十九年（一五九一）以降に臨済宗からの転宗というので（仁安三年〔一一六八〕天台宗寺院として成立、永仁四年〔一二九六〕真教改宗とも）、教線としてはかなり後代ということになる。確実と思われていたのは盛岡教浄寺（同県盛岡市）である。正慶二年（一三三三）元弘の変で討死にした南部茂時のため舎弟信長が三戸に建立、慶長十七年（一六一二）利直の転封で移転したという。しかし『岩手県史』第二巻〔中世篇上〕の指摘のように、『太平記』にみえる南部右馬頭茂時こと連署北条茂時自害の伝を、のちの三戸南部氏が自家の系譜に入れこんだのではないか。『寛永諸家系圖傳』や『寛政重修諸家譜』巻第二百十などである。教浄寺の寺伝を中世に遡らせる史料はない。そこで今のところもっとも疑いなさそうな遠野常福寺（同県遠野市）は、南部氏が甲斐国に建てた神郷寺を応永十八年（一四一一）八戸に仏浜寺として移動させ寛永四年（一六二七）現地に遷ったと伝える。このように南部氏の外護が窺える。一遍については『一遍聖絵』第五第三段によれば、弘安三年（一二八〇）に陸奥国江刺（岩手県奥州市江刺区）にある承久の乱で流罪となった祖父河野通信の墓に詣でているのが遊行の北限である。日本海側では津軽を基盤とした安藤氏が『時衆過去帳』遊行十五代他阿尊恵代（在位一四一七〜二九）裏書に「奥土佐湊（十三）法阿父」とあり、時衆信仰に関わっていたことが知られる。安藤氏と時衆との接点は『大乗院文書』所引『雑々引付』に越中放生津本阿と津軽との関係が示されるように、海運によるものであったと考えられる。(12)この本阿と関係した越前国長崎道場称念寺の薗阿は流通業・金融業に携わり、両人のネットワークは越前国三国湊から越中国放生津、越後国府中、陸奥国津軽十三湊におよぶ遠大なものであった。津軽半島西部に北陸地方色の時衆板碑が散見するという。(13)また陸奥国比内郡（秋田県大館市）の浅利氏は一四世紀後半から一五世紀前半に『時衆過去帳』に頻出するも、(14)大館盆地に時衆寺院は過去も現在もなく（第二部第四章の宝田寺は別事例ヵ）、板碑もここだけが空白地帯である。このように遊行性を本義とする時衆は、寺院分布と必ずしも整合しないのである。

秋田県には先の蓮化寺に対して三箇寺の藤沢派寺院（いずれも秋田市）があるが、二箇寺は慶長八年（一六〇三）の佐竹氏移封に関するもので、一箇寺は法然の弟子である金光に因む金光寺である。金光寺は男鹿市脇本にあった遊行十四代他阿太空中興の寺院を佐竹義宣が天正年間（一五七三〜九二）ごろ移転させたという（金光寺旧寺地には曹洞宗万境寺がある）。伝金光像が遺る。金光（一一五四〜一二一七）は法然の高弟として津軽半島にまで布教を行って同寺で入滅したとされる僧で、一種の廻国僧といえる金光に対する信仰が東北地方にあったと思われる。『一向上人傳』巻參で弘安元年（一二七八）俊聖に入門、同じく『血脉譜』に俊聖弟子で遊行三代とされる存阿が開いたとある陸奥国学牛《まねうし》往生寺（宮城県栗原市、浄土宗鎮西派。大崎義隆の命で寺基を移転し、同県加美郡色麻町に同名の曹洞宗寺院がある）は寺伝では金光を開山としている。

ところが史料を時系列でみていくと、唱阿性真の康元二年（一二五七）『授手印決答見聞』によれば金光は奥州会津で歿したとあり、往生寺金光伝承も元禄十六年（一七〇三）歿した中阿円智の『円光大師行状画図翼賛』巻四十八・五十八が現下では初見である。[15] したがって金光信仰が拡大したあとに、往生寺開創以外特筆すべき記事のない存阿という人物に改めて仮託するとは考えがたく、『血脈譜』の内容が祖型を保っているとはいえないか。金光の出身地、筑後国竹野郡石垣（「金光上人　浮羽郡人石垣」）が俊聖の本貫に隣接しているのが気になるところである。[16]

また現在の山形県における藤沢派では、最上光明寺（山形市）が近世には、石高一七六〇石と本寺清浄光寺の百石を大きくしのぐ寺領を有していた。ほかに六箇寺が現存するが三箇寺は光明寺末、三箇寺は日本海側の鶴岡市内である（『時宗遊行派本末書上覚』では出羽国で一九箇寺、うち塔頭八）。一方俊聖教団は内陸側を中心に彰考館蔵『末寺帳』では四七箇寺が挙げられているので、その教勢の相違は明瞭である。

第三節　高野坊遺跡出土の墨書礫の概要とその意義

高野坊遺跡は山形県天童市大清水字高野坊にある。最上川中流域にあたる村山盆地平野部の乱川扇状地の扇端部に位置し、縄文後期から中世の建物などが検出された複合遺跡である。一三世紀後半から一四世紀にかけての遺構として小規模な門跡、それをとりまく塀がみられ、その東側に二・一×一・七メートルの長方形の穴（ＳＫ３土坑）があり、内部・周辺から墨書礫が出土した。土坑上部には一辺六メートルの方形壇が認められたという。土坑塚であったとみられる。珠洲焼・信楽焼の破片、刀子などを共伴していたが仏具はみられなかった。この地は古代から中世にかけて成生庄とよばれ、墨書礫埋納の当時は八条院領であった。[17]「政所」銘もあり成生庄園の政所（居館）らしき遺構の地もほど近い。

墨書礫はＳＫ３土坑から百数十点出土し、墨書の確認ができるもの五六点、ほかに墨痕の認められるもの四〇点余でいずれも四～六《センチメートル》大であるという。加工痕があるのは、立てるためと思われる。このうちの一字一石の場合、おのおのの文字は通仏教的であまり問題とならない。せいぜい「光明遍照」以下の摂益文は『佛説觀無量壽經』（『大正新脩大藏經』第十二巻）、「十萬億佛土」「皆悉到彼國」は『佛説阿彌陀經』（『同』）といった『浄土三部経』を出典とし、藤沢清浄光寺蔵・俊聖画像上方左側の色紙形に、『佛説無量壽經』（『同』）の一節よりとった「其佛本願力／聞名欲往生／皆悉到彼國／自致不退轉」が書かれるのと共通するのが特徴といえようか。目につくのは「観音力」の語が『妙法蓮華經』（『大正新脩大藏經』第九巻。以下『法華経』と略す）「観世音菩薩普門品」（『観音経』とも）第二十五偈文に基づく点であろうか。銘文をまとめると、応長元辛亥年（一三一一）霜月に出羽国成生庄にて行蓮を勧進聖人大願主、辨阿弥陀仏以下八名を功徳主、藤原入道・後藤和泉を施主として俊聖の「二十七年（回）忌」を修したことになる。これを単純に遡ると歿年は弘安七甲申年（一二八四）になり、地方によっては一年早く年忌法要を行うことを考えれば同八乙酉年も該当しよう。[18]この年記は番場系の『一向上人傳』の同十丁亥年（一二八七）、天童系の『天童落城並仏向寺縁記〔起〕』（以下『天童縁起』と略す）の永仁三丁未年（一二九五）とのいずれの歿年とも相違するという、きわめて重大な情報を呈示してくれる。応長元年（一三一一）は四月二十八日に延慶四年より改元されている。したがってこの埋経もこの日以降ということになろう。七月に俊聖一五戒弟の一人、学牛往生寺を開いた存阿が寂していることも関係あろうか。

他方、宇都宮一向寺過去帳によれば同寺四世とされ仏向寺開山に擬せられる行蓮は、永仁三乙未年（一二九五）正月十五日に入寂したという。このまま過去帳を信ずるとすれば大願主とある行蓮は応長元年に七回忌を迎えることとなり、俊聖と行蓮の法会を併せて修した（行蓮は死後の招請願主）とみられ、「二十七年忌」というやや不自然な年数も納得がいく。[19]

また銘文にみえる「後藤和泉」について、後藤原の地名があるほか、後藤家は仏向寺の寺侍と伝承され同寺境内に後藤家墓碑「延宝八（一六八〇）庚申暦／為法尓自然信士也／九月廿九日」が今もある。

本墨書礫には阿弥陀一尊でなく三尊の梵字がある。梵字の使用そのものも時衆には珍しい。造像に俊聖教団関与が推定できる谷地長延寺（西村山郡河北町）の永享五年（一四三三）銘板碑にもキリークの梵字がある。[20] 無の異体字「无」も真宗に多く、異色である。

ところでここで注意したいのが菩薩号である。「一向義空菩薩」と記したものが二点、「一向義空」が一点検出された。後者は下部が欠損するが、当時からの原型とみられる。俊聖の法諱は堯恵による永和元年（一三七五）『吉水法流記』と静見了日による同四年『法水分流記』で俊聖、霊誉鸞宿による享保十二年（一七二七）『淨土傳燈總系譜』（『浄土宗全書』十九巻）で俊性とされ、義空は菩薩号という。その出典は「義空菩薩　永仁三年（一二九五）三月日／義阿」と刻された仏向寺蔵鉦鼓、仮題『羽州化益伝』が正応三年（一二九〇）の参内と「義阿義空菩薩」勅定を伝え、『天童縁起』、一八八六年の『葉山古錦』に同じ正応三年勅により俊聖に贈られたとある。しかし菩薩号は『僧官補任』（『群書類従』第三輯）によれば行基（行基菩薩）、西大寺叡尊（興正菩薩）、極楽寺忍性（忍性菩薩）、唐招提寺窮情（大悲菩薩。覚盛）のみであり俊聖はみえない。[21] 忍性は叡尊の弟子、窮情は弟弟子で、先蹤と仰がれる行基を含めるとすべて西大寺系律僧であり、天皇に菩薩戒を与える戒師を意味する勅命による菩薩号を、遁世の時衆である俊聖が賜るとは思われない。これは日蓮を日蓮大菩薩とよぶような、その門流での私謚ではあるまいか。『竜華秘書』（『日蓮宗宗學全書』第十九篇史伝旧記部(二)「歴祖部」に、祈雨修法成功のため、延文三年（一三五八）妙實に対する天皇弥仁（諡号・後光厳）勅筆で、日蓮に大菩薩号、日朗・日像に菩薩号、妙實に大覚大僧正を授くというが、疑いの余地が大きい。五来重氏は天平文化期の経論典籍の写経勧進の聖に菩薩号が多く、中世では真言律宗元興寺極楽坊（奈良市）の文永五年（一二六八）聖徳太子像体内の太子仏供千枚供養札の願文にみえる像造立のため、土器一坏の油代供出を勧募する聖「善順菩薩」などの私称菩薩の例を挙げている。(22) また「一向義空菩薩」という表記から、例えば「叡尊興正菩薩」と法名（法諱）が勅定による菩薩号を上下逆のいわばふみつけにすることが考えがたいように、「義空」は菩薩号ではなく法諱そのもの、すなわち「一向俊聖」ではなく「一向義空」というのが僧としての実名ではないか。一向という言葉は一向専修の念仏門徒をさす普通名詞といってもさしつかえないから、むしろ「一向聖《ひじり》」は複数いた蓋然性もあろう。(23) 一遍にしても「極楽坊一遍」と記した応永十八年（一四一一）六月銘、元興寺極楽坊出土の軒平瓦の例がある。しかも義空菩薩の文字がみえる史料は今般の高野坊遺跡の遺物も含めいずれも天童系である（勅諡に言及した『葉山古錦』は番場蓮華寺の寺史。斎藤茂吉に薫陶を与えたことで知られる著者佐原窿應は山形県出身で仏向寺から蓮華寺に転住）ことは注目してよかろう。

ちなみに義空は従前に複数いるが、日本に禅を公伝させた人物が知られ、『羽州化益伝』は「大唐の僧、義空菩薩」に言及、『天童縁起』にもみえる。この義空は生歿年不詳、唐の禅僧で承和二年（八三五）皇太后橘嘉智子の招聘に際し塩官斉安の推輓で来朝した。東寺西院に住し宮中に参じて禅要を説き、嘉智子が創建した檀林寺の開山となるが、禅宗は定着せずやがて帰国したという。禅僧心地房無本覚心（無本の道号は同時代にはない）の許への一遍や王阿（御影堂派祖）、浄阿真観（四条派祖）の参禅譚が連想される。

墨書礫では俊聖、行蓮とも俊聖教団で用いられる法号阿弥陀仏号をもたない。これは一遍とその最有力門弟（異母弟といわれる）聖戒の特殊な関係を想起させる。四天王寺において自誓受戒し、自らを下根の者として堅く持戒をとおした一遍は、形木名号を唯一与えた聖戒にも大乗戒を受持するよう命じたと歓喜光寺（京都市山科区）蔵『開山彌阿上人行状』（『定本時宗宗典』下巻）にある。この史料は後代のものだが、同時代史料でも聖戒は時衆の中にあって一遍同様に阿弥陀仏号を名のらなかったので、この記述は追認できる。(24) 果位（如来）に登ることを留保したのである。それをふまえれば一遍も菩薩であり阿弥陀仏ではない。これと同じことが俊聖や行蓮にもいえまいか。阿弥陀仏号をもつ時衆とは別の位置―その意味でも俊聖が菩薩号を附せられているのでもあろう―にあったことを示唆する。これが大悲闡提の思想であることを本書第一部第三章で述べておいた。

第四節　天童系の俊聖教団の特質

俊聖は鎌倉光明寺の然阿良忠の下で一五年修学し「四大自本空／五蘊假建立／寶号留所々／名之謂一向」との偈文を詠んだという。古くは南北朝期ヵという『一向上人臨終絵』にみえている。ところがこれには典拠があったようである。天皇尊治（追号・後醍醐）の倒幕に連座して佐渡に配流された日野資朝が斬首される際に詠んだ頌「五蘊假成形、四大今歸空、將首當白刄、截斷一陣風」（『太平記』〈『日本古典文学大系』34〉巻第二）ないし「四大本無主、五蘊本來空、將頭傾白刄、但如鑽夏風」（『増鏡』）あるいはそのもととなった東晋の僧肇の「四大元無主、五陰本來空、將頭臨白刄、猶似斬春風」（『景徳傳燈録』巻二十七）に基づく本歌取りと考えられ、(25) 千々和到氏によればこの偈は当時の武士の辞世の頌に引かれるほど広範に流布していたらしいので、(26) その当代の傾向を承けているといえよう。ただ死にまつわる負の印象を受けるのは、後述の三昧聖としての俊聖教団を示唆するものである。後段で一向専修の思想を謳っており、鎮西派の実質の祖である然阿良忠より奥義を学んだというものの、諸行本願義に近い色彩を帯びゆく鎮西の法系にあっては若干異質である。特に俊聖教団は一遍時衆同様に踊り念仏を修するが、鎮西義では良忠から数えて四代の白旗派・了誉聖冏の永和三年（一三七七）『破邪顕正義』には踊躍念仏は邪義であると論難されている。

俊聖教団は藤沢派からの史観では前掲『時宗要略譜』でみたとおり一向派（ここでは番場系俊聖教団）と天童派に区別されていた。天童派という用語自体はこの書が初見のようであるが[27]、実態としては確かに俊聖教団でも東西で初期段階から別個の教団としてあゆみだしていたように思われる。この問題を考える際に留意しなければならないのは、天童系の史料も一向派としての統一を保つために近世に番場系に迎合させた内容をもっている点である。例えば『血脈譜』にも拘わらず宇都宮一向寺伝では俊聖を開山とし行蓮を四世とする。ともに天童系伝承の原初形態を伝え近世初頭以降の成立と思量される『天童縁起』と『羽州化益伝』は、内容が荒唐無稽で文脈・用語に不分明な点も多く談義本のごとくであるが、前者に永仁三年（一二九五）養観堂弟子辨阿弥陀仏とみえ「養観堂」「辨阿弥陀仏」とも墨書銘に対応することから古来の伝承を継承していることを示している。『羽州化益伝』にある正応元年（一二八八）から翌二年までの俊聖琉玖〔球〕遊行は、俊聖教団と教線がかぶる浄土宗鎮西義名越派の僧、良定袋中の慶長八〜十一年（一六〇三〜〇六）琉球渡海の史実から着想をえたのであろうか。両書は奥羽勧化などの記事において番場系伝承とおよそ異同が多い。天童派を含むという意味で広義の一向派としての体裁を整えるべく、小栗一向寺と番場蓮華寺との本末争いに貞享四年（一六八七）決着が下りたころから住持転院などを契機に番場・天童間での縁起のすり合わせが進んだとみられる。仏向寺二世同阿専了（同寺では行蓮に同定）が永仁元年（一二九三）著したといい、実際には「時宗一向派」の用語などから近世末葉の成立と推定される『宝樹山称名院仏向寺縁起』は、前出の『天童縁起』と異なり、番場系伝承と矛盾するところがない。

まず俊聖入滅に関してである。『一向上人傳』など番場系の史料では四九歳で弘安十年（一二八七）十一月十八日、蓮華寺にて立ちながら往生を遂げたという。しかし『天童縁起』によれば永仁三年（一二九五）十一月十八日に六四歳で往生、また土地の伝承では高野坊の地が仏向寺の故地であり俊聖は当地で歿したというが、高野坊遺跡での発見によりこれらの伝承をあながち造作・仮構として一笑に附することはできなくなった。高沢清雲寺（山形市）には俊聖に由来する「開山杉」の口伝があり、同寺含め山形県の六箇寺が俊聖開山と伝承する。けれども『血脈譜』に「行蓮聖下野宇都宮一向寺羽州藻上仏向寺両処開山也応日修行中称同阿又称義阿出于古記」、『血脈譜』中「宝樹山称名院仏向寺血脈相承代々」に「二世同阿上人専了大和尚号専流又行蓮出羽奥州化導ノ祖ナリ」とあるように奥羽の俊聖教団念仏弘通は行蓮が初源であるとみるのが自然であろう。既出『吉水法流記』や『法水分流記』、天文十七年（一五四八）写『蓮門宗派』など浄土系法脈系譜の俊聖記事を時系列で摘出して分析すると、歿年月日や立ち往生伝承などの成立経過が看取できる。俊聖伝そのものについては本書の責でないため別の機会に言及したい。

その行蓮に関しておもしろい推論に逢着したので特に一言しておきたい。細川涼一氏が引く『吉田家本追加』（『中世法制史料集』第一巻）に「近江國箕浦庄加納與本庄東方堺事」がみえる。[28] 箕浦庄加納の「土肥六郎入道行蓮」と「舎兄三郎入道々日」とに堺をめぐり相論が起き六波羅探題で沙汰が下った八年後の永仁六年（一二九八）重訴したというのである。「三郎入道々日」は弘安七年（一二八四）蓮華寺梵鐘銘の「大檀那沙弥道日」であり寺伝によるところの開基土肥元頼であることはまちがいない。一方「土肥六郎入道行蓮」こそ俊聖一五戒弟の一人で高野坊遺跡墨書礫の「勧進聖人大願主行蓮」ではないか。年代の符合、かたや俊聖の檀越の舎弟でかたや俊聖の高足という位置にせよ、同名異人が俊聖の周辺にいたとみるより自然である。元頼が俊聖の手で受戒したのなら弟も俊聖により入道した蓋然性があろう。ちなみに行蓮は『一向上人傳』巻四によると弘安三年（一二八〇）美作国勝田（岡山県勝田郡）で入門した江河刑部であったというが、仔細に詞章をみると全般に人名・地名についてはほかの俊聖伝記と錯雑・異同が著しく、にわかに信用しがたい。

また『一向上人傳』には海上交通との関連を窺わせる記事が多い。そこでは西国のみを遊行したとされ、その旅程はおもに九州・瀬戸内の沿岸部に限られている。讃岐では「清海寺」を建立したといい、海民との結合を示唆している。これは後述の九州や美作のバンバ踊りを想起させる。一方天童系の俊聖教団寺院は完全に内陸部であり、〝船の番場時衆〟〝足の天童時衆〟といえようか。

番場蓮華寺は釈尊と弥陀の二尊を本尊とする。宮崎圓遵氏は浄土宗西山派の影響をいう(29)。二河白道や光明本尊に代表される発遣⇕来迎の関係であるから西山派に限定はできまいが、『法水分流記』で鎮西派三祖良忠の系譜に「一向俊聖筑紫草野一族 弘安十十一十八亡」とある一方、西山派祖証空の門弟顕性の系譜に「一向筑紫草野党境浦順阿作之 一向行状記顕性弟子云云」と記される。こうした兼修は中世にはよくあることで、不自然ではなく否定もできない。あるいは「義空」は西山派の法名空号とも考えられるのである（大塚紀弘氏の示唆）。鎮西の法系を主張するようになるのは当麻・解意時衆や真宗高田派・木辺派が中・近世に鎮西派の寓宗として位置したような処世の術とも捉えられるのである。当麻三十八世他阿是名による元禄四年（一六九一）『麻山集』（『定本時宗宗典』下巻）「下」の「當門徒之事付定義之辨」に「傳ニ云當門ハ淨土西山鎮西兩派相承也云云」とあり、解意派新善光寺の『正三尊阿彌陀如來緣起』(30)（慶長三年〔一五九八〕の年紀は疑義あり）には

「渡リ㆓西山及鎮西ニ㆒究メ㆓代々相承之脈腑㆒」るとみえる。

対する出羽では布教形態をある程度復原することが可能である。(31) まず善光寺信仰を利用した天童時衆。上ノ山西光寺（上山市）および金瓶宝泉寺（同市）、十文字阿弥陀寺（山形市）、白岩誓願寺（寒河江市）、高櫤石仏寺(32)（天童市）、河島塩常寺（村山市）では善光寺式弥陀三尊を本尊としていた。これらはいずれも五〇《センチメートル》以下の中尊と三〇《センチメートル》前後の脇侍からなる点がささやかな経済基盤を示している。比較的庶民信仰と隔絶していた浄土宗でありながら、東北地方にあって民衆への勧化で繁衍した浄土宗鎮西義名越派の事実上の初祖良山妙観の師月形坊良慶明心（一二六九〜一三三六）は、高野聖として臨済宗法灯派祖の心地覚心に学び、善光寺南大門前に住していた。(33)

次にその高野聖としての天童時衆。出羽の俊聖教団寺院は街道筋や清水のある地に多く、さらに「高野」の地名が清雲寺のある高野村（現山形市）、仏性寺のある高野村（現天童市）、高野坊遺跡といずれも俊聖教団に関係する地である。(34) 湧水は密教・山岳修験での勝地とされたため真言宗に所縁があり、高野聖を通じて密教の影響を多大に受けているといえる。俊聖に仮託した雨乞い伝承など水にまつわる説話が数多く遺されている。また石仏寺には疫病平癒を祈って俊聖が五智如来を石に刻んだとの口伝があり、境内と旧寺地に石造物がある。このほか仏向寺境内に天童市内最古の板碑がある。鎌倉末に比定される凝灰岩製の高さ二四六《センチメートル》におよぶもので、銘はないが〓《アーンク》（大日如来の種子）があり、北隣にある大日堂に関連する遺物とみられる。(35) 天童市や山形市には平安期の石鳥居が三基あるなど石造物文化がもともと存在する土壌があった。このように番場系は弥陀と釈迦を信仰の対象とするが、天童系は密教の影響が大であるといえる。善光寺信仰と高野山信仰は、融通念仏運動や心地覚心とを結節点として勧進聖と紐帯関係にあった。(36)

第一表　山形県内の勧進による文字資料

年紀	銘文抜萃	資料名
保延六年（一一四〇）	勧進僧正寅玄宗	南陽市別所山経塚出土経筒銘（東京国立博物館蔵、国指定重要文化財）
元久二年（一二〇五）	大勧進院主永慶大徳 小勧進聖人永阿弥陀仏	山形市天台宗山門派立石寺根本中堂薬師如来座像修理銘（国指定重要文化財）
安貞二年（一二二八）	勧進修行恵玄住房	天童市曹洞宗昌林寺木製懸仏銘（国指定重要文化財）
弘長三年（一二六三）	為一紙半銭結縁	天童市天台宗山門派若松寺金銅聖観音像懸仏銘（国指定重要文化財）
文永三年（一二六六）	勧進聖人西阿弥陀仏	天童市浄土宗鎮西派石仏（寺）（旧時宗天童派）善光寺式阿弥陀如来立像銘（神奈川県横浜市真言宗大覚寺派千手院蔵）
建治元年（一二七五）	勧進	鶴岡市出羽三山神社（旧羽黒山寂光寺）鐘銘（国指定重要文化財）
建治三年（一二七七）	勧進沙門敬意房良円	鶴岡市薬師如来立像銘
嘉元三年（一三〇五）	勧進大法師城仙	寒河江市慈恩宗本山慈恩寺銅製飯食器銘（山形県指定有形文化財）
応長元年（一三一一）	勧進聖人大願主行蓮	天童市高野坊遺跡出土墨書礫銘（天童市立旧東村山郡役所資料館蔵）
文和元年（一三五二）	大勧進聖弘俊	鶴岡市出羽三山神社銅灯籠竿銘（国指定重要文化財）
□治（　？　）	勧進僧良慶	飽海郡遊佐町大物忌神社口の宮石函銘
康安二年（一三六二） 永和元年（一三七五）	大勧進大和房朝尊	山形市天台宗山門派石行寺『大般若経』写経奥書（山形県指定有形文化財）
享禄三年（一五三〇）	本願忍阿、俊阿	山形市浄土宗鎮西派（旧時宗天童派）西光寺太鼓銘（山形市指定文化財）

【凡例】 Ⅰ竹田賢正「石行寺大般若経写経について（下）」『山形県地域史研究』第七号（山形県地域史研究協議会・一九八二年三月）から筆者作表（同攷で典拠とされる『山形県史』古代中世史料は竹田氏が編纂に従事）。

Ⅱ中世の造寺造仏の少なからぬ部分は勧進によるものであるが、取捨選択は竹田氏にしたがい、一向俊聖教団に関係する天童市高野坊遺跡墨書礫と山形市西光寺太鼓の項目を新たに加えた。

Ⅲ資料名、自治体名、宗派名、文化財指定など一部を改訂・増補した。

竹田賢正氏によれば山形県内の勧進聖の遺した文字資料は一一例がある。これに今般の高野坊遺跡など二例を加えた**第一表**から、ある事実が看取される。元久二年（一二〇五）小勧進聖人永阿弥陀仏（俊聖教団成立以前の資料だが法名からのちの時衆に近い念仏門徒といえる）、文永三年（一二六六）勧進聖人西阿弥陀仏（明徳四年〔一三九三〕開山と伝えられる高櫤石仏寺の旧本尊に刻字。年代から俊聖教団そのものではないが法名からも俊聖教団の基底を形成した聖だろう。善光寺信仰から時衆に移行する端境期の貴重な金石文）、応長元年（一三一一）勧進聖人行蓮と、いずれも時衆系の僧が「勧進聖人」という称号をもつのである。これはのちの「大聖人」のような尊称ではないことは、元久二年の例で「大勧進」には「院主」と附せられていることでもわかる。むしろ中世的な聖をさしていよう。

柏原祐泉氏は近江の一遍時衆・俊聖教団の総論として、時衆が当初の遊行性から真宗の村落の惣的結合の中に順応した過程の中に、時衆の教勢を真宗がとりこんでいく変遷を重ねている。[37] 近江の俊聖教団は農民のほか都市民・のちの被差別民を含む職能民[38]を基盤としていたようであるが、天童系は高野坊遺跡の銘文に「御庄」「政所」の術語がみえるほか、在地領主とおぼしき「藤原入道」、その被官らしき「後藤和泉」を施主としているから対照的である。成生庄の地頭は、当地に二階堂屋敷、二階堂山、二階堂池の地名が遺り、鎌倉期後半に行義、行藤、義貞らの出羽守を輩出する二階堂藤原氏と考えられている。また庄司・預所ないし地頭代は、天台宗山門派若松寺（天童市山元）の弘長三年（一二六三）五月八日付「大檀那藤原真綱」銘懸仏に示される藤原氏であったようで、「藤原入道」との関連が想定される。この支持基盤の差異は、生産性などに基づく東西の地域社会の構造の相違が背景にあり、ひいては後述のように天童系俊聖教団には三昧聖色が薄いように、布教形態にも独自性が生ずるようになったのではないか。

第五節　俊聖教団による墨書礫埋納から考える原始一向宗論

神田千里氏が「原始一向宗」なる概念の下、時衆について言及している。(39)それによると「時宗」「一向派」「真宗」の中に〝宗祖〟の教説からやや逸脱した神祇不拝・造悪無碍などの独特な法義をもつ者があり、これらは世俗から「一向宗」として一体視されていたという。こうした一連の傾向をもつ集団を神田氏は「原始一向宗」と定義づけている。またかつて大橋俊雄氏も俊聖教団が蓮如らの教化により真宗に流入し、それゆえ真宗が「一向宗」と称されるようになったことを述べた。(40)

神田氏の研究は浄土教系の各派を比較した点では評価できるものの、典拠とした史料に問題を多く含むこと、一遍時衆を「時宗」として固定観念化していること、俊聖教団を「時宗」と別物として扱っていることなど概念規定には首肯しがたい。例えば金井清光・大橋両氏は永仁四年（一二九六）『七天狗絵』（『続日本の絵巻』26）伝三井寺巻・詞書第四段で「或ハ一向衆といひて弥陀如來の外の餘佛に歸依する人をにくみ神明に參詣するものをそねむ」（傍点筆者）と神祇不拝とあり踊り念仏が頽廃していると批判される一方で、画第四段の部分で神祇信仰をもつ一遍が描かれているのは、一遍と俊聖とを混同していると断ずる。また元弘三年（一三三三）六月十四日付の市村王石丸代後藤弥四郎信明に充てた「新田義貞証判軍忠状」にみえる鎌倉前浜の「一向堂」を両氏とも無批判に俊聖教団のものとする。(41)なるほど自害した六波羅探題北方北条仲時主従を供養する蓮華寺蔵・元弘三年（一三三三）五月『陸波羅南北過去帳』には「近江國馬場〔番〕宿米山麓一向堂前」（『太平記』巻第九の「辻堂」）すなわち蓮華寺内にて命終したとある。また北関東には「関東五（のち四）向寺」と通称される五箇寺の一向寺があるように、一向の名は中世中期以前には俊聖教団が独占していたかに映ずる。しかし「一向衆」は固有名詞ではない。明恵高辨の建暦二年（一二一二）『於一向専修宗選択集中摧邪輪』（『日本思想大系』15）に端的に表れるとおり法然系の一向専修の念仏門徒はすべて「一向衆」なのである。

文暦二年（一二三五）七月十七日ほかに「念佛者」への禁制が出、弘安七年（一二八四）五月二十日に発せられた「新御式目」（『中世法制史料集』第一巻）には「念佛者・遁世者」の記述がみられる。これが高田『専修寺文書』（『真宗史料集成』第四巻）の嘉元二年（一三〇四）十二月十六日の真宗高田門徒顕智充ての親鸞庶流の沙門「唯善施行状」では、前年九月に「号一向衆成群之輩横行諸国」のためこれに対する禁制が出ているが、自分らは該当しないはずだと危機感を訴えており、「一向衆」というより具体名が出される。『本願寺文書』（『真宗史料集成』第一巻）には元亨元年（一三二一）二月の「本願寺親鸞上人門弟等愁申状」として「爰去乾元（一三〇二〜〇三）之比、号㆓一向衆㆒、諸国横行放埒輩若依㆑有㆓非分之行儀㆒歟、被㆓禁遏㆒之刻」（返り点筆者）と愁訴するさまが窺える。このほか唯善が親鸞を追慕して建立した鎌倉常盤「一向堂」があったことが想起され、(42) 越前国敦賀に永禄元年（一五五八）六月五日付『善妙寺寺領目録』（『福井県史』資料編8中・近世六）にみえる「在所一迎（向）堂」、他方浄土宗西山義深草派にも来歴は不明であるが愛知県岡崎市に一向寺がある。(43) 金龍静氏が浄土宗鎮西義一条派などの例を示すように、(44) これらの名称は「一向〜」を一向俊聖の徒と断ぜられないことの証左であり、一向堂・一向衆は普通名詞と捉えるべきである。

『専修寺文書』には、寛正六年（一四六五）六月以後の「無㝵光衆」「無㝵光愚類」と自分たち高田門徒とを混同することを避ける文書が複数遺る。この無㝵光衆は本願寺教団をさすものと考えられる。『祇園執行日記』（『群書類従』第二十五輯）文和元年（一三五二）閏二月二日条に真宗仏光寺をさす「一向宗」、あるいは『法水分流記』に「大谷門徒号一向宗」とみえるのが最古級で、『大乗院寺社雑事記』には長禄二年（一四五八）七月十七日以降の記事にたびたびみえる「一向宗」も本願寺教団であるように、このころには確然と一向衆が分化して中心が時衆から真宗に移行していたのである。浄土系教団全体を俯瞰した柔軟な定義に基づく史観が要せられている。神田氏が「原始一向宗」には死穢に対する禁忌がなく、また山伏などとの聯関も含め呪術性をもつ集団であることを明らかにしているのは淵源の上から重要である。

文献に礫石経のことがみえるのは古くは『平家物語』『東大寺縁起絵詞』などであるという(45)。この中で文和元年（一三五二）存覚の書と伝える『親鸞聖人正明傳』（『眞宗全書』第六十七巻）に注目してみたい。巻三上・下の二箇所に常陸国鹿島において親鸞が女性の亡霊を済度するために小石を集め『（浄土）三部経』を記して墓所に埋めたとある。またこうした埋納を「東國ノ風」ともする(46)。この書自体は親鸞の神秘性を演出するために存覚による造作が多く含まれることも考えなくてはなるまいが、既述の神田氏の指摘のとおり「聖」のもつ呪術的能力を考え合わせれば、親鸞が「聖人」と表記されることと合うといえる。『親鸞聖人門侶交名牒』（『真宗史料集成』第一巻）京都光薗院本には、高田門徒の祖である「真仏聖人」は「亀山法皇ヨリ給聖人号」とある。中世後期以降、近世を中心に真宗の親鸞・蓮如や法華宗の日蓮による経石伝説が各地で生成されることとなった(47)のは、庶民勧化の上で効果があったのであろう。

礫石経は一六世紀中葉から一般化し、一八世紀初頭から一九世紀中盤にかけ全国で流行したとされる。東北地方では平安・鎌倉は日本海側に経塚が多く(48)、このころの経筒を用いた経塚には近畿系経筒が検出されるため、日本海経由で経塚文化が入ってこの地での造営に火をつけたか、とみられている(49)。特にすでに一二世紀ころ出羽南部で経塚造営が盛行し、[50] 無紀年ながら山形県西置賜郡白鷹町十王・笠松山一号経塚の梵字礫石経は平安後期とみられ、中世には県内で六例あり、やがて板碑造立に移行していったものと考えられている。[51] また、修験との関連も想定できる。[52]

遺跡を三つ挙げてみよう。長野県埴科郡坂城町観音沢・観音平経塚は、墓をともなう多字一石経の遺跡である。[53] 山裾末端部を削平し、東西に長く弧状に約一五メートル検出された。経石は扁平な頁岩礫、厚さ三〇センチメートルほど、一六〇九点、年代は一二世紀後葉から一四世紀第一四半期に分類できる（『坂城町誌』によると扁平河原石を葺石として覆い、粘土を隙間につめ、経石は粘板岩山石であったというが、一九九二年調査では確認できずという）。塚の背後に七群からなる五輪塔群と三〇基の納骨施設があった。こちらは南北朝期から戦国期にかけてのもので、当地の領主村上氏に関係する武士層が造営主体とみられる。

もう一つ、東北地方の寺院に関するものでは、福島県大沼郡会津美里町字龍興寺北甲、福生寺遺跡がある。[54] 天台宗山門派の同寺は西国霊場三十三番谷汲寺奥の院と伝承し冨岡観音として地元で信仰を集める。国指定重要文化財の観音堂修復保存のため一九九八年から発掘したところ、六〇六点の川原石のうち三三一点に墨書が認められた。長径二〜一二センチ、短径二〜八センチ、厚さ〇・五〜四センチ。二六二点の文字が判読でき総計八二六文字であった。墨書文字の分析の結果、すべて『法華経』からで、一文字も逸脱はなかった。出土場所は観音堂基壇のうち、須弥壇下の埋納壙とも思われる場所に密集している。応永年間（一三九四〜一四二八）の堂建立のときの鎮壇供養の遺構とみられる。

宮城県東松島市矢本の矢本横穴墓群からは、二〇〇五年一一月ころの発掘調査で法華経の経文が記された法華経の多字一石の礫石経一点が出土している。横穴墓玄室を転用した一三世紀の中世墓であった。[55]

一字一石経の沿革でいえば応長元年（一三一一）の高野坊遺跡より以前には新潟県南魚沼市余川の長寛三年（一一

六五）六月二十四日のものと宮城県宮城郡利府町菅谷の道安寺横穴墓群の弘安六年（一二八三）四月のものとがある。[56] いずれも個体数・文字数とも僅少で、高野坊遺跡の埋経行為はきわめて完備されたものといえる。一方経碑の存在するもの（実際の埋納の有無は未確認）としては大分県豊後大野市朝地町上尾塚普光寺の暦応二年（一三三九）八面石幢は『浄土三部経』、岩手県宮古市和見の永和二年（一三七六）の『五部大経』（『法華経』『涅槃経』『華厳経』『般若経』『大集経』）、奈良県吉野郡野迫川村北股清久寺の応永二十四年（一四一七）の妙典などの埋経を記している。これが一六世紀以後は『法華経』単独の埋納が全国化するので、礫石経の初期段階は非『法華経』系が主であったのである。

大分県普光寺の例でいえば俊聖生誕の地で俊聖の祖が開基とされる浄土宗鎮西派発祥の地、久留米善導寺が想起される。[57] 有力寺院（特に浄土系）に時衆が結縁し、その山内ないし門前に蝟集していた例が多くあり、第一部第二章で例示した善光寺の妻戸時衆、高野山の聖方などは有名であるし、俊聖教団関係でいえば、出羽国寒河江慈恩寺および鎮西派鎌倉光明寺などに時衆が関係していたことが知られる。[58] 久留米善導寺の場合はいかがであろうか。大念仏に管絃が提携し発生したのが筑紫箏（楽）であるが、天和二年（一六八二）『筑後地鑑』ほかに同寺の「緇素」（道俗）が得意とするとある。[59] 念仏衆徒による芸能が分布し善導寺が中心として管理していたのであろうか。とすれば芸能者たる時衆が集結していたこともありうる。また蓮華寺の所在する番場の地名に発するといわれるバンバ踊りが宮崎県延岡市、大分県宇佐地方、岡山県美作地方などに分布しているという。[60]

確かに、参考までに挙げれば、『一向上人傳』巻貳には文永十一年（一二七四）冬、豊前国宇佐八幡で四十八夜の踊り念仏を修し鰐口を授かったとあるなど九州各地を遊行している。松岡実氏は大分県の正安二年（一三〇〇）から応永三十二年（一四二五）までの阿号在銘の石造物四五基を挙げ（ただし大半は普通名詞としての時衆、本書第一部第一章註（6））、初期の「時衆」「別時講衆」などの表記から終末期には「念仏人衆」などの表記への変化に、真宗教団にとって代わられる過程をみてとる。一遍時衆は筑紫地方において芦屋釜の工人（芦屋金台寺〔福岡県遠賀郡芦屋町〕の中世末過去帳など）にみられるように都市民・職能民らの支持があり、薩摩・大隅は中世後期には島津氏の外護があるなど発展を遂げるものの、現大分県周辺はやや空白区の感がある。俊聖教団がこの一帯を勧進し、礫石経埋納の文化を伝えた蓋然性もなしとはしない。

さて『續史愚抄』（所引『薩戒記』）によると永享元年（一四二九）七月十六日、先帝実仁（諡号・称光）の追善供養のため公卿・殿上人が西院の辺に向かって『法華経』の一字一石を書したという。これは親鸞の伝承と併せ、礫石経が死者供養と関係していたことを暗示する。例えば蓮華寺蔵・弘安七年（一二八四）十月十七日付の梵鐘銘「葬倹之墓所」や『陸波羅南北過去帳』などから三昧聖系の俊聖教団の姿がおぼろげにみえる。土肥元頼を「鎌刃《かまんば》城主」とする伝承は山形方言で火葬場を意味する「カマンバ」と重複するという指摘もある(61)。細川氏が呈示する葬送・差別に相関した俊聖教団像、神田説による死穢に積極的に関わる「原始一向宗」像と重層して興味深い。高野坊遺跡の特定の個人のための埋経という行為もその延長では捉えられないのだろうか。

宇都宮市西原の一向寺に銅造阿弥陀如来坐像がある(62)。旧来一向寺末の長楽寺本尊であったものが近代同寺廃絶により本寺に収まったのである。応永十二年（一四〇五）四月二日の銘があり高さ一一二センチメートルで像全体にわたり一一〇五文字が刻まれ、うち大部分は三四四～五の人名で満たされている。これは高野坊遺跡墨書礫に比して論ぜられるべき資料である。すなわち像の正面胸部に「一向上人、行蓮上人、行也上人」の名が掲げられ、右肩には「願以造仏力、怨親皆度脱、願共諸衆生、往生安楽国、願共諸衆生、還来度人天、高祖善導大師良忍上人源空上人、乃至聖道浄土諸祖等融通一結、諸天善神皆来加護、本願聖鏡円、旨趣、為累世親疎結縁男女、殊師範十三年乃至融通一結、諸人往生極楽也」（読点筆者）とある。そもそも時衆は結縁を第一義とした。(63) 一遍が『一遍聖絵』第三第一段で「融通念仏すゝむる聖」とあるのは周知であるし、俊聖教団でも上述の文に融通念仏の祖、光静房良忍の名がみえるなど、その残映は窺える。また一向専修の特徴は自力作善をしないことにあり、ある意味で諦念の宗教である。例えば一遍が死去にあたり解散した時衆を再構築した有能な組織者といえる他阿真教は『二祖他阿上人法語』（『定本時宗宗典』上巻）巻七所載「安食問答」（正和三年〔一三一四〕）で「彌陀に歸し往生をねがふ人の經をよみ堂塔をもつくるべからずといふは、往生は念佛一行にきはまれば念佛より外には往生の業なしと知り、堂塔塔婆は功徳の一分なれば人天の福業とこそなれ、往生にはよりもつかぬと信知して、さにまうすもの有べし。又人の談を聞てをのれが信はなくして、聞とり才覺をもていふものもあるべし」と述べて専修念仏を勧める。

しかしながら一遍は死に際し「没後の事は我門弟におきては葬礼の儀式をとゝのふへからす、野にすてゝけたものにほとこすへし、但在家のもの結縁のこゝろさしをいたさんをは、いろふにおよはす」（『一遍聖絵』第十二第三段。読点筆者）としているように、正行と雑行とのかね合いは難しいものがあった。したがって多数の衆生の喜捨による長楽寺本尊の造仏は、結縁の媒体・素材という点で一向専修の教説に反しないにせよ、対して、特定の個人を顕彰し、しかもその営為を不可視にしてしまうという高野坊遺跡における埋経の行為は、きわめて異例のものであったといえる。(64) 教団開祖としての位置づけが死後二七年目には確定していたことを物語ろう。俊聖教団にはこれ以後埋経の事実がまったくみられないのは、浄土教の聖としては正しいありようであったといえようか。埼玉県蓮田市馬込の「真仏報恩塔」は高さ四《メートル》、幅八〇《センチメートル》、厚さ一五《センチメートル》の巨大な板碑で、延慶四年（一三一一）に高田門徒の祖で親鸞廿四輩の第二、真仏五四回忌に唯願が建立したものである。[65] 真仏は東国真宗門徒の領袖といえ、かれが開創した下野国高田の如来堂（のち高田派本寺専修寺）は善光寺式三尊を祀る善光寺信仰から派生した教団であった。銘文中の「報恩」の字句に追善供養を否定する真宗的な思想が発露していて、他方名号書体に時衆の影響がみられる。高野坊遺跡墨書と同年（一三一一）なのもおもしろい（四月二十八日に応長改元）。長楽寺旧本尊の「師範十三年」同様に祖師への追慕・報謝の意から拝礼しその下で結縁する記念碑的なものであって積善や回向の意味はなかったようである。一遍については、福島県喜多方市新宮の経塚山に一字建立伝説、大分県別府市鉄輪温泉への『大蔵経』一字一石経埋納伝説があるが（本書第三部第二章註（3）参照）、伝承の域を出ない。

おわりに

出羽国の俊聖教団は、高野坊遺跡の銘文からわかるように、庄官から下々へ浸透していく方法で勧化を進めた。いうなれば、上意下達のトップダウン方式である。また寺院では善光寺式三尊を祀るところが少なくなく、その造立年代は俊聖教団以前にさかのぼる。このことは善光寺信仰を受容していた（おそらく在地領主層菩提所）寺院に教団が滲入していったのではないかと推論させる。出羽国俊聖教団寺院の多くは檀越がわからないが、二階堂氏や寒河江氏、『天童縁起』によると仏向寺が僧兵を与力させた天童氏をはじめ、いずれも南北朝期から戦国期に衰退した武家であったと思われ、それゆえに檀越滅亡後は在地に根ざした寺院として細々と存続したのではないか。面での寺院分布もみられるので、仏向寺踊躍念仏に象徴されるように、農民の帰依も受けるように変化していったのであろう。

時衆は神祇崇拝を捨てきれなかったために、黒田俊雄氏の言によれば神仏混淆を標榜する庄園制支配への「克服の論理」がなく[66]、佐々木馨氏が分類する権力に無頓着な「超体制仏教」ということになる[67]。庶民に展開していく過程で柔軟化していくとしても、一遍は『一遍聖絵』第六第一段で「花の事ははなにとへ、紫雲の事は紫雲にとへ、一遍しらす」（読点筆者）とか第十二第一段で「ものゝおほえぬものは天魔心とて、変化に心をうつして、真の仏法をは信せぬなり、なにも詮なし、唯南無阿弥陀仏なり」（同）と述べて超常的な奇瑞を否定する合理性があったようだし、既出『七天狗絵』の一向衆神祇不拝への非難のように権力イデオロギーに対峙しうる性格を充分もち合わせていた。真宗の異名である一向宗の語源が時衆にあるとすれば、畢竟、一向一揆も時衆に由来すると考えざるをえない。確かにこの世を極楽にせんとする本覚思想・即便往生的な思潮は、真宗の平生業成の教学とはやや異質であり、むしろ時衆の「國界平等坐大會」（一遍「十一不二頌」）の教理に近い[68]。俊聖教団の宗教活動がこうした大きな歴史的事件の動因となっていることは知られていない。

高野坊遺跡の墨書礫は個人の追善のみを主目的とし、梵字を用いるなど時衆においてさまざまな意味で異色であるが、蓮華寺梵鐘銘も俊聖と同時代ながら名がみえずこの遺物が名の挙がる最古の例であり、文字資料の遺ることがきわめて少ない念仏聖の動静を知るものとして時衆研究史上、二〇世紀最大の発見といっても過言ではないことをあらためて強調しておきたい。俊聖教団自体、論及の対象とされることは稀であるが、本章ではさらに進めて俊聖教団の中に番場系・天童系の相剋があることをも指摘できた。

このほか出羽国には俊聖教団の動向を復原できるさまざまな史・資料があり、そこから善光寺信仰、高野山信仰などを糧に、庄園支配者を経由して農村部に入りこんで拡散していく弘通形態をみてとった。俊聖教団は一遍時衆と同様に、東西で教団の様相が対照的であった。またこうした活動は、真宗や浄土宗鎮西義名越派が弘通していく基盤を提供することになったと本章では推論した。

さて掉尾にて、都市における展開と比較するため鎌倉の俊聖教団について述べておこう。神奈川県鎌倉市内には現在時宗寺院が七箇寺あり（旧鎌倉郡ではほかに藤沢市清浄光寺およびその塔頭二箇寺と戸塚親縁寺〔横浜市戸塚区〕がある）、そのうち山ノ内光照寺が弘安年中（一二七八～八八）、西御門来迎寺（一遍開山説もあり）は年代不詳、乱橋向福寺が弘安五年（一二八二）のそれぞれ俊聖開山と伝えている。『一遍聖絵』第五第五段によると一遍一行が執権北条時宗の行列に阻まれて巨福呂坂から鎌倉市中に入れず片瀬地蔵堂にて踊り念仏を勤修したあたりから衆庶の支持が拡大したように、その入府失敗には意義があった。したがって市中に俊聖開山の伝をもつ寺院があることとの対比ができよう。『天童縁起』では弘安六年（一二八三）鎌倉より招聘を請け二階堂に居寺して翌年にいたり、正応三年（一二九〇）再び下向、二階堂にて越年した。同六年大地震の報に接し急遽三たび下向し二七日《にしち》の修法によりこれを鎮め死者の菩提を弔うべく来迎寺を建立したとある。鎌倉三箇寺

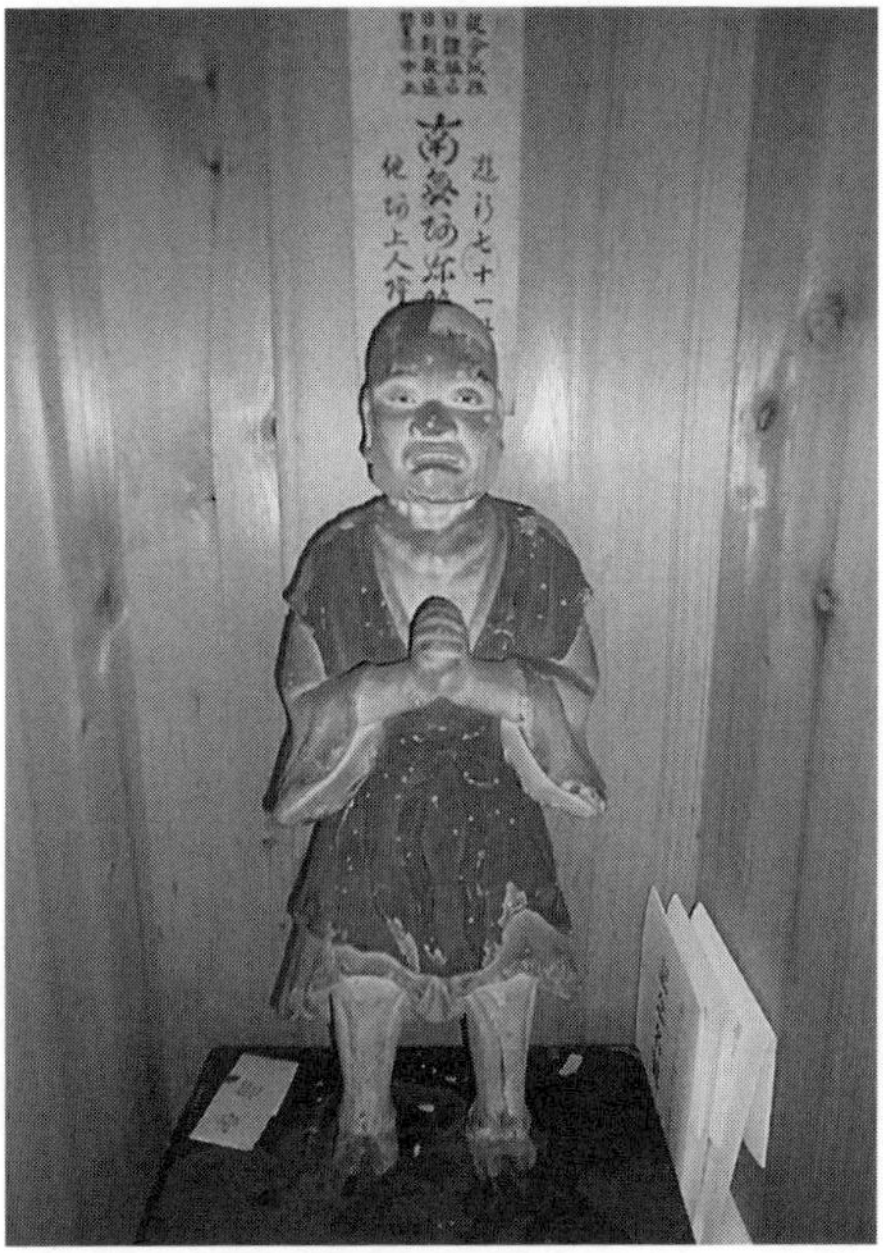

第二図　木造一向俊聖立像
（山ノ内光照寺・非公開）
本体37×15センチメートル、台23.5×8.2センチメートル。以前より一〇月一七日に開山忌を行ってきたという。

は中世末ごろの藤沢時衆寺院の分布を反映したと考えられる仮題『遊行派末寺帳』にはすでにみえ、前出の一向派末寺帳にはない。にも拘わらず光照寺の近世の作風で寺伝では元禄年間（一六八八～一七〇四）とされる秘仏・木造俊聖立像（**第二図**）は、いずれも鎌倉末に編年される蓮華寺蔵・絹本著色俊聖画像、清浄光寺蔵・絹本著色俊聖画像（近代伝世品カ。像主礼智阿説あり）および個人蔵『一向上人臨終図』、さらに津島蓮台寺（愛知県津島市）蔵・文明二年（一四七〇）木造俊聖座像と、合掌が密教の外縛印とおぼしき手印「金剛合掌」[69]という独特な風儀で酷似するのである。藤沢派本寺清浄光寺と直線にしてわずかおよそ五キロメートルの距離にありながら、俊聖創始の伝統をかたくなに守り続けていたのである。

時衆と真宗との関係については中世宗教史上、重大な問題をはらんでいる。次の第三部では、このことを鍵に時衆の形成過程や変遷を明らかにしたい。

〔註〕

（1）大橋俊雄『番場時衆のあゆみ』浄土宗史研究第四編（浄土宗史研究会・一九六三年一一月）第二章第二節。

（2）村山正市「天童市高野坊遺跡出土の時宗一向派に関する文字資料」（一九九六年一二月天童東村山地域史研究協議会第一回研究大会要旨）、川崎利夫・村山「〈速報〉天童市高野坊遺跡出土の墨書礫—一四世紀初頭の墨書礫・文字資料—」『月刊考古学ジャーナル』№412（ニュー・サイエンス社・一九九七年一月）、川崎「高野坊遺跡の中世文字資料が提起するもの」『郷土てんどう』二五号（天童郷土研究会・一九九七年二月）、村山「天童市高野坊遺跡出土の中世文字資料—墨書礫に表れた文字資料と旧時宗一向派の動向を探る—」『調査研究報告』創刊号（山形県文化財保護協会・一九九七年三月）、川崎構成（巻頭モノクロ口絵）「礫石経の埋納　山形県高野坊遺跡」『季刊考古学』第59号（雄山閣出版・一九九七年五月）など。長瀬一男「鎌倉時代の供養墨書礫・高野坊（こうやぼう）遺跡 山形県天童市」文化庁編『発掘された日本列島 '97新発見考古速報』（朝日新聞社・一九九七年六月）、ほか『天童市高野坊遺跡と一向上人（シンポジウム「やまがた　中世仏教文化の動向をさぐる」資料より）』（同市教育委員会・同市立旧東村山郡役所資料館・一九九七年八月）、成生庄と一向上人編集委員会編『成生庄と一向上人―中世の念仏信仰―』（旧東村山郡役所資料館・一九九七年九月）。『郷土てんどう』二六号（一九九八年二月）では前記シンポジウムの詳報と村山「高野坊遺跡出土の中世文字資料について」および山口博之「なぜ書くの？―高野坊遺跡出土の墨書礫紀年銘史料によせて―」、さらに出羽の俊聖教団に関する川崎・村山両氏の論考が載る。村山「天童市高野坊遺跡出土の墨書礫を探究して」『羽陽文化』第一四二号（山形県文化財保護協会・一九九八年三月）が新しい。また日本考古学協会編集『日本考古学年報』49（1996年版）（同協会〈吉川弘文館発売〉・一九九八年七月）に各都道府県の動向として黒坂雅人氏が山形県の項でとりあげ、平田禎文「都市・城館研究の最新情報（東北）」中世都市研究会編『中世都市研究』5［都市をつくる］（新人物往来社・一九九八年九月）に、川崎・村山「山形県天童市高野坊遺跡出土の墨書礫―応長元年（一三一一）銘の墨書礫を中心として―」（一九九七年五月日本考古学協会第六三回総会研究要旨）ほかが挙げられている。正式な報告書として『高野坊遺跡発掘調査報告書』天童市埋蔵文化財報告書第一六集（同市教育委員会・一九九七年三月）がある。ほかは拙稿「一向俊聖教団文献目録」寺院史研究会編集『寺院史研究』第七号（同会・二〇〇三年四月）参看のこと。

（3）大橋俊雄「初期の番場時衆に就て」『仏教史学』第二巻第三号（同会・一九五一年九月）。大橋「近世番場時衆教団の動向―貞享と天保の諍論をめぐって―」『仏教史学』第五巻第二号（一九五六年三月）。大橋「番場時衆―浄土宗一向派教団の性格について―」『仏教論叢』第五号（浄土宗教学院・一九五六年一一月）。前掲註（1）文献。金井清光「時衆十二派について（一・二）」『時衆研究』第二十七・二十八号（金井私家版・一九六七年一二月・一九六八年二月、のち金井『一遍と時衆教団』角川書店・一九七五年三月に所収）。大橋『時宗の成立と展開』日本宗教史研究叢書（吉川弘文館・一九七三年六月）。大橋『一遍と時宗教団』教育社歴史新書〈日本史〉172（同社・一九七八年一〇月）。

このほか大橋氏による蓮華寺および宇都宮一向寺発行の史料集が多数ある。

（4）昭和初年に番場蓮華寺史料から抜萃したもの。ただし蓮華寺の原史料は散逸とされるが、のち四十九世蓮華寺住職となる佐原窿應が同寺役者＝執事時代すなわち住持代行となる一九一〇年までに成立した蓮華寺蔵『一向上人血脈譜』と重複。あるいは同一か。以下『血脉譜』と略す。

（5）『一向上人傳』『時宗番場派二祖禮智阿上人消息』などによれば俊聖のころから「時衆」と称していたとされるが、両書とも近世成立と思われ、にわかには肯んじがたい。

（6）拙稿「時衆とは何か―時衆研究への視座―」時衆文化研究会編集『時衆文化』創刊号（同会〔岩田書院発売〕・二〇〇〇年四月、本書第一部第一章）。

（7）「京師金光寺影堂幹縁疏有序」。本章第一部第三章。

（8）大橋俊雄編著『時宗末寺帳』時衆史料第二（〔時宗〕教学研究所・一九六五年四月）。

（9）禰宜田修然『時宗の寺々』（禰宜田私家版・一九八〇年五月）。

（10）浄土宗については及川大渓「中世奥州の念仏門の宣布」及川『東北の仏教―みちのく仏教伝播史―』（国書刊行会・一九七三年六月、初出一九五四年九月）があり、奥羽では名越派が強いとする。真宗（本願寺教団）については、誉田慶信「蓮如本願寺教団の蝦夷・北奥布教」青森県環境生活部県史編さん室編集『青森県史研究』第3号（同県・一九九九年三月、のち誉田『中世奥羽の民衆と宗教』吉川弘文館、二〇〇〇年七月に所収）、誉田「戦国期奥羽の本願寺教団―移住・浪人・往来の視座から―」（新稿。同じく『中世奥羽の民衆と宗教』に所収）、誉田「戦国期奥羽の本願寺教団」創童舎制作『白い国の詩』五六一号（東北電力株式会社地域交流部・二〇〇三年五月）、誉田「戦国期奥羽本願寺教団法物考」細井計編『東北史を読み直す』（吉川弘文館・二〇〇六年二月）がある。

（11）禰宜田修然・高野修編著『時宗寺院名所記』（梅花書屋・一九九四年三月）によると、青森県東津軽郡平内町小湊にある浄土宗鎮西派浄林寺は、もと一キロメートルほど離れた字藤沢にあり、藤沢上人建立と伝えるという。詳細不明。

(12)青森県立郷土館編『青森県文化観光立県宣言記念特別展中世国際都市十三湊と安藤氏』(同館・一九九八年七月、のち再録、国立歴史民俗博物館編『幻の中世都市十三湊―海から見た北の中世―』同館・一九九八年九月など)。
(13)磯村朝次郎「北奥における時衆板碑とその周辺―特に秋田県の事例を中心として―」『秋田県立博物館研究報告』第九号(同館・一九八四年三月)。津軽に板碑文化をもたらしたのは安藤氏の帰依を受けた時衆であったようで青森県立郷土館編集『青森県の板碑』同館調査報告十五集[歴史―二](同館・一九八三年三月)には安藤氏の居城福島城のある五所川原市相内や同氏墓所とみられる西津軽郡深浦町関・北金ケ沢の南北朝期の板碑群に時衆流二種の書体が頻出する。
(14)鷲谷豊『秋田の中世・浅利氏』(無明舎出版・一九九四年三月)。
(15)阿川文正監修・遠藤聡明・金子寛哉・片山泰紀編著『金光上人関係伝承資料集』(同集刊行会・一九九九年一一月)。なお開米智鎧『金光上人』(同刊行委員会・一九六四年九月)は、内容に問題点を指摘されているいわゆる『和田家文書』によっているため参照しなかった。
(16)金光坊然廓上人については、天武二年(六七三)創建と伝わる石垣山観音寺の中興として、また耳納山地の地名伝承の一つ「牛鬼退治」の主人公として知られている。地元伝承では、道君首名の子孫で竹野長者とよばれた竹野郡司及磨《ちか》の子として大慶《きよう》寺(久留米市田主丸町地徳)に生まれ、幼名を現若《ありわか》。三明寺(竹野郡家推定地の同市田主丸町竹野)で育ったのち、石垣《いしかき》(同市田主丸町石垣)の石垣山観音寺に入り荒廃していた寺を中興したという。大慶寺・三明寺は田主丸町西部の耳納山麓、石垣は東部の耳納山麓に位置し、いずれも集落名で遺る。石垣山観音寺は、耳納山麓有数の古寺で、往時は十三坊を有する大寺であったとされ、それを裏づけるように、多数の経筒の出土が確認されている。現在寺域はかなり縮小しているが、周辺に「堂ノ上」「鐘撞」など寺院関連の地籍が散見される。以上、久留米市教育委員会(丸林禎彦氏)の教示。
(17)前掲註(2)文献をそれぞれ参看した。

(18) 北条顕時の七回忌、徳治二年（一三〇七）三月二十八日および十三回忌、正和二年（一三一三）三月二十八日に関する文書が金沢文庫に所蔵されている。年忌供養関係資料は、文書ではなく廻向表白や諷誦文の形で「聖教」の中に残っているものが多いので、『金沢文庫古文書』にはわずかしか収録されていない。その一部は、神奈川県立金沢文庫編集『没後七〇〇年　北条顕時―金沢北条氏二代―』（同文庫・二〇〇一年一一月）〔展示図録〕に徳治二年（一三〇七）三月二十八日付「金沢貞顕諷誦文案」（金沢文庫古文書6090／1943）と正和二年（一三一三）三月二十八日付「北条顕時十三廻忌諷誦文案」（三五八函）など五通載る。書影が掲載されているほか、翻刻は顕時七回忌の年欠（徳治二年（一三〇七）三月ヵ）廿八日付「金沢貞顕諷誦文案」（『金澤文庫古文書』第八輯〔佛事篇上〕六〇九〇号）、年月日未詳「爲恵日廻向文」（三三五函三七号）（同六一六四号）、「北条顕時十三廻忌諷誦文案」（三五八函一七号）は永井晋「北条顕時十三廻忌諷誦文案とその紙背文書」『郷土かながわ』第三八号（二〇〇〇年）にある。湛睿説草については、正慶二年（一三三三）三月廿八日付「赤橋殿三十三年追善廻向詞」（三三五函）（『金澤文庫古文書』第八輯〔佛事篇上〕六一四三号）、「為祖父遠忌旨趣」（三一四函六号）が納冨常天「湛睿の唱導資料について」『鶴見大学紀要』第三一号（一三二～五ページ）、「弥陀別功徳」（三一四函一一〇号）は同（四七～五二ページ）、「為父卅三回忌金沢貞顕諷誦文案」（三七五函五五号）は前掲図録に一部のみ紹介など。このほかに断簡として遺る。こうした説草については『五十四方の文学世界―重要文化財「称名寺聖教」唱導資料目録』（二〇〇八年五月）に目録データ収録済み。以上、西岡芳文氏の教示。熊原政男「顕時卅三回忌の考察」『金澤文庫研究』第10巻9号（通巻105号）（金沢文庫・一九六四年九月）は概略を伝える。

(19) 古賀克彦「一向俊聖伝の再検討」『時宗教学年報』第二十六輯（時宗教学研究所・一九九八年三月）。

(20) 『金湛山長延寺縁起』（同寺・一九九三年一〇月）。

(21) のち寛政十一年（一七九九）正月二十五日付で修験道の祖とされる奈良期の役小角に対し天皇兼仁（諡号・光格）から神変大菩薩号が宸筆勅書により追贈された例がある。勅書は本山修験宗総本山聖護院門跡（京都市左京区）蔵。

（22）五来重『高野聖』角川新書199（角川書店・一九六五年五月、のち増補、角川選書79、一九七五年六月ほか）五八〜九ページ。『古事類苑』宗教部二の八一六〜七ページにも私称菩薩の例が挙げられる。

（23）なお前掲註（3）『時宗の成立と展開』では『満濟准后日記』応永年間（一三九四〜一四二八）の項に「一向俊紹僧都」という記事があるとのことであるが確認できなかった。『續群書類從』補遺一〔満濟准后日記(上)〕の応永二十八年（一四二一）正月朔日条「俊紹弘忠兩法印」、翌二十九年九月朔日条「手代俊紹法印」などとある人物の誤認か。

（24）金井清光「一遍の生涯と宗教（三）」『時衆研究』第三十六号（金井私家版・一九六九年六月、のち金井『一遍と時衆教団』角川書店・一九七五年三月に所収）。

（25）金井清光「時衆研究の新資料について（第一報）」『鳥取大学教育学部研究報告』人文・社会科学第二九巻一号（同学部・一九七八年七月、のち「（第一報）」をとり「（第二報）」と併せ「時衆研究の新資料について」と改題し金井『時衆教団の地方展開』東京美術・一九八三年五月に所収）。

（26）千々和到『板碑とその時代―てぢかな文化財・みぢかな中世―』平凡社選書116（同社・一九八八年三月）。

（27）金井清光「時衆研究の新資料について（第二報）」『鳥取大学教育学部研究報告』人文社会科学第三〇巻一号（同学部・一九七九年七月、のち「（第二報）」をとり「（第一報）」と併せ「時衆研究の新資料について」と改題し金井『時衆教団の地方展開』東京美術・一九八三年五月に所収）。

（28）細川涼一「番場蓮華寺と一向俊聖」『歴史の道・再発見』第三巻〔家持から野麦峠まで―中山道・北陸道をあるく―〕（フォーラム・A・一九九六年七月、のち細川『中世寺院の風景―中世民衆の生活と心性―』新曜社・一九九七年四月に所収）。

（29）宮崎円遵《（マヽ）》「初期真宗と一向衆」大原先生古稀記念論文集刊行会編集『大原先生古稀記念浄土教思想研究』（永田文昌堂・一九六七年一一月、のち宮崎『宮崎圓遵著作集』四〔真宗史の研究（上）〕、永田文昌堂・一九八七年一一月に所収）。

（30）拙稿「時宗解意派新善光寺史料」『社寺史料研究』第三号（同会・二〇〇〇年五月）。

(31)竹田賢正「村山地方の時宗一向派について（一・二）」『西村山地域史の研究』七・八号（西村山地域史研究会・一九八九年・一九九〇年九月、のち竹田『中世出羽国における時宗と念仏信仰』光明山遍照寺・一九九六年四月に所収）。

(32)本来一対であったとみられる善光寺三尊が散逸し、中尊が真言宗大覚寺派別格本山千手院（神奈川県横浜市南区）にある。銘文には「出羽國寂上郡府中庄外郷石佛」とあり寺号はないが、高櫤（高玉）石仏寺の本尊であったとみてよかろう。千手院は『新編武藏風土記稿』（雄山閣版『大日本地誌大系』⑩［新編武蔵風土記稿第四巻］）巻八十に開山不詳で「古義眞言宗、石川寶生寺末」とある。佐伯眞光「青龍山寶生寺の歴史」神奈川県立歴史博物館編集『横浜の古寺・寶生寺の文化財』（同館・一九九七年三月）によると、寶生寺（横浜市南区、現高野山真言宗）は承安元年（一一七一）に民部卿大僧都法印覺清が開山、宮内卿僧都法印覺尊が康暦二年（一三八〇）入寺、仁和寺から欠坊となっていた寶金剛院の号を受ける。三尊のうちの観音菩薩は日蓮宗大本山清澄寺（千葉県鴨川市）にある。いずれも伝来の経緯は不明だが、清澄寺のものは戦後新潟県内で購入されたという。

(33)佐藤孝徳編『浄土宗名越派檀林専称寺史』（佐藤私家版・一九九五年七月）。

(34)前掲註（2）『成生庄と一向上人―中世の念仏信仰―』。

(35)天童市文化財保護審議会編『天童市の文化財』（同市教育委員会・一九八六年三月）。

(36)五来重『善光寺まいり』（平凡社・一九八八年五月、のち五来『五来重著作集』第二巻［聖の系譜と庶民仏教］、法藏館・二〇〇七年一二月に所収）。

(37)柏原祐泉「湖北十カ寺と一向一揆」長浜市史編さん委員会編『長浜市史』第二巻［秀吉の登場］（同市役所・一九九八年三月）。

(38)藤沢靖介「時宗と関東の被差別部落―武蔵の国を中心に」東日本部落解放研究所／『明日を拓く』編集委員会編集『明日を拓く・解放研究第11号／明日を拓く第22号』（東京部落解放研究改題・通刊105号）（東日本部落解放研究所〔解

放書店発売〕・一九九八年一月）。
（39）神田千里「原始一向宗の実像」網野善彦編『日本海交通の展開』中世の風景を読む第四巻（新人物往来社・一九九五年六月、のち神田『一向一揆と戦国社会』吉川弘文館・一九九八年一〇月に所収）。
（40）大橋俊雄「蓮如上人と時衆」『宗學院論集』第六五号（浄土眞宗本願寺派宗學院・一九九三年三月）ほか前掲註（2）同氏各文献。蓮如の『帖外御文』（『眞宗聖教全書』三）六七に「夫一向宗ト云、時衆方之名ナリ、一遍一向是也。其源トハ江州バンバノ道場是則一向宗ナリ」とある。
（41）このほか両氏は同地出土と伝えられる板碑を徴証の一つとして挙げる。六字名号が蓮台に載り、その下に「念阿弥陁佛／逆修／正平七年（一三五二）壬辰／極月三日」とある。しかし鎌倉国宝館蔵の同資料を実見したところ六字名号中の「弥」の偏が「）」型となる伝一遍流「行の名号」であることを確認した。出土地の情報源に関し渉猟を続けたところ、赤星直忠「鎌倉の考古學的研究（十七）」『鎌倉』第五巻第二號（通巻第十九・二十合併號）（同文化研究會・一九三九年六月）が初出だが、もともと三条（華族三条家ヵ）邸内に蒐集されていたものといい、一向堂出土と伝承する（国宝館台帳には「由比ケ浜一向堂」）。しかし、一向堂の明確な跡地は不詳で、前浜は今の由比ケ浜かとされる程度である。ゆえに一向堂の「一向」はやはり普通名詞として捉えるほかなく、この問題は不確定な論点といえる。なお貫達人編集『鎌倉の板碑』鎌倉国宝館図録第二十四集（同館・一九八一年一〇月）に山田泰弘氏による当該板碑解説とモノクロ写真があり、総高一一一・三、下部幅三〇・〇、上部幅二七・一センチメートルとある。鎌倉市史編纂委員会編『鎌倉市史』考古編（同市〔吉川弘文館発売〕・一九五九年三月）に赤星氏による解説がある。
（42）貫達人・川副武胤『鎌倉廃寺事典』（有隣堂・一九八〇年一二月）。現在真宗大谷派本山真宗本廟（京都市下京区、通称東本願寺）にある「常葉御影」（親鸞坐像）は、大谷廟堂にあったものを親鸞外孫の唯善が異父兄覚恵と継嗣争論して敗訴したため遺骨とともにもち出して鎌倉常盤一向堂に安置したもの。『新編相模國風土記稿』（雄山閣版『大日本地誌大系』㉒〔新編相模国風土記稿第五巻〕）巻之百五所引『大谷遺跡録』によると鎌倉郡倉田永勝寺（横浜市戸塚区）をへて寛永十二年（一六三五）東本願寺十三祖宣如により京に還座した。現在も真宗本廟周辺を常葉町というのはそれに因む。
(43) 善導大師千三百年大遠忌事務局教宣部・浄土宗西山深草派宗務所教学部編集『浄土宗西山深草派寺院名鑑』（同派宗務所・一九八三年一二月）。近代の蓋然性もあるが、詳細は不明。
(44) 金龍静「宗教一揆論」『岩波講座日本通史』第10巻［中世4］（岩波書店・一九九四年一一月）。
(45) 関秀夫『経塚の諸相とその展開』（雄山閣出版・一九九〇年一月）。
(46) 織田顕信・小島恵昭・蒲池勢至・渡邉信和・青木馨・小山正文「共同研究―真宗初期遺跡寺院資料の研究―」同朋学園佛教文化研究所編集『同朋学園佛教文化研究所紀要』第七・八合併号（同所・一九八六年七月）所載の茨城県鉾田市・浄土真宗本願寺派鳥栖無量寿寺蔵・「寛政五丑八月」（一七九三）『無量寿寺略縁起』によると、怨霊となった領主の妻を済度するために、親鸞が『浄土三部経』の一石一字経二万六千六百余個を塚に入れたとある。同寺は親鸞廿四輩の一つに含まれる真宗の古刹である。
(47) 堤邦彦「仏教説話における近世―真宗の大蛇済度譚をどう読むか」『國文學解釈と教材の研究』49巻5号（學燈社・二〇〇四年四月）。
(48) 藤田定興「経塚の地域的分布　東北」『月刊考古学ジャーナル』№153（9月増大号）（ニュー・サイエンス社・一九七八年九月）。
(49) 村木二郎「東日本の経塚の可能性」『国立歴史民俗博物館研究報告』第108集（同館・二〇〇三年一〇月）。
(50) 小林貴宏「出羽南部の経塚」東北中世考古学会編『中世の聖地・霊場―在地霊場論の課題―』東北中世考古学叢書5（高志書院・二〇〇六年一〇月）。
(51) 川崎利夫「山形県の経塚とその特色」『歴史考古学』第五〇号（同研究会・二〇〇二年七月）。
(52) 川崎利夫「山形県の経塚について」日本歴史考古学会編集『歴史考古』第12号（小宮山書店・一九六四年一一月）。

なお経塚の一覧あり。木口勝弘『新版　奥州経塚の研究』（大盛堂印刷出版部・一九九五年九月〔一九六五年國學院大學修士論文〕）も修験に言及。

（53）『長野県埋蔵文化財センター発掘調査報告書』41［上信越自動車道埋蔵文化財発掘調査報告書21―上田市内・坂城町内―］（日本道路公団・同県教育委員会・同センター・一九九九年三月）。

（54）福島県大沼郡会津高田町教育委員会編集『観音堂解体修理に伴う試掘調査報告書　福生寺観音堂遺跡―基壇と礫石経の調査―』会津高田町文化財調査報告書第十四集（同委員会・一九九九年三月）。

（55）東松島市教育委員会「矢本横穴墓群第5次調査」宮城県考古学会会誌幹事会編集『宮城考古学』第8号（同学会・二〇〇六年五月）。

（56）岡本桂典「一字一石経の世界」『季刊考古学』第26号（雄山閣出版・一九八九年二月、のち坂詰秀一編『中世考古学への招待　普及版・季刊考古学』雄山閣出版・二〇〇〇年九月に所収）。「東國ノ風」を指摘。

（57）川添昭二「筑後善導寺の建立と草野氏」九州歴史資料館編集『《九州の寺社シリーズ5》筑後大本山善導寺目録』（九州歴史資料館普及会・一九八一年三月）。寺伝では草野永平開基、聖光房辨長開山とする。実は永種により一三世紀初頭建立されたと推測されている。俊聖の伝記では永平の弟冠四郎永泰を父としている。辨長の行業に北九州での勧進聖的側面がみられるのも興味深いところである。

（58）拙稿「時衆とは何か―時衆史の再構成―（承前）」時衆文化研究会編集『時衆文化』第2号（同会〔岩田書院発売〕・二〇〇〇年一〇月、本書第一部第二章）。

（59）松田修「筑紫箏と八橋検校」『藝能史研究』第二八号（同會・一九七〇年一月、のち松田『日本芸能史論考』法政大学出版局・一九七四年一月に所収）。

（60）松岡実「盆の庭入りとバンバ踊―時衆聖の関与について―」『仏教と民俗』第九号（仏教民俗学会・一九七二年一二月）。

(61) 荒井貢次郎「北条仲時軍勢自害をめぐる法宗教史的分析・(一)・資料篇(Ⅰ)―中世・近江国・時衆・蓮華寺教団と過去帳の問題―」『東洋学研究』第十一号(東洋大学東洋学研究所・一九七七年三月)。東條操編『全国方言辞典』(東京堂出版・一九五一年一二月)に「かまば(中略)③火葬場。山形県村山地方・福島県北部」とあって偶然と思えない。

(62) 徳田浩厚『開山七百年記念誌・一向寺の歴史と文化財』(一向寺・一九七五年一〇月)、拙稿「宇都宮一向寺銅造阿弥陀如来坐像・附解説」『寺社と民衆』創刊号(民衆宗教史研究会・二〇〇五年三月)。

(63) 高山秀嗣「一遍の教説とその歴史的意義」高山『中世浄土教者の伝道とその特質』(永田文昌堂・二〇〇七年三月)は三二八、三三六、三四五ページにおいて、一遍の弘通を「縁一念」と表現した。史料用語ではないが、大変的確な造語である。

(64) 千々和到「入間市円照寺の板碑の「履歴書」」『國學院大學大學院紀要―文学研究科―』第二十五輯(同大學院・一九九四年二月)、千々和「石の文化」『岩波講座日本通史』第9巻［中世3］(岩波書店・一九九四年一〇月)は、板碑に関し、頻繁な転用の事例から、造立それ自体に意義があり造立後の維持については比較的無頓着であったとみる。石の永久性は否定され、いうなれば供養してしまえば用済みであった。これは中世的観念として礫石経埋納にも援用できよう。

(65) 埼玉県立歴史資料館編集『板碑』同県板石塔婆調査報告書［Ⅲ資料編(2)］(同県教育委員会・一九八一年三月)。国指定重要美術品。

(66) 黒田俊雄「鎌倉仏教における「一向専修」と「本地垂迹」」『史林』第三六巻四号(史学研究会・一九五三年一〇月、のち黒田『黒田俊雄著作集』第四巻［神国思想と専修念仏］、法藏館・一九九五年六月に所収)。

(67) 佐々木馨『中世国家の宗教構造―体制仏教と体制外仏教の相剋―』中世史研究選書(吉川弘文館・一九八八年六月)。

(68) 林譲「講演　平成九年度講座『加能史料』はいま　一向一揆以前―加能・能登の時衆―」『加能史料研究』編集委員会編集『加能史料研究』第十号（石川県地域史研究振興会・一九九八年三月）。

(69) 峰崎孝純『時宗一向上人法語集附一向上人略傳』（峰崎私家版・一九一四年八月）に「一向上人の合掌は金剛合掌とて」とある。起源などは不詳。

【附記】国史学会大会（二〇〇〇年五月二一日、於國學院大學渋谷校舎）の「一向時衆の成立と展開―原始一向宗論とからめて―」と、本章および第一部第三章は重複するものである。質問者および川崎利夫、佐々木徹、清水信亮、三渕美恵子、村山正市、山口博之氏ならびに会津美里町教育委員会生涯学習課（阿部健太郎氏）の教示・協力をえた。

第三部　中世社会にはたした時衆の意義

――「一向衆」から「時衆」へ――

第一章　中世における「悪」――〝新仏教〟成立の基層――

はじめに

二〇〇一年一〇月アフガニスタン、翌年三月イラクに対し、米英による軍事侵攻が開始される。その理論を形成した新保守主義（Neoconservative）とよばれる勢力は、自らに〝理〟を認めれば、法と信義に基づく国際秩序を超越することもいとわない。強迫観念に駆られた狂信的愛国主義による攻撃性が露骨である。この一連の戦争は、直接にはいわゆる九・一一の自爆テロへの報復が口実とされるが、エンロン疑惑回避をもくろみ独占資本（石油業界、軍産複合体）の意を請けたアメリカ共和党政権と、経済のグローバル化による貧富の格差を宗教の名の下に暴力的に解決しようとしたイスラム教原理主義の一部勢力との対決が背景にあろう。目的が〝正当〟ならばそれを人命の上におく、という両者の論理は、大多数の世界市民の心胆を寒からしめたのである。

しかしこの言説は、歴史を紐解けば、けっして孤立したものではない。十字軍や魔女狩り、大航海時代における欧州人の思想的裏づけには、つねに「野蛮な信仰をもつ異民族にキリスト教を扶植する」という大義がおかれていた。宗教は大きく一神教と多神教とに分かれるが、日本列島における宗教の情況は、ことさらに特徴的なものであったといえる。宗教とは本質的に、このキリスト教のありように代表される、「信ずる者は救われる」論理体系を有し、それゆえに求心力と強制力とをもつ。しかし中世日本では、信仰心を捨象した教団や宗教者たちが、それなりの比重を占めていたのである。一遍智真（一二三九〜八九）、一向俊聖（一二三九？〜八五？）ら、私度僧・民間宗教者[1]の集団である。

黒田俊雄氏は、一遍・一向の二人を、一三世紀イタリアのフランチェスコによる托鉢修道会の宗教運動に比較した。その上で、「選択」「専修」の明晰な論理は失われ、「天魔心」を機縁として肯定し、組織だった教理ももたない「論理の放擲」・神秘主義などとの評価を与えたために[2]、先端性・革新性は法然や親鸞らにみいだした。しかし法然・親鸞の思想は、同時代にあって隔絶した存在である。かれらの教団が、顕密仏教から独立した宗旨として認められるようになるのは室町・戦国期であり、公式には豊臣政権による千僧供養会であったとみて大過あるまい。日本中世民衆が戦争、貧困、圧政、疫病など、二一世紀に生きるわれわれよりはるかに厳しい状況下にあって、希望のよすがとなっていたのは、顕密僧の祈禱でも禅僧の公案でもなく、下層僧侶らの勧進・唱導であった。

中世という激動の時代のうち、悪党とよばれる存在が、変革の一つを担っていたことは論をまたない。公武から蛇蝎のごとく忌み嫌われた悪党が、こうした宗教者と精神的な紐帯があったことを、ささやかながら本章では解きほぐしていきたい。米大統領が対立勢力を「悪の枢軸」（"axis of evil"）と罵倒したことは記憶に新しいところである[3]。そして日本国がその尻馬に乗って後方支援を行った過去を消すことはできない。

もとより、晦渋なる問題をはらむ中世の「悪」全般を俯瞰することは困難であるし、筆者は、厖大な先行研究を有する悪党研究の専門家でも、さりとて純然たる宗教学の徒でもない。真宗史研究においては、服部之総、赤松俊秀、家永三郎、二葉憲香、古田武彦氏らをはじめ、肉食妻帯などの「悪」について長年研究されてきた。本章でそれをふまえることははなはだ困難である。本章では、「悪党」観成立に宗教がどのような位置を占めていたのかという入口を明らかにし、悪党を触媒として本書の対象領域たる中世私度僧・民間宗教者をみとおしてみたい。またそれによって、中世前期から後期への宗教集団の変化もみてとれよう。

第一節　「悪」観念と悪党

宗教の歴史は、「悪」との闘いの歴史であるといっても過言ではない。本節ではそれに言及することは簡略にとどめ、次節以下に紙数を譲りたい。

悪とは、それぞれの社会において変動する価値観である。中村元『広説佛教語大辞典』上巻（東京書籍・二〇〇一年六月）から抄出すると、仏教では「↓お①𑖀𑖾 aḥ の音写②悪いこと。人をそこなう事がら。理法に背いて現在と将来に苦を招く力のある性質。三性の一つ③悪の行為。悪業のこと④道徳的な意味の悪と好ましからぬ報いとをともに意味しうる⑤汚れのあらわれ⑥醜に同じ。みにくいこと」と定義されている。キリスト教では悪は克服せらるべき対象である。それゆえ、逆に、なぜ全能の神の下に、悪が存在するのかが神学論争となる。これに対して仏教では、「魔佛一如」なる術語があったり、[4]鬼子母神のように悪鬼羅刹が仏法にふれることで護法善神に転じえたりと、解脱のための装置として用意されているのである。悪が全否定すべき対象ではないところが、キリスト教との差異であろう。古代末から中世にかけては、悪源太源義平や悪左府藤原頼長、悪七兵衛平景清など、人名にみられることは周知のとおりである。ここでは豪勇の者とか、常人を超越した気力・体力などの能力を有する人間を意味する[5]。

延喜十四年（九一四）の三善清行『意見（封事）十二箇條』（『群書類従』第二十七輯）の第十一条に、私度や妻帯のことがみえる。年分度者や貢租忌避の私度僧が異常に増加し、「天下人民。三分之二。皆是禿首者也」という。かれらは「悪僧」として「濫悪」な行為をなしているという。『日本三代實録』(『新訂増補國史大系』第四巻)貞観十六年(八七四)十月十九日条に、「濫僧」が登場している。一五世紀の『老松堂日本行録』(岩波文庫青454―1)にも、良人の半分は僧となるという。東南アジアにおいて、男子の成人時の通過儀礼として出家・剃髪する習俗を考えると、このことは決して不自然ではない。半僧半俗が社会に定着していたことがわかる。非通貴出身の僧が寺院に入りこむことにより、寺院組織の中で、「大衆」などとよばれる階層が成長してくることとなるのである。単に低質の俗人が流入してきた面のみならず、血脈口伝(天台)・伝法灌頂(密)・印可(禅)・戒律を受けた僧尼は、呪術的な意味で防護壁に包まれていると認識されたようで[6]、破戒が容認されていた側面も窺える。(法華)持経者、修験者、念仏者らも同様であり、念仏者に関しては後述の「本願ぼこり」の問題に発展する。

殺生罪業観が定着したのは、平安期といわれる。中国では、殺生禁断(以下禁殺と略す)と放生とが行なわれていた。仏教とともに、儒教的慈悲による不殺生が謳われていた[7]。それが律令期に導入され、養老五年(七二一)七月二十五日の放生・禁殺令以降、国家の施策としてうち出されていく。六斎日のみの禁殺であった[8]。この養老度の放生令では、「周孔之風」(儒教)・「李釋之敎」(道教と仏教)の三教に基づくとする。王権による仁愛の具体化であり、山野河海領有の表現といえる。禁殺イデオロギーによる空間の聖域化は、一〇世紀末に一般化し、土地支配を円滑にすすめる有効な便法となった。

本来、古代以来存在する禁殺令は、王法仏法相依論・王権仏授説に基づき、王権のみが宣布しうるものだった。これにとどまらず、やがて公家新制による、殺生に従事する神人・供御人規制の側面もでてくる。鎌倉期には、公家新制から武家新制にとりこまれるようになる。それはもはや宗教性によるものではなく、殺生は重罪であるとの世俗の論理によるものでしかなかった。王権としての慈悲行為を謳えない幕府は、殺生罪業観を引き合いにせざるをえず、徳政の一環として行なった。[9]ただ、禁殺は古代以来、開発にまつわる一つの〝運動〟とみることもできるかもしれない。

例えば行基集団は国家的農本主義と同調していた。かれらの行実がよくわかる『日本霊異記』（『新日本古典文学大系』30）によれば、技術者集団に斜陽産業からの転換の意味（背景には木材伐採による山野の荒廃ヵ）をこめ、脱狩猟・脱漁撈のための勧農がなされていた。[10]そして行基を敬仰する叡尊・忍性らによる戒律復興運動は、授戒・禁殺設定もあいまって諸国に波及した。[11]この禁令のもつ意味は、必然的に悪党の行動と対峙するものであった。なぜなら、そこには寺領は仏地ゆえ禁殺するという論理構造があるからである。一〇世紀末以降、寺社は禁殺令を寺辺領・寺領全般や末寺にまで拡大し、支配に利用した。[12]個別領域における禁殺令は、領域の聖化による収取の保全という、より切実な背景があった。禁殺令が山野河海の開発において自然環境保護をもたらす一方、逆に開発を奨励する論理ともなっていて、結局は庄園領主側がいいように運用できる回路を残していた。[13]一二世紀以降、これを冒すものが「悪党」なのであった。[14]

遡れば、寺辺での禁殺を乞う治暦二年（一〇六六）七月六日付の「讃岐國曼陀羅寺僧善芳解案」（『平安遺文』第三巻一〇〇八）では、狩猟民は「悪業人」「悪人」とされる。そして武士は、殺生を生業とする存在である。かつて、私営田領主らの武装化が武士の起源とされたが、現在では、国衙軍など公権力側の軍事組織の派生であると捉えられ、同時に武士職能論がとなえられている。[15]武士の経済的側面（在地領主論）から、社会的側面に注目する視点である。『今昔物語集』（『新日本古典文学大系』36）巻十九―十四にみえる讃岐国多度郡の源大夫の行動様式も狩猟民的といえ、最後に悔悟して出家することになっている。[16] 禁殺令を掲げる時点で、殺生をなす「兵《つはもの》」から殺生を管理する「武《もののふ》（=止レ戈）士」「征レ夷」へと転化していくのではないか。[17] したがって北条得宗家が専修念仏から禅へ、それを補完する庶子家が専修念仏から律へと転換していくのも、破戒・無戒の抑制という意味で必然といえる。

「悪党」呼称の成立には、仏教との関係を抜きにして語ることはできない。宗教イデオロギーによるラベリングを、「悪党」の起源とする研究段階にあろう。[18] そもそも山陰加春夫、近藤成一氏らの研究によると、「悪党」の語は自称ではなく幕府訴訟用語を中心に定立できる。[19] つまり支配者が投げつけた三人称なのである。「悪」の語を、『平安遺文』などで瞥見すると、寺社関係文書に限定して出現することが多い。それは対象を「悪」として蔑視する行為が、宗教観念に基づくことを示唆しているかもしれない。[20] 兀庵普寧の書状（『鎌倉遺文』古文書編第十二巻九二〇七）には「波旬」「邪魔」とならび「悪黨」が現れ、渡来禅僧の修辞でもあったことも注目できる（試みに「悪党」を諸橋『大漢和辞典』で引くと『東観奏記』の例が挙げられている。晩唐・宣宗のころの見聞記で仏書ではない）。一二世紀以前の「悪党」の用例を精査した渡邊浩史氏によると、寺社の庄園支配を外部から侵犯するものをそうよんでいるという。[21]

「悪党」の語は、『御成敗式目』第三十二条では、超時代的な悪人をさす以上の意味をもたない。つまりすでに慣用語となっていたようである。しかし実際には、庄園領主が大犯三箇条の規定により幕府権力を引きずりだそうとするものと思われる。起源をたどると、『源平盛衰記』（三弥井書店版）巻九「堂衆軍の事」には、治承二〜三年（一一七八〜七九）ころ、叡山学匠叡俊と堂衆義慶との対立で、堂衆方が「古盗人、古強盗、山賊、海賊」からなる近江国三箇庄悪党を与力としたという。このように、治承・寿永内乱期に萌芽がみられる。

河内国金剛寺、大和国西大寺、紀伊国高野山などでは、周辺庄園の集積にともない、有力農民層から寺僧が輩出されるという。[22]安元元年（一一七五）東大寺領の伊賀国黒田庄に悪党が乱入した事件で、興福寺僧が東大寺側から「悪党」とよばれている。ときをへた黒田新庄においては、正応（一二八八〜九三）のころ、東大寺寺家内部の抗争から、寺僧兵部房快実が悪党として活動していた。同地の初期悪党ではないものの、大江観俊ら在地側と連携していたのである。[23]正安三年（一三〇一）十月二十五日には、悪党が春日社に乱入し神鏡を盗みとり高尾の山寺に籠もった。その主体と考えられる平田庄住人は、もともと興福寺別当慈信に武力として用いられていたのが、切り捨てられた存在と考えられる。悪党沙汰が起こるのは、慈信ないしその与党が別当在任中であるという。[24]

正和四年（一三一五）・建武二年（一三三五）の東大寺領美濃国茜部庄文書にみえる東大寺年預五師慶顕も注目される。紀伊国高野山金剛峯寺をみてみると、一三世紀後半に自治組織である惣寺の成立により、寺院内部や本所一円領内の敵対者を「悪党」とよんでいる。[25]その論理は、かれら暴徒は王法においては「大賊」、仏法においては「旃陀《せん》羅」であるからだという。「旃陀羅」はインドの不可触賤民candalaをさし、近世には差別戒名に用いられたほどに、惣寺側が仏教論理をもって対立勢力を侮蔑していることがわかる。ここではもはや、悪党の「悪」とは、網野氏がいうような畏敬の意味ではないのである。

平安期に武家の編成にもれた層が悪僧・僧兵化したと考えられ、[26]一三世紀に寺社勢力内部から滲出してくる「悪党」は、こうした僧にも淵源を求めることができよう。天狗との関係でいえば、僧兵設置を行なったとされた良源は天狗・魔界の棟梁と崇められた。これがのちの良源信仰につながり、僧兵が延暦寺大衆の暴力装置として正当化されたことがみてとれる。[27]また、平安末から鎌倉期の説話をみていくと、南都・北嶺における梟首の例がある。[28]本来不殺生戒によるはずの寺家に、武家と共通する行動様式が認められるのである。

第二節　破戒の悪僧たち

いわゆる「鎌倉新仏教」（以下、新仏教と略す）に関し、反命題として顕密体制論が提示された。また、時代区分概念についても、いくつかの異論があり[29]、そもそも新仏教とされてきたものは、鎌倉期に確立したとはしがたいとする。新仏教の成立は、その教団形成の過程をみると、一五世紀、特に後葉以降を中心に考えるべきであるというのである。一般に新仏教とされているのは、浄土宗、真宗、時宗、臨済宗、曹洞宗、法華（日蓮）宗である。これらが新仏教とされたのは、さまざまな政治的・社会的経過を通じて近世以後に一宗として存立しえた教団が、ある仏教者を祖師とし、そのかれの「廻心《え》」（宗教的転回）を立教開宗に措定することで成立した〝神話〟に基づく。すでに黒田俊雄氏が洞察したとおり、歴史学的に充分留意すべきであり[30]、当該期に教団としての展開をみいだすことは容易でない。

この中で、浄土教系である浄土宗、真宗、時宗をみてみたい。まず現在、浄土宗として社会に認知されているのは、法然房源空門下のうち聖光房辨長—然阿良忠—寂慧良暁と続く、いわゆる鎮西義白旗派である。白旗派が主導権を握るのを決定づけたのは、菩提宗旨とした徳川家が権力をえてからである。法然歿後の浄土宗においては、紫野門徒を構成した勢観房源智や、久我家を出自にもつ西山義・善慧房証空の教団が躍進する。法然の門弟には、このほか長楽寺流（多念義）隆寛、九品寺流（多念義・諸行本願義）長西、一念義幸西、白川門徒信空、嵯峨門徒湛空らの流派がそのあと教団として続くもので（ただしやがて消滅。西山派のみ近畿・東海で存続）、さらに俊乗房重源や空阿弥陀仏明遍らが著名である。法然自身は「浄土宗」の語を『一枚起請文』（『日本思想大系』10）などで用いているが、この場合の「宗」は、南都・北嶺に対峙する浄土「教団」(sect)を意図したものというより、あくまで善導、円仁、源信以後の浄土「教学」(idea)の意味で用いたと思われる(実際には、中世の「宗」の意味は多岐にわたるため不分明)。

そもそも、法然教団とよぶべき確固たる僧伽は存在しておらず、すでに一定の地位にあった僧が入門したために、門弟それぞれが集団を形成していた。そして、その集団は浄土宗なる独立宗派を〝僭称〟していたわけではなく、旧来の帰属宗派にそのまま準じていたと考えられる。建永二年(一二〇七)、嘉禄三年(一二二七)、天福二年(一二三五)などに念仏停止の宣旨が発せられ、法然浄土教は厳しい弾圧にさらされた。また嘉禄の法難に際し、同元年念仏者が犯罪行為、同三年に群盗となるなど(『明月記』)、自暴自棄に陥る者もいたらしい。そんな中、主流派の証空でさえ、ひとたび嘉禄の法難においては、「吉水前大僧正《慈円》帰依、為臨終善知識」(『明月記』〔国書刊行会本〕嘉禄三年〔一二二七〕七月六日条)などと弁疏するありさまであった。虎関師錬が禅僧の立場から著した『元亨釋書』(『新訂増補國史大系』第三十一巻)巻二十七〔諸宗志〕において、浄土宗は「為二寓宗一。譬二國之附庸一焉」との位置しか与えられていない。浄土宗内では鎮西義白旗派の了誉聖冏(一三四一～一四二〇)にいたって『釋浄土二藏義』『浄土二藏二教略頌』のいわゆる『頌義』を著し、それによって教理面での浄土宗の独自性を喧伝したのである。

また真宗においても、事情は似かよっている。親鸞がのちの天台宗山門派青蓮院門跡で得度したとの伝承から、本願寺十祖証如まで青蓮院で得度するのが通例となっていた[31](ただし三代覚如は興福寺一乗院で得度)。初期には山門妙香院、のちには青蓮院を本所とし、形式上は山門末寺だったといえる。蓮如のおりに山門との緊張関係に陥ったときも、「末寺銭」を納入することで解決が図られた[32]。

中世において、寺院では「諸宗兼学」、僧侶では栄西や円爾房辯円(のち諱円爾)のように「兼修」が通例であった。元久二年（一二〇五）十月日付の貞慶のいわゆる『南都奏状（興福寺奏状）』（『日本思想大系』新装版3）によれば、「若不レ学二諸宗之性相一者、争輒知二一門之真実一哉」とあるように、広範な教学習得こそが仏教者としての責務であり美徳であった。法然浄土宗最大の特徴を挙げるとすれば「一向専修」につきるが、「一向」という語がもつ響きは、仏教界においてきわめて否定的なものであった。たとえば手許の『日本国語大辞典』第二版第一巻を引いてみよう。副詞での語義として、

①一つのことがらに専念して他を考えない意を表わす。動作性の語にかかりやすい。ひたすら。いちずに。いこう。②物事が完全に一つの傾向にある意を表わす。形状性の語にかかりやすい。すべて。全部。もっぱら。たいそう。むやみに。③下に打消の語を伴って、程度の完全なことを強める意を表わす。まるで。ちっとも。さっぱり。まったく。④一つの方面。⑤一つのことがらを選び取る意を表わす。いっそ。むしろ。

とあり、形容動詞の語義として「否定的な意味を含めていう。全くひどい。まるでだめだ」とある。否定的用例の傾向が強く、『一枚起請文』の「智者の振舞をせずして、只一かうに念仏すべし」とか『正法眼蔵随聞記』（『日本古典文学大系』81）の「恣に我意に任せて悪事をするは、一向の悪人也」ほかが挙げられている。『沙石集』（『日本古典文学大系』85）巻七—二〇にも「大ニ分テバ、善天狗、悪天狗ト云テ二類アリ。悪天狗ハ、一向驕慢偏執ノミ有テ、仏法ニ信ナキ物ナリ。ヨテ諸善行ヲ妨ゲ、出離其期ヲ不知」とある。法然のいう一向とは、ひたすら〝馬鹿になりきって〟念仏せよ、という意味がこめられている。これらは、一遍ののちの念仏者がより強く主張する。他宗僧からは兼修の美徳を忘れた偏執を意味する「一向」も、法然の『選択集』や『一枚起請文』において、その価値が逆転させられたのであった。

黒田俊雄氏は、本地垂迹説の否定を特徴とみる。[33] 平雅行、安達俊英氏は、破戒そのものは当時普遍にみられた現象で、それ自体が弾圧の対象となったとは思えないとし、問題なのは、一向専修の偏執と破戒（無戒というべきか）を肯定する思想性にあったとする。[34] なるほど、念仏を非難した日蓮も、不偸盗・不妄語は厳守しつつも、武士相手ゆえに不殺生・不邪婬は乗急戒緩（法華一乗を広めることを急ぎ、持戒については緩やかでかまわない）とし、不飲酒《おんじゅ》は破戒するなど末法の無戒を容認していた。[35] 特に顕密寺院での酒造は僧坊酒とよばれて珍重され、その後の醸造業の基礎にすらなっている。[36] 性愛の対象としての稚児の存在も周知のところである。極言すれば、中世寺院は、暴力、酒、交合なんでもありの世界であった。[37]

貞応三年（一二二四）五月十七日付の『山門奏状（停止一向専修記）』[38] は、山門の三綱によるものである。前掲『南都奏状』とともに、法然門下を弾劾する。「悪」「造悪」「濫悪」などの語で痛罵を加え、六ある一つ書きのうち第二は「一向専修黨類約二背神明一不當事」、第六は「可レ被下停二止一向専修濫悪一興中隆護國諸宗上事」である。『民經記』（『大日本古記録』第十六・民經記一）嘉禄三年（一二二七）七月二十五日条には、同月十七日付・天皇茂仁（追号・後堀河）宣旨として「念佛行業者衆僧所修也、而頃年以來、内不守三寶之戒行、外不顧數般之制符、建專修之一字（學カ）、破自餘之諸教」とあり、同年六月三十日付の「延暦寺政所下文案」（『法然上人伝（十巻伝）』〔『法然上人傳全集』〕巻十）には「可早捕搦一向専修張本隆寛成覺空阿其以下余党等事」「右專修佛法之魔障諸宗之怨敵」などとある。元久二年（一二〇五）十二月二十九日付・宣旨（『法然上人行状絵図』〔岩波文庫青340―2・3〕巻三十一）も類例である。『常楽台主老衲一期記』（『真宗史料集成』第一巻）によると、のちの本願寺である大谷廟堂に正和元年（一三一二）夏ごろ、「専修寺」の額を掲げたが、山門より「一向専修者、往古所二停廃一也」との事書が来て撤去せざるをえなかったという。

これらでは一向専修は亡国であり、浄土宗を停止させるのではなく一向専修を停止させるべきこととし、神祇不拝を最大の問題としているのである。

建永の法難に際して斬首された法然の門弟、住蓮（?〜一二〇七）の系譜が『尊卑分脉』（『新訂増補國史大系』第六十巻上）に採録されている。清和・大和源氏の末裔で、興味深いことに、住蓮にいたる代々に傍註として「悪僧」などと書かれているのである。[39] 一向俊聖は、応長元年（一三一一）銘の山形県高野坊遺跡墨書礫や南北朝期『一向上人臨終図』などの史料により、「一向」を称していたことが裏づけられている。念仏者が「悪人」としての自嘲と矜持とから、一人称として「一向」と名のった反面、従前の仏教者からは、侮蔑の意味をこめて投げかけられたようである。嘉元二年（一三〇四）十二月二十八日付の顕智充「沙門唯善施行状」（『真宗史料集成』第四巻）には、

嘉元元年九月日、被禁制諸国横行人御教書偁、号一向衆成群之輩横行諸国之由、有其聞、可被禁制云々、因茲混一向之名言、不論横行不横行之差別、一向専修念仏及滅亡之間、

とあり、元亨元年（一三二一）二月日付の「本願寺親鸞上人門弟等愁申状」（『真宗史料集成』第一巻）には、

右当寺者、山門妙香院之御進止（中略）爰去乾元之比、号一向衆、諸国横行放埒輩若依有非分之行儀歟、被禁遏之刻、以当門徒、則令混乱彼浪人等、可令停廃之由、在々所々、結構之条、尤不便之次第也、

として、体制の弾圧を受ける名義上の一向衆としての葛藤が表されている。

史料上で「一向衆」とよばれた人々には、共通の行儀があった。以下、列挙してみたい。

①まず筆頭は悪人正機・造悪無碍（ただしともに後代の真宗での造語）で、その具体例が神祇不拝・奇瑞否定である。『沙石集』（『日本古典文学大系』85）巻一―十に、九州の念仏者が瀕死におよんでもなお神祇不拝をつらぬく説話

「浄土門ノ人神明ヲ軽テ蒙レ罰事」がある。作者は「余行余善ヲ嫌ヒ、余ノ仏菩薩・神明マデモ軽シメ、諸大乗ノ法門ヲモ謗ズル事アリ」と一向専修を批判している。『七天狗絵』（『続日本の絵巻』26）伝三井寺巻［A］第四段には、

　或ハ一向衆といひて弥陀如来の外の余仏に帰依する人をにくみ、神明に参詣するものをそねむ、衆生の得脱の因縁さま〱なれハ、即余仏菩薩に因縁ありて、かの仏菩薩に対して出離し、神明又和光利物の善巧方便なれは、即垂迹のみもとにして解脱すへし、しかるを一向弥陀一仏に限て余行余宗をきらふ事、愚痴の至極偏執の深重なるか故に、袈裟をハ出家の法衣なりとてこれを着せすして、慭《なまじい》にすかたは僧形なり、これをすつへき、或は馬衣をきて衣の裳を着けす、念仏する時ハ頭をふり肩をゆりておとる事野馬のことし、さわかしき事山猿にことならす、男女根をかくす事なく食物をつかみくひ不当をこのむありさま、併畜生道の業因とみる、

とある。従前の社会秩序・規範を気にしない点で、まさに悪党のありようと同体なのであった。画中詞には「天狗の長老一辺《（マヽ）》いまは花もふり紫雲も立つらむそ」とみえ、一遍が晩年、奇瑞を厳しく否定した背景をたどることができる。なお『七天狗絵』は「穢多」を差別したきわめて初期の史料であることにも注意したい（「エタ」初出は弘安年間〔一二七八〜八八〕『塵袋』とも）。『徒然草』（『新日本古典文学大系』39）第九十一段にみえる、日の吉凶を否定するような合理主義も一向衆に重層しよう。悪は、個の確立していない日本前近代では、近代ヨーロッパ的倫理観でとらえるものとはまったく異質である。[40] 罪業深重・煩悩熾盛の深刻な自己内省はほとんどない。とはいえ、悪人往生思想がすでに古代末の聖に内在していたという点もふまえておきたい。[41]『比良山古人霊託』（『図書寮叢刊』）では、僧兵の祖とされた良源と同じく、法然もまた無間地獄へ堕とされねばならなかった。造悪無碍の底流には本覚思想があろう。平安末には祖師最澄を騙る『末法灯明記』が偽撰されて正当化がなされた。密教の世界観もこれに通じ、その極端なも

のが真言立川流といえるかもしれない。

②ついで肉食妻帯も顕著であった。「真（仏）弟子」といいかえた実子は、古代から存在した。『日本霊異記』の私度僧景戒には真弟子がいたし、先の然阿良忠の真弟子が寂慧良暁ともいい、西大寺叡尊は興福寺僧の真弟子という。このほか御師をふくむ修験者、のちの融通念仏宗僧なども妻帯である。[42] 悪僧に妻帯例が多いことも思い出される。『元亨釋書』は安居院澄憲の妻帯を批判している。[43] 東寺の中綱や堂童子らも妻帯していたが、三綱からは穢僧の扱いだったという。[44] 弘長三年（一二六三）八月三日付の公家新制（「諸寺顯密僧侶可守戒法事」『中世法制史料集』第六巻）は、顕密僧の「蓄二妻妾一」を批判しているが、他方では「能言者國師也、不レ可レ弁レ之」として宥和策をとる。清浄光寺蔵・応永廿年（一四一三）卯月廿八日付・遊行十四代他阿弥陀仏《（太空）》「於当寺末代住持可被心得条々」の第二条に「破戒の者ありて子を儲て後廻心に立帰といへども、正しく我まふけたる子なれば不便の思有べし。然者とかく料簡して時衆に成しをく事有べし。返々然べからず」と妻帯の実例とその粛正を命じている。[45] 『老松堂日本行録』には赤間関全念寺の妻帯の実状が示されている。『朝野舊聞裒藁』（内閣文庫所蔵史籍叢刊特刊第一・朝野舊聞裒藁第一巻）「信忠君御事蹟」によれば、徳川家康の曾祖父にあたる松平信忠の女、東姫は三河国大浜称名寺（愛知県碧南市）をさす「大濱道場室」（傍点筆者）で、尼となり東一房と号し、元亀元年（一五七〇）十一月十一日歿した。もっとも、『沙石集』（『日本古典文学大系』85）「上人妻後事」には「末代ニハ、妻モタヌ上人、年ヲ逐テ希ニコソ聞シ」とあり、妻帯は広く聖にみられたものであった。肉食については、殺生罪業観に対する「殺生仏果観」が東国や山岳・海浜の寺社に広範に流布していた。[46] 岩手県遠野市の早池峯山猟師藤蔵と十一面観音をめぐる『遠野妙泉寺由緒』（五来重編『修験道史料集』〔Ⅰ〕）のような寺社縁起にもみてとれる。親鸞は長く東国をめぐっていたし、一遍も殺生仏果観が遺りや

すい辺縁の在地を転々としていたので、その思想を吸収する素地はあったと思われる。安芸国厳島社が殺生禁断を利用して海民をとりこんでいったように[47]、禁殺は支配階級のいい道具であった。となると肉食はもっともわかりやすい抗命でもあった。

③神田千里氏が「道場」号に関する精緻な論攷をものし[48]、道場は極楽往生の場であり、ゆえにアジールとして機能することを明らかにしている。真宗における「道場」とは、聞法の場と解釈される。僧俗問わず結集する空間であり、官寺ではありえなかった。在家の住居を「引道場」とよぶ融通念仏宗も、中世の残映をとどめている。

④蓄髪・蓄鬚もまた、民間宗教者の記号であったことは、同時代の絵巻からも窺える。藤沢時衆では、天皇尊治（追号・後醍醐）の従兄弟と伝える遊行十二代他阿尊観以来の伝統として、法主のみに蓄鬚が許されている。遊行する時衆の代表的携行具を示した十二道具（『一遍聖絵』第十第一段）の中に毛抜きがないことも[49]、蓄髪の蓋然性を高める。

⑤真宗に顕著だが、里修験寺院と同じく、貴種の末裔を称する例がある。日野、河野、三浦、北条、佐々木、武田、佐竹など、枚挙にいとまがない。世襲である一部の時衆寺院（大津国阿堂正福寺〔滋賀県大津市〕。足利枝族石塔氏による石堂姓）にもある。これらは「落人の里」に多い自己顕示の表現法といえ—事実ではあるまいが—アジールとして道場に逃避したことを暗示する主題を採用することで、妻帯の正当化を図ったのである。始祖の貴種流離譚は、往々にして現在の地位が卑賤視されていることの裏返しである。

⑥『改邪鈔』（『眞宗聖教全書』三）によると、親鸞が一遍と同じく、『日本往生極樂記』（鈴木学術財団版『大日本佛教全書』第六十八巻）にみえる播磨国賀古駅にいた教信沙弥（七八一～八六六）に心酔していたのは興味深い。教信

も、行基や空也同様の遁世の聖であった。のちに融通念仏宗中興の法明房良尊も、教信の夢告を佳事としている（『融通大念仏亀鐘縁起』）。

なお、神田千里氏は、このような念仏系で共通性がみられる集団を「原始一向宗」として総括している。[50] 史料用語で「一向衆」とみえるものであり、念仏聖と置換しても大過あるまい。『教行信証』後序に「非僧非俗」とあるのは有名である。この語は民間宗教者を端的に示す「半僧半俗」に換言できよう。似た例として、プロテスタントでは、聖職者と信徒の区別をおかず、牧師も俗人である。親鸞の寿像『安城の御影』には、そのかたわらに聖の象徴である鹿杖《かせづえ》が描かれる。[51] かれの行業には聖、特に善光寺勧進聖の性格がみてとれるとの指摘もある。[52] 真宗の下層を構成していた毛坊主[53]・道場主が、その系譜を引く。対して、最上層部は、既述のように天台の中にくみこまれていた。

『沙石集』巻六―九には「不可思議ノ異類・異形ノ法師（中略）或妻子ヲ帯シ、或ハ兵杖ヲヨコタヘ、狩リ漁リヲシ、合戦・殺害スコシモ不レ憚（中略）法師ニモ非ズ、下風ニモ非デ」と破戒僧の様子が描かれる。『峯相記』（『續群書類従』第二十八輯上）のいう「柿帷ニ六方笠ヲ着」した異形の悪党を想起させる。[54] その姿は、後述『七條文書』で武力行使を禁じられながらも武装の手助けは認められていた時衆や、狩猟民・漁民との連帯を示した親鸞のそれでもある。[55] 弘安八年（一二八五）三月日付の大和における起請落書（『鎌倉遺文』古文書編第二十巻一五五〇一）には、

注進　悪たうの交名事

一、布留大明神〻領山はやし候交名、すき本長圓房・堯圓房・慶琳房、菅田房淨恩房、河原庄あハち房の子息岸田ノ大夫、四條等覺房、此ノたう、かみをそりなから、神ヲモ神ト言ス、佛ケヲモ佛ケト言ス、神領ヲハヤシ候事、不便次第候（以下略）

とあって、悪党の神祇不拝は、一向衆の行儀に通じていることがわかる。

以上のように、一向衆は、神仏を否定し、無戒を教理的に肯定した。それは本地垂迹、王法仏法相依論・王権仏授説によって立つ国家を否定し、あるいは聖域である庄園支配を否定する論理につながることとなる。

この一向専修の過激な論理は、絶対他力の思想で裏うちされていた。近年、「善人なをもて往生をとく、いはんや悪人をや」で知られる『歎異抄』の悪人正機（因）の思想は、勢観房源智の醍醐本『法然上人傳記』（『法然上人傳全集』）に「善人尚ほ以て往生す、況や悪人をやの事口傳これあり」とあるように、すでに法然に存在していたとみなすことが定着してきている。[56] 悪人正機説は他力本願思想によるものであり、造悪無碍（「本願ぼこり」）と密接に聯関するものである。この一向専修の論理に加え、その派生的思想たる汚穢不問の論理をもつもののみが、「一向衆」として認知されていた。したがって法然門下といえども、鎮西義や西山義は――鎮西派の一例のみの例外はあるにせよ――基本的には「一向衆」ではなかったのである。[57]

なお、他力本願が他人任せをさす通釈は、むろん誤りである。ここでの「他」は、中文（現代中国語）と同様、彼《かれ》とする第二義が適切で、阿弥陀如来のことである。真宗教学では、他力本願は他作自受（別「人格」である阿弥陀仏の修行（の成果）を衆生がわがものとすること）であるとする、反対者からの批判に論駁することが難しい。[58] 対して、一遍の思惟によれば、十一不二（太古に法蔵比丘が阿弥陀仏になったことと、衆生が今この瞬間念仏により往生することとは一体）の論理によって超剋できるのである。時衆において他力本願の哲学が完成したということになる。こうした一向衆の、いわば悪を浄化してしまう社会的機能に、貴顕衆庶問わず篤い帰依がなされたのは当然のことであった。[59] それゆえに、時衆は本質的に悪になじむはずであった。

第三節　私度僧教団の変容——その体制化——

『一遍聖絵』に悪党がみえる。第五第四段で弘安四年（一二八一）ごろ、

常陸国にいて給けるに、悪党の侍りけるが、時衆の尼をとらむとしけるに中風になるが、一遍に尋ねたことで恢復。第七第一段で同六年、

美濃・尾張をとをり給に、処々の悪党ふたをたてゝいはく、「聖人供養のこゝろさしには、彼道場へ往詣の人々にわつらひをなすへからす。もし同心せさらむものにおきてはいましめをくはふべし云々」。よりて三年かあひた海道をすゝめ給に、昼夜に白波のをそれなく、首尾緑林の難なし、

という。第八第一段で同七年秋ごろ、

まいりあつまりたるものともをみるに、異類異形にしてよのつねのひとにあらす。畋猟漁捕を事とし、為利殺害を業とせるともからなり。このさまにては仏法帰依のこゝろあるへしともみえさりけるか、おのく掌をあはせてみな念仏うけたてまつりてけり、

とあり、いずれも時衆と悪党らの関係を窺わせる有名な記事である。(60)『時衆過去帳』には「海賊」も登場している。これらの一文から、流通業者などと遊行者たる時衆との濃密な関係を示す交通史的な立論が可能となる。それとともに、本来、他称であるはずの「悪党」という術語を時衆が用いることで、微妙な距離をおいていることに注目したい。顧みれば、一遍らの同行《ぎょう》（『一遍聖絵』第五第五段ほかでの「徒衆」）を「時衆」とよぶこともまた、自称にすぎない。他称としては、前述の「一向衆」であったと考えられる。鎌倉期に「時衆」が、一遍もしくは同じような聖の集

団をさした例を探すことは困難である。もともと時衆は顕密寺院の中にあって、六時不断に念仏を修する職能集団を意味しており、常設・臨時はさまざまだが、その用例は平安期から存在する。(61)「一向衆」を「時衆」へ、「諸国横行」を「遊行」へ、「住居《すまい》」(『百利口語』)を「道場」へと置換することで、一遍は多様な一向衆の中で独自性を発揮したのであった。

その一遍は、賦算(念仏札配布)権を遺弟聖戒に託し、死に際して、著作を焼き捨て、教団は自然消滅した。教団を改めて創設し、新たな流儀をとり入れたのは、一遍より二歳年上の長老格、他阿弥陀仏真教(一二三七〜一三一九)である。真教は、歌人としては反二条派の立場から、京洛のサロンに入りこんで冷泉派の京極為兼、為相、為守らと交流をもった。(62)『他阿上人法語』(『定本時宗宗典』上巻)を一瞥するだけで宇都宮、河村、小田、勝田《かつまた》、人見、安東、上原、毛利、一条、本間、佐介、武田らの姓名が頻出し、真教が晩年を過ごした相模国当麻無量光寺(神奈川県相模原市南区)は、北条一門大仏流の外護が想定されている。時衆といえば、まず踊り念仏が想起されるが、その印象が定着したのは戦後のことである。(63)実は踊り念仏は、中世後期から近世・近現代の時宗においては衰亡の一途であった。

これは『野守鏡』『七天狗絵』(およびその異本『魔佛一如繪』)『今鏡』『愚暗記』『破邪顯正義』、日蓮の弘安二年(一二七九)五月二日付「新池殿御返事」(『昭和定本日蓮聖人遺文』第二巻)などの批判から、踊り念仏を積極的に行ずることを時衆が躊躇したからであろう。同時に、『宣胤卿記』文明十二年(一四八〇)二月九日条や『二水記』永正十四年(一五一七)三月二日条、『言繼卿記』永禄七年(一五六四)八月十六日条、天正狂言本「いもあらひ」で四条道場、『祇園執行日記』応安四年(一三七一)八月九日条で六条道場における、興行としての踊り念仏が隆盛していたことがわかる。(64)しかし、主流派の藤沢道場系では、見せ物としてすらほとんど行なわれていない。現在かろうじて遺っている薄念仏《すすき》などにおける踊躍念仏も、能のすり足をとり入れた緩慢な動きのもので、草創期とはまったく異質である。

このように一向衆に対して、体制側、なかんづく顕密寺社勢力からの攻撃は激しいものであった。また、時衆の時衆たる本源の行儀である遊行も、遊行上人が室町将軍の御教書や徳川将軍の伝馬朱印状によって保証されていたのに対し、一般の僧尼は、まったくといってよいほどに遊行しなくなってしまう。かくして〝踊らない〟〝遊行しない〟時衆に変貌するのである。他阿真教による道場止住は、諸国横行の徒と疑われないためのものであろうし、『時衆制誡』（一遍撰というが、初見は真教による嘉元四年〔一三〇六〕『奉納縁起記』〔『定本時宗宗典』上巻〕所載）、「道場誓文」の制定も自律性を高めるための装置である。のちに遊行十一代他阿自空が、応永六年（一三九九）十一月二十五日付で五条からなる陣僧の心得を発している（『七條文書』〔『藤沢市史研究』第八号・『定本時宗宗典』上巻〕）。第二条で軍の情報手段となることを戒め、第三条で防具はかまわないが弓箭兵杖を持することを禁止している。

近年、時衆と律僧教団との競合に注目が集められているが、(65)一遍・真教はかなり意識していたようで、造悪無碍の制禁に躍起であった。その過程で、入門の起請文言に癩差別が出てきたり、『一遍聖絵』第三第一段、文永十一年（一二七四）の熊野権現の神勅にもともと「浄不浄をきらはす」とあったのが、後代の『一遍上人語録』（『日本思想大系』10）巻下「門人伝説」では、「有罪無罪を論ぜず」とたくみに修正されたりと、本来の救済の思想から離れた傾向がみられるようになっていく。その『一遍上人語録』に、『百利口語』なる和讃がある。一遍の真作ではなく、後代の人が忖度してつくったものと思われる。そこには「道場すべて無用なり」「利欲の心すゝまねば　勧進聖もしたからず」「弟子の法師もほしからず」「誰を檀那と頼まねば　人にへつらふ事もなし」などと、あたかも体制化した藤沢時衆を揶揄するかのごとくである。しかも、道場での定着は檀越に媚びるものと看破している。広義での時衆の基層には、こうした批判精神をもつ潮流もあったのである。次節でふれる教団と思潮の問題である。

こうした時衆の隆盛に刺戟されて本願寺門流もまた、親鸞の教説と趣を異にする方向性をうちだす。本願寺三代を称する覚如宗昭（一二七〇〜一三五一）の『改邪鈔』『口傳抄』『御傳抄』、その子存覚の『諸神本懐集』『破邪顕正抄』『持名抄』などの著作が続々とものされた。『改邪鈔』は「當世都鄙に流布して遁世者と號するは、多分一遍房佗阿彌陀佛等の門人をいふ歟」と時衆を意識したもの、『諸神本懐集』は時衆の影響が指摘されるものである。本願寺教団自体は、親鸞の大谷廟堂留守職という権威があったものの、下野国高田・専修寺門流や京都汁谷・仏光寺門流に比べるときわめて弱小な存在であり、八祖蓮如兼寿の出現をまたねばならなかった。とはいえ、覚如らによる活動は、その後の本願寺優位を創出する一つの要因であったこともまちがいない。また、私度僧の象徴である黒衣を否定している点にも、かれの志向がこめられている。

真宗では、親鸞思想と現実への対応との懸隔から、「真俗二諦論」がつねに問題化している。[66]冒頭で、黒田俊雄氏が時衆において組織化、教団化、理論構築が不十分であることを、負として捉えていると挙げたが、むしろそれが完成する過程で、民衆と乖離していく側面があることは決して無視しえない。『眞宗大系』第三十六巻は、近世の妙音院了祥の「異義集」五巻を載録したものだが、そこには『諸神本懐集』をはじめ初期真宗教団や他派系列の述作が「異義」として延々とあげつらわれている。[67]

おわりに――時衆から真宗へ――

本章（初出論集）の副目的は「鎌倉後期から南北朝期という時代に変質していったものは何か」である。それに即してまとめてみよう。古代以降脈々と日陰に生き続けた私度僧たちが、中世前期社会の爛熟の中で、具体的に教団とよびうるものを形成するにいたった。土木工事を行ない四十九院を建立したという行基集団も（『續日本紀』〔『新訂増補國史大系』第二巻〕巻十七・卒伝）、洛内の放置死体を葬送して回った空也集団も（『空也誄』〔『續群書類從』第八輯下〕）、まちがいなく組織であった。しかし教団という実態が肥大化する過程で―あるいは拡大を志向する過程で―、その組織者は世俗に厳然と屹立する権力と向かい合わなくてはならない。自説を貫く者、地下に潜行する者もいたことであろうが、その多くは、世俗の論理を肯定したり、あるいは体制化を徹底することで教団の維持・拡大を図ったのであった。時衆においては、鎌倉後期から南北朝期、〝悪党的一向衆〟から〝律僧的時衆〟に衣替えを図ったのである。こうした軟化は、仏教では目的のための手段「善巧方便」（『往生要集』巻中「大文第四」）として正当化できた。晩年の行基は官僧としての扱いを受けたし（ただし菩薩号は後代の私謚）、空也ものちに比叡山で受戒している。

藤沢系を中心とする時衆教団の体制化は、いわゆる新仏教の中で、際だって早かった。一遍の法嗣を主張する他阿真教が権力者に積極的に接近していたのは、一四世紀初頭である。本願寺覚如の体制回帰も同じころであった。それに比べ、法華宗の京都進出は一四世紀の日像からだが、諫暁を本格化させるのは一五世紀の日親である。曹洞宗では瑩山紹瑾（一二六八～一三二五）が祈禱・諷経を重視し、やがて葬祭や授戒によって戦国期に拡大する。一方、八祖蓮如による教勢拡張により、本願寺教団が真宗他派を一挙に凌駕するのは九世実如・十世証如の代のことである。

初期真宗でもっとも有力であった高田門徒は、その三代目が『三河念仏相承日記』に「顕智聖」「顕智ひじり」と呼称されたり、高田踊り念仏（「かいこ踊」）や顕智踊りがあり、本願寺本『高田専修寺系図』巻七、顕智法兄弟真正に「大念仏衆の躰也」と註されたり、伊勢国三日市、如来寺・太子寺の「おんない」は大念仏であったらしい。(68)時衆や融通念仏信仰（「大念仏」）に通ずる原初形態を伝えていた。

真宗が本源的に時衆と同根であることは次章で詳述したい。ここでは史料から窺える両者の関係を簡単にたどってみよう。親鸞については、箱根、鹿島、伊勢、熊野といった神祇参詣が想定されている。(69)熊野以外は一遍と重複していない。そして親鸞の門弟でのちの仏光寺教団始祖である真仏は、一四世紀中期の写本がある『親鸞聖人御因縁』で、熊野参詣や「二万八千人」勧進、勅許上人号などと時衆めいた姿で描かれる。(70)清浄光寺に嘉暦元年（一三二六）十二月の『聖徳太子伝暦』下巻のみが伝わっている。袖書の人名空性など真宗系人名があり、(71)仏光寺系と横のつながりがあったのかもしれない。そのあと暦応四年（一三四一）、本願寺覚如門弟でのちの出雲路派豪摂寺開山の乗専は『唯信鈔文意』を「四条朱雀道場」（四条道場金蓮寺）で筆写していたり、西本願寺蔵『善信聖人絵』には「向福寺琳阿弥陀仏」の名や三箇所の時衆流「行の名号」が遺されている。(72)初期真宗にしばしばみられた「光明本尊」（『真宗重宝聚英』第二巻）の六字名号は時衆流「真の名号」の書体である。やがて北陸地方で時衆と真宗の接触が濃厚となる。越中国井波瑞泉寺（富山県南砺市）は明徳四年（一三九三）本願寺五代綽如の歿後、杉谷慶善女が守ったと『賢心物語』（『富山県史』史料編Ⅱ）にあり、ふだん『六時礼讃』を勤修していた。如乗が越中に隣り合った加賀国二俣本泉寺（石川県金沢市）を建立するも、砂子坂（同市）の門下高坂定賢と田島番頭しかおらず、よって高坂の親戚、喜阿弥陀仏なる時衆が世話をしたという。越前国藤島超勝寺（福井市）も鸞芸孫大桑善福寺順慶女が加州福万寺時衆であり協力を仰いだらしい[73]。蓮如のあの吉崎御坊（福井県あわら市、真宗大谷派願慶寺）には他阿真教の六字名号が伝えられている[74]。

　このように本願寺縁者が時衆になる例も目だっていた。『大谷一流系圖』（『續眞宗大系』第十六巻〔史傳部下〕）によると、本願寺五代綽如三男周覚玄真の第一子女子の割註に「時衆、法名同一、時衆、越前江守住、後同州甲斐谷住、十八日卒、母家女房尼如誓」とあり、同じく第五子妙秀のところに「童名長壽、元時衆、號底阿彌陀佛、越前稱念寺住、長崎道場也、遁世、同國大谷里住、長享二四月七日卒五十九」とある。『大谷一流諸家系図』および『本龍寺系譜』によれば賢勝四子寿阿が越中国砺波郡仏土寺（富山県南砺市、廃絶）、賢春七子教誓が同国放生津報土寺（射水市、現真宗大谷派専念寺および同派報土寺（南砺市））にいたとある[75]。また天文二十年（一五五一）『下間系図』（『真宗史料集成』第七巻）には、下間頼桂（天文三年〈一五三四〉四九歳戦死）第四子は「相阿時衆　越中仏土寺住」であり、頼広（天文十年（一五四一）五五歳死）第四子は「梵阿時衆　摂津国三宅村称願寺住持母家女房」であった。民俗事例では、『愚暗記』の「踊躍門弟輩六字名号南无之義立事」（傍点筆者）は、越前国三門徒が踊躍念仏をしていたことを自ら証している。東本願寺で報恩講に行われる体を大きく揺する坂東曲《ぶし》も時衆臭のする儀礼である。

　蓮如は時衆の影響を強く受けた人物である。『山科連署記』『蓮如上人一代記』には四条道場で母の動静に関する風聞をえたとある。時宗鞆本願寺（広島県福山市）には、蓮如の母が晩年に尼住持となったとの伝承すらある（それに基づき本願寺に改称）。かように時衆道場のネットワークに接点をもち、一遍を描いた謡曲「誓願寺」を法座で自ら謡い[76]、覚如の『改邪鈔』に反し墨衣を用いたことが『本願寺作法之次第』に「衣の色はうす墨にて可古の教信の意巧を本と御まなびにて候と也。開山聖人仰にて實如上人の御時までもうす墨にて侍りし。近代は末々の人まで墨衣になり候」とある（ほか『空善記』一〇〇にもある）。覚如路線の変更であった。『蓮如上人仰条々』（『真宗史料集成』第二巻）では礼拝対象として、木像より絵像、絵像より名号を重んずる初期時衆に近い姿勢を示していた。そうした人物が時衆の教線を侵蝕していくことは、自然な流れであった。むしろ、藤沢時衆によって準備され、中世後期以後の真宗に、かつての時衆的要素が継受されるとさえいえる。[77] 時衆の体制化で切り捨てられた存在が、真宗、特に北陸三門徒において息づいているのである。大橋俊雄氏が示した知識帰命（時衆）→同（「善知識だのみ」とも。真宗）、過去帳入り→名帳・絵系図、不往生→後生御免、踊り念仏→念仏行道のほか、[78] 道場号→同、十一不二→十劫秘事、即便往生→一益法門・不拝秘事、[79] 他阿法語→蓮如御文、和讃→同、六字名号→六字の方便法身尊号[80]といった項目が挙げられよう。この中には異安心として排除の対象となるものも出た。蓮如は時衆らと同じく「機法一体」の名義は用いつつ、換骨奪胎した。「生仏一体」（衆生と仏の一体）ではなくなった。[81] 中村生雄氏がいうように、肉食妻帯と神祇不拝論理を貫徹できた真宗こそが伸張できた面もある。[82] その際、十二分に注意したいのは、教団と思潮とは異なるということである。

一向衆が、おもに藤沢道場系時衆なり本願寺系真宗教団に編成されていく場合、それは必然的に体制化を意味する。体制容認・回帰なくして、確固たる教団としては、存立が許されないからである。しかし実体の捉えられない潮流＝思潮は、教団ではすべてを包摂しきれない。ゆえに教団に未編成の下層の僧尼や辺境の信徒たちには、本来的な性格が遺り続けるのである。本章では、それが一向一揆に転回していく可能性を示唆するにとどめたい。三門徒が踊る北陸などは、まさにその好例といえるのではなかろうか。[83] また、一向衆は神祇不拝であるが、一遍は神祇信仰を勧めたという齟齬も、教団維持の論理としては当然のものといえる。実際、『七天狗絵』に現れる時衆の特徴は、その後の教団において、すべて消滅ないし否定されている。

中世には集会《え》での多数決や湯起請、一味神水、籤など、人為であっても予測不能・不作為のものに仏神の感応をみた[84]。その中世は自力救済の時代である。これと連動するように、中世後期、神仏観が変容する[85]。その最右翼といえるのが、祈禱、護符、占術、籤をせぬ真宗ではないか。中世的神仏観を否定し現世においては仏神に頼らぬ姿勢こそ、自力救済の最たるものといえる。「門徒もの知らず」というのも、無知という意味ではなく、正しくは「門徒物忌み知らず」からきているともいう。真宗地帯に民俗なし、とはよく聞く言である（もとより誇張表現であって民俗はある）。そして神仏観の変化と軌を一に、時衆の教勢が大きく落ちこむ。

一五世紀以後の新仏教、ことに浄土宗・曹洞宗が地方および庶民層に普及していく進展の背景に、葬祭仏教があることを先学は異口同音に挙げる[86]。それこそは空也・一遍以来の伝統を宣揚して、京・鎌倉など都市部を中心に活躍した、古代私度僧に淵源を求められる聖を先蹤におくべきであろう[87]。南北朝内乱期の陣僧の存在も、また同様といえる。常陸国を例にとると、価値判断を含まない純粋な時系列でいえば、真宗・時衆系が旧（鎌倉期）で、真言宗・曹洞宗が新（室町・戦国期）仏教となる。本来庶民信仰を標榜しない宗派が、私度僧の系譜につらなる教団を模倣して展開していくのである。

その際、注意したいことがある。仏教は民衆を救済することを本旨とする。翻って、中国・朝鮮なかんづく琉球で、政治的事情から仏教は庶民信仰としてあまり定着していない[88]。その琉球には基本的に差別がない（「行脚」「乞食」「念仏者」らへの差別はあった）。どの家庭でも豚が飼育され、自家供給されて、殺生を悪とする観念が広まらないためでもあろう。このことを思うとき、西大寺系律僧の営為の二面性を指摘しなければならない[89]。非人救済と禁殺とである。人々に手をさしのべる一方で、その理念は庄園支配を鞏固なものとし、悪観念の拡大・差別を助長するものであった。旧来、権門・寺社による支配イデオロギーだった禁殺が、やがて民衆段階に浸透したのである。[90] 初期の禁殺は列島文化のハレとケ（褻枯れ＝ケガレ）に通ずるが、本来的な仏教思想といいがたい。当初は、中国でも日本でも、過剰な動物捕獲による生態系破壊防止効果が暗に求められていたのであろう。しかし初期インド仏教や現在の南伝仏教でも、僧侶は肉食をする。「三種の浄肉」・薬として認められていた。[91] 仏教界全体が世俗の影響を受け、なし崩しの破戒化に向かえば、宗教のもつ反作用として興律・持戒の運動が、近世・近代にいたるまで継起的にわきあがるのであった。内実は無戒が実態でありながら、表層では持律堅固がつねに建前とされたのである。今なお、肉食妻帯が日本仏教の悪しき特異性として語られるのは、歴史性を一面的に捉えるものでしかない。

いわゆる顕密体制論では、極言すれば、中世は古代を克服すべき対象としておらず、一向専修を標榜する（広義の法然）浄土宗は、仏教界の異端である。本章で縷々述べてきたとおり、その浄土宗のうち、もっとも先鋭化した一向衆が、悪党と人的・思想的共通性をもつとすれば、その評価はどうなるのであろうか。悪党が、内乱期に次代を切り開く意味をはたしたことが明らかとなりつつある以上、同時に、一向衆のもつ思想に積極的な意義づけを行なうこととなるはずである。経済的な目的から、宗教イデオロギーにより「悪党」が生まれ、政治的な目的から、宗教イデオロギーによる「一向衆」が排斥された。[92] 根は同じである。フロイス『日本史』によれば、叡山焼き討ちという形で顕密仏教を否定した織田信長は、仏法の破壊者である「第六天魔王」を自称したという。

人間社会における「悪」の問題はつねに現代的課題である。かつて前近代の支配者は牛馬食肉禁止令で農業を守るためといいつつ、一方で狩猟と食肉を楽しんでいたわけで、[93] 善悪の判断基準はまことに恣意にすぎるものであった。

江戸幕府は、自力救済の最たるものである仇討ちを武家を例外として禁ずる一方、公事において死刑を濫発した。生類憐れみの令は近年、武家の中世的観念の払拭をめざしたものとして再評価されているが[94]、獣類や昆虫にまで憐憫の対象を拡大しつつも、それを犯した人間には死罪すら与えるという、明瞭な自家撞着がある。統治者となった武士が悪党を忌み嫌うのは近親憎悪からであるという言には静かに頷くほかない[95]。

「悪」のもつ現代的かつ喫緊の課題は死刑制度である。民主主義の観点からは、人命尊重と冤罪死刑囚防止のために死刑廃止が世界的潮流となっている。先進諸国の中では、日本国は輿論の高い支持を理由にアメリカ合州国とともに死刑廃止条約に批准していない（アメリカでも州によっては廃止されている）。二〇〇九年には裁判員制度が導入され、死刑制度は市民にとってますます不可避の政治制度となっている。カンボジア、ブータンは上座部仏教国として死刑を廃止しているし、ネパールは二〇〇八年に共和制に移行したのにともない、ヒンドゥ教国として死刑を廃止している。「一人を殺せば殺人者だが、（戦争で）百万人を殺せば英雄」（チャップリン「殺人狂時代」）や〝人命は尊い。ゆえに被害者の人命に対して加害者の人命をもって償う〟という矛盾は、「殺生禁断」「悪」観念を支配階級がいいように解釈したことと通ずる。統治行為の一つとして死刑制度を利用しているともいえる。

中世の「悪」をめぐる思想の変遷は、権力と民衆との関係をはしなくも提示するものであった[96]。顕密寺院以来の「悪」・破戒容認の思想は、その後の新仏教成立の前提となったことを最後にあらためて確認しておきたい。そして今なお続く部落差別をはじめとするさまざまな差別の源流にもなっている。今後、悪党と一向衆とが一層有機的に研究されることが希まれるところである。

〔註〕

（1）私度僧は中世史料用語ではない。本書では八宗体制の埒外の民間宗教者の意味で仮称する。

（2）黒田俊雄『蒙古襲来』日本の歴史8（中央公論社・一九六五年九月）。

（3）ベネズエラのチャベス大統領は二〇〇六年九月二一日に国連で行った演説で、逆にブッシュ大統領をさして「悪魔」（"el diablo"）と述べた。

（4）若林晴子「天狗と中世における〈悪の問題〉」『中世仏教の展開とその基盤』（大蔵出版・二〇〇二年七月）。ピエール・ベールは「エピクロス」『歴史批評辞典』Ⅱ（一六九六年、のち野沢協訳・解説、法政大学出版局・一九八四年一一月）において「この世に悪が存在する。さて、この世界の創造者は悪を除去する能力が無かったために、悪を許容したとしてみよう。その場合、創造者は無能力であることになり、したがって彼は神ではない。それでは、彼は悪を除去する能力は持っているが、そうする意志が無いとしてみよう。すると彼は邪悪であることになる。したがって、彼は神ではない」。

（5）網野善彦『日本の歴史』第10巻［蒙古襲来］（小学館・一九七四年九月、のち副題として「―転換する社会―（鎌倉時代中・後期）」を附し小学館ライブラリーSL24（上）・25（下）、一九九二年六月ほかに所収）。悪源太義平、悪左府頼長ら「気性の激しい意や剛強な意をそえる接頭語」で、道徳的判断は入っていない。異常ともいえる激しさや強さは悪であり、畏敬・賞讃さえされた、とする。網野「日本中世における「悪」の諸相」『明治大学公開文化講座』Ⅷ悪（同大学人文科学研究所〔風間書房発売〕・一九八九年五月、のち「「悪」の諸相　緊張する社会」と改題し網野『海と列島の中世』（日本エディタースクール出版部・一九九二年一月に所収）でも「悪」の変遷をわかりやすく説き、時衆と悪党の関係に言及。

（6）たとえば受戒は往生極楽、すなわち堕地獄の回避のための臨終行儀として平安期には形式化が始まる。石田瑞麿

『日本仏教における戒律の研究』（在家仏教協会・一九六三年八月）。

（7）桑谷祐顕「中国における放生思想の系譜―特に天台僧の関わりを中心に―」『叡山学院研究紀要』第二二号（同学院・二〇〇〇年三月）。放生と禁殺は表裏一体である。天台大師智顗や、のち唐・粛宗が放生池を設けた。このほか笹田教彰「殺生禁断と肉食」佛教大学学術委員会・文学部論集編集委員会編集『文学部論集』第86号（同大学文学部・二〇〇二年三月）もある。

（8）藤田琢司「古代における六斎日の殺生禁断について」鷹陵史学会編集『鷹陵史学』第二三号（同会・一九九七年九月）。

（9）永井英治「中世における殺生禁断令の展開」中世史研究会編集委員会編集『年報中世史研究』第18号（同会・一九九三年五月）。ただし古代以来の儒教的仁愛を否定する永井氏の論には、疑問もある。

（10）北條勝貴「鎮護国家の仏教」大久保良峻・末木文美士・林淳ほか一名編『日本仏教34の鍵』（春秋社・二〇〇三年五月）。

（11）苅米一志「西大寺叡尊の殺生禁断活動について」歴史学会編集『史潮』新35号（同会〔弘文堂発売〕・一九九四年六月）。伝記によると叡尊は禁殺設定一三五六箇所・四三五八人に菩薩戒授与、忍性は六三箇所設定である。

（12）平雅行「殺生禁断の歴史的展開」大山喬平教授退官記念会編『日本社会の史的構造』古代中世（思文閣出版・一九九七年五月）。

（13）亀山純生「自然開発と殺生禁断思想―環境問題における日本の仏教的自然観の二面性―」『人間と社会』第8号（東京農工大学「人間と社会」研究会・一九九七年七月、のち「浄土教受容による殺生＝悪人観の浸透とその両義性―山野開発と殺生禁断思想―」と改題・増補し亀山『中世民衆思想と法然浄土教―〈歴史に埋め込まれた親鸞〉像への視座―』大月書店・二〇〇三年二月に所収）。

（14）櫻井彦「再考・「殺生禁断」法～悪党の発生と「殺生禁断」法～」民衆史研究会編集『民衆史研究』第四〇号（同

会・一九九〇年一一月)。

(15) 戸田芳実「国衙軍制の形成過程─武士発生史検討の一視点─」日本史研究会史料研究部会編『中世の権力と民衆』創元学術双書(創元社・一九七〇年六月)、高橋昌明『武士の成立・武士像の創出』(東京大学出版会・一九九九年一一月)。

(16) 五味文彦『武士と文士の中世史』(東京大学出版会・一九九二年一〇月)。

(17) 村井康彦「蔑視された武者たち」『歴史公論』第六巻六号(6月号)(雄山閣出版・一九八〇年六月)が挙げる『古今著聞集』巻九・武勇第十二の「武者、禁レ暴、戢レ兵、保レ大、定レ功、安レ民、和レ衆、豊レ財。是武七徳也」がある。

(18) 渡辺《(マヽ)》浩史「鎌倉中期迄の「悪党」」『史叢』第三八号、日本大学史学会・一九八七年一月。

(19) 山陰加春夫「「悪党」に関する考察」『日本史研究』第一七八号(同会・一九七七年六月、のち佐藤和彦・小林一岳編『南北朝内乱』展望日本歴史10、東京堂出版・二〇〇〇年二月に所収)。近藤成一「悪党召し捕りの構造」永原慶二編『中世の発見』(吉川弘文館・一九九三年四月)。

(20) 東京大学史料編纂所『平安遺文』および古記録フルテキストデータベースによる。前者では一六〇件、後者では古代から中世前期につき一九〇件が検出された。いずれも寺社文書ないし宗教論理による記事に「悪」が多い。ただし『平安遺文』の場合、それは現在残存する史料が寺社に偏在することによるとも考えられ、詳細な分析は今後の課題である。

(21) 前掲註(18)論攷。

(22) 久野修義「中世寺院と社会・国家」『日本史研究』第三六七号(同会・一九九三年三月、のち久野『日本中世の寺院と社会』塙書房・一九九九年二月に所収)。

(23) 小泉宜右「伊賀国黒田庄の悪党」稲垣泰彦・永原慶二編『中世の社会と経済』─日本封建制研究2─(東京大学出

版会・一九六二年六月）。
（24）安田次郎「永仁の南都闘乱」『お茶の水史学』第三〇号（お茶の水大学史学科読史会・一九八七年四月、のち安田『中世の興福寺と大和』山川出版社・二〇〇一年六月に所収）。
（25）山陰加春夫「中世寺院と「悪党」―高野山金剛峯寺の場合―」『日本佛教學會年報』第六五号（同会西部事務所・二〇〇〇年五月、のち山陰『中世寺院と「悪党」』清文堂出版・二〇〇六年六月ほかに所収）の引く『高野山文書』正応四年（一二九一）九月日付「金剛峯寺衆徒訴状案」。
（26）僧兵の語は衣川仁「序章」衣川『中世寺院勢力論―悪僧と大衆の時代―』（吉川弘文館・二〇〇七年一一月）、衣川「Mikael S. Adolphson, The Teeth and Claws of the Buddha: Monastic Warriors and Sō hei in Japanese History, Honolulu: University of Hawai'i Press, 2007. xvi+212pp.」日本仏教綜合研究学会編集『日本仏教綜合研究』第七号（同会・二〇〇九年五月）などによると近世の造語。古くは黒田俊雄『寺社勢力―もう一つの中世社会―』岩波新書黄117（岩波書店・一九八〇年四月）が指摘。
（27）原田正俊「『天狗草紙』にみる鎌倉時代後期の仏法」『仏教史学研究』第三七巻第一号（仏教史学会・一九九四年七月、のち原田『日本中世の禅宗と社会』吉川弘文館・一九九八年一二月に所収）。
（28）中澤克昭『中世の武力と城郭』（吉川弘文館・一九九九年九月）。
（29）例えば吉田一彦「日本仏教史の時期区分」大隅和雄編『文化史の構想』（吉川弘文館・二〇〇三年三月）。この視点は、従前も仏教史研究者の間で、いわば不成文の通念として存在していた。藤井学氏が「近世初期の政治思想と国家意識」『岩波講座日本歴史』10［近世2］（岩波書店・一九七五年一二月）で、真宗・法華宗「戦国仏教」概念を提示している。
（30）黒田俊雄「思想史の方法についての覚書―中世の宗教思想を中心に―」歴史学研究会編集『歴史學研究』No.239（青木書店・一九六〇年三月、のち黒田編集・解説・歴史科学協議会著作『思想史〈前近代〉』歴史科学大系第19巻、校倉書房・一九七九年八月ほかに所収)。
(31) 本願寺史編纂所編纂『本願寺史』第一巻(浄土真宗本願寺派宗務所・一九六一年三月)。
(32) 寛正の法難後、叡山安堵状(浄土真宗本願寺派本善寺〔奈良県吉野郡吉野町〕蔵『本善寺文書』)が出る。谷下一夢「蓮如傳に於ける二三の問題―尋尊大僧正記を中心として―」龍谷學會編輯『龍谷學報』第三一六號(興教書院・一九三六年一〇月、のち谷下『眞宗史の諸研究』平樂寺書店・一九四一年七月に所収)。その結果、山門西塔院に末寺銭が納入されることになった。石田晴男「戦国期の本願寺の社会的基盤―『天文日記』の音信・贈答から見た」浄土真宗教学研究所・本願寺史料研究所編『講座蓮如』第三巻(平凡社・一九九七年五月)は帰属宗派問題に論及。
(33) 黒田俊雄「鎌倉仏教における「一向専修」と「本地垂迹」」『史林』第三六巻第四号(史学研究会・一九五三年一〇月、のち黒田『黒田俊雄著作集』第四巻〔神国思想と専修念仏〕、法藏館・一九九五年六月に所収)。
(34) 平雅行「建永の法難について」岸俊男教授退官記念会編『日本政治社会史研究』下(塙書房・一九八五年三月、のち平『日本中世の社会と仏教』塙書房・一九九二年一一月に所収)、安達俊英「法然浄土教に対する批判と戒」『浄土宗学研究』第十九号(知恩院浄土宗学研究所・一九九二年三月)。
(35) 浅井円道「日蓮を中心として見た悪の超克」仏教思想研究会編『悪』仏教思想2(平楽寺書店・一九七六年一一月)。
(36) 吉田元「僧坊酒について」種智院大学密教学会編集『密教学』第二十五号(同会・一九八九年三月)は技術論に論及し、米戸暦「僧坊酒の研究」高野山大学密教学会編集『密教学会報』第三十七・三十八合併号(同会・二〇〇一年三月)は河内国天野山金剛寺の天野酒を中心に述べる。管見のかぎり概論はない。
(37) 肉食については『文殊師利問經』(『大正新脩大藏經』第十四巻)に「滅肉食眞言」があって罪障消滅の方法が用意されていたし、既出『受法用心集』には女犯について生々しい記述がある。
(38) 伊藤眞徹「停止一向専修記の研究」佛教大学研究室編集『佛教大学研究紀要』第三九号(佛教大學學會・一九六一

年三月、のち佛教大学編『七百五十年大遠忌記念法然上人研究』平楽寺書店・同年五月に所収)。

(39) 四代前の頼安には「法華持經者」「天下名譽武勇悪黨」、曾祖父信実「日本一悪僧武勇」、祖父玄実「信実上座眞弟、一天第一武勇精兵」とある。信実は『古今著聞集』十八、『保元物語』にみえ、玄実も『保元物語』にみえる。

(40) 田村圓澄「悪人正機説の成立」史学会編集『史學雜誌』第六一編第十一号(山川出版社・一九五二年一一月、のち田村『日本仏教思想史研究』浄土教篇、平楽寺書店・一九五九年一一月に所収)。民衆を苦しめる罪や悪は、社会的・身分的制約が反映した宿業論によっている。罪人と賤民、悪と穢の関係は、永遠の課題である。金井清光「『一遍聖絵』十二名画とその宗教的意義(七)」時衆文化研究会編集『時衆文化』第8号(同会〈岩田書院発売〉・二〇〇三年一〇月、のち「巻7「市屋道場」—堀川いかだ曳き　補・乞食と癩者」と改題し金井『一遍聖絵新考』岩田書院・二〇〇五年九月に所収)および金井『中世の癩者と差別』(岩田書院・二〇〇三年四月)では、網野善彦氏の「非人」論に反駁、卑賤視は一貫していたとする。金井論攷は、天皇は罪人とされることはあるとしても決して賤民とされなかった例を示す。つまり除去不能な宿業と、とり去ることのできる罪があるらしい。近世、非人から脱賤して良民となる例も同様だろうか。

(41) 井上光貞『新訂日本浄土教成立史の研究』(山川出版社・一九七五年二月)。

(42) 堀一郎『我国民間信仰史の研究』(創元社・一九五三年一一月)、富田正弘「中世東寺の寺官組織について—三綱層と中綱層—」京都府立総合資料館編集『資料館紀要』第13号(同館・一九八五年三月)および同論攷五六ページ註(8)が挙げる黒田俊雄『寺社勢力—もう一つの中世社会—』岩波新書黄117(岩波書店・一九八〇年四月)、一二三ページほかの関連文献。圭室文雄「江戸時代における僧侶の肉食妻帯—試論—」藤沢市文書館運営委員会編集『藤沢市史研究』第19号(同館・一九八六年三月)では近世は肉食妻帯がふつうに行われていたとしている。

(43) 関山和夫『説教の歴史的研究』(法蔵館・一九七三年三月)五二ページ。

(44) 前掲註(42)富田論攷。

(45)橘俊道「長崎称念寺「光明院の蔵」について―初期時宗教団における寺院経営の特殊例として―」『時宗教学年報』第十一輯（時宗教学研究所・一九八三年三月、のち橘『一遍上人の念仏思想と時衆』橘俊道先生遺稿集、橘俊道先生遺稿集刊行会・一九九〇年四月に所収）。
(46)伊藤喜良「南北朝動乱期の社会と思想」歴史学研究会・日本史研究会編『講座日本歴史』4中世2（東京大学出版会・一九八五年二月、のち伊藤『日本中世の王権と権威』思文閣史学叢書、思文閣出版・一九九三年八月に所収）。民俗世界においても、「本当の漁師とは「魚を捕るという仕事を通して神信心をすることだ」という考え方をもつ漁師は多」い、と川島秀一『漁撈伝承』ものと人間の文化史109（法政大学出版局・二〇〇三年一月）にある。
(47)飯沼賢司『環境歴史学とはなにか』日本史リブレット23（山川出版社・二〇〇四年九月）。
(48)神田千里「中世の「道場」における死と出家」史学会編集『史学雑誌』第97編第9号（山川出版社・一九八八年九月）。
(49)岡本誠之『鋏』（えくらん社・一九五九年九月、のち再刊、ものと人間の文化史33、法政大学出版局・一九七九年三月）によれば、古代・中世には整髪はおもに鑷子（毛抜き）や鉸刀（はさみ）で行われていて、剃刀は法具であったという。遊行集団においては剃刀が『一遍聖絵』第四第三段の出家剃髪の場面に描かれている。
(50)神田千里「原始一向宗の実像」網野善彦・石井進編『日本海交通の展開』中世の風景を読む第四巻（新人物往来社・一九九五年六月、のち神田『一向一揆と戦国社会』吉川弘文館・一九九八年一〇月に所収）。ただし「原始一向宗」の語の初出は、井上鋭夫『一向一揆の研究』（吉川弘文館・一九六八年三月）。「古真宗」ともある。神田論攷には①「時宗や一向派」として近世的宗派観を中世にもちこんでいることと、②時衆を僧尼に限定し信者層と乖離させている問題点があるが、おおむね支持できる。
(51)蒲池勢至「杖にあらわれたヒジリ性」アエラ編集部編『親鸞がわかる。』（朝日新聞社・一九九九年五月）。ちなみに修験者は引敷なる鹿や兎の毛皮を用いる。

(52) 平松令三「解説」『真宗史料集成』第四巻［専修寺・諸派］（同朋舎出版・一九八二年一一月、のち「関東真宗教団の成立と展開」と改題し平松『真宗史論攷』同朋舎出版・一九八八年四月に所収）。
(53) ただし毛坊主を初期真宗に遡及するのには無理があり、北陸地方などの毛坊主は実態としてすぐれて近世以降の事象か。柳田國男「毛坊主考」柳田『定本柳田國男集』第九巻（筑摩書房・一九六二年三月、〔初出一九一四年三月ほか〕）のほか井上鋭夫・千葉乗隆両氏の研究がある。ただ道場主研究などでも必ず引用される柳田論攷は、その背後に時代の制約もあり差別視が潜んでいることは指摘せざるをえない。
(54) 河田光夫「中世被差別民の装い」京都部落史研究所編集『京都部落史研究所紀要』４（同所・一九八四年三月、のち河田『河田光夫著作集』第二巻、明石書店・一九九五年七月に所収）。
(55) 新井孝重『中世悪党の研究』戊午叢書（吉川弘文館・一九九〇年三月）は、修験・山伏ら漂泊民信仰と悪党との関係を説く。このことは、井上鋭夫『山の民・川の民―日本中世の生活と信仰』（平凡社選書69、同社・一九八一年二月、のちちくま学芸文庫イ33―1、筑摩書房・二〇〇七年五月）で、ワタリ・タイシとよばれる越後の非農業民が原始一向宗の原初的形態を伝えることを明らかにしたこととも通底しようか。
(56) 梶村昇『悪人正機説』大東名著選18（大東出版社・一九九二年三月）、梶村『法然の言葉だった「善人なをもて往生をとぐいはんや悪人をや」』（大東出版社・一九九九年四月）ほか。
(57) 金龍静「一向宗の宗派の成立」浄土真宗教学研究所・本願寺史料研究所編『講座蓮如』第三巻（平凡社・一九九七年五月）に、一向衆（宗）とされたさまざまな法系の事例が挙げられている。
(58) 近世増上寺の大僧正統誉圓宣『拴僻《びゃく》打磨編』（翻刻は伊藤祐晃『教行信證破懐論』內外出版・一九二四年）。河智義邦「「他作自受の難」と親鸞教学」日本宗教学会編集『宗教研究』三三一号［第75巻第４輯］（同会・二〇〇二年三月）。
(59) 拙稿「時衆とは何か―時衆史の再構成―（承前）」時衆文化研究会編集『時衆文化』第２号（同会〔岩田書院発

売）・二〇〇〇年一〇月、本書第一部第三章）の第一図で示した機能。

(60) 網野善彦「「職人」と「芸能」をめぐって」網野編『職人と芸能』中世を考える（吉川弘文館・一九九四年一二月）が『一遍聖絵』の悪党に言及。

(61) 林譲「「時衆」について」大隅和雄編『仏法の文化史』（吉川弘文館・二〇〇三年一月）。

(62) 金井清光「真教の時衆教団形成（六）」『時衆研究』第四十八号（金井私家版・一九七一年六月、のち金井『一遍と時衆教団』角川書店・一九七五年三月に所収）。

(63) 拙稿「学校教育における「鎌倉仏教」―高等学校教科書比較を通じて見えるもの―」『日本仏教教育学研究』第十号（日本仏教教育学会・二〇〇二年三月、本書第一部第一章）。

(64) 金井清光「時衆十二派について（一～七）」『時衆研究』第二十七～三十三号（金井私家版・一九六七年一二月～六八年一二月、のち金井『一遍と時衆教団』角川書店・一九七五年三月に所収）。

(65) 金井清光「真教の時衆教団形成（一）」『時衆研究』第四十二号（金井私家版・一九七〇年六月、のち金井『一遍と時衆教団』角川書店・一九七五年三月に所収）。弘安四年（一二八一）叡尊が播磨国石峯寺で禁殺設定・授戒をしている。その対象者の一人、同国淡河の領主平（北条）時俊は、のちに真教の最初の檀越として一遍亡きあとの時衆教団復活を勧めた。

(66) 平田厚志「真宗思想史における『末法灯明記』の受容をめぐって―「真俗二諦」論、形成過程の視点から―」福間光超先生還暦記念会編集『福間光超先生還暦記念真宗史論叢』（永田文昌堂・一九九三年一二月、のち「真宗の思想史における『末法燈明記』の受容―二元論的「真俗二諦」論の形成過程の視点から―」と改題し平田『真宗思想史における「真俗二諦」論の展開』龍谷叢書Ⅸ、龍谷学会・二〇〇一年三月に所収）。儒教流入により世俗化。

(67) 近代の真宗僧による住田智見・住田先生遺稿刊行会編輯『異義史之研究』住田智見遺稿集第三巻（丁子屋書店・一九六〇年四月、のち法蔵館・一九八七年七月）は他宗派と比較した力作。

(68) 五来重「伊勢三日市の「おんない」と真宗高田派の大念仏」平松令三編集『高田学報』第四十八輯（高田学会・一九六一年八月）、五来『踊り念仏』平凡社新書117（同社・一九八八年三月、のち同社ライブラリー、一九九八年四月ほかに所収）。

(69) 平松令三「親鸞の生涯」真宗教団連合編『親鸞』（朝日新聞出版・二〇〇九年三月）。親鸞は『親鸞伝絵』では箱根、『正信偈訓読鈔』では鹿島、伊勢、熊野に参詣。史実でないものを含むと考えられる。

(70) 早島有毅「中世社会における親鸞門流の存在形態―中太郎真仏を祖とする集団を中心として―」信仰の造形的表現研究委員会編『真宗重宝聚英』第八巻［高僧連坐像］（同朋舎出版・一九八八年六月）。

(71) 小山正文「遊行寺本『聖徳太子伝暦』書写者と伝持者」法隆寺教学部編集『聖徳』109号（同部・一九八六年七月、のち蒲池勢至編『太子信仰』民衆宗教史叢書32巻、雄山閣・一九九九年一〇月に所収）。もっとも、聖教の移動はよくあることなので、ここでは参考にとどめたい。

(72) 宮崎圓遵「初期真宗と時衆」『龍谷大学論集』第三八九・三九〇号（龍谷学会・一九六九年五月、のち宮崎『真宗史の研究（上）』宮崎圓遵著作集第4巻、思文閣出版・一九八七年一一月などに所収）。

(73) 北陸地方における時衆と真宗については、井波町史編纂委員会編纂『井波町史』上巻（同町・一九七〇年五月）、福光町史編纂委員会編集『福光町史』上巻（同町・一九七一年八月）、北西弘「室町初期における真宗の発展」赤松俊秀・笠原一男編『真宗史概説』（平楽寺書店・一九六六年八月）一二〇ページなど。

(74) 朝倉喜祐『吉崎御坊の歴史』（国書刊行会・一九九五年九月）。

(75) 富山県編集『富山県史』通史編Ⅱ中世（同県・一九八四年三月）七七八ページの『瑞泉寺一族系図』。

(76) 千葉乗隆「本願寺の能楽」千葉編『日本の社会と真宗』（思文閣出版・一九九九年七月）。

(77) 真宗の側から時衆との関係を論じたものに―宗門人の執筆という限界はあるが―本願寺派勧学の稲城選恵『蓮師教学の背景　一遍上人時宗と御文章』伝道新書18（教育新潮社・一九九八年九月）と大谷派における無署名（太田浩

史）「真宗異端の歴史」高岡教区教化委員会時局問題懇談会編集『宗教の境界』（高岡教務所・二〇〇一年四月）とがある。

（78）大橋俊雄「時宗」川崎庸之・笠原一男編『宗教史』体系日本史叢書18（山川出版社・一九六四年一一月）。

（79）三河秘事法門は自らを如来としていると文明十一年（一四七九）十一月の『帖外御文』にある。

（80）真宗では親鸞以来八・九・十字名号を用いることが多かった。遠藤一「近江の蓮如―戦国期本願寺教団形成史論・序説―」龍谷大学史学会編集『龍谷史壇』第99・100合併号（同会・一九九二年一一月）は、近江での真宗の展開で、基盤には時宗《（マヽ）》などから流入も多かったと推定、滋賀県守山市の石造物などを時宗系とみる。その中にあってきわだたせるべく十字名号を採用したとする。

（81）普賢光壽『中世真宗教学の展開』（永田文昌堂・一九九四年三月）。

（82）中村生雄「殺生肉食論の受容と展開」中村『祭祀と供犠―日本人の自然観・動物観―』（法藏館・二〇〇一年三月）。

（83）林譲「講演　平成九年度講座『加能史料』はいま　一向一揆以前―加能・能登の時衆―」『加能史料研究』編集委員会編集『加能史料研究』第十号（石川県地域史研究振興会・一九九八年三月）は加賀の時衆道場を詳しく追っている。

（84）勝俣鎮夫『一揆』岩波新書黄版194（岩波書店・一九八二年六月）。

（85）笹本正治『怪音と地鳴りの日本史』朝日選書644（朝日新聞社・二〇〇〇年二月）。

（86）竹田聴洲「非著名寺院の開創伝承」『魚澄先生古稀記念国史学論叢』（魚澄先生古稀記念会・一九五九年七月、のち竹田『民俗仏教と祖先信仰（補遺）』竹田聴洲著作集三、国書刊行会・一九九五年七月に所収）、原田敏明「浄土宗の伝播」原田編集『社会と伝承』第一巻三号（社会と伝承の会・一九五七年一月）、広瀬良弘『禅宗地方展開史の研究』（吉川弘文館・一九八八年一二月）。

（87）上別府茂「摂州三昧聖の研究」『尋源』三〇号（大谷大学国史学会・一九七八年三月、のち細川涼一編『三昧聖の研究』碩文社（戎光祥出版発売）・二〇〇一年三月に所収）によれば、三昧聖には行基（東大寺）系、空也系、時宗系、高野山系の四種があるという。その意味では必ずしも時衆に限定できない。しかしかれらは、拙稿「時衆とは何か（正・承前）」時衆文化研究会編集『時衆文化』創刊・第2号（同会〔岩田書院発売〕・二〇〇〇年四・一〇月、本書第一部第二・三章）で導いたように、共通の行動様式と社会的機能とをそなえた、分析概念としての広義の「時衆」として捉えることができよう。

（88）神山正之「沖縄における仏教受容と展開（一・二）―生活の空間構成（仏間）を中心に―」『史迹と美術』第七十三輯ノ八・九（第七三八・七三九号）（史迹美術同攷会・二〇〇三年九・一一月）。なお中国・朝鮮の差別については好並隆司「中国の被差別民―山西楽戸をめぐって」沖浦和光・寺木伸明・友永健三編著『アジアの身分制と差別』（部落解放・人権研究所〔解放出版社発売〕・二〇〇四年九月）、梁永厚「近世朝鮮の「白丁」と「奴婢」―『経国大典』を基に」（同書所収）が詳述している。三地域の被差別民とも屠畜が共通し、ほかに芸能（中国）、旅芸人、柳器製造（朝鮮）などの点において、日本と類似している。

（89）叡尊活動のもつ両義性について追塩千尋「叡尊の諸信仰と慈善救済事業」南都佛教研究會編集『南都佛教』第四〇号（東大寺図書館・一九七八年五月）、丹生谷哲一『検非違使』平凡社選書102（同社・一九八六年一二月）、細川涼一「叡尊・忍性の慈善救済―非人救済を主軸に―」『論究』文学研究科篇第十一号（中央大学大学院生研究機関誌編集委員会・一九七九年三月、のち細川『中世の身分制と非人』日本エディタースクール出版部・一九九四年一〇月に所収）が論じている。

（90）むろん律僧の禁殺運動を受け入れる下地はあった。伊藤清郎「中世国家と八幡宮放生会」東北大学文学会編輯『文化』第41巻第1·2号―春・夏―（同会・一九七七年九月、のち伊藤『中世日本の国家と寺社』高志書院・二〇〇〇年六月に所収）は、国家儀礼としての石清水放生会に際し幕府が『石清水放生会以前殺生禁断』を地頭御家人にも守らせ、国家全体の殺生禁断イデオロギーを保証するとともに、鶴岡放生会によって東国で分有再生産させた、という。その結果、被支配層にも共有されていく。

(91) 下田正弘「三種の浄肉再考―部派教団における肉食制限の方向―」『仏教文化』第二五号［学術増刊号五］（東京大学仏教青年会・一九八九年一二月）。部派仏教では肉食容認。布施された肉がみずからのために殺生されたことを①「みる」ことなく、②「聞く」ことなく、③「予想」させなければ清浄であるとするのが三種である。もっとも、インドでの屠場関係者への強烈な差別は、周知のところである。断肉・肉食禁止が中国で始まるのは因果応報思想からで、『涅槃經』訳出がもとという。諏訪義純「中国仏教における菜食主義思想の形成に関する管見―仏教伝来より梁初にいたる時期―」『日本仏教学会年報』第四三号（日本仏教学会西部事務所・一九七八年三月）によれば、六朝後半、南斉末・梁代から定着した。ただし菜食主義者は多数派ではなかったという。

(92) 黒田俊雄「悪党とその時代」『研究集録』第十四集（人文・社会篇）（神戸大学教育学部・一九五七年一月、のち黒田『日本中世封建制論』東京大学出版会・一九七四年三月ほかに所収）は、悪党と天狗とは重なるという。その思想的背景には一向専修があり、その変種として一遍を捉える。悪党や、神祇信仰を受容した一遍を否定的にみる点で一致する。すなわち、黒田氏は悪党を否定的に、法然・親鸞を肯定的に捉えた。しかし末木文美士「仏教の民衆化をめぐって」末木『鎌倉仏教形成論―思想史の立場から―』（法藏館・一九九八年五月）での、反権力に固執することが民衆的であることを貫徹することとは必ずしもいえないという発言にも耳を傾けたい。平雅行氏は、「中世的異端の歴史的意義―異端教学と荘園制的支配イデオロギー」『史林』第六三巻第三号（史学研究会・一九八〇年五月、のち「専修念仏の歴史的意義」と改題し平『日本中世の社会と仏教』塙書房・一九九二年一一月に所収）で、両人の教説は禁殺イデオロギーからの解放の意味をもつとする。この論を敷衍すれば、一向宗の亜流として悪党を支えた時衆の意味づけも変わるのではあるまいか。

(93) 江口保暢『動物と人間の歴史』（築地書館・二〇〇三年三月）。

(94) 山室恭子『黄門さまと犬公方』文春新書010（文藝春秋社・一九九八年一〇月）、根崎光男『生類憐れみの世界』同成社江戸時代史叢書23（同社・二〇〇六年四月）。

（95）前掲註（5）『日本の歴史』第10巻、二八一ページ。
（96）本章の主題である宗教と殺生・暴力、そしてそれを判断する善悪観と大きく関わるものに平雅行「日本の肉食慣行と肉食禁忌」脇田晴子・アンヌ・ブッシィ編『アイデンティティ・周縁・媒介』（吉川弘文館・二〇〇〇年八月）と中澤克昭「中世寺院の暴力」小野正敏・五味文彦・萩原三雄編『中世寺院　暴力と景観』考古学と中世史研究4（高志書院・二〇〇七年七月）がある。

【附記】安藤弥、石上和敬、菊地大樹、北條勝貴、渡邊浩史氏ほか多くの方々の教示をえた。

第二章　一遍智真による時衆構築と他阿真教によるその変容

はじめに

日本中世の宗教者集団である時衆は、鎌倉時代後期の濫觴期から南北朝内乱、室町時代前期の拡大期を通じ、幅広い信仰を獲得しえたことが、多様な史料から明らかとなっている。仏教とは、例外少なからぬものの、元来支配階級独占の宗教であり、事実上の国教たりうるほどに広範に流布した直接契機として江戸幕藩体制による寺檀制を想定されていることを確認した上で、前提の一つに、中世前期以降の律僧および時衆らの葬祭を中心とする営為が認められると考える[1]。

時衆に関する研究は、一遍房智真の行状やその生涯を描いた『一遍聖絵』（以下『聖絵』と略す）の分析、文学史の立場から唱導文芸の担い手としての実態解明を中心に戦後発展した。近世から戦前にかけて各伝統教派に定着した「宗学」「宗史」の枠組み・方法論から、時衆研究とて例外なく大部分において脱してはいなかったが、それでも、中世社会における時衆の位置については、都市民への浸透などで学界の認知度は上がっている。しかしながら、中世仏教史学において現在主流を占める顕密体制論では、一遍は「非体制的・反体制的なあらゆるものを没論理的に念仏に昇華」させた人物として否定的な評価に終始する[2]。他方『聖絵』は細密な風俗絵画資料として利用されるが、『聖絵』（や『時衆過去帳』）以外を中心題材に時衆の専論をものした中世史研究者はきわめて少ない。

系統	来歴・梗概	①解説・②翻刻・③写真版	指定
六	紙本著色巻子装。冒頭部破損、裏打ちなし。『図書原簿』によると1953年3月13日、中山善次より購入（同館〔代田有紗氏〕の教示）	①『国』（「一遍上人絵伝」として）、東北大学附属図書館編纂『東北大學所藏和漢書古典分類目錄』和書上（同館・1976年3月※「本館　巻子・一八〇」とあり）、②なし、③なし	—
六	絹本著色額装。岩田正巳による六条道場歓喜光寺本模写	①東京芸術大学大学美術館編集『東京芸術大学大学美術館　蔵品目録』東洋画模本Ｖ（同館・1999年3月）、②なし、③一部①にあり	—
御	紙本墨画著色。田上尚之による前田家本模写	①東京芸術大学芸術資料館編集『東京芸術大学芸術資料館　蔵品目録』東洋画模本Ⅳ（同館・1998年3月）、②なし、③一部①にあり	—
六	絹本著色巻子装。近世に四条大橋が大破、その復原のため幕府が六条道場から四条大橋の場面のある第七を借りだし未返却。のち原三渓（1868～1939。実業家）らをへて同館収蔵	①『角』、③東京文化財研究所（『國華』第百四十八號、國華社・1902年9月切り抜き）、東京国立博物館編『東京国立博物館図版目録』《やまと絵篇》（東京美術・1993年4月※モノクロ図版）	宝
六	紙本著色。資料名は「一遍上人繪詞傳（六条道場本）」Ａ一壱六四六。1889年5月16日受理、旧博物館こと文部省博物館より引き継ぎ	①東京国立博物館『列品記載簿』	—
御	紙本著色。資料名は「一遍上人繪傳」Ａ一壱六四九。土佐吉光筆のものを三田信模写。1889年5月16日受理、文部省博物館より引き継ぎ	①東京国立博物館『列品記載簿』	—
六	彩色巻子装12軸。1915年納入。請求番号寄別１―５―２「一遍上人絵伝」	①なし、②なし、③国立国会図書館（マイクロフィルム）	—
御	御影堂新善光寺所蔵のものを近代に兼務した寺が売却し、前田侯爵家が購入	①『角』、③東京文化財研究所	重
六	絹本著色掛幅装。男爵益田孝（1848～1938。実業家）・太郎父子（1875～1953。実業家、劇作家）旧蔵。瀬津巌は骨董商、故人	①③（著者不明）「一遍聖行狀繪傳」『國華』第七拾三號（國華社・1895年10月※カラー図版一葉）、美術研究所編輯『日本美術資料』第五輯（同所〔岩波書店・便利堂発売〕・1942年11月）、『角』、③東京文化財研究所（画像および『國華』第七拾三號切り抜き）	重
六	絹本著色。六条道場歓喜光寺に伝来するも戦後時宗総本山清浄光寺が所有権の半分を確保、のち全権利を購入	①②③『日本繪卷物全集』10（のち『新修日本繪卷物全集』11）、『日本の絵巻』20、『特別陳列　修理完成記念　国宝・一遍聖繪』（京都国立博物館・2002年10月）、①③（著者不明）「一遍聖行狀繪傳」『國華』第七拾三號（國華社・1895年10月）、（著者不明）「法眼圓伊筆　一遍上人繪傳」『國華』第百四十八號（1902年9月）、③東京大学史料編纂所画像史料解析センター、東京文化財研究所（一部）	宝
？			—
？	絹本墨書		—
？			—
？	紙本著色。安田靫彦（1884～1978）は画家	①なし、②なし、③東京文化財研究所	—
六	金井清光氏が1970年8月23日調査の際、第一、二、六、七、九、十一、十二あり。近世末期ヵとす	①金井清光「時衆資料採訪録」金井『一遍の宗教とその変容』（岩田書院・2000年12月）、③長島尚道『絵で見る一遍上人伝』（ありな書房・1996年9月第二版※第七のみ）	—

第一表　時衆絵巻原本・模本・粉本一覧

『一遍聖絵』(『一遍上人絵伝』)

通番	所有権者	所在地	現蔵者(含寄託)	巻数・法量	年代	題目
1	東北大学	宮城県仙台市青葉区川内27―1	同大学附属図書館	第一(39.4×1106.0)詞書あり、巻末は伊予国窪寺の場面で詞書なし	近世以降ヵ	内題「一遍聖繪」(附箋も同じ)、外題「六拾壱号／一遍聖繪□［」
2	東京藝術大学	東京都台東区上野公園12―8	同大学大学《(ママ)》美術館	1巻(37.8×129.8)	1924年3月22日買上	?
3				2巻	1924年2月25日買上	「一遍聖絵」
4	国立文化財機構	東京都台東区上野公園13―9	東京国立博物館	第七(38.0×1143.3)。詞書あり、後補ヵ	正安元年(1299)八月廿三日	「一遍聖繪」
5				12巻(揃ヵ)(一は一尺四寸二分×三丈九尺一寸。以下略)	?	?
6				第一巻初段1巻(一尺一寸四分×七尺五寸五分)	近代	?
7	日本国政府	東京都千代田区永田町1丁目10―1	国立国会図書館	12巻(揃)(竪46.3)	?	「一遍聖繪」
8	前田育徳会	東京都目黒区駒場4丁目3―55	石川県立美術館前田育徳会尊経閣文庫分館	第一、二、四、九～十二(第九以降は白描)	1400年ころ	?
9	瀬津巌家	東京都	同家	第六江ノ島断簡(35.3×69.5)	正安元年(1299)八月廿三日	?
10	清浄光寺(藤沢道場)	神奈川県藤沢市西富1丁目8―1	京都国立博物館・奈良国立博物館	12巻(揃。ただし第七は後補)	正安元年(1299)八月廿三日	「一遍聖繪」
11			遊行寺宝物館	第四筑前武士の屋形ヵ	近世	?
12				3冊ヵ	近世	?
13				第六江ノ島断簡	近代ヵ	?
14	安田靫彦家	神奈川県中郡大磯町東小磯403	?	第五下野国小野寺の場面断簡(38.7×56.6)	近世以降ヵ	?
15	大願寺(橋本道場)	新潟県佐渡市四日町615	同寺	12巻(揃)	近世～近代	?

六	吉村青霞ら模写ヵ	①京都市立美術大学図書館資料係編（河本昭編集責任）「本学図書館所蔵目録　巻子本の部（一）」『研究紀要』十一号（同大学・1966年3月）、古賀克彦「【口絵解説】」時衆文化研究会編集『時衆文化』第9号（同会〔岩田書院発売〕・2004年4月）、②なし、③なし	—
六ヵ	「平安錦天神社」「法眼圓伊ノ畫」とあり。錦天満宮とすれば、同社は六条道場歓喜光寺が旧別当	①（著者不明）「一遍上人繪傳」『國華』第貳拾貳號（國華社・1891年7月）、②なし、③なし	—
六	七条道場金光寺旧蔵。明治末年同寺廃絶とともに売却。金井清光「宗教絵巻としての『一遍聖絵』」金井『一遍の宗教とその変容』に、本作は歓喜光寺本に錯簡が生じたまま模写されていて江戸中期以降ヵとす	①金井清光「『一遍聖絵』十二名画とその宗教的意味（一）」『時衆文化』第2号（2000年10月）、高野修「遊行回国」『時衆文化』第3号（2001年4月）、②なし、③「【口絵解説】」『時衆文化』第2号（2000年10月）	—
御	御影堂新善光寺所蔵のものを近代に兼務した寺が売却し、材木王が購入。又左衛門は世襲の名	①『角』、③東京文化財研究所	重
六ヵ	金井清光氏が「(学界未発表)」とす	①金井清光「時衆資料採訪録」金井『一遍の宗教とその変容』	—

系統	来歴・梗概	①解説・②翻刻・③写真版	指定
乙	巻子装5軸。資料名は「一遍上人縁起」。『国書総目録』によると清浄光寺「古縁起」の谷文晁写。田安家旧蔵。兵《ひょう》吉は世襲の名で実業家	①『国』、宮次男「一遍聖繪と圓伊」東京國立文化財研究所美術部（美術研究所）編輯『美術研究』第二百五號（東京國立文化財研究所・1960年2月）、②なし、①③宮次男「一遍上人絵伝　紙本着色　縦三三・一センチ—」『古美術』36（三彩社・1972年3月※所蔵者名なし）	—
乙	筆者狩野宗秀。最上義光・義俊父子寄進	①『角』、①②③角川書店編集部編集『日本繪巻物全集』第23巻遊行上人縁起繪（同社・1968年9月）、③東京文化財研究所（「一遍上人絵伝」として二箇所）	重
?	ただし下記①には「繪巻物」とあるため、『遊行上人縁起絵』でない可能性もあり	①「一遍上人繪巻展覽會出陳目錄」織田正雄編輯『一遍上人の研究』（京都時宗青年同盟・1938年10月）、②なし、③なし	—
?	資料名「一遍上人絵伝」。『国』に「旧彰考館」とあり	①『国』、②なし、③なし	—
?	資料名「一遍上人縁起」。『国』に「旧彰考館」とあり	①『国』	—
丙	奥書「白山豊原寺　于時永徳元年」。福井県坂井市・長崎称念寺の宝暦二年（1752）初秋日付・遊行五十一代他阿賦存「称念寺縁起写」（福井県編集『福井県史』資料編4中・近世二、同県・1984年1月）「本尊自豊原寺御影向御事」に「一遍ノ名号十巻ノ絵」を豊原寺本尊と交換譚あり。同寺に客仏として現存。称念寺（高尾察誠氏）の教示。遠山元一（1890～1972。実業家）旧蔵	①『角』、『遠山記念館所蔵品目録—日本・中国・朝鮮』（同館・1990年5月）	美
?	彩色巻子装4軸。『国』によれば天保十一年（1840）狩野養長模写本の1913・4年模写2軸。請求番号亥—228「一遍上人絵詞」	①『国』（「一遍上人絵伝」として）、②なし、③国立国会図書館（マイクロフィルム）	—
?			—
?	資料名「一遍上人縁起」。請求番号c40:1288「一遍上人絵詞」。巻十まで詞書のみと興願僧都消息1通。詞書奥書「寛文十二壬子年初秋五月書写之早」、消息奥書「旹寛文拾二季七月中旬此筆者諸（ミセケチ「所」）化之／学侶清見為形見是助筆早／（行書名号）／持主慈楞」	①『国』	—

16	京都市役所	京都府京都市西京区大枝沓掛町13—6	京都市立芸術大学芸術資料館	12巻（揃。ただし第七巻末「桂川」詞書のみ欠く）	1900年ころ	「一遍聖繪」
17	錦天満宮	京都府京都市中京区新京極四条上中之町537	?	12巻（揃）	?	?
18	藤田美術館	大阪府大阪市都島区網島町10—32	同館	12巻（揃）	近世中期以降	?
19	北村又左衛門家	奈良県吉野郡吉野町大字上市287	同家	第三、六（ヵ）、七、八	1400年ころ	?
20	宝厳寺（奥谷道場）	愛媛県松山市道後湯月町5—4	?	?	?	?

『遊行上人縁起絵』（『一遍上人絵詞伝』）

通番	所有権者	所在地	現蔵者（含寄託）	巻数・法量	年代	題目
1	辻兵吉家	秋田県秋田市保戸野中町	同家	巻二、五、六、九、十（竪33.1）	文化十三季丙子（1816）七月六日写	外題「一偏《(マヽ)》上人画伝」
2	光明寺	山形県山形市七日町5丁目2—12	奈良国立博物館	10巻（揃）（竪33.6）	文禄三年（1594）七月七日	?
3	長泉寺	山形県鶴岡市錦町17—15	?	?	?	?
4	水府明徳会ヵ	茨城県水戸市見川1丁目1215—1ヵ	彰考館徳川博物館ヵ	?	?	?
5				?	?	?
6	遠山記念館	埼玉県比企郡川島町白井沼675	同館	巻一第二段前半、巻六第四段後半、巻八第一段絵、巻七第六段詞およびその絵で1巻	永徳元年（1381）八月	?
7	日本国政府	東京都千代田区永田町1丁目10—1	国立国会図書館	巻五～八（竪39.0）	不明	「一遍聖人繪詞」
8	出光美術館	東京都千代田区丸の内3丁目1—1	同館	?	?	?
9	東京大学	東京都文京区本郷7丁目3—1	同大学総合図書館	1冊（墨付62丁＋奥書、27.0×18.7）製本済み	寛文十二年（1672）写	「一遍上人絵詞」

?	和装本。資料名「一遍上人縁起」。請求番号２０１６―２１３。奥書によると彰考館本写し。謄写本	①『国』	—
乙	紙本墨画著色巻子装。計38点（うち「縁起絵詞」1点）。田上尚之、中村如等、高屋肖哲模写。画から「古縁起」の模写とみられる。一部重複あり。別に「藤沢道場本一遍上人抜写」2巻あるが、「古縁起」からの抜き書きか、本来そのような題目の巻子が存在したかは不明。おそらく前者ヵ	①東京芸術大学芸術資料館編集『東京芸術大学芸術資料館　蔵品目録』東洋画模本Ⅳ（同館・1998年3月）	—
甲	紙本墨画著色巻子装。「上」「中」の2巻。「中」は「引馬文庫」	①『東京芸術大学芸術資料館　蔵品目録』東洋画模本Ⅳ	—
甲	紙本著色。田中親美氏令息高氏より寄贈。市屋道場金光寺旧蔵本	①（著者不明）「一遍上人繪傳殘欽」『國華』第六百四十號（國華社〔朝日新聞社出版局発売〕・1944年3月※田中本として）、①③『角』、高崎冨士彦「新出の一遍上人絵伝」『ＭＵＳＥＵＭ』東京国立博物館美術誌№（美術出版社・1978年1月）、③東京国立博物館編『東京国立博物館図版目録』《やまと絵篇》（東京美術・1993年4月）	重
?	伝土佐行光筆	①なし、②なし、③なし	
乙	「古縁起」の写し。狩野養信一門模写。田中文庫ヵ	①②③文化庁編『【新版】戦災等による焼失文化財』（戎光祥出版・2003年10月）	—
?	紙本著色。表巻白茶七子軸木桐箱入。資料名「一遍上人繪傳」Ａ一壱六五弐。土佐吉光筆。1889年5月16日受理、文部省博物館より引き継ぎ。前項と同一ヵ	①東京国立博物館『列品記載簿』	—
?	紙本著色。紙表装黒塗軸。資料名「一遍上人繪傳」Ａ一壱六五六。土佐吉光筆のを遠藤貫周模写。1889年5月16日受理、文部省博物館より引き継ぎ	①東京国立博物館『列品記載簿』	—
?	紙本著色。表巻茶色絹軸木杉箱入。資料名「一遍上人繪傳」Ａ一壱七参四。土佐行光筆。1889年5月16日受理、文部省博物館より引き継ぎ	①東京国立博物館『列品記載簿』	—
甲	紙本著色。縁紋緞子縁黒塗。資料名「一遍上人繪傳」Ａ一壱七参八。土佐行光筆のを遠藤貫周模写。1889年5月16日受理、文部省博物館より引き継ぎ	①東京国立博物館『列品記載簿』	—
?		①高野修「南要本『一遍上人絵詞伝』の所見」『時宗教学年報』第三十一輯（時宗教学研究所・2003年3月）、②なし、③なし	—
乙	下記文献は「古縁起」の住吉模本8巻と1904年「古縁起」田中有美模本2巻からなる。田中家は有美―親美―高。東博本の可能性もあり	①②（③）田中有美『一遍上人繪傳』（田中文庫〔芸艸堂発売〕・1919年7月）	—
甲	紙本著色掛幅装。市屋道場金光寺本の残欠。小倉武之助（1870～1964）は実業家。東京都籾山半三郎（～1941。実業家）旧蔵	①「一遍上人繪巻展覽會出陳目錄」織田正雄編輯『一遍上人の研究』（京都時宗青年同盟・1938年10月※籾山家本として）、①③（著者不明）「一遍上人繪傳殘欽」『國華』第六百四十號（國華社〔朝日新聞社出版局発売〕・1944年3月）、③東京文化財研究所（『國華』切り抜き）	—

10			同大学史料編纂所	1冊（墨付37丁、26.0×17.5）巻一～四の詞書のみ	1885年7月託写了	内・外題「一遍上人縁起」（遍は正字、縁は略字）
11	東京藝術大学	東京都台東区上野公園12－8	同大学大学美術館	巻一（第一～三段）、巻二（第一～五段）、巻三（第一～四段）、巻四（第一～五段）、巻五（第一～五段）、巻六（第一～五段）、巻七（第一～四段）、巻八（第一～四段）、巻九（第一～三段）、巻一（第一～三段）	近代に学生による習作ヵ	「一遍上人藤沢道場絵詞」「一遍上人縁起絵詞」
12				甚目寺および伊勢神宮場面	1898年8月29日買上	「市屋道場図絵」
13	国立文化財機構	東京都台東区上野公園13－9	東京国立博物館	巻三第一・二段（34.3×944.2）、巻七第一～六段（34.1×1054.3）	14世紀	外箱「遊行軸物二巻尊朝筆土佐絵」、箱貼紙「一遍上人絵伝」
14				10巻（揃ヵ）	?	?
15				10巻（揃）	近世	「一遍上人繪詞傳」ヵ
16				10巻（揃ヵ）（巻一は一尺二寸五分×四丈五尺一寸。以下略）	?	?
17				1幅（一尺九分×一尺七寸六分）	近代	?
18				20巻（揃ヵ）（一ノ上は一尺一寸二分×二丈八尺七寸七分。以下略）	?	?
19				四条道場本巻三下初段一面（一尺一寸二分×二尺三分）	近代	?
20	松秀寺	東京都港区白金2丁目3－5	同寺	1巻	近世	?
21	田中家	東京都渋谷区	?	10巻（揃）	近世・近代	?
22	小倉武之助家	東京都	?	巻七第五段断簡（一寸二分×一尺七寸五分）	南北朝時代ヵ	?

乙ヵ	安永二年（1773）三月四日焼失。相模原市立博物館寄託同寺文書「安永二巳閏三月四日無量光寺出火ニ而古來什物焼失之覚」に「繪ハ古土佐」とあり	①座間美都治『当麻山の歴史』（当麻山無量光寺・1974年9月）、拙稿「かつて存在した神奈川県相模原市無量光寺本『遊行上人縁起絵』—文書にみる焼失文化財—」神奈川県立金沢文庫編集『金澤文庫研究』通巻第327号（同館・2011年10月）、②なし、③なし	—
?	近年購入。同委員会では「遊行上人縁起絵巻」と呼称。右記③「追加資料」図版の「遊行上人縁起絵　東京　個人」をその後市が購入。場面は巻二「片瀬浜の一遍と時衆」	③同担当編『特別展　時衆の美術と文芸　中世の遊行聖と藤沢』（同担当・1996年2月）	—
乙	仮称「南要本」。2002年10月3日購入	①高野修「南要本『一遍上人絵詞伝』の所見」『時宗教学年報』第三十一輯、②なし、③高野『時宗教団史—時衆の歴史と文化』（岩田書院・2003年3月※巻頭カラー口絵）	—
甲	箱には、延宝四年（1676）遊行五十一代他阿賦存遊行時に池田継政が寄進とあり。箱の寄進を意味すると思われる	①『角』、①②③鎌倉国宝館編『鎌倉の絵巻（室町時代）』図録二六集（同館・1984年2月）、相澤正彦「遊行上人縁起絵巻について」神奈川県立歴史博物館編集『特別展　遊行寺蔵　一遍上人絵巻の世界』（同館・1997年9月※カラー図版）、③『特別展　遊行寺蔵　一遍上人絵巻の世界』（※一部）、東京文化財研究所	県
乙	通称「古縁起」。1911年7月6日焼失	①③（著者不明）「一遍上人繪傳」『國華』第貳拾貳號（國華社・1891年7月）、（著者不明）「筆者不詳　一遍上人繪傳」『國華』第百五十八號（1903年7月）、（著者不明）「藤澤道場の一遍上人繪傳」『國華』第二百八十九號（1914年6月）、③東京文化財研究所（『國華』切り抜き）	旧宝
?	資料名「一遍上人縁起」	①『国』	—
甲		①『角』、鈴木覚音「越後国北条町専称寺蔵時宗開祖一遍上人絵縁起」『高志路』一八二号（新潟県民俗学会・1958年12月）、①③柏崎市教育委員会編集『柏崎市の文化財』（同委員会・1982年2月）	市
乙	「古縁起」を近世中期に土佐行光模写。鶴田家→荏原家（関東大震災により一部欠失）→島田家→同寺寄進	①佐野良吉『妻有郷の歴史散歩』（国書刊行会・1990年5月）	市
乙ヵ	紙本著色巻子装。後半は『伴大納言絵詞』。ゆえに「縁起絵」部分は全長のうち347.9のみ。「縁起絵」場面の後半3分の1程度は白描で緑色のみ淡彩。近年思文閣より購入（同寺〔高尾察誠氏〕の教示）	①なし、②なし、③同寺公式サイト http://shonenji.net/、本章**第一図**	—
丙	紙本著色。宝暦七年（1757）十二月、遊行五十二代他阿一海寄進	①『角』、③東京文化財研究所（「一遍上人絵伝」として画像と文献資料2箇所にあり）	重
?	「一遍上人縁起絵」として市指定		市
?	粟田口隆光筆と伝える	①『国』（「一遍上人縁起」として）、（著者不明）「一遍上人繪傳」『國華』第貳拾貳號（國華社・1891年7月）	—
乙	「古縁起」模本		—
乙	紙本著色。谷文晁筆。河本嘉久蔵（1917～90）は政治家・実業家。当代英典（1948～）の遺産相続に伴い売却ヵ。綾羽㈱総務部（藤基秀夫氏）の教示	③東京文化財研究所	—
甲		①『角』	?
甲	通称「金蓮寺別本」。天皇邦治（追号・後二条）宸翰という	①『角』	?
?			
?	紙本著色（巻六の一場面のみ白描）。裏打ち、軸木・表木なし。「勧修寺家文書」1503号。同家は藤沢派の寺社伝奏	①『国』（「勧修寺家」「一遍上人絵伝」として）、②なし、③なし	—

23	無量光寺	神奈川県相模原市南区当麻578	焼失	8巻（もと10巻。揃ヵ）	不明	「一遍上人繪詞傳」ヵ
24	藤沢市役所	神奈川県藤沢市円行2丁目3―17	同市教育委員会博物館建設準備担当	2巻	嘉永六年(1853)	?
25	清浄光寺（藤沢道場）	神奈川県藤沢市西富1丁目8―1	遊行寺宝物館	10巻（揃）	永享四年(1432)夏六月	「一遍上人繪詞傳」ヵ
26				10巻（揃）（竪32.8～33.1）	?	「一遍上人縁起繪」
27			焼失	10巻（揃）	?	「一遍上人繪詞傳」ヵ
28			?	1巻	?	?
29	専称寺	新潟県柏崎市大字北条1154	柏崎市立博物館	10巻（巻一第一章部分と巻一奥書を欠く）（竪33.0）	室町時代中・後期	?
30	来迎寺	新潟県十日町市川原町823甲	十日町市博物館	8巻	近世中期	?
31	称念寺（長崎道場）	福井県坂井市丸岡町長崎19―17	同寺	巻六第二段断簡(33.3×928.3)詞書なし	近世	題簽あれど表記なし
32	金台寺	長野県佐久市野沢106	同寺	巻二第二段(34.0×1828.0)	14世紀（鎌倉時代）	?
33	海蔵寺	静岡県焼津市東小川6丁目3―35	同寺	巻一熊野神勅場面断簡(22.0×44.3)	14世紀	?
34	称名寺（大浜道場）	愛知県碧南市築山町2丁目66	?	1巻または10巻	?	?
35	下村家	愛知県	?	?	?	?
36	河本嘉久蔵家	滋賀県大津市	?	巻二、九（巻二は詞書あり）	近世	?
37	金蓮寺（四条道場）	京都府京都市北区鷹峯藤林町1―5	京都国立博物館	20巻（揃）	徳治二年(1307)初夏上旬	?
38				巻八のみ1巻(34.5×1780.1)	南北朝時代末～室町時代初	?
39			?	詞書のみ10巻	?	?
40	京都大学	京都府京都市左京区吉田本町	同大学大学院文学研究科・文学部日本史研究室古文書室	9巻（巻一のみ欠）（巻二33.5×1356.1。以下略）	近世ヵ	外題「一編《（マヽ）》上人繪傳」「一遍上人繪傳」

丙	「遠山本」模本。土佐派粉本	①『一』	—
甲	「金蓮寺別本」模本	①古賀克彦「【口絵解説】」『時衆文化』第9号、②なし、③なし	—
乙	藤沢道場「古縁起」の愛知県下村家模本より画のみ抜写	①古賀克彦「【口絵解説】」『時衆文化』第9号、②なし、③なし	—
甲	紙本著色	①『角』、③東京文化財研究所（3箇所にあり）	重
乙	通称「新縁起」。天皇朝仁（追号・東山）寄進。元禄年間（1688～1704）「古縁起」写す。安政五年（1858）兵乱にて焼失		—
甲	紙本著色。藪本宗四郎は画商	①③宮次男「「井田の法談」——一遍上人絵伝断簡—」『古美術』21五周年記念号（三彩社・1968年3月※所蔵者名なし）、③『新修日本繪巻物全集』第23巻	—
丙	紙本白描掛幅装。常称寺本と一連のもの。土佐光起による「土佐經隆筆」の極めありと。京都府立堂本印象美術館（山田由希代氏）によれば同館は所蔵せずと	①「一遍上人繪巻展覽會出陳目錄」織田正雄編輯『一遍上人の研究』（京都時宗青年同盟〔丁子屋書店発売〕・1938年10月）	—
乙	紙本淡彩巻子装、10巻5軸すなわち全10巻を5巻に仕立てる。「古縁起」の写し。詞書なし。正通、栄勢、住吉内記弟子（住吉広行ヵ）による	①③国文学研究資料館編『逸翁美術館蔵国文学関係資料解題』国文学研究資料館共同研究報告5（明治書院・1989年3月※単色画像一葉あり）、②なし	—
乙	紙本著色折本。詞書なし。16図。「古縁起」写しヵ。前項とは別系統	①同上、②なし、③なし	—
乙	紙本著色折本。詞書なし。巻一、二のうち2図。「古縁起」写しヵ	①同上、②なし、③なし（以上、同館の教示）	—
甲	「遊行縁起」として指定。清浄光寺旧蔵とも。詞書行顕筆	①『角』、③東方書院編輯『日本繪巻全集』第九・拾輯［一遍上人縁起繪巻］（同書院・1930年8・10月）	重
丙	遠山本と一連のもの。旧水谷家本ヵ	①③神戸市立博物館編集『神戸市立博物館　館蔵名品図録』（同市スポーツ教育公社・1991年9月）、②なし	—
甲	紙本著色掛幅装。同種残欠他家にありと	①③大和文華館編集『大和文華館所蔵品図版目録（2）—絵画・書蹟—』（同館・一九七四年九月、増補改訂、同館編集『大和文華館所蔵品図版目録—2■《マヽ》絵画・書蹟〔日本篇〕■《マヽ》』同館・1990年11月※題目が一遍から遊行に変わり法量が異なる）、宮次男「大和文華館蔵「一遍上人絵伝」をめぐって」大和文華館編集『大和文華』第五十一号（同館・1969年11月※巻頭単色画像あり）、②なし	—
乙ヵ	『奉納縁起記』に「摸シ二繪-圖ヲ一記シテ二其詞ヲ一爲二十巻一先ツ所ナリレ奉ルレ納メ二于當-社ニ一」とあり。宮次男氏は『縁起絵』とは別の他阿真教独自の編纂による絵巻とする	①宮次男「遊行上人縁起繪の成立と諸本をめぐって」角川書店編集部編『日本繪巻物全集』第23巻遊行上人縁起繪（同社・1968年9月）、②なし、③なし	—
丙	紙本白描（巻八第二段のみ淡彩）	①『角』	重
甲	紙本著色。鹿児島浄光明寺から近江正良氏が移す。旧国指定重要美術品	①③宮次男「永福寺本遊行上人縁起絵」東京国立文化財研究所美術部（美術研究所）編集『美術研究』第三百三十三号（便利堂・1985年9月）、『角』、③東京文化財研究所（「遊行上人縁起絵」として）	重市
甲	紙本著色。市屋道場金光寺本残欠	①（著者不明）「一遍上人繪傳殘欵」『國華』第六百四十號（國華社〔朝日新聞社出版局発売〕・1944年3月）、②なし、③なし	—

41	京都市役所	京都府京都市西京区大枝沓掛町 13 ― 6	京都市立芸術大学芸術資料館	（詳細は『一』）	?	「一遍上人繪詞」
42				20 巻（揃）	1915 年前後	?
43				画のみ 3 巻	1937 年ころ	?
44	金光寺（市屋道場）	京都府京都市下京区六条通河原町西入本塩竈町 586	?	巻三、五、六、九（各竪 35）	14 世紀	?
45	金光寺（七条道場）（廃絶）	京都府京都市下京区七条通河原町西入材木町附近	焼失	10 巻（揃）	元禄年間（1688 ～ 1704）	?
46	藪本宗四郎家	京都府京都市	?	巻二第五段前半相当断簡（31.0×45.8）画のみ	13 世紀末～ 14 世紀初	?
47	堂本印象家	京都府京都市	?	断簡	南北朝時代	?
48	逸翁美術館	大阪府池田市栄本町 12 ― 27	同館	5 巻（揃）（竪 37。横は巻一 431、巻二 1697、巻三 1352、巻四 1835、巻五 990）	寛政元年（1789）六月～二年八月	題箋「遊行上人縁起」
49				1 帖（33×27）	近世中期ヵ	題箋「遊行上人縁起　全」
50				1 帖（36.2×26）	近世中期ヵ	題箋あれど表記なし
51	真光寺（大道場）	兵庫県神戸市兵庫区松原通 1 丁目 1 ― 62	同寺	10 巻（揃）（竪 34.5）	元亨三年（1323）七月五日	外題「一遍上人縁起繪」
52	神戸市役所	兵庫県神戸市中央区京町 24	同市立博物館	巻四第五段西宮神主十念場面断簡（28.6×49.1）	永徳元年（1381）八月	なし（同館〔問屋真一氏の教示〕）
53	大和文華館	奈良県奈良市学園南 1 丁目 11 ― 6	同館	巻二第一段断簡（30.6×45.4）画のみ	14 世紀初	?
54	熊野本宮大社	和歌山県田辺市本宮町本宮 1110	散逸	10 巻（揃）	嘉元四年（1306）六月朔日	不明
55	常称寺	広島県尾道市西久保町 8 ― 3	同寺	巻二、五、六、八、巻三詞書（各竪 30.2）	南北朝時代	?
56	永福寺	大分県別府市風呂本 1	同寺	巻七（31.5×1497.6）	14 世紀（鎌倉時代）	題箋判読不可、内題なし
57	武藤金太家	?	?	2 図	南北朝時代ヵ	?

丙	土佐隆経筆ヵ	①『一』、③『一』	―
?		③東京文化財研究所	―
甲	紙本著色巻子装。旧小倉武之助家本ヵ	①なし、②なし、③文化庁・東京国立博物館・京都国立博物館・奈良国立博物館監修・宮次男編『日本の美術』第56号［一遍上人絵伝］(至文堂・1971年1月)、東京文化財研究所（「遊行上人縁起絵」として）	―
?	紙本著色。大阪府泉大津市細見良（1901～79。実業家）旧蔵。細見美術館学芸部（福井麻純氏）によれば同館は所蔵せずとのことで同定。前項と混同の可能性あり	①『角』、宮次男「一遍聖繪と圓伊」東京國立文化財研究所美術部（美術研究所）編輯『美術研究』第二百五號（東京國立文化財研究所・1960年2月※細見本として）、①③水尾博「一遍聖人繪傳断簡」『國華』第七六八号（國華社〔朝日新聞社発売〕・1956年3月※細見本として）、宮次男「遊行上人縁起絵巻　断簡」島田修三郎・秋山光和・山根有三監修・秋山責任編集『在外　日本の至宝』第2巻「絵巻物」(毎日新聞社・1980年5月)、②なし、③東京文化財研究所（『國華』第七六八号切り抜き）	―
丙	常称寺本と一連のもの。スペンサーコレクション	①『一』、②なし、③『一』	―
?	紙本著色掛幅装	③東京文化財研究所（「遊行上人絵伝」として）	―

	来歴・梗概	①解説・②翻刻・③写真版	指定
	紙本著色巻子装。箱書なし。「不留房絵詞」とも	①②③山本泰一「「破来頓等《はらいとんとう》絵巻」について―時衆の教義の絵画化―」大石慎三郎・徳川義宣編集『金鯱叢書―史学美術史論文集―』第十五輯（徳川黎明会〔思文閣出版発売〕・1988年8月)、①③徳川美術館編集『徳川美術館名品集』1絵巻（同館〔大塚巧藝社製作〕・1993年4月）(以上、同館学芸部〔龍澤彩氏〕の教示)	重

	来歴・梗概	①解説・②翻刻・③写真版	指定
	紙本著色巻子装。3図と詞書。遊行十三代他阿尊明、十四代太空、十五代尊恵を扱う。大阪府細見良氏より寄贈	①『角』(『遊行上人縁起絵』として)、①②③大橋俊雄「資料紹介遊行縁起―本文と解題―」日本佛教研究会編集『日本佛教』第二十九号（大藏出版・1969年1月)、②大橋『時宗の成立と展開』日本宗教史研究叢書（吉川弘文館・1973年6月）	―

市の指定文化財をさす。

Ⅴ写真版で東京文化財研究所とあるのは、同研究所資料閲覧室にて架蔵・公開していることを示す。

Ⅵ『国』によれば、ほかに京都大学および旧彰考館に「一遍上人絵巻抄出」1巻、宮内庁書陵部に「一遍上人絵巻物抜書」1冊がある。後考をまちたい。本章の行論に直接関係しないが、時衆絵巻として『破来頓等絵巻』『遊行縁起』を掲げた。広義の時衆絵巻としては『融通念仏縁起絵巻』『融通大念仏亀鐘縁起』『空也上人絵伝』『一向上人伝』『国阿上人絵伝』も含むべきである。

Ⅶ『空也上人絵伝』については菅根幸裕「空也上人絵伝の成立と展開―聖の伝承文化を考える―」『栃木史学』第二十一号（國學院大學栃木短期大学史学会・2007年3月）により6本の絵伝の存在が指摘される。国阿については林譲「時宗国阿・霊山両派派祖国阿弥陀仏伝記史料の再検討」国史学会編集『国史学』第一一三号（同会・1981年1月）により7本の『国阿上人伝』または『国阿上人絵伝』(前者の場合詞書のみヵ）が指摘されている。ただしうちは2本は存在が疑問視され、別の2本は詞書のみ。史料として確実なのは安養寺本（詞書のみ）と筆者らが確認した正法寺の焼損本の2本である。また『一向上人伝』については詞書のみの流布本がいくつかあるとみられ、絵伝の体をなしているのは近世の画風をもつ番場蓮華寺

58	説田家	?	?	巻五第三段（九寸七分×一尺六寸五分）画のみ	?	?
59	水谷家	?	?	巻四一遍臨終場面断簡	?	?
60	Smithsonian Institution	1050 Independence Avenue Southwest Washington,DC,USA	Freer Gallery of Art	巻七第五段（30.5×205.8）	14 世紀	?
61	Harvard University	32 Quincy Street, Cambridge, MA, USA	Arthur M.Sackler Museum, Harvard University Art Museums	巻七第五段（30.5×205.8）	14 世紀	?
62	New York PublicLibrary	11 West 40th Street New York, NY, USA	同館	巻七第五段、巻九第一段のともに画のみ	?	?
63	Metropolitan Museum of Art	1000 5th Avenue New York,NY,USA	同館	断簡（35.2×53.7）	14 世紀	?

『破来頓等絵巻』

所有権者	所在地	現蔵者（含寄託）	巻数・法量	年代	題目
徳川黎明会	愛知県名古屋市東区徳川町 1017	徳川美術館	1 巻（32.3×1054.0）	14 世紀前半ヵ	題箋「破来頓《(マヽ)》物語」

『遊行縁起』

所有権者	所在地	現蔵者（含寄託）	巻数・法量	年代	題目
神奈川県庁	神奈川県横浜市中区南仲通 5 丁目 60	同県立歴史博物館	1 巻（35.2×1455.8）	室町時代初期ヵ	内題なし、外題「遊行縁起」

【凡例】 Ⅰ『補訂版　国書総目録』第一巻（岩波書店・1989 年 9 月、『国』と略す）、文化庁・東京国立博物館・京都国立博物館・奈良国立博物館監修・宮次男編『日本の美術』第 56 号［一遍上人絵伝］（至文堂・1971 年 1 月）、宮次男「宗俊本遊行上人縁起繪諸本略解」角川書店編集部編集『日本繪卷物全集』第 23 巻遊行上人縁起繪（同社・1968 年 9 月、のち宮次男・角川源義編集擔當『新修日本繪卷物全集』第 23 巻遊行上人縁起繪、同社・1979 年 9 月）、宮次男「『一遍聖絵』と『遊行上人縁起』」一遍研究会編『『一遍聖絵』と中世の光景』（ありな書房・1993 年 1 月）、宮次男『角川絵巻物総覧』（角川書店・一九九五年四月、『角』と略す）、古賀克彦「『一遍聖絵』と『遊行上人縁起絵』―特に「丙本系」の「常称寺本」「遠山本」と土佐派粉本を用いて―」『一遍聖絵の総合的研究』（岩田書院・2002 年 5 月、『一』と略す）をおもに参照し（この場合、出典として挙げないことがある）、一部に古賀克彦、中村ひの氏、東京国立博物館（高梨真行氏）の教示をえた。重複もありうる。

Ⅱ所有権者の排列は順不同だが、おおむね都道府県・市区町村コードにしたがった。

Ⅲ特に註記なきものは紙本著色、巻子装（または掛幅装）。法量の単位は算用数字の場合はセンチメートルで竪（天地・縦）×横（幅・長）。

Ⅳ系統の項の「六」は六条道場本、「御」は御影堂本、「甲」は甲本、「乙」は乙本、「丙」は丙本、指定の項の「宝」は国宝、「重」は重要文化財、「美」は重要美術品、「県」「市」は県か

（滋賀県米原市）本のみである。詞書の挍合は大橋俊雄『番場時衆のあゆみ』浄土宗史研究第四編（浄土宗史研究会・1963年11月）が行っている。

Ⅷ『国』の「一遍上人絵巻」の項にある「京都府」とは、同府立総合資料館所蔵のものである。巻子装１軸、『京都図書館和漢図書分類目録』所載、請求番号特―７２２―９３で、「一遍上人繪巻巻一」とある。ただし『一遍聖絵』六条道場本の第七の第四段の詞書の前四段がない第四段目のみのコロタイプ版であるため本表には挙げなかった（同館の教示）。

Ⅸ東北大学附属図書館には、ほかに「狩　二・三六九五・四」（狩野文庫）『一遍上人繪縁起』版本四冊（表紙『繪詞傳縁起』、奥書萬治二年〔1659〕初秋吉辰、版元なし、帙入）と「本館　巻子・一〇八」『一遍聖行狀繪傳』巻子本１巻（内・外題なし、表に「橋場藏」の竪青印と「昭和12.6.8受入／和27938購」の朱印、手前に「東北帝國大學圖書印」の朱印、函あり、箱書なし、内容は『一遍聖絵』単色コロタイプ版、詞書なし）がある。

一遍は「時宗宗祖」に措定されるが、これは主として近世寺院本末制により確立したと考えられる。[3] 死後かれの原始教団は解散し、門弟の他阿弥陀仏真教[4]がそれを再興しているため、一遍時衆と現在にいたる時宗教団はひとまず断絶したものとして捉える必要がある。すなわち時宗とは一遍教団というより真教教団なのである（歴代当麻山主、藤沢上人、遊行上人らは他阿を称す）。一遍嫡流というべき聖戒の京都六条道場歓喜光寺は時衆非主流として命脈を保ち、『聖絵』は、豪華な絹本に独特な聖の風体や諸国の美しい風景を描いた珍奇な伝世の什宝として、足利義満（箱書）、義教（『満濟准后日記』〔『續群書類従』補遺二〕永享四年〔一四三二〕四月十九日条）ら貴顕の披見を受けた。六条道場は京都周辺に零細な末寺をもつにとどまる程度で、『聖絵』は諸国に流布しなかった。『聖絵』を聖戒の自己主張の媒体としても再認識し、成長著しかった真教教団との関係性を顧みながら読み解く必要がある。[5]『聖絵』の内容をうまく継受した『遊行上人縁起絵』（以下『縁起絵』と略す）模本が、最大教団藤沢道場時衆の根本聖典として各地の時衆道場に配置されていた（**第一表**）[6]。『聖絵』の主要な中世の模本は、やはり塔頭だけからなる京都御影堂新善光寺の御影堂本のみである。そこで、むしろ需要・供給のあった『縁起絵』を研究する意義は、『聖絵』と同等かそれ以上に深い。[7]

一遍は遊行する念仏勧進聖の典型であるが、その行実には、どの聖にも看取される普遍性と、教団組織化のために従前の聖の枠を超えた特殊性とがあり、後者を真教が推進

第一図　『遊行上人縁起絵』長崎称念寺本（同寺蔵・非公開）

した。聖戒による『聖絵』編纂や真教による時衆教団構築があったからこそ、一遍の名が残ったという面は否みがたい。従来、一遍や『聖絵』の研究がいかなる意義を歴史学に有するのか、明確にされないまま進められてきた側面があり、時衆研究を標榜する場合、一遍ないし『聖絵』にいかなる意義をみいだすのかを最初に設定することが求められよう。(8)「時衆」そのものが一遍・真教においてどういう意味をもっていたか、先学の言及は薄い。

そこへ林譲氏により時衆の基点にたち帰る論文が続けて公表された。(9)それに刺戟を受け、本章では「時宗」と「時衆」とが無自覚に相互変換されていたものを、常識を問い直す意味で「脱構築」して再定義し、かれら念仏勧進聖が「時衆」たらねばならなかった事由を明らかにしたい。顕密寺院での職掌であった時衆との呼称を、聖の名辞として使用しはじめたのは、史料上、一遍であることが確認できる。本書第一部第二章では、一遍の普遍性と特殊性について概論した。本章ではかれの特殊性と、続く真教による時衆の変容に着目し、その背景と意義とが中世社会にもつ影響を論証していく。一遍や『聖絵』を時衆史それ自体の中で内在的にどう位置づけるべきか再考してみたい。これにより庶民信仰の展開過程を解き明かす素材を提示することができるようになろう。後半でいわゆる「新仏教」論にまで言及し、今後を展望したい。

なお本章で、文中で掲げた史料に附した傍点、および『一遍聖絵』詞書引用における読点は、すべて筆者によるものである。『一遍上人語録』は日本思想大系本を用いた（大橋俊雄校注『原典　日本仏教の思想』5〔法然　一遍〕岩波書店・一九九一年一月が新しいが、これは大系本とまったく同じである）。

第一節　先行研究と時衆の概要

「時衆」とは、ひとり一遍の創出した造語でなく平安期に存在していた[10]。晨朝、日中、日没、初夜、中夜、後夜の六時を交替で念仏を修する集団を意味する。対する「時宗」という史料用語は、『大乗院寺社雑事記』（『増補續史料大成』第二十七巻）中「長禄《（一四六〇）》四年若宮祭田樂頭記」六月十四日条「持《（マヽ）》宗道場以下催之」が初見だが、文字を混用した音通とみられ、他史料でも宗派をさすものは皆無である[11]。史料上の時衆は宗派（sect）ではなく近世に時宗に包括される集団（group）をさし、同時に個々の成員をも意味していた。ゆえに「中世時宗」なる用語はありえない。中世前期は南都六宗に平安仏教の天台・真言宗を加えた八宗体制が公許で、それ以外の宗派は存立しえなかった。浄土、真宗や法華宗なども天台寓宗との評価であり、当事者がそれを自負する局面さえあった[12]。律宗と律僧との関係でいえば、浄土宗と時衆という対句になる。豊臣政権の千僧会をへて、徳川政権の宗教統制政策から他律的に時宗という宗旨が成立し、教理、行儀[13]、組織がようやく定型化されたのである[14]。それにともない充字にすぎない「時宗」に「謂一心不亂臨命終時、釋云、恆願一切臨終時云云、然則相二承經釋幽旨一親爲二宗名一」（寛文五年〔一六六五〕『神偈讃歎念佛要義鈔』〈『宗典』下巻〉）といった典拠が与えられる。「時宗」「宗祖」などは近世以降の用語・概念であることに注意したい。

一遍（一二三九～八九）が宗祖に推戴されるのは近世であり、中世続生した無数の念仏勧進聖のうちの一人にすぎなかった。一遍死後「たかひに西刹《極楽浄土》の同生をちきりて、こゝにわかれかしこにわかれ」（『聖絵』第十二第三段。『聖絵』は巻数を「巻～」ではなく「第～」と表記するため本書でもしたがう）[15]た門弟を糾合し現在に続く教団を創設したのは二歳年上の門弟他阿弥陀仏真教（一二三七～一三一九）である。

このほか一向俊聖（一二三九?～八五?）や京都四条道場の浄阿弥陀仏真観（一二六九～一三四一）、京都東山の国阿弥陀仏（一三一四?～一四〇五?）、京都式阿弥道場の式阿弥陀仏（生歿年不詳）らの法流があり、真教門下の真観以外は一遍の系統ではなかったとみられる。また一遍以前の空也光勝（九〇三～七二）も、少なくとも近世には時宗祖師として機能していた[16]。かれら念仏勧進聖は遊行、賦算（念仏札配布）、踊り念仏ほか複数の行儀に一定の共通性がある。それを帰納した上で学術用語としての広義の時衆とみなすことができる[17]。やがて葬送従事や怨霊済度、被差別民との相関などにおいて中世社会から期待を受けた職能民とさえ極言できる存在となっていく。

ただしこの分析概念（学術用語）としての時衆が、同時代概念（史料用語）の時衆にすべて重複したかを確認することは至難である。例えば一向俊聖教団は『一向上人傳』（『宗典』下巻）巻壹に「上人常に門徒を呼て時衆とのたまふ」とあるものの絵伝成立は近世初頭と考えられ、中世段階で時衆と自称していた徴証はない。ただ後掲の蓮如消息（『帖外御文』）で述べられるように、第三者から一向俊聖教団が一遍系時衆と同一視されていたことは疑いない。近世に一向俊聖教団の近江国番場蓮華寺と出羽国天童仏向寺とが本末争論におよんだとき、幕府寺社奉行は貞享三年（一六八六）十月九日付で「元來一向者、一遍之法脉不二傳受一」（読点・返り点筆者）と認めつつ「物而此宗之儀、可レ稱二時宗之一向派」（同）との裁許を下した[18]。つまり近世「時宗」に〝宗祖一遍〟は必要条件でなかったのであり、このことは中世にも遡及できる。かくて江戸幕府から相模国藤沢道場清浄光寺（神奈川県藤沢市）系統の時衆に主導権が委ねられ「時宗」が成立する。この藤沢派[19]は唯一、官許（室町期は将軍御教書、江戸期は伝馬朱印状）による遊行廻国を行ったことで、末寺の維持・拡大が可能であった。時衆道場全体の約八割の寺院数を占め[20]、汎列島規模に展開する時衆たりえた。

第二節　一遍以前の時衆

智顗『天臺摩訶止觀』（『大正新脩大藏經』第四十六巻）が『般舟三昧經』を依用して挙げた四種三昧のうち、常行三昧は九〇日間、堂宇の中央に奉安された阿弥陀仏の周囲を仏名を称えつつ間断なく行道するものである。渡唐した円仁が法照の五台念仏を導入し常行三昧堂で行った常行三昧（「山の念仏」）は、八月一一日から七日七夜の年中行事となり、引声（声を伸ばす）の『佛説阿彌陀經』（『大正新脩大藏經』第十二巻）で滅罪懺悔を目的とするなど本来の姿とやや形態を異にするも[21]、不断念仏[22]の源流とされる。やがて『佛説阿彌陀經』の「若一日乃至七日」に基づき、源信が『往生要集』（『大正新脩大藏經』第八十四巻）巻中末「大文第六」で言及した「別時念佛」が、爾後日本浄土教の基礎となる。時衆は一日を晨朝以下分割した六時や、阿弥陀仏の徳目を示した十二光、阿弥陀仏の誓願の数の四十八願という数字に関係深く、日数は所依の『佛説阿彌陀經』にある七の倍数となっている。

善導『往生禮讃偈』（『大正新脩大藏經』第四十七巻。以下『六時礼讃』と略す）において、四修のうち、行を間断させない無間修と命終まで続ける長時修が対になっている。あるいは『觀念要義釋觀門義鈔』（『西山全書』第四巻）巻一では

「長時。別時ハ可レシ依二ル衆生ノ機ニ一」と長時と別時が対句である。つまり念仏とは一人が永続する「常念仏」たるべきところ、毎日日常勤行を行うか、もしくは一定期間だけを交替で念仏を絶やさない別時念仏なる勤行を不断念仏とみなし、その式衆を時衆と称するようになる。[23] 不断念仏衆、別時衆なども同義である。密教での「座不冷」「温座護摩」「長日護摩[24]」、禅宗での「臘八摂心[25]」などにも通ずる。衆は堂衆を意味し、夏安居《げあんご》における夏《げ》衆が単なる寺内階層の堂衆を意味するように変化したり（『紀伊續風土記』〔『續眞言宗全書』第三十六〕行人總論）、東大寺において覚盛門下の遁世した律僧とは別個の律衆[26]など、常時・臨時を問わずに寺院に設置された。

　中世時衆教団以外での「時衆」およびそれに類する衆の用例を**第二表**にまとめた。

　日本古代に時衆の語および実態はあったようだが、嚆矢はよくわからない。本書第一部第一章で詳述したように、『観経疏』を「時衆」の語源とすることには無理があるが、後代には典拠として遡及されるようになったらしい（『縁起絵』巻五第五段、遊行七代他阿託何『器朴論』ほか）。この表のように、日本浄土教団にも時衆に類するものがみられる。

　若干補足すると、Dの西山上人こと善慧房証空は浄土宗西山派祖であり、一遍の師聖達の師にあたる。またEは浄土宗西山義深草派の中本寺格寺院の置文である。[27] Fの親鸞の用例は、いずれも『観経疏』を承前とした引用である。Gは、蓮如以前の『六時礼讃』を読誦していた六名からなる御堂衆で、広義の時衆といえる存在である。[28] 弘安三年（一二八〇）十一月十一日付「信海顕智光信連署書状」（『真宗史料集成』第一巻）にみえる「毎月廿七日御念佛」の「御念佛衆」なども別時念仏の変種か。『尊卑分脈』（『新訂増補國史大系』第六十巻上）大和源氏頼成流・住蓮に傍書される「法然上人弟子内住蓮安樂二人、殊為二専修念仏弘通最一一、於二所々一勤二修別時念仏六時礼讃一、共行殆為二濫觴一」

第二表　他宗派における「時衆」および類例一覧

	I	II	III	IV
A	**（顕密）**	無住『妻鏡』	「富貴の餘慶のある人は、或は僧に歸依し、法華八軸妙文を讀誦せさせ、時衆を定て不斷念佛の勤行を修する」	『日本古典文学大系』83
B	**天台宗山門派**	『黒谷源空上人傳』第十「勸進念佛往生門」	「又座主顯眞、十二人ノ時衆を定おきて、不斷念佛をおこなひ給ふ、一向に稱名相續して、餘行をまシヘス、其行ヲ勤始てより、今に退轉なし」	『法然上人傳の成立史的研究』第二巻
C	**法然浄土宗**	『私聚百因縁集』巻八第六段「法然上人ノ事」	「上人御在生ノ間常ニ御別時アリ。毎ニ二別時一必ス有二靈異。一就レ中建久七年丙辰自二正月十五日一於二東山靈山一三七日如法ニ念佛アリ。時衆十二人。室蓮房。心觀房。定蓮房。藏人入道。住蓮房。安樂房。蓮光房。西仙房。清淨房。念佛房。阿勝房。蓮乗房。其ノ先達法然上人ト云云」	鈴木学術財団版『大日本佛教全書』第九十二巻
D	**浄土宗西山派**	『西山上人縁起』巻六第三段	「七日夜恆例の不斷念佛の時衆」	『國文東方佛教叢書』傳記部上
E	**浄土宗西山義深草派**	愛知県岡崎市円福寺蔵・嘉暦元年（一三二六）十一月日付『堯空遺誡（定置不斷念佛等條々）』	第二条「時衆器量事」「右於行學有懇志之仁、若兼兩樣若備一德、須爲其器用焉」	『京都誓願寺と三河の念仏宗』

F	I	**真宗**（ただし親鸞に開宗の意志・事実はなく、帰属意識は法然浄土宗。また当該文言は『観経疏』の引用で、時衆としての実態なしヵ）
	II	親鸞『顕浄土真実行文類（教行信証）』二『正信（念仏）偈』、信巻、『浄土文類聚鈔』『愚禿鈔』
	III	「道俗時衆共同心」
	IV	『親鸞聖人著作用語索引』教行信證の部／和漢撰述の部
G	I	**真宗本願寺教団**
	II	実悟・天正八年（一五八〇）『本願寺作法之次第』（『實悟記』とも）一五八
	III	「當流の朝暮の勤行、念佛に和讃六首加へて御申候事は近代の事にて候。昔も加様には御申ありつる事有げに候へ共、朝暮になく候つると、きこえ申候。存如上人御代まで六時禮讃にて候つるとの事に候。越中國瑞泉寺は綽如上人の御建立にて、彼寺にしばらく御座候つると申傳候。其後住持なくて、御留守の御堂衆ばかり三四人侍りし也。文明の初比まで、朝暮の難行には六時禮讃を申て侍りし也。然に蓮如上人越前之吉崎へ御下向候ては、念佛に六種御沙汰候しを承候てより以來、六時禮讃をばやめ、當時の六種和讃を致二稽古一、瑞泉寺の御堂衆も申侍し事也」、一に「古は御堂衆は六人候つると申、六人供僧とて是は平生精進にて候き。妻子もなく、不斷經論聖教にたづさはり、法文の是非邪正の沙汰斗にて候つる由候」
	IV	『眞宗聖教全書』三
H	I	**融通念仏宗**
	II	寛政五年（一七九三）『紫金山歴代祿〔錄〕』
	III	「別時衆」
	IV	『法会（御回在）の調査研究報告書』

【凡例】I＝宗派名、II＝史料名、III＝原文、IV＝出典

（返り点筆者。『徒然草』第二百二十七段も同趣旨）を継承した伝統であった。建久三年（一一九二）秋、法皇行真（追号・後白河）追善の七日不断念仏が『六時礼讃』を用いた嚆矢であるという。(29) 応安六年（一三七三）四月十一日の『門葉記』（『大日本史料』第六編之三十七）十九［如法經九］には「當時一向專修念佛者、所用六時偈調聲許」とある。

右のように善導、源信、法然を承けた浄土門徒はみな、時衆と不可分である。僧尼あるいは俗人が時衆となり別時念仏を修することで往生の業とした。『恵信尼文書』（『鎌倉遺文』古文書編第十三巻九八八八）中、年欠（文永五年〔一二六八〕カ）三月十二日付の恵信尼消息が、栗沢の信蓮房が「のつみ《（新潟県三島郡寺泊町西生寺カ）》と申やまてらに、ふたん《（不断）》念佛はしめ候はむするに（中略）五てう《（親鸞カ）》とのゝ御ためにと申候めり」とし、下野国芳賀郡の「茂木家證文寫」（『茂木文書』〔『栃木県史』史料編中世二〕）のうち安養寺坊主敎乗上人充、延文四年（一三五九）十月九日付・沙彌賢安の書状写には「長谷山恆例別時念佛の事、斷足□□毎年進候」とあるように、作善の恒例仏事となっていく。

これら史料上の普通名詞としての時衆は、既述の分析概念としての時衆と、相当の懸隔がある。その端緒を開いたところに一遍の特質があるといえ、やがて時衆は一遍流など聖による浄土教の徒に特化された用語となっていくのである。

第三節　『一遍聖絵』における一遍と『遊行上人縁起絵』における真教

『聖絵』『縁起絵』は一遍の同時代史料として一級のものである。(30) 前者は異母弟とも遺児ともされる聖戒、後者は高弟真教の意を請けた宗俊の撰述によるものであり、それぞれの作成意図を考慮する必要をふまえつつ、まず『聖絵』全編からその特徴をみる。

①独特な絵巻の呼称。「一遍」の「聖絵」でなく「一遍聖」（第五第一段）の「絵」の意である。なぜ絵巻名に頻用され、詞書中に第五第一段など四箇所で夢告や書翰の尊称として「一遍上人」が検出される上人号（ただし地の文にはなし）でなく「聖」なのか。第五第四段に悪党が登場し、第七第一段の「処々の悪党ふたをたてゝいはく、聖人供養のこゝろさしには彼道場へ往詣の人々にわつらひをなすへからす、もし同心せさるものにをきては、いましめをくはふへし云云」、第八第一段の「まいりあつまりたるもののともを見るに、異類異形にしてよのつねの人にあらす、畋獵漁捕を事とし、為利殺害を業とせるともからなり」といった非常民のほか、画中に乞食や癩者、五輪塔（第四第三段の備前国福岡の市（ただし御影堂本）、第七第三段の京都市屋道場、第十二第三段の兵庫観音堂）など、社会的に負とされた忌むべき存在を画および詞書に描きこむことに呼応し、第四第一段の筑前国武士の館での一遍が、実は半裸であったことを想起させる。[31] 多数の絵師や能書家を動員し高価な顔料を絹本に用いながら、あえて一遍を尊貴の姿に描かないのである。第十二第三段詞書における「勢至菩薩の化身」すなわち生身仏としての一遍を鮮明にするため、貧相な姿とする手法であろう。聖徳太子が片岡で邂逅した神仙思想の真人（『七代記』〔『寧樂遺文』下巻〕。のち達磨）、光明子の阿閦仏（『元亨釋書』〔『新訂増補國史大系』第三十一巻〕巻十八）など、権者《ごんじゃ》（仏神の仮の姿）を表現する際にみられる。[32]

②奇瑞・霊験譚の列挙と一遍自身によるその否定。[33] 前項①と聯関しよう。一方で中世に生起しつつあった合理主義の表明ともいえるし、[34] 権門からの批判を否定する修辞法にもなっている。

③弘法大師信仰。空海は「高野大師」（第二第一段）、「弘法大師」（第二第四段）として計四箇所登場する。一遍が同じ四国に生まれ、のちに巡礼霊場となる伊予国菅生岩屋寺（愛媛県上浮穴郡久万高原町、現真言宗豊山派）、同国繁多

寺（同県松山市、同）などで修行したり、高野山で印板を模して賦算を開始するなど、相当の影響を受けていることは従来いわれるとおりである。一遍と高野聖との関係も容易に想定させる。逆に、法流を承けているはずの法然については、第八第二段で故事の引用としての言及しかない。法然の弟子で西山義の祖、証空についても、如一や如仏（一遍父通広）の人物紹介で各一箇所ずつ関連づけられる程度である。ひとたび還俗して四天王寺であらためて自誓受戒しているので、浄土宗西山派の一派として時宗を捉えることは必ずしも至当ではない[35]。一遍個人についてはたしかに西山派の流れをくむ者といえるかもしれないが、多様性をもつ時衆全体にそれを敷衍できないのはいうまでもない。『聖絵』には一遍が「真宗の奥義をうけ給」（第一第二段）うたとか、聖戒に「真宗の口決をさつけ」（第一第一段）たといった言葉がみえ、聖戒の視点からは一遍の帰属意識が「真宗」にあったことを示す。この真宗は親鸞門流のことではなく、『観経疏』正宗分散善義による浄土教そのものの謂である。原点回帰することで、聖戒が法然の色を朧化させようとしたものかもしれない。

④中国の故事や仏教説話をしばしばおりまぜる特徴がある[36]。その一方で、聖戒と一遍の関係など、きわめて肝心なところはあえて略する傾向がある。

こうした四点の特徴の数々は、『縁起絵』と好対照をなしている。

次に「時衆」を詞書から分析する。第五第二段の弘安二年（一二七九）ころ、下野国小野寺での出来事から想起して「あるとき時衆のあま瞋恚をおこしたりけるに」と唐突に登場するのが初出で、以後散見する。これに時期の対応するのが、時衆の交名である清浄光寺蔵・弘安元年（一二七八）月日付「一期不断念佛結番」（以下「一期結番」と略す）である。冒頭「定／一期不断念佛結番」「一遍房」としたあと、一から六番までそれぞれ八名ずつの阿弥陀仏号の人名を挙げ、「右所定如件」で結んで日付を書く。一番の八名の中の筆頭は「他阿弥陀佛」である。一遍に敬称がつくことや『七條文書』の筆跡類似から真教筆と推定される。

一遍における時衆とはいかなる性格か。『聖絵』から検出される用語から集団を腑分けしてみよう。携行する道具について教理意味を説明した弘安十年（一二八七）三月一日付「道具祕釋」（第十第一段。「道具祕釋」の命名は『一遍上人語録』カ）は冒頭「南無阿弥陀佛一遍弟子當信用十二道具心」ではじまり、続く詞書に「此行儀は徒衆ひきくし給へる始よりさためられけり、時衆も番帳には僧衆四十八人、尼衆四十八人、そのほかの四部の衆はかすをしらす」とある。つまり「弟子」とは「徒衆」のことであり、引き連れられていた非人もまた弟子という定義となろう。この「徒衆」が第十二第三段の一遍臨終時に随従していた「時衆ならひに結縁衆」の総体であるとみられる。また「そのほかの四部の衆」とある「四部衆」とは、出家者比丘・比丘尼と在家信者優婆塞・優婆夷の総称である（『広説佛教語大辞典』中巻）。「一期結番」に名前が登載された人物が厳格な意味での時衆である（ただし「一期結番」尼衆分は現存せず）。ゆえに、長く誤解されてきたが（例えば今井雅晴編『一遍辞典』や高校日本史教科書ほか）、ここでの「時衆」とは、決して一遍集団すべてではない。第六第二段で「武蔵国にあちさかの入道と申もの、遁世して時衆にいるへきよし申けれとも、ゆるされなかりけれは、往生の用心よく〳〵たつねうけ給て（中略）十念となへて水にいりぬ」と、入道を号する武士とおぼしき人物でも時衆への加入を拒否されていて、時衆になるには一遍の主観による選抜がなされていた。初期（一遍）の時衆には閉鎖性があったのである。第八第二段「時衆嘆阿弥陀仏、結縁衆たかはたの入道」の表記から、時衆は阿弥陀仏号なのに対し、結縁衆の中には庶民の用いない入道号をもつ者がいて、苗字・地名を冠した通称が許される柔軟な地位であるという差異がうかぶ。世俗の身分は徒衆内の階梯に影響しないこともわかる。かくして、〝一遍・聖戒師弟〟を中心に、〝阿弥陀仏号の時衆〟、〝入道号の結縁衆〟、の大まかにいえば三層構造の同心円を構成していたことがわかる。そして中心に近づくほど、持律・持戒が要請されていたのである。

なお一遍の「時衆」は西山派・証空の伝統というよりは、高野山・重源流の伝統であることを諸史料の解析から大塚紀弘氏は明らかにした。[37] 一遍が男性門弟に例外なく重源のはじめた阿弥陀仏号を与えていること、先記のように高野山との関係を『聖絵』に刻みこんでいること、賦算の源流が高野山にあるらしいことを考えると、今後通説となるべき推論である。

『聖絵』詞書を読み解くかぎり、第四第三段の建治二年（一二七六）から弘安元年（一二七八）夏にかけての豊後国大友頼泰館における真教らの入門以降、同じ段の同年冬の備前国福岡の市における「出家をとくるもの惣して二百八十余人」の大量出家までの間に門弟が激増し、弘安五年（一二八二）鎌倉入りに備え、集団を統制する緊急性を要し、教団の基礎が整備されたものと考えられる。一方で、「一期結番」の登載者すべてを引き連れたのではなく、この大量出家の記念に作成したとみる説にしたがいたい。[38] 僧尼以外の半僧半俗の人々はのちに客僚とよばれる。[39] 随逐する浮浪の人々への生計援助の意味もあった。『遊行二十四祖御修行記』（『宗典』下巻）は、永正十六年（一五一九）正月「然會下之大衆僧尼老少以下至二非人癩者一令レ乗二三四巨船一經二歴數月之光陰一凌二來乎萬里波濤一着二岸乎泉州堺浦一」と記し、遊行が室町将軍家御教書による官製となってからも、「非人癩者」を拒むことなく同行させていたことを示している。

建長八年（一二五六）法然孫弟子の敬西房信瑞が、信濃国諏訪社祀官上原敦広との問答を『廣疑瑞決集』（『國文東方佛教叢書』第二輯第一巻）に著している。[40] 在地武士にして獣肉を神に奉献する敦広の二五の問いには、殺生に関するものが目だつ。第三疑では菩提心の必要性、第九疑では不浄の身での読経、第十疑以下で殺生を犯しながら往生が叶うか否かにつき深刻な問いが載る。『観経疏』正宗分定善義は、念仏の行者に「即須下厳二飾道場一安二置佛像一。清淨洗浴著二淨衣一。又焼二名香一。表二白諸佛一切賢聖一。向二佛形像一現在一生懺中悔無始已來乃身口意業所レ造十惡五逆四重謗法闡提等罪上」と身、口、意の三業がなした罪悪を清浄な道場において懺悔するよう求める。敦広の問いに即せば、不信心で称名念仏をすれば不妄語戒にふれ（口・意）、女犯や飲酒、殺生などをした不浄の身で念仏をすれば不邪淫戒、不飲酒戒、不殺生戒に抵触するのである（身）。信瑞は念仏の意義を説き迂回の論理を提示しているが、基本は戒を守ることが望ましく、特に浄土門徒最大の法会である別時念仏においては清浄持戒が要求された。『往生要集』『横川首楞厳院二十五三昧起請』や諸往生伝によるように、不浄相をみせないことが往生に必須だからである[41]。道綽『安樂集』、善導『観念法門』『臨終正念訣』、源信『往生要集』をふまえ、四十八巻伝『法然上人絵伝』（『法然上人傳全集』）巻二十一第三段には法然が「又とき〳〵別時の念佛を修して、心をも身をもはげまし、とゝのへすゝむへき也。日々に六萬遍七萬遍を唱へば、さても足りぬべき事にてあれども、人の心ざまは、いたく目なれ耳なれぬれば、いら〳〵とすゝむ心すくなく、あけくれは忽々として心閑ならぬ様にてのみ、疎略になりゆく也。その心をすゝめんためには、とき〳〵別時の念佛を修すべき也。しかれば善導和尚もねんごろにはげまし、恵心の先徳もくはしくをしへられたり。道場をもひきつくろひ、花香をも備たてまつらん事、たゞちからのたへたらんにしたがふべし。また我身をもことにきよめて道場に入て、或ハ三時或ハ六時なんどに念佛すべし。もし同行などあまたあらん時は、かはる〴〵いりて不断念佛にも修すべし。加やうの事はをの〳〵やうにしたがひてはからふべし。善導和尚は、月の一日より八日にいたるまで、或は八日より十五日にいたるまで、或は十五日より廿三日にいたるまで、或は廿三日より晦日にいたるまでと仰せられたり。面々指合ざらん時をはからひて七日の別時を常に修すべし。ゆめ〳〵すゞろ事どもをいふものにすかされて、不善の心あるべからず。又いかにも〳〵臨終正念に安住して、目には阿みだほとけをおがみ、口には彌陀の名號を唱へ、心には聖衆の來迎を待たてまつるべし。としごろ日ごろいみじく念佛の功を積たりとも、臨終に悪縁にあひ、最後にあしき心もおこりて、念佛の心行をも退しぬるものならば、順次の往生しはづして、一生二生なりとも、三生四生なりとも、生死のながれにしたがひて出離の道にとゞこほらん事は、まめやかに心うく、口惜しき事ぞかし」と、形式にとらわれない時宜をえた念仏を推奨している。

鎮西義の祖、聖光房辨長は『浄土宗名目問答』（『浄土宗全書』第十巻）「下」で「有㆓三種行儀㆒所㆑謂一者尋常行儀二者別時行儀三者臨終行儀也」と三種に分類している。[42]煩瑣な全文引用はしないが、尋常は常行三昧に通じ特に条件なくひたすら念仏を相続することの意義が説かれる。対して別時では酒肉五辛を断ち、洗浴して浄衣を着する「難行道」とされる。臨終は平安貴族の臨終行儀で知られよう。

これらを承け一遍も「断食して別時し給に」（第六第一段）、「三日に一度かき給こりを、廿日より廿二日にいたるまて三日つゝけてかき給しかは（中略）往生し給ぬ」（第十二第三段）といったように、別時行儀や臨終行儀として沐浴斎戒している。[43]そして末期の言葉である「我化導は一期はかりそ」（第十一第四段）と対応する「一期結番」を定めて、別時念仏のように時間を限定せず、一期すなわち生涯、不断で念仏する徒として己を規定し、持斎・持戒をめざしたのではあるまいか。僧尼の関係を厳しく制限したり、第十第三段で氏神である伊予国大三島社の贄を止めさせたり、第二第三段で文永十一年（一二七四）、摂津国天王寺で「信心まことをいたし発願かたくむすひて、十重の制文をおさめて如来の禁戒をうけ、一遍の念仏をすゝめて衆生を済度しはじめたまひけり」と空也に倣い十重禁戒による自誓受戒をしている。第七第三段では「心諸縁をはなれて身に一塵をもたくはへす、一生つゐに絹綿のたくひはたにふれす、金銀の具手にとる事なく酒肉五辛をたちて、十重の戒珠を全し給へり」と一遍の持戒堅固を伝える。『七天狗絵』(44)などで批判される裸形も、一遍によれば衣食《えじき》に拘泥しない仏道精進を示す解釈になるのであろう。一遍が「信不信をえらはす、浄不浄をきらはす」（第三第一段）賦算せよという熊野権現の神勅を標榜するのは、尋常行儀では、清浄な身でなくとも念仏に意義があるとする浄土教を再確認したことになる。藤沢道場などで師走（現一一月）に行なわれる歳末別時念仏法要(45)の中の滅灯式で最重要視される火には「燈二十千燈明一、懺二悔衆罪一」（『菩薩藏經』（『大正新脩大藏經』第二十四巻））と、滅罪生善の意味があった。逆に出家者は「一期結番」で表明されたように、持戒により生涯清浄を維持せねばならなかったのであろう。やがて時衆は阿弥陀仏号をもつ仏ゆえに、別時念仏の時期を除き持斎・持戒も不要となる論理である。この点が一遍の革新性であり、その後、死穢に時衆が関係できる論拠を与えたことになる。従来説(46)のように神勅の「不浄」が非人など身分を意味するという社会性をもたされた解釈は後退を余儀なくされよう。ただし尋常にあっても清浄な身での念仏が相対的には好ましいものとされ、『聖絵』第四第一段で、筑前国の武士が館で一遍の札を受けとるにあたり、『涅槃經』における「依法不依人」を正しく理解し「装束ことにひきつくろひ、手あらひ口すゝきており」てきたことを、一遍は称賛している(47)。また持律・持斎を行なう時衆は、八斎戒に基づいた律僧傘下の斎戒衆に近似していくことも強く指摘しておきたい。律僧と斎戒衆、時衆と結縁衆、という関係が対置できる。ただ歌舞観聴戒に抵触する時衆は八斎戒に依れない(48)。『西山上人縁起』（『國文東方佛教叢書』第一輯第五巻）巻二第三段などに不断念仏厳修が散見し、巻六第三段に「七日夜恆例の不斷念佛の時衆」とある。巻四第二段は「不斷念佛をはじめ修することは、天王寺の聖靈院、當麻の禪林寺以下十箇所にをよぶ」。『観門要義鈔』（『自筆御鈔』

とも。『西山全書』第四巻）によると証空は四天王寺、磯長太子廟、当麻寺、善光寺に巡拝している。一遍は証空に倣いこれらを廻国し、[49]別時念仏重視の法義をも継受したようである。[50]

林譲氏は結番することと番帳作成が対になることを明らかにした。[51]真教晩年の住坊である相模国当麻無量光寺（神奈川県相模原市南区）に年欠「別時法要次第」[52]、国阿の中興した京都真葛ケ原雙林寺（京都市東山区、現天台宗山門派）には宝暦五年（一七五五）十二月二十日付「七晝夜不断念佛別時結番之次第」が遺る。吉田西念寺（山梨県富士吉田市）にはいくつか中世文書があり、元亀元年（一五七〇）のものに条目と番帳各一通、寺領仕置日記一冊がある。うち同年十月十三日付「西念寺々僧衆番帳」（『山梨県史』資料編4中世1）では末寺・塔頭と思われる寺名のほか「筒屋」「箸屋」「紙衣屋」「塗師屋」「念珠屋」「軸屋」ら役名[53]（客僚ヵ）とおぼしき号が挙げられ、一紙に一番五名、二番四名、三番四名が「右一月宛、堅可被勤番者也、仍如件」と結ばれる。一番から三番までしかなく、別時念仏と記されていないが、時衆の根源である別時念仏番帳から派生したものであろう。狭義では番帳（に基づく結番）・過去帳に登載されることが時衆である証といえる。近世の『時宗要義問辨』（『宗典』下巻）「階級名義章」第二には、桂光院其阿六寮、洞雲院彌阿二寮、興徳院覺阿一寮、東陽院但阿三寮、常住菴相阿四寮、等覺菴梵阿五寮という僧団の等級である四院・二庵が、別時念仏出座の順に因むとされ、一番覚阿は辰より巳、戌より亥の刻までといったように規定されている。一から六寮までなのが一日六分割の名残りである。『時衆過去帳』には遊行十五代他阿尊恵の分に「一寮」（其阿弥陀佛）などという寮のみの裏書がみえるのが古態で、一七世紀末ころから四院・二庵と阿号が固定化するようである。[54]

さて、一遍の衆生救済の方途とは何か。それを解く鍵が一遍と聖戒との関係にある。聖戒は一遍からただ一人、形木名号を授与され（第三第二段）、奥書に「西方行人聖戒」と署名し一遍同様に阿号をもたない。(55)両人とも時衆を組織した側であり、時衆そのものではないのである。この特殊な師弟関係の背後に、金井清光氏は大乗菩薩戒の受持を指摘したが、(56)さらに検討すると、叡尊・忍性らが掲げた大悲闡提の思想であるとわかった。(57)叡尊らのように一遍も自誓受戒である。これは具足戒ではなく大乗菩薩戒（円頓戒）である。山形県天童市高野坊遺跡出土の墨書礫から、同時代の一向俊聖と門弟行蓮およびその他多数の阿弥陀仏号の弟子との関係も、類例として捉えることが可能である。(58)このように遊行聖は、自らの成仏をも保留するこの過酷な誓願に基づいて遊行を行っていたのであり、一遍が「所持の書籍等、阿弥陀経をよみて手つからやき給しかは、伝法に人なくして師とゝもに滅しぬるかとまことにかなしくおほえし」（第十一第四段）聖戒は、一遍の真意を理解していたがゆえに『聖絵』遺すも教団化はしなかったのではあるまいか。そして一遍と聖戒のこの関係は、一遍と真教との間にはなかったとみられ、断絶している。筆者が現代にいたる時宗を真教教団とよんだ所以である。

次に真教時衆についてみよう。『縁起絵』（『新修日本繪巻物全集』23）十巻は、巻四まで『聖絵』を翻案して引用したものであり、あと六巻が真教の後日譚である。時衆の初出は巻二第五段、弘安五年（一二八二）七月の駿河国井田の「あちさかの入道」譚であるが、真教教団での初出は正応四年（一二九一）加賀国宮腰の渡河の記事に「道俗時衆」とある巻五第五段である。その直前の第三段に「凡毎年歳末七日夜の間ハ、暁ことに水を浴、一食定斎にて、在家出家をいはす、常座合掌して、一向称名の行間斷なく、番張〔帳〕を定て、時香一二寸をすくさす、面々に臨終の儀式を表せられける」と別時念仏の記事があり、この前後で番帳をともなう時衆が成立したとみられる。巻十第一段でも正安四年（一三〇二）八月、一遍一三回忌追善の別時念仏で真教により時衆が結番されたことが述べられる。清浄光寺蔵・嘉元四年（一三〇六）正月廿五日付「毎月廿五日夜別時念佛結番」（後掲**史料②**）は、「一期不断念佛結番」（後掲**史料①**）に対応する性格の史料である。

史料①

定
一期不断念佛結番
一遍房
一番
他阿弥陀佛　其阿弥陀佛
覺阿弥陀佛　重阿弥陀佛
師阿弥陀佛　法阿弥陀佛
眼阿弥陀佛　与阿弥陀佛
二番
（中略。以下六番まで続く。各八名）
右所定如件

史料②

定
毎月廿五日夜別時念佛結番
他阿弥陀佛
一番
作阿弥陀佛　久阿弥陀佛
明阿弥陀佛　妙阿弥陀佛
思阿弥陀佛　圓阿弥陀佛
善阿弥陀佛　現阿弥陀佛
至阿弥陀佛　稱阿弥陀佛
音阿弥陀佛　誓阿弥陀佛
等阿弥陀佛　弥阿弥陀佛
二番
（中略。以下六番まで続く。各一四名、六番のみ一八名）
右所定如件

弘安元年月　日　―　嘉元四年正月廿五日

不断念仏が別時念仏に変わっているのも注視したい。冒頭に「他阿弥陀佛」とあり、「一期結番」より大幅に増員されているのである。嘉元四年六月朔日付『奉納縁起記』（『三大祖師法語』〈『宗典』上巻〉）。内容に疑いが指摘されるが別に論じたい）で「其後稍重㆓年序㆒覃㆓僧尼多衆㆒之間、漸定㆓行儀法則㆒修㆓六時勤行㆒分㆓衆於六番㆒、定㆓名字於四十八㆒唯是表㆓六八願㆒也、調㆓十二光筥㆒置㆓僧尼之境㆒、是光斷㆓十二因縁之無明㆒破㆓煩惱之闇夜㆒燈明也云云、次定㆓誓戒之詞㆒其禁戒堅固也」（読点筆者）と僧団の規律を整備したことを熊野権現に言上し、同年九月十五日には「道場誓文」を定めている。このように嘉元四年（一三〇六）がある転換点をなすことがいえる。

一遍とその集団成員間は人格上の結合がみられたと考えられる。先記の同心円の関係である。ところが真教は集団中の「調聲《しょう》(59)」（第十一第四段）にしかすぎず、長としての神格性があったかは不明である。かれを能吏とか有能な組織者としてみるのが正しかろう。『縁起絵』巻五第一段では、一遍の後追い自殺を図るが当地の領主（後述の平〈北条〉時俊カ）に止められ、賦算をせがまれたため、一遍に認められていなかった賦算をやむなく行った、これは「利益衆生」「化度利生」のためなり、と弁明する。そして僧尼には時衆独自の帰命戒（『縁起絵』巻六第三段）を創出した。時衆が守るべきものを現前知識に帰命するというこの戒のみに集約して、内省的な戒律を単純・外形化した(60)。一遍が定めたという『時衆制誡』は、真教が教団確立を熊野権現に奉告した『奉納縁起記』が初出であり、おそらく真教による仮託であろう。帰命戒を受けた者が時衆僧尼であり、それを受けずただ結縁した者も含めて「時衆」とされる。清浄光寺蔵『時衆過去帳』は『七條文書』との比較から真教の筆になるもので、「僧衆」「尼衆」二帖があり（内題は『時衆過去帳事僧衆』など）、人数に制限はなく在家信者も記名されている。このことは、なし崩しに時衆が拡大し門弟全体の呼称となったことを示す。真教は一遍教団を承け継ぎつつも、同心円の集団から上下関係のある階層制へ転換した。こうして真教により、帰命戒創出と、僧侶、檀信徒すべてを「時衆」として統合する手法が確立された。この二点で、一遍教団と真教教団には深刻な断絶もみられるのである。

「衆中を離脱しない」「制戒を破らない（＝男女愛欲の禁）」といったことが求められる帰命戒は、集団の風紀の乱れを正す目的があった。真教による帰命戒は矛盾や強要でなく『涅槃經』の遇善知識という教理を儀礼として表出させたものでもあった。(61)

なお後発の真教にとって聖戒は疎ましい存在であったようだ。『聖絵』から「他阿弥陀仏」を第四第三段、第八第五段、第十一第四段、第十二第二段で抽出できるが、すべて好意的なのに対し、明らかに『聖絵』を参照している『縁起絵』に聖戒は登場しない。

参考までに一向俊聖教団をみてみると、正慶二年（一三三三）六波羅探題北条仲時に連行されてきた日野資名が、近江国番場蓮華寺で出家する記事が『太平記』（『日本古典文学大系』34）巻第九にある。このとき戦死した六波羅方の武士は『陸波羅南北過去帳』でみな阿弥陀仏号が授与されているが、資名は「常寂理寂《（後）脱》」（『尊卑分脈』（『新訂増補國史大系』第五十九巻））の二字法名を受けているので、法名において僧と俗人とは明瞭な差異があったらしい。逆にいえば、教団構成が僧俗間で截然としていないところが（三層構造だが、どこまでが僧でどこまでが俗かの定義はしづらい）、一遍・真教時衆の特性でもあった。

以上のように一遍・真教は徒衆の組織化を進めた。別時念仏衆、略して時衆を構築するのがその宗教目的であった。それと表裏一体をなす社会背景を次にみていこう。

第四節　他阿真教による教団化と律僧

金龍静氏が一向衆（宗）とよばれた諸派の実例を挙げている。(62) これをもとに**第三表**を作ったので参照いただきたい。Bの仏光寺(63)は前章で述べたように時衆に近く、Dの等熙がやや異色といえようか。(64)

このほか一遍流・一向俊聖流については、後述『七天狗絵』と延徳二年（一四九〇）『帖外御文』（『眞宗聖教全書』五）六七に「夫一向宗ト云、時衆方之名ナリ、一遍一向是也。其源トハ江州バンバノ道場是則一向宗ナリ」とある。(65) 表中E同様に、室町末から戦国期にかけてと推定される龍谷大学大宮図書館蔵『貞観政要格式目僧官』は、八宗に禅・浄土宗を加えた十宗を挙げたのち「宗外者時衆一遍衆一向無导光衆法華衆日連〔蓮〕衆日本衆新衆偏屈衆」と一遍と無导〔得〕光衆すなわち本願寺教団とを一体視する。現代の一般人は宗派の区別はなかなかつかないものであるが、中世びとの認識でも本願寺と時衆とは未分化であったことの例証である。『松平家忠日記』（『続史料大成』第二十巻）文禄三年（一五九四）七月十四日条に「妙しん寺へ參候、六条(六条道場カ)一向衆、とうろ(燈籠カ)見物にて伏見歸候」の一文があり、江戸時代直前でも時衆を一向衆とする名辞が生きていた。時間幅を広げても、一向衆は種々雑多なものを内包させた三人称の蔑称として原則、時衆と真宗をさすことがわかる。(66) なお『円教寺長吏実祐筆記』（『兵庫県立歴史博物館総合調査報告書』Ⅲ書写山円教寺）に「天文(一五三六)五季六月日山門大講堂三院集会議曰（中略）近来、或ハ弥陀一向之衆、或ハ法華一向之衆」と法華宗も「一向之衆」とみえる。固有名詞とはなっていないが、内容は法華宗を批判する文脈で用いられている。このようにみてくると、「一向衆（宗）」の自称はほとんどないことがわかる。

神田千里氏は史料に一向衆（宗）とみえる集団を「原始一向宗」とし、共通性を論じている。(67) ①踊り念仏、②不浄

第三表　「一向衆（宗）」用例一覧

A	Ⅰ	**真宗高田派**
	Ⅱ	寛正六年（一四六五）七月廿四日付「延暦寺東塔院衆議折紙案」
	Ⅲ	「一向宗」
	Ⅳ	『真宗史料集成』第四巻
B	Ⅰ	**真宗佛光寺派**
	Ⅱ	『祇園執行日記』文和元年（一三五二）閏二月二日条、下北小路白川仏光寺
	Ⅲ	「一向宗住所可破却由事書始到來」
	Ⅳ	『群書類従』第二十五輯
C	Ⅰ	**真宗三門徒派**
	Ⅱ	『永正十三年日次記』永正十五年（一五一八）四月十三日条、越前国豪摂寺（仁和寺末となる。現真宗出雲路派本山）
	Ⅲ	「一向宗」
	Ⅳ	『大日本史料』第九編之七
D	Ⅰ	**浄土宗鎮西義**
	Ⅱ	『建内記』嘉吉元年（一四四一）十月廿九日条、清浄華院・金戒光明寺、等熙（一三九七～一四六二）
	Ⅲ	「彼人一向専修之宗也」
	Ⅳ	『大日本古記録』建内記四
E	Ⅰ	**真宗本願寺派**
	Ⅱ	『春日社司祐維記』永正十八年（一五二一）二月十日条
	Ⅲ	「自下﨟分衆議、社中へ、本願寺社頭之猿樂ヲ見物ナラハ、可被注進、可打止之旨、嚴重之狀在之、雖然、笠著ニテ見物之、次宿ヲ可令罪科由被及評定、則蜂起集會在之、但筒井一圓ニ指南之間、被劬勞ト云々、太以奈良中往反之儀、先代未聞之儀也、筒井ノ沙汰次第、神慮難測旨、及風聞畢、彼本願寺ニ不限、一切一向衆坊主奈良中往反之儀、上古者堅被禁制之也、一反(マヽ)上人奈良へ下向之時、地下人ヲ催テ、可打止之旨用意之間、忍テ被退散ト云々」
	Ⅳ	『大日本史料』第九編之十二

【凡例】　Ⅰ＝宗派、Ⅱ＝史料名、Ⅲ＝原文、Ⅳ＝出典

を嫌わぬ行動様式（肉食・死穢容認、沐浴斎戒せず）であるという。私見でこれに③神祇不拝（『七天狗絵』『教行信証』）、④寺院での定額・勅額に対する私称の道場号（本書第一部第二章参照）、⑤教信や空也ら私度・遁世僧への憧憬（『聖絵』『改邪鈔』）、⑥妻帯[68]（『老松堂日本行録』『本願寺系図』）、⑦貴種流離譚、⑧裳無衣・黒衣（『聖絵』『本願寺作法之次第』）、⑨半僧半俗の生活様式（毛坊主の有髪）、⑩和讃・連歌（「別願和讃」『愚暗記』）を加えたい（神祇不拝など全教団や通時代で敷衍できないものもある）。純粋浄土教のみならず民間宗教者の伝統を承けているといえる。では一向衆の中で、時衆と親鸞門流との分節は何か。㋑貢租を負担しない諸国横行の徒とみなされた[69]、㋺悪党や三昧聖、職能民との関係、㋩供養・造塔行為、勧進活動、㋥融通念仏信仰[70]、などが時衆にはあり、真宗にはない。真宗に職能としての葬送もない。

一向宗に対しては、一遍がそれを代表するとされていたようで、同時代の非難が遺る。日蓮は弘安二年（一二七九）五月二日付「新池殿御返事」（『昭和定本日蓮聖人遺文』第二巻）で「一經の內、虚言の四十八願を立給たりしを、愚なる人々實と思て、物狂はしく金拍子をたゝき、おどりはねて念佛を申し、親（釋迦）の國をばいとひ出ぬ」と憤る。『元亨釋書』（『新訂増補國史大系』第三十一巻）巻二十九［音藝志］は「念佛者（中略）源空法師建二専念之宗一。遺派末流或資二于曲調一。抑揚頓挫。流暢哀婉。感二人性一喜二人心一（中略）又撃二鐃磬一打《ナス》二跳躍一ヲ。不レ別《ワカ》二婦女一ヲ。喧二噪街巷一。其弊不レ足レ言矣」（ルビは原文マヽ）として前出の住蓮・安楽以来の曲調重視を、踊り念仏批判への文脈に導いている。永仁三年（一二九五）『野守鏡』（『群書類従』第二十七輯）「上」に「又一遍房といひし僧。念佛義をあやまりて。踊躍歓喜といふはをどるべき心なりとて。頭をふり足をあげてをどるをもて念佛の行義（儀）としつ。又直心卽淨土なりといふ文につきて。よろづいつはりてすべからずとて。はだかになれども見苦しき所をもかくさず。偏に狂人のごとくにして。にくしと思ふ人をばはゞかる所なく放言して。これをゆかしくたふとき正直のいたりなりとて。貴賤こぞりあつまりし事。さかりなる市にもなをこえたりしかども。三の難を申侍りて。つゐにその砌にはのぞまざりき」、永仁四年（一二九六）『七天狗絵』（『続日本の絵巻』26）伝三井寺巻に「或ハ一向衆といひて、弥陀如来の外の餘佛に歸依する人をにくみ、神明に參詣するものをそねむ（中略）一向弥陀一□〔佛〕に限て餘行餘宗きらふ事、愚癡の至極偏執の深重なる（中略）馬衣をきて衣の裳をつけす、念佛する時ハ頭をふり肩をゆりておとる事野馬のことし、さはかしき事山猿にことならず、男女根をかくすこと事なく食物をつかみくい不當をこのむありさま、併畜生道の業因とみる」（読点筆者）との詞書があり、画では一遍の尿を乞う人々が描かれている。『今鏡』にも踊り念仏批判がある。こうした無戒・破戒の実情はそのまま時衆に引き継がれ、『老松堂日本行録』（岩波文庫青454―1）には長門国赤間関全〔専〕念寺の僧尼の紊乱ぶりや「一五六一（永禄四年）年八月十七日附、堺發、パードレ・ガスパル・ビレラより印度のイルマン等に贈りし書翰」（『異國叢書　耶蘇會士日本通信』上巻）にも和泉国堺で踊り念仏をする風紀の乱れた僧侶集団の記述がある。同門というべき浄土宗鎮西義白旗派中興の了誉聖冏の永和三年（一三七七）『破邪顯正義』（『鹿島問答』）とも。『浄土宗全書』第十二巻）も踊り念仏と衣体を批判する。一条兼良は『樵談治要』（『群書類従』第二十七輯）において、「一遍聖のやうなるたぐひは。一旦歸依渇仰すといへども。世のわづらひとはならず。それもいたるなることは佛法の正理にあらざるべし」とまでいい放っている。

一向宗ともされていた、初期真宗教団はこれをどう感じていたか。親鸞孫唯善が下野国高田専修寺顕智に充てた嘉元二年（一三〇四）十二月十六日付「沙門唯善施行状」（『真宗史料集成』第四巻）では「嘉元元年九月日、被レ禁二制諸国横行人一御教書偁、号二一向衆一成レ群之輩横二行諸国一之由、有二其聞一、可レ被二禁制一云々、因レ茲、混二一向之名言一、不レ論二横行不横行之差別一、一向専修念仏滅亡之間（中略）申二披子細一、忝預二免許御下知一畢」（返り点筆者）と一向衆禁制の際の一向衆との同一視を回避しようとし、それに呼応する記事が『常楽台主老衲一期記』（『真宗史料集成』第一巻。『存覚一期記』とも）「十四歳嘉元元（中略）於二関東一有二リ専修念仏停廃ノ事一、其ノ時唯公竊ニ馳下、以二巨多之ノ料足一被レ申成安堵之御下知了、横曽禰ノ門徒木針智信出二三百貫一ヲ、其ノ外勧二進所々一、以二数百貫一被レ申之間無二相違一、其ノ文章ニ、仮令於二親鸞上人ノ門流一者、非二諸国横行之ノ類一ニ、在家止住之ノ土民等勤行之ノ条、為レ国無レ費、為レ人無レ煩、不レ可レ混二彼等一之由」（返り点原文マヽ）である。元亨二年（一三二二）二月日付「本願寺親鸞上人門弟等愁申状」（『真宗史料集成』第一巻・『本願寺史』第一巻の一八二ページに写真あり）には「右当寺者、山門妙香院之御進止、親鸞上人之霊跡也、云二四海安寧之祈願一、云二九品託生之教行一、専酌二源空親鸞之貴流一、諸国散在門弟等、長日不退勤行敢無二懈緩一者也、爰去乾元之比、号二一向衆一、諸国横行放埒輩若依レ有二非分之行儀一歟、被二禁遏一之刻、以二当門徒一則令レ混二乱彼浪人等一、可レ令二停廃一之由、在々所々結構之条、尤不便之次第也」（返り点筆者）と困惑が窺える。『常楽台主老衲一期記』によると正和元年（一三一二）大谷廟堂に「専修寺」の扁額を掲げたところ「秋比山門事書到来、其旨趣、一向専修者往古所二停廃一也。而今専修号不レ可レ然、早可二破却一云々」（返り点原文マヽ）と撤去せねばならなかった。建武四年（一三三七）の覚如『改邪鈔』（『眞宗聖教全書』三）でも裳無衣・黒袈裟などの模倣を「異形」とし「當世都鄙に流布して遁世者と號するは、多分一遍房・佗阿彌陀佛等の門人をいふ歟」と戒めている。ただしここでは「歟」と疑問形で終わっており、実体は杳として把握できていなかったかのごとくである。法然浄土教の指標である「一向」「専修」の語を冠する集団について、権門・真宗双方が敏感になっていたことがわかる。その背景には上述の風紀紊乱とみられた一向衆のさまに加え、嘉禄の念仏停止など一連の法難や文暦二年（一二三五）七月二十四日付追加法九〇（『中世法制史料集』第一巻）で「稱二念佛者一着二黒衣之輩一、近年充二滿都鄙一、横二行諸所一、動現二不當濫行一云々、尤可レ被二停廢一候」と禁ぜられるなどの政治・社会動向を察知したからにほかならない。しかし地方の真宗門徒は実態の面でも時衆と未分化であり、大町如導による越前国三門徒は、正和二年（一三一三）『愚暗記』（『真宗史料集成』第四巻）「上」で「踊躍念仏無二本説一事」「踊躍於二道場一連歌之事」と批判されている。一説に「三門徒」の名義の由来も親鸞の和讃を称える「和讃門徒」から「三門徒」になったといい[71]、和讃を重んずる時衆に近い。中・近世移行期の天文二十四年（一五五五）肥後国『相良氏法度』（『中世法制史料集』第三巻）では、祈禱師など雑多な集団すべてが「一向宗」（この場合真宗。隣国薩摩国同様に時衆は逆に外護されていた）として禁制されているが、この地域に真宗の流入はほとんどないので[72]、鎌倉期の一向衆禁制を源流に一向一揆から想像たくましくした一向宗像といえよう。

例えば『鎌倉遺文』を検索し、分析概念としての時衆を第三者から「時衆」と呼称した形跡はほぼ皆無である[73]。逆に真宗教団も含め「一向衆」を自称した例も少ない（「号二一向衆一」の語から、一向衆の語に衿持を感じ自称した徒も存在したことは事実。俊聖教団カ）。『聖絵』の前掲記事から悪党との紐帯が窺えるが、「悪党」の語が権力側からの蔑称であると論証されている点[74]も相似する関係にある。「諸国横行」（のち横行は唱門師の異称。『日本国語大辞典』第二版第二巻）を「諸国遊行」（第九第四段）に、「一向衆」を「時衆」に、「住居《すまい》」（『百利口語』〔『一遍上人語録』巻上〕）を「道場」（第三第一段）に、といった用語の変換がなされる。教理の根源をなす「信不信をえらはす、浄不浄をきらはす」以下の一文も、真教『奉納縁起記』では「不レ謂二善悪一不レ糺二信謗一唯勸二南無阿彌陀佛一而可レ賦二其算一」に、「をとり念佛」（第四第五段）は「踊躍念佛」（遊行七代他阿託何『條條行儀法則』〔『宗典』上巻〕）に換言されている。

また言語だけでなく絵巻の画面描写では、僧俗問わず半狂乱で乱舞したり飲尿を行うとする『七天狗絵』（およびその異本『魔佛一如繪』）に対し、『聖絵』では極力抑制される。民衆を惑わすと批判される荘厳相の奇瑞については「花の事ははなにとへ、紫雲の事は紫雲にとへ、一遍しらず」（第六第一段）と一遍本人は否定したとし、経典の曲解と顕密僧に指摘された踊り念仏については第四第五段で和歌を詠んで暗に反駁したとする。一遍を勢至菩薩の化身とする見方は聖戒により第十二第三段で否定されている。『聖絵』の性格からかなり高位の檀越が想定される。それへの遠慮から、聖戒の画面描写や詞書筆致が鈍ったとみられる。半裸の一遍に衣がつけられたのはその象徴であろうか。[75]『七天狗絵』などの放埒、淫猥な一向衆を否定・弁明するために描かれた『聖絵』は、[76]他方で法然・証空をも隠蔽する。[77]また一遍の信頼できる伝記には『聖絵』しかなく、その言行が史実なのか、聖戒による有意の改訂が加えられたものか、判定することは非常に困難であることを前提として解釈しなければならない。[78]『聖絵』では、最期に奇瑞なく描く。

行儀も変容する。「道場」定住は諸国横行の徒と疑われぬためであろう。[79]そのため藤沢時衆では遊行が遊行上人とその会下《えか》に限定され、僧徒が随意に遊行していた痕跡は多くない。見世物興行となっていた京都の道場を除き、[80]時衆と踊り念仏の関係は稀薄になり、断絶なく現在も時宗寺院に継続している例は皆無である。[81]高声念仏も自粛されていく。応永二十年（一四一三）五月二十六日付「高野山五番衆一味契状」（『大日本古文書』家わけ第一・高野山文書之一）は「一、高聲念佛・金叩・負頭陀一向可停止事、一、踊念佛同可止事萱堂外、一、於寺邊新造菴室堅可制之事」の三箇条を挙げ念仏者の活動を防ごうとしている。『聖絵』が完成したころの正安二年（一三〇〇）以前の度会行忠『古老口實傳』（『群書類従』第一輯）は伊勢神宮で「宮中近邊西北在家、門戸、大道、高聲念佛金口音等禁レ之」、弘安八年（一二八五）十一月十三日付「後宇多天皇宣旨」（『石清水田中文書』〔『大日本古文書』家わけ第四・石清水文書之二〕）に「可禁制參詣之輩、於寶前高聲念佛讀經事」とある。『東寺執行日記』元徳二年（一三三〇）六月二十八日条所載「政所集會事書案」は、「踊躍」「叫喚」する「一向専修群党」への治罰を掲げている。字句からみて一遍門流であろうとみられる。下る一六世紀にさえ『實隆公記』（続群書類従完成会版巻四下）によれば、細川政元は永正三年（一五〇六）七月十一日、「停止條々／撰銭事　盗人事　火つけの事　辻切事　諠譁事　相撲事　博奕事　踊事／以上八ケ條也」という法度を出しているのであった。近世成立の『一遍上人行状』や『偈頌和歌』（『一遍上人語録』〔『日本思想大系』10〕巻上）などに、一遍が臨済宗法灯派の祖、法灯国師心地覚心に参禅して詠んだ和歌が「未徹在」と一蹴されたために、読み直したところ印可を授けられたという逸話が載せられている。この話は同時代史料になく、橘俊道氏は最初の歌を遊行六代他阿一鎮、再度のうちの一つ目を西行の本歌取りと看破し、禅僧側が念仏の声を嘲笑したものと推断した。(82)これら踊り念仏や高声念仏批判の一つに、古代の詔や官符を典拠に安楽らによる『六時礼讃』詠唱の際の美声・能声が「哀音」「邪音」ゆえ「亡国之音」であるとする叡山からの誹謗があった。(83)京都六波羅蜜寺で師走に修せられる空也踊躍念仏についても―あくまで伝承の域を出ないが―鎌倉幕府からの弾圧を避けて夕闇に紛れ屏風を立てて行なったと伝える。世上の高声念仏禁制ないし嫌忌が時衆の和歌、連歌、和讃重視への端緒なのだろうか。別時念仏の『六時礼讃』も、源信『極樂六時讃』による和讃『六時居讃』に代えて称えられることがあった。

禁制の対象は、弘長元年（一二六一）二月卅日『關東新制條々』（『中世法制史料集』第一巻）にみられる「念佛者事」、弘安七年（一二八四）五月廿日『新御式目條々』（同）三八条目に登場する「念佛者・遁世者・凡下者、鎌倉中騎馬可﹅被﹅立事」のように、「念佛者」であった。それが先の『本願寺文書』にみられる「一向衆」に変わってゆく。これら中世における「一向宗」という言葉の包括する意味については、前期には「一向専修宗」（『摧邪輪』）すなわち法然浄土宗と考えてよい。ただ鎌倉末から南北朝前後には時衆に限定されていく。俊聖教団を「一向宗」とよんだ例は先の『帖外御文』しかなく、俊聖門流の動静については不明な点が多すぎる。しかし親鸞門流も原義では「一向宗」にあたり、檀信徒層は時衆と複合したため、時衆としばしば同一視され、そのことを教団上層は嫌っていた。『大乗院寺社雑事記』（『増補續史料大成』第三十一巻）文明六年（一四七四）十一月朔日条、「加賀國一向宗土民、號無碍光宗、」などとあるのは、親鸞門流のうち本願寺系と考えてよい。室町期には時衆は完全に体制化しているので、「一向宗」は親鸞門流にほぼ限定される。その中でも、本願寺教団以外の親鸞門流は「無碍光衆」[84]と一緒にしないでほしいと叡山に懇望しているので、時衆対親鸞門流と同じような葛藤が、親鸞門流内部でこのころあった。本願寺、専修寺、仏光寺がそれぞれ叡山を頼ることになる。専修寺・仏光寺門流そして時衆は一向一揆に敵対していた。金龍静氏が列挙した「一向宗」と中世史料上よばれた教団に、鎮西義は等熙の一例のみ、西山義証空門流の事例は寡聞にして知らない（湯谷祐三氏によれば史料上、「西山」「小坂義」「善慧房の義」などとみえるという）。西山・鎮西派ともに地名の附された「道場」でよばれた実例もない。やみくもに浄土門徒を一向衆視していたのではないといえる。その等熙のいた（清）浄華院の浄土宗鎮西派三条流は、蓮如の『帖外御文』第十通と第一三六通に浄華院が出ていること、隆尭『三部仮名鈔』が蓮如に影響を与えていること、蓮如親族が浄華院に喝食として出されていたことなど、相互関係があったらしく、[85]そこから「一向宗」視されたのかもしれない。

法然門流のうち「一向衆」とよばれたものとそうでない門徒の分節点の一つには、戒律を重視しなかったか否かにあろう。一遍についていえば、出家者は大悲闡提の自誓受戒という教理背景のほか、権力からの弾圧に無用な口実を与えないため教団構成員には戒律を要請した。ただ在家を含め究極には破戒・無戒であっても絶対他力により極楽往生が決定していると観念していたと理解できる。一向俊聖については史料・典籍がないが、一遍に準ずるとみてよかろう。中世に盛行した思想形態として、存在すべてを肯定するという本覚思想がある。その極限に、浄土教における「本願ぼこり」と密教における真言立川流[86]が挙げられる。「本願ぼこり」とは、破戒をやむなきものとしてではなく往生の因とする思考である。ただし『歎異抄』第十三条に三箇所みえるものの、否定すべき対象としてあげつらわれたものであって、親鸞および真宗教団内部に公に存在したわけではない。教団にとって、こうした無限の破戒は好ましくない。真宗では「専修賢善」「賢善精進」という一種の自力作善にも似た反動が起きてくる[87]。また『野守鏡』『七天狗絵』（およびその異本『魔佛一如繪』）や『愚暗記』などに描かれる時衆を含む一向衆のさま（裸体での行動や飲尿）は、誇張こそあれ捏造ではなかろう。『一遍聖絵』ではそれらを糊塗しようとしたが、近年の修覆により半裸の一遍の姿が露顕している。親鸞は破戒念仏であり、一遍は十重禁戒を保ちつつ信者には無戒念仏を勧めた。〝破戒していても往生できる〟〝戒律を重視しない〟ことと〝破戒すれば往生できる〟〝破戒・無戒を勧める〟こととは天と地ほどちがうが、下層僧侶および信者にその峻別があったかは疑問である。親鸞が厳に戒めた「本願ぼこり」「造悪無碍」（後者は後代の語。中世当時は「悪無礙の法門」（『安食問答』〈『定本時宗宗典』上巻、二〇七ページ〉）が「一向衆」「無碍光衆」の思想であったことは事実のようであり、教団の上層部と底辺では志向が異なっていたとみてよかろう[88]。

法然浄土教の実態は持戒念仏であり、西山義も鎮西義もその継承に努めた。聖戒は西山派僧である。一二世紀初・永観『往生拾因』が持戒念仏を説く。導御の持戒念仏については本書第一部第二章で述べた。中世史料で「戒律念仏」ないし「持戒念仏」という語は皆無に近い（稀有の検出例は第一部第二章の「僧真阿譲状」および『無人和尚行業記』（『續群書類從』第九輯上）にみえる「持戒念佛之道場」安養寺。近世にはままある）。これは本来念仏にはわざわざ持戒の語を要しなかったことを意味しよう。先の『法然上人行狀繪圖』のほか年未詳五月二日付「熊谷直実入道蓮生へつかはす御返事」（『日本思想大系』10）中の「持戒の行は仏の本願にあらぬ行なれば、たへたらんにしたがひて、たもたせたまふべく候」とか、『徒然草』第三十九段で法然の言葉として紹介される「目の醒めたらんほど、念仏し給へ」という思想からは、応能による柔軟な戒律・修行観が窺える。親鸞入門譚その他から、法然は出家・在家の別なく、この立場で専修念仏を説いていたと思われる。

注意が必要なのは、法然は破戒を推奨していたわけではない。法然浄土宗とて仏教の範疇に属する以上、当然釈迦以来の戒律の精神があるわけで、末法の時代に釈迦の教説は通用せず不要としたことはない。法然が「偏依」した善導は『観経疏』の冒頭で「今乗二尊教、廣開浄土門」と念仏者宣言をしている。「二尊」とは釈迦と弥陀であり、釈迦教は戒律、節制の善人往生であるのに対し、弥陀教は他力、救済の悪人往生である。京都嵯峨二尊院（京都市右京区、西山派をへて現天台宗山門派）や遣迎院（移転をくり返し京都市北区、西山派をへて現浄土真宗遣迎院派本山）、そして番場蓮華寺にみられる等同二尊像こそ、初期専修念仏教団の教義を体現した本尊の姿である。近代真宗教学が喧伝する「善人なおもて往生す、いわんや悪人をや」（実は法然の口伝。醍醐本『法然上人伝記』・浄土宗西山派伝来『輪円草』等）とは、悪人往生の弥陀教の世界であり、これは釈迦教の善人往生と表裏一体・不即不離の関係にある。このどちらか一方のみをことさらに強調するのは法然の真意ではない。

法然浄土宗から逸脱した異端の存在、それが一向衆であったといえよう。ただし、例えば一向専修を象徴する事項である神祇不拝も、『興福寺奏状』『沙石集』など第三者側が強調しているにすぎず、破戒・放埒がどこまで深刻であったかは、史料の性格を十二分にみきわめる必要があろう。

赤松啓介氏は行基の土建運動、平安京のやすらい祭り、熊野詣、近世の伊勢抜け参り、ええじゃないか踊りなどを「性の解放運動」とする。[89]時衆をとりまく熱狂は同系であろう。ゆえに一遍が努めた持律・持斎とは、善導以来の宗教論理に依拠するとともに、教団組織者として仏道の「行」に昇華させた、社会的批判に対する即応であることを確認したい。教団形成の過程で、一遍も真教も西大寺（黒衣方）流律僧を模倣したことが想定される。[90]一遍と一向の大悲闡提はその最たるものであろう。藤沢道場の歳末別時念仏会は西大寺の光明真言会[91]に類似性が認められる。ともに過去帳を用い、僧徒に対し清浄光寺は「道場誓文」、西大寺は『門徒規式』を読誦し規律を再確認、門末が結集する儀礼として最重要視する点である。[92]『國阿上人繪傳』（『宗典』下巻）は律僧覚乗の説話を換骨奪胎している。[93]清浄光寺は、東国律宗の拠点寺院・鎌倉極楽寺の故地（『新編相模國風土記稿』）にして「癩病寺《かつよいでら》」であったとも伝える（『藤沢市史』第四巻）。時宗屈指の名刹とされた島津家の菩提寺鹿児島浄光明寺は、鎌倉浄光明寺号からとっていて、当初は律を含む諸行本願義の寺であったと考えられる（『三國名勝圖會』）。寛正四年（一四六三）『浄阿上人伝』（『一遍と時衆教団』）では浄阿が忍性の弟子であったことを伝える。同様に律僧教団と時衆教団における信者の重複は注目されてよい事項である。神奈川県足柄下郡箱根町精進池畔の中世石造物群の一つの宝篋印塔銘文に正安二年（一三〇〇）八月二十一日、忍性導師による建立とある。一方で近隣にあったと伝える時宗の小田原福田寺（同県小田原市）は唱導文芸の研究から当地所縁の『曾我物語』説話を管理していたと推定されている。[94]この齟齬は矛盾ではなく、信仰母体が重層していたとみるのが穏当であろう。[95]一遍が死歿した摂津国兵庫津・光明福寺は律院であり帰依した住僧は律僧であったという新説が提示された。[96]一遍歿後まもない造立と推定される兵庫真光寺（兵庫県神戸市兵庫区、光明福寺を事実上継承）の本体高一九五センチメートルの一遍五輪塔は、奈良県生駒市輿山《よやま》物墓の巨大五輪塔に類似性がみてとれ、律僧影響下の石工集団が造立したとみられる。[97] 元亨三年（一三二三）八月、播磨国印南野《いなみの》教信寺（兵庫県加古川市、現天台宗山門派）で一遍門弟湛阿が「野口ノ大念佛」なる常行三昧を行ったと『峯相記』（『續群書類從』第二十八輯上）にあり、現在遺る教信五輪塔を造立したという（同寺伝）。律僧が好む光明真言と時衆との結節が臨済宗大徳寺派徳蔵寺（東京都武蔵村山市）蔵の元弘三年（一三三三）五月十五日銘板碑など五例ある。[98]『金剛佛子叡尊感身學正記』（『西大寺叡尊傳記集成』）によれば、真教に時衆再編成を勧めた播磨国三木郡のうち、淡河庄の平時俊（佐介流北条氏）は先だつ弘安四年（一二八一）同国石峯寺（兵庫県神戸市北区、現高野山真言宗）における叡尊の授戒に参列し、庄内に殺生禁断を設定していた。正応五年（一二九二）西大寺流律宗の縁者によって造立されたと考えられる南無仏太子像体内に賦算札が納入されていた[99]（第一部第一章第一図）。特に律僧配下の斎戒衆が阿弥陀仏号を称する点は重要である。叡尊像体内に納入された弘安三年（一二八〇）九月十日付『西大寺有恩過去帳』（『西大寺叡尊傳記集成』）に載る二三一〇名のうち阿号・阿弥陀仏号の者は四六四名いる。[100] 同日付「授菩薩戒弟子交名」（『同』）の比丘衆・法同沙弥には阿号は皆無に近く（若干の例外も密教の阿字からか）、同じ交名でも法同沙弥より一段低い形同沙弥には阿弥陀仏号が散見し、在家信者の「近住男女交名」（『同』）で激増する。微細には「過去」（故人）および女性に相対的に阿弥陀仏号が多く、西大寺近住の生存者および男性には少なくなる。律僧教団において阿弥陀信仰は傍流であることを窺わせる。

かくて一遍・真教は〝悪党的一向衆〟から〝律僧的時衆〟への脱皮を図ったのである。

第一部で一遍を過大評価せず念仏勧進聖の一典型として捉えるよう確認した。しかし時衆創出のほか、行儀の創唱者としての先駆的側面もある。それは『七天狗絵』で非難された神祇不拝に対し諸国一宮などを頻繁に参詣したこと[101]や踊り念仏に「踊躍歓喜」（『佛説無量壽經』）との仏典の所依を与えたことである。特に「信不信をえらはす浄不浄をきらはす」の思想のうち、後者は平安期浄土教の大成者の一人である永観の『往生拾因』（『浄土宗全書』第十五巻）に「又不レ簡二ハ身ノ淨不淨一ヲ不レ論二セ心ノ専不専一ヲ」、真言立川流に関する問答である文永九年（一二七二）『受法用心集』（『立川邪教とその社会的背景の研究』）巻上に「浄不浄をきらふべからず」、前掲『浄土宗名目問答』「下」に「不レ簡二淨不淨一」とみえる従前の成語だが、前者は一遍が成立させたものである。鎮西派讃誉牛秀による天文七年（一五三八）『説法式要』（京都大学附属図書館蔵・延宝四年（一六七六）丁子屋刊）巻十によれば、住持から下僧まで阿弥陀仏号（阿号・阿弥号）を称するのはほかの浄土教団にはないという。女性の法名を一房ないし仏房号としたのも一遍が初出である[102]。

一遍に仮託された『百利口語』[103]からは「道場すべて無用なり」「勧進聖もしたからず」「弟子の法師もほしからず」「誰を檀那と頼まねば　人にへつらふ事もなし」「智慧弁才もねがはれず／布施持戒をも願はれず　比丘の破戒もなげかれず」と真教教団への皮肉と揶揄がみてとれる。また『縁起絵』巻六第三段に時衆への入門儀礼に「制戒をも破らば今生にては白癩黒癩と成て」の罰文があり、真教段階で早くも癩者への差別意識が発現している[104]。変質がより顕著となり、教団上層部の意図と先鋭的支持層の指向が乖離する。やがて反体制要素をもつ一向衆は、無碍光衆とよばれた本願寺教団に移行していく。

第五節　時衆による〝新仏教〟の基盤形成

浄土宗西山義に即便往生、真宗に現生正定聚・平生業成（後者の用語自体は蓮如以降）、一遍に十一不二の教学がある。いずれも現世における往生ないしその確定を意味する。一方他阿真教は「墓所とまうすは在家の習ひ（中略）孝行の志なきのあひだ、佛神の加護なくしてその末すたれ、子孫繁昌せず」「臨終の一念は百年の業に勝れたりといふ」（『他阿上人法語』巻四〔『宗典』上巻〕）、「幽靈の追善にまうす念佛は、亡者の悪道の苦をのぞき樂をあたふべき行業なり」（『同』巻七）と諸行往生や臨終行儀重視に回帰する。やがて都市京都の犬神人・坂非人ら葬送従事者や高野聖ら納骨習俗を生業とする人々との接触が生じ、もう一つに各地の道場の檀越の帰依を受けるため応永六年（一三九九）十一月二十五日付「遊行十一代自空上人書状」（『七條文書』〔『宗典』上巻〕）によれば武装の手助けをし、(105)『大塔物語』（『新編信濃史料叢書』第二巻）や『太平記』（『日本古典文学大系』35）巻第二十の新田義貞のように最期に立ち会い十念を授け遺族に死にざまを伝達し、臨終から来世へ安穏を保証する需要が生じてきたことは、死穢との関係を決定づけた。公武では現世利益を八宗に求め、死後を律僧や時衆に委ねる傾向がある。禅律念仏僧が死穢を教理で超剋できたからであるが、死穢克服の論理はどの宗派も用意しており、教団展開のため間隙をねらって葬送に参入したからではないか。浄土・真宗は天台寓宗という位置で、知恩院・本願寺は青蓮院院家であり、のち門跡となっている。法華宗との宗論を記した文保二年（一三一八）『鎌倉殿中問答記録』（『改定史籍集覧』第廿七冊）で浄土宗は庶民信仰を軽視していたことが窺え、中世後期にならないと墓地経営などに進出していない。建永の法難以後の急速な保守化もあろう。(106)叡山堂衆を起点とする法然・親鸞と、半裸の捨聖一遍とではその後継教団の様相はまったくちがい、古代以来の聖の系譜をもつ時衆は、八宗体制下の寺院における僧侶に課せられた葬送への禁忌も障碍とならなかった。史料用語の一向衆が時衆と真宗に分化する分岐点は、葬送従事と神祇信仰とにあろう。[107] これらを加味し中世時衆が誕生する。

律僧（黒衣方）は「大安寺黒白兩住」（『大乗院寺社雜事記』〔『増補續史料大成』第三十二巻〕文明十四年〔一四八二〕八月十一日条）とあるように寺僧（白衣方）と共存・分業していた。[108] 同様に時衆も寺院の周縁から経営を支えていた。[109] その典型といえる信濃国善光寺は衆徒、中衆、妻戸時衆の三寺中なる子院から構成される。これが定着をみたのは近世だが、淵源は『吾妻鏡』（『新訂増補國史大系』第三十三巻）弘長三年（一二六三）三月十七日条に北条時頼が同国深田郷を買得し「所レ被レ宛二不斷經衆・不斷念佛衆等粮料一也」とある僧衆、日蓮が文永十一年（一二七四）三月、善光寺足下を通過しようとしたときに詮議した「信濃の善光寺の念佛者・持齋・眞言等」（「種々御振舞御書」〔『昭和定本日蓮聖人遺文』第二巻〕）といった諸宗兼学の寺僧が通常の学侶と堂衆に対応すると思われる。一方の妻戸衆は差別を受け寺院組織から排除されつつ、寺僧には制限の多かった勧化や葬送に従事した。律宗において在家信者集団である斎戒衆が葬送に従事していたことを類例とし、[110] 時衆における職能民の包摂がそれを促進したのであろう。『太平記』巻第二十九の「僧カ時衆カ」や『明徳記』「中」の「僧ニモ時衆ニモ」という表記、応永十八年（一四一一）正月二十八日付「東寺書下案」（『東寺百合文書』し函八〇号）の事例から、時衆が僧扱いされていなかった実態が明らかにされている。[111] 例えば『菅浦文書』から多数の阿号人名が検出されるように、[112]「小法師」「一寸法師」などの僧名が愛称となっていく習俗に似て、時衆文化が浸透していたことを窺わす。

『妻鏡』は第二表引用文に「誠に殊勝の功徳なるが故に、其結縁不レ淺して、當來に世間の福報共成り、佛法の遠縁共成る事、疑ひなし」と続く。作善のため供養料を拠出して時衆に不断念仏を修せしめたのである。弘安六年（一二八三）『宇都宮家弘安式條』（『中世法制史料集』第三巻）第二一条の「念佛堂時衆事」や同十一年三月廿日付「大友親時書下」（『志賀文書』〔『編年大友史料』正和以前〕）の「風早東西阿弥陀堂時衆」、正応二年（一二八九）八月十八日付「烟田義幹寄進状写」（『鉾田町史』中世史料編）の「不断念仏時衆」も一遍以前に普遍に存在した堂衆に類しよう。和泉国には高野山系と思われる持仏堂の時衆が中世をとおして継続した事例もある。[113] 顕・密問わず寺院において常行三昧・不断念仏を行った時衆、檀越が持仏堂などで常時ないし臨時に職能集団として雇傭した時衆、庶民が組織した不断念仏講の結衆としての時衆、一遍に代表される教団としての時衆、はそれぞれ起源を同じくするものの、別個のものとして認識することが必要となる。ただし一遍・真教教団は不断念仏講の時衆に影響を与え、重層していたとみられる。臨済宗妙心寺派久昌寺（兵庫県神戸市垂水区）の観応三壬辰年（一三五二）宝篋印塔は花崗岩・総高一九八センチメートルで「時衆百余人」による造立という（『昭和四五年度指定　兵庫県文化財調査報告書』）。大分県の金石文の事例でも正慶元年（一三三二）「時衆八十人」、康永四年（一三四五）「別時講衆」、正平二十一年（一三六六）「二十五人之別時衆」などがある。[114] これらが『改邪鈔』にみえる「無常講」のような葬送互助組織であったことは容易に想定でき、[115] 民俗事例で補うと斎日に集い飲食をともにする講であったらしい。斎講が時講に通用しつつ葬式講にもなったようで、融通念仏・六斎念仏にも聯関すると思われるから、[116] 背景に融通念仏運動により自利にとどまらない民衆性の興起が措定できる。原点には律僧配下の斎戒衆が指摘できまいか。真教門流の拡大により藤沢時衆が〝時衆代表〟へと収斂しつつ、その枠に収まらない六斎念仏は芸能にも転化していく。

　時衆と葬送については先行研究が厚い。[117] 番場蓮華寺の弘安七年（一二八四）十月十七日付・梵鐘銘文には寺中が「葬儉之墓所」とあり、『時衆過去帳』の記述から清浄光寺に観応二年（一三五一）二月十二日から一六世紀の遊行二十一代他阿知蓮の代まで二二名の納骨がなされていた。[118]古くは時衆流名号板碑（鎌倉国宝館蔵）が葬地である鎌倉由比ヶ浜から出土している。野沢金台寺（長野県佐久市）蔵・年欠（正慶二年〔一三三三〕ヵ）五月二十八日付「他阿弥陀仏（五代安国カ）書状」および『太平記』『大塔物語』などにみえる陣僧、寛正の大飢饉で霊山時衆願阿が鴨川での死屍処理を行ったり、『奇異雑談集』（『仮名草子集成』第二十一巻）巻第四㈥「四条の西光庵、五三昧を廻りし事」によれば「四条の坊門烏丸に、西阿弥陀仏といふ時宗（マヽ）一人あり。居所をば、西光庵と、がうす（中略）應仁の乱中に。人おほく死するゆへに。無縁の聖霊を、とぶらハんために。夜ゝ、五三昧をめぐり、念仏を、おもひたつ」という説話も遺る。『観智院法印御房御中陰記』（『東寺文書』〔『大日本史料』第七編之三〕）によると応永五年（一三九八）六月三十日歿した東寺観智院賢宝を一阿道場（市屋道場金光寺ヵ）荼毗所狐塚にて善阿（ミ）が荼毘に附したり、[119]『元長卿記』（『史料纂集』十二）文亀二年（一五〇二）四月二日条から霊山時衆の末寺宝泉寺は葬祭業を経営していたことがわかる。『師守記』に頻出する六条道場の塔頭霊山行福寺[120]および四条道場金蓮寺の塔頭鳥辺野道場宝福寺は、東山の葬地を管理していた。のち近世七条道場金光寺は火屋（火葬場）として隆盛する。

もっとも、教団上層部に非人や死穢に関与する志向は稀薄であった。『聖絵』での葬送は第九第二段の一遍の知人如一上人の場面のみだし、藤沢時衆には死穢を防禦する論理が「浄不浄をとはす」の神勅程度で、これも汎用されていたとはいいがたい。[121]また時衆が造塔に関わった板碑[122]も本寺清浄光寺では裏山から二基出土しているだけで（延文元年〔一三五六〕銘、塔頭長生院蔵。応永二十五年〔一四一八〕敵御方供養塔を板碑とするには稍疑あり）、鹿妻専称寺廃寺（宮城県石巻市）、諸川向龍寺（茨城県古河市）、片山法台寺（埼玉県新座市）、大蔵向徳寺（同県比企郡嵐山町）、府中長福寺（東京都府中市）など末寺（ほか本田称名寺〔埼玉県熊谷市〕、人見一乗寺〔同県深谷市〕、奈良梨万福寺〔同県比企郡小川町〕、若神子《わかみこ》長泉寺〔山梨県北杜市〕に若干例〕を拠点としていた。葬送への従事は経済力を高める反面、宗門への差別を助長した。下る事例だが、貞享元年（一六八四）暗殺され急遽埋葬された大老堀田正俊を菩提所の時宗寺院に改葬するのは「上への聴へもいかゝといふ事にて」（『天保校訂紀氏雑録』十二〔『千葉県史料』近世篇佐倉藩紀氏雑録〕）天台宗山門派寺院に代えられたほどである。

おわりに

冒頭で、顕密体制論からみた一遍の扱いを引いた。本章では一遍の行業に広義での社会経済史的意義をみいだしたものの、この論証過程だけでその評価を覆すことは難しい。顕密体制論自体に対する批判は次章で行なうが、一遍のもつ体制順応と反権力性の両面を斟酌しないのは、一面的な見方になることだけは指摘しておきたい。一方、林譲氏と筆者とは、見解を共有しつつ、一遍時衆を〝顕密寺院にみられた従来の時衆のあり方と変わらない〟とした氏の結論とはやや異なることになった。それは本章が、一遍時衆が厳格な選抜と三層構造によったことと、自己の集団をあえて「時衆」と呼称した意図（およびそれが『鎌倉遺文』の例のごとく社会に受容されなかった理由）に注目したからである。そしてその背後に当時の社会情勢を読みとったのが本章の主眼である。

本章を概括すると、一遍は引き連れた徒衆から選抜して時衆に編成し、規律ある集団をめざした。これは従前の〝念仏僧すなわち時衆〟の理念を一遍なりにいっそう厳格化したものだった。背景に放埒の念仏者横行という批判があり、律僧を模倣してそれを避ける意図があった。「又云、念仏の機に三品あり。上根は、妻子を帯し家にありながら、著せずして往生す。中根は、妻子をすつといへども、住所と衣食とを帯し、著せずして往生す。下根は、万事を捨離して往生す。我等は下根の者なれば、一切をすてずば、さだめて臨終に諸事に著して往生を損ずべきものなり」（『播州法語集』〔『日本思想大系』10〕）という自覚の下、「汝徒衆をひき具する事ひとへに名聞のためなり」（『聖絵』第五第五段）と思われないよう、持律・持戒に努めることが「利生方便」（同第十二第二段）につながると考えた宗教信条からであり、必ずしも体制に迎合・妥協するものではなかった。やがて聖戒は檀越への遠慮から『聖絵』の筆致を鈍らせ、真教はさらに時衆を無制限に拡大させた。一遍・真教の動きの背景に、放埒の念仏者横行という非難があり、律僧を模倣してそれを避ける意図があった。また清浄戒に基づく別時念仏講は、葬送互助組織とも重層する。不断念仏の堂衆を意味する一般名詞の古代的時衆はかくて変容し、中世的時衆が成立する。律僧傘下の斎戒衆と同様に死穢に接近し、新仏教が中世後期に拡大し日本での宗教情況を形成する上で重要な触媒となった葬祭仏教の基礎を造ることになる。

このほか本書で随所にふれたごとく、時衆が直接・間接に関係したものに葬式仏教などの葬祭業、芸能、土木、嗜好、工芸、美術、茶道、立花、香道、金融、商業、手工業、医薬、風俗、習慣、気風、遊興、外交、運輸、接客・風俗産業ほかがあり、日本文化の基層をなした。

律僧と時衆の展開は、その後の仏教の庶民信仰化に多大な影響をもたらした。そのありようは、祈禱を排し神祇を避ける思想純化をとげる真宗とは対極である。顕密体制論によるまでもなく「鎌倉新仏教」が鎌倉時代には社会経済・思想的に存在性が強くなかったことは自明であり、藤井学氏の示唆[123]から導けば、むしろ「室町・戦国新仏教」とよぶ方が的確かもしれない。

掉尾で天台真盛宗にふれたい。天台宗の学僧真盛（一四四三～九五）は、戒律と称名の戒称二門を掲げた。『往生要集』に惹かれ念仏に帰依し、大永六年（一五二六）『眞盛上人往生傳記』（『続天台宗全書』史伝二）上によると、別時念仏をしばしば修した。(124)「弥」の偏が「方」、「陀」の旁が「色」となる「方色名号」なる時衆流書体で六字名号を書した。また北京・南京律と異なる叡山戒家黒谷流の系統ながら、(125)伊賀国などの末寺が『西大寺末寺帳』の寺院分布に重複し、越前国産の笏谷石などを用い石造物を好んで造立する傾向など、西大寺律宗に類似する側面もある。律僧と時衆を再生した形態としてみることができる。

社会変動が激しい時期、継起的に諸宗派に興律運動が発生する。(126)造悪無碍で破戒・無戒が横溢する仏法も俗世も乱れるを憂い、改革をめざす思潮である。中世前期は庄園支配の矛盾が露呈し、貨幣経済が確立した時代であり、元朝からの外圧もあった。この時期に時衆は造悪無碍の一向衆から派生しつつも一線を画そうと模索し律僧を模式とした。そしてまた戦国動乱期を前にして、かれら先達に倣い戒律と念仏を宣揚しつつ真盛が京畿の貴顕衆庶の支持を集めたのである。天台真盛宗（戦後宗名公称）は「室町・戦国新仏教」の最右翼といえる教団である。

中世後期以降、列島規模で陣僧役が時衆に限定されなくなり阿号人名や板碑が急減していく。西大寺流律宗とともに時衆が中世後期以降不振に陥っていく背景は、中世史学における今後の重大な研究課題の一つとなろう。それと軌を一に、大師信仰と結縁灌頂による真言宗、坐禅と葬送儀礼による臨済宗、授戒と葬送儀礼による曹洞宗（禅宗が大陸から葬儀の次第書を導入）、五重相伝と結縁授戒による浄土宗鎮西派が繁衍する。(127)次章ではその過程をたどっていくこととしよう。

時衆が得意とした怨霊済度（平将門、斎藤実盛、新田義貞、春王・安王ら）は曹洞宗や鎮西派によって行なわれていく。西大寺流律宗とともに時衆が中世後期以降不振に陥る背景は、中世前期と鮮やかな対比をなす点でも、中世史学における今後の重大な研究課題の一つとなろう。

〔註〕

（1）平安期以降の顕教の大乗と如来蔵・本覚論、密教の金剛乗と自性清浄といった思想により仏教庶民化への理論前提は用意されていた。ただそれを実践する宗教者が少なかったのである。アメリカ独立宣言の高邁な理想が、アフリカ系奴隷には何の関係もなかったことと同じである。思想と実践との乖離の問題は時代や洋の東西を問わない。

（2）黒田俊雄『荘園制社会』体系・日本歴史第2巻（日本評論社・一九六七年九月）。

（3）謡曲「誓願寺」（京都四条）や愛媛県松山市道後温泉（一遍筆とされる六字名号の刻まれた湯釜薬師）、大分県別府市鉄輪温泉（永正十年〔一五一三〕歿の遊行二十一代他阿知蓮『一遍義集』〔『定本時宗宗典』下巻。以下『宗典』と略す〕によれば建治三年〔一二七七〕秋に一遍が鶴見嶽に湯を発見。ほか『別府温泉史』、『日本伝説大系』13巻北九州編所引『郷土趣味雑話』）などの主として開湯伝承から、中世にも一遍への信仰がみられたようである。なお一遍の本貫道後と別府はもともと温泉で関係していた。「伊豫國風土記逸文」（『釋日本紀』〔『新訂増補國史大系』第八巻〕巻十四）に大穴持命（大国主命）が宿奈毗古那命（少彦名命）のため大分速見湯（別府温泉）の湯を湯郡（道後温泉）にとおしたという。これら一遍説話は勧進聖が先師として仰いだ痕跡で、近世の「宗祖」像とは異質だが、萌芽ともいえる。応長元年（一三一一）八月二十二日付の北条専称寺（新潟県柏崎市）文書「毛利時光寄進状案」（『鎌倉遺文』第三十二巻二四四〇四）は「時之行業、僧衆十餘口、皆是一遍上人之門葉、専念稱名之淨侶也」と古い段階で一遍を浄侶の象徴として挙げている。『大乗院寺社雑事記』（『増補續史料大成』第三十一巻）文明十年（一四七八）三月二十六日条の「禁裏ニハ悉以念佛也、善道〔導〕・一遍等影共被懸之」とは、空也や国阿ら複数の祖師が、単一の宗祖に統合される過程を示すものかもしれない。正徳四年（一七一四）真光寺院代賞山『一遍上人繪詞傳直談鈔』（『宗典』上巻）叙には「一日有二リ清信士一來テ謂テレ予ニ曰ク吾カ郷ノ民戸多ク隷二スル名ヲ于此ノ宗一ニ是レ恐クハ昔シ親ク稟二クル開山ノ敎化一ヲ者ノ之末ナラン也而シテ祖師ノ徳業寥トシテ無二シ聞ク者一」とあって、一遍のことを一遍廟所の檀家すらよく知らなかった逸話を載せている。これが中・近世の実状ではなかったか。なおこのほか、管見に入った一遍伝説として、福島県喜多方市の新宮熊野社に参詣した一遍が経塚山に一宇建立（佐藤健郎「神社信仰」喜多方市史編纂委員会編集『喜多方市史』第一巻　原始・古代・中世　通史編Ⅰ、福島県喜多方市・一九九九年三月、六五七ページ）、神奈川県横浜市瀬谷区阿久和南三丁目善光寺谷（瀬谷区の民話と昔ばなし編さん編集委員会『瀬谷区の民話と昔ばなし』同委員会・同区役所、一九八四年五月）、同県鎌倉市山ノ内建長寺（建長寺史編纂委員会編集・高木宗監『建長寺史　開山大覚禅師伝』大本山建長寺・一九八九年六月に伝一遍寄進獅子形燭台の巻頭写真がある。貞享二年〈一六八五〉『新編鎌倉志』に一遍と蘭渓道隆が和歌問答したとあり）、同県藤沢市江ノ島「一遍上人の島井戸」・岩屋洞窟および江ノ島神社蔵・伝親筆「一遍成就水」額、同県相模原市南区当麻笈退《おいしゃり》の泉（座間美都治『当麻山の歴史』当麻山無量光寺・一九七四年九月）、同県厚木市日蓮宗妙伝寺および同市上依知二八一三番地・上依知の渡し、同県座間市南栗原四丁目六番地いっぺい窪・念仏山、愛知県あま市・萱津光明寺御杖銀杏（文政十年〈一八二七〉『萱津道場参詣記』〔『名古屋市博物館資料叢書』3―16〕）、和歌山県田辺市湯の峰温泉（爪書き名号碑。実は正平廿年〈一三六五〉銘）、同市熊野万歳峠板碑、同市鍋割「献上」姓、愛媛県松山市・真言宗豊山派石手寺蔵一遍筆六字名号および『河野氏系図』、同県今治市大山祇神社宝篋印塔、大分県大分市瓜生島（『日本伝説大系』13巻北九州編所引『郷土趣味雑話』）、同県別府市上人が浜。これらは、『豫章記』（『軍記物語研究叢書』第八巻〔未刊軍記物語資料集8聖藩文庫本軍記物語集4〕）を承けた『新編相模國風土記稿』が、清浄光寺とは無関係の一遍を誤って開山とする伝承を載せるように、弘法大師伝承と同様、近世以降、時衆らさまざまな遊行聖の行業・事績が錯雑のうちに「祖師」一遍に仮託・一遍に置換されたのであろう。建長寺には伝日蓮の『法華経』、三足香炉、獅子形香炉もあり、同寺は他宗の祖師伝承を利用していた可能性がある。また金井「念仏獅子―長野県須坂市野辺、光明寺」金井『民俗芸能と歌謡の研究』（東京美術・一九七九年六月）によると、愛知県知多郡阿久比町植村の念仏講や山梨県上野原市秋山無生野の大念仏（国指定無形文化財）に一遍の「誓願偈文」の一節が用いられているという。京洛では、後掲本文中の貴顕による『一遍聖絵』閲覧・貸借ほかから、一定の一遍信仰があったともいえる。当麻無量光寺には、同寺蔵の天文十一年（一五四二）六月廿六日付「北条氏康制札」（『神奈川県史』資料編3古代・中世〔3下〕）によると開山とする一遍の像を奉祀したと思われる「御影堂」があり、一遍廟所の兵庫真光寺にも「御影堂」（『遊行上人縁起絵』巻十第一段）があった。しかし清浄光寺で中世に一遍を祭祀していた痕跡はない。金井清光「一遍の説話」金井『時衆文芸と一遍法語―中世民衆の信仰と文化―』（東京美術・一九八七年二月）は、一遍にまつわる誓願寺伝承と法灯国師伝承（『法灯国師年譜』）に言及。

（4）略して他阿。法諱を真教というが、初出は『一遍義集』の「眞教房」、宗外では元禄十五年（一七〇二）『本朝高僧傳』（鈴木学術財団版『大日本佛教全書』第六十三巻）巻六十三であり、禅僧の道号に対応させた追贈か。ただ真教のように既出家者が時衆に入った場合は旧名である可能性もある。本書では時衆僧の法諱は便宜上使用。

（5）両者の関係には諸説あるが、少なくとも絵巻を比較するかぎりにおいては、『聖絵』に「他阿弥陀仏」は登場し、一方、真教在世中に真教門下が制作した『縁起絵』は、『聖絵』詞書を相当部分引用しているにも拘わらず、聖戒は一切登場しない。ただし『聖絵』成立の永仁七年（一二九九）時点ですでに真教教団は活潑に展開していたのに、『聖絵』ではその前後のいきさつはふれられていない。一遍教団解散・自然消滅を自明として記す筆致からは、真教の行動への批判がこめられているのかもしれない。

（6）宮次男ほか編集『角川絵巻物総覧』（角川書店・一九九五年四月）によれば『縁起絵』には一五の伝本がある（うち神奈川県立歴史博物館本は別の『遊行縁起』であり誤認）。清浄光寺をはじめ四条道場金蓮寺、山形光明寺など大坊が所蔵している。

（7）附言すれば、今後は『縁起絵』や真教の消息・和歌を収めた『他阿上人法語』、真教の法嗣他阿智得とその門弟他阿託何の述作に目配りした論究が求められる。遊行七代他阿託何『器朴論』は注目されることは少ないが、きわめて重要な典籍である。一遍、真教、法然らは登場せず、みずからを「淨土宗」とし、「宗家」（祖師）善導を仰ぐ。当時の時衆の帰属意識がよくわかる。その撰述背景は、託何在世時の南北朝期の夢窓疎石の活躍にみられる公武の外護篤い禅宗を意識してか、禅宗では決して極楽往生できず念仏門のみが往生できると対他説得にあたった「宗論」の延長とみられる。著者託何が『遊行藤澤御歴代靈簿』（『宗典』下巻）で〝主敵〟夢窓疎石の甥と伝承されるのは興味深い。このほか、時衆には根本典籍がないため、託何が時衆の念仏思想を体系化したという見方ができる。

（8）金井清光氏は「宗教絵巻としての『一遍聖絵』」金井『一遍の宗教とその変容』（岩田書院・二〇〇〇年一二月）ほかで〝風俗資料としての『聖絵』研究〟を批判しつつも、一遍や『聖絵』それ自体が時衆研究にいかなる意味をもつのかは明言していない。

（9）林譲「一遍の引き連れた門弟、時衆について」中尾堯編『中世の寺院体制と社会』（吉川弘文館・二〇〇二年一二月）および「「時衆」について」大隅和雄編『仏法の文化史』（吉川弘文館・二〇〇三年一月）。前者は一遍の時衆が従来の時衆のあり方をそのまま継承したものとみ、ゆえにことさら詞書で説明がなされなかったとする。後者は一遍以前における時衆の用例を集成した力作で、発表時期が前後したが、前者の前段となるべきもの。大橋俊雄・金井清光氏の精緻な渉猟を承前とする時衆の使用例の検出は、研究史上必須の成果として位置づけられる。基礎研究が脆弱であった点に従前の問題がある。拙稿「「時衆」再考―林譲氏の近論を承けて―」『寺社と民衆』第４号（民衆宗教史研究会・二〇〇八年三月）で林氏の二本の論攷を評論した。

（10）拙稿「時衆とは何か―時衆研究への視座―」時衆文化研究会編集『時衆文化』創刊号（同会（岩田書院発売）・二〇〇〇年四月、本書第一部第二章）。本章では重複する祖述はできるだけ避ける。

（11）「時宗」の用字が宗派の語義で確定するのは、最大の藤沢派が寛永十年（一六三三）公儀に提出した『時宗藤澤遊行末寺帳』（『江戸幕府寺院本末帳集成』「上」）と考えてよい。宗派意識の成立は遊行二十一代他阿知蓮『時衆宗荼毘記』の前後か。今井雅晴「時宗における宗観念の展開」日本佛教研究会編集『日本佛教』第四十六号（同会（大藏出版発売）・一九七八年一一月、のち「時宗における「衆」と「宗」」と改題し今井『中世社会と時宗の研究』吉川弘文館・一九八五年一一月に所収）は同書を『時宗荼毘記』と誤記・誤認するが、「時衆宗」は『下野國誌』、九州島津領の地誌『三國名勝圖會』にもみえる称呼。

（12）一方で大塚紀弘「中世「禅律」仏教と「禅教律」十宗観」史学会編集『史学雑誌』第112編第9号（山川出版社・二〇〇三年九月、のち大塚『中世禅律仏教論』山川歴史モノグラフ18、山川出版社・二〇〇九年一一月に所収）によれば、中国における禅教律の区分を入宋僧が導入し、新興の禅律念仏宗が八宗と異なる概念で教相判釈を行うことがあった。禅宗については大陸由来としてある程度は独自の位置を保った。

（13）行儀という言葉は、史料用語としても普遍にみられるが、仏教語由来であり、現在では法式《ほっしき》と表記することがある。宗教における儀礼と慣習とを含む作法の様式との意味合いである。

（14）浄土宗西山派の学匠俊鳳妙瑞を招請して宝暦十三年（一七六三）に『一遍上人語録』が上梓された。これを契機にその前年、円頓戒の伝授が開始された模様である。また近世初頭成立の『一遍上人年譜略』（『續群書類従』第九輯上）では、一遍が叡山で修学したとする伝記が造作された。

（15）梅谷繁樹「阿弥号について」時衆文化研究会編集『時衆文化』第17号（同会〈岩田書院発売〉・二〇〇八年四月）。

（16）菅根幸裕「明治新政府の宗教政策と「聖」の対応―鉢叩念仏弘通流本山京都空也堂の史料から―」『日本近代仏教史研究』第三号（同会・一九九六年三月）。浄土宗鎮西派安祥院（京都市東山区）蔵・寛延三年（一七五〇）『大日本永代節用無盡藏』は京洛時宗の筆頭に空也堂光勝寺を配す。

（17）拙稿「時衆とは何か（正・承前）」時衆文化研究会編集『時衆文化』創刊・第2号（同会〈岩田書院発売〉・二〇〇〇年四・一〇月、本書第一部第二・三章）。念仏勧進聖の一覧を掲げ（第一表）、その行儀がどれだけ重複するかを明らかにした。その共通性が濃いものほど、中世に時衆と表せられていた確度が高い。

（18）大橋俊雄編『江戸期貞享天保諍論史料』（一向寺・一九九六年一一月）。

（19）時衆と時宗との区別に峻厳な金井清光氏も、「派」の使用には厳格さを欠く。「宗派」という言葉があるように、派は宗の定立を前提とするから、「時衆」に「派」は整合しない。のちに遊行四十八代他阿賦国となる其阿呑了が元禄十年（一六九七）著した『時宗要略譜』は、諸流を「時宗十二派」に分類し、自派の藤沢道場時衆を嫡流「遊行派」と主張する。しかし一向俊聖教団および当麻無量光寺の法主も中・近世遊行していて、藤沢道場を「遊行派」とよべば、同書の論理にからめとられることになる。ゆえに西国を差配した七条道場を含む藤沢道場の系統の時衆を、中世は「藤沢時衆」、近世は「藤沢派」とよぶことを提唱したい。ただし本書中ではやむをえず「遊行～代」という表記を用いた。これは藤沢上人他阿と遊行上人他阿が別立の分業体制をとるため、「藤沢時衆～代」とすることが困難なためである。

(20) 金井清光「時衆研究の新資料について（第二報）」『鳥取大学教育学部研究報告』人文社会科学第三〇巻一号（同学部・一九七九年七月、のち「（第二報）」をとり「（第一報）」と併せ金井『時衆教団の地方展開』東京美術・一九八三年五月に所収）は『昔日叢書聞見雑録』などから中世段階に六万前後の寺数を想定。ただこの数字は一遍の「六十万人」化度にちなむ虚数か。大橋俊雄編著『時宗末寺帳』時衆史料第二（〔時宗〕教学研究所・一九六五年四月）が推測するように、おおむね千箇寺前後だろうか。地誌には旧時宗あるいは開山を阿号・阿弥号の僧とする寺院も多く、時衆が一時止住した草庵や顕密寺院に仮寓した例もあろうから、実数は確定できまい。なお廃仏毀釈をへて現在は文部科学省所轄・包括宗教法人「時宗」の下に四一一寺院・二教会（『宗教年鑑』平成21年版）。

(21) 高瀬承厳「不斷念佛の史的研究序説」『佛教學雑誌』第一巻第一號（佛教文學會・一九二〇年六月）、塚本善隆「常行堂の研究」『藝文』第十五年第三號（京都文學會・一九二四年三月、のち塚本『塚本善隆著作集』第七巻［浄土宗史・美術篇］、大東出版社・一九七五年一一月に所収）、薗田香融「山の念仏—その起源と性格—」藤島達朗・宮崎圓遵編『日本浄土教史の研究』（平楽寺書店・一九六九年五月）など。建築史の観点では清水拡『平安時代仏教建築史の研究—浄土教建築を中心に—』（中央公論美術出版・一九九二年二月）がある。

(22) 大江匡房・延久二年（一〇七〇）十月日付『石清水不斷念佛縁起』（『群書類従』第二十四輯）など。一遍が踊り念

仏を創始した地に近い跡部踊り念仏は、金井清光「踊り念仏―長野県佐久市跡部、西方寺」金井『民俗芸能と歌謡の研究』（東京美術・一九七九年六月）によると、「カネキラズ」といって一組おわるとすぐ次の組が入り、一晩中、無休で踊り、他所から助《すけ》念仏も来るという。不断念仏の伝統が生きている。このころの時衆は僧侶だけの専業ではなかった。美女を時衆に起用して、視覚で極楽世界の荘厳相を表現することもあったという。渡辺貞麿「平家物語における重盛の信仰―二百八十八人の時衆と四十八間の精舎―」『佛教文学研究』第九集（法藏館・一九七〇年六月）。一種の芸能とすらいえよう。

(23) 本来の念仏修行について韓普光『新羅浄土思想の研究』（東方出版・一九九一年六月）は、数量念仏と日数念仏とに区分する。日数念仏が主流となる。日数念仏も数刻だけ毎日継続する日課念仏と、特定の期間に昼夜兼行で行う別時念仏とに区分できるのではあるまいか。なお、こうした時間で区切る法要のための施設が和宗総本山四天王寺（大阪市天王寺区）にある。四天王寺六時堂修理委員会編集『重要文化財四天王寺六時堂修理工事報告書』（同会・一九六二年三月）によると、近世雷火にて焼失、薬師堂移築し空襲で焼け残った六時堂は、元禄（一六八八～一七〇四）ころの寺誌によると「六時堂、堂ハ在二食堂之前一、弘仁七年（八一六）建立勤二六時勤行一云々」という。一時ごとに種々の勤行が入れ替わっていたか。

(24) 富田正弘「中世東寺の祈禱文書について」日本古文書学会編『日本古文書学論集』10〔中世Ⅵ〕（吉川弘文館・一九八七年六月）は長日、定例、臨時祈禱に分類。ただし史料用語ではなく、中世史料には「長日～法」などと出る。座不冷でも座不冷衆（『鶴岡脇堂供僧次第』〔『續群書類従』第四輯下〕）がいる。

(25) 臘月朔日から八日朝まで横臥せず坐禅を続けること（『禅学大辞典』下巻）。

(26) 永村眞「東大寺大勧進職と「禪律僧」」南都佛教研究會編集『南都佛教』第四七号（東大寺図書館・一九八一年一二月、のち「律僧」と改編・改題し永村『中世東大寺の組織と経営』塙書房・一九八九年二月に所収）。なお西大寺系律僧を最近「律衆」と学術論文で表記する例が出てきたが、用例がなくおかしいのではあるまいか。天平十九年（七三七）二月二十一日付『大安寺伽藍縁起幷流記資材帳』（『寧樂遺文』中巻）に「律衆」とあるように、「僧尼令」体制下での学問集団が律衆である。

(27) 宝永五年（一七〇八）『圓福寺基誌』（『深草教学』第二〇号）は、この遺誡を「定置不断念佛浄業衆中之条々」として抄録。条目を「時衆器量之事」とし、条文を若干変える。

(28) 実悟『山科御坊事並其時代事』（『續眞宗大系』第十五巻）も大意は同じ。また記事中の越中国井波瑞泉寺は、開山綽如亡きあと時衆くずれの尼が守っていたことが天文十八年（一五四九）『賢心物語』（『富山県史』史料編Ⅱ）から知られる。『六時礼讃』読誦はその間の慣行であろうから興味深い。安藤弥「戦国期本願寺の堂衆をめぐって―大坂本願寺時代を中心に―」大阪真宗史研究会編『真宗教団の構造と地域社会』（清文堂出版・二〇〇五年八月）は、『本願寺作法之次第』などで描かれた御堂衆の姿は、後代から理想化された虚像であるとする。この論旨は本章と矛盾するものではない。なぜなら本願寺においても、六人の堂衆が『六時礼讃』を修するのが理想とされていたということになるからである。

(29) 榊泰純「『六時礼讃』に携わった人たち」『浄土学』第三〇輯（大正大学浄土学研究会・一九七七年二月、のち榊『日本仏教芸能史研究』風間書房・一九八〇年二月に所収）および榊「六時礼讃　その歴史と現状」藤井正雄編『浄土宗の諸問題』（雄山閣・一九七八年一一月）。

(30)『聖絵』は内・外題とも『一遍聖繪』である。巻間用いられる国宝指定名称『一遍上人絵伝』は、宮次男・角川源義氏が命名した『遊行上人縁起絵』の原名『一遍上人縁起繪』『一遍上人繪詞傳』と混同しやすく、使用は控えたい。「一遍上人繪傳」の初見は近世作と思われる京都大学文学部蔵の勧修寺家文書中の『縁起絵』の外題と、川崎千虎氏による『國華』第二十二號（國華社・一八九一年五月）であるが、『國華』では『聖絵』『縁起絵』を含む総称。ついで登場した田中有美『一遍上人繪傳』全五冊（田中文庫〈芸艸堂発売〉・一九一九年七月）だが、この場合は清浄光寺本『縁起絵』のことである。『聖絵』の意味で「～繪傳」が登場するのは『日本繪卷物集成』第二十二巻［一遍上人繪傳」（雄山閣・一九三一年一〇月）が初見。『聖絵』呼称の変遷をみてみると、古社寺保存法第四條に基づき明治三十三年（一九〇〇）四月七日付・内務省告示第三十二號により歡喜光寺「絹本著色一遍上人繪巻（圓伊筆）十二巻」および御影堂新善光寺「紙本著色一遍上人繪巻　四巻」が国宝（旧国宝）に指定され、國寶保存法第一條に基づき昭和八年（一九三三）一月二十三日付・文部省告示第十五號により原富太郎「絹本著色一遍上人繪傳巻第七圓伊筆　一巻」が国宝（旧国宝）に指定されている。この間に「繪巻」から「繪傳」に変わっている。なお右の『聖絵』二本は、文化財保護法第二十七條第二項に基づき昭和二十七年（一九五二）十月十六日付・文化財保護委員会告示第二十一号により同年三月二十九日、いずれも「絹本著色一遍上人絵伝」として国宝に指定されている。文化庁文化財部美術学芸課の教示および文化庁編『国宝・重要文化財総合目録』美術工芸品編（第一法規出版・一九八〇年三月）から官報を参照した。また『聖絵』は近年修覆により詞書に若干の変更があり、現在活用すべき翻刻は『特別陳列　修理完成記念　国宝・一遍聖繪』（京都国立博物館・二〇〇二年一〇月）に載る。一方『縁起絵』原本に近いと考えられる通称『古縁起』は一九一一年に焼失。焼失前の模写が東京国立博物館と東京藝術大学美術館ほかに遺り、巻一・巻九の各一段コロタイプは田島志一編輯『眞美大觀』第六册（日本眞美協會・一九〇二年五月）に掲載され、刊本として田中有美模写の前掲田中文庫本と東博本の文化財保護委員会編集『戦災等による焼失文化財』美術工芸篇（便利堂・一九六四年三月、のち文化庁編『【新版】戦災等による焼失文化財　20世紀の文化財過去帳』戎光祥出版・二〇〇三年一〇月）がある。本寺相模国藤沢清浄光寺には現存の一本のほか、火災により湮滅して一五本に含まれていない二本があった。なお織田正雄編輯『一遍上人の研究』（京都時宗青年同盟・一九三八年一〇月）には、「一遍上人繪巻展覽會出陳目錄」として、『聖絵』『縁起絵』の諸本が挙げられている。現在消息のわからないものも含む貴重な情報である。

(31) 大山昭子「修理報告　一遍上人絵伝」『修復』第七号（岡墨光堂・二〇〇二年七月）。なお修覆により「あちさか入道」の逸話は錯簡で第六第三段と判明。

(32) 叡尊が非人を文殊の化身と捉えたのと同じ構造で、救済と差別的利用とが紙一重といえる。細川涼一「叡尊・忍性の慈善救済―非人救済を主軸に―」『論究』文学研究科篇第十一号（中央大学大学院生研究機関誌編集委員会・一九七九年三月、のち細川『中世の身分制と非人』日本エディタースクール出版部・一九九四年一〇月に所収）。

（33）仙海義之「鎌倉絵巻に描かれた祖師と僧俗―法然・親鸞・一遍の絵伝から―」『史潮』新61号（歴史学会〔弘文堂発売〕・二〇〇七年五月）は法然・親鸞の絵伝の描写法を大きく逸脱するものではないが、ただし『聖絵』は奇瑞に比較的冷淡であるとする。

（34）井原今朝男『中世寺院と民衆』（臨川書店・二〇〇四年一月、のち増補、二〇〇九年一月）。

（35）天台宗継教寺での得度や叡山における修行は『一遍上人年譜略』（『續群書類從』第九輯上）の仮構。いったん還俗し自誓受戒した私度僧である。継教寺については『一遍義集』『麻山集』にもあるが、不明。ただ寺の実名を挙げた上で随縁の命名法を否定するなど、『一遍上人年譜略』撰者はよく思っていないようである。

（36）田村憲美「『一遍聖絵』と説話」中四国文学研究会編集『中世文学研究』第十六号（同会・一九九〇年八月）。

（37）大塚紀弘「重源集団の不断念仏と「時衆」」民衆宗教史研究会編修委員会編修『寺社と民衆』第六輯（民衆宗教史研究会出版局〔岩田書院発売〕・二〇一〇年三月）。

（38）石田善人「時衆教団の成立」『史林』第五一巻第一号（史学研究会・一九六八年一月、のち石田『一遍と時衆』法藏館・一九九六年五月に所収）。石田氏は記念であって実際に「一期結番」の全員を引き連れていたとはみていない。「時衆」は一遍の理念上のものであるから、そのことと矛盾するものではない。

（39）橘俊道「藤沢の客寮について」橘『時宗史論考』（法藏館・一九七五年三月）。

（40）本郷恵子「鎌倉期の撫民思想について」鎌倉遺文研究会編『鎌倉期社会と史料論』鎌倉遺文研究Ⅲ（東京堂出版・二〇〇二年五月）。なお祢津宗伸「歴史資料としての『広疑瑞決集』―敬西房信瑞、上原馬允敦広の背景と諏訪信仰―」『信濃』第54巻第5号（同史学会・二〇〇二年五月、のち「中世諏訪信仰成立史料としての『広疑瑞決集』とその意義」と改題し祢津『中世地域社会と仏教文化』法藏館・二〇〇九年二月に所収）は、敦広が『他阿上人法語』にみえる可能性を指摘している。また仮題『遊行派末寺帳』（『時衆史料』第二）に「西福寺諏訪上原」がある。

(41)　三橋正『平安時代の信仰と宗教儀礼』（続群書類従完成会・二〇〇〇年四月）。

(42)　善導『観経疏』『観念法門』『六時礼讃』『般舟讃』『法事讃』のいわゆる五部九巻を依用。高橋弘次「三種行儀について」戸松啓真教授古稀記念論集刊行会編『戸松教授古稀記念浄土教論集』（大東出版社・一九八七年一〇月）にも言及あり。

(43)　大塚紀弘「中世社会における持斎の受容」戒律文化研究会編集『戒律文化』第五号（同会〔法藏館発売〕・二〇〇七年三月、のち前掲註（12）『中世禅律仏教論』に所収）は持斎と別時念仏との関係を説く。

(44)　土屋貴裕「「天狗草紙」の復元的考察」美術史學會編『美術史』第百五十九冊（同會・二〇〇五年一〇月）によると、『七天狗絵』なる祖本があり、そこから全巻の詞のみ忠実に写したのが金沢称名寺聖教中の剱阿による写本、改変を加えて成立したのが現『天狗草紙』、南北朝・室町期に後半を模したのが『魔仏一如絵』であるという。本書では『天狗草紙』を『七天狗絵』と換言して表記した。

(45)　歳末別時念仏は別時念仏の中でもっとも神聖視されている。報土入り（詰時）と御滅灯（一ツ火）からなる。かつては藤沢・遊行上人会下でそれぞれ行なわれていた。今は十日町来迎寺（新潟県十日町市）と兵庫真光寺（兵庫県神戸市兵庫区）という旧檀林でも行なわれている。なお林譲「一遍の踊り念仏研究ノート―特に歳末別時念仏との関連を中心に―」『時宗教学年報』第二十八輯（時宗教学研究所・二〇〇〇年三月）は、信濃国伴野の踊り念仏誕生と歳末別時念仏の関係を指摘した仮説を述べるが、前掲註（9）拙稿で略述したように、伴野説は『聖絵』の誤読であろう。

(46)　最近では佐々木弘美「熊野と律僧と市女笠　一遍聖絵を読む」（神奈川大学21世紀ＣＯＥプログラム「人類文化研究のための非文字資料の体系化」研究推進会議編集『非文字資料研究の可能性―若手研究者研究成果論文集』同会議・二〇〇八年三月）七六ページに「浄不浄に関わらず自分を超えた」とある。

(47)　『聖絵』第八第三段、弘安八年（一二八五）美作国一宮にて一遍らが参詣するにあたり、非人が外にとめおかれた理由も、身分制のよるものとも、こうした浄穢が理由であったとも思われるが、検討を要する点である。

（48）なお五來重「一遍と高野・熊野および踊念佛」角川書店編集部編集『日本繪卷物全集』第10巻［一遍聖繪］（同社・一九六〇年七月）は、時衆を齋衆《ときしゅ》・伽《とぎ》衆に通ずるものとみ、奥村隆彦「斎と斎講」『歴史考古学』第三四号（同研究会・一九九四年六月）は時衆《ときしゅ》の語源を葬式での物忌みをしたという斎衆とするが、別時念仏における持斎や律宗の斎戒衆を考えれば的外れではない。加藤政久「時念仏と斎講との関係」『日本の石仏』第六〇号（日本石仏協会・一九九一年一二月）では時講・斎講があり、相互に通用することが指摘される。

（49）小山正文「中世における太子信仰とその美術―とくに夢中顕現太子像を中心に―」大阪市立美術館監修『四天王寺開創一四〇〇年記念聖徳太子信仰の美術』（東方出版・一九九六年一月、のち小山『親鸞と真宗絵伝』法藏館・二〇〇〇年三月に所収）。

（50）高橋慎一朗「如法念仏の芸能的側面」五味文彦編『芸能の中世』（吉川弘文館・二〇〇〇年三月）によれば、西山派では別時念仏が善導『法事讃』による音楽性に富んだ如法念仏となる。

（51）前掲註（9）「時衆について」が『七佛藥師法日記』建長六年（一二五四）潤五月十日条や『滿濟准后日記』応永三十四年（一四二七）二月十五日条の例を挙ぐ。

（52）永田衡吉『神奈川県民俗芸能誌（続編）』（同県教育委員会・一九六七年一一月、のち正編と併せ増補改訂版、錦正社・一九八七年三月）。現在所在不明。

（53）一見、職能民の屋号のようだが、僧侶にわりあてられた職掌名である。一部清浄光寺に現存。

（54）高野修「時宗教団における四院・二庵・五軒・十室について」藤沢市文書館編集『藤沢山日鑑』第二巻（同館・一九八四年三月）。

（55）『伊勢物語』を暦応四年（一三四一）書写した順覚も「西方行人順覚」と署名している。順覚房玄誉は金沢称名寺の人物で律僧である一方、七条善阿の弟子ともいう（奥田勲『連歌師　その行動と文学』日本人の行動と思想41、評論社・一九七六年六月）。また聖戒は赤松俊秀「向日町宝菩提院の南無太子像」赤松『京都寺史考』（法藏館・一九六二年九月）によると天台宗山門派宝菩提院（京都府向日市）蔵・南無太子像で「佛子聖戒」と署名しているが、『金剛佛子叡尊感身學正記』（『西大寺叡尊傳記集成』七ページ）によれば、浄戒保つ者は仏子なのだという。してみると聖戒は律宗文化圏の周縁にいたのかもしれない。

（56）金井清光「一遍の生涯と宗教（三）」『時衆研究』第三十六号（金井私家版・一九六九年六月、のち金井『一遍と時衆教団』角川書店・一九七五年三月に所収）。

（57）拙稿「一向俊聖教団の歴史的意義とその再検討」東北大学文学会編輯『文化』第70巻第1・2号―春・夏―（同会・二〇〇六年九月、本書第一部第四章）。楠淳證「日本唯識思想の研究―大悲闡提成・不成説の展開―」『仏教学研究』第四三号（龍谷大学仏教学会・一九八七年六月）。『唯識楞伽經』の法相唯識論による一切衆生の救済完了まで自己の成仏を留保する難行である。叡尊は正安二年（一三〇〇）閏七月三日付「後伏見天皇綸旨」（『西大勅謚興正菩薩行實年譜』〔『西大寺叡尊傳記集成』〕巻下）に「以二テ大悲闡提一ヲ為二ス我願一ト」ある。「聖戒」の「戒」もこの戒にちなんだのではあるまいか。「聖」は師「聖達」の偏諱を受けたものかという。

（58）拙稿「中世庶民信仰の勧進と定着―山形県天童市高野坊遺跡出土墨書礫から見た一向衆の実相―」『鎌倉』第九一号（同文化研究会・二〇〇〇年一二月、本書第二部第五章）。

（59）宗派によって名称などは異なるが、現在の時宗で調声は法会での音頭取りのこと。ただし首座は「導師」だから、調声は序列二位となる。『時宗辞典』には「法要の中心となって進行する役、六時礼讃勤行の時、句頭を唱出するので句頭ともいう。時宗の調声役は特に重要な役柄で室町時代に調声の口伝を集記したと伝える「調声口伝儀」に「夫レ調声ノ役事ハ高祖大上人ノ御役ナリ。御病中ニ門弟第一宿老ヲ召シ出シテ此ノ役ヲ仰セ付ケラル。ソノ後ハ大上人ノ代役トシテ時ニコノ役第一ノ重職ナリ」と述べる。現在も六時礼讃勤行のとき本堂内陣の僧座中央に調声座を設け、特に「二祖座」といい、二祖他阿真教大上人の往時の由来を大切に伝承している。『時宗要義問弁』には召請番という因に「また調声番という、毎時礼讃の句頭を挙ぐ、他山の維那これなり」とある」。

(60) 時衆における戒や律については、石田瑞麿「時宗の戒観について」坪井俊英博士頌壽記念会編『佛教文化論攷』（佛教大學・一九八四年一〇月、のち石田『日本仏教思想研究』第二巻［戒律の研究下］、法藏館・一九八六年一二月に所収）、高野修「時衆にみる制戒について　附・時衆関係清規」『藤沢市文書館紀要』第五号（同館・一九八二年三月）。なお戒は在家にもおよぶが、律は僧伽の規律なので在家には関係ない。

(61) 梯實圓「時宗に於ける帰命戒の成立とその意義—特にその儀礼論的意義について—」浄土真宗本願寺派教学研究所編集『教学研究所紀要』第2号（本願寺出版社・一九九三年三月）。同論攷によれば、帰命の対象となる知識は、「佛之御使」（真教『奉納縁起記』）から「佛意者知識也。佛與ニ知識一全是無二故」と知識と仏と一体（遊行七代他阿託何『條條行儀法則』）・「知識ハ是レ生-身ノ佛-體時衆ハ是レ得忍ノ菩薩ナリ也」（同『他阿彌陀佛同行用心大綱註』〔以上『宗典』上巻〕）という位置づけに上がっていく。

(62) 金龍静「宗教一揆論」『岩波講座日本通史』第10巻［中世4］（岩波書店・一九九四年一一月、のち梯實圓・名畑崇・峰岸純夫監修『蓮如大系』第五巻［蓮如と一向一揆］、法藏館・一九九六年一一月に所収）および金龍「一向宗の宗派の成立」浄土真宗教学研究所・本願寺史料研究所編『講座蓮如』第四巻（平凡社・一九九七年七月）。

(63) これが「一向宗」の最古の例とする場合と暦応二年（一三三九）『他力信心聞書』（『眞宗大系』三六）、あるいは永和四年（一三七八）『法水分流記』「大谷門徒號一向宗」を初出とする説がある。野村恒道・福田行慈・中野正明「日本浄土教諸系譜の研究—法然門下系譜の脈流考—」佛教文化研究所編輯『仏教文化研究』第三〇號（浄土宗教學院・一九八五年三月）によると後者は永和をかなり下るという。

(64) 等熙は万里小路家出身を活かし西山派や鎮西派の主要寺院を意識しつつ清浄華院や黒谷金戒光明寺を法然に仮託して権威化し、国師号の初例となった策士であったようで、このことが等熙が「一向宗」視されたこと関係するか。『建内記』同月十七日条では「浄土宗」の語も用いている。

(65) 笠原一男・井上鋭夫校注『日本思想大系』17［蓮如　一向一揆］（岩波書店・一九七二年九月）により六〇（外）の

全文を掲出する（原史料片仮名）。「抑、当流之名を自他宗ともに往古より一向宗と号すること、大なる誤りなり。更以開山聖人より仰せ定められたることなし。殊に御作文なんどには、真宗とこそ仰せられたり。而るに諸宗之方より一向宗といはんこと信用するに足らず、あまさへ、当流之輩も我と一向宗となのる也。夫、一向宗と云は時衆方の名なり、一遍一向是也。其源とは江州ばんばの道場、是則一向宗なり。此名をへつらひてかくの如く一向宗と云ふか。是言語道断之次第也。既に開山聖人の定めましますところの当流の名は浄土真宗是也。其謂は先づ天下に浄土宗に於いて四ケ流あり。西山・鎮西・九品・長楽是也。此四ケ流には当流は別儀也。法然聖人より直につたへまします宗也。此故に、当流をば具に云はん時は、浄土真宗と云べし。略していはば真宗と云べし。されば、教行証なんどには大略真宗ともおかれたり。夫、浄土真宗とおかるることは、浄土宗四ケ流にはあひかはりて、真実の道理あるがゆゑに、真の字をおかれて浄土真宗と定めたり。所詮、自今已後、当流の行者は、一向宗とみづからなのらん輩に於ては、永く当流門下たるべからざる者也。延徳二年（一四九〇）」。

(66) 宮崎圓遵「初期眞宗に於ける時衆の投影」『龍谷史壇』第八號（龍谷大學史學會・一九三一年六月）および宮崎「初期真宗と一向宗」大原先生古稀記念論文集刊行会編集『大原先生古稀記念浄土教思想研究』（永田文昌堂・一九六七年一一月）、宮崎「初期真宗と時衆」『龍谷大学論集』第三八九・三九〇号（龍谷学会・一九六九年五月、いずれものち宮崎『真宗史の研究（上）』宮崎圓遵著作集第４巻、思文閣出版・一九八七年一一月などに所収）は時間の経過を感じさせない意義をもつ。本章でも大いに参照した。

(67) 神田千里「原始一向宗の実像」網野善彦・石井進編『日本海交通の展開』中世の風景を読む第四巻（新人物往来社・一九九五年六月、のち神田『一向一揆と戦国社会』吉川弘文館・一九九八年一〇月に所収）。

(68) 妻帯について真宗僧が論じた享保三年（一七一八）以前の『肉食妻帯辨』（『眞宗全書』第五十九巻）に「又彼遊行派相模國清淨光寺時宗テ是モ妻帯チヤ。八幡ノ善法院田中門跡モ妻帯ナリ。時宗ナレトモ妻帯テ御サル。依テ京都テモ一條ノ道場。四條道場。七條道場ミナ妻帯ナリ。靈山（○）丸山（○）御影堂皆妻帯ナリ」（括弧内は筆者補）、明和五年（一七六八）『眞宗安心茶店問答本』（『同』）に「京都ノ靈山。圓山（。）御影堂等。ミナ妻帯ナリ。其外時宗ノ開山一遍上人ハ淸僧ナレドモ。末院ニ持妻アリ」（同）とある。

(69) 峰岸純夫「鎌倉時代東国の真宗門徒—真仏報恩板碑を中心に—」北西弘先生還暦記念会編『中世仏教と真宗』（吉川弘文館・一九八五年一二月、のち峰岸『中世東国の荘園公領と宗教』吉川弘文館・二〇〇六年五月に所収）。

(70) 梅谷繁樹「融通念仏宗と時宗—各種側面の比較—」融通念仏宗教学研究所編集『法明上人六百五十回御遠忌記念論文集』（大念佛寺・一九九八年一〇月）。

(71) 坪内晋「越前における真宗の発展と真宗三門徒派について」『眞宗研究』第二〇輯（真宗連合学会・一九七五年一二月）。

(72) 星野元貞「肥後国・日向国・薩摩国における真宗の展開」浄土真宗教学研究所・本願寺史料研究所編『講座蓮如』第五巻（平凡社・一九九七年一一月）、星野「人吉藩一向宗禁制史」ウイズ仏教文化研究会編『人吉・球磨の隠れ念仏』（探究社・二〇〇五年一二月）。

(73) 拙稿「中世における「悪」—〝新仏教〟の成立の基層をたどる視点から—」悪党研究会編『悪党と内乱』（岩田書院・二〇〇五年五月、本書第三部第一章）。『正慶亂離志』（『続史料大成』18）に千早赤阪城を攻める鎌倉方に「同道時衆雖及二百人」とあるが、一遍系時衆かは疑わしい。

(74) 渡辺(マヽ)浩史「鎌倉中期迄の「悪党」」『史叢』第三八号（日本大学史学会・一九八七年一月）。

(75) ただし林温「国宝一遍上人絵伝（一遍聖絵）と修理—古画を修理するということ」佐藤康宏編『講座日本美術史』第1巻［物から言葉へ］（東京大学出版会・二〇〇五年四月）によれば、半裸姿がいつ改変されたのかは不明。

(76)『七天狗絵』三角洋一「『七天狗絵』略注（一）」『超域文化科学紀要』九号—二〇〇四（東京大学総合文化研究科超域文化科学専攻・二〇〇四年九月）によると『七天狗絵』は『野守鏡』を承けているとする。さらに加えて阿部泰郎「『七天狗絵』とその時代」『文学』隔月刊第四巻第六号（岩波書店・二〇〇三年一一月）の論を敷衍すれば、成立順から、『野守鏡』『七天狗絵』を承け、その反駁のため『聖絵』『縁起絵』が作成されたとみるのが自然である。

(77) 三枝暁子「『一遍聖絵』成立の背景」『遥かなる中世』№18（中世史研究会・二〇〇〇年三月）によれば、実は西山派所縁の人名が頻出するという。しかし詞書文面ではたくみに曖昧にされている。

(78) 井原今朝男「信濃国大井荘落合新善光寺と一遍（上）」時衆文化研究会編集『時衆文化』第16号（同会〔岩田書院発売〕・二〇〇七年一〇月）。

(79) 年未詳十月四付「遊行三代智徳〔得〕上人書状」（『七條文書』）には遊行三代他阿智得からのちの四代他阿呑海に充てた「身は是二候へども心ハ遊行に候也」との苦しい心情が綴られている。嘉元元年（一三〇三）十二月をもって当麻に止住することで、ひとまず一遍が生涯に遊行に費やした一五年を超えないようにしたとする金井清光「真教の時衆教団形成（四）」『時衆研究』第四十六号（金井私家版・一九七一年二月、のち金井『一遍と時衆教団』角川書店・一九七五年三月に所収）の所説もある。

(80)『日次紀事』（『新修京都叢書』第四巻）二月（巻之二、十八丁表）、大橋俊雄『踊り念佛』大蔵選書12（大蔵出版・一九七四年七月）一六八ページに一覧あり。彼岸や盆前後に踊躍念仏。

(81) 高野修「踊躍念仏＝庭踊のこと」藤沢市文書館編集『藤沢山日鑑』第三巻（同館・一九八五年三月）によれば宗門（本山）においては七月（現九月）一四日の薄《すすき》念仏が古来の踊り念仏に相当するという。また前掲註（80）大橋文献によると大正末年に踊り念仏が絶え戦後復活したという。藤沢における現行のものは開宗七五〇年を記念して浄土宗鎮西派跡部西方寺（長野県佐久市）から導入。稲荷大願寺（福井県今立郡池田町）、小柿常勝寺（滋賀県栗東市）、兵庫真光寺（兵庫県神戸市、近在荷松院の住職故秋山文善氏が薄念仏の名手とされた）、尾道正念寺（広島県尾道市）などでときおり催されるものも戦後の復興運動によるものである。なお「踊り念仏」は一遍、「踊躍念仏」は空也・一向、「念仏踊り」は芸能、としてそれぞれ峻別したい。金井清光「踊り念仏の展開（一〜五）」『時衆研究』第二十二〜六号（金井私家版・一九六七年二〜一〇月、のち金井『時衆文芸研究』風間書房・一九六七年一一月に所収）によれば長野県須坂市野辺の念仏獅子は遊行四代呑海がもたらしたものとされ、富山県射水市法土寺町には一説に時衆放生津報土寺（蓮如により改宗、真宗東本願寺派専念寺および真宗大谷派報土寺〔南砺市〕となる）に発するともいわれる夏祭り「のじた踊り」があり（『新湊市史』）、岡山県御津郡吉備中央町神瀬字年末の「年末念仏踊り」は一遍または空也がもたらしたとの口伝がある（岡山県教育委員会編集『岡山県の民俗芸能─岡山県民俗芸能緊急調査報告書─』同委員会・一九九六年三月）。広島県三原市の「やっさ祭り」にも時宗ゆかりの指摘がある（みはら歴史と観光の会が一九九九年建立した時衆観音寺門前石碑「ヤッサ踊り原形念仏踊」。同市教育委員会生涯学習課文化財係〔山﨑愛一郎氏〕の教示）。三好昭一郎「一遍の阿波遊行と踊り念仏の伝統─貞光の盆踊りから鈴木芙蓉盆踊図への脈絡─」『徳島の考古学と地方文化』小林勝美先生還暦記念論集（同刊行会・二〇〇一年四月）は阿波踊りの源流に時衆をおく説を唱えるが、いずれも伝承と推論の域を出ない。時衆との明瞭な関係がほぼ確定できる民俗芸能としては、岩手県花巻市豊沢（ダムのため西宮野目移転）大念仏剣舞がある（花巻市教育委員会編集『花巻市の郷土芸能』同市教育委員会・同市郷土芸能保存協議会・一九八五年三月）。弘安三年（一二八〇）一遍の一族で俗名河野通次こと寺林光林寺（同市）初代宿阿遵道が、熊野の夢告で本尊が出現し剣舞を伝授されたという。

（82）橘俊道「一遍と覚心─となふれば南無阿弥陀仏の声ばかりして─」『時宗教学年報』第十二輯（時宗教学研究所・一九八四年二月、のち橘『一遍上人の念佛思想と時衆』橘俊道先生遺稿集、同集刊行会・一九九〇年四月に所収）。一遍が臨済宗法灯派の祖、法灯国師心地覚心に参禅して詠んだ「となふれば佛もわれもなかりけり南無阿弥陀佛の声ばかりして」が「未徹在」と一蹴されたために、「ステハテヽ身ハナキモノトヲモヒシニサムサキヌレバ風ゾ身ニシム」ないし「となふれば佛も我もなかりけり南無阿弥陀仏南無阿弥陀仏」と詠み直したところ、印可を授けられたという逸話が載せられている。暮露・薦僧ら禅宗系宗教者との信者獲得をめぐる争いを反映したのかもしれない。

（83）名畑崇「念仏禁止の背景─「哀音」「亡国」説をめぐって─」千葉乗隆博士還暦記念会編著『日本の社会と宗教』同博士還暦記念論集（同朋舎出版・一九八一年一二月）。

（84）無碍光仏とは清浄光仏、無量光仏などと一二ある阿弥陀如来の異称の一つ。無碍光衆は本願寺教団をさす。草野顕之「「無导光宗」について」薗田香融編『日本仏教の史的展開』（塙書房・一九九九年一〇月、のち草野『戦国期本願寺教団史の研究』法藏館・二〇〇四年四月）に詳しい。初見は、写しながら寛正六年（一四六五）『叡山牒状』、実際には『金森日記抜』（『真宗史料集成』第二巻）とみられる。『経覚私要鈔』にも散見。

（85）稲城選恵『蓮師教学の背景　一遍上人時宗と御文章』伝道新書18（教育新潮社・一九九八年三月）一三ページ。

（86）金剛三昧院蔵・文永七年（一二七〇）（文明四年（一四七二）写）『受法用心集』。曰く「近来世間ニ内ノ三部経トナツケテ目出キ経ヒロマレリ（中略）此ノ経ノ文ニハ女犯ハ真言一宗ノ肝心、即身成仏ノ至極ナリ。若シ女犯ヲヘタツル念ナサハ成仏ミチトヲカルヘシ。肉食ハ諸仏菩薩ノ内証利生方便ノ玄底ナリ。若シ肉食ヲキラフ心アラハ生死ヲ出ル門ニマヨフヘシ。サレハ浄不浄ヲモキラフヘカラス。女犯肉食ヲモキラフヘカラス。一切ノ法皆ナ清浄ニシテ速ニ即身成仏スヘキ旨ヲ説クトカヤ」。

（87）森龍吉「「自然法爾」消息の成立にいて」史学会編集『史學雜誌』第六〇編第七号（山川出版社・一九五一年七月）。

（88）真宗を含む日本仏教は「もはや仏教ではない」とする袴谷憲昭氏ら批判仏教論からの指摘には一理ある。中世一向衆は仏教だったといえるのか、現代真宗もまた仏教なのか（筆者は仏教から派生した親鸞―蓮如教と考える）。ただこうした問いは歴史学にはさほど意味がない。

（89）赤松啓介『非常民の性風俗』（明石書店・一九九一年四月）。

（90）井原今朝男「中世東国における非人と民間儀礼」『部落問題研究』92特別号（同所・一九八七年一〇月）、砂川博「『一遍聖絵』と『一遍上人絵詞伝』―熊野神託・律僧と時衆―」『時宗教学年報』第二十一輯（時宗教学研究所・一九九三年三月、のち砂川『中世遊行聖の図像学』岩田書院・一九九九年五月に所収）、牛山佳幸「中世律宗の地域的展開―信濃国の場合―」『信濃』第48巻第9号（同史学会・一九九六年九月）。『聖絵』第三第一段で文永十一年（一二七四）夏、熊野において一遍の賦算を拒否した「僧」が『縁起絵』巻一第二段で「律僧」に書き変えられていることから、時衆と律僧との競合が説かれるが、ともに場面設定を効果的にするための変更で、律僧を貶めるためではあるまい。実態は時衆が一方的に律僧を模倣していたことは明瞭である。なお本書第二部第三章でとりあげた応安本『善光寺縁起』において、律僧が廃され時衆（不断念仏衆の意ヵ）が登用された説話もある。

(91) 元興寺文化財研究所編集『西大寺光明真言会の調査報告書』（同所・一九八二年三月）。

(92) 似た着眼のものに桃崎祐輔「石塔の造営と律宗・時宗」『季刊考古学』第85号（雄山閣・二〇〇三年一一月）、桃崎「高僧の墓所と石塔―律宗・時宗・禅宗の事例を中心に―」狭川真一編『墓と葬送の中世』（高志書院・二〇〇七年五月）があり、一遍は造塔を否定していたので（『聖絵』第十二第三段）、五輪塔造営、本山納骨、『光明真言過去帳』記載の三点をそれ以後律宗から導入し、時衆では宝篋印塔（当麻無量光寺や勝田氏所縁の榛原清浄寺〔静岡県牧之原市〕）、本山納骨、『時衆過去帳』という形態をとるとみる。ただし教団指導部主導の造塔は認められず、末寺・門侶による個別の動向とみられる。

(93) 拙稿「時衆史新知見六題」武蔵野女子大学仏教文化研究所編集『武蔵野女子大学仏教文化研究所紀要』No.19（同大学・二〇〇三年三月）および拙稿「中世都城における聖の展開―東山・霊山時衆と京都におけるその意義―」五味文彦・菊地大樹編『中世の寺院と都市・権力』（山川出版社・二〇〇七年四月、本書第二部第二章）。

(94) 角川源義『妙本寺本曾我物語』貴重古典籍叢刊三（角川書店・一九六九年三月）。

(95) 千々和到「中世民衆の意識と思想」青木美智男・入間田宣夫・黒川直則・佐藤和彦・佐藤誠朗・深谷克己・峰岸純夫・山田忠雄編『一揆』4生活・文化・思想（東京大学出版会・一九八一年八月）。ただし福田寺管理の時代相は、律僧に比してやや下がると思われる。

(96) 大塚紀弘「一遍墓塔造立者考―時衆・律僧と兵庫津―」『無為無為』第14号（日本史史料研究会・二〇一〇年六月）。

(97) 山川均「一遍の墓は誰がたてたか―石工・聖・そして民衆―」『帝京大学山梨文化財研究所研究報告』第十集（同所・二〇〇二年五月）。

（98）八田洋子「尼崎如来院の笠塔婆と『師守記』―西大寺律宗と時宗の関係―（上）」『史迹と美術』第七十六輯ノ一（第七六一号）（史迹美術同攷会・二〇〇六年一月）。武蔵・上野国において、時衆系の人名と光明真言とが混在する板碑五例のうち、徳蔵寺の通称「元弘の板碑」には、上半部に光明真言の梵字が書かれ、下部に「勧進玖阿弥陀佛」「執筆遍阿弥陀仏」とある（「佛」の正・俗字弁別は時衆の書札礼）。ほか元亨二年（一三二二）のものは当麻無量光寺末であった片山法台寺（埼玉県新座市）に遺る。また兵庫県尼崎市に嘉暦二年（一三二七）七月十二日銘をもつ笠塔婆があり、伊派石工とみられる一方で、半肉彫の地蔵や真行草三体の名号、造立者が「比丘尼□阿」と称することから、律宗と時衆の交叉するところに成立したとする。

（99）辻村泰輔「南無仏太子像の研究」元興寺仏教民俗資料研究所編集『元興寺仏教民俗資料研究所年報』1976（同所・一九七七年三月）。叡尊は叡福寺に参拝したり『聖徳太子講式』を著している。ちなみに前掲註（55）赤松論攷によれば、聖戒も「佛子聖戒」などの銘をもつ七〇・三センチメートルの南無太子像を造立している。ともに律僧と時衆が重複した作例。

（100）追塩千尋「叡尊における密教の意義」日本歴史学会編集『日本歴史』第三四三号（吉川弘文館・一九七六年一二月、のち追塩『中世の南都仏教』吉川弘文館・一九九五年二月に所収）。

（101）田村圓澄「一遍と神祇」『ヒストリア』第八号（柳原書店・一九五三年一二月、のち田村『日本仏教思想史研究』浄土教篇、平楽寺書店・一九五九年一一月に所収）によれば参詣は諸国一宮などにとどまり、伊勢神宮などは対象としていないところに一遍の観念がみてとれるという。

（102）琵琶法師・一方派が冠する一号との聯関が想定される。兵藤裕己「琵琶法師・市・時衆―当道（座）の成立をめぐって―」武田佐知子編『一遍聖絵を読み解く』（吉川弘文館・一九九九年一月、のち「当道の形成と再編―琵琶法師・市・時衆―」と改題し兵藤『平家物語の歴史と芸能』吉川弘文館・二〇〇〇年一月に所収）によると初出は南都大乗院の記録『嘉暦三年《（一三二八）》毎日抄』にある一方派成一。

(103) 多屋頼俊『和讃史概説』（法藏館・一九三三年五月、のち多屋『多屋頼俊著作集』第一巻、同社・一九九二年三月）によれば用語に不備多く一遍の作とは認めがたい、仮託とみる。

(104) 一般の「白癩黒癩」罰文は建久五年（一一九四）の文書が初出で、重源・鑁阿らが勧進の過程で生みだしたものという。黒田日出男「身分制研究と絵画史料分析の方法―『親鸞伝絵』・『法然上人絵伝』・『遊行上人縁起絵』を読む―」『部落問題研究』87特別号（同所・一九八六年六月）による。

(105)『聖絵』第九第二段では一遍が丹後国山内入道に非武装を説いている。

(106) 平雅行「建永の法難について」岸俊男教授退官記念会編『日本政治社会史研究』下（塙書房・一九八五年三月）および平「安居院聖覚と嘉禄の法難」中世寺院史研究会著作『中世寺院史の研究』上［寺院史論叢一］（法藏館・一九八八年三月、ともにのち平『日本中世の社会と仏教』塙書房・一九九二年一一月に所収）。

(107) 真宗には、新行紀一「一向一揆と民衆」『日本史研究』第二六六号（同会・一九八四年一〇月）や蒲池勢至「真宗の葬送儀礼」浄土真宗教学研究所・本願寺史料研究所編『講座蓮如』第二巻（平凡社・一九九七年三月）のように、葬送儀礼はあるが（勝田至氏の教示）、三昧聖・火屋経営の側面はなかった。真宗地帯といえば火葬が連想されるが、児玉識「周防大島の「かんまん宗」（＝真宗）とその系譜」河合正治編『瀬戸内海地域の宗教と文化』（雄山閣出版・一九七六年二月）によれば、火葬や無墓制にもともと真宗での強い教義的根拠や動機があるわけではなかった。

(108) 大石雅章「興福寺大乗院門跡と律宗寺院―とくに律宗寺院大安寺を通して―」『日本史研究』第四五六号（同会・二〇〇〇年八月、のち大石『日本中世社会と寺院』清文堂出版・二〇〇四年二月に所収）。

(109) 顕密寺院に内包された時衆については前掲註（17）論攷（本書第一部第二章）にて列挙。

(110) 細川涼一『中世の律宗寺院と民衆』中世史研究選書（吉川弘文館・一九八七年一二月）。

(111) 林譲「僧か時衆か」『月刊歴史手帖』第20巻5号（通巻223号）（名著出版・一九九二年五月）。

(112) 網野善彦「職人歌合研究をめぐる一、二の問題」岩崎佳枝・網野・高橋喜一・塩村耕校注『七十一番職人歌合 新撰狂歌集 古

今夷曲集』新日本古典文学大系61（岩波書店・一九九三年三月）。

（113）大阪府和泉市池田下町高橋家に伝わる中世系図には、建長三年（一二五一）七五歳死去吉永第四子「女時衆高心房蓮花寺之住寺（マヽ）」、永禄四年（一五六一）八四歳で死去した「昌心房（中略）女時衆蓮花寺住」まで時衆五人が登場する（ほかにも蓮花寺住持が載る。男僧も）。この時衆はみな女で、心房号で統一されている。男も阿号・阿弥号が多い。元禄四年（一六九一）三月の幕府代官寺社改めに際し、「代々真言宗ニて高野山蓮花谷成福院末寺」と回答している。町田哲「高橋家系図とその形成」・大澤研一「中世和泉の大念仏について」塚田孝監修・和泉市史編さん委員会編集『高橋家と池田下村の調査研究』和泉市史紀要9集（同市教育委員会・二〇〇四年三月）。

（114）日名子太郎編『大分縣金石年表』上（日名子泰藏・一九四〇年一〇月）。

（115）勝田至「中世後期の葬送儀礼」勝田『日本中世の墓と葬送』（吉川弘文館・二〇〇六年四月）。

（116）奥村隆彦「六斎念佛—金石文資料よりの考察—」『法会（御回在）の調査研究報告書』（元興寺文化財研究所・一九八二年三月）。奥村「トキ小考」庚申懇話会編集『庚申』第八〇号（同会・一九七九年一〇月）は中近世金石文と民俗事例から、斎食が時念仏に変化し、トキで通用するとする。中上敬一「時念仏信仰」『日本の石仏』第四九号（日本石仏協会・一九八九年三月）によれば中世の時講衆・一結時衆から近世時念仏信仰に変遷するという。同攷の金石文一覧は有用。小花波平六「日待塔総説」庚申懇話会編『日本石仏事典』（雄山閣出版・一九七五年一二月）では、日待信仰（日待・月待・庚申など）が解説されている。これらは「時講」として概括でき、別時念仏講と同系異種といえよう。いずれも講という形態をとるところが注目される。

（117）神田千里「中世の「道場」における死と出家」史学会編集『史学雑誌』第97編第9号（山川出版社・一九八八年九月）や勝田至「都市と埋葬　中世京都の葬送」『歴史と地理』第577号（山川出版社・二〇〇四年九月）、高田陽介「時宗寺院の火葬場と三昧聖—中近世京都の二つの史料から—」『史論』第六〇集（東京女子大学学会史学研究室・二〇〇七年三月）など。

(118) 大橋俊雄『時宗の成立と展開』日本宗教史研究叢書（吉川弘文館・一九七三年六月）。

(119) 馬田綾子「中世京都における寺院と民衆」『日本史研究』第二三五号（同会・一九八二年三月）。

(120) 林譲「南北朝期における京都の時衆の一動向―霊山聖・連阿弥陀仏をめぐって―」日本歴史学会編集『日本歴史』第四〇三号（吉川弘文館・一九八一年一二月）。

(121) 律宗においては死穢回避の論理が用意されていた。船田淳一「中世死穢説話小考」京都大学文学部国語学国文学研究室編集『國語國文』第七十六巻第十一号―八七九号―（中央図書出版社・二〇〇七年一一月、同攷文中でふれられていないが、原案・協力は筆者で、本来『寺社と民衆』第3号に寄稿されたもの）によれば、貞享元年（一六八四）『伝律図源解集』によると東大寺戒壇院十六代長老志玉（一三八三〜一四六三）が南都白毫寺辺の貧人の葬礼に参加したのち春日社に参詣したところ神の怒りにふれる。そこで『円覚経』の偈文を示し退散させる説話が載っている。内容に描かれているのは緊迫した対峙であり、実話を説話化したものではないか。西大寺十一代長老覚乗（一三六三年歿）『三寶院舊記』十四の「清淨戒無汚染」も知られるところであろう。

(122) 千々和到『板碑とその時代―てぢかな文化財・みぢかな中世―』平凡社選書116（同社・一九八八年三月）。

(123) 藤井学「近世初期の政治思想と国家意識」朝尾直弘ほか編集『岩波講座日本歴史』10［近世2］（岩波書店・一九七五年一二月）。

(124) 他方この伝記に載る「不断念仏伽藍十六箇所」の寺数と別時念仏を修した寺院が整合していないので、両者は別概念になっていたとわかる。伝記中の「不断念仏僧尼等當番之次第昼三時夜四時也」で睡魔が襲った時の具体的な指示などがされている。不断念仏とは、現在も総本山の坂本西教寺（滋賀県大津市）で行われている常念仏の原型であろう。五来重『日本人の仏教史』角川選書189（角川書店・一九八九年七月）によれば「撞木置かず」ともいい、在家信者が交代で終日、称名して伏鉦を叩くものである。文明十八年（一四八六）の真盛入寺以来、欠かさず続いているとされる。奥村隆彦「不断念仏と万日回向碑」『歴史考古学』第四〇号（同研究会・一九九七年七月、のち奥村『融通念仏信仰とあの世』日本宗教民俗学叢書5、岩田書院・二〇〇二年一〇月に所収)。実際には近世の復興か。単独・複数を問わない在家信者による常念仏は近世浄土宗でも隆盛した。また時間ではなく数にこだわるものとしては百万遍念仏がある。

(125) 西村冏紹「真盛上人と円頓戒系譜」『天台真盛宗学研究紀要』第五号(同宗教学部・一九九七年三月)。興円・恵鎮で知られる黒谷流のうち元応寺流で、のち法勝寺流をも兼併。

(126) 近世には儒家や神道家による仏教堕落論が大名にまで影響をもち、本書第二部第四章の水戸藩をはじめいくつかの藩で弾圧も行われている。近代初頭の廃仏毀釈が決して特異だったわけではない。天台宗安楽律や真言律(慈雲尊者)、浄土律(含捨世派)、真宗律(仰誓)、融通律(楽山)などはこれらを意識してもいたはずである。

(127) 拙稿「中世仏教の全体像—聖研究の視点から—」『高田学報』第九十九輯(高田学会・二〇一一年三月、本書第三部第三章)にて詳論。

【附記】本章は史学会大会(二〇〇四年一一月一四日、於東京大学本郷キャンパス)の「「時衆」の成立と仏教の庶民化—〝新仏教〟の展開・再考—」および民衆宗教史研究会例会(二〇〇六年三月一〇日、於佛教大学)の「一遍房智眞による「時衆」創始の意味—新仏教成立の基層として—」、同朋大学仏教文化研究所真宗史研究会第一八回例会(二〇〇八年六月二八日、於同大学)の「時衆成立史と真宗—「一向衆」の分岐点を中心として—」を基礎とした。質問者のほか秋月俊也、安藤弥、大塚紀弘、古賀克彦、細川武稔、湯谷祐三氏の教示をえた。

第三章　中世仏教の全体像——時衆研究の視点から——

はじめに

長らく議論喧しい「靖國神社」問題では、神社において—特に戦乱の片側当事者の—死者を追悼する観念が、近代天皇制国家の作為に密接に関わることが指摘できる。(1)権力と宗教とは、二一世紀の今なおその関係に煩悶しているのである。そして日本中世史学で両者の関係に注目したのが、顕密体制論である。

普遍宗教である仏教は日本において異文化適応を遂げ、『宗教年鑑』平成21年版によると、約八千五百万人が信者であるという（さらにこのほかに「諸教」で分類されるものの中にも仏教由来の教団は少なくない）。特徴は葬祭・破戒（肉食妻帯）にあり、それが前面に現れたのが中世であることは論をまたない。日本以外の中国、朝鮮、琉球などの東アジアにおいては、他宗教の優勢や排仏運動の痛手から回復するほどに、民衆に根深く浸透できていない情況がある。(2)

日本史学においても政治、社会、文化に大きな影響をもたらした仏教史は、重要な位置を占める。戦後まもなくから鎌倉新仏教論を中心に隆盛し、一九七〇年代に黒田俊雄氏が顕密体制論を唱えたことで、百家争鳴の感があった。何ごとでも、科学において対象を区分する方法論は、研究の過程で必要なものである。現在では、顕密体制論が学界におおむね受認されて論争はひとまず終熄している。その後の仏教史研究は、現在では相当の蓄積をもつ。総論から個別の寺院史や寺院社会史、国家法会、法会・儀礼、史料学などに深化しつつ[3]、文学史、美術史、建築史をはじめとする隣接諸科学へと波及している。

仏教が階層・地域を問わず繁衍したのは、喩えるなら雨水がおのずと土壌に浸透したようにではなく、仲介する宗教者・組織の営為の結果である。筆者は先に悪観念を是認した宗教性が新仏教の基底にあることを概論した[4]。かつて網野善彦氏は鎌倉期に新仏教が誕生する背景を日本史における大きな疑問の一つとした[5]。本章ではその前提として、宗教のもつ権力性を鋭く剔抉して顕密体制論の問題点を含め概括し、庶民信仰成立の鍵の一つである民間宗教者とそれを承前として中世後期に簇生した新生宗派の動向に目を配るとともに、顕密仏教においてもまた庶民信仰が形成されていく過程を対置してみていくことで、中世史・仏教史研究という大海にささやかな一滴を投ずることを期したい。

第一節　中世仏教論に内在する問題点

新仏教概念の起源は、一六世紀ヨーロッパにおける宗教改革と鎌倉新仏教との比較を通じて喚起した西洋史家原勝郎氏にあるとされる[6]。欧米文化摂取の過程で、東西比較の論法はしばしば用いられた。特に真宗は時勢に敏感で、大谷派の清沢満之氏らは宗祖親鸞が在世した日本中世の「悪」観念を欧米型原罪に捉え、キリスト教に対置しうる親鸞思想を構築することに力を注いだ[7]。新旧概念は仏教学をへて日本史学に導入され、『日本佛敎史之研究』續編（金港堂書籍・一九三一年一月）を著した辻善之助氏は、同書の「七」を「鎌倉時代の復古思想と新宗敎の興隆」とし各派と「舊佛敎」を紹介している[8]。終戦直後には家永三郎氏が主導する学校教科書編纂において、この学説が有効に機能した。[9] 仏教における大画期、民衆救済の本格的開始という位置づけである。その流れをくむ井上光貞氏は『日本浄土教成立史の研究』（山川出版社・一九五六年九月）において、特に法然浄土教を解明することで、よりこの論点を宣揚した。

やがて黒田俊雄氏は、石母田正氏の在地領主制論への反論である権門体制論と併せ、顕密体制論を説いた。[10] ほかの諸説と対比してすべてを包括できる柔軟性と危険性とをはらみながら、現在では学界のほぼ通説となっている。[11] 仏教界の主流は中世にあっても引き続き南都六宗に平安二宗を加えた顕密仏教であり、中でも王法仏法相依論や本地垂迹説をともなう密教によって公武支配を教理面から支え、第三権力として屹立した、というものである。仏教史研究は久しく「宗派的区分によって研究分野が形成され」、極言すれば「封建的な教団単位で立てられた区分」だから「今日における研究の量は宗派の勢力に比例しており、客観的な研究対象というよりは宗学の一部であることさえ、きわめて多い[12]」との黒田氏の所感が顕密体制論の根底にある。

従前の研究は、近代専制国家が宗教統制上定めた一三宗五六派を所与の前提とした。それら各宗団が近世以降に檀林・学寮などの徒弟育成機関・宗門校において僧侶・檀信徒再生産の必要上策定した政治的自己正当化論理たる宗史・宗学を包摂し、機械的に羅列するのが「日本仏教史」となりかねず、戦前の国史教科書・仏教概説書などをみても、現存する巨大教団名ごとに紀伝体のごとく立項されていた。戦後歴史学においても、「聖典」依拠の文献主義や「祖師」の「廻《え》心《しん》」（思想転回）を「開宗」として演繹した後代の宗史・宗学を認容する非科学性を払拭できなかった。[13] かれら祖師は開宗を意図したのか、それは宗旨として存在していたのか、など疑義が強い。教団創始の基準を何におくかも論者の恣意による。公許か、[14] 得度・授戒を自教団で執行した時点か、宗史・宗学の主張する祖師の廻心なのか。他方、同時代における社会的認知および地位を捨象する傾向もある。家永氏は仏教の潮流を質と量とに分け、顕密仏教には量的展開が認められても、歴史学上の質的意義はないと厳しく断じ、時代を切り開く可能性をもった新仏教をその逆とした[15]。

現在の教団およびその祖師をそのまま鎌倉期に投影するため、後代に消滅ないし弱小化した教団の研究は手薄である。光静房良忍（一〇七三?～一一三二）を祖に仰ぐ融通念仏宗や、禅宗を本格的に日本にもたらした大日房能忍（?～一一九五）の達磨宗、円覚十万上人道御（一二二三～一三一一）の持戒念仏、本書で詳述した、本州に道場が広範に分布する一向俊聖（一二三九?～八五?）の教団、真盛（一四四三～九五）の天台真盛宗については、史料の寡少さもあり認知度は高くない。ある宗旨の中の主流派の動向を全体の沿革に置換してしまう傾向もある。浄土宗では鎮西義白旗派、真宗では本願寺教団、時宗では藤沢道場系時衆（「遊行派」）である。これらは最初はむしろ傍流であったが、中世後期から近世にかけ他派を凌駕した流派である。

対する顕密体制論に問題がないわけではない。そのおもなものは次の四点である[16]。

①顕密仏教の中核を密教とし、平雅行氏が「密教思潮」の語をもって説明する[17]。顕教の本覚思想はこの概念に包摂されるものの、教義からの検討も必要となろう[18]。

②神社史の位置づけが充分でない[19]。

③中世仏教でも前期と後期では様相がかなり異なるが、そのことについては鎌倉新仏教論同様、専論に乏しい。圭室諦成氏が中世後期の仏教史研究の手薄さを指摘したが[20]、後期も含めることで中世仏教の全体像を復原できるのではあるまいか。

④古代以来の庶民信仰の連続性が重視されない。土木事業の行基、[21]葬祭事業の空也は、集団を形成し継続性をもった。ゆえに律僧や時衆に始祖とみなされたのである。仏教界のみえにくい基層をなし、古代・中世から近世にいたる私度僧の系譜を看過して中世仏教は語れない。黒田『日本中世社会と宗教』（岩波書店・一九九〇年一〇月）には一遍が一一、一向が二、時衆が七箇所登場する一方、黒田氏を引き継ぐ平雅行氏は広義の遁世僧分析の重要性を述べつつも、[22]自著『日本中世の社会と仏教』（塙書房・一九九二年一二月）では一遍が二、一向が一、時衆が二箇所のみで、かつ本論に直接関係しない。こうした等閑視は、学界全体の傾向であり、珍しいものではない。「平安中期以降の民間仏教の活性化と肥大化」の結果「顕密仏教による民衆意識の呪縛が進行」したから「聖に対する過剰な評価を慎むべき」だとするが、[23]ならばこそ「民衆意識の呪縛」の実態と背景を究明するのが歴史学であり、また行基、空也、一遍らの活動が権力者から嫌悪された点に意義づけをする責務もあろう。近世封建制の基礎の一端を築いた織田信長が実践したのは、聖の論理のままに敗残者を隠匿した高野聖の殲滅であった（『信長記』天正九年〔一五八一〕八月十七日条）。

⑤鎌倉新仏教論は新仏教の特徴を「専修」「選択」などとし、法然・親鸞の革新性を高く評価する。この点、両人を顕密体制の異端とする顕密体制論も同様である。ただ革新・異端の主要な基準を反本地垂迹・神祇不拝におくことの妥当性が問題である。[24]顕密体制論は呪術性から一遍を旧仏教の改革派とする。鎌倉新仏教論は、同時代での社会的位置ではなく、現代の文化水準に照らして評価しうる思想を研究対象の中心におく観念の世界である。顕密体制論は鎌倉新仏教論への反命題として登場した。家永氏が唾棄した、同時代における顕密仏教の質・量的比重を重視したのである。その基礎となる権門体制論に東国武家政権研究の立場から異論が出されるなどしているが、顕密体制論に

は、これを克服したとの評価を受ける仮説をみいだしえていないのが学界の現状である。[25] 家永氏には平氏が再論駁しているが[26]、法然・親鸞を一段高く評価する一方、顕密（旧仏教）を無価値とみる点では、家永氏も黒田・平両氏も、実は立脚点は同じである、とする指摘は適言であろう。[27] 価値基準そのものに大差がないのに対立した家永・平両氏の論争、さらに袴谷憲昭[28]、末木文美士氏らの発言は、隘路に陥ったまま未完となった感を受ける。

権力と宗教との関係を考える場合、鎌倉新仏教・顕密体制論のように「権力」「反権力」を厳格に規定する立場と、歴史の当事者に反権力を要求することを皮相とみる立場[29]とに大別できよう。筆者はいずれの立場も肯定するものである。歴史の事実から目を背けることはできないし、さりとて検察官の断罪でも弁護人の擁護でもない超然とした視点を保持し続けることも、歴史家のありようの一つだからである。

ただ顕密体制論が事実上の通説として定着した今、顕密体制論の論法を再検討する必要がある。本書が問題視するのは、庶民信仰を体制の尖兵・下請けのごとく扱う姿勢である。

現在、顕密体制論をより先鋭な形で継承する平雅行氏は、諸史料から寺社・僧による民衆支配の例を挙げ[30]、「民衆の解放願望の中世的封殺形態を中世宗教と呼ぶ[31]」。もし反権力を〝新しさ〟の判別式とするなら、晩年の法然、壮年の親鸞と限定されたその門弟、晩年の道元、近世の法華宗不受不施派くらいしか新仏教とはいえなくなる。巡礼、納経、参籠などの宗教活動、能、狂言、説話集などの芸能・文芸もつきつめれば顕密仏教の所産であり[32]、多くの歴史家にはこうした庶民の切実な心情の発露を無意味と捨棄する勇気はないはずである。注意したい点は、宗教運動と社会闘争とはちがうことである。政教未分化の前近代では、両者は一体たりえたが、唯一最大の相違点は、後者には死生観・他界観はないことである。科学技術、特に医療の発達が進んでいない時代においては、乳幼児はもとより成人でも感染病や栄養不足で簡単に死んだように、貧病争・老死に対する恐怖感はおそらく想像を絶するものがあったにちがいない。その恐怖から逃れようとする願望を、現代人の視点から、冷笑するがごとく軽視していては、決して人間社会の実相に肉薄することはできまい。同様に、前近代の人々に非呪術的思考を演繹しようとするのは現代風にすぎ、仏教堕落論に通底するものを感ずる[33]。

「権力」「反権力」を潔癖な方法で区分することは、ときに本質から目を奪われることにもなるが、顕密体制論者が反体制とみるものと当時の権力者が反体制と捉えるものはちがう。近代のいくつかの例でいえば、大本、天津教弾圧[34]などのような、尊皇愛国の宗教集団すら、国家の公式見解（記紀に基づく皇国史観）を逸脱すると弾圧対象となったのである。呪術さえも反権力たりえた極端な例としては、公害原因企業を調伏した「公害企業主呪殺祈禱僧団」の存在もある[35]。アジア・太平洋戦時下ではすでに反戦運動は弾圧されていたが、厭戦気分は特定の運動体をもたないため政府は神経を遣い、内務省警保局が必死に市井の情報収集を行っていたことが知られる[36]。構築された理論体系をもたず自然発生するそうした民衆の心情こそ、権力にとっては禦しがたい危険性を含んでいたのである。また軍歌は軍国主義を鼓舞するものであるが、一方では鎮魂歌であり、「戦友」は歌詞の一部が厭戦を煽るとして太平洋戦争中、歌唱禁止となった[37]。顕密体制論者が問題にしない（ないし逆の意味で問題にする）踊り念仏は、鎌倉期の支配階層にとってはおぞましい反権力思想の顕現にほかならなかった。一遍には組織者としてそれを抑制する側面があったが、大勢として一向衆は戦国期にいたるまで反権力性を失わなかった[38]。現代の歴史家は、複眼でものをみることが大切であろう。中世顕密仏教のもつ政治・経済力を再認識するとともに、その教理の影響も看過しがたい。田村芳朗氏の分析などを通じて、発展的にせよ批判的にせよ、鎌倉期に濫觴をもつ教団の基底には本覚思想があるとされている[39]。悪人正機説が本覚論の如来蔵思想と密接に関わることは明らかであるし、親鸞が晩年「自然法爾」の境地にいたるのを平氏は「躓き」とし、〝造悪無碍否定と機の深信放棄〟で体制に妥協してしまったかのごとく説くが、[40]むしろ法然・親鸞とそれ以外の僧侶の分節となるものは、兼修・兼学が仏教界の通例であった時代に、平氏が指摘するように一向専修の偏執が仏教からの逸脱とみなされ、ひいては反権力につながることを察知した体制側が、仏教界によるその異端視を煽動した点であろう。[41]黒田氏は「中世における仏教の日本化」は「決して民衆的性格そのものではなく、客観的にはかかる権力の論理がもたらした思想的・文化的効果であったといえよう」とするが、[42]民衆はそこまで愚民だったのであろうか。もちろん民衆は中世欧州における「魔女」に対する火刑を物見遊山したという残酷性や一九〇五年の日比谷焼き討ち事件にみられる反動性をもつこともたしかではある。

いかに革新的な宗教者・教団であっても保守性をみいだすことは容易であり、逆もまたしかりであるから、くり返すが、一遍の一向衆が朝幕より倦厭されたことを重視したい。法然・親鸞の法難は思想の危険性からではなく、処断の特異性から上皇尊成（追号・後鳥羽）の私怨の可能性も高い。[43]『七箇條制誡』『摧邪輪』「南都奏状」「山門奏状」『歎異抄』『野守鏡』『七天狗絵』『改邪鈔』『樵談治要』がそれぞれ挙げたように、真に反体制性・反社会性をもつのは一向衆であり、それゆえにそれを厭うた一遍は、その中から脱しようと紀律正しい時衆を僭称し奇瑞を否定し霊社参詣をし、清僧たろうとしたと考える。にもかかわらず真宗や時衆の周縁檀・信徒層には反体制的体質がわずかながらも遺り続けたことが『百利口語』『愚暗記』、真宗大谷派浄得寺（福井市）蔵『三十六通御文集』（『福井県史』通史編2中世）などからみてとれる。戦時中の時宗に少数ながら反戦僧がいたのは、一遍の思想によるところがあったはずである。[44]もとより一遍は体制に癒着しなかったが、反体制であれば円滑な遊行廻国が困難となるから、[45]全面対決もしなかった。うそをつくことは不妄語戒にふれるが、目的のための手段・妥協は仏教において「方便」として正当化しうるものであった。そして時衆ら聖の遊行廻国により、庶民とは縁遠かった仏教が、板碑造立にみられるように民衆化したものと考える。[46] 一方で、阿弥陀仏の絶対他力の思想を透徹すれば、親鸞晩年の「自然法爾」や一遍のように無頓着な思想になることも不可避である。黒田氏は「天魔心を機縁」とした「神秘主義」から一遍には「明晰な論理は失われ」ているとするが、筆者は、畢竟、「それでも地球は回る」と静かに首を横に振るほかない。体制・反体制に拘泥することもまた、絶対他力思想とは無縁のものである。こうして、一遍はすべてを受容した。真宗本願寺教団は同じ絶対他力から、呪術性などの世俗の論理を克服するという対極の道をあゆむ。『東寺執行日記』寛正六年（一四六五）三月二十三日条によれば、蓮如は本願寺になじまない種々の仏像・絵像類を「川ニナカシ」ていたという。しかしそのはてには、「如来聖人」「如来の御代官」たる門主を活仏と崇める新たな呪術性（門主の入った風呂の水を功徳水として飲む）や、[47] 文明六年（一四七四）三月、吉崎御坊が火事になった際に、本向房了顕が仏典を守るべく自らの腹を割いた説話「腹こもりの聖教」（『真宗懐古鈔』（『大系真宗史料』伝記編5蓮如伝）・『蓮如上人絵伝』）のように、戦前の奉安殿の「御真影」護持の逸話を想起させるような狂信的側面すらみいだすことができる。[48]

東寺関係者が追善のため寄進する例が多いという西谷正浩氏の分析からは、[49] もし人民の思想統制の道具としての大師信仰であれば東寺内部の寄進者が多いはずはないという推論が導かれる。また殺生禁断に乱獲抑制の効果があり、[50] 庄民にとって害悪ばかりではなかった。元寇時に護国のために〝戦った〟神々が、その後殺生のため懊悩するというのも、[51] 権力者が自らの道義性に苦悶したものであろう。反権力に固執することが、民衆的であることを貫徹することとは必ずしもいえないとする末木文美士氏の言[52]があらためて想起される。

宗教をはじめとする文化とは、庶民の欲求を純粋に反映したものと、権力がその円滑な統治のための論理を押しつけたものとが渾然一体となったものである。民衆の単純な願望は現世利益志向となる一方、一向衆の合理的思想にも発展した。庶民の救済願望を権力が変質させようとし、権力と民衆のせめぎ合いの狭間で推移し、日本仏教史とは、それを止揚した姿にほかならない。庶民仏教と支配者仏教との対決という史的弁証法である。民衆が呻吟しながらうちたてた「中世宗教」でもあったのである。

宗派や思想の区分は、論者の異なる位相・価値観から、十人十色の定義がなされるといって過言でない。半分までコップに入れられた水を、「半分しかない」とみるか、「半分もある」とみるかは歴史家の視座の問題であるが、仮に「半分しかない」とみる場合でも、半分までは入っている事実を看過・無視していては、均衡のとれた研究はできないことであろう。大多数に本質をみることができる場合も、その例外部分に本質が宿っている場合もある。すなわち顕密体制論が忌み嫌う庶民信仰の雑多性に斬りこむことなくして、上部構造としての宗教の本質を解明することもできないのではあるまいか。現代人からみて反動的言説・頽廃的動向でも、それが同時代にどれだけの量的展開をもち、どのような役割りをはたしたのかを追究することが一義的には求められる。現代の論者の主観で当為を問うのは倫理学であって歴史学ではない。all or nothing の白黒二元思考で正統か異端かを問わずに、いかなる形態で権力から弾圧・忌避され、あるいは変容し逃避・潜行したのか、歴史科学で存在・実効性を析出し外形で区分したい。霊感商法に対し現代法哲学が思想面ではなく行為それ自体を問題にするのに似よう。文化人類学・哲学者クロード・レヴィ＝ストロース（Claude Levi-Strauss. 1908-2009）らの文化相対主義にも通ずる。研究における質と量の止揚が希まれる。庶民信仰を適切に位置づけることで顕密体制論はより鞏固となろう。

その意味で、おもに神道集の分析から、顕密・神仏の論理に唯々諾々と従うばかりではない民衆の観念が明らかとなってきたのは注目すべき動向である[53]。

一方、鎌倉新仏教論の問題点は、質的意味をもつとする法然・親鸞の「宗派」を鎌倉新仏教としながら、他方で鎌倉期に淵源を求める他宗をも一括して鎌倉新仏教に含めたことにあった。それにより〝新しさ〟の本質が朧化してしまった。対する顕密体制論は、社会の実態から、旧来顕密が主流であることを前面に出した。とすれば、鎌倉新仏教論が新仏教とした宗旨、特に浄土宗鎮西派、曹洞宗や、高野山など一部例外を除いて庶民信仰になじまない真言宗などが、戦国期いかにして数量を増加させ列島社会において興隆したのかを補完する必要がある。それにより、時代と隔絶した法然・親鸞の絶対他力思想、葬祭仏教の基盤を創った律僧・時衆などへの理解が視界に入ることになる。ゆえに新仏教という語をあえて用いるのならば、鎌倉新仏教ではなく、室町・戦国新仏教とよぶことが妥当であろう。もとより本書は、そうした述語を提唱することを目的とはしない。あくまで、鎌倉新仏教という概念によって影に隠れがちであった歴史的実相、すなわち鎌倉期における法然、親鸞らの思想展開の局所性（翻ってなぜ拡大をみせなかったのか）、室町・戦国期における仏教浸透の変革といった側面を再検討することを訴えるものである。教団開立という看板の新しさではなく、その内実の新しさをもって新仏教とみなし、同時に、現代人の価値判断で新旧の別をつけることも控えたい。すなわち、後代に祖師に設定された人物の生きた時代ではなく、ある教団の活動が需要を生じて社会で一定の位置を占めるようになった時期をもって新仏教としての成立とみなしたい。具体的には肉食妻帯ほかの破戒（飲酒は日蓮も容認）、葬送事業促進、対庶民の祈禱などが挙げられ、これはそのまま日本仏教の特性となる。またそれら教団展開の条件として僧階などの制度整備と教学（含教相判釈）確立が必要であった。

以上の問題点をもって、鎌倉新仏教論・顕密体制論両説を全面否定するものではない。仏教の日本史的展開をみる上で、対置される両者による功は大きい。鎌倉新仏教論は思想史の区分としては有効であり、教団ごとを相対化する行論上では史料用語にない分析概念として不可欠であるし、またその前段の宗派史観といえども近世以来営々と積み重ねられた研究は共有財産である。権門体制論は、顕密体制論のほか国家論・非領主制論までを包括した論理体系であり、社会の支配構造を明らかにした。そこが主眼であった。いわゆる新仏教が異端であり例外とすれば、区分法のもつ限界と多様性とをみこしつつ、顕密仏教は「中世仏教」「寺社勢力」「寺家」でよかろう。「顕密」とは仏教そのもののことだからである。ただし黒田氏があえて「八宗体制」よりも「顕密体制」と表したのは[54]、異端派は仏教ではないという言外の認識を含意する妙味がある命名である。本書では便宜上、八宗を旧仏教、それ以外を新仏教として時系列での区別をしている。

価値判断と目的意識が強い顕密体制論に対し、歴史上の実態と思想的内実とから仏教界を分類したのが佐々木馨氏である。「体制仏教」「反体制仏教」「超体制仏教」に分類し、鎌倉期の（武家）仏教を、神祇信仰をとりこみつつ禅宗と密教による禅密主義とし、室町期には禅浄主義になっていくとしていた[55]。佐々木氏はのちにさらに区分を細分化し、公家的体制仏教、武家的体制仏教、反体制仏教、超体制仏教、「もう一つの反体制仏教」（民衆神学）の五種に分類している[56]。ただし顕密体制論のもつ定量的研究すなわち同時代にあってどれだけの量を占めたかと、鎌倉新仏教論がもつ定性的研究すなわち後代からみてどれだけ意味のある質があったかとのどちらともいささか異なり、教団史、思想史、民衆史の位相がばらばらになっている感を受けなくもない。より整理することで、ポスト顕密体制論としての主要な位置を占める可能性をもつと筆者は考える。

第二節　室町期・戦国期の仏教研究へ

顕密体制論が教理・教団の量的比重を相対的に重視する立場であるならば、中世前期は顕密仏教がそれに該当する。中期以降の消長を問う必要があろう。その視点から伊藤正敏氏は「戦国新仏教」概念の創出によって、没落しつつあった顕密に代わる仏教界の新しい潮流を定義しようとした。[57]この考えは藤井学氏が、親鸞・日蓮の教説が民衆思想の地位をえたのは戦国期であり、「戦国仏教と考えた方がはるかに実態に即した呼称」と言及したように、[58]研究者の間で、いわば不成文の概念としてみられたものである。古代から中世にいたる顕密仏教の優勢は、すでに平泉澄氏らによって寺院数の概算から導き出されており、黒田氏はそれを継承したものと思われる。[59]

一八九三年七月、各宗の届出による『内務省寺院總數取調書』(『古事類苑』宗教部三)によれば、南都系五八、天台宗系四三七六、真言宗系一三〇一一、臨済宗六〇四一、曹洞宗一四〇一六、黄檗宗五七八、浄土宗系八一五一、真宗一九四〇〇、日蓮宗系五一三四、融通念仏宗三五一、時宗四九四寺院(名称と区分は筆者)となっている。元来国家仏教といえる真言宗がここまで拡大していることに注視したい。一八七一年一一月太政官作成の国立公文書館(旧内閣文庫)蔵『宗派及寺院ノ総計』では三一一一〇〇あったものが廃仏で一五二〇〇減り二九六九〇〇になったとするが、信ずるにたりない。追塩千尋氏は、中世前期の寺院数は一万五千程度とみて、日蓮『諌暁八幡抄』の「一万一千三十七の寺」という文言は実数に近いとし、後期で二万、近世で九・一〇万~一二・一三万となったと推計した。[60]

吉田一彦氏は、六世紀中~九世紀前期の文明としての仏教受容の時代、~一五世紀後期の古典仏教の時代、その後の新仏教の時代、に分けた。[61]いわゆる新仏教は一四~一七世紀にかけて順次浸透したとみる。時衆や仏光寺教団はそのうちでも早い方で、数で圧倒する本願寺教団や曹洞宗が増加した一五世紀、応仁の乱以降の後期に力点をおくべきだとする。中でも応仁の乱による社会変動と仏教史の時期区分は連接しており、仏教史最大の分岐点と捉える。尾藤正英氏も一五～一六世紀において仏教の国民化が進んだとみる。(62) 井上寛司氏は、一五～一七世紀の顕密体制崩壊と「吉田神道」成立を神道史での四つの画期の一つとする。(63)

このように、従前の幕藩体制下での寺檀制・本末制成立に一大画期をおく説は後退しつつある。

第三節　聖による仏教

如来蔵（『勝鬘經』）思想ともよばれる天台本覚論は、密教の「自性清淨」（『理趣經』）という概念と基本的に同一であるため、近年では本覚思想と呼称されるようになっている。「一切衆生悉有佛性」（『大般涅槃經』）という語に代表され、民衆救済の論拠となった。いわゆる南都六宗でも平安期の三一権実論争をへて、本覚思想に接近してきた。とはいえ、この思想は机上にとどまっており、(64) 衆生たる民衆が真の救済対象（「正機」）となるには、聖の出現による仲介をまたねばならなかった。

支配階層における顕密体制に対し、庶民階層では私度僧、破戒僧、聖ら民間宗教者が主流である。具足戒の有無を問われる仏教者に、官度と私度で差別があるのは本来奇妙だが、律令制の下、厳格に官度が維持されていた。やがて官度僧から離れた遁世僧が生まれる。岡野浩二氏は、古代以来の私度僧、聖らに関心を示す貴族層から遁世僧が生まれ、平安末には聖と二重出家の遁世僧との境界が曖昧になったとする。(65)『改邪鈔』（『眞宗聖教全書』三）は親鸞が教信（七八六～八六六）に憧憬を抱いていたとし（仮に後代の宗門人の忖度にせよ、親鸞の性格を投影する）、『一遍聖絵』第九第三段は一遍が弘安九年（一二八六）播磨国印南野教信寺（兵庫県加古川市、現天台宗山門派）に一泊、正応二年（一二八九）、第十一第三段「いなみのゝ辺にて臨終すへきよし思つれとも」、第十二第三段「野に捨てゝけたものにほとこすへし」と教信の捨身行を模倣したとする。中世史料用語に「私度僧」はみえず、遁世僧と私度僧は渾然とし、「聖」と総称される。かれらは正色の白衣に対する壊色の黒衣を用いた(66)。インドの糞掃衣に由来する私度僧の記号といえた(67)。

聖は奈良時代は「菩薩」、平安時代は「聖」「上人」、鎌倉時代は「某阿弥陀仏」を称する一連の系譜をくむ(68)。ただし注意したいのは、官許によって官寺の再興を委ねられた律僧らと、まったく非公認の聖という二種類が存在したことである。一向俊聖をさす山形県高野坊遺跡出土の墨書礫銘「一向義空菩薩」は古代の名残りであろう。また各縁起によれば一遍ら多くの時衆聖は、いわゆる新仏教の祖がみな入門している叡山には登らず播磨国書写山（兵庫県姫路市）参詣を伝えるのは、聖共通の定式といえるようである。念仏聖の直接の祖となるのは南無阿弥陀仏俊乗房重源や空阿弥陀仏明遍、安居院聖覚らであろう。高野山真言宗玉桂寺（滋賀県甲賀市）の阿弥陀仏立像の体内に、蝦夷から九州にわたる四万六千名に上る結縁交名帳が遺る。法然一周忌に勢観房源智が造立したことが銘「建暦二年（一二一二）十二月二十四日　沙門源智敬白」からわかる。全人名が必ずしも逆修や追善とは限らないが、勧進聖としての法然門下の特質を示している。特にかれら浄土門徒が熱烈に信仰した対象が信濃善光寺である(69)。浄土宗鎮西義名越派は二祖良慶明心が善光寺南大門に住し、四箇本寺のうち陸奥国磐城如来寺（福島県いわき市。銘「嘉元二年（一三〇四）甲辰四月八日」）と下野国大沢円通寺（栃木県芳賀郡益子町）で善光寺如来を奉祀していた。また真宗高田派は、享保二年（一七一七）三月の五天良空『親鸞聖人正統伝』（『真宗史料集成』第七巻）によると本寺下野国高田専修寺（栃木県真岡市）に善光寺仏を迎えたという。時衆ではのちに時宗十二派と区分される流派のうち、洛中御影堂派と常陸国解意派が本寺を「新善光寺」と称する。一向俊聖教団では出羽国南部の末寺に善光寺仏を本尊とする寺院が多く、なおかつ高野聖的側面をかねそなえるところも特徴である。[70] 善光寺信仰はかれらの伝播もあり法華宗以外すべての宗派で受容されている。

このように聖の特性は宗派を超越する。時衆は即便（即得）往生という西山派教学をくみ、なおかつ重源以来の伝統で阿号を授与する。現世で成仏することを意味し、「南無阿弥陀仏と一度正直に帰命せし一念の後は、我も我にあらず。故に心も阿弥陀仏の御心、身の振舞も阿弥陀仏の御振舞、ことばもあみた仏の御言なれば、生たる命も阿弥陀仏の御命なり」（「西園寺殿の御妹の准后の御法名を、一阿弥陀仏とさづけ奉られけるに、其御尋に付て御返事」『一遍上人語録』巻下）とホトケになる汎神論の濫觴ともいえよう。[71] 西大寺系律宗では弘安三年（一二八〇）九月十日付・叡尊像納入文書のうち僧尼の「授菩薩戒弟子交名」（『西大寺叡尊傳記集成』）に阿弥陀仏号がほぼ皆無なのに対し、帰依して組織にくみこまれていた在俗の斎戒衆の「近住男女交名」（『同』）には多数検出される。釈迦を本尊とする釈迦念仏を尊ぶ律宗の戒律観と整合していたとは思えないが、聖としては当然の行儀であったとみられる。浄土宗鎮西派芝原善光寺（大分県宇佐市）は天徳二年（九五八）空也開基と伝う。かれの立像や絵伝があり、中世は時衆が管理していて阿弥陀仏号の墓塔がある。寺号と併せて斟酌すると、空也、時衆、善光寺という信仰の重複性がみてとれる。[72] 同様に会津高野こと真言宗豊山派八葉寺（福島県会津若松市）は最古の年紀で文禄五年（一五九六）からの納骨習俗があり、本尊は善光寺式で、空也信仰と高野山信仰、善光寺信仰が結節する。[73] 真野大願寺（新潟県佐渡市）は時宗の大坊ながら佐渡高野とよばれ、やはり納骨の習俗があったという。聖徳太子信仰は弘法大師信仰と、空也聖《こうや》は高野聖・隔《かく》夜《や》聖などとにわかに判別がつかない。こうした聖の超宗派性は思想にも現れる。晩年の親鸞は「弥陀仏は、自然のやうをしらせむれう《（料）》なり（中略）義なきを義とす」（正嘉二年〔一二五八〕十二月十四日付・顕智充消息〔『末燈鈔』五・『正像末和讃』〕）の自然法爾の精神に収斂されていった。一遍もきわめて近い立場であり、宗教に不可欠な信心すら放棄してしまうことで、勧進が一層容易なものとなった。

浄土思想の系譜を承け継ぐ一向宗（衆）とは、本願寺教団のみならず、時衆、一向俊聖教団、浄土宗鎮西義一条流、仏光寺教団、高田門徒なども含む三人称である。(74)『弘安新制』『新御式目』などで禁制された放埒の「念佛者」に特化された蔑称で、蓮如『帖外御文』（『眞宗聖教全書』五）に「夫一向宗ト云、時衆方之名ナリ、一遍一向是也」とある。一向衆を原始一向宗とする神田千里氏は、踊り念仏や肉食し沐浴斎戒せず死穢を忌まない行動様式を指摘する。(75)ほか道場号、教信・空也への憧憬も共通する。この見方は、五来重氏による聖の行動様式や形態と重層する。(76)触穢という点で葬送と肉食妻帯は同根である。安居院流の「朝廷韙㆓其諭導㆒緩㆓于閨房㆒」（『元亨釋書』澄憲伝）、行基弟子とされる三昧聖の祖志阿弥、(77)本田善光末裔と伝える善光寺中衆の例のように、職能に神聖性を認め、血統を継承する意味で妻帯を正当化する伝承もある。時衆でいえば、垂井金蓮寺（岐阜県不破郡垂井町）春王・安王の墓守服部氏、遊行二十九代他阿体光の墓（山形県鶴岡市）の墓守阿部氏のように古代陵墓の烟戸を連想させる世襲や、当麻無量光寺（神奈川県相模原市南区）と関山氏および吉江道場仏土寺（富山県南砺市、廃寺）と得地氏のように、一遍出自の河野氏分流を自称して寺を護持する例もある。悪僧に妻帯や殺生、飲酒の淵源が求められ、破戒の慣習は顕密寺院が胚胎していた。(78)東寺では三綱―供僧―聖（三聖人）―公人（中綱ら。妻帯）、(79)高野山では学侶―行人―聖、(80)善光寺では衆徒―中衆（以下妻帯）―妻戸時衆、伊吹山観音寺（滋賀県米原市、天台宗山門派）では学侶―学頭―衆徒（山伏。以下妻帯）―承仕・門前百姓―聖の階層がいる。(81)これらの分立の多くは近世に確定するが、その祖型は中世に遡及できる。なお真宗と時衆の分岐は何か。元亨元年（一三二一）二月日付「本願寺親鸞上人門弟等愁申状」などにある貢租を負担しない「諸國横行」[82]、悪党および三昧聖との関係、供養行為、融通念仏などが時衆に認められる。

聖の生業に葬祭業がある。触穢のため、鎌倉末以降、葬祭担当の禅律念仏と中陰仏事の顕密（および禅宗）とに分業がなされた[83]。上別府茂氏は三昧聖を行基系、空也系、時宗系、高野山系、その他に分類する[84]。行基系は律僧に連なる[85]。建治元年（一二七五）以降、京都清水坂非人を律宗が吸収したことや律宗教団の下部を構成する斎戒衆が三昧聖に転化したことが想定される。空也・高野山系は時衆に重層する。時衆と葬送との関連も深い[86]。死穢超剋の論理として、律僧には「清浄戒無汚染」（東京大学史料編纂所蔵『三寶院舊記』十四）、時衆には「浄不浄をきらはす」（『一遍聖絵』第三第一段）がある。とはいえ、卑賤視につながるから教団として関与を強調しようとせず、三昧聖がいわば本所として両教団を戴いた、もしくは直接の関係はなく家業の祖・主唱者としての高僧伝承を生成したというのが実情に近い。歌道における歌聖柿本人麻呂や蹴鞠道における鞠聖藤原成通らを想起すればよい。三昧聖や律僧における行基信仰[87]、高野聖における弘法大師信仰[88]などである。一遍は熊野湯の峰、道後、別府鉄輪など温泉で信仰され、『紀伊續風土記』（『續眞言宗全書』第三十九）高野山之部巻之四十五「非事吏事歴」には高野聖と一遍との関係が説かれ、特に熊野信仰では先達とされた。あえて時衆の祖師をいうなら、『一遍聖絵』第七第三段にあるように空也であろう。

一向衆は朝幕から無頼の徒として禁制の対象となった。文暦二年（一二三五）の禁令により一遍は鎌倉に入れなかった。一遍の集団は、社会から「一向衆」（『七天狗絵』〔『続日本の絵巻』26〕伝三井寺巻）とよばれ、下限は『松平家忠日記』（『増補續史料大成』第十九巻）文禄三年（一五九四）七月十四日条の「六条一向衆（六条道場カ）」にいたる。そこで一遍は「一向衆」と「横行諸国」（嘉元二年〔一三〇四〕十二月十六日付「沙門唯善施行状」）の語を「時衆」（『一遍聖絵』第五第二段ほか十八カ所）と「諸国遊行」（第九第四段）とに換言した。『七天狗絵』の一向衆は「神明に参詣するものをそね」んでいたが、一遍は一宮級の霊社を参拝し大三島社で贄を止めたり、清僧の身を貫徹し、放埒・破戒の印象を払拭することに努めた。悪党と親和的にも拘わらず『一遍聖絵』では他称の蔑称であるその「悪党」を用いている。教団化を進めた高弟の他阿真教（一二三七～一三一九）は、論理上矛盾する不往生を創出し、道場に定住して「時衆制誡」「道場誓文」を定めるなどした。本来時衆とは顕密寺院で不断念仏を修する集団をさす普通名詞である。[89]弘安十一年（一二八八）三月二十日付「大友親時書下」（『志賀文書』〔『編年大友史料』正和以前〕）の「風早東西阿弥陀堂時衆」や大分県宇佐市佐田神社の正慶元年（一三三二）八月十八日銘板碑の「時衆」が、一遍系の時衆か否かは判別しがたく、時衆側史料以外で、鎌倉期に一遍の門流が時衆とよばれた確実な例は皆無である。中世後期には一遍の法流いかんに拘わらず、一向・国阿ら遊行、賦算（念仏札配布）、踊り念仏ほか共通する行儀をもつ僧尼が時衆とよばれた。[90]近代時宗が帰属を拒否した洛内空也堂光勝寺も、寛延二年（一七四九）『大日本永代節用無盡藏』では時宗である。さらに中世末の浄土宗・真宗の編成にもれた念仏聖が江戸幕府の意向により藤沢道場清浄光寺を総本寺とする時宗に統合されたのである。寺社奉行の裁定で、一向俊聖の系統は一遍と関係ないことを認められつつも時宗に、逆に善光寺妻戸時衆は天台宗に、高野山聖方は真言宗に編入を強制された。一遍と門弟の他阿真教は、放埒の対極にある律宗を参照して教団化した。[91]行基から重源にいたる勧進聖と、教信から空也にいたる念仏僧の伝統の交叉するところに時衆がある。関東の被差別民は時衆寺院を檀那寺としていた。[92]

黒田俊雄氏によれば、一遍は異端ではなく、旧仏教の改革者の位置づけとなる。[93]呪術・没論理に昇華してしまうからであるという。教団を組織した時点で、その存続のために体制化は既定の路線である。勧進活動の形骸化さえ生じ

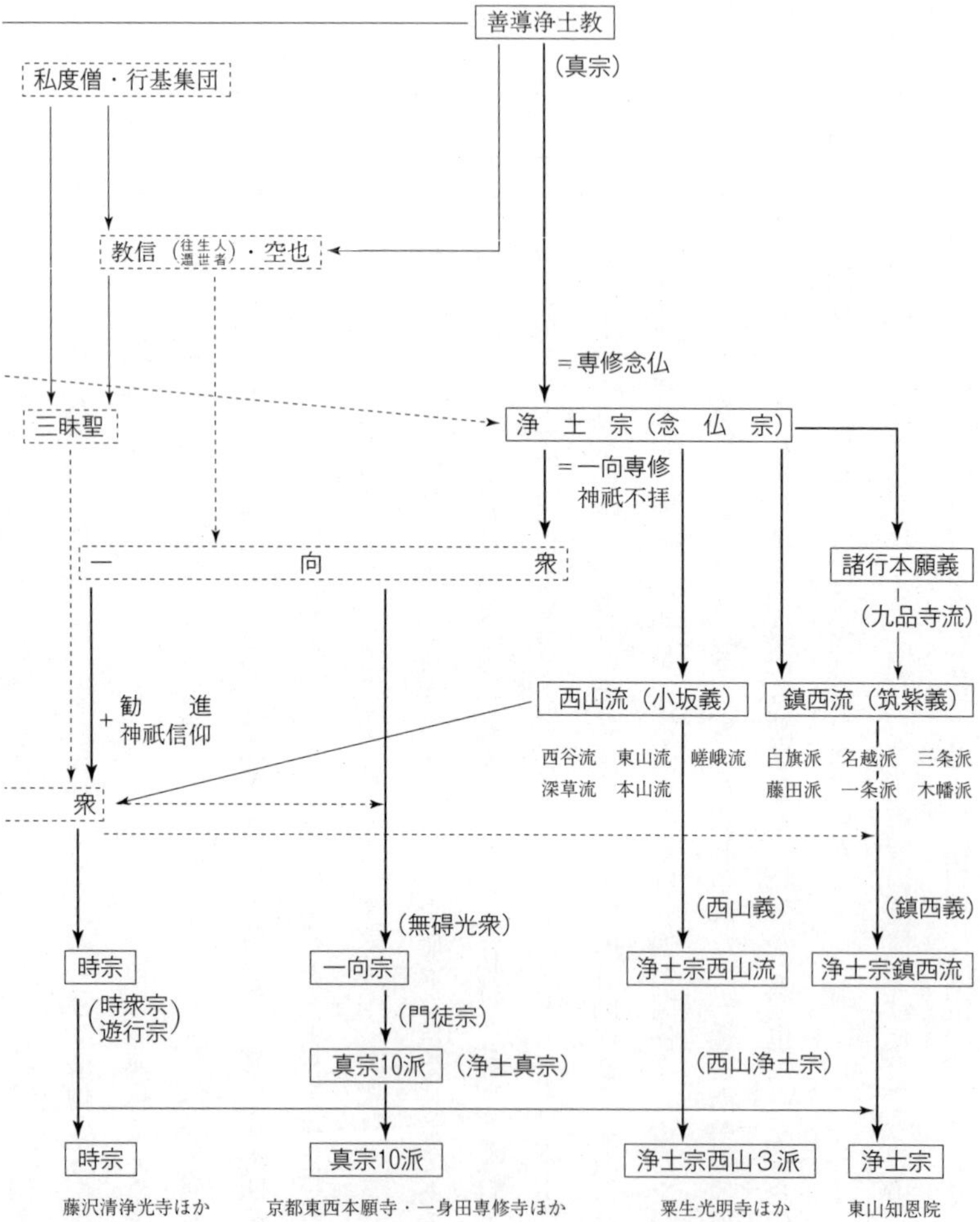
善導浄土教
（真宗）
私度僧・行基集団
教信（往生人 遁世者）・空也
＝専修念仏
三昧聖
浄　土　宗（念　仏　宗）
＝一向専修
神祇不拝
一　向　衆
諸行本願義
（九品寺流）
＋勧　進
神祇信仰
西山流（小坂義）
鎮西流（筑紫義）
西谷流　東山流　嵯峨流
深草流　本山流
白旗派　名越派　三条派
藤田派　一条派　木幡派
衆
（西山義）
（鎮西義）
（無碍光衆）
時宗
一向宗
浄土宗西山流
浄土宗鎮西流
（時衆宗 遊行宗）
（門徒宗）
真宗10派
（浄土真宗）
（西山浄土宗）
時宗
真宗10派
浄土宗西山３派
浄土宗
藤沢清浄光寺ほか
京都東西本願寺・一身田専修寺ほか
粟生光明寺ほか
東山知恩院

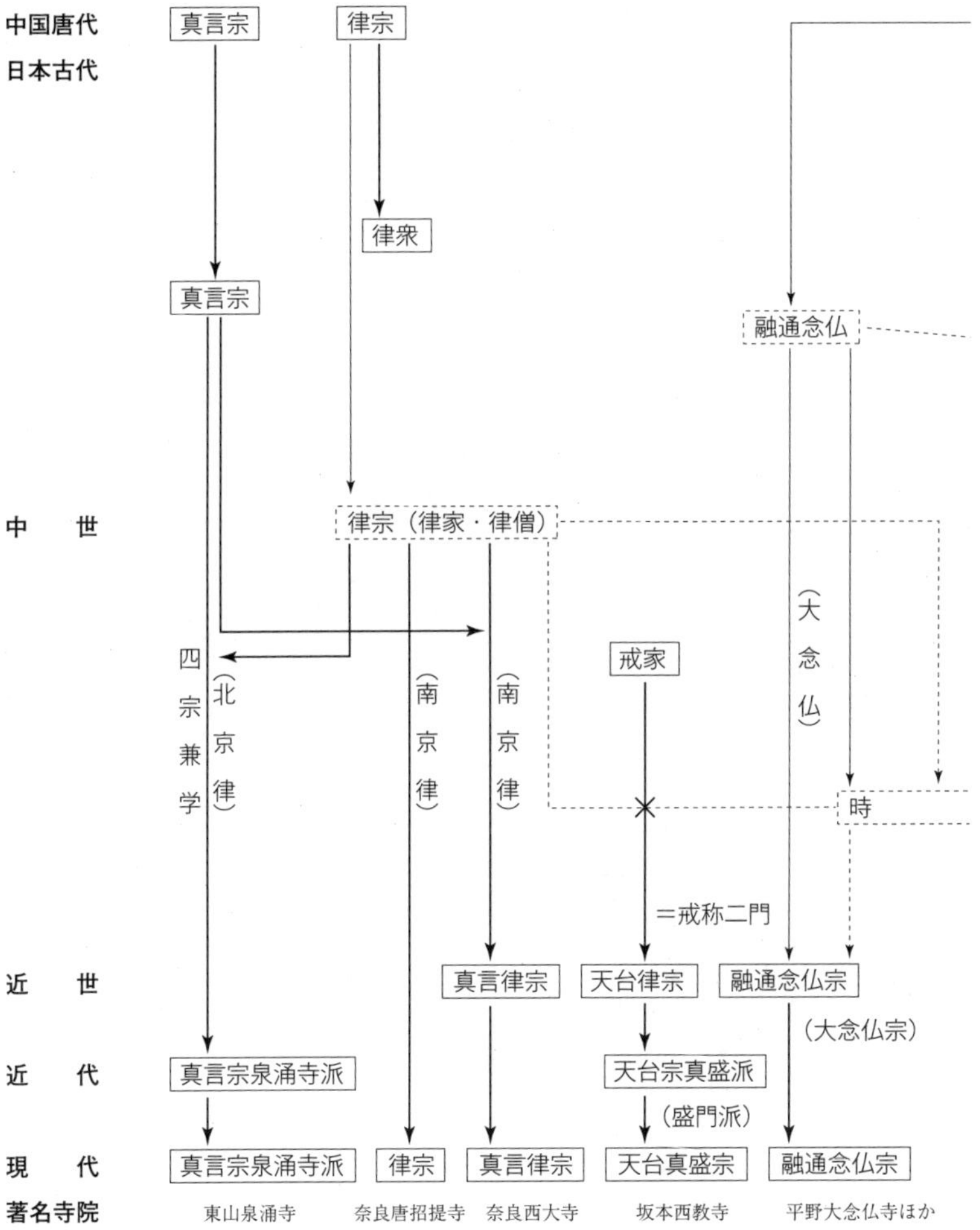

第一図　律僧・時衆を中心にみた新仏教の成立と展開概念

大変雑駁であるが、新仏教各宗派・教団の大まかな流れを図示した。太線、実線、破線の順に関係の強弱を表す。厳密にはできないが同時代用語を細ゴチとする。「三昧聖」の語は中世後期以降のものだが、それに相当する職能集団がいたと思われるので古代末に表記した。括弧内は別称。この図以外に真言宗から時衆への影響、律宗と浄土宗に相互の関係がみられる。さらに、真言宗と時衆などとの狭間に成立した高野聖、浄土宗と融通念仏、時衆などとの狭間に成立した善光寺聖とを挙げたいが、表示の関係で割愛した。

ている。[94]一遍の要諦は、聖としての普遍性と、放埒を抑制した特殊性とである。本寺が末端の宗教者まで統制するにいたるのは近世本末制の成立をまたねばならず、教団が組織化の対象とした下層宗教者は反体制体質を残す。放下、暮露、乞食僧、濫僧などと蔑称された破戒僧は、思想が貧しく呪術的だが、権力からみると危険な存在であった。一遍法語とされるも後代の造作と考えられる『百利口語』（『一遍上人語録』〔『日本思想大系』10〕巻上）には「道場すべて無用なり」「誰を檀那と頼まねば　人にへつらふ事もなし」と体制化した時衆教団を揶揄した箇所がある。また一遍の時衆は清僧を旨とし男僧・尼僧の別を墨守したが、『老松堂日本行録』（岩波文庫青454―1）に長門国赤間関全念寺（山口県下関市）で僧尼の交合・出産が容認されていた一文がある。重源・鑁阿らが創出した起請文における「白癩黒癩」罰文は、[95]時衆も踏襲し、『仏光寺法脈相承略系譜』（『真宗史料集成』第七巻）によれば真宗仏光寺派経光は享禄五年（一五三二）六月二十二日付の起請文で「白癩黒癩」「無間地獄」の語を用いているが、本願寺では天正六年（一五七八）十月十七日付「顕如起請文」（『京都大学所蔵文書』）に西方善逝（阿弥陀仏）があり神文・罰文はない。[96]

いわゆる新仏教の基層には、葬祭仏教があることを先学は異口同音に指摘する。葬送サービスや葬送互助組織成立をへて、京都で一三世紀前半に死体遺棄が激減し、葬地の蓮台野や生業としての三昧聖が成立するのはその少しあとと考えられる。[97]聖による葬送の営為が、次節のように新興教団を介して正式な仏教儀礼となり、ひいては仏教庶民化につながったことを示す。死穢や吉凶を厭わない合理的な思考が葬式仏教の底流にあろう。その端的な証左は服部清道氏の言及[98]以来時衆との関連が注目される板碑である。浄土教を基盤に、概して通宗派で光明真言もみられ、初期の供養塔から民間信仰板碑または墓碑となり、造立主体は在地支配者層から鎌倉期はなかった農民層・民衆へと広がる。検出される法名は時衆系の阿号からやがて禅門・禅尼号に変わり、一四世紀が最盛であるのも時衆の盛衰に重なるという。[99] 時衆の残映は、中世後期の六斎念仏板碑にも流れていく。[100] また板碑造立から位牌・墓標に機能分化していく様相もみられる。[101] その意味でも、時衆の没落が決定づけられた戦国時代は、さまざまな点で一つの転期といえる時代であった。[102]

一向衆には激烈な反体制の側面と呪術性が混在していた。不作為による人為や卓越した技能に仏神の感応をみ、生身の阿弥陀仏である時衆に価値をみいだした中世仏神観は、やがて変容する。[103] 呪術と技術が分化し[104]自力救済あるいは開発の進展で自然を征服したことにより、[105] 怨霊、鬼神、魔性を否定する合理主義としての新仏教が登場することで、相矛盾する二つの原理（顕密と「中世国家儀礼の本質への根本批判」）が並存する時代[106]とみることができる。

第四節　各教団史の再考

次に便宜上近世成立の宗派ごと個別に成長過程と帰属意識の状況をみていくこととしたい。[107] 行論の関係上、浄土門を中心とする。また律僧は略した（**第一図**参照）。

三論、成実、法相、倶舎、律、華厳の南都六宗に天台・真言両宗を加えた八宗以外は、官許なきものとして中世を通じて一貫して〝傍流〟であった。したがってかれら〝傍流〟はさまざまな方途でこの時代を生きぬくことになる。東大寺凝然による文永五年（一二六八）『八宗綱要』（鈴木学術財団版『大日本佛教全書』第二十九巻）では附説として禅宗、浄土宗が載ることになるが、そこにいたるには紆余曲折があった。

浄土宗…『選択本願念仏集』（『日本思想大系』10）に法然房源空（一一三三〜一二一二）の開宗意識が窺えるが、他方「内専修外天台」と称せられるように、[108] 外面は天台僧であり続けた。『門葉記』八十二如法経四「御先達源空上人或号両界堂上人或号穀断上人」（傍線筆者。ただし同名異人の可能性も）、四十八巻伝『法然上人絵伝』巻九「御如法經」「御先達」などは聖の傾向を示す。歿後は勢観房源智の紫野門徒や、久我源氏を出自とする善慧房証空の西山派が隆盛した。かれらは法然の革新性を喧伝することはせず、嘉禄（三年〔一二二七〕）の法難に際し安居院聖覚は自らを法然門流でないと否認し、証空も「吉水前大僧正《慈円》帰依、為臨終善知識」（『明月記』同年七月六日条）と弁疏することで、その家柄もあり難を逃れている。[109] 証空の背後には慈円があり、証空の保護を依頼したのは西山往生院（のちの三鈷寺）の観性か。[110] 虎関師錬『元亨釋書』は禅僧の立場から法然浄土宗を「寓宗附庸宗」とする。叡山の学僧であった法然の末流が、「浄土宗」開宗後も天台宗山門派としての枠を超えることはなく、たとえば鎮西派知恩院住持も青蓮院門跡から補任され権威づけた。[111] 長禄四年（一四六〇）二月二十四日付「青蓮院尊應御教書」（『知恩院文書』〔『京都浄土宗寺院文書』〕）で敷地山林所領安堵、『二水記』大永三年（一五二三）四月十八日条によれば知恩院と知恩寺争論で法親王尊鎮が前者を支援、同年卯月二十四日付「山門奏状写」（『知恩院文書』）で叡山大衆曰く「浄土ノ一宗」「彼ノ然《法然》公者叡峯ノ住侶・台教修練浄徳也、然間扇二青蓮院御門葉一」としていた。[112]『康富記』（『増補史料大成』第三十八巻）文安元年（一四四四）七月十四日条に西山義深草派竹林寺道教（顕意）が天皇恒仁（追号・亀山）より黒衣勅定との伝が載り、聖道門の白衣から変えられていくことになる。

浄土宗の古刹は兼学が多い。実導仁空の西山三鈷寺は天台、真言、律、西山、正信湛空の嵯峨二尊院は天台、真言、律、西山、嵯峨清凉寺は天台、真言、西山（のち鎮西）、大和当麻寺は真言と鎮西、南都称名寺は法相、天台、律、鎮西からなっていた。以下はおもに近世に確認できる例だが、信濃善光寺は天台（大勧進）と鎮西（大本願）、南都西方寺（西山義西谷派〔光明寺派〕）は南都総墓所となり、南都五劫院（西谷派〔禅林寺派〕）は東大寺の葬送を担い

（以上『奈良市史』社寺編）、京都清水坂宝徳寺（深草派）は清水寺の葬送を行ったといい、顕密の葬送下請けをしていた。大永三年（一五二三）出奔した知恩寺伝誉は「清水寺沙門」と署名していた。[113]

鎮西義白旗派の了誉聖冏（一三四一～一四二〇）が『浄土二藏二教略頌』一巻と『釋浄土二藏義』三〇巻の併せて『頌義』を著し、教学面での浄土宗存立を主張した。一方でかれは『顯浄土傳戒論』で自らの戒脈を天台円頓戒であるとし、『破邪顯正義』で踊り念仏を非難している。文保二年（一三一八）の宗論『鎌倉殿中問答記録』（『改定史籍集覧』第廿七冊。この史料自体の真偽はここでは問題としない）で「鍛冶番匠の様なる、云う甲斐無き者こそ信ず」る法華宗と対峙する浄土宗のさまから、庶民信仰を避ける当時の布教姿勢がわかる。のちに西山義深草派の本寺となる四条誓願寺は、能「誓願寺」や『洛陽誓願寺縁起』（『續群書類従』第二十七輯上）によれば時衆が庶民信仰の場としていた。

やがて鎮西派が西山派にとってかわる。知恩寺住持岌翁には天文十三年（一五四四）四月二日付・天皇知仁（追号・後奈良）綸旨により紫衣が許され、知恩院では文禄四年（一五九五）十月廿二日付・天皇周仁（諡号・後陽成）綸旨があり、それ以前にはじめて許可されたと思われる。[114]知恩寺、知恩院、西山派粟生光明寺などでの出世綸旨執奏権の獲得が本寺化への途であった。寛正二年（一四六一）七月十五日付・天皇彦仁（追号・後花園）綸旨により知恩寺善誉良敏が上人号、文明十六年（一四八四）十二月十一日付で京都浄教寺定意が香衣を勅許されたのが初見であるという。[115]大永四年（一五二四）正月十八日の通称「鳳詔」をてこに知恩院が勢力を伸張する。慶長九年（一六〇四）周仁の子、法親王良純を迎え知恩院は華頂宮なる宮門跡となり、元禄九年（一六九六）『浄統略讃』（『續浄土宗全書』第六巻）では慶長十五年（一六一〇）知恩院二十九世満誉尊照が初の僧正となる。同二年『関東浄土宗法度』が出て知恩院総本山や徳川家菩提宗への先鞭がつけられる。

元禄九年（一六九六）『浄土宗寺院由緒書』によると、京・大坂の浄土宗寺院は共通して天正～慶長期の成立である。また知恩院末が圧倒的で知恩寺、金戒光明寺の末がつづく。京都寺町では寛永十四年（一六三七）の『洛中絵図』より一一八箇寺中五三が鎮西派、大坂でも元禄年間（一六八八～一七〇四）編纂の『地方役手鑑』で大坂三郷三四五箇寺のうち一二〇が浄土宗である。[116]大和国の農村の律宗寺院は、多くが浄土宗になっているようである。[117]京都干菜山光福寺（京都市左京区）はもと西山にあり、道空開山、月空宗心のいた西山派寺院だったとみられる。六斎念仏の本所であり、寛永十四年（一六三七）同寺文書（『干菜山光福寺小論』）では知恩院役僧より「六斎念仏一流之惣本寺」と認められた上で浄土宗鎮西派に統摂されている。近江では天文（一五三二～）期以降、急激に寺院数が増加する。『蓮門精舎舊詞』（『續浄土宗全書』第十八・十九巻）などによれば畿内では辻堂、惣堂、墓守堂を淵源とする寺院が多く、時衆はじめ遊行聖、三昧聖、高野聖、勧進聖らが鎮西派に包括される。[118]阿弥陀仏号の開山たちが多く、天文から慶長（～一六一五）期にかけ、草庵から寺院になっている。[119]村人主体の墓寺にこれら遊行僧が引き入れられ鎮西派化した。[120]いろいろな信仰をもつ前身寺院が鎮西派に流入していた。[121]東海では西山派も同傾向だったようである（『深草史改訂版』）。近世東国の西山派は幕命で鎮西派に強制転派させられた。

五重相伝に在家向け「化他五重」と死者追善「贈五重」とがある。文明七年（一四七五）大樹寺勢誉愚底が行ったのが嚆矢とされる（『浄土宗大辞典』1）。本来は僧侶に伝授されたものが在家五重として拡大され、中世後期以降さかんに行われた。[122]御十夜、常念仏、後述の「御忌」と併せ庶民に浸透していく。

鎮西派の勢力拡大の契機の一つには織田信長による宗教政策もあるのではないか。折伏・宗論・不受不施を危険視した信長が法華宗弾圧をするための[123]天正七年（一五七九）安土宗論における浄土宗への優遇も目だつが、在地の事例は安土の近隣甲賀郡に、叡山焼き討ちと同年の元亀二年(一五七一)開創を伝える浄土宗寺院が多く[124]、その大部分は宗論の行われた浄厳院(滋賀県近江八幡市)末である。知恩院住持浩誉聡補は万里小路秀房四男で信長に協力的だった[125]。信長が浄土宗に着目したのは、一向宗に対抗しうる念仏宗としての位置づけがあろうか[126]。これは徳川家康にも顕著である。一向一揆に手を焼き、代々岡崎大樹寺を菩提寺とした安祥松平・徳川家は江戸入府後は芝増上寺を外護し、鎮西義白旗派が主位を占める基礎を造った。例外的な庶民信仰としての鎮西義名越派は北関東・東北で栄え、戦国期の出羽国最上氏領が顕著であった。関東の藤田派も同様に関東や越後で土豪から庶民らに親しまれた。

浄土真宗…親鸞こと善信房綽空(一一七三~一二六三)は、叡山の堂僧であったといわれる。しかし同時代での認知度は低く、明治期には親鸞架空説さえあり、『恵信尼文書』が実在を証明することとなった。現在親鸞の教理の代表として知られる『歎異抄』(『真宗史料集成』第一巻)の「善人ナヲモテ往生ヲトク、イハンヤ悪人ヲヤ」の語は、後代の蓮如によって同書は禁書とされていた上、そもそもこの語自体が親鸞の師法然を典拠とするもので[127]、悪人正機説は顕密に濫觴があるとする見方が定着している[128]。越後流罪時の強制還俗は名目のみで、「親鸞」「愚禿釋鸞」と流罪後に自称し、公然と肉食妻帯して非僧非俗を唱えた。これは半僧半俗に換言でき、ありようは聖であり、晩年の肖像『鏡の御影』は聖としての意匠を示している[129]。建保二年(一二一四)上野国佐貫で千部読誦した祈禱僧の側面も遺した[130]。

本願寺派八世蓮如兼寿(一四一五~九九)以前は下野国高田専修寺や京都汁谷仏光寺が優勢であり、本願寺は「参詣ノ諸人カツテオハセス、シカルニシル谷仏光寺ハ人民雲霞ノ如コレニ挙」(『本福寺跡書』)という状況であった。「主上臣下、背法違義、成忿結怨」(『教行信証』後序)と厳しく体制批判した親鸞思想は、時代をへてなりをひそめ、覚如宗昭（一二七〇～一三五一）は三代伝持と称し自らを三代目に位置づけ廟堂留守職から本願寺別当職を称する。『改邪鈔』で一遍・他阿ら遁世僧との混同を忌避して白衣を用いることを求めたり、子存覚が『諸神本懐集』で神祇信仰を肯定するなど、体制回帰が露骨となる。西本願寺蔵『慕帰絵詞』巻三にみえる覚如に奉仕する稚児などは顕密寺院のありようである。存覚『破邪顕正抄』（『龍谷大学善本叢書』7）「上」によれば、このころの帰属意識は「浄土宗」であった。[131] 反面、覚如期に本願寺教団の基礎が定まったともいえよう。教団の制度・教学は整備されてきたが、蓮如でさえ、当時の認知度は「抑、山科法印一向宗今日入滅云々、八十七歳歟」と『實隆公記』（続群書類従完成会版巻三下）明応八年（一四九九）三月二十五日条に現れるのみであった。また仏教界において独立性は認められていなかった。本願寺はかつて山門妙香院を本所とし、親鸞が青蓮院の前身「吉水の禅房」（『善信聖人親鸞伝絵』〔『続々日本絵巻大成』伝記・縁起篇1〕巻一第二段）で慈円を戒師に得度した伝承もあり、住持は（覚如の興福寺一乗院を除き）代々青蓮院候人として得度することとなっていた。[132]『日野一流系図』（『真宗史料集成』第七巻）には山門を意味する「山」の傍書が親鸞から十代証如までみられる。一四世紀初頭の唯善事件は青蓮院裁許状による門跡の力なくして解決できなかった。[133] 蓮如は広橋兼郷の猶子となり青蓮院尊応を戒師として得度した。自筆の西本願寺蔵・文明十六年（一四八四）「蓮如実名和歌」には「法印権大僧都大和尚兼壽」としている。一五世紀に完成する同寺蔵「歴代門主影像」では覚如以降、官僧の僧綱襟をもつ法衣である。室町期には山門の圧力から逃れるため、応仁元年（一四六七）三月十日付「学頭代連署書状」（大和国吉野『本善寺文書』〔奈良県吉野郡吉野町、浄土真宗本願寺派〕）から『天文日記』天文六年（一五三七）十二月二十八日条まで長らく末寺銭三〇貫を納付していたことがわかる。[134] 永正十三年（一五一六）大谷本願寺が勅願寺とされ、西本願寺蔵・天文十八年（一五四九）正月廿六日付・口宣案で証如がはじめて権僧正に叙せられるが、これは天皇知仁（追号・後奈良）弟、青蓮院法親王尊鎮の斡旋によるものであった。『御湯殿上日記』永禄二年（一五五九）十二月二十七日条で十五日付で十一代顕如光佐が門跡に補任されるにいたり(135)、はじめて本願寺住持は自教団での得度をなしえた。末寺の穢寺住持が門主の臨席をえられず行う自剃刀や、東西本願寺両属の和泉国貝塚願泉寺（大阪府貝塚市）が近世に輪王寺院家となり寛永寺で得度した例は、はしなくも本来の形態を伝えたものか。天皇恒仁（追号・亀山）より久遠実成阿弥陀本願寺という寺号と勅額を賜ったとする伝承が『御文』や顕誓『反古裏書』にみえる。末寺に寺号を免許する伝統も門跡として公の立場に立つものであり、それがないものは時衆同様に道場号であった。

高田派(136)は、真宗で唯一、襲職に綸旨があり、文明九年（一四七七）六月九日付で真慧に下され、専修寺を祈願所とすることを同寺蔵・翌十年三月十二日付・天皇成仁（追号・後土御門）綸旨をもって定められている(137)。寛正法難時、山門から安堵状が発せられ末寺銭を納付している。越前一向一揆では反一揆側として戦い、近江国坂本（滋賀県大津市）に住坊妙林寺を有し叡山西塔と連絡をとっていたか。やがて妙法院と本末関係を結ぶ。永正十八年（一五二一）六月二十七日付・天皇勝仁（追号・後柏原）綸旨（『真宗史料集成』第四巻）に「高田専修寺浄土宗下野流事」（傍点筆者）とある。中興の祖十世真慧が大僧都となり以後は僧位僧官を受けている（『華頂要略』三三、『専修寺門室歴世系譜』）。永正八年（一五一一）六月常盤井宮真智が真慧実子応真と争い、応真は永禄三年（一五六〇）二月二十五日贈権僧正、飛鳥井家から足利義晴猶子尭慧が伊勢国一身田に入り天正二年（一五七四）門跡となる(138)。その後近衛家猶子が続き、近衛猶子十三世尭真、十四世尭秀などが嗣ぐ。

仏光寺派(139)は天皇尊治（追号・後醍醐）より嘉暦二年（一三二七）五月、興正寺号を改め阿弥陀仏光寺とする勅額を受け勅願所となったと伝える。八世源鸞専性は妙法院門跡にて得度し（以後妙法院での得度が恒例）、法眼となる。源鸞および九世明了の時、山門の迫害を東西両塔学頭の斡旋で逃れる。十世唯了源讃より二条家猶子となる慣行が開始される。『渋谷歴世略伝』では十二世性善経実は二条持基第五子、十三世光教堯仁は太政大臣二条持通子、『渋谷歴世略伝』『仏光寺法脈相承略系譜』によれば寛正六年（一四六五）三月門跡となっている（ただし伝承の域を出ない）。寛正の法難では妙法院に斡旋を依頼、以後妙法院院家となった。十四世経豪も大衆の攻撃を妙法院門主法親王教覚の斡旋で中止させた。十五世経光堯賢は二条関白猶子で教覚について得度、十六世経範堯勲は天正十四年（一五八六）九月二十四日大僧正となり以後歴代僧正位となる。仏光寺から分立した興正寺の十七世顕尊佐超は永禄十二年（一五六九）門跡、天正十七年（一五八九）権僧正になったという（『華頂要略』三三二）。

木辺派(140)は本寺近江国木部錦織寺を「天神護法錦織之寺」とよぶ旧仏教色の濃いもので、最澄が造り円仁が移した毘沙門のことが『錦織寺絵伝』と寛文五年（一六六五）体内修理銘札にある。暦仁元年（一二三八）八月五日天皇秀仁（追号・四条）より勅額下賜と伝え、文和三年（一三五四）七月七日付「存覚書状」にすでに「勅院錦織寺」とあり伝承の古さが看取される（史実としたら真宗化以前であろう）。木辺派は古くより広橋家猶子となり九世慈範（権大僧都『華頂要略』三三二）以来僧位僧官あり。ただし得度については不明で五世慈観（応永二十六年（一四一九）歿）のみ随心院門跡を戒師としている。近世には寛文四年（一六六四）真宗と鎮西の兼学となり(141)、法式も鎮西派式、寛永十四年（一六三七）歿十一世慈養の位牌にはすでに蓮社号があるという。元禄五年（一六九二）『西照寺文書』（『滋賀縣八幡町史』「中」）に「浄土五門徒（本願寺、仏光寺、錦織寺、専修寺、越前三門徒）一流（浄土宗、一向宗）兼學宗」とある。

三門徒派のうち(142)、越前国横越証誠寺（福井県鯖江市）は天皇邦治（追号・後二条）より嘉元二年（一三〇四）八月二日「山元山護念院証誠寺」の勅額と勅願所[143]、鯖江誠照寺（同市）は嘉元三年（一三〇五）のちの誠照寺に邦治から真照寺勅額、彦仁（追号・後花園）より誠照寺額を受けているとする。慶安三年（一六五〇）歿十二世善照は柳原家より入り院家となり僧位僧官をもつようになった（『華頂要略』三三）。豪摂寺（同県越前市）は善鎮がいったん蓮如の許に奔るも『永正十三年（一五一六）八月日次記』（『大日本史料』第九編之十一）同十七年十一月十五日条によると、同十五年に仁和寺の門下になり、同史料によると天正十七年（一五八九）には青蓮院准院家になっている。近世は三門徒派専照寺（福井市）が妙法院、出雲路派豪摂寺が青蓮院、山元派証誠寺が聖護院、誠照寺派誠照寺が輪王寺の院家であった。

真宗全体に共通する住持世襲（含寺元慣行）、僧位僧官、猶子、偏諱（専修寺・仏光寺住持の「尭」は妙法院門跡より）、院号は顕密寺院で行われる慣習である。蓮如から中納言級の公家と姻戚関係が始まり、顕如は三条公頼実子で西園寺公朝猶子の細川晴元女を娶ることで公武と姻戚となった[144]。寺社伝奏の公家の猶子になったり、逆に庶子を顕密寺院に入れることも行われた。実悟が『日野一流系図』を遺したように日野家との関係を誇示した。『諸宗階級』では天台・真言とならんで東西本願寺は法印などの僧位をもつとされる。

時衆（宗）…宗祖とされる一遍に開宗の意図はなく、随逐者の集団は死後解散している。現代に続く教団を創ったのは他阿真教である。元禄十年（一六九七）『時宗要略譜』（『定本時宗宗典』下巻）で挙げられる十二派は、一遍と関係のない過半の系統を含むものと考えられている。宗派意識は最大派閥の藤沢道場系において遊行二十一代他阿知蓮『時衆宗茶毘記』（傍点筆者）あたりで生ずることが窺える。その場合でも近世地誌『三國名勝圖會』にまで遺る名辞の「時衆宗」であり、音通による例外を除けば、時宗は公儀提出の寛永十年（一六三三）『時宗藤澤遊行末寺帳』が嚆矢である。法式・教学はおもに浄土宗のものを近世に導入して整備した。『一遍上人語録』も浄土宗西山派学匠の編纂にかかる。

帰属意識は「眞宗」（『一遍聖絵』第一第二段）、「淨土宗」（『器朴論』巻上）にあった。この中世時衆唯一の教理書『器朴論』では一遍、他阿が登場せず「道俗時衆」としてのみ時衆が出る。当麻派、解意派、一向・天童派、霊山・国阿派、市屋派、四条派では浄土宗鎮西・西山両派から住持を迎えたり、法名の形式を踏襲することが多かった。この傾向は近世期に確認でき、当麻派などでは戦国期に遡るようである。近世『新編相模國風土記稿』（雄山閣版『大日本地誌大系』㉑［新編相模国風土記稿第三巻］）巻之六十八の無量光寺に「舊は淨土宗時衆派と號す」とある。浄土宗、真宗、法華宗は僧服史上、天台系からやがて変化するが、時衆は壊色の律宗風であったというのが初期の性格を物語る。(145) かと思えば『實隆公記』（続群書類従完成会版巻二上）長享三年（一四八九）六月四日条で「今日當番也、午時參内、於小御所馬東道重阿、著禪衣本來時衆也、伊與法橋泰本青蓮院坊官、等圍棊局、於簾中有叡覽」とあって時衆が禅衣を着していたことがわかるし、清浄光寺蔵・遊行十四代他阿太空画像は、曲彔の上で坐禅を組む自画自賛の頂相形式である（一遍とは別の法流と思われる国阿の鎌倉国宝館蔵・木造坐像なども同様）。

なお越前国長崎道場称念寺塔頭の光明院は南都興福寺末でもあり、(146) 七条時衆願阿は京都清水寺内成就院に拠り、京都四条金蓮寺は叡山末・祇陀林寺をも謳い、河内国壺井通法寺は遊行上人が止住しながら顕密寺院であり、顕密寺院の出羽国寒河江慈恩寺内には一向俊聖教団の松蔵寺・宝徳寺があった。

一遍が思惟を避けたことで、他宗にみられる祖師回帰運動は存在せず、(147) 祖師としての一遍は近世に強調されはじめた。一遍自身は空也を先蹤にしていた。

清浄光寺は当初院号だったのを天皇弥仁（諡号・後光厳）の勅額により寺号にしたという。『遊行・藤沢両上人御歴代系譜』（『庶民信仰の源流』）によれば、天皇恒仁（追号・亀山）子常盤井宮恒明の子で法親王とされる遊行十二代他阿尊観（一三四九？〜一四〇〇？）が、僧正位叙任や参内をはたしたという。この伝承の成立は遊行三十二代他阿普光が尊治（追号・後醍醐）の従兄弟としたのが初見か。[148] 貴種流離譚をとりこむことでいわば脱賤を期した。三大行儀とされる遊行、賦算、踊り念仏の独占と死文化を図る。遊行上人以外遊行せず、踊り念仏も能の摺り足をとり入れ穏健なものとなり、京洛時衆寺院では見せ物芸能として風物詩となっていた。

時宗は遊行宗であるため、末寺数によってその教勢を量りがたい。各地の人名を登載した『時衆過去帳』もある時期には一代で数十人程度しかみられないが、これはありえないから、史料としての制約・限界があるとみるべきである。林譲氏は、一遍が賦算した「二十五億一千七百廿四人」（『一遍聖絵』第十二第二段）での億を十万と解釈してその活動範囲を示した。[149] 年欠（正和五年（一三一六）カ）二月十三日付・他阿真教書状（『七條文書』）には「道場百許」とある。滋賀県長浜市『菅浦文書』から抽出すると永仁四年（一二九六）段階で五二人中三人が出家名をもち、建武元年（一三三四）になると三六人中一〇人、このうち三人が阿弥号である。[150] 怨霊済度者、陣僧となるなど、ある意味で職人であり、信者にも三昧聖や仏師、作庭師、芸能者ら職能民・都市民が多かった。

天台真盛宗…真盛が近江国坂本西教寺を拠点に京洛の貴顕衆庶を問わぬ帰依を受けた。末寺は伊勢、伊賀、近江、越前に集中する。『蔭凉軒日録』など古記録に頻出する点が、同時期の蓮如と異なる。その教理は「戒称二門」すなわち円頓戒と称名念仏（別時念仏重視）の一致を説いた。律僧の戒律とは異なるが、近世には天台律宗とよばれ、伊勢・伊賀では明徳二年（一三九一）『西大寺諸国末寺帳』所載の律宗寺院のいくつかが現在の天台真盛宗寺院に継承または重複するのは意味なしとしない。笏谷石による越前・近江の石造物に天台真盛宗の影響がみられること、[151] 一石五輪塔造立を好んだことも律宗がしばしば石塔を用いたことに通ずる。[152] その一方で真盛筆の名号が、「方色名号」とよばれる独特のもので、時衆名号に酷似することも指摘したい。『真盛上人往生伝記』（『続天台宗全書』史伝二）中巻では時衆安濃津光明寺下女や大野郡に時衆道場を建てた光玖との邂逅が語られる。端的にいえば律僧と時衆の流れをうまく縫合したのが真盛であった。近代には天台宗真盛派と呼称したが、まちがいなく〝室町新仏教〟である。

融通念仏宗…良忍の融通念仏とは元来幅広い宗教運動で、一遍も「融通念佛すゝむる聖」（『一遍聖絵』第三第一段）であった。真言律宗金沢称名寺（神奈川県横浜市金沢区）聖教「阿闍梨元智言上状」によれば、現融通念仏宗総本山の平野大念仏寺（大阪市平野区）は平安末の草創期に広義での時衆がいた。『融通念仏縁起絵巻』で勧進をし、他宗寺院にも多く遺されている。鎮西派の大坊、越前国敦賀西福寺（福井県敦賀市）や陸奥国会津融通寺（福島県会津若松市）は一五世紀に融通念仏信仰で興隆している。[153] 近年みいだされた文永八年～弘安元年（一二七一～七八）『持斎念仏人数目録』によれば、律宗から融通念仏宗への移行が想定できる。[154] 畿内を中心に組織化を行った法明房良尊（一二七九～一三四九）をへて正式には元禄十六年（一七〇三）立宗である。『融通念仏亀鉦縁起』によると法明は高野山真福院で剃髪し、夢で教信と邂逅している。法明所縁の有力寺院のうち深江法明寺（大阪市東成区）はかれの誕生寺だが鎮西派となり、佐太来迎寺（大阪府守口市）は鎮西派に接近、浜源光寺（大阪市北区）は無本寺となっている（現在ともに鎮西派）。浄土宗鎮西派や天台宗山門派大原南之坊が本山大念仏寺の末寺化を図る。[155] 六別時という宗教施設を拠点とし本尊を回仏するという徹底した民間信仰集団であった。大念仏寺は宝暦二年（一七五二）妙法院の院家勝安養院を買得し寺格向上を図った。

以上の念仏系諸宗をみると、このころ相互を隔てる宗派意識はなく、人的交流があった。親鸞『唯信鈔文意』奥書によれば、暦応四年（一三四一）乗専が四条朱雀道場で書写挍合している。『常楽台老衲一期記』に「錦織寺慈空房於二当宗一有二学問之懇志一之由、令レ示之間、遣レ挙二於安養寺一、為二彼引導一寄二宿円福寺一」とある安養寺・円福寺はともに西山義東山派寺院であるし、本願寺五世綽如は西山義深草派円福院堯恵善偉に師事している。[156] 綽如開山の越中国井波瑞泉寺（富山県南砺市）勧進帳の筆者は深草派堯雲であった。[157] その綽如の子、周覚玄真の長女・次男が時衆であったことは第三部第一章で述べた（『大谷一流系図』）。浄土宗鎮西義一条派の中本寺越前国敦賀西福寺の開山良如は三門徒の始祖、大町如道の長子であり（『正覚寺文書』〔『武生市史』仏寺文書編〕）、その如道は「真言宗四度ノ灌頂ヲトゲ」ていた（「証誠寺申状等写」）。寛正六年（一四六五）六月日付「専修寺越前国門徒中申状案」で本願寺教団は「無导光衆」、高田専修寺は法然末流とされ、同年七月二日付「延暦寺西塔院衆議状案」ではそれぞれ「無导光愚類」と一向専修念仏道場本寺と扱われた。蓮如は「御文」中で親鸞に依拠して「浄土眞宗」の語を援用した。永正十八年（一五二一）六月二十六日付・天皇勝仁（追号・後柏原）綸旨には「浄土宗下野流」とみえる。年欠（文明初年〔一五世紀後半〕カ＝平松令三説）二月十二日付・専修寺充「宇都宮正綱書状」にある「粉河寺之学頭、為住山之上洛候」は紀伊国ではなく宇都宮にあった天台宗寺門派粉河寺であろう。覚如の『拾遺古徳伝絵』（『真宗史料集成』第一巻）は親鸞伝を法然伝につなぐ意味をもった。[158] 仏光寺教団の基礎である阿佐布門徒の麻布善福寺（東京都港区）には空海開創縁起があり、それにより代々「海」の偏諱を用いた。『了源上人御縁起』によれば時宗霊山・国阿派開祖の国阿は仏光寺了源の弟子であった。仏光寺経豪が本願寺蓮如の下に出奔したのち出戻った弟は、知恩院にいて誉号をもつ経誉である。関東では、真宗の小石川善仁寺と浄土宗鎮西派の小石川談所（ともに東京都文京区）、横曽根報恩寺と飯沼弘経寺（ともに茨城県水海道市）の重複関係が指摘されている。[159] 鎮西義白旗派の中興の祖、了誉聖冏は『了誉上人行業記』によると箕田定恵から附法を承けてから密、禅、倶舎、唯識を個別の師について学んでいる。芝増上寺の中興、観智国師慈昌存応（一五四四〜一六二〇）は時衆当麻無量光寺の末である武蔵国片山宝台寺（のち法台寺）十四世蓮阿の資となり、その後相模国岩瀬大長寺、下総国生実大巌寺など鎮西派の檀林級で修学している。『願正御房縁起』（『山形市史』資料編十五下）によれば、戦国期出羽の真宗僧は、自己の本寺さえ把握しておらず、高野山に納骨に行こうとしていたという。一点、注意したいのは、念仏宗＝法然浄土教の諸教団のうち、北陸における時衆と真宗との関係、関東での時衆と鎮西派との関係、畿内での時衆と西山派との関係は、接近などという後発的なものではなく、元来が未分化だからであったとみるべきであろう。

法華宗…日蓮は「日蓮はいづれの宗の元祖にもあらず、また末葉にもあらず」（『妙密上人御消息』）と自己規定する。ここまで「天台沙門日蓮」（『立正安国論』）→「根本大師門人日蓮」（『法華題目抄』）→「法華宗比丘日蓮」（『法華宗内証仏法血脈』）→「本朝沙門日蓮」（『観心本尊抄』）→「釋子日蓮」（『撰時抄』）との曲折があった。文永八年（一二七一）佐渡流罪を契機とした「佐前」「佐後」とよばれる心境の変化もみる必要がある。自らが天台法華の正統であるという認識で、密教化が進む円仁以後と祖師最澄とを峻別してみていた。永仁二年（一二九四）三月、日像が叡山に参拝し、文明二年（一四七〇）日親『傳燈抄』（『日蓮宗宗學全書』十八）は、日蓮直弟子六老僧のうち日昭門下が叡山で修学し本門の戒壇に依らないことを批判している。日朝（一四二二〜一五〇〇）は伊豆国三島本覚寺を継職した一九歳から約五年、天台宗山門派の武蔵国河越仙波檀林（埼玉県川越市、現喜多院）で修学している。[160]『本化別頭佛祖統紀』（『日蓮宗全書』上・下巻）によれば初期の多くの門下は天台僧から転じていたし、根本教典も同じ『法華経』だから、その後も交流はあったと思われる。

京都妙顕寺蔵・建武元年（一三三四）四月十四日付の尊治（追号・後醍醐）綸旨により宗号公認とされているが、内容は勅願寺および勅許上人号の認定である。明徳二年（一三九一）日什が足利義満に法華宗立宗を上奏するも阻却され、大永四年（一五二四）八月六日僧綱禁止、天文四年（一五三五）宗号論争、同十六年（一五四七）二月叡山に謝罪の連署状提出、天正三年（一五七五）十月二十五日付・天皇方仁（追号・正親町）綸旨では「日蓮黨之義非宗」の字句など、天台法華宗である叡山とからみ宗旨の独立化・宗名公称がことさらに迂遠であった。法華宗僧侶が用いる公名や院号・房号は顕密寺院の流れである。

『宣胤卿記』（『増補史料大成』第四十五巻）文亀三年（一五〇三）正月二十九日条には「不従公請、不被用朝家」とある。公請がなく朝家に用いられない異門と認識されていたが、一方では僧位僧官に与り宮家・摂家からも住持が入寺しており[161]、猶子もいたことが知られる。

日蓮は神祇信仰に距離をもったが、日像以降[162]、「法華三十番神」や身延山の地主神「七面大明神」といった形で神仏習合が進む。日什門流からはこれを「雑乱勧請」として批判されるように、さまざまな分派した門流間で、法華宗としての独自性を主張するものと、顕密に接近する勢力とが対立していく。

禅宗…臨済宗では、台密葉上流祖でもある明菴栄西が密教祈禱を行ったり、『興禪護國論』を著し、さらに同書で達磨宗を批判し浄戒を主張、円爾弁円が東福寺を天台・真言との兼学としたことが知られ[163]、顕密とは対立しなかった。新仏教寺院は改宗が多いのに対し、禅宗は新寺建立が多く、京都東山東福寺（京都市東山区）は東大寺と興福寺号からとったという[164]。その東福寺、建仁寺にも真言院が存在し[165]、十刹第七位の臨済宗上野国世良田長楽寺（群馬県太田市）には真言院がおかれていた。佐々木馨氏が指摘する禅密主義のように速やかに権力にくみこまれた[166]。禅宗は大いた。

きく五山と林下に分かれ、曹洞宗は林下であった。弘通では「臨済将軍、曹洞土民」といわれ対象が棲み分けられて

曹洞宗は瑩山紹瑾が大転換を行なう。紹瑾は弘安九年（一二八六）紀伊国由良興国寺（和歌山県日高郡由良町、現臨済宗妙心寺派）の心地覚心の許に参禅し、白山系天台宗寺院の改宗を行なった。[167]祈禱をはじめ、葬祭、受戒によって戦国期に拡大した。[168]祖師道元希玄が『正法眼蔵』仏道巻で「禅宗」「曹洞宗」といった宗派性を拒否し、修証一到を唱えた孤立性とは大いに異なる方法である。嘉吉元年（一四四一）東海義易が創建した三河国豊川妙厳寺は荼吉尼天・稲荷信仰で有名になった。三大祈禱道場としてほかに善宝寺（山形県鶴岡市）、大雄山最乗寺（神奈川県南足柄市）がある。応永二年（一三九五）小室真宗が開いた曹洞宗永建寺（福井県敦賀市）は、同寺文書によると、建武の戦闘の死者の亡鬼の叫喚と食を求める声が金ケ崎山上で聞こえていたのを小室が法力で鎮めたという。[169]地主神を禅僧が済度し寺が建立されるという「神人化度」譚が、有力な禅刹には縁起としてしばしばみられる。

東北地方では、顕密から曹洞宗への改宗寺院が多く、[170]三本山の一つ陸奥国黒石正法寺（岩手県奥州市）は、曹洞宗が顕密寺院に入りこみ共存し、やがて凌駕する過程をみせる。[171]関東では律院から臨済宗への移行がみられる。[172]新潟県下越地方では土俗的な「妻帯宗」が曹洞宗になっているとされる。[173]愛知県知多半島北半の農耕儀礼虫供養は、融通念仏や時衆主体のものが曹洞宗寺院主導に変化している。[174]神奈川県足柄上郡山北町世附（丹沢湖造成のため水没・移転）の百万遍念仏も営まれるのは曹洞宗能安寺である。[175]時衆の活動拠点の一つであった温泉や水利を介して、[176]やがて禅宗が拡大していくという。[177]武蔵国秩父観音霊場三四箇寺のうち曹洞宗は現在二〇箇寺を占め、源流は武甲山の山岳信仰や在地武士の西遷を縁に関与した播磨国書写山の信仰がある。[178]ちなみに近世の四国霊場の十一番は臨済宗妙心寺派藤

井寺、十五番は曹洞宗国分寺、三十三番は臨済宗妙心寺派雪蹊寺となっている。

死者をホトケと崇敬するのは、直接には禅宗の受戒成仏・没《もっ》後作僧を死者に適用したものである。[179] もともと来世観のない禅宗が葬送に参入したのは大きい。浄土教の〝誰しも生身仏となる〟ことが禅宗の〝誰しも死後仏となる〟思想に後退したとはいえ、禅僧が将来した北宋・崇寧二年（一一〇三）『禅苑清規』による葬儀の形式が定められ、通宗派となったことは一つの画期をなした。

達磨宗は天台宗山門派の別所聖の一派であり、浄土宗鎮西派正法寺（京都府八幡市）文書のうち建仁元年（一二〇一）正月三日付文書に「蓮阿弥陀仏観真」が能忍弟子となっていた。[180] 下層の禅僧である薦僧（虚無僧）、暮露、放下など時衆を中心とする念仏宗との重複がみられ、のちに普化宗に編成されると、武家のアジールとなった。

真言宗…顕密寺院は法会の場として本末を形成するものではなく、[181] のちの高野山系（古義）と根来系（新義）というのは雑駁な分類であり、事相と教相の流派が複雑で、附法の流派以外は宗派の形態をとらなかった。武士階級を足がかりに、小寺、坊、堂、山岳系寺院から拡大し、[182] 中でも室町中期から江戸初頭に東国では他宗と桁違いの数で増加する。[183] 密教に鉱業技術が含まれ、[184] 結縁灌頂・大師信仰などが行われた。

今後は以上のように宗派を超えて広く相互に比較・検討する〝比較教団史〟のような研究を推進せねばなるまい。

第五節　新教団の草創と守成

新仏教は大まかに多数の門流→複数の教団→単一の宗派という形成過程をたどる。では法然、親鸞、一遍が組織したものは教団であったのか否か。固定した教団を形成したというより、さまざまな顕密寺院に属する独立した個人が門弟となり、それらが多数の集団となった。中心人物が在世中は、成員との間に人格的結合がみられ、同心円状に一代限りの教団が形成されていたのではないか。しかし死によりその結合が消滅し、記憶としての師資相承が遺り、門流になるのではないか。特徴は①草創期は泡沫集団、②門弟らは体制化し天台宗山門派に回帰、③教理の世俗化に踏みきった中興の祖の出現、などである。一念即往生、此岸の浄土を主張する一遍は親鸞より徹底する一方、浄土教理論の脱呪術化・合理化がなされるが、しかし神祇信仰・金剛乗（階級調和）ゆえ反権力論理とならなかった。[185]これは組織者としてやむなき穏健化でもある。特に時衆は遊行するため、在地との摩擦を避けるために排他より受容を旨とした。

また「宗祖」の門弟は、「宗祖」の高邁な思想を理解できない、あるいはあえてしないのであった（ヘーゲル哲学でいえば「右派」）。鎮西義白旗派聖冏による『麗気記拾遺抄』、本願寺教団存覚による『諸神本懐集』、藤沢時衆託何による『器朴論』（康永元年〈一三四二〉三月五日の年紀含む）は神祇や記紀との比較と整合を狙うものと考えられる。門流は、時系列では教学・制度という形式面が整い、やがて末寺・僧徒という内容面が拡充した教団に発展する過程が多い。同時に、思想史上の創業者と思想史上の守成者（実質的開祖・〃中興の祖〃）によって指導される。

浄土宗鎮西義白旗派においては法然（一三世紀）と七祖聖冏（一五世紀）、真宗仏光寺派では親鸞（一三世紀）と七世了源（一四世紀）、真宗高田派においては親鸞と十世真慧（一五世紀）、本願寺教団においては親鸞と八祖蓮如、九代実如、十代証如（一五〜一六世紀）、また曹洞宗では道元（一三世紀）と瑩山紹瑾（一四世紀）、法華宗の日蓮（一三世紀）と日像（一四世紀）、日什・日親（一五世紀）らがおり、天台真盛宗の真盛や新義真言宗の覚鑁（一二世紀）と頼瑜（一三世紀）も広義での中興にあたろう。蓮如と真慧、真慧と真盛がそれぞれ交流をもったといい、応仁期を一つの画期とすることを彷彿とさせる。

　西大寺律宗忍性や藤沢時衆真教、仏光寺了源のように、守成の人物の登場が早いと、やがて他教団に蚕食される傾向がある。かれらにほぼ共通するのは、祖師の高邁かつ隔絶した思想を世俗化させたところにある。体制化・世俗化による真俗二諦は宗教のもつ本源的な問題となる。それはかれら守成者が、社会的認知をえようと腐心した結果でもある。その大きな要因に叡山を中心に当時の仏教界をとりまく情勢がある。こうした世俗化は一方で体制化を惹起し、そのため仏教史ではつねに祖師回帰運動が興起し教団が活性化された（現代本願寺教団での「蓮如教団」批判もここに起因）。

　中世は八宗体制がゆるがず、天台宗山門派が最高峰にあった。延暦寺は朝廷に対し「入唐上人榮西。在京上人能忍」を達磨宗の開宗の風聞で訴え、建久五年（一一九四）七月五日に停止が宣下されたことを『百錬抄』（『新訂増補國史大系』第十一巻）は記す。道元に対しては、住所破却と追放が『兵範記』仁安三年（一一六八）九月の紙背にみえている[186]。早速、山門からの圧力が加えられた。比叡山の衆徒は大集会を開き、道元の住居を破壊し、道元を京都から追放する決議を行なった。正元二年（一二六〇）正月四日から十九日にかけ寺門園城寺による三摩耶戒壇設立を中止させ、徳治三年（一三〇八）から東寺ゆかりの広沢流祖の益信に大僧正と本覚大師号の追贈に対し東大寺とともに二年がかりで撤回させ[187]、一向専修の禁にふれるとして正和元年（一三一二）東山大谷廟堂における「専修寺」額を撤去、元号を用いた暦応資聖禅寺号を天龍寺に変えさせ（異説あり）、応永二十年（一四一三）六月二十五日、法華宗京都妙本寺の具覚月明の僧正補任に対して堂を破却、『嚴助大僧正（往年）記』（『續群書類従』第三十輯上）巻上によると天文八年（一五三九）「十月ノ頃歟。法然上人菩薩號ノ下〔事カ〕。自知恩院依被申入。青蓮院御申沙汰。光照菩薩ト可號云々。山門大衆内々依有遺意義。宣旨被召返云々。比興事」と法然への光照菩薩号宣下を阻止、天文九年（一五四〇）の覚鑁四百年忌における自惟大師号勅許を翌年撤回させ（『嚴助往年記』）、上述の法華宗名問題しかりである。いずれも他教団が自立性を示威する場面での容喙は枚挙にいとまがない。

　矢田俊文氏は応仁の乱前後に顕密体制は崩壊したとする黒田説に対し、むしろ顕密は信長の山門焼き討ちまでは軍事力・町場をもちつつ存続しており、だからこそ本願寺は権門である門跡になろうとしたとみる。(188) フロイス『日本史』には弘治二年（一五五六）叡山の許可なくして布教できなかったとある。(189) 顕密仏教の末端の者が葬送に従事することは山門の禁忌にふれた。(190) 山門支配の一翼を担う犬神人成立の契機は嘉禄の法難で、職掌の一つは寺院検断・破却であった。(191) 応安元年（一三六八）「延暦寺政所集會事書」（『大日本史料』第六編之二十九）では南禅寺定山祖禅『續正法論』に対し「彼寺者、遁世異門之乞食法師等也」のため「山門衆徒直發向、不足敵對之間」とし、「任先規令下知神人所畢」と犬神人を派遣している。

　法難や卑賤視を避けるためか浄土宗・真宗は進んで叡山に隷属・寓宗化した場面もあった。台密僧としての栄西、真言僧としての叡尊の側面をみる必要もある。『類聚三代格』（『新訂増補國史大系』第二十五巻）巻二、貞観元年（八五九）四月十八日付「太政官符」中の「應レ得二度安祥寺年分度者三人一事」に「度者必須下兼二學一宗一立二此兼濟之道一。示中彼不別之心上」とあり、『圓照上人行状』（『續々群書類従』第三）巻上に「身居二律家一、宗在二三論一、證味二眞言一」とあるように、本籍と修学先の区別もふつうに行なわれていた。(192)

　ところが時衆に関しては、帰属宗派が問題視されたり、死穢への接触を譴責された痕跡がない。顕密体制論では、僧侶を顕密僧、遁世僧、異端（法然、親鸞、日蓮、道元）に分類する。異端といえども体制の末端だが、時衆ら聖は最初から埒外なのである。ケガレを祓う宗教職能民(193)としての時衆である。時衆も「僧」と「聖」を使い分けていた。

仏教界では、自己の正統性・優位性を主張する便法である教相判釈（教判）が行なわれ、古代以来八宗が説かれ（『八宗綱要』）、中世には新興の禅律浄土宗僧が、大陸直伝による斬新さを根拠に(194)禅、教、律の三分法（それに対応する戒〔律〕、〔禅〕定、〔智〕慧の三学）で広義での教判を行なうこと(195)で顕密の排斥に相対した。そして禅律はすみやかに体制化した。「新仏教」といわれる教団が正統性を主張する場合、法華宗や真宗が叡山や権門との距離から自己正当化を図ろうとしたのに対し、禅宗、律宗、浄土宗は、中華との関係を誇示した可能性がある。新仏教が大なり小なり本覚思想の影響下にある以上、教判で優位を保つには大陸最新のものとする必要があった。位牌、木魚、卵塔（無縫塔とも。『日本石材工芸史』）、唐宋音（看経＝カンキン、和尚＝オショウなど）、戒名（居士・大姉など）、師号（国師(196)）などの定型化はかれら禅律浄土宗僧による（鎮西派は廬山白蓮社に因む蓮社号を創始。前掲註（194）も参照）。禅僧が葬儀の次第書を大陸より導入した(197)。

また慶長九～十三年（一六〇四～〇八）刊『ロドリゲス日本大文典』（三省堂版）三巻は、仏教界を「聖家」と「禅家」に分け、書札礼の項で、さらに「遊行」または「上人」（他阿と浄阿）とよばれる坊主の一群を加える鼎立した分類を行なっている。禅教律の三分法では時衆は埒外の羅斎（道士や下級僧の意〔『東京夢華録』巻四〕）であり、「夢窓疎石三十三年忌佛事結解」（『黄梅院文書』一七〔『鎌倉市史』史料編三〕）に永徳三年（一三八三）十月一日「諸禪律僧尼寺十七箇所」に「藤澤」（清浄光寺カ）があり、律寺にも区分されていたようである(198)。後述『貞観政要格式目僧官』は、平安八宗に禅・浄土宗を加えた十宗を挙げたのち「宗外者時衆一遍衆一向無导光衆法華衆日連〔蓮〕衆日本衆新衆偏屈衆」と一遍と無碍光衆すなわち本願寺教団を一体視しつつ、全体の枠外に位置づけている。

顕密の寺院では寺家、寺僧といい、禅院では禅家、禅僧といい、律院では律家、律僧といった（ほかに寺院を教院ともいうが、教家、教僧とはいわないようである）。念仏や法華は「寺院」に含まれたが、時衆はどれにも区分されていない。

「僧尼令」体系は一〇世紀に崩壊する。[199]しかし私度僧や私寺を厳禁し、寺号公称を官大寺・定額寺に限る「僧尼令」の暗黙の規範が、遺制として中世にも生きる。[200]時衆・真宗が寺号を憚り道場号を用いたのはそうした背景があろう（青蓮院末の本願寺に道場号はない）。なおかつ古代では私称が特徴の上人号までも官許の体制に法橋上人位・勅号として吸収し、僧官は中世をへて近代の大教院設立により全宗派に敷衍され、現代では僧階として完全に定着している。経済機構としての官僧体制が権威機構としての体制に移行したのである。極端な比喩だが、（北陸の）初期庄園は律令制的土地所有の典型であったように[201]庄園公領制成立が必ずしも律令制崩壊といえないことに似るやもしれない。

新仏教が公認と独立をはたす過程で、勅額・勅願所、紫衣・香衣勅許、僧位僧官、師号・菩薩号・上人号勅許が指標となりえ、これらは共伴することが多い。勅額や祈願所指定も当初は国家祈禱への対価・報償から、のちに礼銭目的化し顕密地方寺院や新仏教にも波及し獲得したのであったが、[202]制札が寺院側からの要請に基づいて発給されたり、[203]勅許上人号[204]や僧位僧官[205]のようにのち買得の対象となり、天皇や仲介の寺社伝奏にとっては貴重な収入源となった。中でも門跡は新興勢力が経済力で手に入れる最高の権威であった。ただもともと禅律僧、浄土宗僧に僧位僧官の事例はない。[206]そこで「禪律淨之三宗專蒙之」（『諸宗勅號記』〔『續群書類從』第二十八輯下〕）と評せられたように師号が創出され寛正三年（一四六二）八月十二日付勅書で浄土宗鎮西派等熙に仏立慧照国師号が与えられたのである。[207]これは旧仏教に対して大陸由来の新しさをおしだしたのであろう。勅額・勅願寺などの伝承は信憑性に欠くものが多く、河原巻物と同系と捉えることも必要である。

実体としての新仏教成立の指標たりうるのは帰属意識と入門儀礼であろう。しかし史料があまりに僅少である。そこで宗祖遠忌の初見を各宗年表から瞥見すると、天台宗山門派は寛文十一年（一六七一）六月二〜三日まで叡山浄土院で八五〇年忌、浄土宗は永正八年（一五一一）正月十八〜二十五日まで粟生光明寺（『元長卿記』ほか）、同九年正月二十五日には諸山（『同』）で三百年忌が行なわれ、いわゆる「大永の御忌鳳詔」により「御忌」が法然遠忌の固有名詞化し、のち五〇年ごとの大師号追贈も慣例となる。時宗は元文三年（一七三八）八月総本山にて四百五十年忌（東山法国寺記録）以後不断、法華宗は永徳元年（一三八一）十月に六条本国寺（現本圀寺）で百年忌（同寺年譜。ただし諸山は天正九年（一五八一）の三百年忌からか）、真宗は永正八年（一五一一）十一月に本願寺で二百五十年忌（『祖門旧事記残篇』）[208]、曹洞宗は宝暦二年（一七五二）元轟黙山が五百年忌を修す。極論だが、祖師信仰は教団の初源期からではなく遠忌開始からであるとわかる。対して真言宗では承平四年（九三四）三月二十一日に高野山にて百年忌が厳修されており、死と遠忌初見の間が格段に短い。御影供へ発展し、毎月二一日の庶民信仰として定着することとなる。祖師信仰形成とともに、御忌や御影供が宗派拡大の手段となっていたことがわかる。

政治都市である鎌倉・京都への進出も新仏教創成期の特徴となる。特に法華宗は日蓮以来国主諫暁を旨とした。京都では日像が永仁二年（一二九四）四条に妙顕寺を建立して基盤とした。建武元年（一三三四）四月十四日付・尊治綸旨で勅願寺、同三年八月四日・二十三日付「足利直義書状」で祈願寺となる[209]。早い段階で京都に本寺をおいた時衆や仏光寺は貴族や都市民の帰依を受けて発展を遂げた。

『改邪鈔』で黒衣を捨て顕密僧の白衣を着することを説いた本願寺教団が、教勢を拡大しえたのは、時衆の包摂に成功したこともあろう。真宗と時衆は親和的であり、蓮如はより積極的に時衆のもつ特性を継受することに努めたようである。近世以降の毛坊主は、初期真宗に直接つながらない事例だが、半僧半俗で道場号をもち、中世後期に登場したのは[210]真宗に内在する聖の側面があろう。大橋俊雄氏がかつて定型化したように[211]、知識帰命（時衆）→同（「善知識だのみ」とも。真宗）、過去帳入り→名帳・絵系図、不往生→後生御免、踊り念仏→念仏行道といった形で、真宗各派に時衆の行儀が流入し相互に牽制している。さらに十一不二→十劫秘事、即便往生→一益法門・不拝秘事、他阿法語→蓮如御文、和讃→同、六字名号→方便法身尊号という項目もつけ加えておこう[212]。蓮如は一説に備後国鞆の津で生まれたという。その霊跡と伝える場所には現在、時宗寺院（のち遊行上人の命で本願寺と改名）があり、寺伝では蓮如の母は蘭弌房という住持であった。その伝承の元となったのは「わが母は（中略）備後にあるよし、四条の道場よりきこえぬ」（『空善記』）というように時衆の情報網に連なっていたためであろう。蓮如は、『本願寺作法之次第』によると（時衆らの用いる）墨染衣に復帰することを勧め、一遍の和泉式部済度を描く謡曲「誓願寺」を好んで口にしたという。

　柳宗悦氏は、一遍に浄土門の成熟をみつつも時宗優位を説くのではなく、「それらの聖人達（法然、親鸞、一遍＝筆者註）の差異を見るといふより、それが根から幹に、かくて葉に花に實に至る一連の動き」として捉えた[213]。こうした大局的な歴史観にたつと、柳氏の見方とは逆に、時衆が旧、ほかが新仏教である。すなわち律僧・時衆によって確立された葬祭仏教の基盤の上に、いわゆる新仏教が展開する形態をとっている。同じ浄土教の中にあって「行」を強調する良忠門流と「信」を重視する証空・親鸞門流、「信」を超越して「縁」のみによる時衆といった民衆への多様な教化をとりそろえることで、浄土教全体の底上げにつながった。越中国では時衆から鎮西に転宗する例が多く、他方、本願寺五代綽如の建立した真宗の古刹越中国井波瑞泉寺は初期に「時宗ヲチ」の尼が護持していた（『賢心物語』〔『富山県史』史料編Ⅱ[214]〕）。顕密の大乗・本覚思想から時衆の悉皆成仏をへて曹洞宗の死後成仏・受戒入位に変遷して葬祭が定着する。聖のような自然宗教を足がかりに、新仏教という創唱宗教が発展した形である。地域によっても新旧が異なり、常陸国では真宗・時衆が旧、新義真言宗・曹洞宗が新なのである。[215]『遊歴雑記』は武蔵国に真宗から天台・真言に改宗しつつ報恩講を行う寺院があるとし、[216]真宗が旧である。薩摩国では真宗より時衆が百年早い。初期真宗教団の横曽根・鹿島門徒が鹿島神宮祀官の家柄から発しているのもおもしろい。

門流が教団をへて宗旨となるのは、顕密の黙認と官許が大きい。八宗体制が正式に変革される一大画期は、豊臣秀吉による文禄四年（一五九五）からの千僧供養会である。[217]『言經卿記』（『大日本古記録』言經卿記六）同年九月廿五日条では「昔ヨリ八宗都ニ無之分有之間、新儀ニ先眞言衆東寺・醍醐寺・高山〔寺脱〕、・天台宗七十人、加三井寺三〇《十》人、・律僧・五山禪宗・日蓮黨・淨土宗・遊行・一向宗ヂ也」が加えられた。この事態を『義演准后日記』（『史料纂集』義演准后日記第二）慶長五年（一六〇〇）正月二十五日条は「アサマシキ次第」と嘆ずる。

第六節　旧仏教の庶民信仰――古義真言宗の事例から――

真言宗は旧仏教ながら全国に展開する。四国霊場が好例であるように一宗の宗祖に対する信仰が宗派を超え庶民化するのは弘法大師空海だけである。最澄らに大師信仰はない（あえていえば元三こと慈恵大師良源だがその信仰規模は空海におよばない）。史実と異なり各地を遍歴する空海像はおそらく高野聖が広めたものと考えられる（『増補高野聖』）。

死後まもなくより空海の廟所が神聖視され、[218]『今昔物語』は観賢が高野山奥の院で髭の伸びた空海に値遇するという説話を載せる。延喜十七～二十一年（九一七～二一）『三十帖策子』をめぐる争論で高野山内に異変があり、埋葬伝承が途絶して入定伝説が成立したものか。また空海『御遺告』もこれを解決した観賢によると推定されるので、[219]大師号宣下に尽くした観賢が鍵を握る。真言宗および東寺統制のために弘法大師信仰が宣揚されたとみられる。東寺庄園内には大師御影が祀られた。[220]摂津国垂水庄では「於二当庄内一可レ安二置申大師御影一之由久宿願仕之間立二草庵一可レ安二置申御影一也」（『廿一口方引付評定』三）、丹波国大山庄では仁治二年（一二四一）五月日付「丹波国大山庄請米注文案」（『東寺百合文書』や函四号）から大師堂があることがわかる。

事相優位の中、教相の「道場」と事相の「門跡」とがあり、東寺にはみるべき貴種入寺や門跡が院家として創設された痕跡がなく、鎌倉期以降醍醐寺・仁和寺などと立場が逆転し、例えば観智院杲宝は東密事相の中では庶流であったと指摘される。[221]こうした状況も庶民信仰化の素地といえなくもない。長者親厳による大師座像奉安や延応二年（一二四〇）西院御影堂にて御影供が始行される。[222]さらに『蔭凉軒日録』（『増補續史料大成』第二十四巻）延徳二年（一四九〇）閏八月二十一日条に東寺の「大黒」は「弘法大師一刀三禮彫二造之一。今日開レ之。貴賤男女競二詣之一」とみえ、『親長卿記』（『増補史料大成』第四十二巻）文明十七年（一四八五）四月十九日条に「七佛藥師」の一つに東寺が挙げられ、ほかに洛陽三十三観音にも含まれるなど（『撮壌集』〔『續群書類従』第三十輯下〕）。霊場は南北朝期以降成立カ）、[223]庶民が参詣できる霊場として確立していった。

『七天狗絵』東寺巻には中門で参籠するとおぼしき女性、南大門で鼓を打つ女性がみられる。『東寺百合文書』からは境内・門前にて手猿楽（長禄三年〔一四五九〕イ函一〇〇号）、茶店（応永十年〔一四〇三〕ケ函九八号、同十一年し函六一号）、曲舞（文明十二年〔一四八〇〕ち函二三号）などが行なわれていたことがわかる（『東寺百合文書を読む』『東寺百合文書にみる日本の中世』）。遊君を集めたり（同十八年や函五四号）、博打場が開かれていた可能性がある（同十五年『教王護国寺文書』九一七号）。喫茶には、西大寺末の伊勢国岩田円明寺や王服茶をふるまった空也堂のように、寺社特有の効能が謳われていた[224]。中世には「牛玉《ごおう》」その後「おふなごう」が配られていた[225]。

東寺の下僧らは妻帯し扶養家族がいた。たしかに醍醐寺にも『醍醐寺新要略』によれば妻帯僧の存在は確認できるが、規模が異なっていたようである。また寺領に商人・技術者もいて、境内周辺は門前都市・境内都市を形成していたと思われる[226]。当初かれら東寺関係者がもっていた大師信仰が、周辺に伝播していったのであろう。東寺は本来の意味での洛中にあり、都市民との関係が不可避であったことと無関係ではあるまい。東寺の〝下級職員〟らは建前上貧しかったが[227]、賽銭は寺家ではなく公人の得分であったし[228]、宮仕は給分が少なかったがなり手は多かった。『廿一口方引付評定』（ワ函三七号）応永二十九年（一四二二）九月三十日条では宮仕が祈禱の受けつけをし、『廿一口方引付評定』（ワ函七八号）文明十五年（一四八三）九月三十日条では宮仕が巡礼者に酒の提供や宿泊の仲介をしている。前記ケ函九八号（応永十年〔一四〇三〕四月日付「南大門前一服一銭茶売人道覚等連署条々請文」）には例えば二条目で茶道具を鎮守八幡宮の宮仕部屋に預けたとあるように商売人と下級職員とが交流していたことがわかり[229]、見返りも想定できよう。現代の新自由主義的政策による、公共機関での指定管理者や公設民営のような形で収益を上げていた。

こうした東寺庶民信仰で看過できないのは時衆の存在である。空海は「二仏中間の大導師」（『御遺告』）の生身仏であり、時衆信仰に親和的であった。七条大路周辺には時衆道場が多くその信者も集住していた[230]。東寺は寺内・寺辺から境内がなり、さらに門前町、巷所・散所拡大や寄進の増加で周辺をとりこんでいるから[231]、両者の接触は不可避であった。もっとも近い時宗市屋派では永仁二年（一二九四）歿中興作阿が「洛陽八条人也、（中略）東寺ノ別所橘姓中室善貞ト云人ノ子ナリ」（西市屋道場西蓮寺〈京都市下京区〉蔵『三祖別伝註』）とある。(232) 本寺の東七条・市屋道場金光寺文書（『古事類苑』宗教部三）によると、文明十三年（一四八一）六月十一日付で東寺納所乗珍法橋寿賢が金光寺に後生菩提の寄進をしているので、双方向での信仰があったのである。『廿一口方引付評定』（く函十二号）応永三十三年（一四二六）四月十二日条に「幸阿ミ寄進仏事年貢事、護国寺時衆、為百姓之間、催足之処、先々五百文也」とみえる護（其）国寺は藤沢・七条道場系列である。幸阿弥も時衆であった蓋然性が高い。八条院町などの散所・散在所領は六条大路より南、東寺に近接する地点がほとんどで、一四～一五世紀前半のその少なくない部分は時衆系の阿弥号をもつ人物であった。(233) へ函五五号建武元年（一三三四）文書にある「尼妙阿弥」とあるのは、阿弥号や尼に阿号を用いない藤沢時衆でないことを示している。時宗御影堂派（本寺京都五条御影堂新善光寺）はその名称の起源に諸説あるが弘法大師信仰によっていた蓋然性が高い。(234)

とはいえ東寺は国家鎮護―修法―講堂、大師信仰―祈禱―御影堂という機能分化がされていた。(235) 官寺が本質であり庄園経営が主体であった。富田正弘氏が指摘するように庶民信仰寺院としての過大な評価はできない。(236) 造営方勧進聖や「三聖人」とよばれる律僧系の勧進聖が寺内に設置されていたが、世俗から超然とした意味での聖であり庶民信仰の中軸である聖とはまったく隔絶していて、民衆とは無縁の宗教・経済活動を展開していた。

『弘法大師行状繪圖』十二巻は康永元年（一三四二）に成立しているが、絵解きに用いられた痕跡はないし、東大寺、法華寺、東福寺では庶民に開かれていた湯屋は東寺では閉ざされていた。(237)『観智院法印御房御中陰記』（『東寺文書』〈『大日本史料』第七編之三〉）によれば、応永五年（一三九八）七月、東寺観智院賢宝を時衆一阿（市屋）道場荼毘所狐塚で荼毘に附しているのはあくまで火葬のためで、葬礼に時衆は関与できず、康永二年（一三四三）聖無動院道我（『聖無動院道我仏事記』）と永和五年（一三七九）宝護院頼我（『宝護院頼我没後記』）は西大寺末不壊化心院、貞治元年（一三六二）観智院杲宝は東福寺内宝光院（『口決裏書』）、賢宝も唐招提寺末亭子院の沙汰、と禅律僧によっていた。『東寺執行日記』元徳二年（一三三〇）六月二十八日条所載「政所集會事書案」は「踊躍」「叫喚」する「一向専修群党」の治罰を謳う。『廿一口方引付評定』（天地之部二一号）応永二十二年（一四一五）九月二十三日条によれば「陵阿弥勧進之事、重歎申間、披露之処、凡寺領之内立道場事、不可然也、堅可加下知」として、陵阿弥なる人物が道場建立をもくろみ、阻止されている。各宗派の概要にふれた『貞観政要格式目』は、応永八～十七年（一四〇一～一〇）までの間にあまり教養の高くない東寺関係者が執筆したものと分析されている。藁履作り、坪立、絃差、渡守、山守、革作り、筆結、墨子、傾城、癩者、伯楽らを卑賤視している。(238) 対する高野山では応永二十年（一四一三）「高野山五番衆契状」（『大日本古文書』家わけ第一・高野山文書之一）が時衆系高野聖の排除を全面でうちだせなかったのは、かれらの営業により寺僧にも利得があったからであろう。それは高野山が京都から遠隔の山嶺なので宣伝を要するからでもあった。(239)

東寺における庶民信仰の経済動向は大別して散在所領と賽銭に看取できる。光明真言講は光明講方、散在所領は廿一口方という寺僧の得分であった。『東寺過去帳』から西谷正浩氏が散在所領寄進者を分析したところ紛争解決のための上分寄進を除き一四～一五世紀の大部分は東寺関係者であり、さらに一五世紀は九割が関係者で占められ、寺側はあくまで庶民に対し受動的であったことが指摘されている。(240) 光明真言講についても『光明真言現在帳』を分析した馬田綾子氏によると長享元年（一四八七）までの巻一で六四〇人中四七・六六パーセントが庶民と思われる人々、同じく文明十七年（一四八五）～天正三年（一五七五）の巻二で三四八人中六八・六八パーセント、天正二年～万治二年（一六五九）の巻三で二八九人中六六・九パーセントとしている。[241] また一五世紀の出行講衆や結縁者の数の分析を併せても、[242] 時代が下るにしたがい一定の割合から漸増しているわけではないし、最盛期でも三割が寺関係者というのは、信仰主体が寺内にあることを示している。『宗教年鑑』平成21年版では真言宗東寺派九一・東寺真言宗一四一に対し、高野山真言宗三五七二、真言宗智山派二九〇一、豊山派二六三五箇寺であり規模の桁がちがう。相対で高野山や新義系より少ないのは、東寺が広範な展開に消極的であったことを示す（ただし真言宗寺院では、中世と近世以降で本寺が変わることはよくある）。醍醐寺・仁和寺のような貴顕寺院にも徹せられず、さりとて権門寺院としての矜持から高野山のような聖の結集も拒否した巨刹の行き着いた姿であったのだろうか。

第七節　新仏教の成立とその背景

仏教の広範化には律僧とともに時衆をはじめとする念仏聖の活動が寄与したものと考えられる。律僧については細川涼一氏をはじめとして研究が厚く、[243] 時衆については本書の責としてきた。

時衆は貴顕衆庶を問わない支持層を有していた。奥羽で政治・宗教的人脈と都鄙往来を重宝された臨済宗・時衆、領内平和・鎮護調伏を期待された真言宗が、両探題や京都御扶持衆により体制化が図られ、[244] 都鄙間交流で南九州でも時衆が重用された。中世前期には佐竹、最上、島津などが時衆を菩提宗としていた。庶民信仰としても中世に定着をみた時衆は、やがて『満濟准后日記』（『續群書類従』補遺一・満濟准后日記(上)）応永二十一年（一四一四）五月十一日条の遊行上人による斎藤実盛の亡霊済度にみられるように〝権力による民衆に対する宗教装置〟として機能した。

『満濟准后日記』応永三十四年（一四二七）正月二十三日条によれば満済は洛中の時衆御影堂で触穢を懸念し、南北朝期以来の時衆檀徒であった堀田家では貞享元年（一六八四）刺殺された大老正俊を改葬する際に「時宗へ葬りてハ、上への聴へもいかゝといふ事にて」（『天保校訂紀氏雑録』十二〔『千葉県史料』近世篇佐倉藩紀氏雑録〕）離檀したように（しかも一方で堀田家は時宗との関係を清浄光寺や日輪寺で近年まで続けていた）、辻善之助氏によると『天保武鑑』所載二六六大名中で時宗を菩提宗とするものは皆無という。[245]『祠曹雑識』（『内閣文庫所藏史籍叢刊』八巻祠曹雑識(二)）巻四十によると、文化三年（一八〇六）幕府寺社奉行が「茶筅」（中国地方にみられる被差別宗教者）に関連して空也堂について諸宗の寺院に問い合わせたところ、帰属先に関する回答は「知恩院配下」「天台宗無本寺」など二転三転[246]、なぜか空也とはまったく関係のない時宗霊山正法寺の塔頭となっていたことが判明している（空也堂は一八七一年民部省に提出した書上で自らを「時宗」と明記）。たとえば阿（弥陀仏）号は、浄土宗鎮西派の場合、璽書（修行の段階）を受けた僧侶のみが附し（西山派においては、現在では偽書に基づく近世以来のものであるが当麻曼陀羅に関する秘伝の伝授「曼陀羅相承」を受けた者が名のることができる）、既出『浄統略讃』によれば辨阿辨長・然阿良忠のように初期教団には阿号の人物がいたが、藤沢時衆で沙弥にいたるまで阿号を用いることと区別するために定慧が誉号を導入したという。[247]井上鋭夫氏は、信仰する対象仏が階層と対応していることを示唆している。[248]この説を承けると、西大寺流律宗が自分たちは釈迦を信仰しつつ斎戒衆には阿弥陀、非人には文殊といったように、一段低い信仰対象を与えたとみることもでき、律宗信者における阿弥陀仏号という一見して教理とは整合しない仏の信仰にも納得がいく。時衆における阿弥陀信仰に対する地蔵信仰もそうかもしれない。一説に平田篤胤が述べたという「天子天台、公家真言、公方浄土、禅大名、乞食日蓮、門徒それ以下」の成句[249]は、宗派のもつ階級性を端的に示している。[250]この中で法華宗・真宗は天台に、禅律および浄土宗は中国に起源を求めていたが、時衆はまったく異質であった。

中世の正統と異端の対立軸は触穢であったとみるべきであろう。時衆に重複する被差別民の始祖「利阿」（近世関東チョウリ）・「志阿弥」（近世畿内オンボウ）、藤沢道場清浄光寺の旧別称「癩病寺」、『満濟准后日記』御影堂新善光寺の「羅齋者」[251]、前掲『天保校訂紀氏雑録』「上への聴へもいかゝといふ事にて」、時宗寺院檀家のエタ[252]、といった事項から〝穢僧―穢寺―穢宗〟（穢宗は筆者の造語）という模式を構想することも可能である。河原巻物は近世中葉以後の成立が主だが、時衆での縁起類は中世の例もいくつかみられる。中世的仏神観念の消滅により、造作の背景に〝脱賤〟があったとみられる。新仏教はもともと中世縁起が多くはない。勧進を行なわない真宗はともかく、時衆は顕密寺院の唱導ないし葬送部門担当（東寺、寒河江慈恩寺）のため、時衆道場そのものが霊場となることは稀であり、独自の縁起を必要としなかったのか。とはいえ、時衆は体制化する過程で、殺生禁断思想に対峙しえた殺生仏果論を充分に摂取することができず、時衆の民衆化は貫徹されず―あるいは意図的に貫徹せず―に終わり、むしろ真宗に継承された。一向一揆はその精華の一つであり、『愚暗記』に描かれる門徒こそ真の一向衆といえる。

律僧・時衆は中世後期には衰微をはじめる。遊行・賦算・踊り念仏の三大行儀が衰退していく。遊行は遊行会下に限定され、賦算も法主級のみとなる。踊り念仏は見世物をへて能の動きと合流する。時衆が行なってきた平将門や斎藤別当実盛に代表される怨霊・亡霊済度が、近世に曹洞、浄土、真宗の手に奪われ[253]、火葬場経営も京都の七条道場を例外として江戸では時宗を除く諸宗が踏襲していく。

なぜ仏教が庶民信仰に転じたのか。王権・国家仏教の古代から、庄園公領制の時代をへて、近世幕藩体制によって仏教浸透が完遂する、という帰趨をたどる日本仏教や、葬式仏教・肉食妻帯の背景を知る上で、仏教史のみの発展段階論は意味をなさないと思われ、社会変動と連動させ下部構造に上部構造が照応する社会経済構成体の観点に基づく歴史学研究も依然として不可欠であろう。[254] その作業の一環として、新仏教がどう形成し、中世社会にいかに受容・支持されていったのかが看取できる。これは思想史学・宗教学的に、ある抽象的な概念（例えば親鸞教学）の変遷を追う前提としても、必要な工程である。

上部構造としては、寺院社会の世俗化により国家仏教に飽きたりず、本覚思想や融通念仏思想、大乗仏教における「下化衆生」（『倶舎論記』）、「自利利他」（『大般若波羅蜜多經』）、「自信敎人信」（『六時礼讃』初夜讃）の動きが具体化してきたことがあろう。超体制仏教の中でも小乗にとどまるか否かの分節点になるように思われる。思想の濫觴が平安期の末法思想にあり、すでに円仁が念仏を伝え、義空により禅宗も入っていた。[255] したがって新たな需要が鎌倉期に興ったとみられる。

下部構造としては、官寺民営化が庶民化の背景といえる。良民の半分が僧となるといわれ（『老松堂日本行録』）、民衆が官寺・定額寺の潮流である八宗体制の中に滲入して寺院社会が大衆化し、古代末には寺入りとして上層農民が寺僧になったり、[256] 官寺・定額寺に設置される別当、執行、坊官などは世襲であり、世俗の論理が寺内に存在した。伸張する悪僧とともに破戒公然化の起源でもあろうか。肥大化した顕密仏教界が、王朝国家の分解で寺院経済が臨界に達し、新たな展開をみせたのが新仏教の創出にいたる社会背景とみられる。[257] 摂津国箕面寺（大阪府箕面市、現本山修験宗瀧安寺）、勝尾寺（同市、現高野山真言宗）、出雲国鰐淵寺（島根県出雲市、現天台宗山門派）では聖の別所が鎌倉初頭に顕密末寺化している。[258] 顕密体制が庄園制に依拠するため、その変遷と軌を一にした。このように宗教活動を経済活動に置換して考えるのも有効で、例えば下級僧の死穢を厭わない合理主義は、渡世（生業）のための切迫した現実性によろう。[259]顕密寺院本体も庶民信仰への展開にのりだすが、[260]例えば京都の浄土宗鎮西派知恩寺、阿弥陀寺、西山派誓願寺は墓地経営にいそしんでいて、[261]同じ鎮西派（京都浄福寺）のほか地方では臨済（美濃国）・法華（法華宗備前国牛窓本蓮寺）が一六世紀墓地経営により寺檀関係を成立させている。[262]山門が新興教団を抑圧したのは一面で〝賭場争い〟の観もある。[263]山門も新興教団も、手段が目的化することで、「葬式仏教」がやがて侮蔑の記号となることとなる。社会の側でもイエの成立などの受け皿が整いつつあった。[264]各地に建立された新善光寺の信仰も、本山に断りなく別院を自称しているようなものであり、新仏教の〝営業手法〟〝新商法〟の一環ともいえる。

一方で仏教界では世俗化に対する抵抗も根強かった。中世前期の西大寺律宗、後期の真盛、近世の浄土律（含捨世派）、天台宗山門派安楽律、真言律、真宗律、融通律と継起的に興律運動が発生する。この中の捨世派は官僧からの遁世という形態をとった。[265]

仏教とは四諦八正道に代表される、思惟的・内省的な哲学と行動原理であったが、日本では全体においてそのようにならなかった。日本宗教の特性は現世利益の追求にある。それは導入時の古代からであった。[266]また輪廻を説く葬送は仏教において論理矛盾であり、もともと無関係である。しかし浄土教は別であり、来世・彼岸の教説が主眼であった。それが密教からは呪術性を伴う光明真言土砂加持、浄土教からは臨終行儀などにより、やがて葬式仏教の基礎となる。宗教者は、さまざまな口実を設けて仏事を増やし、収入の増加を図った。中陰仏事、年忌法要、月忌・祥月命日（月参り）、盂蘭盆会（棚経・地蔵盆）、彼岸、御影供・報恩講・御会式、縁日などである。近世には『御触書』の偽作すら行なわれた。[267]戦後定着した水子供養の萌芽は、近世後期の風俗産業従事者とその菩提寺に窺え（新吉原近くの東京都荒川区、浄土宗鎮西派浄閑寺〔投げ込み寺〕過去帳）、国家のうしろ盾を失った神社が、神前結婚式を利用した

のも知られるところであろう。(268)

このように、宗教行事は宗教者が消費者である貴顕衆庶に提示することで定着する側面もある。一方で、需要がないところには、いくらもっともらしい宣伝をしても受け入れられるものではない。宗教者が習俗を規制しうるか、逆に宗教者が習俗を摂取したのか。前者の例は真宗の火葬・無墓制くらいであろう。「国民のレベル以上の政治家は生まれない」という成語と同じで、宗教家の道義性や教化に過大な期待をもつのは意味がないことである。このように日本仏教史をたどると、権門という経済主体における一つの sector（部門）としての寺家の姿が彷彿とする。安心《あんじん》という service の需要と供給という経済活動である。また寺家からこぼれ落ちた層が弘通という営業によって販路を開拓する過程もみえてくる。「宗教経済」というべきものであるが、それのみならず上部構造として文化・思想を形成したという多面性をもつ。このことに拍車がかかったのが中世であることを本章ではつまびらかにした。背景には王朝国家の解体や貨幣経済の進展、都市の成立、交通網の発展などといったものが考えられるが、本書ではその前提を提供するにとどめる。

おわりに――中世時衆凋落の背景――

時衆は中世社会で階級を問わない非常な勢力を有していたこと、そしてそれにより日本仏教の庶民化が可能となったことを本書第一部第一章でまず措定した。そこから時衆研究において、①「時衆」の科学的な定義、②時衆が中世社会において有した機能、③時衆が浸透する過程・形態、④時衆の教勢の消長とその背景、⑤時衆が仏教庶民化にはたした役割り、といった問題設定を導いた。

ここまでで、①と②について第一部で分析を行ない、③に関しては、第二部で都市部二箇所（摂河泉および京都）と農・山村二箇所（常陸および出羽）、霊場としての信濃善光寺を抽出して吟味し、全体の傾向を把握しようと努めた。④⑤については第三部を通じて明らかにした。本節では④のうちまだ言及していない部分について追補し、本論を閉じたい。

時衆の弘通形態については大きく三つに分類できる。東国では旧水戸藩領での事例のように農村部を中心に面での展開をみせ、檀越は在地武士が少なくなかった。奥羽の農村部にみられる一向俊聖教団は、檀越に武家はあまりみられず、善光寺信仰にのっかって入りこんだそれに対し、西国では堺や尼崎のように都市部・港湾部、府中を中心に点で展開し、檀越は商工業者であったり伝わっていないことが多い。京都における時衆各教団の目ざましい活況も、これに準ずるものといえよう。この二極分化は―もとよりきわめて雑駁であり例外も少なくないが―諸国に道場をもつ藤沢道場系時衆にとどまらず、四条道場系時衆、霊山時衆、出羽から近江にまで拡散する一向俊聖教団も同様の模式の中で論ずることができる普遍性をもつ型であった。

大橋俊雄氏は『時衆過去帳』の遊行十五代他阿尊恵が在位十三年（一四一七〜二九）で僧三二九五名、尼二五三四名の記載なのに対し、二十代他阿一峯になると在位三年（一四九五〜一四九七）で僧一人のみになってしまうことから、尊恵を頂点に衰退していくとした[269]。赤松俊秀氏の論を踏襲する形で[270]、これをもとに時衆から真宗へ移行する模式を命題化した。

たしかに気がつくかぎりでも東京都世田谷区・浄土真宗本願寺派妙祐寺（時宗渋谷円証寺）、福井県越前市・真宗大谷派円徳寺[271]、同市・本願寺派定友唯宝寺（寺伝）、愛知県碧南市・大谷派道場山精界寺（時宗清海寺）、同県刈谷市東境町・大谷派泉正寺（正平七年〔一三五二〕俣野入道〔遊行四代他阿縁者呑海カ〕により道場創立。天正年間〔一五七三〜九二〕改宗）、広島市中区寺町・本願寺派圓龍寺（時宗蔵満院から応仁ころ〔一四六七〜六九〕転ず）、同区寺町・本願寺派徳応寺（時宗立蔵坊から永正ころ〔一五〇四〜二一〕順専によって改宗）、同区寺町・本願寺派超専寺（天文年間〔一五三二〜五五〕）、同区立町・本願寺派誓立寺（甲斐国より）、同市西区・本願寺派西楽寺、大分市長池町・大谷派善巧寺塔中称名寺（「称名寺ハ、其初メ時宗ニシテ」〔『雉城雑誌』〕）と枚挙にいとまがない。ただし、真宗のみならず、禅宗に移行していく例もあった。一遍の一族にあたる伊予国河野通盛には、南北朝期、遊行上人の仲介による鎌倉建長寺をへた禅宗寺院（愛媛県松山市・現臨済宗大徳寺派善応寺）建立譚が遺っている。伝承自体は後代の仮託とされるが[272]、その内容には注目できる。安芸国小早川氏は中央での禅宗隆盛に合わせて一四世紀前半には時衆信仰を棄てたらしい[273]。ほかに千葉県君津市・久留里正源寺（天正十五年〔一五四六〕）、同県長生郡長南町・千田称念寺（元和年間〔一六一五〜二四〕）、大分県宇佐市・芝原善光寺など浄土宗鎮西派に転宗したものや、京都府宮津市・日蓮宗妙立寺（天橋立道場万福寺）、秋田県大館市・曹洞宗宝田寺（ただし近世にみられた名跡の名義貸しカ）、東京都品川区・黄檗宗南品川大龍寺（時宗東光寺。元禄十六年〔一七〇三〕）など転宗先は幅広い。近世の転宗も複数みられる[274]。もっとも、時衆が新仏教の基盤を形成したという本書の到達点からいえば、転宗先は特に拘泥すべき問題ではないのかもしれない。

本書でしばしば例示した柳宗悦氏による、浄土教における法然、親鸞、一遍の内的発展という見方は思想史学上にいいえて妙である。歴史学に敷衍すれば、律僧→時衆→真宗ほか新仏教、という巨視的な図式に等置できる。東国では茨城県つくば市周辺で律宗三村山極楽寺と時衆道場の重層がみられる（創建年代比較ほか）。時衆は、律僧と「競合」したというが、時衆に中世前期に競合するほどの実体も教旨もなく、競合関係よりも前後関係で捉えるべきであろう。またこの図式は、畿内の一部では、律僧→融通念仏宗という変遷に等置でき、八尾や富田林のごく狭い空間の寺内町では近世、融通念仏宗は真宗と侵蝕し合った[275]。

時衆は律宗を承け、さらに真宗・浄土宗（すなわち新仏教）との間に立ってつなぐ役目をもっていたといえる。厳密にいえば、「時宗から何々宗へ転宗」という近世以降の概念で説明するより、飛騨→越中国八尾聞名寺[276]など北陸での事例は真宗と未分化な「一向衆」、越中[277]や信濃[278]の藤沢時衆、南関東の当麻派では浄土宗鎮西派と未分化な「浄土宗」（遊行七代他阿託何『器朴論』）であったものが、宗派確立の過程で分立していったというべきではあるまいか。実際、当麻無量光寺の系統は、中・近世を通じて一貫して鎮西派と一体化し、近代になって時宗「遊行派」に帰属することを不承不承、諒解したのである。

綣《へそ》仏眼寺（滋賀県栗東市）が大宝神社の宮座に属していたことを第一部第三章で示した。宮座を経由した民衆との結合は古く大橋俊雄氏が指摘したところである。柏原祐泉氏は、四条派の中本寺であった木之本浄信寺（同県長浜市）の近世文書から、同寺末蓮台寺「寄」が真宗門徒と重複することを挙げ、「遊行性の強い時衆から農村の物的結合と密着した真宗へと推移」したとする[279]。物的結合の着目は大変重要だが、遊行性を根拠に時衆の脆弱な教勢を理解することは必ずしも適切ではあるまい。史料から具体的に中世の民衆との関係がたどれる菅浦阿弥陀寺（同市）をみてみよう[280]。同寺は文和二年（一三五三）天台宗より改宗したと伝え、菅浦庄の惣寺であった。かの『菅浦文書』に多数の阿号の人名がみえるように、住人の多くはその影響下にあったとみられる。菅浦には阿弥陀寺とその末寺以外に禅宗、真宗、真言宗など八箇寺がひしめくが、それらに属する檀那は、帰属寺院に拘わらず時衆を信仰していた。その上で、阿弥陀寺の寺院経済はすべて惣から支出され、阿弥陀寺塔頭の庵は惣の意志決定に委ねられていたのであった。菅浦庄は隣の大浦庄との堺争論で知られるが、その過程で強まる惣の結束と、惣寺としての時衆道場との関係により、強固な信仰が構築されたのである。こうした農山漁村の共同組織にうまく連携できたからこそ、他宗に侵蝕されずに延命できたものと考えられる。この事例は『菅浦文書』が残存したこの地域特異の事情にもよろうが、おそらく中世では他国でももう少し広範にみられたとも思われる。惣村が発達した近江国における似た事例としては、甲賀衆の神宮文庫蔵『山中文書』中、永正十七年（一五二〇）閏六月十日付「時衆惣徳政落居契状」[281]における署名は「時衆の惣」であり（六名の連署には「浄阿ミ」もあり）、文字どおり時衆による惣村が成立していたことを示す。ただし甲賀郡に時衆寺院はみられない。近世・近代をへてなお現存する菅浦阿弥陀寺はむしろ特殊事例なのである。

なぜ特殊なのか。松本学氏は越後国における時衆の展開を『他阿上人法語』『時衆過去帳』などから鋭く読み解いている[282]。それによれば、『時衆過去帳』に頻出する「〜衆」とは、道場に属する武士層（含家臣団・一族）であり、他方で「〜衆」でくくられることのない市場・町場に展開する商工業者を擁する道場とはそれぞれ別個に存立したという。つまり同じ越後国内で活動しながら、檀越の構成が異なる道場同士は横のつながりを欠いていたとみられる。しかも都市部の道場は都市民を信者に抱えつつも、うまく組織化できていなかったという。一方遊行上人ら時衆上層部は教化について特に指導を行っていなかったとも指摘する。さらに松本氏の分析からは、農村部もまた未組織であったことも附加できる。また埼玉県八潮市に「奉善光寺時供養結衆」と刻んだ大永八年（一五二八）板碑[283]は広義での時衆といえることを本書第二部第三章で示した。こうした結衆は日待講・月待講・庚申講と女人講で共通する講であった。しかし中世時衆教団が、講を組織化できた痕跡はあまりみられない。こうした強固な基盤を欠如したところにもろさがあるのではないか。事情は、時衆寺院での踊り念仏の衰退とも重なる。対して本願寺教団は蓮如期以降、教団を挙げて道場を拠点に「講」を設ける戦略を採り、それが拡大の要因となったのであった。都市では、多数を占める流民は地縁・血縁が弱く、葬送などにおいて講組織を必要とした。真宗、法華宗はかれらを「正客」（対象）としたが、時衆は信者獲得の方法論を確立していなかったようである。すなわち時衆は成りたちからして聖としての多様性を内包するがゆえに本質的に無秩序であり、爆発的に拡大することはできても、計画的に浸潤していく方法論がなかったのではないか。それは比較的態勢が整備されていた藤沢時衆とて例外ではなかった。

さらに京都大学総合博物館蔵・応永四年（一三九七）十二月付「汲部・多烏両浦百姓等言上状[284]」には、「西の京の御時衆」が若狭国の両浦（福井県小浜市）で押妨を働くさまが訴えられている（ただし時衆に「御」をつけた表記は中世史料でこれのみであり、若干要検討）。越前国の時衆寺院には一向一揆と敵対していた伝承も遺されていた。これらは民衆宗教の性格に背反する逸話である。

以上、教団組織・弘通形態から時衆教団の拡大・維持に限界があったことを挙げた。次に教理の面から時衆とその教団のもつ限界をみてみよう。

一遍が金言とした「捨ててこそ」（『一遍上人語録』巻上「興願僧都、念仏の安心を尋申されけるに、書てしめしたまふ御返事」）から、一遍には〝捨てる〟思想があるという。浄土教を徹底した思想とされているが、一切を〝捨てる〟ことは逆に阿弥陀仏が何でも〝拾ってくれる〟（他力）ことであり、宗教としての節制・抑止の倫理を薄めることになった[285]。一遍が死の直前著作を燃やしたこと、「一代聖教みなつきて南無阿弥陀仏になりはてぬ」（『一遍聖絵』第十一第四段）という言葉も、思惟を避ける宗風の素地となった。さらに敷衍するのならば、『一遍聖絵』第三第一段における「信不信をとはす」という熊野権現の神勅は、宗教において必須・絶対不可欠な信心をも〝捨てる〟ことになってしまった。不信心の容認は、文化としての流布においては障壁をなくしたが、教団拡大に大きな支障となったはずである。当然、一遍を承けた他阿真教は不信心思想を広めようとしなかったが、真教教団においても熊野権現は重要な位置を占めたし（『奉納縁起記』）、真教教団の聖典である『遊行上人縁起絵』巻一第二段にも「信不信を論せす」として引き続き登場している。時衆教団草創段階ですでに内部に大きな自己矛盾を胚胎してしまった。[286]

また一遍死歿に際して解散された教団を遺命に反して他阿真教が再結成したことも矛盾を生ずる原因となった。一遍教団の調声でしかなかった真教は、求心力をもつために知識帰命戒を創設した。本願他力からは逸脱といえるものであった。その余波は法名にみられる。時衆が法名とする阿弥陀仏号は、当初、地獄に堕ちたときのいわば保険であった。[287]それが一遍のころには衆生自らを阿弥陀仏そのものとする教義が生まれ、これが時衆が民衆信仰でもある所以といっても過言ではない。しかし真教教団では阿号をもつ者を阿弥陀仏と同体とする解釈が変化し、知識帰命の関係上、真教（のみ）を阿弥陀仏の使者・代官とみる見方が公然と流布されていた。[288]つまり本来阿弥陀仏号を名のる者は阿弥陀仏を含めてすべて対等な位置関係であったのが、同じ阿弥陀仏をもつ他阿真教とそれ以外の者とに格差が生じたということであろう。やがて他阿上人は阿弥陀仏と同体という位置づけとなっていく。また時衆の入門儀礼に「白癩黒癩」文言を入れた癩者蔑視、階層ごとに座席の異なる『遊行上人縁起絵』の尾張国甚目寺での描写なども、一遍時代とは大いに懸隔を有するものであった。

教団草創期から、これら不整合や矛盾を抱えることになってしまったのである。他教団で停滞期にしばしば惹起される〝宗祖に還る〟宗教改革も興らなかった。真宗における「妙好人」（篤信の門徒）のような存在も史料にはみられない。

とはいえ、時衆が歴史にもつ意味は、寺院数の消長の延長で語ることはできない。教団の上層部と下部信者層には志向の差異があることを第三部第一章で指摘した。踊り念仏はすたれていったが、反比例するごとく、盆踊りは日本の基層文化として定着したのである。法話による弘通を得意とした真宗も、アメリカ開教で成功した要因は盆踊りであるらしい。(289) 舞踊や歌謡がある意味をもちつつ文化として根づくのは自由民権運動の演説歌から派生した演歌や、学生運動期のうたごえ運動などにまでみられる。こうした特質による、時衆を介在した文化の広範な展開を「時衆文化(圏)(290)」として定義することができる。さまざまな行儀に基づき、組織ではなく文化として中世社会に入りこんだのである。明恵房高辨は建暦二年（一二一二）『於一向専修宗選択集中摧邪輪』（『日本思想大系』15）で、法然浄土教を菩提心を撥去していて仏教にあらずと非難し、現代でも秋月龍珉、袴谷憲昭氏の日本仏教批判は同様の見地にある。新仏教の戒律軽視（無視）、葬送関与、現世肯定などは時衆によるところ大であるといえる。もとより時衆が関与するすべてを時衆文化として時衆を主人公に理解するものではない。例えば板碑は全国に分布し、造立には時衆の深い関与が想定される。けれども時宗寺院である府中長福寺（東京都府中市）の大量の板碑群が時衆名号に依らない点をみても、時衆が板碑伝播の主役というより、板碑文化を時衆が利用した、とみたほうがより正確であろう。特に板碑（武蔵・下総以外にも徳島県・阿波型板碑ほか各地）、善光寺信仰、ヤグラ（鎌倉・房総以外にも宮城県宮城郡松島町・瑞巌寺ヤグラほか各地）は分布する地域としない地域の確然とした差があり、鎌倉武家政権文化である限界をみてとるべきであり、時衆がそうした文化に便乗したものと推定したい。その上で、時衆は名号書体・阿号を独占し、葬送儀礼を推進し、踊り念仏や阿号や女性法名一房号に仏典からの典拠を与え、遊行聖のもつ流動性と柔軟性のゆえに、中世、自由闊達な活動を展開したのである。こうした動向は、下層の禅僧に対する前掲註（53）の原田正俊氏の言を、時衆におきかえてもっと評価してよいことであろう。

時衆文化の伸張を示す一例として阿（弥陀仏）号がまずうかぶ。網野善彦氏が要津・要港・国府などに集う時衆から、『東寺百合文書』をもとに一四世紀の若狭太良庄、備中新見庄に阿弥号を多数みいだしている。いずれも非農業民かという。(291) 世阿（世阿弥は同時代用語ではない）『申楽談儀』（岩波文庫青1―2）には「法名」「還俗」といった語がみえ、これを号することは宗教行為であったことがわかる。石田善人氏は菅浦のさまざまな法名をとおして、それを名のることを「入道なり」とよび、戒師により剃髪し、簡単な酒宴が設けられたと推定している。(292) ところが宗教行為が儀礼をへてやがて世俗化した習俗となっていく。法華宗の人もいたり、遁世の印象が薄められていく。(293) 御伽草子・奈良絵本には、例えば『猿源氏』に「南阿弥陀仏」が出てくるように、阿弥陀仏号、阿弥号の登場人物が非常に多い。東京国立博物館蔵『鼠の草子』（『鼠権頭草子』。『室町時代物語大成』第十）、サントリー美術館蔵『雀の草子』（『雀さうし』）、『餅酒歌合』、『賢学草子』『十二類合戦絵巻』などの庶民を題材にした語り物に頻出する。ただし俗化したとはいえ、『満濟准后日記』応永三十四年（一四二七）十二月二十五日条「遁世者陽阿」や『經覺私要鈔』長禄四年（一四六〇）十月十二日条の遁世者「弓阿」など、周縁的宗教者の代名詞として生き続け、近世になってもなお同朋衆は剃髪していたような名残りを遺した。

こうした世俗化の中で、破戒から無戒へと、周縁に拡散する一向衆に求心性をもたせるべく、時衆は知識帰命、真宗は親鸞教学により粛正を図る。顕密体制論での低評価につながる民衆奴隷化の一例として挙げるとすれば、知識帰命に反した者に下される「不往生」（藤沢時衆法主が往生を取り消すこと）であろう。しかしもともと一遍は「地獄をおそるる心をも捨て、極楽を願ふ心をも捨て」（『一遍上人語録』巻上「興願僧都、念仏の安心を尋申されけるに、書てしめしたまふ御返事」）と堕地獄の恐怖を煽ろうとしなかったし、室町期、『時衆過去帳』から不往生は消え、堕地獄を説かなくなる。法名についていえば、藤沢時衆は、『七條文書』応永十九年（一四一二）七月廿三日付・遊行十四代他阿太空書状で「一、所々道場贈名字ノ事」や「一、時衆十五已前本名字ノ事」を停止、同十三代他阿尊明も年未詳七月十七日付書状で一五歳より前の阿号を禁止し、むやみな法名の自称・贈与を規制しようとしていた。このような時衆文化の定着は、時衆教団内部から教団上層部が好まない傾向を増大させ、ゆるやかに自壊させる効果もあったのである。

そしてその自由さゆえに、強固な教団組織をもつ諸宗の勃興にともない、先述の軟弱な教団形態・自己矛盾をはらむ教理の内在も相まって、時衆は衰亡することになった。そこには本書第二部第四章で述べた中世的観念の変化や本章前節で述べた蔑視の生起もまた影響していた。時衆が中世社会から負の機能を担わされたことで、差別を受けるようになってゆく。時衆の寺社縁起は河原巻物との親近性がただよい、阿号・阿弥号が被差別民の記号へと変化する。真宗や法華宗にとってかわられる情況の裏には、時衆への差別進行があったとする見方を支持したい(294)。室町期には『長祿二年以來申次記』（『群書類従』第二十二輯）、『殿中以下年中行事』（同）などによると、室町幕府や鎌倉府には四条時衆や七条時衆などが年始参賀や葬礼出席をしていた(295)。対する真宗はそうした儀典に与ることはなかった。しかし近世になると、時宗寺院を菩提寺とする大名家が皆無となるように、立場が転落する。江戸末期に清水寺成就院のことを記した『成就院旧記写』が、成就院初代の時衆聖「宣阿」を「宣亜」と改変したのは、差別観の露呈ではないか、と下坂守氏はみている(296)。

近世になると中世時衆が得意としたものは、おもに浄土宗鎮西派に奪われていく。鎮西派が武家の菩提宗としての側面と同時に、庶民信仰としても定着し、時衆が得意とした場面で浄土宗鎮西派僧が活躍する。顕誉祐天（一六三七〜一七一八）による怨霊払い、無能こと良崇学運（一六八三〜一七一九）の遊行、号誉徳本（一七五八〜一八一八）による遊行・六字名号の配布、である。無能は藤沢派との関係が窺え、[297]出自の名越派が善光寺信仰や一向俊聖教団と重層することは第二部第五章で指摘した。徳本は当麻無量光寺に立ち寄っていて、のち当麻五十二代他阿霊随、五十六代他阿至実による名号碑造立活動[298]に影響を与えた。江戸五三昧とよばれる火葬場群の中にも鎮西派寺院はあったが、時宗寺院は一つもなかったのである。[299]

〔註〕

（1）奈倉哲三「招魂　戊辰戦争から靖国を考える」『現代思想』8月号［第33巻第9号］（青土社・二〇〇五年八月）。死者供養は生得観念でなく、特に戦歿者慰霊は仏教の史的展開を承けて近代国家が同社で特異化したものである。

（2）佐々木馨「日本人はアイヌを改宗したか―信仰と地域の関わりを問う―」『日本佛教學會年報』第六六号（日本佛教学会西部事務所・二〇〇一年五月、のち「幕府の蝦夷地直轄と蝦夷三官寺」と改題し佐々木『北海道仏教史の研究』北海道大学図書刊行会・二〇〇四年二月に所収）は近世最末期にアイヌへの浄土宗開教を指摘。知名定寛『琉球仏教史の研究』琉球弧叢書⑰（榕樹書林・二〇〇八年六月）によると琉球では、ニンブチャー、チョンダラーによる葬送儀礼と芸能の導入があったが、王府の勧進行為の禁止によって歯止めがかかる。池宮正治『沖縄の遊行芸　チョンダラーとニンブチャー』（ひるぎ社・一九九〇年九月）によると、京太郎《チョンダラー》と念仏者《ニンブチャー》という被差別民がいた。琉球に念仏信仰を広めた浄土宗鎮西義名越派・良定袋中とは別流か。念仏系遊行芸能民で、ともに葬儀によばれ鉦を打つ賤民。かれらの居住地、安仁屋（行脚《あんにゃ》）村には乞食をしていた癩者や浮浪者が入っている。戦後自然消滅したらしい。

（3）中世寺院社会史については大石雅章「序」大石『日本中世社会と寺院』（清文堂・二〇〇四年二月）および山岸常人「中世寺院の生活史研究序説」山岸『中世寺院の僧団・法会・文書』（東京大学出版会・二〇〇四年二月）に総括されている。

（4）拙稿「中世における「悪」―〝新仏教〟の成立の基層をたどる視点から―」悪党研究会編『悪党と内乱』（岩田書院・二〇〇五年六月、本書第三部第一章）。

（5）網野善彦『無縁・公界・楽―日本中世の自由と平和―』平凡社選書58（同社・一九七八年六月、のち増補、一九八七年五月ほかに所収）。

（6）原勝郎「東西の宗教改革」『藝文』第二年《マヽ》第七號（京都文學會・一九一一年七月）。

（7）「悪人正機」「造悪無碍」は中世前期段階で史料未検出で、近世以降の造語と思われる。松野純孝『親鸞―その生涯と思想の展開過程』（三省堂・一九五九年三月）、遠藤美保子「専修念仏「造悪無碍」の研究史小考―「親鸞と一念義」への序章―」龍谷大学佛教史研究会編集『佛教史研究』第三六号（永田文昌堂・一九九九年三月）、藤村研之「親鸞に関する「造悪無碍」研究の変遷」中尾堯編『中世の寺院体制と社会』（吉川弘文館・二〇〇二年一二月）に詳しい。辞書等によれば了祥『歎異抄聞記』には「悪人正因の文」と出、また明治の大谷派学寮講師吉谷覚寿は「悪人正機」という言葉を用いる。「造悪無碍」については、親鸞はこの概念に相当する語として「放埒無慙」を用いたか。従来は意味合いが問われたのであって、語句そのものの追究はあまり課題とされてこなかった（安藤弥氏の教示）。

（8）初出を大正十一年（一九二二）六月『太陽』増刊とするが当該文献未検出。また新仏教の初出は石塚純一「「鎌倉新仏教」という名辞」高木豊・小松邦彰編『鎌倉仏教の様相』（吉川弘文館・一九九九年三月）によると、村上専精『日本佛教史綱』上巻（金港堂書籍・一八九八年九月）と、歴史学では辻善之助『第一回佛教夏期講習會　講話集』（播磨佛教庚子會・一九〇二年）を活字にした「日本歴史に於ける佛教」中「藤原時代の佛教より鎌倉時代に於ける新佛教の興起」（のち辻『日本仏教史研究』六、岩波書店・一九八四年四月に所収）が最古。その後の学界における定着を回顧してみる（秋月俊也氏の協力）。

①境野黄洋『佛教史要』日本之部（鴻盟社・一九〇一年六月）…「第三期宗派分裂の世　第六章佛教中心の遷移」の「概括」に「鎌倉を中心とせる新佛教」（一四二ページ）の文言。

②龜川教信『佛教概論』（興教書院・一九二五年一月）…「第六章佛教の究極歸趣」に「鎌倉時代の新佛教」（二三〇ページ）の文言。

③大屋德城『日本佛教史の研究』一（法藏館・一九二八年二月）…「鎌倉初期の淨土教傳播と俊乘房重源」（初出『無盡燈』第二十一巻六號、発行元・年紀なし〔一九一六年〕）に「新佛教」（三四〇ページ）の文言。

④辻善之助『日本佛教史之研究』續編（金港堂書籍・一九三一年一月）…「七　鎌倉時代の復古思想と新宗教の興隆」（一一二ページ）の章題。対義語は「舊佛教」。

⑤橋川正『綜合日本佛教史』（目黒書店・一九三二年一〇月）…「第三篇中世　第二十一章奈良佛教の復興」に「新興佛教」（二八四ページ）の文言。対義語は「復活佛教」。

⑥島地大等『日本佛教教學史』（明治書院・一九三三年二月）…「第七篇鎌倉時代　第二章教會史」に「新宗」（二〇四ページ）の文言。対義語は「舊宗」。併称して「新舊兩種佛教」（二〇七ページ）。

⑦境野黄洋『佛教學概論』（境野黄洋博士遺稿刊行會・一九三六年四月）…「新開立の宗派」（一〇四ページ）の文言。

⑧長沼賢海『日本文化史の研究』（教育研究會・一九三七年七月）…「第一篇　鎌倉新佛教の展開と反本地垂迹神道」（一ページ）の篇題。

⑨圭室諦成『日本佛教史概説』（理想社出版部・一九四〇年一〇月）…「第五章　淨土教の展開」に「鎌倉時代新佛教」（一〇二ページ）、「鎌倉時代新佛教」「かかる時代に颯爽と登場、新時代の宗教として淨土宗を開立したのが、源空（法然）である」（一三〇ページ）、「新興諸宗」（二九七ページ）の文言。

⑩辻善之助『日本佛教史』中世篇之一（岩波書店・一九四七年一二月）…「第七章鎌倉時代　第三節佛教界の革新」に「新佛教」（一〇六ページ）の文言。
（9）拙稿「学校教育における「鎌倉仏教」―高等学校教科書比較を通じて見えるもの―」『日本仏教教育学研究』第十号（日本仏教教育学会・二〇〇二年三月、本書第一部第一章）。現在もっともよく用いられる高校教科書『詳説日本史』においては「鎌倉仏教」という語で立項され、新の文字はないが、その文脈は同様であることを指摘した。
（10）黒田俊雄『日本中世の国家と宗教』（岩波書店・一九七五年七月、のち「中世における顕密体制の展開」と改題し黒田『黒田俊雄著作集』第二巻［顕密体制論］、法藏館・一九九四年一二月に所収）。学説史はほかに譲る。
（11）菊地大樹「ポスト顕密体制論」日本仏教研究会編集『日本仏教の研究法―歴史と展望―』日本の仏教Ⅱ期2巻（法藏館・二〇〇〇年一一月、のち「顕密体制論の発展」と改題・増補し菊地『中世仏教の原形と展開』吉川弘文館・二〇〇七年六月に所収）が系譜論→体制論→モデル・組織論への変遷を概括し、佐藤弘夫「中世仏教研究と顕密体制論」『日本思想史学』第三三号（同会・二〇〇一年九月）が論争史をまとめる。
（12）黒田俊雄「思想史の方法についての覚書―中世の宗教思想を中心に―」歴史学研究会編集『歴史學研究』No.239（青木書店・一九六〇年三月、のち黒田編集・解説・歴史科学協議会著作『思想史〈前近代〉』歴史科学大系第19巻、校倉書房・一九七九年八月ほかに所収）。
（13）伊藤正敏『中世の寺社勢力と境内都市』（吉川弘文館・一九九九年五月）の「宗教者の体験・個性より、社会的存在としての教団に着目する」との発言に共鳴する。末木文美士「仏教学における日本仏教研究」末木『日本仏教思想史論考』（新潮社・一九九三年四月）が詳しく分析。
（14）田村圓澄「鎌倉仏教の歴史的評価」日本仏教学会編『鎌倉仏教形成の問題点』（平楽寺書店・一九六九年八月）。
（15）家永三郎「『日本中世の社会と仏教』平雅行」『日本史研究』第三七八号（同会・一九九四年二月）。
（16）末木文美士「鎌倉仏教の形成をめぐって」速水侑編『院政期の仏教』（吉川弘文館・一九九八年二月）では密教の扱

い、異端の規定につき反論。ただしやや瑕瑾をあげつらった感も否めない。
(17) 平雅行「仏教思想史研究と顕密体制論—末木文美士氏の批判に応える—」『日本史研究』第四二一号(同会・一九九七年一〇月)は、顕密体制論で必ずしも截然と弁別できない「柔軟性」「曖昧さ」を述べ、この問題の晦渋さを示した。
(18) 袴谷憲昭「顕密体制論と正統異端の問題」『駒沢短期大学仏教科仏教論集』第二号(同科研究室・一九九六年一〇月、のち袴谷『法然と明恵—日本仏教思想史序説—』大蔵出版・一九九八年七月に所収)で顕密仏教とは本覚思想であり、ゆえに仏教とはいえないと持論展開。その構図は法然を攻撃した明恵『摧邪輪』とさほど差がない。
(19) 井上寛司「中世顕密体制の解体をどう考えるか」日本歴史学会編集『日本歴史』第七三六号(吉川弘文館・二〇〇九年九月)。
(20) 圭室諦成「中世後期仏教の研究—とくに戦国期を中心として—」『明治大学人文科学研究所紀要』第一冊(同所・一九六二年一二月)。中世後期研究会編『室町・戦国期研究を読みなおす』(思文閣出版・二〇〇七年一〇月)の大田壮一郎「室町幕府宗教政策論」・安藤弥「戦国期宗教勢力論」は、ともによくまとめられているが時衆などの宗教者が登場しない。
(21) 吉井敏幸「中世~近世の三昧聖の組織と村落—大和国の場合—」『部落問題研究』145(同所・一九九八年一二月)によれば、安元元年(一一七五)の『行基年譜』を参照すると、行基集団が存続していることが窺える。
(22) 平雅行「書評『鎌倉新仏教の成立—入門儀礼と祖師神話—』(中世史研究叢書)」史学会編集『史学雑誌』第99編第3号(山川出版社・一九九〇年三月)。
(23) 平雅行「中世仏教と社会・国家」『日本史研究』第二九五号(同会・一九八七年三月、のち「中世移行期の国家と仏教」と改題し平『日本中世の社会と仏教』塙書房・一九九二年一一月に所収)。
(24) たしかに河音能平氏の論を下敷きにした義江彰夫『神仏習合』岩波新書新赤453(岩波書店・一九九六年七月)に代

表される、神仏習合を日本的な現象とみなし、古代の生産様式論に結びつけて民衆への支配イデオロギーとして内発的に理解するものが今なお主流ではある。しかし神仏習合の誕生は権力の論理に触発されたものではない。言説の様式に注目するものとして、中国起源・日本伝来説を唱えた津田左右吉氏の理解をあらためて継承した吉田一彦氏、そのあとを追って中国と日本における神仏習合の共通点と差異を分析する北條勝貴「東晋期中国江南における〈神仏習合〉言説の成立—日中事例比較の前提として—」根本誠二・宮城洋一郎編『奈良仏教の地方的展開』（岩田書院・二〇〇二年二月）や北條「神仏習合言説の日本的展開」『考古学から見た古代の環境問題—天災は人災か—』（帝京大学山梨文化財研究所・二〇〇三年一一月）など。また明治維新期に平田国学により排斥されている。神祇すべてが天皇制の藩屏とはいいがたい。例えば『将門記』によると平将門は天慶二年（九三九）に上野国庁で昌伎（巫女ヵ）の託宣により八幡大菩薩および菅原道真から「新皇」即位を認められている。関幸彦『「鎌倉」とはなにか—中世、そして武家を問う』（山川出版社・二〇〇三年五月）によれば、このように八幡神は武家を王朝秩序から解放し、天照大神とは異なる世界を創出しえたため、同じ東国武家政権である鎌倉幕府・源氏が氏神として各地に扶植、もしくは東国御家人が進んで勧請し、武家の守護神となる。また田村圓澄「一遍と神祇」『ヒストリア』第八号（柳原書店・一九五二年八月、のち田村『日本仏教思想史研究』浄土教篇、平樂寺書店・一九五九年一一月に所収）の分析によると、一遍は伊勢神宮などには参詣せず諸国の一宮級神社（律令制の国幣社）に参詣している。これにより在地の旧来の殺生仏果観などの摂取が可能となった。近年、中世宗教における民衆神学が着目されている。河音能平「日本院政期文化の歴史的位置」歴史科学協議会編集『歴史評論』№４６６（校倉書房・一九八九年二月）は天神信仰は民衆的イデオロギー回路とし、斉藤利男「中世における正統イデオロギーと民衆的認識の世界—中世説話の中の「民衆神学」—」地方史研究協議会編『交流の日本史—地域からの歴史像—』（雄山閣・一九九〇年一〇月）は、神道集などから「民衆神学」を導いている。これらを承けた誉田慶信「本地垂迹の体系と中世民衆神学」羽下徳彦編『中世の政治と宗教』（吉川弘文館・一九九四年八月、のち誉田『中世奥羽の民衆と宗教』吉川弘文館・二〇〇〇年七月に所収）は、神道集を例に「神との主体的な関係によって領主制支配の非合理性を糾弾していく論理回路と精神的エネルギーをもっていた」と述べている。

(25) 佐々木馨氏が『中世国家の宗教構造—体制仏教と体制外仏教の相剋—』中世史研究選書（吉川弘文館・一九八八年六月）で「体制仏教」「反体制仏教」「超体制仏教」と区分したり、松尾剛次氏は『鎌倉新仏教の成立—入門儀礼と祖師神話—』中世史研究選書（吉川弘文館・一九八八年七月）で「官僧・遁世僧体制モデル」を提示するなど、いずれも示唆に富む動きはあった。前者は分類が恣意的であり鎌倉新仏教論に対するものと同じ批判がある。後者は官僧の概念自体が古代にしか成立しえないため総体としては学界で受容されているとはいいがたい。そして二分法であるため一遍の扱いに苦慮し、その言及はわずかである。

(26) 平雅行「黒田俊雄氏と顕密体制論」大阪歴史科学協議会編集『歴史科学』一三八号（同会・一九九四年一一月）。功績として、広義では量的影響力の重要性、狭義では一つに聖や浄土教を顕密仏教の一環、二つに顕密主義すなわち分母を密教、三つに顕密主義に対する姿勢から異端・改革認定、四つに王法仏法相依論に着目、とする。問題点を三つ挙げ、その三番目、改革と異端の質的差異、本覚思想を否定したのが異端とする。しかし親鸞の本願ぼこりは極論すれば本覚思想の亜種である。

(27) 菊地大樹「井上光貞『日本浄土教成立史の研究』」日本仏教研究会編集『日本の仏教』第一号（法藏館・一九九四年一〇月）。

(28) 前掲註（18）袴谷論攷および秋月龍珉『誤解だらけの仏教—「新大乗」運動の一環として』（柏樹社・一九九三年四月、のち『誤解された仏教』と改題し講談社学術文庫1778、同社・二〇〇六年九月）がある。仏教学からの視点であり歴史学とは相容れない。

(29) 黒羽清隆『日本史への招待—何を、どう見るべきか—』グリーン・ブックス5（大和出版販売・一九七四年七月）は、マルクスの「宗教は阿片」の一節を引き、「ここでのキイ・ワードは、「生きた花をつみとる」だろう。「現実的幸福」だろう。その追求をぬきにして、「それは民衆の阿片である」という断定だけをインテリなりインテリの卵なりがふりまわすのは、結局「夢も慰めもない鎖」を無名の民衆にせおわせる役割をはたすだけだよ」と警鐘を鳴らす。ほか末木文美士「仏教の民衆化をめぐって」末木『鎌倉仏教形成論―思想史の立場から―』（法藏館・一九九八年五月）、義江彰夫「日本的反逆と正当化の論理」小林康夫・船曳建夫編『知の技法』（東京大学出版会・一九九四年四月、のち「―古代・中世を中心に―」の副題を附し義江『歴史学の視座―社会史・比較史・対自然関係史』校倉書房・二〇〇二年一二月に所収）。

(30) 平雅行「中世宗教の社会的展開」歴史学研究会・日本史研究会編集『講座日本歴史』3中世1（東京大学出版会・一九八四年一二月）。

(31) 平雅行「鎌倉仏教論」『岩波講座日本通史』第8巻〔中世2〕（岩波書店・一九九四年二月）。

(32) 田村芳朗「天台本覚思想概説」多田厚隆ら校注『天台本覚論』日本思想大系9（岩波書店・一九七三年一月、のち新装版、一九九五年七月）。和歌、能楽、立花など。

(33) 近世仏教堕落論は辻善之助氏の通史『日本佛教史』の史観といわれる。しかし近世にとどまらず、過去も現在も、宗教界や一般社会には（ときに学界も）〝宗祖や釈迦に戻るべきだ〟というような後代堕落論が根強い。これはつねに興律運動が勃興する歴史をみれば明らかである。

(34) 明石博隆・松浦総三編『昭和特高弾圧史』三・四〔宗教人にたいする弾圧上・下〕（太平出版社・一九七五年七・九月〔三が九月、四が七月〕）。

(35) 梅原正紀「虐殺の文明を呪殺せよ―公害企業主呪殺祈禱僧団行脚記―」稲垣足穂・梅原『終末期の密教―人間の全体的回復と解放の論理』SANPO―PEOPLE'S―8（産報・一九七三年九月）。一九七〇年ころのできごと。

(36) 法政大学大原社会問題研究所編著『日本労働年鑑　特集版　太平洋戦争下の労働運動』（労働旬報社・一九六五年一〇月）、平出禾『増補戦時下の言論統制―言論統制法規の綜合的研究―』（中川書房・一九四二年三月、一九四四年七月

再版、のち奥平康弘監修『言論統制文献資料集成』第11巻、日本図書センター・一九九二年二月に所収)。
(37) 竹内光浩「一遍と時衆にみる「狂気」の中世的転回」歴史科学協議会編集『歴史評論』No.560号(校倉書房・一九九六年一二月)は、軍歌を鎮魂歌とする金井清光氏の論を「犯罪的」と断罪する。しかし庶民の歌謡が奪われていた戦時下の状況の中で、権力者の意図とは別に、軍歌に反戦の心情を内包せざるをえなかった当事者の証言を無視するものではないか。
(38) 平雅行「殺生禁断と殺生罪業観」脇田晴子・マーチン・コルカット・平編『周縁文化と身分制』(思文閣出版・二〇〇五年三月)。権力に対峙できた例として親鸞と如道を挙げるが、本書第三部第一章のとおり、如道の三門徒は時衆の影響が色濃いのである。
(39) 田村芳朗『鎌倉新仏教思想の研究』(平楽寺書店・一九六五年三月)。
(40) 平雅行「建永の法難について」岸俊男教授退官記念会編『日本政治社会史研究』下(塙書房・一九八五年三月、のち前掲註(23)『日本中世の社会と仏教』に所収)。
(41) 前掲註(40)論攷。
(42) 黒田俊雄「鎌倉仏教における「一向専修」と「本地垂迹」」『史林』第三六巻第四号(史学研究会・一九五三年一〇月、のち黒田『日本中世の国家と宗教』岩波書店・一九七五年七月ほかに所収)。
(43) 平松令三「後鳥羽院と親鸞」『龍谷大学論集』第四四〇号(龍谷学会・一九九二年六月)および上横手雅敬『日本史の快楽—中世に遊び現代を眺める—』(講談社・一九九六年六月、のち角川文庫、角川書店・二〇〇二年五月)、平松「親鸞の生涯」真宗教団連合編『親鸞』(朝日新聞出版・二〇〇九年三月)など。後者平松論攷は尊成による斬罪は個人の感情から、親鸞を流罪としたのは旧仏教への配慮(うしろ盾の慈円と『興福寺奏状』を勘案して)とみる。前掲註(40)論攷でも整理。謀反でも流罪が通例化している状況下での僧侶への斬罪、多数の門弟は難を逃れていることなど不審点が多い。

(44) 林道意「「佐渡時衆の系譜」試論」沖浦和光編『佐渡の風土と被差別民―歴史・芸能・信仰・金銀山を辿る―』（現代書館・二〇〇七年一〇月）。のちにその中の一人は晩年、反原発活動家ともなった高田良幻、という。

(45) 遊行者への通時代的な差別が時衆を萎縮させた。行商人差別の一例として一九二三年九月六日に千葉県東葛飾郡福田村（現野田市）で発生した行商人一行への殺傷、福田・田中村事件が挙げられる。『部落解放』第504号（解放出版社・二〇〇二年七月）の「特集　虐殺された行商人―福田村事件の真相」。

(46) 板碑の造立主体を探ることは容易ではない。しかし磯野治司・伊藤宏之「小川町割谷採集の板碑未成品」『埼玉考古』四二号（同学会・二〇〇七年三月）が表で掲げるように、例えば一六世紀、埼玉県の極小型板碑は庶民性の反映とみてまちがいないのではないか。

(47) 児玉識「寺伝を通じて見た真宗寺院の特色」児玉『近世真宗の展開過程―西日本を中心として―』日本宗教史研究叢書（吉川弘文館・一九七六年一〇月）。

(48) 日本の少なくない宗教は天皇制の論理に迎合するが、オウム真理教はそのカルト性ゆえに省庁制を敷いて教祖を法皇になぞらえることで天皇制に対峙しえた。真宗は本願寺の家父長制が世俗権威に超克したことが一向一揆につながったが、やがて親鸞のもつ反体制の気質とカルト性を消し去り、今では西本願寺門主・東本願寺門首は旧華族にして天皇家と縁戚である。とはいえ、のちのちまで法華宗徒とともに排他性は残った。江戸後期の旅行記『日本九峰修行日記』（『日本庶民生活史料集成』第二巻）では、修験者・泉光院野田成亮は、諸国の真宗門徒と法華宗檀徒から冷淡な応対を受けたことを綴る。

(49) 西谷正浩「中世東寺の散在所領の集積をめぐって」『福岡大学人文論叢』第二八巻二号（通巻一〇九号）（同大学総合研究所・一九九六年九月、のち西谷『日本中世の所有構造』塙書房・二〇〇六年一一月に所収）。

(50) 飯沼賢司『環境歴史学とはなにか』日本史リブレット㉓（山川出版社・二〇〇四年九月）。

(51) 細川涼一「蒙古襲来と神々の戦い」『神道を知る本』別冊宝島EX（宝島社・一九九三年九月、のち細川『漂泊の日本中世』ちくま学芸文庫、筑摩書房・二〇〇二年一月に所収)。
(52)前掲註(29)末木論攷。本書の立場に近い末木文美士『日本仏教史』(新潮社・一九九二年七月)の副題は「思想史としてのアプローチ」だが、宗派史の総合ではなく本覚思想がもたらしたものを中心に、日本仏教史全体の流れをつかめる好著。ただしここでも聖に関する言及は薄いのが惜しまれる。
(53)しかし黒田俊雄氏の真骨頂は、こうした民衆神学さえも徹底して否定し去るところにある。黒田氏は前掲註(41)論攷の中で、都市民衆は「いかに群衆的な動きを展開しても所詮「奴隷の反乱」の域を出ない低俗と混迷に陥るだけで、かえって古代政権と不離一体の旧仏教の側に組織されてその存続の新たな基盤となった」。この言によれば、民衆神学ですら人畜無害以外の何者でもなかろう。要するに社会進歩には緻密な理論に基づいて大衆を指導する前衛勢力を不可欠とする、きわめて政治性の強いマルクス主義歴史観である。公表された一九五三年という時期にも注意される。血のメーデー事件の翌年にあたり労働運動が混迷をはじめると同時に連合国の占領が終わった年である。不自由な安定と自由な不安定の選択権は、当事者である民衆にある。われわれ歴史家は、民衆と遊離した社会変革運動が、一九七二年の連合赤軍事件のような悲惨で空虚な結果しかもたらさなかったことを過去の経験から学ぶべきではあるまいか。首魁の〝善意〟の領導に従っていれば、民衆に幸福は訪れるのであろうか。マルクスは「地獄への道は善意で舗装されている」(『資本論』第一巻)と皮肉った。創価学会、顕正会、統一教会、幸福の科学、オウム真理教(現アレフ、ひかりの輪)、浄土真宗親鸞会、エホバの証人、平和神軍、パナウェーブなど、強靱な信仰心を鼓吹する宗教組織はまた、さまざまな社会問題と摩擦を惹起している。対極的に「信不信をとは」ないとして浄土思想を宗教であることすら否定し去った一遍の教団が、文化・芸能などさまざまな痕跡を遺しつつも教団としては泡沫になっていったことは、現代に強烈な示唆を与えるものであろう。もっとも、黒田氏も『日本中世の国家と宗教』(岩波書店・一九七五年七月)の補註で、神国思想対一向専修の二項対立の性急な論理を自制したかのごとき記述を行っている。そして細川涼一「黒田俊雄『日本中世の国家と宗教』」『日本史研究』第五七四号(同会・二〇一〇年六月)は、後掲註

(59)の今谷明氏による黒田批判を分析した上で、一九七〇年代にスターリンの単系発展段階論批判にいたったとしている。原田正俊「放下僧・暮露にみる中世禅宗と民衆」大阪歴史学会編集『ヒストリア』第一二九号（同学会・一九九〇年一二月、のち原田『日本中世の禅宗と社会』吉川弘文館・一九九八年一二月に所収）が、「民衆が先記のような禅宗の主張を知ることにより、自らの見性・得法の可能性を知り、宗教的達人＝顕密諸宗の碩学に対峙することも可能となったのである。民衆は禅思想の内包する彼らにとって必要な部分を抽出・拡大し放下僧・暮露として自己主張していったといえよう。これらを単なる禅思想の曲解・デカダンスとしてみるむきもあるが、中世社会の民衆にとって禅宗への接近は民衆運動としての一つの選択であり、禅宗もまたまぎれもなくこうした人々を包摂した運動だったのである」と述べるように、現在の顕密体制論者でも黒田、平氏のような急進的な認識をもつ立場はおそらく皆無に近いとみてよい。本書の立場は第一部第三章のごとくであり、原田氏の言のうち「禅」を「念仏」に、「放下僧・暮露」を「時衆」に置換すれば本書そのままの主張となる。

(54)「顕密体制」の初出は黒田俊雄「中世における顕密体制の展開」黒田『日本中世の国家と宗教』（岩波書店・一九七五年七月、のち「中世における顕密体制の展開」と改題し黒田『黒田俊雄著作集』第二巻［顕密体制論］、法藏館・一九九四年一二月に所収）と思われる。

(55)佐々木馨「中世社会における「体制仏教」と「体制外仏教」」佐伯有清編『日本古代中世史論考』（吉川弘文館・一九八八年三月、のち「中世仏教の三つの思想空間―「体制仏教」「体制外仏教」「超体制仏教」―」・「中世仏教の構造的展開」と改題し佐々木『中世仏教と鎌倉幕府』吉川弘文館・一九九七年六月に所収）。

(56)佐々木馨「顕密仏教と王権―」『岩波講座天皇と王権を考える』第4巻［宗教と権威］（岩波書店・二〇〇二年五月、のち「中世宗教と王権」と改題し佐々木『日本中世思想の基調』吉川弘文館・二〇〇六年一月に所収）。

(57)前掲註(13)伊藤文献。

(58)藤井学「近世初期の政治思想と国家意識」『岩波講座日本歴史』10［近世〔2〕］（岩波書店・一九七五年一二月）、

郵便はがき

料金受取人払郵便

神田支店
承認

4583

差出有効期間
平成26年1月
10日まで

101-8791

514

東京都千代田区神田小川町三ー八

八木書店

出版部 行

お願い 小社刊行書をお買上げいただきまして、ありがとうございます。皆様のご意見を今後の出版の参考にさせていただきたく、また新刊案内などを随時お送り申しあげたいと存じますので、この葉書をぜひご投函賜りたく願いあげます。

読者カード

書　名（お買上げ書名をご記入ください）

お名前　　　　　　　　　　　　　　生年月日　19　　年　　月　　日

ご住所　〒　　　—

TEL　　　—　　　—　　　ご職業・ご所属
FAX　　　—　　　—
E-mail アドレス　　　@

ご購入の直接動機
(1)書店でみて　(2)＿＿＿＿新聞雑誌の広告をみて
(3)＿＿＿＿の書評による　(4)＿＿＿＿さんの推せん
(5)ダイレクトメール　(6)その他＿＿＿＿

ご購読新聞・雑誌名（　　　　　　　　　　　　）
八木書店からの案内　　来ている／来ない

お買上書店名　　都府県　　市区郡　　　　書店

この本についてのご意見ご感想を

大桑斉「十五・十六世紀宗教化状況における神観念―東アジア世界史の観点から―」『仏教史学研究』第三一巻第一号（仏教史学会・一九八八年六月、のち「戦国期宗教化状況における神観念―東アジア世界史における日本の十五・十六世紀と宗教―」と改題し大桑『日本近世の思想と仏教』法藏館・一九八九年三月に所収）。書名に注目すれば、最近湯浅治久氏が『戦国仏教―中世社会と日蓮宗―』中公新書1983（中央公論新社・二〇〇九年一月）と題する単著を出している。

(59) 今谷明「平泉澄の皇国史観とアジール論」「創造の世界」編集室編集『季刊創造の世界』第95号（小学館・一九九五年八月）、今谷「顕密仏教と権門体制―平泉澄と権門体制論―」上横手雅敬編『中世の寺社と信仰』（吉川弘文館・二〇〇一年八月）は「剽窃」と認定する。ほかに細川亀市『日本寺院經濟史論―中世寺領の研究―』（啓明社・一九三〇年一一月）や魚澄惣五郎『古社寺の研究』（星野書店・一九三一年六月、のち再版、国書刊行会・一九七二年九月）、竹内理三『寺領莊園の研究』畝傍史学叢書（畝傍書房・一九四二年一月、のち再版、吉川弘文館・一九八三年三月ほか）なども平泉説と同趣旨。

(60) 追塩千尋「中世前期の寺院数に関する覚書」大隅和雄編『仏法の文化史』（吉川弘文館・二〇〇三年一月）。

(61) 吉田一彦「日本仏教史の時代区分」大隅和雄編『文化史の構想』（吉川弘文館・二〇〇三年三月）。

(62) 尾藤正英「日本における国民的宗教の成立」『東方学』第七五輯（同会・一九八八年一月）。

(63) 井上寛司「日本の「神道」と神社祭祀」『日本宗教文化史研究』第九巻一号（日本宗教文化史学会・二〇〇五年五月）。

(64) 平雅行「解脱房貞慶と悪人正機説」横田健一先生古稀記念会編『文化史論叢』下（創元社・一九八七年三月、のち「解脱貞慶と悪人正機説」と改題し平『日本中世の社会と仏教』塙書房・一九九二年一一月に所収）によれば、貞慶に悪人正機説がみられるという。しかし貞慶は民衆にそれを広めることはしなかった。

(65) 岡野浩二「奈良・平安時代の出家―「官僧・私度僧」から「官僧・遁世僧」へ」服藤早苗編『王朝の権力と表象―

学芸の文化史―』叢書文化学の越境四（森話社・一九九八年九月）および岡野「仏教行政官から序列を示す僧位へ」『日本の寺院　歴史のなかの宗教』別冊歴史読本㊼第28巻第22号（新人物往来社・二〇〇三年七月）。
(66) 林譲「黒衣の僧について―鎌倉・南北朝期における遁世の一面―」小川信先生の古稀記念論集を刊行する会編『日本中世政治社会の研究』（続群書類従完成会・一九九一年三月）。
(67) 松村薫子『糞掃衣の研究―その歴史と聖性―』日本仏教史研究叢書（法藏館・二〇〇六年六月）。
(68) 伊藤唯真「民間教化僧の形態と性格」伊藤『伊藤唯真著作集』第一巻［聖仏教史の研究上］（法藏館・一九九五年五月〔初出省略〕）。
(69) 牛山佳幸「北陸地方善光寺関係調査報告―安居寺文書の紹介―」長野市誌編さん委員会編集『市誌研究ながの』第二号（同市・一九九五年一月）によると、「善光寺聖」という語自体は、高野山真言宗安居寺（富山県南砺市）に伝わる慶長十六年（一六一一）八月一日付「信州善光寺聖智教房譲渡状」が初見。熊野比丘尼をかねていたらしい。
(70) 成生庄と一向上人編集委員会編『成生庄と一向上人―中世の念仏信仰』（天童市立旧東村山郡役所資料館・一九九七年九月）。
(71) 藤原正義「一遍法語覚え書」日本文学協会編集『日本文学』第十五巻第一号（未来社・一九六六年一月）。阿号の意味を端的に語る法語といえよう。
(72) 宮島潤子「信濃の勧進聖―融通念仏聖を中心として―」萩原龍夫・真野俊和編『聖と民衆』仏教民俗学大系２（名著出版・一九八六年一一月）によれば、信濃国では太子信仰、高野聖、善光寺、融通念仏が習合するという。
(73) 岩崎敏夫監修『会津八葉寺木製五輪塔の研究』（萬葉堂書店・一九七三年一一月）。
(74) 金龍静「一向宗の宗派の成立」浄土真宗教学研究所・本願寺史料研究所編『講座蓮如』第四巻（平凡社・一九九七年七月）。
(75) 神田千里「原始一向宗の実像」網野善彦・石井進編『日本海交通の展開』中世の風景を読む第四巻（新人物往来

社・一九九五年六月、のち神田『一向一揆と戦国社会』吉川弘文館・一九九八年一〇月に所収)。

(76) 五来重『高野聖』角川新書199(角川書店・一九六五年五月、のち増補、角川選書79、角川書店・一九七五年五月ほかに所収)。

(77) 伊藤唯真「三昧聖の墓地開創伝承—『行基菩薩草創記』をめぐって—」竹田聴洲博士還暦記念会編『日本宗教の歴史と民俗』(隆文館・一九七六年一二月、のち「行基墓地開創の伝承—『行基菩薩草創記』をめぐって—」と改題し伊藤『伊藤唯真著作集』第二巻〔聖仏教史の研究下〕、法藏館・一九九五年七月に所収)。室町期ヵ。

(78) 前掲註(4)拙稿。

(79) 富田正弘「中世東寺の寺官組織について—三綱層と中綱層—」『資料館紀要』第13号(京都府立総合資料館・一九八五年三月)。

(80) 村上弘子「高野山における聖方の成立」寺院史研究会編集『寺院史研究』第八号(同会・二〇〇四年八月、のち村上『高野山信仰の成立と展開』雄山閣・二〇〇九年九月に所収)。

(81) 満田良順「伊吹山の修験道」五来重編『近畿霊山と修験道』山岳宗教史研究叢書11(名著出版・一九七八年一〇月)。

(82) 峰岸純夫「鎌倉時代東国の真宗門徒—真仏報恩板碑を中心に—」北西弘先生還暦記念会編『中世仏教と真宗』(吉川弘文館・一九八五年一二月)。

(83) 大石雅章「顕密体制内における禅・律・念仏の位置—王家の葬祭を通じて—」中世寺院史研究会著作『中世寺院史の研究』上〔寺院史論叢1〕(法藏館・一九八八年三月、のち大石『日本中世社会と寺院』清文堂出版・二〇〇四年二月に所収)、大塚紀弘「中世都市京都の律院」寺院史研究会編集『寺院史研究』第十号(同会・二〇〇六年五月)。

(84) 上別府茂「摂州三昧聖の研究—特に千日墓所三昧聖を中心として—」『尋源』三〇号(大谷大学国史学会・一九七八年三月、のち細川涼一編『三昧聖の研究』碩文社〔戎光祥出版発売〕・二〇〇一年三月に所収)。ただし細川涼一「三昧聖研究の成果と課題」『三昧聖の研究』によれば、『政基公旅引付』文亀元年（一五〇一）閏六月二日・七月十一日条が職掌を伴う三昧聖の初出。

（85）細川涼一「中近世和泉国の三昧聖と寺院―長滝墓地を中心に―」国立歴史民俗博物館編集『国立歴史民俗博物館研究報告』第68集（同館・一九九六年三月、のち細川『死と境界の中世史』洋泉社・一九九七年六月に所収）で和泉・大和の三昧聖や墓守は律宗系と推定、および前掲註（21）論攷。

（86）神田千里「中世の「道場」における死と出家」史学会編集『史学雑誌』第97編第9号（山川出版社・一九八八年九月）と高田陽介「中世の火葬場から」五味文彦編『中世の空間を読む』（吉川弘文館・一九九五年七月）、勝田至「都市と埋葬　中世京都の葬送」『歴史と地理』第５７７号（山川出版社・二〇〇四年九月）、高田陽介「時宗寺院の火葬場と三昧聖」『史論』第六〇集（東京女子大学学会史学研究室・二〇〇七年三月）が詳細。元弘の乱における年欠（元弘三年〔一三三三〕ヵ）五月二十八日付・証阿弥陀仏充他阿弥陀佛（遊行五代他阿安国ヵ）書状および『大塔物語』などにみる陣僧、葬地である鎌倉由比ケ浜から時衆流板碑（鎌倉国宝館蔵）の出土、大橋俊雄『時宗の成立と展開』日本宗教史研究叢書（吉川弘文館・一九七三年六月）の『時衆過去帳』の分析では清浄光寺に観応二年（一三五一）二月十二日から遊行二十一代他阿知蓮の代まで二二名の納骨がなされ、勝田至「鳥辺野考」大山喬平教授退官記念会編『日本社会の史的構造』古代・中世（思文閣出版・一九九七年五月、のち勝田『日本中世の墓と葬送』吉川弘文館・二〇〇六年四月に所収）によると七条道場が清水坂と関係した葬送と赤辻（鳥辺野北）に火葬場をもち、近世は寺内に設け隆盛していた。寛正の大飢饉で願阿による鴨川での死屍処理は有名。文明十八年（一四八六）十月市屋道場に「蓮臺たひ料足參百文」（『金光寺文書』〔『古事類苑』宗教部三〕）が支払われたこと、林譲「南北朝期における京都の時衆の一動向―霊山聖・連阿弥陀仏をめぐって―」日本歴史学会編集『日本歴史』第四〇三号（吉川弘文館・一九八一年一二月）が明らかにした六条道場塔頭霊山行福寺、『元長卿記』文亀二年（一五〇二）四月二日条で甘露寺元長母が霊山末寺宝泉寺にて葬儀、鳥辺野に四条道場系の宝福寺があったこと、『奇異雑談集』巻第四㈥によれば四条坊門烏丸西光庵の西阿弥陀仏は応仁の乱中に京都五三昧をめぐり無縁死者を供養し、近江国番場蓮華寺の弘安七年（一二八四）十月十七日付・梵鐘銘文によると寺中が「葬儉之墓所」とされていた。

(87) 上林直子「叡尊の行基信仰」大桑斉編『論集仏教土着』（法藏館・二〇〇三年三月）。

(88) 白井優子『院政期高野山と空海入定伝説』（同成社・二〇〇二年八月）、前掲註（76）文献。ちなみに空海も当初は私度であった。

(89) 林譲「「時衆」について」大隅和雄編『仏法の文化史』（吉川弘文館・二〇〇三年一月）。

(90) 拙稿「時衆とは何か（正・承前）」時衆文化研究会編集『時衆文化』創刊・第2号（同会〔岩田書院発売〕・二〇〇〇年四・一〇月、本書第一部第二・三章）。

(91) 桃崎祐輔「高僧の墓所と石塔―律宗・時宗・禅宗の事例を中心に―」狭川真一編『墓と葬送の中世』（高志書院・二〇〇七年五月）によると、造塔、本山納骨、過去帳記載の三点を模倣したという。詳細は本書第三部第二章。

(92) 西木浩一「近世関東における「長吏」の寺檀関係」地方史研究協議会編集『地方史研究』第二一九号〔第三九巻第三号〕（同会〔名著出版発売〕・一九八九年六月）は、被差別民が遠隔地の時衆寺院を檀那寺とすることに「主体的な選択の可能性」をみてとる。藤沢靖介「時宗と関東の被差別部落―武蔵の国を中心に―」東日本部落解放研究所／『明日を拓く』編集委員会編集『解放研究第11号／明日を拓く第22号』（東京部落解放研究改題・通刊105号）（東日本部落解放研究所〔解放書店発売〕・一九九八年一月）も中世以来の関係を示唆する。

(93) 黒田俊雄『荘園制社会』体系・日本歴史第2巻（日本評論社・一九六七年九月）。

(94) 安田次郎「勧進の体制化と「百姓」―大和の一国平均役＝土打役について―」史学会編集『史学雑誌』第92編第1号（山川出版社・一九八三年一月、のち安田『中世の興福寺と大和』山川出版社・二〇〇一年一月に所収）および下坂守「中世的「勧進」の変質過程―清水寺における「本願」出現の契機をめぐって―」日本古文書学会編集『古文書研究』第三十四号（同会〔吉川弘文館発売〕・一九九一年五月）。

（95）黒田日出男「中世民衆の皮膚感覚と恐怖」歴史学研究会編集『歴史學研究』別冊特集［―1982年度歴史学研究会大会報告―民衆の生活・文化と変革主体―］（青木書店・一九八二年一一月、のち黒田『境界の中世　象徴の中世』東京大学出版会・一九八六年九月に所収）。

（96）大喜直彦「中世における誓詞の一形態―中世本願寺教団の誓詞―」千葉乗隆編『千葉乗隆博士傘寿記念論集　日本の歴史と真宗』（自照社出版・二〇〇一年一一月）によれば、罰文はなくとも、堕地獄が暗黙の了解で設定されていたと考えられる。

（97）勝田至『死者たちの中世』（吉川弘文館・二〇〇三年三月）。『淨土三國佛祖傳集』（『續浄土宗全書』第六巻）巻下に「薩生法眼立二三昧義一。號二三昧衆一（今世三昧聖リ是也。又ハ名二御坊聖一。）」（括弧内は割註）とある。ただし中井真孝「隆寛作「法然上人伝」に関する若干の考察」中井『法然伝と浄土宗史の研究』思文閣史学叢書（思文閣出版・一九九四年一二月）は「補二」にて、内容の検討から奥書より下る大永四年（一五二四）以降に年代を比定。

（98）服部清五郎『板碑概説』（鳳鳴書院・一九三三年九月、のち服部清道として再版、角川書店・一九七二年一一月）。

（99）千々和到『板碑とその時代―てぢかな文化財・みぢかな中世―』平凡社選書116（同社・一九八八年三月）。

（100）時衆は定型の名号書体をもった。野村隆「時宗名号板碑について」『時宗教学年報』第三十輯（時宗教学研究所・二〇〇二年三月）。奈良市石造物調査会編集『奈良市石造遺物調査報告書』解説・図版編（同市教育委員会・一九八九年三月）および元興寺文化財研究所編集『生駒市石造遺物調査報告書』（同市教育委員会・一九九六年三月）によると、時衆がほぼいない大和国でも戦国・安土桃山時代の板碑がこれを模倣している。

（101）佐々木徹「北上川流域に広がる霊場」東北中世考古学会編『中世の聖地・霊場―在地霊場論の課題―』東北中世考古学叢書5（高志書院・二〇〇六年一〇月）。

（102）勝俣鎮夫「はじめに」勝俣『戦国時代論』（岩波書店・一九九六年一一月）。「町村制の体制的形成期」であり「一種の近代的合理主義」が定着したとみる。

(103) 戸田芳實「中世文化形成の前提」戸田『日本領主制成立史の研究』(岩波書店・一九六七年二月)によれば古代末にすでに神託を「虚言」「無益」とする富裕層が出現していたという。

(104) 三浦圭一「技術と信仰」三浦編『技術の社会史』第一巻〔古代・中世の技術と社会〕(有斐閣・一九八二年九月)。

(105) 笹本正治『鳴動する中世―怪音と地鳴りの日本史―』朝日選書644(朝日新聞社・二〇〇〇年二月)。

(106) 井原今朝男『中世寺院と民衆』(臨川書店・二〇〇四年一月、のちに増補、二〇〇九年一月)。

(107) 佛教史學會編集『佛教史學』第九巻第三・四号(平楽寺書店・一九六一年一〇月)の「特集―日本仏教の地域発展―」は、かなり古いが全体の傾向はわかる。

(108) 福井康順「法然伝小考」恵谷隆戒先生古稀記念会編集『恵谷先生古稀記念浄土教の思想と文化』(仏教大学・一九七二年三月)、福井「法然上人の捨聖歸淨について―回心と聖道門との關係―」『塚本博士頌壽記念佛敎史學論集』(塚本博士頌壽記念會・一九六一年二月)、福井「法然伝についての疑義」『印度學佛教學研究』第五巻第二号〔通巻第十号〕(日本印度學佛敎學會・一九五七年三月、以上「法然伝の性格」「法然上人の捨聖帰浄」「法然伝についての二、三の問題」と改題しのち福井『福井康順著作集』第六巻〔日本中世思想研究〕、法藏館・一九八八年一二月に所収)。

(109) 菊地勇次郎「西山義の成立―西山往生院の展開―」日本歴史地理学会編集『歴史地理』第八五巻三・四号(通篇五三八号)(吉川弘文館・一九五五年三月、のち菊地『源空とその門下』法藏館・一九八五年二月に所収)の分析では、述作の出典を法然から善導にのりかえ、承久三年(一二二一)往生院にて不断念仏を再興するといった回帰がみられる。他方「証空裏切り説」を現代にいたるまで喧伝している旗頭の一つが、鎮西義黒谷金戒光明寺である。また前註の福井康順説や近代真宗の「西山非同類」説などもある。鎌倉から室町にかけて、京都の念仏宗の中心は証空門流であったため、他門流が教線を拡大するには、①伝統教団(山門)に寄生(本願寺)、②西山義法義を吸収(本願寺覚如・存覚)、③西山義を「邪義」として否定(鎮西派)といった政策が必要であり、それが現代にまでおよぶ。廣川堯敏「然阿良忠と諸行本願義」日本印度学仏教学会編集『印度學佛教學研究』第四十二巻第二号〔通巻第84号〕(同会・

一九九四年三月）は述作を分析し、鎮西派の基礎を築いた良忠は諸行本願義長西と論争しつつも、本覚思想を批判する宝地房証真の中古天台教学を共通基盤とするがゆえに、思想のきわめて密接な類似性をもつことを説く。こうして鎮西派は専修念仏の立場をはずれていく。

（110）凝然『浄土法門源流章』（『浄土宗全書』第十五巻）には「學二ビ天台宗一ヲ」とある。証空作とされてきた『当麻曼荼羅註』などには「天台沙門」と自署されているが、それを含む通称『三十八巻抄』は後世の仮託書である。最初に法然の許で出家してのち、比叡山の法会等にも出仕しているから、おそらく叡山でも何らかの修行をしたのではないかと推測される。その他の証空伝によると、学んだ天台や真言の師匠の名前が出てくる。天台の血脈でも諸師の中につられて登場する。証空が比叡山において灌頂を受けた直接の記録はないが、慈円伝来の西山往生院を伝領することなど、叡山僧としての資格がなければ不自然である。かれの伝記や遺品からは、真言を学んでいたり、四天王寺（別当慈円）で不断念仏を修したり、『菩薩戒經』を仏像体内に納入したり、仏舎利を奉納したりと多様な動向が窺える。また証空は『門葉記』に頻出することからわかるように観性の手伝いのようなことをしていたらしい。法然同様に戒師として貴顕に出入りしていたことも公家日記からわかっている（慶政はそれに嫉妬して『比良山古人霊託』で堕地獄とした）。他方本人が「浄土僧」「浄土沙門」と名のっていた形跡はない。以上、西山派については湯谷祐三氏の教示に大きく拠った。

（111）「青蓮院と浄土宗寺院」『仏教史研究』第五号（大正大学史学会・一九七一年三月）。

（112）中野正明「中世末期知恩院と知恩寺の本末争い」髙橋弘次先生古稀記念会事務局編集『髙橋弘次先生古稀記念論集浄土学佛教学論叢』第一巻（山喜房佛書林・二〇〇四年一一月）。

（113）伊藤真昭「中世浄土宗教団の特質―「祈禱」を手がかりにして―」『佛教文化研究』第五〇号（浄土宗教学院・二〇〇六年三月）。

（114）中井真孝「知恩院「二十七世」燈誉上人管見―特に紫衣被着に関して―」佛教大学歴史研究所編集『鷹陵史学』第

十二号（同所・一九八六年一二月、のち「知恩院「二十七世」燈誉の紫衣被着」と改題し中井『法然伝と浄土宗史の研究』思文閣史学叢書、思文閣出版・一九九九年一二月に所収）。

(115) 中井真孝「中世後期・近世初頭の知恩院と京都門中」浄土宗教学院研究所編集『仏教文化研究』第十九号（同所・一九七三年三月）。

(116) 中井真孝「浄土宗寺院成立論—特に中世後期・近世初頭の京都について—」浄土宗総合研究所編『浄土教文化論』（山喜房佛書林・一九九一年三月、のち「京坂浄土宗寺院の成立」と改題し前掲註（114）『法然伝と浄土宗史の研究』に所収）。

(117) 奥村隆彦「律宗そして融通念仏から六斎念仏へ」『近畿民俗』第一六二・一六三合併号（同学会・二〇〇〇年一二月、のち奥村『融通念仏信仰とあの世』岩田書院・二〇〇二年一〇月に所収）によれば、葬送を仲介に、融通念仏宗よりもうまく律宗寺院を包摂していったのが浄土宗鎮西派であったらしい。

(118) 成田俊治「近世浄土宗寺院成立についての一考察—特に成立事情並にその素型—」日本印度學佛教學會編集『印度學佛教學研究』第九巻第二号［通巻第十八号］（同會・一九六一年三月）。

(119) 竹田聴洲「近世諸国蓮門精舎の自伝的開創年代とその地域的分布（一～四）」同志社大学人文学会編『人文学—文化学科特集—』五六・五九・六二・七〇号（同会・一九六二年三月・七月・一二月・一九六四年二月（ただし（二）までは「聴州」。）のち竹田『民俗仏教と祖先信仰（補遺）』竹田聴洲著作集三巻、国書刊行会・一九九五年七月に所収）および『蓮門精舎舊詞』を分析した伊藤唯真「近江における浄土宗教団の展開」『仏教論叢』第八号（浄土宗教学院・一九六〇年三月、のち「一般寺院の成立事情—近江の場合—開創者と寺院形態をめぐって—」と改題し前掲註（77）『伊藤唯真著作集』第二巻に所収）。

(120) 吉井敏幸「大和地方における惣墓の実態と変遷」石井進・萩原三雄編『中世社会と墳墓』（名著出版・一九九三年七月）。

(121) 平祐史「寺名よりみた浄土宗一般寺院の前生」恵谷隆戒先生古稀記念会編集『恵谷先生古稀記念浄土教の思想と文化』（仏教大学・一九七二年三月）。
(122) 長谷川匡俊「近世浄土宗における布教者と民衆」笠原一男博士還暦記念会編『日本宗教史論集』下（吉川弘文館・一九七六年一二月）。
(123) 大畑博嗣「安土宗論における法華宗と信長政権の動向―『安土宗論実録』・『己行記』・『信長公記』を素材として―」龍谷大学佛教史研究会編集『佛教史研究』第四五号（永田文昌堂・二〇〇九年七月）。
(124) かふかの寺々編集委員会編『かふかの寺々』（浄土宗滋賀教区甲賀組・一九九九年三月）。
(125) 井川定慶「織田信長と浄土宗」佛敎大學研究室編集『佛敎大學研究紀要』第五六号（同大學學會・一九七二年三月）。
(126) 伊藤真昭「織田信長の存在意義―特に京都の門跡・寺社にとって―」歴史科学協議会編集『歴史評論』No.６４０（校倉書房・二〇〇三年八月）。
(127) 梶村昇『法然の言葉だった「善人なおもて往生をとぐいはんや悪人をや」』（大東出版社・一九九九年四月）。真宗僧である佐々木正『法然と親鸞　はじめて見たつる思想』（青土社・二〇〇三年八月）も悪人正機は法然の思想とみる。
(128) 安達俊英「悪人正機」日本仏教研究会編集『日本仏教の研究法―歴史と展望―』日本の仏教Ⅱ期２巻（法藏館・二〇〇〇年一一月）。
(129) 蒲池勢至「杖にあらわれたヒジリ性」アエラ編集部編『親鸞がわかる。』（朝日新聞社・一九九九年五月）。
(130) 平松令三「親鸞の三部経千部読誦と専修寺の千部会」『高田学報』第六十八輯（高田学会・一九七九年九月、のち平松『親鸞の生涯と思想』吉川弘文館・二〇〇五年八月に所収）。
(131) 前掲註（８）長沼賢海『日本文化史の研究』は、『専修寺文書』永正十八年（一五二一）六月二十七日付、『本願寺文書』天正八年（一五八〇）七月四日付で「浄土宗」、尊号真像銘文、『末灯鈔』などの事例を挙げている。

(132) 山田雅教「初期本願寺における顕密諸宗との交流」龍谷大学佛教史研究会編集『佛教史研究』第二七号（永田文昌堂・一九九〇年三月）。大田壮一郎「初期本願寺と天台門跡寺院」大阪真宗史研究会編『真宗教団の構造と地域社会』（清文堂出版・二〇〇五年八月）の所論では、本願寺は青蓮院の末寺などではなく固有の師資関係のない候人であった。もともとの本所は妙香院門跡であったが、やがて妙香院は室町中期以降青蓮院に吸収されたという。

(133) 遠藤一「本願寺成立の特質—真宗教団史論の一前提—」龍谷大学佛教史研究会編集『佛教史研究』第十八号（永田文昌堂・一九八三年九月、のち副題をとり遠藤『戦国期真宗の歴史像』永田文昌堂・一九九一年一一月に所収）。

(134) 石田晴男「戦国期の本願寺の社会的位置—『天文日記』の音信・贈答から見た」浄土真宗教学研究所・本願寺史料研究所編『講座蓮如』第三巻（平凡社・一九九七年五月）。

(135) 安藤弥「本願寺「門跡成」ノート」龍谷大学佛教史研究会編集『佛教史研究』第四三号（永田文昌堂・二〇〇七年一〇月）。

(136) 高田派と次の仏光寺派については村山修一『皇族寺院変革史—天台宗妙法院門跡の歴史—』（塙書房・二〇〇〇年一〇月）参看。

(137) 奥野高廣『戦国時代の宮廷生活』（続群書類従完成会・二〇〇四年一月）。

(138) 同寺蔵文書あり。真宗高田派本山専修寺監修・平松令三責任編集『高田本山の法義と歴史』（同朋舎・一九九一年五月）。

(139) 佐々木篤祐『佛光寺史の研究』（仏光寺・一九七三年）、首藤善樹「佛光寺の歴史」千葉乗隆・梨本哲雄監修『佛光寺の歴史と信仰』（思文閣出版・一九八九年三月）、大田壮一郎「中世仏光寺史の再検討—仏光寺・興正寺分立期の諸史料から—」早島有毅編『親鸞門流の世界—絵画と文献からの再検討—』（法藏館・二〇〇八年五月）。

(140) 木辺派については津田徹英氏の教示によるところ大である。

(141) 今堀太逸「村の生活と社寺—滋賀県神崎郡五個荘町からの報告—」日本仏教研究会編集『日本の仏教』第三号（法

藏館・一九九五年七月）。

（142）志水宏行・田中教照「真宗出雲路派」「真宗誠照寺派」「真宗三門徒派」「真宗山元派」早島鏡正・坂東性純編『日本仏教基礎講座』第5巻［浄土真宗］（雄山閣出版・一九七九年七月）。

（143）本山證誠寺史編纂委員会編集『真宗山元派本山證誠寺史』（本山證誠寺〔八木書店製作〕・二〇〇七年三月）。

（144）脇田晴子「天皇による寺社の編成」脇田『天皇と中世文化』（吉川弘文館・二〇〇三年七月）。

（145）井筒雅風『袈裟史』（文化時報社・一九六五年二月、のち再版、雄山閣出版・一九六五年一二月ほか）。

（146）笠原一男『眞宗教團開展史』畝傍史學叢書（畝傍書房・一九四二年六月、のち再版、ピタカ・一九七八年六月）は一七〇ページ以下に『大乘院寺社雜事記』延徳二年（一四九〇）閏八月二十七日および文明十一年（一四七九）十二月十三日条を挙ぐ。橘俊道「長崎称念寺「光明院の蔵」について」『時宗教学年報』第十一輯（時宗教学研究所・一九八三年三月、のち橘『一遍上人の念仏思想と時衆』橘俊道先生遺稿集、橘俊道先生遺稿集刊行会・一九九〇年四月に所収）。

（147）「禁裏ニハ悉以念佛也、善道〔導〕一遍等影共被懸之」（『大乘院寺社雜事記』文明十年〔一四七八〕三月二十六日条）とある京での信仰は例外。

（148）『七條文書』。橘俊道著・藤沢文庫刊行会編集『遊行寺―中世の時宗総本山―』藤沢文庫1（名著出版・一九七八年一二月）。

（149）林譲「一遍の宗教覚書―特にその名前をめぐって―」大隅和男編『中世の仏教と社会』（吉川弘文館・二〇〇〇年七月）および林「日本全土への遊行と賦算―捨聖と呼ばれた意味・時衆を引き連れた意味―」『遊行の捨聖　一遍』日本の名僧11（吉川弘文館・二〇〇四年三月）で二五〇万人説をとる。

（150）石田善人「都鄙民衆の生活と宗教」『岩波講座日本歴史』6［中世2］（岩波書店・一九七五年一一月、のち石田『中世村落と仏教』思文閣史学叢書、思文閣出版・一九九六年一二月に所収）。

(151) 川勝政太郎「笏谷石文化について」『史迹と美術』第四十二輯ノ一（第四二一号）（史迹美術同攷会・一九七二年一月）。京田良志「一乗谷の石仏・石塔」福井の文化財を考える会編集『笏谷石文化』（〔発行元表記なし〕・一九八八年一一月）によると、真盛歿後数年たち造仏・起塔が朝倉氏本拠の越前国一乗谷でさかんになるという。

(152) 矢島有希彦・福原圭一・窪田涼子「成願寺・城・五輪塔」藤木久志・荒野泰典編著『荘園と村を歩く』（校倉書房・一九九七年六月）。

(153) 伊藤唯真「中世浄土宗と融通念仏―越前西福寺を中心としてみたる―」恵谷隆戒先生古稀記念会編集『恵谷先生古稀記念浄土教の思想と文化』（仏教大学・一九七二年三月、のち「寺院経営と融通念仏勧進―越前西福寺を中心としてみたる―」と改題し前掲註（77）『伊藤唯真著作集』第二巻に所収）。

(154) 井上幸治「円覚上人導御の「持斎念仏人数目録」」日本古文書学会編集『古文書研究』第五十八号（同会〔吉川弘文館発売〕・二〇〇四年三月）は、持戒念仏者の律僧導御が、法隆寺僧として同寺領弓削庄や唐招提寺末金光寺太子堂を勧化している。地名比定は小谷利明「中世の八尾と常光寺」八尾市文化財調査研究会編集『八尾市立歴史民俗資料館紀要』第19号（同会・二〇〇八年三月）。小谷「叡尊と河内武士団―西琳寺氏人源憲俊を中心に―」大阪歴史学会『ヒストリア』第一七九号（二〇〇二年四月）は、上田さち子氏らの研究をふまえて律宗が河内の念仏信仰の基礎となったことを確認する。たしかに律宗による惣墓・火屋の河内七墓のうち東大阪市長瀬墓地に法明の墓があることはその産物であろう。なお大阪平野と奈良盆地に広がる融通念仏宗だが、小谷氏の教示によると和泉国では融通念仏宗なく浄土宗鎮西派ばかりで、根来系の新義真言宗も入りこみ、河内国富田林で融通念仏宗は真宗と食い合うという。奥村隆彦『融通念仏信仰とあの世』日本宗教民俗学叢書5（岩田書院・二〇〇二年一〇月）によると融通念仏宗と六斎念仏は関係がなく、庶民信仰も単線での移行ではなかったようである。

(155) 上田さち子「大念仏寺と練供養」新修大阪市史編纂委員会編集『新修大阪市史』第二巻（同市・一九八八年三月）。

(156) 寺野宗孝著・浄土真宗本願寺派高岡教区教化推進協議会編『越中真宗史―中世を中心としたノート』（桂書房・一九

八五年一〇月)。山田雅教「初期本願寺における浄土宗諸派との交流」三崎良周編集『日本・中国仏教思想とその展開』(山喜房佛書林・一九九二年一〇月)によれば、本願寺はやがて独立志向により浄土系他宗派と疎遠になっていくという。

(157)伊藤曙覧「綽如と堯雲について」梅原隆章教授退官記念論集刊行会編『歴史への視点―真宗史・佛教史・地域史―』(桂書房・一九八五年一一月、のち伊藤『越中の民俗宗教』日本宗教民俗学叢書6、岩田書院・二〇〇二年一一月に所収)。

(158)東京国立博物館/京都国立博物館/奈良国立博物館監修・真保亨編『日本の美術』第95号〔法然上人絵伝〕(至文堂・一九七四年四月)によると、『伝法絵』『十巻本法然聖人絵』などを参照しつつ、そこに欠けた親鸞伝を附加することで喧伝したとみられるという。小山正文「総説　拾遺古徳伝絵」信仰の造形的表現研究委員会編『真宗重宝聚英』第六巻(同朋舎出版・一九八八年四月)は、法然と親鸞の親密な師弟関係を強調するための絵巻とみている。

(159)西岡芳文「中世豊島郡の信仰と寺社」峰岸純夫・小林一岳・黒田基樹編『豊島氏とその時代―東京の中世を考える―』(新人物往来社・一九九八年六月)。

(160)『法華直談聞書』ほか。北川前肇「行学院日朝の研究―仙波遊学について―」日本印度學佛教學會編集『印度學佛教學研究』第二十二巻第二號〔通巻第44號〕(同會・一九七四年三月)、北川「日朝の略伝」『日蓮教学研究』(平楽寺書店・一九八七年六月)三七三ページ〜。かれらの遊学により日蓮法華宗の独自性が喪失したとする。身延文庫写本による仙波談義所については渡辺麻里子「仙波に集う学僧たち―中世における武蔵国仙波談義所(無量寿寺)をめぐって―」『中世文学』第五十一号(同会・二〇〇六年六月)。

(161)河内将芳「室町・戦国期における京都法華教団の政治的位置」歴史学研究会編集『歴史学研究』No.731(青木書店・一九九九年一二月、のち「法華教団の政治的位置」と改題し河内『中世京都の民衆と社会』思文閣史学叢書、思文閣出版・二〇〇〇年一二月に所収)。

(162) 宮崎英修『日蓮宗の守護神―鬼子母神と大黒天―』(平樂寺書店・一九五八年八月)、三橋健「法華守護三十番神と稲荷大明神(中)」伏見稲荷大社社務所編集『朱』第四十一号(同社・一九九八年三月)。
(163) 兼修禅・純粋禅の区別に対し、和田有希子「鎌倉中期の臨済禅―円爾と蘭溪のあいだ―」日本宗教学会編集『宗教研究』三三八号［第77巻第3輯］(同会・二〇〇三年一二月)は両者の人的交流や思想的共通性から、宋代臨済禅に由来する臨済僧としての属性を強調する。それでもなお、顕密から自立を勝ちとれなかった意味が問われる。高柳さつき「日本中世禅の見直し―聖一派を中心に―」『思想』第九六〇号(岩波書店・二〇〇四年四月)は栄西・円爾ら禅密による諸宗兼学が主流であるという。
(164) 西谷功「泉涌寺開山への諸相」『寺社と民衆』第5特別号(民衆宗教史研究会〔岩田書院発売〕・二〇〇九年三月)。
(165) 原田正俊「九条道家の東福寺と円爾」日本思想史懇話会編集『季刊日本思想史』第六十八号(ぺりかん社・二〇〇六年四月)。禅門、天台、真言をかねるという。
(166) 佐々木馨『中世国家の宗教構造―体制仏教と体制外仏教の相剋―』中世史研究選書(吉川弘文館・一九八八年六月)。
(167) 佐藤俊晃「曹洞宗教団における白山信仰受容史の問題(三)」『宗学研究』第三〇号(曹洞宗総合研究センター・一九八八年三月)。
(168) 広瀬良弘『禅宗地方展開史の研究』(吉川弘文館・一九八八年一二月)。
(169) 三浦圭一「中世の敦賀」敦賀市史編さん委員会編集『敦賀市史』通史編上巻(同市役所・一九八五年六月)。
(170) 佐々木馨「出羽国の宗教世界」伊藤清郎・誉田慶信編『中世出羽の宗教と民衆』奥羽史研究叢書5(高志書院・二〇〇二年一二月)。
(171) 佐々木徹「奥の正法寺の開創」入間田宣夫編『日本・東アジアの国家・地域・人間―歴史学と文化人類学の方法から―』(入間田宣夫先生還暦記念論集編集委員会・二〇〇二年三月)。

（172）桃崎祐輔「中世霞ケ浦沿岸における律宗の活動」市村高男監修・茨城県立歴史館編『中世東国の内海世界―霞ケ浦・筑波山・利根川―』（高志書院・二〇〇七年一二月）。

（173）井上鋭夫『一向一揆の研究』（吉川弘文館・一九六八年三月）。

（174）鈴木泰山「尾州知多郡阿久比谷の虫供養について」『愛知大学綜合郷土研究所紀要』第九輯（同所・一九六三年一一月、のち鈴木『曹洞宗の地域的展開』思文閣出版・一九九三年八月に所収）。

（175）『神奈川の民俗芸能』神奈川県民俗芸能緊急調査報告書（同県教育委員会・二〇〇六年三月）。

（176）西尾正仁「時衆と温泉」『御影史学論集』第二〇号（御影史学研究会・一九九五年一〇月）。

（177）広瀬良弘「曹洞禅僧における神人化度・悪霊鎮圧」前掲註（168）文献、四一六ページ以下に了庵慧明ほかの事例、伊藤克己「中世の温泉と「温泉寺」をめぐって」歴史学研究会編集『歴史学研究』No.６３９（青木書店・一九九二年一一月）。ただし開発・土木事業にはある程度の知識・技術・人材の集積が必要と思われるが、後述真言宗ともども、その来歴は明らかでない。

（178）小野文雄「埼玉の文化のルーツを考える」埼玉県県民部県史編さん室編集『埼玉県史研究』第二十八号（同県・一九九三年三月）および千嶋寿「秩父の歴史略年表」『秩父武甲山総合調査報告書』［下巻］人文編（武甲山総合調査会〔言叢社制作〕・一九八七年三月）。これにつき筆者は別稿を用意している。

（179）蒲池勢至「真宗の葬送儀礼」浄土真宗教学研究所・本願寺史料研究所編『講座蓮如』第二巻（平凡社・一九九七年三月）、佐々木宏幹『仏と霊の人類学―仏教文化の深層構造―』（春秋社・一九九三年一月、のち新装版、二〇〇〇年九月）。

（180）船岡誠『日本禅宗の成立』中世史研究選書（吉川弘文館・一九八七年三月）。

（181）山岸常人「法勝寺の評価をめぐって」『日本史研究』第四二六号（同会・一九九八年二月、のち前掲註（３）『中世寺院の僧団・法会・文書』に所収）。

(182) 櫛田良洪『続真言密教成立過程の研究』（山喜房佛書林・一九七九年三月）。

(183) 坂本正仁「■《(マヽ)》問題提起7　中世後期以後の東国の真言宗」地方史研究協議会編集『地方史研究』第二五〇号［第四四巻第四号］（名著出版・一九九四年八月）。

(184) 松田壽男『丹生の研究―歴史地理学から見た日本の水銀―』（早稲田大学出版部・一九七〇年一一月）、若尾五雄「近畿山岳信仰と丹生」前掲註（81）『近畿霊山と修験道』、佐藤任「仏教と科学」伊東俊太郎・村上陽一郎編『日本科学史の射程』講座科学史4（培風館・一九八九年一〇月）。

(185) 金剛乗は密教用語だが、大乗よりもさらに強く一切の衆生をなかば強制的に救済するもので、時衆については筆者による規定。亀山純生「一遍思想の構造とその歴史的意義―一遍の民衆性に関連して―」『東京農工大学一般教養部紀要』第二一巻（同部・一九八四年一二月、のち「法然浄土教民衆化の直接的思想化―一遍浄土教の思想構造と思想史的意義―」と改題し亀山『中世民衆思想と法然浄土教―〈歴史に埋め込まれた親鸞〉像の視座―』大月書店・二〇〇三年二月に所収）。

(186) 大久保道舟『道元禪師傳の研究』（岩波書店・一九五三年三月、修訂増補、筑摩書房・一九六六年五月）。

(187) 永村眞「寺院と天皇」永原慶二編『講座・前近代の天皇』三［天皇と社会諸集団］（青木書店・一九九三年五月）。

(188) 矢田俊文「戦国期宗教権力論」浄土真宗教学研究所・本願寺史料研究所編『講座蓮如』第四巻（平凡社・一九九七年七月）。

(189) 松田毅一・川崎桃太訳『日本史』3（平凡社・一九七八年二月）三五ページ、第二章の注。

(190) 高田陽介「境内墓地の経営と触穢思想―中世末期の京都に見る―」日本歴史学会編集『日本歴史』第四五六号（吉川弘文館・一九八六年五月）。典拠たる『浄福寺由緒書』は中井真孝「浄福寺管見―その古代・中世―」『佛教論叢』第十九号（浄土宗教学院・一九七五年一〇月）や『京都浄土宗寺院文書』にあり、高田氏の史料解釈・操作にはやや難あるが、概念として有効ではないかと思う。

(191) 三枝暁子「中世犬神人の存在形態」『部落問題研究』162輯（同所・二〇〇二年一〇月）。

(192) 永村眞「「南都仏教」再考」GBS実行委員会編集『論集鎌倉期の東大寺復興—重源上人とその周辺』ザ・グレイトブッダ・シンポジウム論集五号（東大寺〔法藏館製作・発売〕・二〇〇七年一二月）。

(193) 松本郁代「室町期における「鎮護国家」の社会的展開」『巡礼記研究』第四集（同会・二〇〇七年九月）。

(194) 永村眞「東大寺大勧進職と「禪律僧」」南都佛教研究會編集『南都佛教』第四七号（東大寺図書館・一九八一年一二月、のち「東大寺大勧進職の機能と性格」節中の「禅律僧」と改編・改題し永村『中世東大寺の組織と経営』塙書房・一九八九年二月に所収）。木宮泰彦『日本古印刷文化史』（冨山房・一九三二年二月）、木宮『日華文化交流史』（冨山房・一九五五年七月）に入宋僧が詳しい。北京律の祖である俊芿の帰国後に湛海がその弟子となって入宋する際（『泉涌寺史』本文篇）、忍性が入宋を試みるも叡尊が代わりに弟子覚如と定舜、自誓四哲の一人有厳を一緒に入宋させ、律三大部を請来した（細川涼一「覚盛・尊円・覚如の遁世—中世南都の戒律復興運動の一節—」佛教史学会編『仏教の歴史的・地域的展開—仏教史学会五十周年記念論集—』法藏館・二〇〇三年一二月）。室町期に東大寺戒壇院十六代長老志玉総圓が入明、太宗に華厳を講義し国師号を下賜されている（大屋徳城『日本佛教史の研究』一、法藏館・一九二八年二月、芳賀幸四郎『東山文化の研究』河出書房・一九四五年一一月〔のち『芳賀幸四郎歴史論集』二、思文閣出版・一九八一年一〇月〕）。伊藤真昭「中世後期浄土宗における禅宗的要素」竹貫元勝博士還暦記念論文集刊行会編集『同論文集禅とその周辺学の研究』（永田文昌堂・二〇〇五年一月）の指摘によれば鎮西派は頭巾、伽藍配置や名称などが宋風である。小川貫弌「浄土教における日宋交渉」前掲『恵谷先生古稀記念浄土教の思想と文化』では浄土宗僧が直接入宋などにより導入したとはいえず禅律僧との交流によるものと考えられてきたが、仁安二年（一一六七）重源が入宋しているほか、敬西房信瑞あるいはその周辺が入宋し、宋版の浄土経典類を刊行している（藤堂祐範『淨土教版の研究』大東出版社・一九三〇年六月。のち藤堂恭俊補訂・増訂新版藤堂祐範著作集中巻、山喜房佛書林・一九七六年二月に所収）。榎本渉「ある一人の入宋僧」東京大学東洋文化研究所附属東洋学研究情報センター編集『明日の東洋学』第10号（同センター・二〇〇三年一〇月）によれば宗円は辨長の命を奉じて入宋、廬山白蓮社にちなみ白蓮社を称し、鎮西派における蓮社号の起源となる。また澄円（智演とも。私諡菩薩号あり）も入元し旭蓮社と名のり帰国後、和泉国堺に旭蓮社大阿弥陀経寺を建立した（『本朝廬山旭蓮社―今と昔―』）。同寺は禅浄兼修であり、両者の交流を示す。なぜ浄土宗が門跡をめざすのが真宗より遅れたか、その一端はこの大陸志向で説明できる（真宗側が門跡成を希求した主因は一向一揆による弾圧を避けるためであろう）。

(195) 大塚紀弘「中世「禅律」仏教と「禅教律」十宗観」史学会編集『史学雑誌』第112編第9号（山川出版社・二〇〇三年九月、のち大塚『中世禅律仏教論』山川歴史モノグラフ18、山川出版社・二〇〇九年一一月に所収）。

(196) 矢野立子「中世禅僧と勅号―禅師号と国師号をめぐって―」日本女子大学史学研究会編集『史艸』第四八号（同会・二〇〇七年一一月）。

(197) 石川力山「禅の葬送」『日本学』第十号（名著刊行会・一九八七年一二月）。

(198) 前掲註（195）論攷。

(199) 前掲註（23）論攷。

(200) 令制下の官寺・定額寺は、祈願寺（天皇・院については勅願寺とも。これに親王らを含めると御願寺と同義。ほか将軍、将軍室、鎌倉公方、守護らの場合も）、ほかに門跡、五山・諸山制度となる。佐藤健治「葬送と追善仏事にみる摂関家行事の成立」史学会編集『史学雑誌』第103編第11号（山川出版社・一九九四年一一月、のち「摂関家行事の成立―葬送と追善仏事を中心に―」と改題し佐藤『中世権門の成立と家政』吉川弘文館・二〇〇〇年三月に所収）、佐藤「平安期の氏寺と御願寺―摂関家氏寺の寺司補任を中心に―」『歴史』第八四輯（東北史学会・一九九五年四月、のち『中世権門の成立と家政』に所収）。奥野高廣「〔付表〕宸翰・勅額・勅願寺等別表」奥野『戦国時代の宮廷生活』（続群書類従完成会・二〇〇四年一月）は官寺・定額寺の名残りといえる勅願寺の詳細をまとめている。

(201) 小口雅史「初期荘園と大土地所有の展開」渡辺尚志・五味文彦編『土地所有史』新体系日本史3（山川出版社・二

〇〇二年三月)。

(202) 小笠原隆一「中世後期の僧位僧官に関する覚書」寺院史研究会編集『寺院史研究』第四号(同会・一九九四年一〇月)。細川武稔「室町将軍家祈願の諸相」『寺院史研究』第七号(二〇〇三年四月)によれば、臨済宗および畿内の寺院に室町将軍家の祈願寺が多く、上意による祈願体系が機能していて、こちらは礼銭対象ではなかったと思われる。伊藤克己「戦国期の寺院・教団と天皇勅許の資格・称号—紫衣・勅願寺の効果について—」歴史科学協議会編集『歴史評論』№５１２(校倉書房・一九九二年一二月、のち池上裕子・稲葉継陽編『戦国社会』展望日本歴史12、東京堂出版・二〇〇一年八月に所収)によると、戦国大名の奏請による勅願寺化がある。平雅行「中世後期の神仏信仰」福井県編集『福井県史』通史編2中世(同県・一九九四年三月)では、室町幕府祈願所となった越前国長崎称念寺は礼銭・礼物を毎年収めることになっていたといい、公武による新たな収奪の手段になっていたのであった。

(203) 峰岸純夫「戦国時代の制札」駒沢大学大学院史学会編集『駒沢大学史学論集』第二三号(同会・一九九三年四月、のち「戦国時代の制札とその機能」と改題し峰岸『中世災害・戦乱の社会史』吉川弘文館・二〇〇一年六月に所収)によると、天文十九年(一五五〇)三月二十六日付「飯尾為清書状」は東寺に「制札銭」を課している。なお勅額は宸筆の額自体ではなく、籠字とよばれる双鉤填墨で縁どった文字枠の中に形式だけ天皇が墨を入れた額草を受け手が額装にするらしい。応永二十一年(一四一四)十二月五日、上皇幹仁(追号・後小松)に足利義持が額草を依頼(『大日本史料』第七編之二十)。

(204) 林譲「時宗四条派派祖浄阿弥陀仏伝記史料の再検討—特に三伝の成立時期を中心として—」『國史學』第一二〇号(同会・一九八三年五月)によると、『蔭凉記』応永三十三年(一四二六)十月十七日条の「祈願寺及上人号等之綸旨」が勅許上人号に関する初見。やがて祈願寺とともに礼銭の対象化したと考えてよい。

(205) 前掲註(202)小笠原論攷。

(206) 前掲註(202)小笠原論攷。

(207) 矢野立子「中世勅号の基礎的研究―国師号を通して―」『日本女子大学大学院文学研究科紀要』第十三号(同大学・二〇〇七年三月)。
(208) ただしその典拠である『紫雲殿由縁記』は同時代史料ではない。安藤弥「親鸞三百回忌の歴史的意義」『真宗教学研究』第二七号(真宗教学学会〔法藏館発売〕・二〇〇六年六月)によると、永禄四年(一五六一)大坂本願寺にて厳修された親鸞三百年忌が初例か。門跡成と関係するとみられるという。
(209) 池浦泰憲「南北朝内乱期の祈禱寺―妙顕寺の事例から―」大阪歴史学会編集『ヒストリア』一九二号(同会・二〇〇四年一一月)。
(210) 千葉乗隆「毛坊主」『龍谷史壇』第六六・六七合併号(龍谷大学史学会・一九七三年一二月)。
(211) 大橋俊雄「時宗」川崎庸之・笠原一男編『宗教史』体系日本史叢書18(山川出版社・一九六四年一一月)。
(212) 小島恵昭「蓮如名号成立の歴史的背景」同朋大学仏教文化研究所編『蓮如名号の研究』同所研究叢書Ⅰ(法藏館・一九九八年四月)。初期真宗は八、九、十字名号であった。
(213) 柳宗悦『南无阿弥陀佛』(大法輪閣・一九五五年八月、のち『柳宗悦・宗教選集』4巻〔南無阿弥陀佛・一遍上人〕、春秋社・一九六〇年一月ほかに所収)。
(214) 久保尚文「中世越中時衆の歴史的位置について」大橋俊雄編集『時衆研究』第九十号(時宗文化研究所・一九八一年一一月、のち久保『越中中世史の研究―室町・戦国時代―』桂書房・一九八三年四月に所収)。
(215) 拙稿「水戸藩領における時宗寺院―『開基帳』史料紹介をかねて―」『時宗教学年報』第二十六輯(時宗教学研究所・一九九八年三月、本書第二部第四章)。
(216) 西岡芳文「阿佐布門徒の輪郭」『三田中世史研究』第十号(同会・二〇〇三年一〇月)。
(217) 河内将芳「京都東山大仏千僧会について―中近世移行期における権力と宗教―」『日本史研究』第四二五号(同会・一九九八年一月、のち河内『中世京都の民衆と社会』思文閣史学叢書、思文閣出版・二〇〇〇年一二月に所収)。安藤弥氏が「京都東山大仏千僧会と一向宗」『大谷大学史学論集』第十一号（同大学文学部史学科・二〇〇五年三月）において補強している。

(218) 日野西眞定「高野山の灯明信仰と僧侶の唱導活動」説話・伝承学会編『説話と思想・社会』説話・伝承学'86'87（桜楓社・一九八七年四月、のち「―弘法大師の後身信仰の発生―」と副題を附し日野西編『弘法大師信仰』民衆宗教史叢書第十四巻、雄山閣出版・一九八八年二月ほかに所収）。

(219) 久保田収「高野山における神仏習合の問題（下）」『神道史研究』第十五巻四号（神道史學會・一九六七年七月）。

(220) 高坂好「寺領荘園の特質」歴史學研究會編輯『歴史學研究』第七巻五號［43］（同會・一九三七年五月）。

(221) 永村眞「中世寺院の秩序意識」『日本宗教文化史研究』第十巻一号（日本宗教文化史学会・二〇〇六年五月）。

(222) 新見康子「弘法大師信仰（「弘法さん」）のはじまり」東寺宝物館編『東寺と弘法大師信仰―東寺御影堂誓いと祈りの風景―』（同館・二〇〇一年三月）。倉田文作『仏像のみかた〈技法と表現〉』（第一法規出版・一九六五年七月）は講堂の兜抜毘沙門天を挙げ、その後各地に造られたものの大方の祖形となったとする。

(223) 藤井学「新旧仏教の教線」京都市著作『京都の歴史』３近世の胎動（學藝書林・一九六八年一〇月、のち新装版、京都市史編さん所・一九七九年四月）一六〇ページ。

(224) 吉村亨「「一服一銭」と門前の茶屋」吉村『中世地域社会の歴史像』（阿吽社・一九九七年五月）。

(225) 千々和到「「書牛玉」と「白紙牛玉」」石井進編『中世をひろげる―新しい史料論をもとめて―』（吉川弘文館・一九九一年一一月）。

(226) 前掲註（13）伊藤文献。

(227) 沙汰雑掌家族の生活状況を本郷恵子「中世の雑掌とその妻」『ＵＰ』第二八巻第一号（通巻三一五号）（東京大学出版会・一九九九年一月）が描写している。

(228) 阿諏訪青美「中世後期の寺院社会と散銭」日本歴史学会編集『日本歴史』第六三六号（吉川弘文館・二〇〇一年五

月、のち「寺院社会とさい銭」と改題し阿諏訪『中世庶民信仰経済の研究』歴史科学叢書、校倉書房・二〇〇四年二月に所収)。

(229) 池田好信「東寺百合文書を読む」京都府立総合資料館編『東寺百合文書にみる日本の中世』(京都新聞社・一九九八年三月)。し函六一号は寺内の者に火鉢以下の具足を預けていた史料。

(230) 拙稿「中世都城における聖の展開—東山・霊山時衆と京都におけるその意義—」五味文彦・菊地大樹編『中世の寺院と都市・権力』(山川出版社・二〇〇七年四月、本書第二部第二章)で一覧にした。東寺周辺には七条、塩小路、市屋、西市屋、八条道場ほかがある。

(231) 伊藤毅「中世都市と寺院」高橋康夫・吉田伸之『日本都市史入門』Ⅰ〔空間〕(東京大学出版会・一九八九年一一月)。

(232) 金井清光「時衆十二派(六)」『時衆研究』第三十二号(金井私家版・一九六八年一〇月、のち「時衆十二派(市屋派)」と改題し金井『一遍と時衆教団』角川書店・一九七五年三月に所収)。

(233) 梅谷繁樹「京都の初期時衆(上)—市屋派のことなど—」藤沢市文書館編集『藤沢市史研究』第10号(同館・一九七七年三月)および梅谷「京都の初期時衆(下)—市屋派末寺西蓮寺を中心に—」『同』第11号(一九七八年三月、のち併せて「京都の初期時衆」と改題し梅谷『中世遊行聖と文学』桜楓社・一九八八年六月に所収)。

(234) 古賀克彦「時宗御影堂派本山新善光寺の研究—新出史料も兼ねて—」『仏教史学研究』第四〇巻第二号(仏教史学会・一九九七年一二月)。

(235) 上島有「東寺の歴史」東寺創建一千二百年記念出版編纂委員会編集『東寺の歴史と美術　新東寶記』(東京美術・一九九五年一月、のち「古代・中世の東寺—「教王護国寺」の歴史的考察—」と改題し上島『東寺・東寺文書の研究』思文閣出版・一九九八年一〇月に所収)。

(236) 富田正弘「橋本初子著『中世東寺と弘法大師信仰』(思文閣史学叢書)」『日本史研究』第三七七号(同会・一九九四

年一月)。

(237) 伊藤俊一「橋本初子著『中世東寺と弘法大師信仰』」『仏教史学研究』第三四巻第二号(仏教史学会・一九九一年一〇月)。

(238) 牧英正「「貞観政要格式目」の研究」『同和問題研究』第六号(大阪市立大学同和問題研究室・一九八三年二月)。同史料は被差別民を大陸由来で捉える一面もあり、差別発祥に宗教者、特に入宋僧が関与した可能性を今後検討したい。民間宗教者を禅教律鼎立の下に位置づけようとしたのかもしれない。

(239) 新城常三『社寺参詣の社会経済史的研究』(塙書房・一九六四年三月、のち新稿、一九八二年五月)。

(240) 前掲註(49)論攷。

(241) 馬田綾子「中世京都における寺院と民衆」『日本史研究』第二三五号(同会・一九八二年三月、のち久留島典子・榎原雅治編『室町の社会』展望日本歴史11、東京堂出版・二〇〇六年一〇月に所収)。

(242) 内藤莞爾「東寺光明講とその経営」内藤『日本の宗教と社会』(御茶の水書房・一九七八年三月)。

(243) 細川涼一『中世律宗寺院と民衆』中世史研究選書(吉川弘文館・一九八七年一二月)ほか多数。

(244) 誉田慶信「中世後期出羽の宗教」前掲註(170)文献。

(245) 辻善之助『日本佛教史』九巻近世篇之三(岩波書店・一九五四年四月)。一〇〇〜一〇七ページで、禅宗のうち曹洞宗八三、五山派五、大徳寺派二九、妙心寺派三八、黄檗派一二、浄土宗六五、天台宗一九、法華宗一一、一向宗四、真言宗二家とする。

(246) 時系列の回答は次のとおり。某年二月楞伽院覺王院「知恩院ニ相属候」→某年二月増上寺「知恩院配下ニテ無之」→文化三年(一八〇六)十月日輪寺「靈山正法寺塔頭極樂院」→文化三年十一月正法寺「當山塔頭極樂院」→寅十月真福寺(東京都港区、当時新義真言宗触頭)「天台宗無本寺勅願所」。

(247) 吉川清『時衆阿彌教團の研究』(池田書店・一九五六年五月、のち再版、藝林舍・一九七三年九月)。ちなみに貞和三年（一三四七）『親鸞聖人門侶交名牒』（『真宗史料集成』第一巻）光薗院本によれば「洛中御弟子」として賢阿が、嘉吉・文明（一四四一〜八七）より以前『京都市長性院所蔵絵系図』（『真宗史料集成』第四巻、六七一ページ）アマカサキ「法阿弥」（ルビ「ホフアミ」）がみえる。わずかな例だが初期真宗にも阿号の人物がいた。

(248) 註（173）文献。

(249) 言い回しにバリエーションがあるが正確な典拠は不明。近世成立であることは疑いない。

(250) 川添昭二「中世仏教成立の歴史的背景—中世初期に於ける聖の布教活動を中心として—」日本歴史学会編集『日本歴史』第九七・九八号（吉川弘文館・一九五六年七・八月、のち副題を「中世初期における聖の宗教活動を中心として」に改題し川添『日蓮とその時代』山喜房佛書林・一九九九年三月に所収）は、聖の出身階層と思想との関係に論及、木村礎「平将門・親鸞・長塚節」日本歴史学会編集『日本歴史』第五四八号（吉川弘文館・一九九四年一月）は、親鸞ゆかりの草庵が低地・沼沢地にありといった新仏教寺院の立地に着目した短文。

(251) 横井清「触穢思想の中世的構造—神と天皇と「賤民」と—」『國文學解釋と鑑賞』第17巻13号（至文堂・一九七二年一一月、のち「中世の触穢思想—民衆史からみた—」と改題し横井『中世民衆の生活文化』東京大学出版会・一九七五年四月に所収）。

(252) 前掲註（92）藤沢論攷。

(253) 高田衛『江戸の悪霊祓い師《エクソシスト》』（筑摩書房・一九九一年一月、のち新編、ちくま学芸文庫、筑摩書房・一九九四年一一月）で浄土宗鎮西派の祐天がとりあげられている。ほかに堤邦彦「高僧の幽霊済度—皿屋敷伝説と麹町・常仙寺縁起—」『国語と国文学』七三巻五号（東京大学国語国文学会・一九九六年五月）、堤『江戸の高僧伝説』（三弥井書店・二〇〇八年一月）。

(254) 松尾剛次「中世仏教史の歩み—官僧・遁世僧（白衣・黒衣）体制モデル—」福神研究所編集『日蓮的あまりに日蓮的な』福神叢書二巻（太田出版・二〇〇三年二月、のち松尾『日本中世の禅と律』吉川弘文館・二〇〇三年一〇月に所収）は、（おそらくソヴィエト連邦・東欧社会主義諸国家崩壊を理由に）史的唯物論の価値を否定している。この論は問題があり、まずソ連型社会主義が純然たるマルクス主義であったことを証明せねばならない。また現在の歴史学で「天皇制」の用語のように、史的唯物論発祥の概念がそのまま援用される例も少なくない。社会経済構成体分析という手法は、政治思想のマルクス主義とはまったく別個に、現在なお有効性を保ち続けている方法論であることは学界において否定されてはいないと考える。

(255) 西山美香「天龍寺〔安国寺〕の創建」西山『武家政権と禅宗―夢窓疎石を中心に―』（笠間書院・二〇〇四年四月）によると、文永ころ（一二六四～七四）の『興禅記』にある。

(256) 田中文英「中世前期の寺院と民衆」『日本史研究』第二六六号（同会・一九八四年一〇月）。

(257) 石母田正『中世的世界の形成』（伊藤書店・一九四六年六月、のち東京大學出版會・一九五七年九月ほか）以降、石井進『日本中世国家史の研究』（岩波書店・一九七〇年七月、のち石井進著作集刊行会編集『石井進著作集』第一巻、岩波書店・二〇〇四年九月）や戸田芳実、河音能平、黒田俊雄氏にいたる一九七〇年代までの戦後歴史学が、反国衙闘争の主体が田堵農民層であることを明らかにした。これをふまえ上川通夫『日本中世仏教形成史論』歴史科学叢書（校倉書房・二〇〇七年一〇月）は「反国衙闘争の母体たる田堵農民層と同根の、神人、寄人を含めてなる寺社の大衆勢力」と措定して等置する見方は、やや論証不足の感がある。中世的寺院社会の成立に伴い、寺院下層階級が権門体制国家の一部を構成する寺社勢力に吸収されつつ、一方でその秩序とは相容れない運動をも展開した側面をみてとるものである。神人・寄人など寺院下層階級の歴史的評価は、黒田氏以降、稲葉伸道「神人・寄人」『岩波講座日本通史』第7巻〔中世1〕（岩波書店・一九九三年七月、のち稲葉『中世寺院の権力構造』岩波書店・一九九七年五月に所収）や久野修義「中世寺院の僧侶集団」朝尾直弘ほか編『日本の社会史』第六巻〔社会的諸集団〕（岩波書店・一九八八年六月、のち久野『日本中世の寺院と社会』塙書房・一九九九年二月に所収）などで行われ、最近の成果である衣川仁『中世寺院勢力論―悪僧と大衆の時代―』（吉川弘文館・二〇〇七年一一月）が実証面では延暦寺周辺にとどまるように、寺院下層階級が田堵農民層と同根かは研究途上である（以上、菊地大樹氏の教示）。本書の立場から民衆が悪僧と連携し庄園公領制と対峙した立論は注意を惹かれる。
（258）大石雅章「中世顕密寺社と律衆」戒律文化研究会編集『戒律文化』第二号（同会〔法藏館発売〕・二〇〇三年四月）。
（259）この視点を遡ると、すでに圭室諦成「葬式法要の發生とその社會經濟史的考察」日本宗教史研究會編『日本宗教史研究』（隆章閣発兊・一九三三年一〇月）にあった。庄園制崩壊で顕密が葬式に魅力をみいだし「未來性ある」と捉えたとしている。
（260）国立歴史民俗博物館で二〇〇二年開催された「中世寺院の姿とくらし」は顕密寺院と庶民信仰、異端である新仏教が合理主義として社会に一定の基盤をもつことを指摘した興味深い企画であった。国立歴史民俗博物館編集『中世寺院の姿とくらし―密教・禅僧・湯屋』（山川出版社・二〇〇四年二月）および前掲註（106）文献、井原今朝男『史実中世仏教』第1巻［今にいたる寺院と葬送の実像］（興山舎・二〇一一年三月）などがその成果。
（261）前掲註（190）高田論攷。
（262）高田陽介「寺請制以前の地域菩提寺とその檀家」勝俣鎭夫編『中世人の生活世界』（山川出版社・一九九六年三月）。
（263）高田陽介「山門膝下における葬式寺院の登場をめぐって」『遙かなる中世』No.10号（中世史研究会・一九八九年一〇月）によると、『今昔物語』の例から顕密寺院では死穢を忌むことがわかり、一五世紀後半以降、近江国の寺院が葬送に関与するときは勅許を求めている。五十川伸矢「古代・中世の京都の墓」国立歴史民俗博物館編集『国立歴史民俗博物館研究報告』第68集（共同研究「死者儀礼と死の観念」）（同館・一九九六年三月）では、ほぼ同時期の一五世紀以降墓の数量増加と階層拡大がみられ、新仏教と対応したものかとする。白石太一郎「中近世の大和における墓地景観の変遷とその意味」白石太一郎・村木二郎編『国立歴史民俗博物館研究報告』第112集（共同研究「地域社会と基層信仰」）（同館・二〇〇四年二月）および村木二郎「石塔の多様化と消長　天理市中山念仏寺墓地の背光五輪塔から」『同』も畿内の石造物の事例から仏事の民衆化をみてとる。

(264) 仏教は「七世父母」(『佛説盂蘭盆經』ほか)の供養を説くが、水藤真「『兼顕卿記』に見える先祖の供養」国立歴史民俗博物館編集『国立歴史民俗博物館研究報告』第68集(同館・一九九六四年三月)によれば、文明八～十一年(一四七六～七九)の『兼顕卿記』分析によれば、祖先祭祀といえどもせいぜい曾祖父どまりであったのが実情であったから、イエの確立と仏教による祖先信仰の流布は車の両輪だったといえよう。

(265) 深貝慈孝「浄土宗捨世派における理論と実践―特に関通流を中心として―」『日本佛教學會年報』第四五号(同会西部事務所・一九八〇年三月、のち深貝『中国浄土教と浄土宗学の研究』思文閣出版・二〇〇二年一〇月に所収)。

(266) 須田勉「古代村落寺院とその信仰」国士舘大学考古学会編『古代の信仰と社会』(六一書房・二〇〇六年一〇月)によると、村落に展開する寺院は雑部密教・現世利益によったという。

(267) 圭室文雄『日本仏教史　近世』(吉川弘文館・一九八七年一月)によると、貞享四年(一六八七)『諸寺院条目』および慶長十八年(一六一三)『宗門檀那請合之掟』(ともに『御触書寛保集成』『徳川禁令考』)など、菩提寺に対する旦那の義務を定めた偽文書が広く流布した。

(268) 石井研二『戦後の社会変動と神社神道』(大明堂・一九九八年六月)によると、(神前結婚式も初詣も、淵源は戦前以前にあるものの)都市化に合わせて戦後になって大幅に増加している。

(269) 大橋俊雄「時衆過去帳について」大橋編著『時衆過去帳』時衆史料第一(〔時宗〕教学研究所・一九六四年六月)。

(270) 赤松俊秀「一遍上人の時宗に就て」史學研究會編輯『史林』第二十九巻第一號(内外出版印刷株式會社出版部・一九四四年二月、のち赤松『鎌倉仏教の研究』平楽寺書店・一九五七年八月に所収)で、時衆→真宗を提唱。下敷きには宮崎圓遵氏の一連の論攷があろう。

(271) 武生市史編さん委員会編集『武生市史』資料編[社寺の由緒](同市役所・一九八七年二月)に「往昔は時宗にして道阿弥と号す。真宗帰参は天正年中(一五七三～九二)(中略)時宗の開基は不明」とある。

(272) 山内譲「予章記の成立」山内『中世瀬戸内海地域史の研究』叢書・歴史学研究(法政大学出版局・一九九八年二

月）。新稿たる補論にて河野教通により文明七年（一四七五）宝厳寺一遍像と同十三年に石手寺本堂再建とする。

(273) 今井雅晴「南北朝初期における小早川氏の信仰」河合正治編『瀬戸内海地域の宗教と文化』（雄山閣出版・一九七六年二月、のち「瀬戸内海地域における時宗教団の展開」正しくは「瀬戸内海地域と初期時宗教団」地方史研究協議会編集『地方史研究』第一七三号［第三一巻第五号］、同会・一九八一年一〇月と併せ「西国の武士と遊行上人—小早川氏と託何—」と改題し今井『中世社会と時宗の研究』吉川弘文館・一九八五年一一月に所収、ただし同書では「瀬戸内海地域における時宗教団の展開」と改題し地方史研究協議会編『瀬戸内海社会の形成と展開—海と生活』雄山閣出版・一九八三年一〇月に転載したことを記さず、初出題目および発行年を転載した際に改題したものと錯誤して載せる）は、持仏堂の不断念仏堂を禅宗巨真山寺へ変えているのは、足利尊氏にへつらうためではないかとみている。

(274)『祠曹雑識』(二)巻三十三「其寺號ヲ以テ他ノ寺跡ヲ相續ノ例」や圭室文雄『江戸幕府の宗教統制』日本人の行動と思想16（評論社・一九七一年一一月）一四六ページに寺号再興のことがある。新寺建立が禁止されていたため廃寺号をもって中興する形式がとられることが多かった。

(275) 小谷利明「旧大和川流域の地域形成と展開」大和川水系ミュージアムネットワーク編『大和川付け替え３００年—その歴史と意義を考える—』（雄山閣・二〇〇七年一一月）。

(276) 三本昌之「戦国期真宗寺院の一動向—聞名寺と時衆—」真宗連合学会編集『眞宗研究』第二十九輯（同会〈百華苑発売〉・一九八四年一二月）は、富山県富山市八尾にある浄土真宗本願寺派聞名寺が、『時衆過去帳』に登場する飛騨聞名寺であり、真宗と時衆の間の移動が自然に行われていたことを論証している。

(277) 久保尚文「中世越中時衆史の一考察—放生津本阿をめぐって—」日本海地域史研究会編集『日本海地域史研究』第二輯（文献出版・一九八一年二月、のち「放生津本阿をめぐって」と改題し久保『越中における中世信仰史の展開』桂書房・一九八四年一〇月、増補、一九九一年五月に所収）は、富山県射水市大楽寺、氷見市西念寺、高岡市極楽寺などの事例から、時衆道場は真宗よりも鎮西派に転ずる場合が多いとし、時衆から浄土宗鎮西派へという図式を導く。久保「越中時衆の歴史的位置について」大橋俊雄編集『時衆研究』第九十号（時宗文化研究所・一九八一年一一月、のち「中世越中時衆の歴史的位置について」と改題し久保『越中中世史の研究　室町・戦国時代』桂書房・一九八三年四月に所収）も同様で、さらに放生津大慈院（射水市）、曽祢禅興寺（射水市）、野尻聖林寺（南砺市）など、同じ空間の律院の存在に意味を求める。真宗教団は強い求心性から排他性が高く、転宗は壁が厚かったこともあるか。ただしこれはあくまで現存寺院の伝承に依拠した説であるし、真宗寺院でも放生津報土寺（射水市）など実例はある。面で捉えるのならば、例えば吉江道場仏土寺（南砺市）が消滅した時期、そのまま真宗地帯になっていくように、富山県呉西地方（射水・砺波郡）周辺の時衆信仰が真宗の基盤に移行していくことは指摘できよう。両者の親密な関係は本書第三部第一章にて既述のとおり。

(278) 小山丈夫「中世信濃における時衆教団」『時宗教学年報』第二十八輯（時宗教学研究所・二〇〇〇年三月）。

(279) 柏原祐泉「湖北十カ寺と一向一揆」長浜市史編さん委員会編『長浜市史』第二巻［秀吉の登場］（同市役所・一九九八年三月）。

(280) 堀大慈「江州浅井郡菅浦阿弥陀寺什物等之記録―近世菅浦の惣寺について―」京都女子大学史学会編集『史窓』第36号（同大学史学研究室・一九七九年三月）。

(281) 水口町志編纂委員会編集・柴田実監修『水口町志』下巻（同会・一九五九年九月）。

(282) 松本学「中世越後における時衆教団の形成と展開」『新潟史学』第40号（同会・一九九八年六月）。時衆教勢の不振理由について、実証的に分析した唯一のものといってよい。

(283) 伊藤宏之「「善光寺時供養板碑」について」『寺社と民衆』創刊号（民衆宗教史研究会・二〇〇五年三月）。

(284) 前掲註(223)論攷、一五六ページに京都大学国史研究室蔵・応永七年（一四〇〇）十二月日付「若狭秦文書」の単色写真が載る。若狭国汲部・多烏浦の百姓が「西の京の御時衆」の数十日滞在無銭飲食や物品徴発を奉行所に訴えている。

(285) 梅谷繁樹「宗祖上人の捨てる思想について」『時宗教学年報』第一輯（時宗教学研究所・一九七二年二月）。
(286) 金井清光「時衆研究の動向と問題点」『時宗教学年報』第十九輯（時宗教学研究所・一九九一年三月、のち金井『中世芸能と仏教』新典社研究叢書42、同社・一九九一年九月に所収）。
(287) 小林剛『俊乗房重源の研究』（有隣堂・一九七一年六月）によると、寿永二年（一一八三）ころより重源が南無阿弥陀仏なる阿弥陀仏号を用いたのが濫觴である。『南無阿弥陀仏作善集』『黒谷源空上人伝』（巻十に地獄話）、『源空上人私日記』『法然上人絵詞伝』『愚管抄』にみえる。その意味は、地獄に堕ちたときに自分の名をよぶことが念仏となり極楽に往生するためであるという。
(288) 高木文恵「滋賀・高宮寺の他阿真教画像」『美学』第五〇巻二号（同会・一九九九年九月）、『他阿上人法語』（『定本時宗宗典』上巻）。
(289) 本多彩「シアトルのボンオドリ―日系アメリカ人と仏教会―」No.39（勉誠出版・二〇〇二年五月）ほか同氏論攷によれば、一九三二年からアメリカ合州国西海岸のワシントン州シアトルで浄土真宗本願寺派シアトル別院仏教会が盆踊りを行っている。
(290) 今井雅晴『中世社会と時宗の研究』（吉川弘文館・一九八五年一一月）は第三章の題目を「時宗文化の基層」とするが、「衆」と「宗」とでは本質がまったく異なることは重言するまでもない。蛇足ながら雑誌『時衆文化』は筆者による命名である。とはいえ、神道における「宗教か文化か」という問いは、時衆にもあてはまる。
(291) 網野善彦「一遍聖絵―過渡期の様相―」『岩波講座日本文学と仏教』第三巻［現世と来世］（岩波書店・一九九四年三月、のち網野『日本中世に何が起きたか―都市と宗教と「資本主義」―』日本エディタースクール出版部・一九九七年一月に所収）。
(292) 石田善人「都鄙民衆の生活と宗教」『岩波講座日本歴史』6［中世2］（岩波書店・一九七五年一一月、のち石田『中世村落と仏教』思文閣史学叢書、思文閣出版・一九九六年一二月に所収）。

(293)家塚智子「同朋衆の存在形態と変遷」『藝能史研究』第一三六号〈同會・一九九七年一月〉、家塚「同朋衆の職掌と血縁」『同』第一四一号〈一九九八年四月〉、家塚「同朋衆の文化史における評価をめぐって」『同』第一五五号〈二〇〇一年一〇月〉など。家塚「同朋衆について」山川出版社編集『歴史と地理』第627号〔『日本史の研究』(226)〕〈同社・二〇〇九年九月〉は概説というべきもの。梅谷繁樹「追憶の林屋先生」『藝能史研究』第一四一号〈同會・一九九八年四月〉および梅谷「阿弥号について」時衆文化研究会編集『時衆文化』第17号〈同会〈岩田書院発売〉・二〇〇八年四月〉は、阿号に仏典に依るものとそうでないものと二種類あることから、法名と芸名に分化していく過程をみてとる。

(294)網野善彦「悪党と海賊」『大谷学報』第七三巻二号〈大谷学会・一九九四年一月、のち網野『悪党と海賊―日本中世の社会と政治』叢書・歴史学研究、法政大学出版局・一九九五年五月に所収〉。

(295)細川武稔「室町幕府年中行事書にみえる僧侶参賀の実態」『遙かなる中世』No.19〈中世史研究会・二〇〇一年五月、のち「室町幕府年中行事書にみえる寺社の参賀」と改題し細川『京都の寺社と室町幕府』吉川弘文館・二〇一〇年二月に所収〉。

(296)下坂守「本願成就院の成立」清水寺史編纂委員会編修『清水寺史』一巻通史(上)〈音羽山清水寺〈法藏館製作・発売〉・一九九五年八月〉。

(297)長谷川匡俊「奥州の念仏勧化―巡錫地と寺々―」長谷川『近世の念仏聖無能と民衆』〈吉川弘文館・二〇〇三年九月〉によれば、時宗三春法蔵寺〈福島県田村郡三春町〉が正徳四年〈一七一四〉の別時念仏で招聘したのが無能の活動のきっかけで、下地に遊行上人の廻国〈同二年〉と賦算があると指摘。

(298)保坂健次「一遍上人五十二代霊随上人・六字名号塔について」民衆宗教史研究会編修委員会編修『寺社と民衆』第六輯〈民衆宗教史研究会出版局〈岩田書院発売〉・二〇一〇年三月〉。松村雄介「名号塔〈7〉他阿名号塔」日本石仏協会編纂『日本石仏図典』〈国書刊行会・一九八六年八月〉に、神奈川県南足柄市における他阿至実の一八七五年名号

塔の画像が載るのは貴重。同市周辺に当麻派寺院はない。中世時衆の造塔の歴史を継承したのは、藤沢派ではなく当麻派であったといえる。

(299) 野尻かおる「近世都市江戸における火葬場の成立と変容―小塚原「火葬寺」を中心として―」地方史研究協議会編『江戸・東京近郊の史的空間』地方史研究協議会第53回(東京)大会成果論集(雄山閣・二〇〇三年一〇月)によれば、「江戸五三昧」とよばれる火葬寺は、法華、真、浄土宗が多く時宗は皆無である。

【附記】 本章は中世宗教史研究会例会(二〇〇四年二月二四日、於東京大学史料編纂所)の「浄土系諸教団の草創と守成―鎌倉新仏教から室町・戦国新仏教へ―」および東寺文書研究会第一七回例会(二〇〇八年八月三日、於京都商工会議所)の「「新仏教」形成過程と東寺における庶民信仰」を基礎とした。質問者および秋月俊也、安藤弥、高橋敏子、細川武稔、湯谷祐三氏ほかの教示をえた。

附章　近世・近現代時宗と国家権力——時宗における国家観・天皇観——

はじめに——研究史の回顧——

時衆は風俗絵画資料としての『一遍聖絵』や一遍智真の言説を中心に、おもに中世史の一分野としてそれなりに研究が盛行している。これに対し近世以降になると灯の消えたごとき寂しさである。そうした中にあって圭室文雄氏による遊行廻国に関する一連の論攷、菅根幸裕氏による空也聖を含む近世時宗俗聖の研究が目だち、『遊行日鑑』『藤沢山日鑑』などの翻刻は貴重である。また最近では金井清光氏による近世遊行を概観したものが総論として有益であり(1)、地方史、ことに自治体史の分野では近世時宗への言及も散見されるようになってきた。ただ全体を俯瞰するにはあまりに絶対量が少ないのが実状で、特に近現代に関わるものは大橋俊雄『一遍と時宗教団』教育社歴史新書〈日本史〉172（同社・一九七八年一〇月）と高野修『時宗教団史—時衆の歴史と文化—』（岩田書院・二〇〇三年三月）くらいの、ともに通史概説に限定される。

他宗派の研究が進む中、近世・近現代時宗教団の沿革をたどる意味は小さくないと考え、本章では国家観・天皇観に主題をしぼってみていくこととしたい。本書は中世を主眼とするが、その後の変遷をみることにも意義があるものと考えるためである。なお本章で用いる「国家」「天皇（制）」の定義は、時代がいくつかにまたがるため統一はできない。個別に参照されたい。また本章でとりあげる事象の多くは、望月華山編『時衆年表』（角川書店・一九七〇年一月）の各項目を基礎としている。

第一節　時衆の特質

ここで時衆について改めて確認しておこう。本問題に関する拙稿[2]があるため重言は避けたいが、ごく簡単に要諦だけ述べると、行儀・行実（遊行・賦算・踊り念仏など）に一定の共通項がみいだしうる念仏聖を「時衆」（別時念仏衆・六時礼讃衆の意）として呼称していたと考えられる。古代以来顕密寺院において不断念仏・常行三昧をしていた集団をさす一般名詞であったが、やがて私度僧の系統を引く人々が自称するようになり、一遍・一向ほか多くの聖が時衆として社会から認知されたのである。したがって一遍による時宗の立教開宗というのは後代からの遡及であり、史料用語としても分析概念としても中世に時宗は存在していなかった。他宗派と異なり「宗」（sect）ではなく「衆」（group）であったところが肝要である。

特徴的な点として①信心不問、②決定往生、③現世肯定、④不立文字、⑤神祇信仰など本覚思想的指向が挙げられる。その反面、⑥すでに阿弥陀仏として果位にあるため真宗でいうところの妙好人が生まれず、⑦教理体系がないため真宗における異安心《あんじん》がなく、⑧宗祖とされる一遍が教団永続の意志を否定したために、かれに回帰する宗教改革運動も興りえなかったというのも、宗教史上、きわめて特異なものであるといえよう。一宗として成立したのは近世になるが、これらの性格が宗の性格と沿革とを強く規定していることはいうまでもない。

第二節　近世時宗史の概観

聖を広範にさす時衆の語は、やがて江戸幕府の宗教政策というおもに外的要因により、音通による時宗なる教派が画定され成立する。寛永十年（一六三三）『時宗藤澤遊行末寺帳』（『江戸幕府寺院本末帳集成』「中」）が事実上の宗概念に基づく史料としての嚆矢で、足利将軍家による御教書以来の伝統で発給される徳川家の伝馬朱印状（慶長十八年〔一六一三〕三月十一日付以後二三通）で遊行廻国する藤沢派に主導権が委ねられた。その背景には雑多な聖の統括をおしつけたという主因のほかに、遊行や賦算により権力者にとって御霊とみなしうる存在の慰撫・鎮魂を行う時衆独特の職能が期待されたからでもある。天皇尊治（追号・後醍醐）の従兄弟と伝えられる「法親王」（宣下の明証はない）尊観が時衆として遁世したり（のち遊行十二代）、その縁から密教の法具をもち袈裟をまとう異様な尊治像が藤沢派本寺清浄光寺に伝世するのは好例である。「源氏長者」にして新田後裔を自称する徳川家において平家・南朝済度は重要な責務でもあった。なかんづく〝東国王権〟の長を自認する徳川家にとって、平将門を祀る時宗総触頭・武蔵国芝崎道場日輪寺（東京都千代田区。近世初頭に浅草〔台東区〕に移転）は格好の存在であった。

こうした状況下で藤沢派が他派の併呑を進め、衝突する事件が起こる。藤沢派は自己を遊行正統として「遊行派」を公称し、ほかの時衆各教団にそれぞれ派名を与え、併せて「時宗十二派」なる用語を創出した[3]。一遍とならび鎌倉後期に本州規模で法筵を拡大した一向俊聖の系統である一向派（および東北地方に分布する一派である天童派）は、中世においても「一遍一向」などとならび称せられたように[4]、典型的かつ藤沢派と双璧をなす強大な時衆教団であったが、本寺近江国番場蓮華寺は貞享元年（一六八四）に常陸国小栗一向寺（茨城県筑西市）、同三年（一六八六）に出羽国天童仏向寺（山形県天童市）、さらに天保二年（一八三一）再び仏向寺と本末争論が生じ、いずれも勝訴している。(5)その背後には藤沢派の影がちらつく。また常陸国真壁郡に数箇寺あり中世宍戸家の菩提所として誕生したために教団としての展開が弱かった解意派（新善光寺、茨城県筑西市）は、善光寺信仰にのっとって甲斐国勧化をしていた宝暦十二年（一七六二）、衣体越格として追訴され、以後藤沢派の法脈にくみこまれる。安永九年（一七八〇）京都市中にあって空也以来の伝統をもつ市屋派（金光寺、京都市下京区）は、従前の慣例により浄土宗西山派の僧侶を住職に迎えたが（唯一の近世の末寺、西市屋西蓮寺〔京都市下京区〕は、近代以降でも西山派寺院と組寺である）、そのことを口実に藤沢派が介入、爾来日輪寺の監視下におかれることとなる。さらに延享元年（一七四四）四条派本寺・京都金蓮寺、明和七年（一七七〇）一向派触頭・古河西光寺（茨城県古河市）の後住に容喙するなど枚挙に暇がない。ほかに六条派・霊山派は経営の困窮により金銭を介して江戸後期に藤沢派に編入されている。

他方、おもに浄土宗に触発されたことによるとみられる、『一遍上人語録』編纂や円頓戒に基づく加行などの入門儀礼の導入は、遊行五十二代・藤沢二十九世他阿一海在位の宝暦十二年（一七六二）から翌年のことであり、諸派圧倒の時期と重なっている。

このような他派吸収の施策は戦後の宗教法人法成立まで断続的になされていくこととなる。

第三節　近世における国家観・天皇観

近世時宗にとっての国家あるいは王権とは、まずもって東国国家＝江戸幕府にほかならない。中世において在地の武士と農民はもとより、京洛を中心に都市民・職能民から絶大な帰依を受けた時衆は、供御人や神人、寄人らが制度上の紐帯関係にあった天皇家、権門勢家、顕密寺院とも関連していた。それは自身も種々の行儀・行実に発する職能の民「聖」としての位置づけによる、すぐれて中世独特の要素に基づくもので、近世になるとそれらの職能は在地の俗聖に継承される。かれら俗聖の呼称は、『藤沢山日鑑』には「被（悲）慈利」が多く、「聖」（藤沢市文書館版第五巻・安永四年（一七七五）十月廿日条）、「磬〔鉦〕打」（同・安永二年三月廿日条）ともみえる。ただほとんどは「某寺配下某阿弥」と表記され、職名はない。「被慈利」は文化六年（一八〇九）正月八日条を最後に、翌七年正月八日条（ともに同・第十二巻）に「沙弥」に変わる。地位向上運動が推定される。寺請制・本末制により在来仏教とさほどの差異をもたなくなった時宗僧には、独自の天皇観は稀薄であったものと考えられる。

むしろ天照大神に対峙される東照大権現が時衆の末裔であるという点を誇示していたことは疑いない。徳川家の始祖徳川有親・親氏父子は永享の乱により本貫上野国世良田郷を離れ流浪していたのを遊行十二代他阿尊観に救われ徳阿弥・長阿弥と称する。三河国大浜称名寺（愛知県碧南市）にいたり偶然連歌会に列席した縁から土豪松平家に養子に入ったという。[6] 連歌が時衆の得意とする職能であることは周知であろう。徳川氏発祥の地、上野国徳川満徳寺（群馬県太田市、廃寺）が縁切寺に指定されたこと、浅草日輪寺が正月の江戸城柳営連歌に列席するのを例としていたのもみすごせない。藤沢清浄光寺および当麻派本寺無量光寺境内に徳阿弥父子が勧請したとする宇賀神を奉祀し、同じく無量光寺の御髪《おはつ》塚と位牌二柱、武蔵国府中称名寺（東京都府中市、当麻派）が偽刻された徳阿弥親氏の板碑をもっていたことなども、時宗側の誇示であろう。慶長十一年（一六〇六）幕命で時宗より分離・真言宗に吸収された高野聖（高野山聖方）が「非事吏」などと、ともすれば同じ高野山の学侶方・行人方から卑賤視されつつ、東照宮を奉祀することに矜持をみいだしたのは、徳阿弥らが高野に隠遁したという説話による。

しかし幕府から清浄光寺に下されたのはわずか百石という朱印地であり、幕府が時宗をことさら庇護していた形跡はない。大名なみの人馬徴発を認めた伝馬朱印状給付も、あくまで足利家の御教書を制度上、継承したものにすぎないと考えるべきである。

そのような観念の下にあって、天皇権威に着目したのは藤沢派・遊行四十二代他阿尊任（一六二五～九一）である。かれは突如佐渡より現れ師資相承の法脈を超えて寛文八年（一六六八）法主に登位、遊行十二代尊観の先規を掲げて遊行相続の三年後に緋衣を着して参内に成功する。時宗僧として初の僧正位に叙せられたとされる。親筆名号に「日本國中佛法弘通之大導師南門主僧正尊任」との銘を記している。あたかも弘法大師空海をさす「二仏中間《げん》の大導師」の謂を踏襲した感がある。清浄光寺本堂には今、緋色の衣をまとう尊任坐像が安置されている。このほか貞享四年（一六八七）吉野に登山し尊治三五〇年忌法要を執行し、尊観所縁の甲斐国甲府一蓮寺（山梨県甲府市）を補処地（法主候補者在任地）に定めている。注目すべきは尊任以後江戸期六名、近代七名の「尊」の片諱をもつ遊行上人がいることである。これが尊観に淵源を求めていることは明らかだが、尊観は『塩尻』（『日本随筆大成』新装版第三期第13巻）巻之十三に「相州藤沢清浄光寺十四世《マヽ》の他阿上人は、南朝の御末小倉宮御子、初は尊慶《マヽ》と申せし。これ新田有親主及び令子親氏主の御師なりといふ」とあって伝承をまったく異にしつつ（小倉宮恒敦は後南朝）、徳川父子の救済者としてうまく接合されている。尊観は、遊行三十二代・藤沢十三世他阿普光の文書に検出されるのが初見であるという[7]。一遍伝記における熊野権現の夢告を「神勅」として過大に神聖視しはじめたのも近世である（『遊行日鑑』ほか。『一遍聖絵』『遊行上人縁起絵』に「神勅」の語はない）。そしてそれは近代に受け継がれていく。

時宗はことほど左様に南朝との紐帯を強調するが、足利一門に外護されたとおり実態としては北朝系である。清浄光寺裏山出土の板碑（塔頭長生院蔵）でも北朝年号（延文元年〔一三五六〕）を用いている。その対照性は済度の主体（北朝・足利将軍家）と客体（南朝）とに起因しているのである。敗者が遁世するために中世時衆道場が用いられたのは、『太平記』（『日本古典文学大系』36）巻第三十八にみる貞治元年（一三六二）畠山国清駈け入り譚によるまでもなく、アジールとして通例であり、その特性を近世になって徳川家・時宗がともに利用して成立したのが、徳阿弥の説話といえる。発売当初大いに話題をよんだという村岡素一郎『史疑　徳川家康事績』（民友社・一九〇二年四月）は、徳川家康の正体を願人坊主の私生児としている。このような奇説が生まれる背景に、松平氏の始祖が時衆とされていたことをみてとることができる。

　このほか時宗において天皇家に濫觴を結合させた寺院として、先述の解意派本寺・海老ケ島新善光寺がある。慶長三年（一五九八）『正三尊阿彌陀如來縁起』によれば、建武元年（一三三四）三世超阿単了が尊治から「解意一派如体山新善光寺」（現存。「一派」の呼称から近世作カ）の勅額を下賜され、応永十九年（一四一二）中興十世信阿尊長が天皇幹仁（追号・後小松。同年八月譲位）より紫衣勅許上人号を受けたという。縁起を分析すると近世中葉以降のもののようで、藤沢派に対して独自性を主張するための仮託・造作であるとみられる。[8] また新田義貞の塚があり本尊（近世当時は御像堂に安置）は義貞像である越前国長崎称念寺（福井県坂井市）に対し、幕府から元文二年（一七三七）四百回忌の香資白銀一百枚が下されている。南朝と徳川遠祖との結節点としての新田義貞という位置づけがみてとれまいか。このほか尊治皇女、内親王瓊子が尼僧として住持したという伯耆国米子安養寺（鳥取県米子市）は、安永四年（一七七五）勅願所中興の綸旨が発給されたという。

　これらは中・近世の河原巻物と同様の趣旨をもつものといえ、貴種に創始をおくことで自己の優位性を主張したも

第一図　天王寺円成院舎利塔（正面・斜めより。年紀なし）

のであろう。幕藩制下において、そこに内在する矛盾・対立を抑制する装置としての天皇制がもつ官位叙任権などに代表される制度的権威ではなく、世俗王権としては徳川家に依拠しつつも天皇家が歴史的に培養してきた宗教的権威に依拠しようとしたとみられる。武家における族長的結合、農民における共同体的結合すなわち擬制的氏族制「家」構造のヒエラルヒーの頂点におかれた天皇家は、官位授与を媒介に形式上の君主として「公儀」の一角を形成しており、[9]その点において時宗が天皇家を援用することは幕府支配体制となんら矛盾するものではなかった。

　やがて幕末にいたる。このころの遊行五十七代・藤沢四十世他阿一念（一七八〇～一八五八）を題材としてみよう。山之内光照寺（神奈川県鎌倉市）に「南方門主他阿上人一念大和尚」と刻された位牌が遺る。御寄附金として六十二両二分が裏書としてみえるので、堂宇修覆などのために永代供養の名目で下賜されたのであろうか。

同様の位牌が品川海蔵寺（東京都品川区）、「日本國中大念佛弘通大導師南門主遊行五十七世他阿上人一念書」銘の名号碑が一念の生地の出羽国漆山遍照寺（山形市）、大坂天王寺円成院（大阪市天王寺区）にある（**第一図**）。尊任以降一念まで「南（方）門主」号が遊行上人の別称であった徴証はないから、一念が宗門の記憶の篋底深くに眠っていた歴史的用語であるこの称号を再び使用したといえそうである。その背景には嘉永元年（一八四八）に遊行相続し、安政五年（一八五八）に歿した時代性が挙げられる。平田国学が隆盛した幕末動乱期であり、開港間もない横浜は地理的に藤沢に近い。のちに「ええじゃないか」が藤沢宿で出現するが、清浄光寺の膝下である。細かくみれば藤沢三十九世他阿一如の命で一蓮寺法阿暢音（のちの一念）が西国門末取り締まりのために天保十三年（一八四二）、京に派遣されていることなどは参考になろうか。このころは護法運動が勃興しつつあり、一方水戸では廃仏思想による徳川斉昭の寺院整理が進められ時宗も五箇寺が廃絶した[10]危機に直面し、対応が切迫していたのではないか。

中世時衆は天皇家・権門勢家とは武家同様に双方向に関係していた。前記の職能のほかに、浄土教にあって稀有の現世利益を享受できたからでもある。京洛の四条道場金蓮寺などは実質祈願所といいうる動向が貴族・顕密僧の日記に窺える。近世には河原巻物的内容の伝承が時宗寺院で採用される。ひとえに地位向上が背景に考えられる。ただ後期になると様相を異にし、社会に蔓延する勤王思想への単純な呼応がみられ、同じ「南門」の語もその援用の事由は変容していたようである。ともあれ阿弥陀仏号を称する一種活仏として外護された時衆への観念が、近世には大方消滅したといえそうである。時衆のもった庶民信仰の重要な担い手としての遊行聖・勧進僧的行状は近世影を潜める。遊行上人の空位も目だつ。大名行列を凌駕する過酷な夫役・出費を伴う遊行上人の廻国は民衆済度の効果をもたらしたが、権力者から期待される〝ガス抜き〟の一面もみのがせない。事実、念仏宗禁制であった九州島津領において時宗は菩提寺に指定されるなどの保護を受け、江戸市中高唱念仏禁制にも実害を被らなかった。かつて『野守鏡』『七天狗絵』でその〝猥雑さ〟ゆえに反権力性を看破され激烈に批判された時代から変貌を遂げていたのである。

第四節　近現代における国家観・天皇観

江戸幕府が瓦解した一八六八年三月、江戸に東向してくる「官軍」参謀方に対し時宗は恭順の意を表するとともに寺領加増を懇請している。この変わり身は方便・便宜的な勤王であることの証左である。政権交代により朱印状に基づく遊行は終焉を迎え、同年の祠堂金停止[11]、一八七一年の上知令による寺領喪失などの痛手を受ける。従前の遊行による宗旨を問わぬ教化が不能となり「特請《とくしょう》」「御親教」という手法に矮小化される。また朱印地・黒印地・除地を失い寺領経営への依存ができなくなった。権力に等閑視され経済的特権をもたず門徒からの収益に依存していた真宗とは維新を境に逆転することになる。[12]また神仏分離・廃仏毀釈の影響は甚大であった。例えば苛烈をきわめた薩摩国では六〇→一、大隅国一〇→〇、日向国五七→四となり佐渡国でも一四→二となった（いずれも含塔頭）。ゆえに中世蓮如による教線拡大で時衆が縮小したという命題は、なかば正しくなかば外れている。

一八六八年に諸宗同徳会盟が設立される。時宗からは品川善福寺（東京都品川区）義徹が参加する。のちの遊行六十代・藤沢四十三世他阿一真だが当時まだ平僧であった。時宗で勤王僧の登場や護法運動があった痕跡はない。遊行五十九代他阿尊教は藤沢四十二世を兼帯、以後それが慣例となる。かれは一八七二、七五、七六、七七年など頻繁に「御親教」（遊行に代わる特定の期間・場所での布教活動）を展開し七二年新開地横浜に説教所（のち清浄光寺にちなみ浄光寺）、八二年に北海道函館に念仏堂（同じくのち浄光寺）を開創するなど反転攻勢に出る。

一八七二年三月、天台・真言・浄土・禅・日蓮・真・時七宗に各一管長をおくことが認められ、時宗教導職管長代理権少教正、六月に大教正に任ぜられる。僧綱制度と無縁であった時宗も、大教院以後僧階をいわば〝僭称〟し法主は大僧正を称するのが慣例となる。寺院数・檀徒数とも著しく寡少な時宗が、大宗派に伍して破格の公定を受けたのは豊臣政権の千僧会以後の伝統が窺え、かつ雑多な聖を概括した教団としてほかへは分類不能であった負の側面もあろう。寺院数が近似しながら独立が遅れた融通念仏宗との差異に関心がわく。同時に管長別置条項から当麻・一向・天童各派が独立を企図するが雲散し、内務省の力を背景に一八八四年に一総本山・四大本山・一別格本寺制（ほかに三檀林、二准檀林）を敷く宗憲宗規、翌年宗制寺法、さらに翌年西部大学林など学制を実施する。これら藤沢派に完全に統合する工程に精力が傾注される反面、国家・天皇に対しては一定距離がおかれ、対外的消極性が看取される。

例えば親徳川であった真宗大谷派は慶応三年（一八六七）いち早く朝廷に金一万両を献納したり、北海道「開拓」に人的に貢献している。しかし物理的側面で忠誠を示すことが困難な時宗は、教団としての体をなさない洛中・五条御影堂新善光寺を、天皇邦仁（追号・後嵯峨）遺児とされる王阿を初祖に仰ぐため別格本寺に認定したりするもの[13]の、一八九〇年に清浄光寺の勅願所申請を却下されるなど新政府から厚遇されることはなかった。

なお清浄光寺は一八八〇、一九一一、一九二三年などたびたび大火災に遭っている（一九二三年は関東大震災）。遊行上人の居所であった京都七条道場金光寺も安政五年（一八五八）、元治元年（一八六四）、一八七五年と火災に罹り、一九〇八年東山長楽寺に合寺している（ただし一九九〇年代後半まで跡地は残されていた）。こうした災害は宗門に大きな損失と負担をもたらしたことだろう。

第五節　アジア・太平洋戦争前後の時宗

一九三六年、遊行六十八代・藤沢五十一世に登位した他阿一教（星徹定）は、時勢に合わせて時宗と国家との結合を進めた人物である。在位中の一九四〇年、証誠大師号宣下、四一年、時宗報国会結成、赤間関専念寺（山口県下関市）尊観墓所の陵墓治定などの経過をたどる。現在もなお清浄光寺書院に奉祀される神宮大麻を招き入れたのもかれであろう。その一教は四四年、宮城県仙台市での陸軍時局講演会中に倒れ、そのまま死去するという壮絶な最期を遂げた(14)。

戦時中、遊行寺（清浄光寺）別院を満洲国奉天（中華人民共和国吉林省瀋陽市）に設けた。旧満洲に渡った時宗檀徒の絶対数はきわめて少ないはずだから、この進出が海外布教・開教を図るものであることは明らかである。しかし人材難・資金難のほかに土俗的で普遍宗教としての性格に乏しい時宗が根づくのは難しいようで、本堂の完成しないまま庫裡のみで敗戦を迎えた。他方、散発的ながら若手の反戦僧侶も複数存在したという(15)。

これらはどの宗派でも広くみられた現象であり、時宗が特殊だったわけではない。真宗などの巨大教団に比すれば、戦時教学およびそれへの反撥というにはあまりに貧相である。

おわりに――まとめに代えて――

黒田俊雄氏が中世時衆について顕密体制を支える神祇信仰への「克服の論理」がないとしてその後進性を指摘したが(16)、時衆には真宗の平生業成＝仏法御領観、法華宗の娑婆即寂光土＝仏国土観(17)に通ずる「國界平等坐大會」（一遍「十一不二頌」）の透徹した浄土観・国土観がある。しかし絶対他力に立脚する諦念が覆うために、黒田氏風に評すれば「止揚・包摂の論理」であり、世俗の権力との関係も方便でしかありえない。その点、基本的には国家へも天皇家へも無頓着であったように思える。ゆえに時衆と社会との関係性は遊行や賦算という営為によって保たれていたのであるが、近代以後消滅していく。それが教勢の凋落と軌を一にしているのではないか。

近世に時宗が天皇に言及するようになったのは、菅根幸裕氏が指摘する空也聖の例と同様に―広義の時衆の定義かつ近世民衆の視点からは空也聖も時衆であるが(18)―脱賤・地位向上という側面が強いと思われる。菅根氏が明らかにする藤沢派による関東での俗聖支配強化や時宗への空也僧未編入もその一端であろう(19)。

近代になると幕府により与えられていた特権が消滅する反面、課せられていた俗聖の差配や被差別民衆との結合から解放され、かつまた末寺数は著しく減少したにも拘わらず七宗の一つとして新政府に公認されたことが時宗に安心感を生み、天皇家に遡及させる喧伝を積極的に行なう意義が消滅した。徳川家との歴史的経緯による新政府への複雑な意識や焦燥感もあったはずである。廃仏毀釈による教勢凋落から、一宗としての動向は以後きわめて内向的・現状追認型のものとなり現代にいたる。社会変動期の他阿一念や他阿一教の活潑な動向をみるかぎり、そこにことさらに時衆らしさのようなものは表出してきていない。それは先記のように、一遍に遡及した教団改革が不可能な、時宗のもつ桎梏によるものでもあろう。

以上、近世・近現代における天皇制あるいは仏教史の研究の蓄積を充分に吸収できず、かつまた論及が天皇観に偏してしまったようである。戦後史を俯瞰する必要も感じている。大方の叱正を乞い他日を期したい。

〔註〕

（1）金井清光「近世遊行の研究について」『時宗教学年報』第二十七輯（時宗教学研究所・一九九九年三月、のち金井『一遍の宗教とその変容』岩田書院・二〇〇〇年一二月に所収）。

（2）拙稿「時衆とは何か―時衆研究への視座―」時衆文化研究会編集『時衆文化』創刊号（同会〈岩田書院発売〉・二〇〇〇年四月、本書第一部第一章）。

（3）のちに遊行四十八代・藤沢二十三世他阿賦国となる、浅草日輪寺二十四世其阿呑了による元禄十年（一六九七）『時宗要略譜』（『定本時宗宗典』上巻）が初出。

（4）文亀元年（一五〇二）歿の五山僧蘭坡景茝「京師金光寺影堂幹縁有序」（『五山文學全集』第五巻）の一節にみえる。

（5）大橋俊雄『番場時衆のあゆみ』浄土宗史研究第四編（浄土宗史研究会・一九六三年一一月）。

（6）諸書により異同著しい。金井清光「時衆と文芸の研究序説」『鳥取大学学芸学部研究報告』人文科学第一二巻（同学部・一九六一年一二月、のち金井『時衆文芸研究』風間書房・一九六七年一一月に所収）。徳川家始祖に関する論攷は、古く渡邊世祐「徳川氏の姓氏に就て」『史學雑誌』第三〇編第一一號（史學會・一九一九年一一月）から、近年では田中祥雄「初期松平氏―時衆の止住・定着という視点―」『大正大学研究論叢』第六号（同大学出版部・一九九八年三月）がある。まったくの架空といいきれない根拠は、本書第一部第二章註(103)参照。

（7）橘俊道著・藤沢文庫刊行会編集『遊行寺―中世の時宗総本山―』藤沢文庫1（名著出版・一九七八年一二月）。

（8）拙稿「時宗解意派新善光寺史料」『社寺史料研究』第三号（同会・二〇〇〇年五月）。

（9）宮沢誠一「幕藩制期の天皇のイデオロギー的基盤―擬制的氏族制の問題を中心に―」北島正元編『幕藩制国家成立過程の研究―寛永期を中心に―』（吉川弘文館・一九七八年一月）。

（10）拙稿「水戸藩領における時宗寺院―『開基帳』史料紹介をかねて―」『時宗教学年報』第二十六輯（時宗教学研究

所・一九九八年三月、本書第二部第四章)。

(11)祠堂金禁止令が三月十八日に発せられ同二十八日付の参謀方充文書から、時宗による勤王意志表明の背後には祠堂金保護という意図もくみとれる。三浦俊明「祠堂金と遊行寺」藤沢市史編さん委員会編集『藤沢市史』第五巻〔通史編〕(同市役所・一九七四年一〇月)および三浦「近世寺社名目金貸付の廃止と出資金処分—遊行寺祠堂金貸金の場合を中心として—」永島福太郎編『関西学院創立九十周年文学部記念論文集』(関西学院大学文学部・一九八〇年三月、のち「遊行寺祠堂金貸付の廃止」と改題し三浦『近世寺社名目金の史的研究—近世庶民金融市場の展開と世直し騒動—』吉川弘文館・一九八三年二月に所収)。

(12)圭室文雄「熊本藩領における寺院の実態」圭室編『民衆宗教の構造と系譜』(雄山閣出版・一九九五年四月)。

(13)古賀克彦「時宗御影堂派本山新善光寺の研究—新出史料紹介も兼ねて—」『仏教史学研究』第四〇巻第二号(仏教史学会・一九九七年一二月)。なお従来知られていない事実を一つ。天皇家菩提寺である真言宗泉涌寺派総本山・京都御寺泉涌寺(京都市東山区)に天皇家の位牌や像などを祀る霊明殿がある。ここに近代に宮内省通達で移された時宗東山長楽寺・天皇言仁(諡号・安徳)肖像画と御影堂新善光寺・王阿上人坐像も祀られている。別途紹介したい。

(14)死去した場所については仙台陸軍病院という説と東北帝国大学医学部附属病院という説があるが、真相は、陸軍病院に運ばれるも軍人でないため、ほどなく東北帝大病院に移送されたらしい。

(15)平尾弘衆『尼僧が行く!』(新泉社・二〇〇一年六月)、林道意「「佐渡時衆の系譜」試論」沖浦和光編『佐渡の風土と被差別民—歴史・芸能・信仰・金銀山を辿る—』(現代書館・二〇〇七年一〇月)。そのうちの一人は高田良幻といい、のちに八〇歳をすぎて反原発運動に参加し(別の理由にかこつけて)宗門を除名される。

(16)黒田俊雄「鎌倉仏教における「一向専修」と「本地垂迹」」『史林』第三六巻第四号(史学研究会・一九五三年一〇月、のち黒田『黒田俊雄著作集』第四巻〔神国思想と専修念仏〕、法藏館・一九九五年六月に所収)。

(17)佐藤弘夫「初期日蓮教団における国家と仏教—日像を中心として—」『日本文化研究所研究報告』第一八集(東北大

学文学部附属日本文化研究施設・一九八二年三月）。

（18）前掲註（2）拙稿で掲げたとおり、寛延三年（一七五〇）の『節用集』では、空也僧の本寺京都空也堂光勝寺は京洛時宗の筆頭とされていた。

（19）文化三年（一八〇六）寺社奉行に対する各宗側の返答は、たがいに空也堂の帰属をなすりつけた感があり、空也と無縁の時宗霊山正法寺傘下にあったことが判明しているものの、その前後に正法寺と空也堂との関係を窺わせる史料・情報は一切ない。それぞれ被差別民との相互出入りや三昧聖としての空也僧を忌避したものとみられる。空也堂上人は一八八五年、天台宗山門派より権律師に補任されながら八七年の府知事充願書に「時宗鉢叩本山」「天台宗管轄」と矛盾した差出所を記す。菅根幸裕「明治新政府の宗教政策と「聖」の対応―鉢叩念仏弘通流本山京都空也堂の史料から―」『日本近代仏教史研究』第三号（同会・一九九六年三月）。

【附記】本章は日本宗教学会第59回学術大会（二〇〇〇年九月一五日、於駒澤大学）の「時宗における天皇観―主として近世から廃仏毀釈にかけて―」および日本近代仏教研究会第8回夏期セミナー（二〇〇〇年八月二三日、於福島県いわき市湯本温泉・古滝屋旅館）の「時宗における国家観・天皇観の一考察―主として近世から近代初頭に掛けて―」を基礎とした。質問者の教示をえた。なお、その後出た高野修「戦争と時宗教団（試論）」『一遍聖絵と時衆』（『時衆文化』第20号金井清光先生追悼号）（岩田書院・二〇〇九年一〇月）は、アジア・太平洋戦争における国策協力についてもふれている。

終章

本章では、本書各章の概括をするとともに、今後の展望についても若干の論及を行う。ここまでの文中ではふれられなかった点についても、ここで補足したい。

序章…日本において、仏教とは外来文化のみならず支配イデオロギーや儀礼・習俗として社会に定着した。単純に人口を比較すると、日本は中国につぐ今や世界第二位の仏教国である。国民に占める比率でいえば、その中国よりきわめて高い。その中で、時衆は中・近世社会において、階級を問わず広範な支持を受けた。そのことは金石文をはじめ『一遍聖絵』『大乗院寺社雑事記』における記述などから窺える。そして葬式仏教や能・狂言をはじめとし、さまざまな文化・産業に直接・間接に関与した。まず時衆が非常な勢力を有していたこと、日本仏教の庶民化と基層文化形成に大きな役割をはたしたことを冒頭で措定した。

次に時衆研究のもつ意義に言及した。現在、サブカルチャーに影響を受けた歴史愛好家やネット右翼による歴史の誤解・歪曲が問題となる一方、迷信や詐欺商法、擬似科学などが蔓延している。これらから解放された民主社会の市民を育成するためには、歴史および宗教に対する学術研究と教育の意義は大きい。時衆の教理は一向一揆とも近い面があり、社会思想といえる性格を内包していた。時衆研究は人間社会を知るために有用であると位置づけた。

また研究史の梗概を追った。直接の淵源は戦前にあるものの、宮崎圓遵氏らごく一部の例外のほかは、「日本仏教十三宗五十六派」の一つとして仏教学の流れで言及するにとどまり、歴史学的に時衆を規定する試みはなされなかった。このことは基本的に戦後も一貫していて、金井清光氏の膨大な論究にも拘わらず、現在も好転しているとはいいがたい。歴史学と歴史教育とは密接不可分の関係にあるため、続いて歴史教科書を回顧してみると、いくつかの特徴がみてとれた。現在学界はもとより一般にも定着している時衆すなわち一遍、踊り念仏、『一遍聖絵』といった固定観念は、戦後まもなくの『学習指導要領（試案）』前後の策定に発するものであり、歴史的実態とはやや異なるものであった。

最後に仏教史と時衆をめぐる学界の現状について概論した。伝統的な宗史研究にのっとった大橋俊雄氏、特に歴史学徒である今井雅晴氏の〝失策〟は大きいといわねばならないが、一方でそれ以上に、母集団である歴史学界が、長らく時衆研究を看過してきた責任は重大である。史料が相対的に僅少であることを口実として研究を回避するのではなく、目的をみすえた問題設定によって研究にとりくむことが求められよう。

本書で行う時衆研究において、①「時衆」の科学的な定義、②中世社会における時衆の機能、③時衆が浸透する過程・形態、④時衆の教勢の消長とその背景、⑤時衆が日本仏教庶民化にはたした役割り、などを課題とする。

第一部では時衆研究の回顧とその意義、時衆の定義と略史を問うた。

第一章…中世史料および当時の八宗体制という状況から、「時宗」は中世に存在せず、史料用語としての「時衆」が教団およびその成員をさしたとみられる。時衆の語原はこれまで諸説挙げられてきたが、「六時礼讃衆」「別時念仏衆」などの略語とみなすのが正しいと思われる。不断念仏を修める徒のことである。

次に時衆研究をもっとも精力的に進め、近世に藤沢清浄光寺の勢力により成立した「時宗十二派」史観を批判した金井清光氏の先行研究を確実なものとすべく敷衍し、中世時衆とは一遍門流に限定された呼称ではなく、浄土門徒のうち遊行、賦算、踊り念仏といった種々の行儀に一定の共通性が看取される僧侶・集団を時衆と第三者が認識していたことを史料に即して逐一究明した。十二派にとどまらず、空也僧、高野聖、善光寺妻戸時衆や融通念仏宗なども、分析概念としての時衆に内包することが可能である。また律僧配下の半僧半俗の信者集団である斎戒衆も時衆に重複することを指摘した。

第二章…時衆の特徴・特性を史料に即して列挙した。①衆生の決定往生・安心獲得を保証、②死者・怨霊・賤民済度、③勧進・興行、④葬送、⑤唱導などの文芸、⑥聖域としての時衆道場、⑦饗応・商業の経営、⑧医療・呪術を操作といった特徴がみられた。また右の機能に中世社会から期待が寄せられていた構造が存在したことを指摘した。この構造により、時衆は為政者から重宝される一方、のちに差別視されることにもなる。

次に黒田俊雄・松尾剛次説を引き、時衆研究の観点から若干の批判を行った。また一遍房智真には、勧進聖にみられる普遍性と特殊性とがあることをふまえるべきで、行儀の再編成者としての一遍理解を行うことを主張した。

後段で、勧進に携わりながら律僧のような職《しき》に与ることのない時衆の姿を指摘し、続いて近世の官製遊行確立にいたる時衆の大まかな沿革を述べた。

第三章…これまで大橋俊雄氏による概説程度しかなかった一向俊聖教団の沿革について、近年の成果や新出の史・資料をまじえつつ、多角的に回顧し今後の研究の展望を行った。一遍時衆と長らく混同されてきたことの弊害や、『七天狗絵』の「一向衆」が俊聖教団のものとされたり、中世史料にときおりみえる「一向僧沙汰」の文言が、一向俊聖教団の徒をさすものではなく、「一向に」という副詞であることが指摘されていたことを再度確認した。いずれの知見も古くに提示されながらも、俊聖教団研究が表舞台に出てこなかったため看過されてきたものであった。とはいえ、一遍時衆とは毛色を異にするさまざまな史・資料の分析は、今後の時衆研究に新しい可能性をもたらそう。特に一向一揆にも通底する側面があった。

第二部では時衆各教団の動静を個別にみていく。

第一章…摂津・河内・和泉国における時衆、特に四条道場系時衆の動向をみた。和泉と摂津の文字どおり境界にある堺には金光寺・引接寺があり、引接寺は本寺である京都四条道場金蓮寺と同じく「四条道場」とよばれる大坊であった。住吉大社別宮を称する三村宮開口社に接近し、伝承によれば、住吉大社社家の津守氏の寺地寄進や堺随一の商家である三宅氏が開基であるというように、商業都市堺において、念仏信仰導入の端緒を開いたようである。足利義維を推戴するいわゆる「堺幕府」の所在地にもなった。摂津国尼崎にも、引接寺とともに中本寺である善通寺があった。ほかにも藤沢時衆の鞆、尾道など港湾部の時衆道場も、時衆による要津確保の傾向を示した。

これら諸寺をたどると、商工業者ないし海民との関係が彷彿とする。特に「泉南仏国」とよばれた堺では、時衆の念仏信仰が、その後の真宗・法華宗の展開に先だち、その下地となったことも想定できる。また各道場のありようは、第二部第三章で列挙した時衆の特徴を体現していたのである。

第二部第四章で詳論する東国の時衆に対比して、西国の時衆は、商工業者との関係、港湾都市への立地などを顕著な特徴とした。しかし時衆を土台として、やがて新仏教他宗に信仰の対象が変えられていくことになり、かつての中世都市での時衆寺院は、現在は多くの地域でみる影もなく衰落している。

第二章…京都における時衆をみた。長年首都であった京都には、いわゆる「時宗十二派」のうち半分の六派の本寺が存在した。そこから時衆の傾向の一端を窺うことができる。新仏教の中で早い段階から都市進出を明確に志向し、なおかつ鎌倉末期に成功していたことになる。中でも東山の霊山派・国阿派は、古代の天台宗名刹を国阿という念仏勧進聖が改宗したとされている。国阿が伊勢神宮参詣をし、奇瑞をえたとする伝承は、『吉田家日次記』から史実を反映したものと考えられる。これによって霊山時衆道場は伊勢参宮の窓口として認知されるようになり、のちのちまで信仰を集めることになった。

この章では国阿の伝記や絵巻の成立について精細な検討を加え、雙林寺の伝承のいう播磨国橋崎氏出自とする説がより妥当性をもつことを明らかにしたほか、火災に遭い行方不明だった正法寺蔵『國阿上人繪傳』の残片をみいだしたことを報告した。

足利義満期の政治状況を勘案すると、東山を叡山への緩衝地帯とし、時衆寺院を京都の清浄化を図る装置として将軍権力が利用したものと思われる。同時に、霊山時衆のありようは、これまで本書で明らかにした時衆のもつ機能と等しいものであり、時衆ならではの特性を活かすことで、洛中洛外の人々から支持されたといえることが確認できる。

第三章‥超宗派の霊場とされる信濃国善光寺をとりあげた。善光寺には衆徒、中衆、妻戸時衆がいて、一大霊場ゆえに特定の宗派に属さない庶民信仰の場とされてきた。また仏教民俗学や日本文学によって、善光寺聖が唱導を糧に諸国の檀信徒の獲得に努めたともされてきた。

しかし実際に分析を進めると、井原今朝男、牛山佳幸氏がいうように、固有・特定の善光寺聖は存在せず、聖が高野山や熊野信仰などを自在に題材として唱導・勧化していたとみられる。ただし、西日本の清凉寺信仰と対照に、東日本を中心に全国に善光寺信仰が広まったのは、庶民信仰ではなく武家信仰であったからである。京都の流行仏から、八幡信仰とならんで東国武家政権の宗教的支柱とみなされたのである。その際、神祇信仰での「勧請」に相当する「分身」が、善光寺信仰を流布させる手法となった。この分身という概念は、中央で盛行する文化の移植方法として、さまざまに行われた。

下坂守氏が明らかにした、仮設の勧進職、常設の本願職という集金組織は善光寺においてもあてはまる。ゆえに善光寺大勧進・大本願とも、歴史は戦国期以降であろう。『吾妻鏡』にみえる不断経衆が衆徒、不断念仏衆が中衆と考えられてきたのは早計であり、あくまで顕密寺院で普遍にみられる「学侶―行人―聖」の類型にあてはめて考えるべきであろう。経衆と念仏衆は、ほぼ横の関係なのに対し、近世の様相から類推して衆徒と中衆は縦の関係とみられる。ただし行人にあたる中衆の場合、善光寺譜代とする世襲が強みとなり、学侶に相当する衆徒とある程度対抗することができた。その抗争の所産といえる現在の衆徒―大勧進―天台宗山門派、中衆―大本願―浄土宗鎮西派というくみ合わせは近世の完成であろう。したがって、〝善光寺は広範な庶民信仰のゆえに超（または複数）宗派となった〟というような俗説は成りたたない。あくまで本来は天台宗寺門派ないし真言宗醍醐派に属する顕密寺院であり、さまざまな特殊な経過によって、内部から浄土宗を誘引したのである。

『応安縁起』における、律僧と時衆の競合の実例としてしばしば掲出される説話は、むしろ金沢称名寺の不断念仏衆停止未遂の史実に対応するもので、狭義での時衆ではないと解釈するのも可能であり、善光寺史料館蔵・阿弥陀如来（快慶仏所系統の仏ヵ）が念仏堂本尊の蓋然性がある。一方、藤沢時衆や一向俊聖教団をはじめとする時衆は、善光寺信仰に濃密な関係がみられる。個別寺院をたどっていくと、もともと存在していた新善光寺に時衆が入りこんでいったようである。また妻戸時衆は藤沢時衆と直接の連携はみられない。

なお親鸞善光寺参詣譚や善光寺聖説などは近世以降に喧伝されたものであって確実な史料はない。「善光寺聖」なる固定された聖は中世には存在しないから、議論の土台が崩れたのである。聖とはさまざまな霊場信仰を自由に紹介する宗教者であった。したがって親鸞はいわゆる「善光寺聖」ではないが、善光寺信仰に関与していた可能性自体を否定するものでなく、むしろ越後国で流罪から解放され関東に向かう途中立ち寄らない方が不自然である。

このように善光寺史を再構成してみると、従来いわれてきたものとはかなり実像が異なり、古代の郡寺から定額寺をへた〝由緒正しき〟顕密寺院であり、その末端に連なる妻帯する下級僧侶や時衆の姿が浮き彫りとなった。外縁部の時衆が善光寺を利用し、善光寺もまたかれらを利用して拡大していった。

文献史料の多くない善光寺史研究での経験は、今後の時衆研究に資するところがあるものと思われる。

第四章…現行時宗教団でもっとも寺院数の多い茨城県のうち、旧水戸藩領において江戸初期に藩命によってまとめられた寺社書上である『開基帳』から、時宗分、全一三寺について、一つずつつぶさに考証を行った。徳川光圀は藩政改革の一環として、かなり大胆な寺社政策を施行し、時宗寺院もその対象となっていた。

史料としての同時代性から高い信をおける『開基帳』からわかる、おもな傾向としては、農村部に面的に展開することと、開基が佐竹、玉造氏ら在地有力武士とする伝承をもつものが多いことである。藤沢時衆の開祖である他阿呑海は、藤沢清浄光寺を開く以前に常陸国を中心に北関東で道場建立を行った。これは律僧における三村山極楽寺（茨城県つくば市、廃寺）のように、鎌倉への控えとして、勢力を蓄えてから鎌倉入りをめざすという意図があったものとみられる。そして、戦国期に突入して檀越が没落すると、寺院もそれと運命をともにした。その一方で、徳川光圀・斉昭による廃仏をへてもなお地域に根ざして護持し続けられてきたことも特徴であった。

またこれまで古田憲司、吉田政博氏によるいくつかの論攷がある程度であった戦国期時衆について概観した。第一部第三章で述べた時衆の機能が武家に重宝されて帰依を受けたが、やがて中世後期にはその支持層がそっくり禅宗ほかに移行する。それでも連歌会催行などでは時衆道場が史料に頻出する。戦国大名らによる時衆の重用が、信仰に起因するのか単なる利用なのかを明らかにすることは難しいが、自然環境克服などによって仏神観が大きく転換し、安《あん》心《じん》を求める需要が時衆信仰に合致しなくなっていった可能性が高い。

第五章…一向俊聖教団のうち出羽国での状況をたどった。その鍵となったのは、俊聖の実在を裏づけることにもなった山形県天童市高野坊遺跡出土の墨書礫群である。この一級資料はさまざまなことを教えてくれた。銘文に現れる俊聖と有力門弟の行蓮は、ともにほかの門弟たちがもつ阿弥陀仏号をもたず、一遍と聖戒の関係と同様に、律僧を模倣して大悲闡提（自らの成仏を衆生の成仏が達成されるまで留保する）思想に拠ってたっていたことがわかる。また俊聖に附せられた菩薩号は私度僧以来の念仏勧進聖にしばしばみられるものであった。またこの墨書礫埋納が、経塚造営文化の中でもきわめて古い段階の事例として重要な意味をもっている。とはいえ地中にとどめる供養行為は、時衆の中では異例というべき行為であり、その後みられなくなっていく。

出羽国の俊聖教団寺院は、当初は高野坊遺跡が成生庄の中心部にあることからわかるように、二階堂氏や天童氏ら在地領主層に浸透した。また善光寺信仰や高野山信仰を利用することでより効果的に拡大していったとみられる。そうして出羽国南部において広範囲に面的に展開した俊聖教団は、戦国期以降に真宗本願寺教団および浄土宗鎮西義名越派寺院が定着する基盤を築いたものと考えられる。

第三部は時衆とその成立の核心に迫り、それが新仏教として律僧とともに「鎌倉新仏教」（実態は「室町・戦国新仏教」）展開の基礎を形成した過程をみていく。

第一章…古今東西を問わず「悪」観念は宗教と密接に関連していた。しかし「悪」に寄りそう宗教者たちもいた。一遍ら時衆である。

この章では中世における「悪」観念を、悪党研究を仲だちとして明らかにしていった。古代に「悪僧」「濫僧」の事例がみられる。また殺生禁断令が発せられ、特にこの禁令に反するものは「悪」として糾弾された。武士はもともとこれに抵触する存在であったが、やがて殺生を管理する側にまわることになる。

「悪党」は治承・寿永内乱期に萌芽がみられる。おもに寺院庄園に関し、その支配を脅かす存在を領主側が宗教上の悪とからめて悪党と罵倒したのである。

一方、法然浄土教は、「一向」専修であり兼学でないところが「悪」として非難を受けた。神田千里氏の指摘するように、その最右翼である「一向衆」は悪人正機、肉食妻帯など破戒の風儀をもっていた。そして一向衆は時衆をもさしていた。真宗と時衆はともに一向衆として、きわめて深い関係を有していた。真宗関係者が時衆になっていた類例も多い。大橋俊雄氏の提起に加えた筆者の私見によれば、念仏行道や和讃、御文などさまざまな教義・方法論が、おもに蓮如期前後に時衆から真宗に流入していることがいえる。そしてその蓮如も時衆との強い関連が疑われる人物であった。

しかし本来悪党をはじめとして「悪」とされた存在と親和的であったはずの時衆は、権力からの弾圧を避けるために悪党と距離を保つようになる。一遍によるすべてより超然とした立場から、やがて他阿真教により教団統制、体制化が進むことになるのである。その文脈の中で、「時衆」という語を一遍が採用した背景を捉えることも可能である。すなわち〝悪党的一向衆〟あらため〝律僧的時衆〟の成立である。

こうした変遷をへながらも、総体としては中世における「悪」すなわち破戒と専修が、新仏教成立の前提となることを確認した。またこの一連の作業でわかることは、「悪」観念が支配者層にいいように解釈された歴史である。

第二章…一遍房智真は時宗宗祖に措定されるが、江戸幕府の政策による寺院本末制下の所産であり、歴史学的には容認できない。一遍には念仏勧進聖としての普遍性と特殊性とがある。ここまでは第一部で概論したところである。本章では、一遍の特殊性の例として挙げた「時衆」形成をとりあげた。一〇年ほど前に提起された林譲氏の論を承け、これまで定義が曖昧にされてきた時衆とその成立について、同時代史料を中心に再考する。

『一遍聖絵』詞書を分析すると、一遍は随身の「徒衆」から選抜して「時衆」を編成し集団の中核としたことが読みとれる。これは従前の中国以来の浄土教における〝念仏者すなわち時衆〟との理念を厳格化・具体化したものである。これにより①大悲闡提の誓願に基づく一遍・聖戒師弟、②阿弥陀仏号をもつ時衆、③入道号ほかの結縁衆ら、という同心円が成立し、教団の核に近づくほど持律持戒が要請された。しかし雑多な人々をまきこみながら諸国を遍歴するかれらは、同時代の権力者や仏教界など権門から放埓・造悪無碍の「一向衆」として厳しい指弾をあびた。そのため、やがて遺弟聖戒は檀越への遠慮から『一遍聖絵』の画面描写や詞書の筆致を鈍らせる一方、現在の時宗教団の基礎を築いた他阿真教は時衆を無制限に拡大させながらも極楽往生の生殺与奪を握る知識帰命戒を導入し、時衆は徐々に変質する。

また西大寺流律宗の在家信者集団「斎戒衆」とありようが重層する。実際、一遍・真教は律僧を模倣していたとみられる。同様に、時衆や斎戒衆と起源を同じくする、清浄戒に基づく「別時念仏衆」略して時衆は、葬送互助組織にも転化した。古代寺院における不断念仏の堂衆を意味する一般名詞の時衆はかくて変容し、複雑な過程をへながらもやがて輻輳して中世的時衆が成立する。

持律持戒であるがゆえに死穢をも恐れぬかれらは、葬祭仏教の前提を造る。仏教が中世後期に拡大し以後の日本での宗教情勢を特徴づける触媒となった。

第三章…政治権力と宗教の関係という命題を、日本中世史学でもっとも鋭く追究したのが顕密体制論である。

顕密体制論成立の前段階には、鎌倉新仏教論があった。原勝郎氏にはじまり、家永三郎氏が顕密仏教に歴史学上の研究価値はないと断じたところをもって最高潮となった。一方黒田俊雄氏は、これまでの宗派史観に基づく仏教史を批判する一方、戦前の平泉澄氏らの研究を意識しつつ、実際には中世になっても顕密仏教があらゆる側面で主流であり、新仏教とされるものは異端で実効性はないとし、顕密仏教が権門体制の一角を占めた顕密体制論を提唱した。現在ではそれが学界で定着している。ただ鎌倉新仏教論は法然・親鸞ら新仏教「開祖」を高く評価し、顕密体制論は法然・親鸞のみを高く評価する点では、程度の差こそあれ近似する部分があった。こうして顕密体制論には問題点をいくつか含むが、中でも本書の立場からは、一遍をはじめとする庶民信仰への軽視・敵視が気にかかるところである。この点について、権力と反権力の二元論から宗教を論ずる危険性を指摘して再考を促した。現代人からみて呪術性を帯びた後進的な時衆も、同時代においては公武や顕密から激しい非難を受けていた事実を直視したい。その点で佐々木馨氏らの所説が浮上する。

ついで古代以来の聖について回顧した。官度僧に対し私度僧がいて、私度僧に関心を抱いて官度僧から離脱した遁世僧という構図がみてとれる。そして聖によって葬祭仏教が行われ、そのまま新仏教に引き継がれていくことになる。律宗と新仏教をつなぐ存在、それが時衆といえようか。

続いてその新仏教各教団について、浄土系を中心に概説した。浄土宗、真宗などは法然・親鸞歿後、弾圧を恐れて体制（天台宗山門派・比叡山）に回帰し、再び独自性を主張しはじめるのは中世後期になる。これは祖師が叡山の出身である法華宗も禅宗も同様である。八宗体制下では独立が認められるわけもなく、正式な認可は豊臣秀吉政権による千僧供養会を契機としたと考えられる。宗派が存在しない以上、当然、帰属意識も曖昧であり、浄土系諸教団は相互の人事交流をもっていた。

新仏教は多数の門流が単一の宗派として収斂していく過程で、体制化が起こる。同時に、思想史上の開祖（祖師）と実体上の開祖（祖師、中興の祖）とがそれぞれの教団に存在することが多い。真宗では親鸞と蓮如が知られ、時衆では一遍と他阿真教にあたる。一〇世紀の「僧尼令」の事実上の崩壊以後、その遺制は宗教界を規制し続けた。比叡山はすんなり新仏教教団の成長を座視してはいず、さまざまな妨害を行った。しかし時衆に関しては帰属宗派や触穢を咎められることはなかった。聖は体制の埒外にあり、ケガレを祓う宗教職能民だったからである。顕密体制論による二元論は、正統と異端を問うものであったが、顕密体制論者が認める正統と異端の分岐点が、どちらかといえば現代の思想史学的な区分であったのに対し、同時代での分岐点は、叡山を頂点の一つとする官僧の法脈に連なり、なおかつ汚穢を忌避するか、というところにあった。上部構造をみると、新仏教の形成の根源は、「僧尼令」体制崩壊にある。聖によって展開されつつあった仏教の庶民化に、中世後期に新仏教諸教団が追随していき、葬式仏教は収入の途となった。そしてその先蹤として律僧と時衆を挙げることができるのである。しかし中世的観念の変容によって、中世後期にはすでに時衆に対する差別が生起し、時衆自身もその活動を縮小していくことになる。

最後に時衆が凋落する過程をたどった。時衆はそもそも講組織化を得意とせず、一方で教理面で遠心力を働かす要素（「信不信をえらはす」「捨ててこそ」）を内包していた。これは時衆文化を障害なく拡散できる利点があったが、求心性を要する教団維持には弱点となった。弾圧への恐怖や差別もあいまって教団は萎縮し、近世には官製遊行を例外にささやかな存在となり、さらに廃仏毀釈もあって現在、主要宗派ではもっとも小さくなっている。

本章については、ひどく荒くかつ粗い論証が目だつと思われるが、あくまで学界への問題提起として捉えていただければありがたい。

附章…「時宗」という宗派は、中世後期の藤沢時衆の整備を基盤としつつも、江戸幕府の宗教政策の一環という外部要因を主として成立した。それを背景に、藤沢派は解意派・市屋派をはじめ他派を圧倒していき、一向派の内部分裂を誘う。この動きは長く続く。

近世時宗にとっての国家あるいは王権とは、東国国家＝江戸幕府にほかならず、天皇に対する意識は当初稀薄であった。天皇権威をもち出してきたのは、遊行四十二代他阿尊任である。南朝ゆかりの「南門主僧正尊任」の語を用い、尊治の先規にのっとって緋色の衣を着して参内に成功した。さらに徳川家遠祖の伝承もうまく利用したふしがある。その延長で、南朝の忠臣にして徳川家の本宗家・新田義貞の墓がある長崎称念寺（福井県坂井市）では、五〇年忌ごとに幕府から香資が下されていた。なお、中世における天皇と時衆との関係は、天皇と顕密寺院との関係と異なり、天皇と寄人・供御人などとのそれに似ていた。

幕末になると遊行五十七代・藤沢四十世他阿一念が「南（方）門主」という語を再び援用する。それには、勤王思想が勃興してきた時代背景が考えられる。

やがて近代に入ると、時宗は朝廷にすり寄る姿勢をみせるものの、廃仏毀釈はもとより、上知令や祠堂金禁止令などにより、時宗は大打撃を受ける。以降の時宗は特に目だった動きはなく、「止揚・包摂の論理」によって、時流にしたがった動向をみせるのみとなる。

＊

以上の工程によって、第一部第一章で設定した時衆研究における課題、すなわち①「時衆」の科学的な定義を第一部第二章で、②中世社会における時衆の機能を第一部第三章で、③時衆が浸透する過程・形態を第二部全章で、④時衆の教勢の消長とその背景を第三部第三章で、⑤時衆が日本仏教庶民化にはたした役割りを第三部全章で、それぞれ検証した。

これによって、日本仏教の庶民信仰化と地方展開、および基層文化の形成における中軸として時衆を意義づけることを試み、本書の最終目的である歴史における人間・社会・政治権力と宗教との関係の一端を究明したものである。これまで「時宗」研究により管見で四名が博士の称号・学位を取得しているが、本書は「時衆」概念によるはじめての学位論文を大幅に加除して刊行したものである。

本研究を土台として、今後にさまざまな課題が残されている。順不同にいくつか展望してみよう（展望については序章掉尾でも若干ながらふれている。そちらもご参照願いたい）。

まず一遍から他阿真教への継承に関する宗教原理。藤沢時衆および四条時衆などでは、一遍から他阿への嗣法が教団正統性の根拠とされている。しかし当時流布していた『遊行上人縁起絵』には明確な記述がない。『三大祖師法語』を中心に、教理書の分析が必要となる。同様に、遊行三代他阿智得、七代他阿託何といった、初期藤沢時衆の著作もいっそう深く検討される必要がある。かれらによって教団の基礎が固まり、それがほかの時衆教団諸派の範とされたとみられるからである。

こうした時衆（宗）にまつわる典籍や文書を収録した『定本時宗宗典』には、学界未検討の数々の史料も収められている。このうち、『遊行二十四祖御修行記』『遊行三十一祖京畿御修行記』は、戦国期の遊行の様態が日記としてつづられている。当時の時衆とともに社会情勢も窺えるが、これを精査した研究はまだない。中世時衆史料が今後新たにみいだされることはあまり考えられないが、現在存在するものの検討だけでも、新展開がありえよう。

その意味では、『一遍上人語録』や『他阿上人法語』所収の消息類の伝来過程が大変気にかかる。ともに近世編纂の書だが、収まる大量の底本はほとんど現存していないのである。

そして、活字化された『遊行日鑑』『遊行・在京日鑑』『藤沢山日鑑』は情報の宝庫であり、今後の逐条分析が大いに楽しみである。

本書第三章第二章で一覧にした時衆絵巻、特に『遊行上人縁起絵』については、原本成立やその後の来歴について、実はわからないことが多い。画・詞書ともに精査が求められる。

時衆資料といえば板碑が想起される。真行草三体の独特な名号書体に時衆の影響が窺えるが、起源をたどれば時衆独創とはいえない（埼玉県行田市真名板の建治元年〔一二七五〕銘板碑にはみごとな時衆流「真の名号」がある。年代から時衆によるものとは考えにくい）。これが時衆にほぼ限定されていく動きは、時衆による重源以来の伝統をもった阿弥陀仏号の独占にも通ずる。時衆板碑に関する研究はいくつかあるが、そうした点に言及したものはない。金石文の阿号人名は驚くほど多い。

東大寺蔵の建久九年（一一九八）二月二日銘の鉦架は、阿弥陀三尊と六字名号、さらにその楷書体、三具足・経机がまさに板碑の図像そのものである。独特な名号書体は、時衆の先駆となった可能性もある。大塚紀弘氏の指摘から、重源の不断念仏を時衆の源におくこともできる。重源は河内鋳物師を重用していたが、河内丹南鋳物師と時衆（小寺照林寺〔大阪府堺市美原区〕）の関係が推定できたり、他阿真教ゆかりの近江国多賀大社（滋賀県犬上郡多賀町）には、重源も参籠・感応したという伝がある。

また、特に蓄積のある被差別研究（脇田晴子『日本中世被差別民の研究』岩波書店・二〇〇二年一〇月ほか）との関連づけや、柳宗悦氏が「他力」を措定した民芸のように、商工業者が具体的に教理と史実において時衆とどのように関係していったのか、という点もある。網野善彦氏が、都市民と新仏教との関係について示唆を与えたが、商工業者が具体的に時衆とどのように関係していったのか、本書第二部第一・二章などでも状況証拠ばかりで簡単にふれる程度しか言及できなかった。

そしてその被差別問題と密接に関わるのが阿弥衆・同朋衆である。吉川清『時衆阿彌教團の研究』（池田書店・一九五六年五月、のち藝林舍・一九七三年九月。「阿弥衆」の語の起源となった書ヵ）は研究史上に燦然と輝くが、内容はかなり古いものとなっていて、参考になるのは村井康彦『武家文化と同朋衆』（三一書房・一九九一年一月）および家塚智子「同朋衆の存在形態と変遷」『藝能史研究』第一三六号（同會・一九九七年一月）などである。後者によれば、一五世紀前半、同朋衆の職掌に相当するものが史料にみえ、後半に「同朋衆」の語が登場する。殿中における雑用を務めていたが、時衆信仰はみられないらしく、その一方で阿弥号を名のり剃髪していたというかれらは、はたして時衆なのであろうか。広義での文化の集合体という時衆の範疇でいえば、まちがいなく時衆文化圏に属していたといえる。

なお本書では、議論が煩瑣になることを避け、新城常三『新稿社寺参詣の社会経済史的研究』（塙書房・一九八二年五月）や、五来重氏らの仏教民俗学などを、あえてほとんど参照していない。本書を宗教学・仏教学研究ではなく、歴史学の立場から叙述したつもりである。さらに、あくまで時衆史を内在的に分析・理解することに努めている。その視座からは、「時宗十二派」の各論についても急務である。中でも、郷土史での論及にとどまっている当麻派、奥谷派、解意派などといった各派については、今後大いに考究の余地がある。

本書の最終の命題は、「新仏教」の追究にあった。P．F．ドラッカー著・上田惇生・田代正美訳『非営利組織の経営』（ダイヤモンド社・一九九一年七月）の「日本語版への序文」冒頭に、「いまも機能している最古の非営利機関は、日本にある。奈良の古寺がそれである。創立の当初から、それらの寺は、非政府の存在であり、自治の存在だった。もちろん「企業」でもなかった」とある。非営利組織の源流とみている。しかし仏教史・宗教史を回顧すれば、そのまま肯定することは難しい。例えばヨーロッパの修道院は自活を旨としたが、仏教では「布施行」「喜捨」として在家信者から金品を寄附されることで生活の糧としていた。今でも、本来非営利目的であるはずの宗教法人・学校法人・社会福祉法人・医療法人において、創業者・経営者が〝私腹を肥やしている〟事例は事欠かず、前近代においてそうした傾向がなかったとは断じえない。つまり、宗教活動が生業として成立するうちに、それが自己目的化し、経営安定のために、在家信者を商売の対象とみなすようになってくる。これが新仏教成立を下部構造で支えた論理の一つであろう。新仏教が成長する過程には（旧仏教も一部あるいはのちにすべて軌を同じくするが）、①寺領（寄進）、②祠堂金（貸し付け）、③檀家（獲得＝葬祭）・信者（獲得＝祈禱）の三者のいずれかを重視して、そのために宗教活動を展開していった面がみられた。すなわち本書は、公武に続く（ときにインフォーマル・）セクターとして寺社や教団を定義するものであり、「宗教経済学」というべき視点の導入を最後に示唆しておいた。本書の責を超えるが、例えば石井研士『戦後の社会変動と神社神道』神道文化叢書23（大明堂・一九九八年六月）によれば、近代神道でも同様のことがいえそうである。

こうした観点をふまえ、日本仏教をみなおす必要がある。日本仏教は、インド・中国仏教に、先祖供養、無常観、儒教思想、（絵馬・護符に代表される）現世利益、肉食妻帯、葬式仏教が加味された、きわめて独特なものである。二〇〇七年六月二〇日付「朝日新聞」朝刊で名曲「千の風になって」がとりあげられている。この曲はアメリカ大陸先住民の詞に曲をつけたものといわれる。伊藤立教氏（日蓮宗現代宗教研究所）は「成仏や浄土があることが安心して臨終を迎えられ」るので「『千の風』に表れる気持ちは、未練」と解釈し、この歌の流行は「仏教の影響力の低下」とまでする。しかし西山（浄土宗西山派）教学の即便往生や一遍の「十一不二頌」によれば、成仏や浄土と臨終は関係ない。同じ記事で島薗進氏は「死者と生者の関係が非常に近く、個人的」であり、従来は「『家』というシステムにおいて死者との一体感を維持してきた」としているが、本書第三部第三章で言及したように、もともと死者供養は個人対（核家族に近い）個人間の敬愛を基礎単位としており、「イエ」成立も中世末期からのことである。文化接触変容という文化人類学の概念を容れれば、この列島に仏教が渡来した時点で、それは「日本仏教」という新たな情況に到達したものとみなすべきであり、インド仏教を基本としてそこからの逸脱を指摘しても意味のないことだと筆者は思うのである。律僧や時衆による仏教定着の里程こそ研究の俎上におかれるべきものであろう。

その点で、律僧や時衆が基礎を形成した葬式（葬祭）仏教について、歴史学の立場から解明していくことも求められる。高橋繁行『葬祭の日本史』講談社現代新書1724（同社・二〇〇四年六月）など、葬送の多様化時代に突入して社会の関心を集めている。しかし社会学・民俗学からの追究は少なくないが、起源・歴史背景については曖昧なままにされている。歴史学者による、水藤真『中世の葬送・墓制―石塔を造立すること―』中世史研究選書（吉川弘文館・一九九一年一〇月、のち歴史文化セレクション、同社・二〇〇九年一一月）は、貴族・高僧の葬祭への論及にとどまり葬式仏教そのものとの関係性が不分明で、松尾剛次『葬式仏教の誕生　中世の仏教革命』平凡社新書６００（同社・二〇一一年八月）は、標題の趣旨が必ずしも活かされていない感もあるのが残念である。かつては伊藤唯真氏、今は勝田至、高田陽介氏が研究を進める葬送儀礼、埋葬・火葬、墓地、その他葬制の歴史、細川涼一氏による斎戒衆が行った葬送などといった中世の側面から、葬式仏教の誕生から展開をみていくことは可能であろう。そして葬送の問題は如上の差別の問題に不可分であることもつけ加えておこう。

宗教史の研究は、どうしても教理・典籍の分析かあるいは政治史、寺領経済史、制度史に偏りがちである。最近は法会史もさかんである。しかし上述のように、「日本仏教」としていかに定着したか、という定性的研究、新仏教としての庶民展開・地方展開という定量的研究、この二点を論究する必要性は喫緊の問題ではないか。後者の点では、浄土宗鎮西派については竹田聴洲『民俗佛教と祖先信仰』（東京大學出版會・一九七一年三月、のち国書刊行会から三分冊にて再刊）、曹洞宗については広瀬良弘『禅宗地方展開史の研究』（吉川弘文館・一九八八年一二月）という好著がある。これに倣い、末寺数が多い高野山真言宗（古義真言宗）や真言宗智山・豊山派（新義真言宗）、近畿から東海地方に多い浄土宗西山派なども今後分析対象とされてしかるべき宗派である。本書第三部第三章では、浄土教の各教団相互の交流について宗派史比較を行った。現在の仏教史では意外なほどにこの手法が稀である。真宗史研究は、それだけで一つの巨大な分野と〝市場〟になっているが、時衆史観点からの真宗史はほぼ皆無である。さまざまな宗派のさまざまな展開を総括することで、さらに「新仏教」研究へと高めていくことの要務を提唱しておきたい。

本書では、研究姿勢についてもいくつかの批判を加えた。現在のような「史料が豊富な分野から手がつけられる（そのため研究意義があっても史料の少ない対象は敬遠される）」「文化史・宗教史より政治史・制度史研究の方が花形とされる」といった話もときとして耳にする歴史学一般の風潮や、拙稿「書評・大塚紀弘著『中世禅律仏教論』」『無為無為』第13号（日本史史料研究会・二〇一〇年五月）で述べた、研究が細分化・蛸壺化する反面、研究に社会性を帯びることを拒否・軽視する風潮もまた、歴史学の歴史学たる本義を危うくするものとして憂慮する。

しかしそうはいいながら、閉塞感ばかりではない。前記のように「民衆神学」の研究や善光寺史研究などを通じ、絵巻研究一辺倒だった時衆研究に、別の方面から風穴を開けることが可能であり、実際その動きもある。本書がその一助となればうれしいことである。

本書と視点を同じくするものに、秋月俊也「時衆研究への提言」『無為無為』第23号（日本史史料研究会・二〇一二年四月）がある。ここで述べた課題・展望の欠を補うものとしてぜひ参看されたい。また時衆と差別の問題については、拙稿「聖・非人・乞食の貧富（仮題）」井原今朝男編集『富裕と貧困』生活と文化の歴史学3（竹林舎・二〇一二年一一月刊行予定）でふれたいと考えている。本書の結論部で提唱した、宗教活動を経済活動として解釈する立論についても、別稿の用意がある。時間を頂戴したい。

あとがき

二〇〇九年暮れころのことか、実家で久々にくつろいでいた私に母がいう。「M君さ、大学の先生やってるらしいよ?」。えっ、一瞬何のことかわからず、そして言葉を失った。M君は私と同い年、同じ町内。母は否定するが同級になったこともあったと思う。兄弟そろってバリバリの体育会系で、小・中・高ずっとサッカーにうちこんでいたはずだ。学問とか研究とか、そんなものとはまったく無縁の人物で、すでに小学校の時点で私とは住む世界のちがう人間に思われた。その後わかったのは、かれは社会科学分野で有名な都内私大に入り、そこで経験を積み、恩師の口利きで遠隔地の大学の経済学部准教授になっていた。学位も私よりはるか先にとり、受賞経験や単著刊行もしていた。大学公式サイトのかれは、すっかり毛髪の寂しくなった頭ながら、小学生のころそのままの笑顔をうかべ、趣味欄にはサッカーのほかスポーツ種目ばかりがならんでいた。

私にとって歴史学とは、かれにとっての経済学とはおそらくまったくちがう存在である。趣味と生業が完全に別で、専攻以外に、(およそ異分野の)多彩な趣味をもっている研究者は多い。日本史ならば鉄道オタク、古銭・切手マニアは少なくなかろう。バンドをやっていたりツーリング好きだったり、映画評論をする研究者もいると聞く。私にはそうした〝器用さ〟はない。小学校一、二年生くらいに親に和歌森太郎監修の集英社の歴史漫画を買ってもらってから、趣味も特技も将来の夢も、私には日本史ただそれだけであった。そして「趣味を仕事にするな」という言葉の意味を、のちに痛感することになる。

とはいえ時衆研究にたどりつく道のりは紆余曲折があった。むろん伏線はいくつかあったわけだが。学部では日本考古学、修士課程では日本古代史を専攻していた。そこでは謙遜でも卑下でもなく本物の〝落ちこぼれ〟であった。そんな私が研究者のほとんどいない、それでいて他宗派より格段に興味深い多様性をもつ時衆に出逢えたのは、幸運なことではあった。もとはといえば、修士課程での指導教員、鈴木靖民先生が、ともに地元である神奈川古代史研究会という現在はない研究会への参加を誘っていただいたことがきっかけであった。例会会場が藤沢市文書館で、おりしも「時衆の美術と文芸展」を同市が主催していたため、ありったけの招待券を手に入れることになったからである。そして学部授業聴講という形で、圭室文雄先生の「日本仏教史」を生で受けられたのも大変新鮮であった。先に述べた伏線、すなわち育ったのが鎌倉や藤沢に近い地であったこともかなり大きかった。郷土史で、遊行寺（地元民に清浄光寺といってもまず通じない）や時宗に親しんでいたからである。わが家の墓地は、遊行寺開山の他阿呑海出身地とされる俣野にある。小学校四、五年生のころ、家族で地元の歴史散歩の会に参加し、遊行上人からじかに賦算を受けたことは、子供心に強烈な思い出となった。そのとき買い求めた足助威男氏の一遍の絵本は、私を惹きつけるのに充分であった。しかも、研究をはじめてからわかったのだが、隣町の住職で郷土史家としてよく知っていた大橋俊雄氏は、時宗研究の大先駆者であった。私がはじめて手にした歴史書は、集英社の漫画より先に、幼稚園の父母の会が配布した大橋氏著の郷土誌であった。

研究対象が現在も存続し、なおかつ研究者のきわめて少ない分野にあって、「出る杭は打たれる」の喩えのごとく——本来この語は自らに使うものではないが——、さまざまな軋轢を体験した。もとより当時の私は、処世術に疎く、社会経験も不足し思慮も浅く、あらゆる点で未熟者ではあったが、それを斟酌しても、「罪」に対してあまりに大きな

「罰」を受ける日々が長らく続いた。「火のないところに煙が立」ったり、今思い出しても涙がこぼれるような仕打ちに遭ったことも一度や二度ではない。とてもここで文字にできない、想像のさらに上をゆくびっくりするようなことをされたこともある。当時「パワーハラスメント」やその一形態「アカデミックハラスメント」などという概念は存在しなかった。抵抗すればよかったのかもしれないが、お世話になっている方に迷惑がおよぶ可能性や「いじめられる側にも原因があるから仕方ない」という世間の風潮を考えれば、ひたすら忍従する選択肢しかなかった。気晴らしになるような趣味や遊び相手もなく、苦悩は私の中で流れ去らずに、心の底で澱のように溜まりこんでいくのであった。ほぼ毎日のように悪夢でうなされた。そんな研究生活を送る中で、私の体が蝕まれていったのは当然の成りゆきである。心の病にはならなかった分、体にそのしわ寄せがきたのだった。二〇〇四年秋、研究会の真っ最中に倒れ、救急車で運ばれて以後、一年三ケ月の間、苦しい治療を受け入・退院をくり返した。難治性の疾患。どうにか二〇一〇年学位を取得し、今ここにその論文を増補して刊行にこぎつけたのは奇跡であり無上の喜びである。

しばしば情熱を失いつつも私が研究を続けてこられたのは、家族の存在、そして時宗寺院の方々や関係機関の皆様のご厚誼あればこそだった。両親は私の進路に何一つ注文をつけなかった。生活費も研究に関する費用も文句をいわずに出してくれた。その背後には、父母ともに、自らの大学進学を強引に断念させられていた若き日の過去があることを私は知っている。他方、ほとんどの寺院で訪問を歓迎してくださり、史料をみせていただき話を聞かせてもらった。調査への全面協力のみならず、数々の温かいもてなしをしていただいた。「時宗を研究してくれてありがとう」、時宗寺院の方々のそんな熱い思いは痛切に身にしみた。地域の資料館や自治体史編纂室でも親切に応対していただいた。こうしたいろいろな人たちの言葉にならない思い、そんな期待に少しでも応えたい、それがつらいときでも私の研究を支えてきた。そしてほとんど手つかずの時衆研究自体がもつおもしろさ、楽しさ、奥深さは、艱難辛苦をいっときは忘れさせてくれるものでもあった。ある大先生が「自分がこれを研究対象としたのは就職のためだ」といい放って唖然・呆然とした記憶があるが、そういう人の研究成果には、やはり思い入れのほどが質となって反映されているものである。私は研究に愛情をもち、文字どおり命を懸けてきたことだけは自負している。本書は私にとっていわば箱入りの愛娘のような大切な存在なのである。

　凡例に示したように、本書は研究書としては異色の形態をとっていると思う。仏教史の書でありながら、仏教思想にはほとんどふれていない。それは、宗教学、仏教学ではなく、歴史学の立場を固守したかったからでもある。刊行にあたり担当者にお願いしたのは、このままの分量で刊行することと、字体その他を原文マヽにすること（研究書では史料引用文の文字を常用漢字に直すのが通例）である。本書は単に研究書というだけではなく、私のさまざまな思いのつまった研究人生の記録であり、さらに後代に少しでも原型に近い情報を伝えたいという願いをこめている。飯倉晴武『日本中世の政治と史料』（吉川弘文館・二〇〇三年六月）の「あとがき」にこうある。「かつて豊田（武＝小野澤註）先生に「考えた事、調べてわかった事は書いて活字で発表しておくと、それがメモ代わりになるよ」と教えられた。手書きのメモは紛失してしまうこともあるが、雑誌等に発表しておけばさがしやすいことは、おっしゃる通りである」。仔細にいえば、林譲「他阿弥陀仏から他阿弥陀佛へ―遊行上人書状の書札礼―」日本歴史学会編集『日本歴史』第六一〇号（吉川弘文館・一九九九年三月）が指摘したように、正字、略字はある法則で使い分けがなされており、それを後世の「さかしら」で編集してしまう風潮へのささやかな抵抗という意味もある。調査で閲覧した史・資料がその後所在不明になったり、伝承の担い手が亡くなったりしたことも少なくない。例えば、研究をはじめたころ、京都・五条坂上に移転前の歓喜光寺（法国寺）の石垣が残っていたが、数年前取り壊された。第一部第一章で画像を載せた延年寺旧跡墓地の聖戒の無縫塔も一〇年ほどで今では摩滅し読めなくなっている。同じ延年寺旧跡墓地では、御影堂派塔頭の末裔の方々が御影堂鳥辺山墓地保存会を構成し、毎年集団墓参をしていた。一九九七年秋彼岸の会に私たちもたまたま参加させていただいたが、参加者の高齢化や転居・代替わりなどによる疎遠などによって、そのときが最後になってしまったという。自治体史編纂室の解散でせっかくの資料が散逸した例もいくつか知っている。だからこそ、どんなことでも書きとめなければならない。さらに史料原文の引用だけでなく、書誌情報その他でも、潔癖なまでに本書では原文マヽを貫いた。書誌情報がいい加減なために当該書の確認に手こずった経験や、金井清光氏の一連の著作がいい文献目録となった経験を活かすためである。共編で一九九八年から毎年連載している「時衆関係文献刊行物紹介」（『時宗教学年報』）と連携させる目的もある。〝余談〟も含め史料や事例の紹介も、紙数を惜しまず行った。これらのごとく、本書が時衆研究のための論文集というだけでなく文献目録、史料集、便覧などのいわば種本としても利用いただけるように期したつもりである。冗長なのはそのためでもある。一方で、史料にわざわざ返り点や訳文を附するような紙数はほとんど省いてもいる。専門書の読者ならそのような手間は不要であろう。ちなみに、それら以外にも、コスモロジー、シェーマ、テクスト、メタファーといった不要な外来語はできるだけ日本語にする、射程、地平、といった新語（?）は避ける、抜萃を抜粋、防禦を防御、煽動を扇動など意味の異なる同音漢字に書きかえない、動詞・形容詞に「であろう」「だろう」といった助動詞はつけない、例えば「〜とみられる」の場合、実際に「見」ているのではないから、「見られる」と書かない、意味を曖昧にし語感の汚い「〜的」は可能なかぎり用いないことなどにこだわった（この点、努力したつもりだが、読み返すとかなり残っているのが恥ずかしい）。

「正しい日本語」「美しい日本語」なるものが本当に存在するのかは議論が分かれるところであろうが、これらは私の執筆における信条としている。

とはいうものの、やはり本書はおそろしく冗長であり悪文である。荒削りで〝突っこみどころ〟も満載なのは自覚している。また特に第三部第三章などにおいては、先学に対し礼を失した記述も少なくなかったと反省している。先記の事情からほとんどは改定、削除しなかった。文責はひとえに筆者たるこの私にあり、その余はないことを申しそえておきたい。同様に被差別問題に関する記述もそのまま掲載している。後代への記録保存のためである。目的をふまえ、読者各位には、くれぐれもその扱いに留意いただきたい。

私は無神論者である。前近代はともかく、現代にあって宗教とはかぎりなくアヘン、いやトリカブトに近いと考えている。ただ絶対神・創造神をもたない仏教は本来無神論にきわめて近いし、現代哲学としても成立する性格をもっている。私が宗教の意味を身をもって体感した二つの出来事がある。

長らく同居していた祖父母はどんな時も私の味方だった。私の成長を期待していた。しかし祖父の死からちょうど一〇年後、遺された祖母もまた急死したのである。調査先にいて、死に目には会えなかった。学位論文提出を予定していた直前の祖母の死は、私の人生でもっとも堪えた。数日後の葬儀を控え何もかもが上の空だったとき、ふと二つの言葉を思い出した。

「身を観ずれば水の泡　消えぬるのちは人もなし」（一遍「別願和讃」）

「独りうまれて独り死す　生死の道こそかなしけれ」（伝一遍「百利口語」）

私は何やらすっかり気分が軽くなった。いつか人は死ぬ、その時期など選べるわけもない。この世は無常。先人の言葉の重みがこれほど感じられたとはなかった。私の好きな秀逸な時衆和讃には、こういうのもある。

「年さりとしはかへれども　をしむにとまる春はなく、
日ゆき月ゆきうつれども　したふにのこる秋はなし、
山の霞のかずかずに　雲も煙もたちそひて、
忘れぬ春のおもかげに　いつの昔をのこすらむ」（他阿託何「光陰讃」）

その二年後の夏、親しくしていただいている愛知県名古屋市熱田区の浄土宗西山禅林寺派想念寺で短期のお手伝いをすることになった。住職の渡辺観永氏は研究者でもあり、ボランティアやそれに類する活動もさかんに行っている。ある仮通夜（枕経）に立ち会うことになった。男性の葬儀。私と同い年で、妻子ある永住外国人が車中で自殺したという凄惨なものだった。遺体は半日後にみつかったそうだが、灼熱の車内で、すでに腐敗が進行し、ラップで幾重にも包まれ納棺されていたという。

さほど広くない柩が安置された斎場の小部屋は、家族のつながりを重視する朝鮮民族らしく一族郎党でごった返し、泣きじゃくる近親者の声が響く、日常からおよそかけ離れた空間だった。そこに僧形の日本人が訪れ、冷たい視線を浴びながら読経。本来なら穏やかに法話などして退出するところだろうが、住職は立って大声を張りあげながら葬送の大切さを噛んで含めるように説く。仏教説話をもとに法話をするような雰囲気ではない。僧侶と遺族の壮絶な緊張関係の現場だった。

それまで私の中で悪しき響きしかなかった「葬式仏教」だが、この二つの経験は、私にとって宗教とは何かを心の深いところで考えさせるものだった。日本仏教とは「創造主が人類を造った」というような〝信じない者にはまるで信じられない〟宗教とは異なり、日常生活の中の実感のような思いが積み重ねられた宗教だった。天災や戦争、疫病や飢饉、圧政や貧困などの苦しみの中で、民衆は救済や癒しを求めたにちがいない。それと一番近くで向き合ってきたのは聖たちであったはずである。新仏教とか庶民信仰とは、そうした厳しい現実の中から生まれてきたのではあるまいか。それを「土俗的」と切って捨てているかぎりにおいて、民衆に根ざした研究は決してできない。終章でもふれたが、例えば「千の風になって」という歌は、近しい人の死を体験した人の心を静めるものとして広く歌われるようになった。明らかにキリスト教・欧米の死生観とは異なる一方で、仏教学の見地から、輪廻を断ち切って涅槃に入ることをめざす仏教精神とは違うという指摘があった。人は死して肉体が分解し、分子となって地球を循環していくのだから、この歌はあながち非科学とはいえない。そして一遍の「興願僧都、念仏の安心を尋申されけるに、書てしめしたまふ御返事」の有名な一節「よろづ生としいけるもの、山河草木、ふく風たつ浪の音までも、念仏ならずといふことなし」の世界観そのままなのである。すべてをありのままに受け入れる日本仏教の如来蔵思想や時衆の思想は反科学ではなく、それゆえに〝民衆へのアヘン〟とはやや異なる本質をもつのではないか。歴史における時衆と民衆との関係は、いつまでも問い続けたいことの一つである。

しかし金井清光氏がいみじくも述べたように、時衆研究に日が当たることはない。学部生時代の研修旅行で引率された日本中世史の教授に、後年ある研究会で同席しご挨拶したところ、私が中座するとそばにいた弟子が踊るまねをして子弟で揶揄し笑い合っていたという。またある寺院の典籍調査に参加した際に日本中世文学専攻の団長（当時私立大学助手）に挨拶したところ、ニヤニヤされながら「時衆研究？今どきそんな古い研究をしている人がいるんですねえ」と皮肉たっぷりにいわれたこともある。学会や研究会で、発表題目が時衆となると人が激減するのが常である。どんなに業績を積んでも奨学金・助成金はもらえた経験がないし、査読誌に投稿しても、本質を突く意見は少なく、目が点になる理由で落とされるばかりだった。

時衆研究の道のりは遠く険しい。金井清光氏不朽の名著『一遍と時衆教団』が一九七五年出されて以後―蛮勇を奮って極言すれば―基本的にはまったく進化していないといいきってもいい。基礎工事がほとんどできていないのに、骨組みを立て壁や屋根で覆っても家屋として成立しない状態に等しい。本書はほんの序論の序論程度でしかないが、今後への叩き台の役ははたしたと思う。終章をくり返すが、課題は山積している。例えば差別の問題、これはさまざまな論争があり、本書では軽く言及することしかできなかった。また文化面で頻繁にとりあげられる同朋衆の問題も深化させる必要がある。時衆の各教団についても時宗十二派とよばれるうち当麻派、奥谷派、解意派および藤沢派の西国の本寺である七条道場金光寺についてはは機会があれば論攷をまとめたいと思っている。広義での時衆とした、融通念仏宗や虚無僧についても中世段階での史料を発掘する必要がある。とにかく時衆研究は未開拓なのである。学界の状況をみるかぎり、今後研究が劇的に進展するみこみもない。悲観することなく、こつこつと獣道を進むしかない。

二〇〇〇年ごろ時衆文化研究会関東支部として例会を細々と行っていたのを、あらためてたちあげたのが民衆宗教史研究会である。メンバーに出入りあり、いろいろと波はあったが、今なお一貫して時衆研究を主軸とすることに変化はない。私の長期入院中に、いわば無聊の慰みに病院のベッドにおいてノートパソコンで編修して二〇〇五年発刊した『寺社と民衆』という機関誌も、購読者はもとより、執筆者・広告主に恵まれて第八輯を迎えた。

えてして研究会運営とは、労多くして報われないことが少なくない。この会をやって私にとっての最大の収穫は、秋月俊也という同志との出逢いであった。氏は当時龍谷大学大学院修士課程にありながら、遊行七代他阿託何およびその著作『器朴論』を修士論文とするという、時衆研究でもっとも難関というべき課題にとりくんでいた。一遍や『一遍聖絵』で時衆研究はとどまっていてはいけない、という筆者の問題意識を共有していた。最近の私に充てた私信メールを成稿化してもらったのが、終章に示した「時衆研究への提言」『無為無為』第23号（日本史史料研究会・二〇一二年四月）である。私を過大評価していただき恐縮した部分もあるが、氏の提言は、私の声をも代弁してくれている。病床や療養中で調べものがままならないとき、頼った知人の多くがにべもない応対の中、ただ一人、氏は協力を惜しまなかった。本書の少なくない部分は、氏の友情によって成りたっている。

私が社会関係（＝人間関係）を断ち切るのはたやすいが、「社会関係」は容易に切れるものではない）で大事にしたいのは「惻隠の情」である。「どんな相手でもせめてこれだけはしてあげよう」または逆に「どんな相手でもこれだけはしないでいよう」ということである。今風にいえばデリカシー、であろうか。「困ったときの友は真の友」という。いざというときに〝地〟がみえてくるものである。こちらが窮地に陥ると、大恩人、先輩、仲間だと思っていた人に、あろうことか簡単に見捨てられたり、それだけではなく、「後ろから鉄砲玉が飛んでくる」経験もあった（いや、核弾頭だったのかもしれない）。その一方で、ふだん付き合いのあまりない人、周りから怖いと恐れられている人に思わぬ親切を受けて、心の温まったこともある。かくも偉そうに能書きを申し述べる私も、病になって人生を立ち止まるまでは、名誉欲にまみれ、功名心に焦り打算に満ちた嫌な研究者だったと思う。自らの増長慢を恥じなくてはならない。

友人・知人の「にべもない対応」には、それなりの事由があったのである。

末文で恐縮だが、そんな筆者の困難な状況を陰に陽に支え続けてくださった方々に、この場で心よりのお礼を申し上げたい。秋月俊也氏をはじめ、筆者があちこち回れないことを考えていつも図録や資料を送ってくださる大竹雅美氏、時衆研究の導入口を開いてくれた「同行二人」古賀克彦氏、ある機関で研究員仲間となって以来親しく接してくださり何かと便宜を図っていただいている常磐井慈祥氏、板碑調査がきっかけで知り合い東北大学大学院進学仲介の労をとっていただきいつも温かい言葉をくださる七海雅人氏、かつて「新仏教」論を熱く語り合い本書刊行が危機に陥ったときも真っ先に支援の手をさしのべてくれた宮野純光氏、ご父君が私と類縁の病で斃れられたため私の病状を気にかけてくださる渡邊浩史氏、などである。さらに時宗寺院の諸大徳・寺族各位および教育委員会、博物館、図書館などの研究関連機関の方々。次に悪党研究会、寺院史研究会、中世宗教史研究会、鉦打・時宗研究会の皆様には、いずれもとびこみの参加にも拘わらず、温かく迎え入れていただき、そこでえた知見や人脈は本書につながっている。これらの方々以外にも、当方のメールでの質問攻めにいつも懇切に返信くださる安藤弥、大塚紀弘、菊地大樹、細川武稔、矢崎佐和子、湯谷祐三氏といったその道の気鋭の研究者たちにも感謝申し上げたい。一方で「門戸開放」の建学精神の下、外様の私を受け入れてくださった東北大学大学院の諸先生にも厚くお礼申し上げる。学位論文の主査は柳原敏昭教授、副査は大藤修教授、佐藤弘夫教授、安達宏昭准教授、堀裕准教授であった。長年私を見守っていてくださった石上和敬、梅谷繁樹、佐治芳造、菅根幸裕、鈴木靖民、曽根原理、千々和到、新野直吉、西岡芳文、西海賢二、林譲、村上春樹、山崎龍明、渡辺観永の諸先生の存在も大きかった。そしてつねに支えてくれた家族（邦彦、敬子、淳子）、ずいぶん遅くなったが亡き祖父母中村市造・あさ子の仏前に刊行を報告しようと思う。謝意を伝えるべき人のうちの何人かは、かようにすでにこの世にはいない。金井清光、河野憲善、佐藤和彦、佐藤孝徳、古川威、望月宏二氏その他の方々。それぞれ懐かしい温顔が瞼にうかぶが、遠からず西刹でお目にかかるべく、今はただ静かに哀悼の誠を捧げるばかりである。むろんここにお名前を掲げた方のみで本書は成りたっているわけではない。月なみな表現しかできないのが歯がゆいが、本書は到底独力で完成しうるものではなかった。原則、本文中や章末附記に協力者のご芳名は掲げたが、すべての方を挙げられなかったことをご寛恕いただきたい。画像掲載をお許しくださった諸寺院・機関にもお礼申し上げる。なお、本書の編集その他で多大な奔走をいただいた八木書店出版部・柴田充朗氏、およびご紹介いただいた生駒哲郎氏にも謝辞を呈したい。柴田氏はまちがいなく本書の大功労者である。のちのために特に記録しておきたい。

本書の校正中にもさまざまな事実や史料が判明した。そのすべてを本書にもりこむことは不可能であるため、機をみて『寺社と民衆』誌上にて続報を公開したいと考えている。ぜひご参照いただければと思う。また、読者諸賢におかれても新史料などがあれば、zbb83261@yahoo.co.jpにご一報を頂戴できれば幸いである。時衆については、これまで一〇年に一度大規模な展観があったが、最近はそれも途絶えがちで、研究者の層は私や秋月氏が最若手という具合である。不遜ないい方で恐縮ながら、本書がきっかけとなって時衆研究が隆盛することを願ってやまない。

ここでどうしても、一つふれておきたいことがある。それは二〇一一年三月一一日の東日本大震災である。奥羽は私も多いに縁がある。幼い日の古代史研究のころからあこがれてやまなかった山河と、芯が強く心やさしい人々が甚大な惨禍にみまわれた。のみならず原子力発電所（この語は多分にまやかしである。日本人の核アレルギーを鑑みた推進側の造語であり、中国語の核電、核電廠〔站〕が実態に即している）事故により、今なお多くの人が苦しめられ続けている。そして哀しいことに、やがてそれによって発病するにちがいない住民の病は、私の病そのものかそれに近いものにほかならない。本書とは一見、まったく無関係にみえる現代のできごとだが、人間にまつわる事象や営為は、歴史学と無縁ではありえない。「政官財学報労」（学報労とは学界と報道機関、労働組合）による「原子力ムラ」の存在は古くから指摘されていた。戦時中は反戦を唱え、高齢になってからは反原発で時宗を除籍されたという高田良幻氏が想起される。まだうまく自分の中で整理できてはいないが、これも月なみではあるが、過去は現在を映す鏡であり、「温故知新」ということをふまえれば、われわれ歴史家もまた、現状への責任のいくばくかを背負っているといわねばならない。ひどく荒削りではあるが、本書序章などで、その想いが少しでも伝わっていればと思う。世界では「アラブの春」とよばれる民主化運動や、欧米における経済格差への反対運動“We are the 99 percent”などが話題となり、人と人とが絆で助け合う社会（融通念仏による一遍の結縁を想起せしめる）、格差のない社会、人間としての権利が実現された社会を目ざす方向に人類はあゆみだしている。対する日本では、それらに逆行する、新自由主義による自己責任論や公務員叩き、生活弱者叩き、公権力による教育への不当介入が横行している。波頭亮『成熟日本への進路―「成長論」から「分配論」へ』ちくま新書847（筑摩書房・二〇一〇年六月）によれば、欧米や中国、インドでは、自力で生活できない人を国が扶助することを否定する人は一割以下であり、あのアメリカでさえ28％だが、日本では、なんと38％にものぼるという背筋の寒くなるデータが載せられている。これには日本古来の共同体・労働観も大いに関係していると思う。人類史の視野で現代社会をみていく作業は、不断に続けられなければなるまい。そのために歴史家がもつ役割りは実に大きい。

　最後に、祖母急死後からまもなく、実家でぼんやり新聞をみていた私がたまたまみつけた、ある死亡広告の全文を引用したい。

私共の夫であり、父である磯部琇三が２００６年12月31日に亡くなりましたので、お知らせいたします。本人の遺言状による強い希望で葬式等は執り行わず、本状にて失礼いたします。

磯部某
磯部某

私は１９４２年7月16日に大阪で誕生以来60有余年の人生を終えることになりました。その間、各年代毎に多くの方々にご支援いただきありがとうございました。私を支持して下さった方はもちろん、敵対された方々の行動も私の人生を飾りつけ変化に富んだ楽しいものとしてくださいました。

私は元々神の存在を信じておりません。そのような者が死んだ時だけ宗教に色どられた形式的なふるまいをするのは、理にかなっておりません。ひょっとしたら、私が亡くなればこの宇宙全体も無くなるのではと思ったりしております。万一皆様の存在が残る場合には、有意義な人生をすごされるよう願っております。私自身の葬式等一切の形式的な事はしないよう、また、遺骨を残さないように家族の者に遺言してありますので、ご理解ください。

そのような訳でお香典などは固くお断り申し上げます。もし、私に好意を持っていて下さった方々にお願いできるものでしたら、妻某、娘某に私とのお付き合いがどのようであったかなどを書いた手紙を送ってやっていただければ、この上もない幸いです。娘も、父がどのような人間であったか、理解してくれるでしょう。短くもあり、長くもあった私の人生でしたが、ありがとうございました。

磯部琇三

これは二〇〇七年一月二〇日付「朝日新聞」ほかの朝刊に載った。磯部氏は天文学者。どこか諧謔味があるがまちがいなく本人は大まじめであり、それでいて一つ一つの言葉が強い印象と余韻を感じさせる。死生観にも深く共感する。本書を書き終えすべての肩の荷が下りた私は、今、磯部氏とまったく同じ心境に味到している。

二〇〇四年に病がわかってから八年。その間、友人・知人二人が私と類縁の病で急逝した。一人は判明から五日、一人は翌日に亡くなったという。私は幸運な方なのであろう。「命こそ宝」「生きているだけで丸儲け」というのを実感する。

本書を手にとった方を含むご縁のあったすべての方に感謝したい。

二〇一二年六月二七日　当麻三十四代他阿夢幻、三七〇年遠忌の日に

著者

初出一覧

※本書は、「中世時衆史の研究」と題し、二〇一〇年三月三一日に東北大学大学院文学研究科に提出し、同年九月二四日付で博士（文学）の学位を授与された博士論文を刊行したものである。

※すべて大幅に加筆・修正しており、内容・形式にはかなりの差異がある。また中には初出論攷から内容の一節をほかの章に移動したものもある。したがって厳密には初出論攷と本書とは別のものとして認識いただきたい。

※発表順。基本となるものに◎、節として吸収したものには○を附す。

※多くは学会・研究会報告を成稿したものだが、「（報告要旨）」とあるのは、論文としての体裁をなさない短文のものである。

※このほか報告した場などについては、各章末の「附記」に記したので参照されたい。

序章　時衆研究史と歴史観形成の過程

◎「学校教育における「鎌倉仏教」―高等学校教科書比較を通して見えるもの―」
『日本仏教教育学研究』第十号（日本仏教教育学会・二〇〇二年三月）

・「時衆研究の回顧と展望」（報告要旨）
山形大学歴史・地理・人類学研究会編集『山形大学歴史・地理・人類学研究』第三号（同会・二〇〇二年三月）

第一部　時衆とは何か

第一章　時衆の定義

・「時衆をめぐる新しい知見―時衆学構築のために―」（報告要旨）
日本宗教学会編集『宗教研究』三二一九号［第72巻第4輯］（同会・一九九九年三月）
◎「時衆とは何か―時衆研究への視座―」
時衆文化研究会編集『時衆文化』創刊号（同会〔岩田書院発売〕・二〇〇〇年四月）

第二章　時衆史の再構成

・「時衆の機能とその歴史における意義」
日本印度学仏教学会編集『印度學佛教學研究』第四十九巻第二号〔通巻第98号〕（同会・二〇〇一年三月）
◎「時衆とは何か―時衆史の再構成―（承前）」
時衆文化研究会編集『時衆文化』第2号（同会〔岩田書院発売〕・二〇〇〇年一〇月）

第三章　一向俊聖教団の研究史と歴史的意義

◎「一向俊聖教団の歴史的意義とその再検討」
東北大学文学会編輯『文化』第70巻第1・2号―春・夏―（同会・二〇〇六年九月）

第二部　時衆の展開

第一章　四条時衆の展開―和泉国の事例から―

・「港湾都市に集う勧進僧―中世和泉・摂津における四条時衆を中心に―」（問題提起3）
地方史研究協議会編集『地方史研究』第二八〇号［第四九巻第四号］（同会・名著出版・一九九九年八月）

◎「中世の港湾都市に広がる勧進聖―和泉・摂津に展開する四条道場系時衆を中心として―」
地方史研究協議会編『巨大都市大阪と摂河泉』（雄山閣出版・二〇〇〇年一〇月）

第二章　霊山時衆の展開―山城国の事例から―

◎「中世都市における聖の展開―東山・霊山時衆と京都におけるその意義―」
五味文彦・菊地大樹編『中世寺院と都市・権力』（山川出版社・二〇〇七年四月）

第三章　善光寺聖の展開―信濃国を中心に諸国の事例から―

○「中世宗教都市鎌倉形成の過程―寺社の分身を中心にみる―」
日本印度学仏教学会編集『印度學佛教學研究』第五十三巻第二号（通巻第106号）（同会・二〇〇五年三月）
◎「善光寺信仰の展開（一～六）―中世勧進聖と〝分身〟の研究を中心として―」
『史迹と美術』第八十一輯ノ四・八十一輯ノ五・八十一輯ノ七・八十一輯ノ九・八十二輯ノ十・八十三輯ノ一（第八一四・八一五・八一七・八一九・八二〇・八二一号）（史迹美術同攷会・二〇一一年五・六・八・一一・一二月・二〇一二年一月）

第四章　藤沢時衆の展開―常陸国の事例から―

◎「水戸藩領における時宗寺院―『開基帳』史料紹介をかねて―」
『時宗教学年報』第二十六輯（時宗教学研究所・一九九八年四月）
○「第三〇一回報告戦国期における宗教と権力―特に時衆信仰受容とその変質を中心にたどる―」（報告要旨）
戦国史研究会編集『戦国史研究』第五〇号（同会〔吉川弘文館発売〕・二〇〇五年八月）

第五章　一向俊聖教団の展開―出羽国の事例から―
◎「中世庶民信仰の勧進と定着―山形県天童市出土墨書礫から見た一向衆の実相―」（※表紙の「一向宗」は誤字）
『鎌倉』第九一号（同文化研究会・二〇〇〇年一二月）

第三部　中世社会にはたした時衆の意義―「一向衆」から「時衆」へ―

第一章　中世における「悪」―「新仏教」成立の基層―
◎「中世における「悪」―〝新仏教〟の成立の基層をたどる視点から―」
悪党研究会編『悪党と内乱』（岩田書院・二〇〇五年五月）

第二章　一遍智真による時衆構築と他阿真教によるその変容
・「「時衆」の成立と仏教の庶民化―〝新仏教〟の展開・再考―」（報告要旨）
史学会編集『史学雑誌』第113編第12号（山川出版社・二〇〇四年一二月）
◎「中世「時衆」の成立―一遍・他阿真教による組織化と庶民化―」
鎌倉遺文研究会編『鎌倉遺文研究』第二十八号（同会〈吉川弘文館発売〉・二〇一一年一〇月）
※第五節は完全な新稿

第三章　時衆を基盤とする「新仏教」の成立
・「中世仏教の全体像―「新仏教」再考の視点から―」
『高田学報』第九十九輯（高田学会・二〇一一年三月）
※「おわりに」は完全な新稿

附章　近世・近現代時宗と国家権力―時宗における国家観・天皇観―（博士論文未収録）

◎「時宗における国家観・天皇観の一考察―主として近世から近代初頭に掛けて―」

日本近代仏教研究会編『近代仏教』第8号（同会・二〇〇一年三月）

・「時宗における天皇観―主として近世から廃仏毀釈にかけて―」（報告要旨）

日本宗教学会編集『宗教研究』三二七号〔第74巻第4輯〕（同会・二〇〇一年三月）

終章

新稿

【著者】小野澤 眞（おのざわ まこと）

國學院大學大学院博士前期課程を修了し、研究所専任研究員、高校非常勤講師、大学非常勤講師、国立博物館リサーチアシスタントなどを経験。

2009年、東北大学大学院博士後期課程単位取得満期退学。

2010年、同大学から博士（文学）を授与される。

2002年より武蔵野女子大学（現武蔵野大学）仏教文化研究所非常勤研究員、2011年より東北大学大学院文学研究科専門研究員を併任、現在にいたる。

中世《ちゅうせい》時衆史《じしゅうし》の研究《けんきゅう》

2012年6月27日　初版第一刷発行　　定価（本体17,000円＋税）

著者　小野澤眞
発行者　八木壮一
発行所　株式会社　八木書店
〒101-0052 東京都千代田区神田小川町3-8
電話 03-3291-2961（営業）
03-3291-2969（編集）
03-3291-6300（FAX）
E-mail pub@books-yagi.co.jp
Web http://www.books-yagi.co.jp/pub
印刷　平文社
製本　牧製本印刷
用紙　中性紙使用
ISBN978-4-8406-2090-1

索　　引

【凡　例】

Ⅰ．本書は膨大な紙数のため、序章から終章にいたる本文中から、時衆に関する寺院名、人名、史料名を中心に任意に語句を抽出した。そのため抽象語句、徳に学術用語はほとんどとっていないことを諒とせられたい。図表中の語や終章中のアスタリスクより前の本文総括部分は含んでいない。また研究文献名や研究者名あるいは教示・協力者名もほとんど割愛した。

Ⅱ．引きやすさを考えて本文で正字のものも略字で表記した。

Ⅲ．一つの語に複数の表記がある場合、〈　〉内に補った。

Ⅳ．同じ意味の語をほかの項目に導くときは「☞」を附し、導かれた項目には括弧内に「☜」でもとの語を示した。

Ⅴ．時衆研究に頻出する「時衆」「時宗」については、膨大な量となるため割愛する。なお「時衆」の読みはジシュウではなくジシュである。

Ⅵ．同名寺院は都道府県コードにしたがって配置し、同一都道府県内では自治体名の五〇音順とした。

Ⅶ．他阿某については、「他阿」ではなく、法諱で立項した。例えば他阿真教は「真教」を参照のこと。代数を「遊」遊行上人、「藤」藤沢上人、「当」当麻上人で表した。

Ⅷ．連声の法則により、例えば「善阿弥」はゼンアミではなくゼンナミと読む。ただし「安養寺」はアンニョウジではなく通俗のアンヨウジとした。

Ⅸ．「空也」の正しい発音はコウヤと思われるが、クウヤで統一した。金井清光氏は、融通念仏はユヅウネンブツ、別願和讃はベチグワンナサンが正しいとするが、現代の通俗の読みにしたがった。仮名については現代の音ではなくそのまま読んで排列した。女性の名は有職読みでとらない。

Ⅹ．寺院の地名は現在地。ただし時宗寺院については移転の過程も示した。

XI．神社は「～社」で統一した。

XII．天皇・上皇・法皇については、検索の便を考えて「後醍醐天皇」のような通称で立項し、括弧内に諱を附す。

XIII．「～家」は「～氏」に統一した。

XIV．寺院の宗派は現時点での表記。括弧内の「律」＝律宗、「天山」＝天台宗山門派、「天寺」＝天台寺門宗、「天真」＝天台真盛宗、「高言」＝高野山真言宗、「東言」＝東寺真言宗、「言大」＝真言宗大覚寺派、「言智」＝真言宗智山派、「言豊」＝真言宗豊山派、「言醍」＝真言宗醍醐派、「言御」＝真言宗御室派、「言大」＝真言宗大覚寺派、「言泉」＝真言宗泉涌寺派、「言律」＝真言律宗、「浄西深」＝浄土宗西山深草派、「浄西禅」＝浄土宗西山禅林寺派、「西浄」＝西山浄土宗、「浄鎮」＝浄土宗鎮西派、「浄鎮名」＝浄土宗鎮西義名越派、「浄鎮三」＝浄土宗鎮西義三条派、「真本」＝浄土真宗本願寺派、「真大」＝真宗大谷派、「真高」＝真宗高田派、「真仏」＝真宗仏光寺派、「真東」＝浄土真宗東本願寺派、「融」＝融通念仏宗、「日」＝日蓮宗、「法本」＝法華宗本門流、「顕法」＝顕本法華宗、「臨建」＝臨済宗建仁寺派、「臨東」＝臨済宗東福寺派、「臨妙」＝臨済宗妙心寺派、「臨大」＝臨済宗大徳寺派、「臨円」＝臨済宗円覚寺派、「臨建」＝臨済宗建長寺派、「曹」＝曹洞宗。「一」「四」などは時宗十二派の頭文字、ただし藤沢派寺院は括弧内に特記していない。時宗や融通念仏宗等で宗派移動があった場合はもとの宗派名を示し、〔　〕で現宗派（寺号が変わった場合は寺名も）を記す。同じく※は旧時宗寺院。浄土宗鎮西派に転じたものは〔浄鎮〕とした。「一本」は時宗でも藤沢派に属さない独立寺院（近世史料でいう一本寺・無本寺）。「廃」は廃寺。

ア　行

カ　行

金林寺（茨城県下妻市）　382
金蓮寺（福井県越前市）　166
金蓮寺（岐阜県不破郡垂井町）　94, 125, 197, 597
金蓮寺（京都市中京区→北区、四）（☜ 四条道場）　4, 49, 55, 62, 63, 92, 115, 125, 127, 133, 169, 186, 188 ～190, 193, 194, 198, 200, 201, 218, 221, 222, 234, 235, 238, 242, 243, 250, 253, 260, 282, 347, 558, 612, 696, 701

サ　行

service　637
作阿　630
左阿弥（京都市東山区）　130, 272
西阿弥陀仏　552, 663
西一　195, 198
西園寺嬉子（☜ 藤原嬉子）　113
西園寺公相　113
斎戒衆　71, 73, 77, 529, 547, 551, 554, 567, 727
西行　254, 542
蔡華園院（京都市東山区、国、廃）　259
西光寺（山形市、天〔浄鎮〕）　172
西光寺（山形県上山市、天）　150, 151, 320, 431
西光寺（福島県会津若松市、廃）　389
西光寺（茨城県古河市、一〔浄鎮〕）　696
西光寺（茨城県つくば市、解）　64
西光寺（栃木県小山市、一）　357
西光寺（栃木県鹿沼市、一、廃）　4, 172
西光寺（長野市、浄鎮）　295, 299
西迎寺（長野県中野市、浄鎮）　319
西興寺（京都市中京区、一本、廃）　50, 106, 235
西江寺・西郷寺（広島県尾道市）　225
西国寺（広島県尾道市、言醍）　255
摧邪輪 ☞ 於一向専修宗選択集中摧邪輪
蔡州和伝要　57, 284
最上院（山形県寒河江市、慈恩宗）　177
最乗寺（神奈川県南足柄市、曹）　618
西照寺文書　610
妻帯　56, 80, 82, 85, 95, 110, 130, 181, 209, 237, 246, 261, 272, 290, 317, 340, 460, 461, 472, 473, 483, 485, 492, 537, 570, 581, 591, 629, 634, 726
西大寺（奈良市、言律）　71, 293, 301, 464, 546, 562
西大寺有恩過去帳　71, 72, 547
西大寺光明真言会縁起　73
西大寺〈諸国〉末寺帳　258, 555, 613
西大寺勅謚興正菩薩行実年譜　78, 247
西大寺律宗　132, 555, 596
最澄　251, 471
在庁官人　193
在地領主論　463, 583
斎藤別当実盛　57, 84, 125, 197, 246, 555, 632
斎藤茂吉　175
罪人　492
西念寺（富山県氷見市、浄鎮※）　687
西念寺（山梨県富士吉田市）　347, 386, 530
西福寺（茨城県那珂市、廃）　374, 385
西福寺（福井県敦賀市、浄鎮）　614, 615
西福寺（長野県茅野市、廃）　566
西福寺（静岡県三島市）　87
西方寺（福井県敦賀市）　88, 249
西方寺（長野市、浄鎮）　299, 572
西方寺（奈良市、浄西禅）　604
歳末別時念仏　3, 93, 529, 546, 566
材木座遺跡（神奈川県鎌倉市）　130
西楽寺（広島市西区、真本）　639
西楽寺（山口県下関市）　124, 197
西林寺（福井県小浜市、霊）　237
西蓮寺（京都市下京区、市）（☜ 西市屋道場）　65, 630, 681, 696
蔵王堂（新潟県長岡市、修験、廃）　87
堺鑑　193, 202
酒井氏　118
堺四条道場 ☞ 引接寺（大阪府堺市堺区、四、廃）

タ　行

ナ　行

ハ　行

マ　行

ヤ　行

ラ　行

ワ　行